欧阳小华 ◎ 著

香山魂

SPM
南方出版传媒
广东人民出版社
·广州·

图书在版编目（CIP）数据

香山魂／欧阳小华著. —广州：广东人民出版社，2018.8
ISBN 978-7-218-11979-3

Ⅰ.①香… Ⅱ.①欧… Ⅲ.①人物—生平事迹—中山
Ⅳ.①K820.865.3

中国版本图书馆 CIP 数据核字（2017）第 190984 号

XIANGSHAN HUN

香山魂

欧阳小华 著

出 版 人：肖风华

书名题写：蔡传兴
责任编辑：张贤明
封面设计：友间
责任技编：周 杰 易志华 吴彦斌

出版发行：广东人民出版社
地　　址：广州市大沙头四马路 10 号（邮政编码：510102）
电　　话：(020) 83798714 （总编室）
传　　真：(020) 83780199
网　　址：http://www.gdpph.com
印　　刷：广州市浩诚印刷有限公司
开　　本：787mm×1092mm　1/16
印　　张：36.25　插页：2　字　数：600 千
版　　次：2018 年 8 月第 1 版　2018 年 8 月第 1 次印刷
定　　价：108.00 元

作者简介：欧阳小华，又名欧阳少桦、我心飞扬、清风明月。广东中山张家边大岭村人。中国收藏家协会会员、中国国学研究会研究员、中山市观赏石研究会创始人，桦琳阁主人。主要著作有《桦琳阁藏珍》《朗润园诗钞》《佛光重临》《古寺春秋》等。

序

中山是一座伟人城市，也是一座名人城市。

仅在清末民初，不过数十平方公里的土地，却诞生了总统 1 名、总理 1 名、副总理 4 名，一大批以"父"冠名的名人——现代音乐之父肖友梅、博士之父王云五、航空之父杨仙逸，还有维新派领袖郑观应、上海小刀会领袖刘丽川、一代名伶阮玲玉等，这些名人涵盖了政治、经济、社会、文化、艺术等领域，群星璀璨，流光溢彩，人数之多，影响之大，令人浩叹！

本书的作者小华君是体制中人，我想，在这么一个浮躁的世界里，小华君能静下心来，用业余时间写下这洋洋洒洒 60 万字，是一件多么不容易的事情。如果没有对本土文化的热爱，没有传承先哲拼搏精神和弘扬传统文化的使命感，是不可能做得到的。所以，我深为小华君的精神所感。

《香山魂》通过撷取香山一地的杰出人物，以散文体小说的文本方式，详尽讲述了一个个血脉清晰的名人故事，勾勒出中山精神面貌及其内在品质，对宣传孙中山伟大思想、中山名人文化和塑造中山城市形象，将会产生深远的影响。但我认为，《香山魂》更大的价值在于试图解决一个困扰学界多年的问题：地处一隅的香山小城何以在清末民初

"井喷"式地出现那么多重量级的伟人名人。

多年来，有不少专家学者就此问题进行过解读，较为集中的看法是因为中山近海，与香港、澳门相邻，容易接触西方，思想开放。这固然有道理，但这种地理特征何止中山？在珠三角，有许多这样地理特征的城市，所以有点令人难以信服。小华君别出心裁，提出"基因说"，我看这绝非他的哗众取宠，因为一页一页地读下去，你不得不信服他的观点。书中以风水闲笔挑起这个问题，从民间传说中捡出赖布衣说香山会出"天子"的预言，浓墨重彩地勾勒香山一地的绝佳"风水"，从而为香山文化名人的大批涌出埋下伏笔。所谓的"风水"学说，说白了，就是"环境说"，以"风水"说事，契合了当地一大风俗，以带有民俗色彩的文笔去描述香山，使此书在沉重的历史风格中带有一丝轻灵的文学意韵。在此"地灵"香山的基础上，小华君提出了"人杰"得以产生的原因——"基因说"。南宋覆亡前，大批来自中原王朝的皇亲国戚、文人雅士扎根香山，这些文人士大夫不仅带来了丰富的文化知识，而且优良的基因也慢慢地与当地人整合，极大地提高了香山人的整体素质，厚积薄发，这就是为什么自宋以后，香山文化现象渐趋繁盛，而到清末民初，在特定的历史环境中陡然喷发出万丈光芒的原因所在。

"基因说"统筹着《香山魂》的十五位香山先贤，但小华君在此基础上，力图进一步深入探讨"香山魂"——中山精神。

中山是名副其实的名人城市，载入典籍的名人就数以千计，但"弱水三千，只取一瓢"，小华君仅撷取香山历史上众多人物中的十五人。这十五人领域各异，贡献不同，从忠心耿耿的"南宋四杰"之一的马南宝到"中国空军之父"杨仙逸等，小华君并不是简单地将这些传主的生平作一般性的追溯，而是紧紧把握住这些名人在各自领域所作出的贡献及其共同之处——追求真善美而长期忍受苦难的心路历程，进而以感人肺腑的笔墨，写出了他们与命运抗争的崇高勇气，写出其担荷全人类苦难的伟大情怀。如对共和政体的开创者孙中山，作者更是着力于他立足本土，重点落笔其革命思想的发轫和早期思想的演进，以历史事实诠释了巴顿将军名言"衡量一个人成功标志，不是看他登到顶峰的高度，而是看到他跌到低谷的反弹力！"这些显然是小华君眼中的"香山魂"。

《香山魂》在写法上，很有自己的特点。首先，小华君秉持"大事不虚，小事不拘"的写作原则，有根有据地讲述写作对象的成长背景、轶事、事迹，对真实历史事件的细节，进行了一些文学性的虚写，使得人物形象更真实，场景更丰富。其次，小华君另辟一径，以香山本地的优美风景、民间传说和民俗风情入书。以历史真实为依据，以民间传说为基本素材，巧妙地将民间传说和风情民俗、民风糅合在一起，再结合当时中国的政治、军事、文化大背景，从而塑造出带有"香山风味"的人物形象。再次，《香山魂》吸取"章回体小说"的写法，别具一格。第一，每篇文章都是独立成篇，但文气贯通，可以独立地看，又可以连着看，从中找到他们的影子。第二，在每章卷首、卷末均附有古味盎然的诗词，通过创作卷首卷后诗词，或提起叙述，或梳理人物功绩，或评骘人物功过等，这在现代人的作品中，是极其罕见的。

文学的地域色彩在很大程度上是对地域风土文化的特定指认，一方水土养育一方人，一方水土也影响着一方人。可以设想，如果中山不是民歌之乡，就很难产生像肖友梅、吕文成那样重量级的音乐家；如果中山没有"买办阶级"和"留美幼童"这两个精英群体，很难产生中国现代商业的缔造者（中国四大百货公司的创始人全部都是中山人），以及中华民国第一任总理唐绍仪、外家官欧阳庚等。

小华君是土生土长的中山人，熟悉当地的风土人情，他的作品大多取材于中山本地发生过的人物事件，无论沧海桑田变迁了模样，时间泯灭颠覆了过往，有些人、有些物、有些景，清晰伫立在记忆、灵魂深处。条件成熟，即创制成这一精彩的读本。

纵观全书，结构恢宏，有深邃的文化内涵和浓烈的传奇色彩。无疑是一本优秀的历史人物传记。

张荣芳

2018 年 6 月 23 日

作者系中山大学历史系教授、博士生研究生导师，曾任中山大学副校长、中国秦汉史研究会会长等职。

目　录

引子　五桂飘香四海闻
　　　天赐福地焉无因

诗曰：

> 绵延桂岭翠相连，势若腾龙傲碧天。
> 百里飘香花竞秀，四周水抱景笼烟。
> 为官当系民忧乐，每记陈临德政篇。
> 郑愚咏邑诗初见，尽瘁国事力尽捐。
> 香山建制元英始，福祉黎民万万年。
> 功建铁城钦梁氏，规划有方绘陌阡。
> 千秋清誉崇先哲，续写风流赖后贤。
> 共和民主翻新页，国祚方熙万象妍。

　　广东省珠江口西岸有一块美丽而神奇的土地，她没有五岳的气势磅礴，没有中原大地的雄伟辽阔，也没有长江、黄河的奔流不息，但这里山脉蜿蜒，龙气升腾，山地、丘陵、河溪层次分明，团聚回环的布局，直面浩渺无际的太平洋。如此山环水抱的独特地势，可能是中国内陆其他地方所不具备的。这就是孙中山先生的家乡——广东省中山市。

● "地多神仙花卉，故曰香山"

　　中山市古称"香山县"。一听到"香山"，你的脑海里或许会出现鲜花开满了山坡，遍布群山的景象。你的想象是正确的。

　　据《太平寰宇记》载："地多神仙花卉，故曰香山。"清道光《香山县志》载："五桂山多奇花异卉，色香俱绝。"

　　可见，香山因其境内诸山之祖五桂山的奇花异卉繁茂、四野飘香而得名。

　　在距今约四千年前的远古时代，香山已有原始部落生活在今珠江口周围的海岛、沙丘、山冈、台地上，至今仍留下先民们的遗迹。春秋战国时期，香山为百越海屿之地。秦始皇统一六国后，秦三十三年（前214）置百越之地为南海郡。到汉代属番禺县地，隋代属宝安县地，唐代属东莞县地，北宋仍属东莞县管辖，南宋隶属广州府。

"忽闻海上有仙山，山在虚无缥缈间。"唐宋时，香山是汪洋大海中的一座孤悬海外的岛屿。宋阮泳《县治记》："香山，环海孤屿是也。"

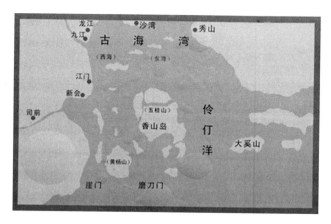

香山古地图

在茫茫沧海之上，渺渺烟波之中，撒落着五桂山、石岐山、凤凰山、黄扬山等一群苍翠如黛的岛屿，它们有一个共同的名字叫作"香山"。这些岛屿宛若镶嵌在碧波上的颗颗宝石，云霞变幻，海波万顷。每当夕阳沉海、暮色苍茫、烟雾迷蒙之时，岛屿真在虚无缥缈间。

在众多岛屿中，五桂山所在的海岛最为著名，面积也最大，周回300余里。岛上重峦叠嶂，奇岩怪石、异羽奇禽、佳药山果、流泉飞瀑随处可见，景色秀丽。

神仙花卉，是指五桂山上特有的仙花，又称百里香、隔山香。此花四季盛开，一簇簇，一团团，绚丽多彩，仿若天空中的晚霞般。百里香以香名，开花时节，香飘百里，不少人闻香而至。但奇怪的是，百里香只有在五桂山上才能生长，如果移植他处，则无论如何呵护也无法成活。然而人们总是抱着不甘的心态，不断地采挖移植，最后导致再也难觅此仙花踪影。有诗为证：

起伏葱茏五桂峰，氤氲紫气渺茫中。
芳兰馨草甘泉涌，环绕青山映碧空。

五桂山还有一种花叫作刺桐花，也甚为奇特。它的叶形如梧桐，枝与叶柄均有皮刺。刺桐春末夏初开花，花色深红，大而密，形若金凤，花期长达月余。这种花的奇特之处在于——其叶先萌而花后发，则预示五谷丰登；反之，则预兆着灾年。元朝时香山县令黄棠曾有诗描述这种现象：

闻道乡人说刺桐，未花先叶是年丰。
我来到此忧民瘼，只爱青青不爱红。

百里香消失之后，刺桐花也少见了。庆幸的是，五桂山至今仍留下香气四溢的荼薇花、九里香、黄玉兰、白玉兰、黄金桂、芝草、菖蒲等花卉，以及香樟树、枫香树、土沉香等香木，这其中尤以土沉香木最为著名。

沉香木，是一种非常名贵的乔木，木材本身并无特殊的香味，它必须遭受来自外界的伤害，如虫咬、刀斧、雷击等，形成的伤口被细菌侵蚀，腐烂或成病灶，香树会渗出树脂以作自我防护，从而在伤口附近结香。从结香到成熟又需要很多年的沉淀和醇化，才形成沉香。《本草纲目》谓："其积年老木，长年其外皮俱朽，木心与枝节不坏，坚黑沉水者，即沉香也。"故沉香木又名"水沉香"。

这种被视为奇珍异宝的沉香，是因为植物的灾变和痛苦的磨炼换来的，犹如琥珀，是用昆虫的生命换来一样，故十分珍贵。据史书记载，香山县五桂山自古盛产沉香，因唐宋时香山曾是东莞属地，故沉香又有"莞香"之称。

在香山民间，一直流传着关于沉香的美丽故事。

话说，有一户沈姓人家，育有一女，长得如花似玉，然而已届婚龄仍未嫁出，皆因身上长了臭狐。大热天时，奇臭无比，没有人家的男子愿意娶她。虽到处求医问药多年，但都无法治好，父母为此忧心忡忡。

在当地，秋高气爽是最佳的入山采香时节。山民每望沉香树黄叶，即知其木已结香，伐木搜取。山民凿回来的沉香，其洗晒工作一般由年轻的姑娘负责。她们在晾晒香木时，每每会取一些精细靓纹香木，切割成小块，暗中藏于衣袖或挂于胸前，以换取脂粉。

沈姑娘自从随同村的姐妹洗晒沉香后，身上的臭气很快不见了。原来她学着其他姑娘一样，把鹧鸪斑样纹的香块藏于云袖或贴于胸脯前。哪想到，香气随女儿之体，入肌，入骨，娇袭一身之香。引来那些追香慕名的男孩，很快沈氏姑娘嫁了一个如意郎君。

香中极品"女儿香"由此得名并传开。于是，风流雅士也便有了"兰馥易迷蝴蝶梦，脂浓深透鹧鸪斑"的诗句。此后，五桂山的"女儿香"成了贡香。相传，当年杨贵妃就是因为听了这个故事，用了"女儿香"，把狐臭变为勾魂的体香，令唐玄宗心神荡漾、神魂颠倒的。

香山民间女儿出嫁，娘家会将一片沉香放在嫁妆的箱底，以备女儿为人母时生产疼痛之用。当妇女生产时，将小片沉香磨粉泡水冲服，可活血止痛；再将小片沉香点燃，有催产作用，这也是称上等沉香为"女儿香"的另一种说法，故在当地，对于沉香，父辈抱有一种特殊的感情。象征对岁月的感悟，父母对出嫁女儿的一片爱心。

"女儿香"的那些故事，至今仍在中山民间老一辈中流传。据屈大均《广东新语》载："凡种香家，其妇女辄于香之棱角，潜割少许藏之，名'女儿香'，是多黑润、脂凝、铁格、角沉之类，好事者争以重价购之。"

沉香无可替代的药用价值，厚积薄发的幽香，馥郁幽婉，荟萃了天地阴阳五行之气，成为能通人间、仙界之香品。故唐宋以来，沉香被列为众香之首。难能可贵的是，其特质让人们感悟到：心若沉香，何惧浮世？

浮华的人世中，人们不可能脱世，但可以脱俗，只要你有一颗坚实的内心，少一些浮躁，历经时间的洗礼、磨炼，必具有沉香的品质，从而洋溢着心灵的芬芳，永不散失。后人有首《临江仙》专赞土沉香：

　　　　独见仙花熏桂岭，原来遍地芬芳。千金难买土沉香。香山留正气，馥郁又清扬。

　　　　江渚渔樵居岛上，也曾阅历沧桑，披星戴月渡寒霜。春风吹过后，四海闻其香。

香山的香花、香木久负盛名。其实，香山还有一种香果，同样声名远扬。它就是生长于五桂山系的丫髻山山麓的神湾菠萝（已被中国质检总局认定为"国家地理标志产品"）。此地的菠萝与众不同，它不仅味道清甜，肉质细腻爽脆无渣，而且个小均匀，外表墨绿色而内心实已黄熟，更难得的是，连果心也可吃，甜蜜清香而无酸味，齿颊留香，经久不散。

正是上述这些香花、香木、香果，共同构筑了香山人或说中山人特有的原始记忆。

●先贤厚德，泽被黎民

香山僻处岭南，较长时间被称为"南蛮"之地。故这里一度成为朝廷被贬谪官员的流放之所。流放到此地的官员，客观上提升并推动了香山地区文化教育事业的发展，使得仍是蛮山荒海的村落，凭借着这些受贬谪的官员，讲学明道，教化日兴，逐渐孕育了"香山文化"，更有不少文化名人走进了历史的长河中。

陈临，是见诸史册的第一位香山籍名人。其父本是朝中大臣，因直言得罪上司，被参了一本，流放到香山，不久忧郁而死，陈临遂落籍香山。陈临事母至孝，自小"奋志不同蛮俗"，发奋读书。汉顺帝永建年间（126—131），陈临由南海郡举荐为孝廉，任苍梧郡（郡治在广信县，约今广西梧州、贺州与广东封开一带）太守。陈临为官，廉洁爱民，访贫问苦，整顿吏治，深得民心。尤其是施行"推诚至理，导人以孝悌"的开明义举，流传甚广。

民间有个遗腹子，父亲被权贵杀害，其母告状无门，忧郁成疾，不久撒手人寰。成了孤儿的遗腹子被好心人收养，长大成人后，知道自己凄惨的身世，血脉贲张，发誓为父报仇。他访得名师，潜心学艺，焚膏继晷地苦练，在一个月黑风高之夜，遗腹子持刀逾墙，手刃仇人。他杀人后并没有潜逃，而是主动投案。

"父仇已报，请就刑戮。"

时陈临任苍悟太守不久，刚把前任积压的案子处理毕，就碰到杀人犯上门自首一案，私忖这个杀人犯视死如归，当另有隐情，故不仅细阅卷宗，而且亲自深入调查此案。

自古以来"杀人偿命，欠债还钱"，这是大原则，但不等于对所有杀人者都处以极刑。古代王朝，强调"以孝治天下"。在舆情下，赦免其罪，彰其大义，在当时是正常不过的事。

果然，这事在社会上引起极大的反响，不少人认为，"为父报仇，孝感天地：不但不能杀，还应旌表。"

可是，被复仇的权贵家属权势滔天，岂肯放过报仇者？很快陈临就接到上面的旨意，"从重从快"把遗腹子杀掉。

可见，为官者能否秉公执法，最大的困难，往往是来自上级的干预。这日，上面来人催促，勒令陈临立马把凶手了断。面对上司压力，他坦然应对："先王立礼，可以进人也，明罚，所以齐政也。"

用现在的话说，"礼"用来让人进步的，"法"是来稳定国家政策的。古代的"礼"应是指现在的"德"，换言之，以德治国教人知荣辱，依法治国教人明是非。

"太守之意是这个杀人犯不能杀？且应表彰？"来人一听，脸色乍变，厉声质问陈临。

"非也！"陈临据理力争，说："倘以'礼'论之，杀死杀父仇人天经地义；倘以'法'论之，杀人者应当偿命。杀人如不严惩，必将引起仿效以致大乱，故非诛杀不可，但不是现在就杀。'百行孝为先'，遗腹子杀人毕竟是为父报仇，又主动自首，故此必须法外开恩！否则何以服众？"

陈临的一番话，来人哑口无言。

那么，陈临是怎样的"法外开恩"呢？

陈临了解到遗腹子无子继嗣，就让他妻子到狱中服侍同居。待到他妻子怀孕产下男孩后，才施以极刑。陈临既不受上面的干预，也不受舆情左右，把法律和现实的冲突很好地化解。他深得苍梧人民拥戴，有歌谣云："苍梧郡恩广大，能令死囚不绝嗣，德参古贤天报赉。"

有一次，梧州受到风雨吹袭，良田被淹，农民受苦，陈临不但迅速组织救灾，派人修筑堤坝，而且发起捐助，带头将家中俸银全部捐出，救济贫民，而自家的屋子被吹坏，却拿不出钱来修缮。

当地的百姓都说："陈临爱民如子，真乃父母官。"

陈临听了，很认真地纠正说："民为贵，君为轻。称官为父母，岂不本末倒置？百姓才是我们的父母，我们是百姓的儿子。为民办事，即为父母办事，理所当然，可视为尽孝。"

陈临因廉能并举，在民众中有很高的威信，所以汉献帝建安年间（196—205），时已百岁的陈临晋升为廷尉，即全国最高法官，地位相当于宰相。陈临是在农历五月初五这天驾鹤西去的。民众每逢此日都包粽子设坛祭拜他。三国时期著名史学家谢承在其《后汉书·陈临传》有记载"……本郡以五月五日祠临东城门上令小单洁服舞之，推龙船以送瘟神。"作为东汉时期吏治的楷模，陈临政声流传遐迩，直到南北朝时期，史学家魏收还写过一首题为《午日岭外风土》的诗赞颂他：

> 麦凉殊未毕，蜩鸣早欲闻。
> 喧林尚黄鸟，浮天已白云。
> 辟兵书鬼字，神印题灵文。
> 因想苍梧郡，兹日祀陈君。

从上述的记载和描述中看到，岭南端午节习俗发源于广东苍梧郡，其初衷与愿望是祀祭先贤陈临，祈求神灵保佑，避灾消祸。据屈大均《广东新语》云，"广州府以五月五日为陈临祀日，每年于其神祠设坛祭拜，吃粽子、赛龙舟，以纪念陈临。"端午祀陈的习俗从东汉开始延续到明朝。也许，后来在瞬息万变的社会里，千载先贤陈临没有像诗人屈原那样留下《离骚赋》名篇流芳百世，因之慢慢湮没在历史长河中，以致世人大多只知屈原，不知陈临。后人有诗感叹道：

> 沧桑世事见风云，千载高贤数几人。
> 起落浮沉唯叹息，功成自是有前因。

至唐代，香山开始有了行政区。唐至德二年（757），香山岛上设置地方行政单位——文顺乡，并在乡的驻地濠潭（今珠海市山场村）置戍边军事单位——香山镇。随后，整个文顺乡也改称香山镇。

唐开成二年（837），香山岛出了一名进士，他就是官至尚书左仆射，即左丞相的郑愚（618—907）。

郑愚出身豪门，雄才博学。公元860年，即咸通初年，授桂营观察史。咸通三年（862），岭南西道节度使蔡京施行苛政，竟致官逼民反。

朝廷命郑愚代之。当时的邕州（今广西南宁）旱灾连连，农民吃不饱，怨天载道。偏在此时，南诏国入侵，岭南东道兵变。天灾加人祸令局势岌岌可危。郑愚独力支持，安抚有道，整治有方，使邕州安然无损。乾符三年（876），唐僖宗以其有功，授邕州刺史兼御史大夫等职。

郑愚有则趣事流传民间。他曾以桂营观察使的身份拜会在海内负有盛名的魏国公崔铉，顺便带了文稿请他指教。一来加深与官僚彼此的联系、沟通，二来炫耀一下自己的文才，抒发情怀，祈望得到高人认可。那时的郑愚刚受重用，意气风发，年少轻狂，人又长得英俊，又喜打扮，崔铉以为他是个浮躁浅露之人。因此，看也不看郑愚的文稿，随便把它放在案上，只是礼貌地留他与访客一道吃饭。

饭毕，郑愚离席回家，想起未带回的文稿，于是更换了一身红色的绣袍返回崔铉处。崔铉在他离开后，叫一美女泡茶，一边饮茶，一边好奇地翻看郑愚的文章，看到得意处忍不住拍案叫绝。不过，当他见到返回的郑愚衣着更较刚才华丽，像个花花公子，疑心文章有人代笔，于是有心试他。刚落座，崔铉对着郑愚道："郑进士累了，请先喝口茶！"

郑愚看了一眼在其身旁的美女，躬身还礼，道："三人三个口，不是喝，应为'品茶'是也。"

崔铉一听，笑道："说得在理，听君言，看来对茶也颇有心得，请一试此茶如何？"

郑愚听出弦外之音，分明是试他才学。此刻，烹茶的美女正端起盛着茶叶的茶壶倒茶，随着纤纤玉手的起伏间，茶香四溢。美女朱唇轻啜，一边香喉细咽，一边偷看郑愚，真是明眸转出秋水，令人心意迷茫。此情此景，美不胜收。郑愚见状，微微一笑，不慌不忙地回应：

> 嫩芽香且灵，吾谓草中英。
> 夜臼和烟捣，寒炉对雪烹。
> 唯忧碧粉散，常见绿花生。
> 最是堪珍重，能令睡意清。

这首诗赞颂的茶叶是"草中英"，借物喻人。崔铉看着郑愚穿着红锦，兼且才华敏捷，不由慨叹地说："也只有像你这样的才子，表里如一，才配得上这身漂亮衣服和有美女相伴啊！"

崔铉说得没错，郑愚是个表里如一的人。他虽然喜好装扮，但一点也不像那些徒有其表的纨绔子弟。郑愚全凭一身才华入朝为官。自登上仕途，鞠躬尽瘁，为国操劳。每当国家召唤，他总是义不容辞，悉力以赴。公元881年，黄巢起义军攻入广州，势如破竹，直指京城长安。郑愚临危受命，解了京城之围。皇帝以其功高，晋升他为丞相，位极人臣。

郑愚在位时，不是在地方平叛，就是在京城平叛，生活在劳碌奔波之中，但他时刻关心民生疾苦，时常为无家可归者、露宿者、乞讨者及贫民提供救济，在寺院附近设立粥点，让他们感受到上天并没有抛弃自己，可以获得继续坚强生活的力量。辖区各地都建有不少凉亭，就是他倡导建设的，这除了用作驿站之外，主要是让那些流浪街头、无家可归者有落脚处。他认为，官府不能帮助这些人，起码能给他们提供一个遮阳避雨的地方。用现在的话来说，郑愚有着"普世的人道关怀"。有一首《醉题广州使院》可佐证：

昔年百姓受饥荒，太守贪残似虎狼。

今日海隅鱼来贱，大须惭愧石榴黄。

●宋年间始立县，布铁沙以筑城

岁月沧桑，时光流转。至北宋，香山岛周围的沙滩沉积比前扩大，一些地方变成了冲积平原。元丰三年（1080），朝廷在鸡拍村（今珠海市唐家镇内）建立了香山崖银场，为广东23个银矿之一；在濠潭（今珠海市香洲区山场村）建立了香山盐场，是广东15个大盐场之一。随着中原人口不断南迁，岛上居民逐渐增加，香山岛逐渐从贫瘠的海岛变为土地肥沃的地方，香山的地位渐见重要。

北宋元丰五年（1082），广东运判徐九思用香山进士、前鄂州军事通判梁杞的建议，请求朝廷改香山为县，未获批准，但许设置香山寨。寨立于濠潭，专营巡捕盗贼，安靖地方。陈天觉受命为香山镇寨官，民赖以安。

陈天觉（1087—1183）以字行，名元英，号香叟。香山虎涌村（今中山市东区库充村）人。宋绍兴八年（1138）进士，授朝政大夫。因性格耿直，得罪朝中权贵而被罢职，愤而归里。时北方受外族侵扰，宋室偏安南方，烽烟暂息。身为寨官的陈天觉审时度势，于南宋绍兴二十二年（1152）以香山交纳赋税，运粮到东莞县城时遭海盗抢劫等为由，建议改香山镇为香山县。当地有句俗语，"有时有候出公侯，冇时冇候出石头"。也许，陈天觉把握了天时地利人和之机，东莞县令姚孝资采用陈天觉的建议，请州上奏朝廷，结果获得批准。香山镇升格为县，是为香山县。

"绍兴二十二年九月十五日，诏升广州香山镇为县……"

历代史料均有明确记载，这日就是香山县的"生日"。换算为公历，立县那天应为1152年10月14日，按传统历法，这天是"成日"，是上好的黄道吉日。真是"皇天不负有心人"，从梁杞到陈天觉，几经周折，辗转七十个春秋的立县凤愿，终于在这一天梦圆！

当时的香山县属广州府管辖，县境包括今天的中山市、珠海市、澳门以及番禺、顺德、新会的一部分地方。香山县设置有10个乡：

仁厚乡（今石岐、南区一带）、德庆乡（今沙溪、大涌一带）、永乐乡（今濠头、张家边一带）、长乐乡（今神涌、黎村一带）、永宁乡（今南蓢、翠亨一带）、丰乐乡（今三乡、神湾一带）、长安乡（今山场、前山、澳门、唐家一带）、宁安乡（今小榄一带）、古海乡（今黄圃、潭洲、黄阁一带）、潮居乡（今斗门、乾务一带）。南部海域还有南洋诸岛（今大小万山、大小横琴、高栏岛一带）。全县户数不足1万，虽然渔盐兴旺，但农田少、粮食不足、人口少，故被列为下等县。

诏准立县后，朝廷指定陈天觉以寨官身份"代县令"，主理香山县政事。

新县既立，接着就是确定县治和修筑县城。古代都邑必筑城垣，挖护城河，以资防守。县内各乡都十分关注县治的地点，认为这不仅仅是本邑军事防守的堡垒，更是全邑政治、经济、文化中枢，选址必须慎之又慎。经过多次勘察和比较、讨论，初步提出的候选地点只有丰乐乡（今三乡）和仁厚乡（今石岐），因为其他地方大都是海滩，成陆不久，连盛产海盐的濠潭也不具备候选资格。

但丰乐乡与仁厚乡各有优长，应该选哪一个，还需要再定。

就这个问题，陈天觉颇为民主。一日，他邀集父老乡绅坐下来一起商议。可是，丰乐乡和仁厚乡的代表各执一词，争持不下。

仁厚乡代表认为："石岐有武山（西山）、仁山（今孙中山纪念堂）、寿山（今市一中旧校址）、丰山（南门东北）、盈山（丰山之东）、福山（仁山东南）、凤山（福山东南）共七座小山，围绕着月山，是有名的'七星伴月'风水宝地，故城址选在仁厚乡最理想。"

可是，丰乐乡的代表持有不同意见："丰乐乡四面环山，中间乃广阔的平原，自古就有'聚宝盆'之盛誉，也是一流的风水宝地，选址应在丰乐乡。"

显然，两乡代表皆是从风水的角度去争论。要知道，在那个时候建城要考虑风水。唐代《黄帝宅经》中说："凡人所居，无不在宅。虽只大小不等，阴阳有殊，纵然客居一室之中亦有善恶。大者大说，小者小论，犯者有灾，镇而祸止，犹药病之效也……上之军国，次及州郡县邑，下之村坊署栅乃至山居，但人所处皆其例焉。"

陈天觉听了，心里有数，他心仪的地方是石岐。石岐靠山面海，已成为与广州府联系的枢纽，当然要比缺乏水运之利的丰乐乡有利得多。只不过陈天觉是仁厚乡人，不便说太多。但在石岐建城，有一个问题，石岐一带乃海滩冲积而成，土质松散。为使城郭牢固，陈天觉早想出了一个解决办法，"布铁沙于地以筑城"。

凑巧，双方都祭起了这个最古老但却最有效的"法宝"——堪舆（风水）。且公说公有理，婆说婆有理。陈天觉一听大喜，便顺水推舟，欲终止那无休无止的争论。他站起身来说道：

"古语有云：'建城须贵地，地贵者土重。'我们可以取两地的泥土称一称，哪里的土重，就选定在哪里建城！"

众人一听，觉得公平合理，于是均表赞同。

接下来的"秤土"，当然是掺铁沙的泥土要重，最后商定在仁厚乡建城。此事传开，人们便把落成的县城称为"铁城"，所以石岐又称"铁城"。这就是著名的"秤土"之说。

众人议定了县城地址在石岐仁厚乡，即香山岛北端的西山与寿山之间，县署建于城内仁山下（今孙中山纪念堂一带）。

陈天觉为把县城建好，特邀著名的数学家梁溪甫为县城建设总设计师。

梁溪甫，又称梁甫。香山县良都（今中山市南区）福涌村人。福涌村原名"曲涌"，后人认为是福地，清道光初年改名"福涌"，沿用至今。

梁溪甫自幼对数学和建筑有浓厚的兴趣，年幼时随在京城为官的父亲梁仲卿生活，有机会随当时的数学名师学艺，很快精通书算。北宋末年，梁仲卿辞官归里，梁溪甫从此就在家乡以包揽建筑工程为业，久负盛名。

功建铁城梁公祠

梁溪甫领命后，挑起筑城的设计、施工重担，组织了一批精于算术者、风水师、能工巧匠，与随其学艺的四个儿子一起，跑遍了香山大地，将地形地貌测绘成图。香山县有史以来的第一张地图就出自梁溪甫之手。

值得称道的是，梁溪甫强调对县城的规划建设，必须遵循"天人合一"，做到人与大自然的和谐。他以石岐海、九曲河为天然护城河，筑城墙时，用土多为海泥，不动七星峰、月山、北辰山等山体一分泥土。一切准备就绪，香山县城于宋绍兴二十二年（1152）一月正式开始兴建。

这是香山旷古以来的首次建城工程，全县仕宦军民、乡绅耆老莫不人人关心，个个献力。兴工之日，四乡车船，赶运木石；工地营役，奋力夯作；士农工商，群策群力；能工巧匠，各献所长。于绍兴二十四年

（1154）十一月，浩大的铁城县城工程告竣。

新建的县城，其初筑的城墙为土垣，即以"三合土"（山泥、石灰、沙三种建筑材料搅和在一起）渗以铁沙夯成，城墙异常坚固。城门四个：东门名启秀，南门名阜民，西门为登瀛，北门为拱辰。明洪武二十六年（1393），守御千户陈豫为拓展城区面积，把城墙周长扩展，并改用砖筑城，形制为东西略长的矩形城池，在四个城门加筑亭台，楼亭相望，垛堞相连，气势恢宏。

由陈天觉策划，梁溪甫设计的铁城，山水相依，山环水抱，石岐的城市风光美不胜收。明嘉靖《香山县志》也有记载：

> 县城东南山陵，西北水泽，设治于岐北，而四围皆海，居然一小蓬岛也。大尖、胡洲（皆山名）笔峙于前以为望，乌岩、香炉（皆山名）屏障于左以为镇，龙脉拥入县治，隐而不露。登高而视，襟带山海，真岭表之奇境也。西有象角海口，北有县港海口，潮则弥漫巨浸，汐则浅隘难渡，虽近外海而无番舶之患，此莆滨海咽喉，自然天险，广郡之要津也。

历史兴废无常，曾几何时，不仅无数的人文景观被毁，而且自然景观也受到空前的破坏，石岐的"七星峰"，也只留下"七星初地"的地名让后人追忆。俯仰古今，能不慨然！

●神仙断语，石破天惊

香山县，野芳发而幽香，佳木秀而繁阴。重峦叠翠，碧波浩渺，自然风光秀丽，吸引了不少风水术士、文人墨客不远万里来寻奇探胜。

宋徽宗年间，曾任国师的地理大师赖布衣，因与人相地、占卜每每应验，故有"天下第一风水大师""神算子"之盛誉。据载，他行迹遍及大半中国，曾经到广东，为很多望族大户寻过墓穴。清屈大均《广东新语·坟语》记载：

> 宋有赖布衣者，善相坟地，今广东故家大姓，其始祖二世、三世坟，多赖布衣所定穴位。谚曰："族有赖布衣，繁昌必有闻。"

古老相传，赖布衣到广东后，听闻香山县五桂山多神仙花卉，香飘百里，隐见地气之灵，曾率众徒取路往香山县境寻龙探穴。

赖布衣一行，是从顺德方向进入香山县境的，当乘船至小榄沙口海面时，远望前面一片苍茫，唯有形状各异的几个小山彩云缭绕，空蒙迷离，似有股仙气蒸腾。赖布衣向船夫打听，始知远处像橄榄一样的五个山峰分别叫榄碇冈、大榄、小榄、圆榄、半边榄。

赖布衣私忖：山环水抱必然气聚，云蒸霞蔚定出人杰。此五山虽无高大之形，又无雄伟之姿，但巧布其间，显然是"金木水火土"之"五福临门"地理格局。再者，圆榄山，鼓也；半边榄，旗也。如此"五星聚境，旗鼓把门"之风水格局实为少见，岂非出天子之地？

赖布衣想到这里，心头一震，立即取出罗盘，对准方位，细研方数。他以背为座，以山为向，以水为来龙，测到"鼓在前，旗在后"，即圆榄山在前面，半边榄在后面。在赖布衣眼中，"旗"在前，"鼓"在后才是正道，因旗为帅、鼓为号，哪有先后倒置之理？由此，赖布衣断定这里非出天子之地，最多出一宰相。不过，此间已灵气逼人，相信不远处，应是真龙所在。于是，他抖擞精神，率众人离开小榄，往县城石岐方向行进。正是：

> 辗转南游又一春，遍寻胜境往来频。
> 谁知南粤蛮荒地，竟是灵山育锦鳞。

夕阳西下，赖布衣一行来到唤作长洲的地方，横渡石岐海后，即拾级登上那树木葱郁、鸟语花香的石岐山。

石岐山，原满山巨石，后因采石变成了泥山，草木森森。因地理位置甚为重要，山顶上设有烽火台，遇有敌情，烟墩守军白日举烟，晚间燃火，彼此传递军情、互通信息，故又名"烟墩山"，山名沿用至今。

当众人走至半山，见有一巍峨巨石，伟岸傲然，上面刻着一首题为《泛石岐海》的诗：

> 此日携琴剑，飘然事远游。
> 台山初罢雾，岐海正分流。
> 渔浦扬来笛，鸿遥翼去舟。

鬓愁蒲柳早，夜怯芰荷秋。

未卜虞翻宅，休登王粲楼。

怆然怀伴侣，徒尔赋离忧。

细看落款，原来是唐朝诗人郑愚作的。这首诗是郑愚年少离开家乡石岐时所写。他作此诗正值"安史之乱"后，诗中的虞翻和王粲分别是三国时代吴国和魏国的名士，均是郁郁不得志者，体现了他此行对未来的忧虑。这里的"台山"，指石岐以南的南台山；"岐海"指石岐山下的大海，山多石、水分岐，香山县城石岐的名称大抵由此而来。

赖布衣与众人饶有兴趣地欣赏完郑愚的诗，然后继续往山上走，很快上到山顶。赖布衣站在山巅，环顾周围，见有七座山峰，围绕着一座形状浑圆的山，他大为惊讶，认为这是难得一见的"七星伴月"地理格局。他忙向身边的向导打听，始知此地的七座山峰，又名"七星峰"，分别叫武山、仁山、寿山、丰山、盈山、福山、凤山。不远处这座圆形的山叫"月山"。断定这里就是历史上有名的"七星伴月"风水宝地。

大凡地理形状像什么就预示着什么，但也不尽然。风水者，堪舆之道也，堪为天道，舆为地道。仰观天文，俯察地理，是风水术的两大要素，缺一不可。因此，待天空慢慢拉上夜幕，赖布衣再走上山巅，仰观天象；接着，俯瞰山下的石岐海。恰好山下的石岐海正是退潮之时，海水在各岛屿分流迅速，阵阵风声和着汹涌澎湃的涛声，仿若号角声在耳边响起，景象十分壮观。

赖布衣心潮起伏。未儿，他大惊失色，口中道："大宋将江河日下！"

"大师何出此言？"众徒惊讶。

只见赖布衣双眉紧锁，一言不发，神色异样。隔了好一会儿，才一字一顿地说："你们且看上空，帝星暗淡无光，此时此刻，正汹涌退潮，三才和合，最为精准。"

赖布衣说的帝星，俗称紫微星，"紫"字是指紫微星垣，古代用来象征皇帝。

"宋室若移师此地，或许可……"大徒弟接过赖布衣的话题道。

"我看大宋气数已尽。到香山也难避过此劫。不过，至少可把根留住。此谓'七星拱月地，穷途也有路'啊！"

众徒听了，一知半解，又见赖师神情严肃，不再追问。

次日，赖布衣率众人登上与插笏山相连的莲峰山（今"电子大学中山学院"所在地）。当时的莲峰山与插笏山（白衣古寺所在地）相连，逶迤而下，气势非凡。

莲峰山者，峰以莲名，擢青挺秀，应地之灵。山上松柏翠绿，紫竹茂盛，山花烂漫；山下的荷塘乃海滩冲积而成，绵延数百里，连片滩塘内长着各种各样莲花，竞相斗艳，十分壮观。

赖布衣站在莲峰山山巅，近看山麓雾霭缥缈于阡陌间，莲花盛放；远眺五桂山山脉连绵起伏，紫气蒸腾，拂面的熏风中夹杂着花草的清香，使人心旷神怡。他见此美景，心神荡漾。不禁言道："野莲盛开之地，仙花飘香之所，绝非凡景。"

随他相地的徒弟及乡绅忙问其故，赖布衣并不理会。只见他凝神看着前方，竟然越看越奇，惊叹道："实乃护拥天龙之地，确为'七星伴月'之风水宝地也。未料区区香山县境，会出扭转乾坤之天子！"

"哗！"众皆惊愕，个个张大了口，目光齐刷刷聚焦到赖布衣身上，问："朝代更迭，当皇帝者即为天子也，何谓扭转乾坤之天子？"

赖布衣并不作答，此时此刻，他站在山巅上，轻捻胡须，衣袂飞扬，恍如神仙。他掐指一算，又道："是帝象帝，是帝即帝，是帝非帝。每颗星需历百年，七百年方圆七星伴月之数，此乃七百年之后的事。"

众人求解，赖布衣笑云："天机不可泄露。"

赖布衣断言七百年之后，香山县会出扭转乾坤之天子。究竟这天子将诞生在香山县境何处？是故，赖布衣择日率众徒沿着五桂山龙脉一路追寻。正是：

> 寻龙点穴向南行，掐算玄机暗渺溟。
> 地理天时何日应？三才和合始分明。

大凡风水师寻龙探穴的一般顺序是"觅龙、察砂、观水、点穴"。其中，"觅龙"是关键。

古人称山势为龙，觅龙即寻找生气流动的山。谓山为龙，像形势之腾伏。山之变态，千形万状，或大或小，或起或伏，或逆或顺，或隐或显。又云，龙形之山脉视其形可分成五龙：进龙、退龙、福龙、病龙、恶龙。

那何以分辨此五龙呢？按风水书言，山势过于高大险峻兼怪石嶙峋者，奇形怪状固然好看，但多出恶龙。恶者之所乘也，天地之邪气，扰乱天下，所出之龙，谓之混世魔王是也；而山势绵延起伏，山势柔和，虽平淡无奇，但多出福龙、进龙，乃为仁者，仁者之所乘也，天地之正气。

这天早上，赖布衣率众从石岐出发，走了大约半天时间便来到五桂山山脚。

五桂山，是珠江三角洲南缘的山脉之一，此山乃方圆二百多平方千米的群山之祖，终年花草芬芳。它东起伶仃洋，西迄磨刀门，北界横门、石岐等地，南抵横琴诸岛，脉分五路，主脉从东南行，奔腾而出，绵延起伏，一路气势磅礴，横布数十里。

赖布衣看着绵延起伏的五桂山，好似龙身，且起伏柔和、绵延不绝，当是进龙和福龙无疑，故精神畅快。领着众人沿着山脉继续往前走。当行至五桂山南部的白水林山，赖布衣停下了脚步。

白水林山，所处地域为丰乐乡谷字都（今三乡），不远处就是著名的罗三妹山，山下有终年喷涌不竭的地下温泉（今中山温泉），甚为奇特。

赖布衣从高处俯瞰，只见谷字都聚居之处是一大平原，周围都是山峦，层林叠翠，一看便知此地是个"聚宝盆"地理格局。他深觉此间灵气较之小榄更为逼人，断定不远处，是所行之目的地。故与众人继续往东行，终于来到位于五桂山"行龙干脉"上的翠亨村。

山清水秀的翠亨村，三面环山，一面临水。背枕祖山——五桂雄峰，紫气氤氲，云蒸霞蔚；东临浩浩荡荡的大海，气象万千，景象十分开阔；南面是金槟榔山，槟榔处处，果实满枝；西面是牛黄山，山形似牛头，牛气冲天；北面是龙头山（因避讳，又称犁头山），正欲奋起；难得的是，翠亨村还有被称之为"玉腰带"的兰溪，兰溪绕村而过，直通大海。河溪宽阔，水质清澈，一年四季，两岸香花弥漫，微风拂过，柳枝随风飘拂，河溪泛起涟漪，景色迷人。

身处翠亨村的赖布衣异常兴奋，对众徒道："香山县好山好水相依，河网纵横交错，溪水迂回曲折，背山又有茫茫大海，真是既得水，又藏风！"

赖布衣所称的大海，即伶仃洋。比他晚一百多年的南宋名相文天祥，即在此地写下了《过零丁洋》，留有"人生自古谁无死，留取丹心照汗青"的千古绝唱。

赖布衣在翠亨村走了一圈后，再登上五桂山山脉，用心细察，他大为惊愕，道："五桂山的主脉，东南行，经谷字都，结穴于这里的翠亨村。假以时日，此一带定当出惊天动地之人杰也！"

他言休未止，又留下偈语：

> 龙到平洋莫问踪，只观水绕是真龙。

说话间，天上一群大雁"人"字形排开，正经头上飞过，不久，降落在前面的海岛上。赖布衣与众徒顺着大雁方向看去，又是另一番的景象。

只见前面的海面上有三个小岛分布有序。从向导口中知道，左边是淇澳岛，右边是唐家湾半岛。淇澳岛与唐家湾半岛古时统称为金星山，均为条形状，两岛相峙，隐若双龙。奇妙的是，这两岛之间有座圆形的小岛，仿若硕大的珍珠，名叫金星岛，淇澳岛与金星岛之间的海口叫金星门。据历代《香山县志》记载："金星山，二峰相峙趋向如龙，中有小屿如珠。"又载："金星山在县东南，二峰相峙，隐若双龙中有小屿如珠。"亦曰："金星门，南汇大海涛，翻若山，黑黄苍赤，备具奇观"。

众人正凝视前面海域间。忽然起风了，刚才还是晴空万里，云霞满天，转眼间，风起云涌，雷声滚滚。但见浪随风起，波澜壮阔。此时，只见仿若双龙的淇澳岛、唐家湾半岛，好似动了起来。昂首一齐游向酷似硕大无朋的珍珠——金星岛。

"二龙戏珠！"赖布衣脱口而出，众徒齐声应和。有诗为证：

> 翠亨海面现双龙，桂岭分宗山五峰。
> 聚脉东南形胜地，旗张鼓列阵图雄。

此时此刻，赖布衣深有感触地说："甫进入香山县境之小榄，即有'旗鼓把门，五星聚境'之阵；至县城石岐，有'七星拱月'之局；经谷字都（三乡），却是一大'聚宝盆'；现在的翠亨村更有'双龙戏珠'这千古奇观，如此一流地理格局竟集于同一县境。真不可思议！"

说毕，他大声感叹道："香山县真乃藏龙卧虎之地是也！"

古老相传，这些传说已很久、很久了，直至现在有首《西江月》专为此咏叹：

辗转南游到此，不知几度春秋。人间胜景足勾留，旗鼓五星聚秀。

七曜北辰格局，预言将现冕旒，双龙戏水宝珠浮，果应玄机秘奥。

第一章　耿耿忠心昭日月
　　　　铮铮铁骨壮河山

词曰：

战火频摧，难抗敌，宋皇南撤。匆匆退，伶仃横渡，沙涌暂歇。工部勤王彰大义，黎民卫国钦高节。

闻香肴丹荔帝初尝，忠臣设。横琴战，多壮烈。真气概，歌不绝。一千年过后，精神不灭。迭迭沧桑多少恨，桩桩往事如何说？问当年谁见国玺湮沉？厓山月。

——调寄《满江红》

当年赖布衣夜观天象，预言宋朝江河日下，却真的被他言中了。

香山县成立于宋朝，这可是中国历史上最令人荡气回肠的一个朝代。中国四大发明中的三个——指南针、火药、印刷术，就是这个王朝对人类做出的伟大贡献。不过，宋朝过于重文轻武，在这个冷兵器的时代，未能顶住强悍的游牧民族铁骑，最终被他们痛恨的蒙古人打垮。而惊心动魄的大决战，就是在立县时间不长的香山县惨烈上演。

时势造英雄，当其时，香山县出现了一位民族英雄——马南宝。

马南宝（1250—1285），香山县沙涌人（今中山市南区沙涌村人）。家道富裕，读书好义，尤工诗词。宋景炎二年（1277），宋端宗被元兵追逐，航海避敌过香山境，马南宝献粮千石饷军，迎宋帝至沙涌，以其家为行宫。并发动乡民勤王，获端宗敕奖，召拜工部侍郎。宋、元两军决战溃败后，马南宝再组织义师抗元，横琴大战后被捕，不屈英勇殉节，年仅35岁。明清、民国三朝均追表其忠，崇祀乡贤，公认马南宝与陆秀夫、文天祥、张世杰并列为南宋四大民族英雄。

●宋室南迁，香山勤王

建隆元年（960），宋太祖赵匡胤发动"陈桥兵变"，夺取了后周政权，建立了宋朝，史称北宋。北宋"以文治国"国策，令经济文化蓬勃发展，政府岁入"两倍唐室矣"。然而，以步兵为主的北宋军队抵挡不住游牧民族如草原风暴般袭来的骑兵部队。靖康二年（1127）四月，金兵攻破北宋都城汴京（开封），在城内搜刮数日，掳徽宗、钦宗二帝和后妃、皇子、宗室、贵卿等数千人后北撤，北宋灭亡。

靖康之难时，独康王（徽宗第九子）赵构侥幸逃脱，在南京应天府（今河南商丘）即皇帝位，是为宋高宗，改元建炎，寓以火克金之意。从此，南宋在风雨飘摇中宣告诞生，赵宋王朝得以延续。

高宗即位的第二年，金为灭宋继续大举南侵，全赖岳飞、韩世忠等将领奋起抵抗，金军败退，赵构还杭州，定都于此，改名临安府。绍兴八年（1138），高宗在秦桧的怂恿下削去抗金将领韩世忠的兵权，又以莫须有的罪名杀害了要直捣"黄龙府"迎回二帝的岳飞、岳云父子。接着与金议和，大规模的军事对抗暂告结束。

偏安江南一隅的南宋，政治开明，国际贸易频繁，很快岁入达到北宋的数倍，并拥有当时世界最先进的科学技术和发达繁荣的经济文化。著名史学大师陈寅恪说："华夏民族之文化，历数千载之演进，造极于赵宋之世。"

13世纪初，正当中原地区的宋、金对峙、纷争不已的时候，成吉思汗的蒙古游牧部落迅速崛起，然后以风卷残云之势横扫欧亚大陆，继而灭了金国。宝祐元年（1235）始，蒙古展开了对富裕的南宋帝国长达51年的征服战争。

景炎元年（1276）年初，蒙军统帅忽必烈命伯颜为副统帅，指挥大军南下。过惯了安逸富裕生活的宋人怎么可能敌得过原始凶猛在血雨腥风中奔出来的蒙古铁蹄？

很快，临安沦陷，宋恭帝和谢太皇太后相继被俘。南宋朝廷土崩瓦解。临安紧急时，杨淑妃携二子随其弟杨亮节在驸马欧阳荣可、杨镇率军士的护卫下，奉国玺潜行出城，左冲右突，奔至温州，隐匿在早躲藏于此的陈宜中家中。大将张世杰闻讯率兵从定海前来会合，大家一致主张重建朝廷，在温州江心寺拥立赵昰为天下兵马都元帅，赵昺为副元帅，一并撤至福州。同时发布檄文，昭示各地忠臣义士紧急勤王。

彼蒙古者，率兽食人，茹毛饮血，无伦无礼，蛮夷之部落尔。一朝得势，逞爪牙之尖锐，纵战祸于他邦，灭大食，屠党项，绝金后嗣，中原旧地，幸免于屠刀之下者，十无一二。狼子野心犹不知足，背盟负誓，纵兵南下，侵我汉疆；攻川陕，无城不屠，尸塞水道，血染河殇，骨露荒野，堆砌成行。掠襄阳，焚烧逾月。长街空荡，失之熙熙；万人空巷，不见攘攘。若此者数，攻掠之处，已无整土，屠灭之地，再无完族。自盘古开天地以降，中华之劫难，无过于此者。蒙古所欲图者，天下也，非国家也；蒙古所欲杀者，万民也，非一姓也。此诚王侯将相、士农工商同仇敌忾，誓死以抗，求存全种之秋也。

夷狄旧邦，射雕牧马，鹰飞草长；禽兽类人，丛林为则，强者恒昌。不耕不读，无渔无商。弃诗书之教化，赖骑射之精良。与我华夏，言不通，性不入，无同书之文字，少有路于桥梁。只知蛮夷，何云友邦？斯酋长者，学儒借法，宏手足之论，惠腹心为实。然彼之道，尊夷攘汉，愚黔欺士，舍义求生，非孔孟之所谓道也；彼之法，扶强除弱，劫贫济富，分族论等，非韩商之所谓法也。斯儒，以乱我中华之正统，斯法，为败我华夏之纲常。斯论之出，乃酋惧我正气之浩然，计穷而为之，然倒行逆施，何以服众？尚图扰我耳目，惑我灵台，岂不谬哉！

青天有上，其道大光，顺之者昌，逆之者亡。苻坚狂妄，败于淝水；颉利猖獗，献舞厅堂。故知胜负之道，不在众寡，存亡有数，无分弱强。蒙古灭金屠夏，拓地万里，挡者披靡，可谓强矣。然不施仁义，终遭天弃。故远有蒙哥之诛，近有扬州之败，恃强而不能夺我寸土。况今天下一心，气愤风云，四海旗聚，誓清妖孽。东起扬州，西连巴蜀，兵甲成群，行伍相接，鼓声动而南风起，剑气冲而北斗平。万众悲歌，气吞山河。以此敌虏，何愁不催。诸君但尽人事于日下，必垂青史以永芳。圣人之云杀身成仁，舍生取义者，尽在今朝。共之，勉之，励之！

值此京城已破、宋朝即亡的千钧一发时刻，檄文一出，那些不肯附逆的宋室文臣武将，怀着东山再起的梦想，集聚而来，誓言舍身报国，抗元到底。

至此，南宋朝廷在面临纳土归降命运之前的转瞬之间，出现一线生机。以张世杰为首的勤王部队，迅速同文天祥、陆秀夫、刘师勇、苏刘义、孙虎臣等所部会合，抗元声势为之一振。

德祐二年（1276）五月初一，不满 10 岁的赵昰在福州正式登基称帝，是为端宗，改元景炎。晋封弟弟赵昺为卫王，尊杨淑妃为皇太后，垂帘听政。杨亮节为国舅，封侯爵。并命陈宜中为左丞相，文天祥为右丞相，张世杰为少傅枢密副使，陆秀夫为书枢密院事。

景炎元年（1276）十一月，元军逼近福州，此时宋军尚有正规军 17 万多，淮兵 1 万多，足可一战，但由于主持朝政的陈宜中胆小怕事，未待朝廷立住阵脚，又开始向南转移。宋室认定元军不善水战，故仍然选择海路逃亡。

其实，那时把持市舶司的蒲寿庚已叛降，将所有海舶均交于蒙古人，又为蒙古人制造了 600 艘战舰，蒙元已拥有自己的水师。故忽必烈派出两路大军加速进剿：一路陆上堵截，一路海上追击。

面对如狼似虎的强敌，杨太后带着小皇帝端宗赵昰和小儿子赵昺，在宋军的护卫下登船入海躲避，离开福州之后，辗转泉州等地东逃西避，疲于奔命，来到广东潮州安歇。

别小看这个南宋朝廷，宋少帝麾下汇聚着汉人的精英集团，铮铮铁骨不愿受蒙古鞑子蹂躏，为保存着皇室的正统血脉以寻求中华文明的延续，而不得不四处逃亡。

大家都以为到了潮州便可安顿下来，可是，宋帝前脚一来，蒙古兵的前锋后脚就跟着到。在生死存亡关头，宋军和当地的农民一起截杀蒙古前锋，可终难敌精锐元军，边战边退，奋力掩护宋帝逃脱，殁者的尸体铺满了逃亡之路。

在海上，一日早朝，疲惫的杨太后显然有点绝望了，以木讷的眼神看着众大臣，望着远处茫茫的大海，哀叹道：

"我们一直指望翻过那座山、渡过那片海，就安定了，但仍然被蒙古兵死死咬住。现在往哪里逃啊？我死不足惜，但最起码要为赵宋留下一点血脉啊！"

杨太后这么一说，众大臣面面相觑，一时不知说什么好。

是的，漂泊在海上的日子并非像一般人想的那样惬意，每天看日出日落。在前途未卜，后有追兵的情况下，不仅寂寞无聊，而且焦虑、担惊受怕。

"往哪里逃呢？陆路是逃不过蒙古骑兵的，现在蒙军也已有水师，但毕竟没有宋军强，还是走水路安全，可是，我们不可能天天在海上漂泊，总得有一个落脚点啊！"大臣马汇龙打破了尴尬气氛，建议道："我看还是往香山县较为妥当，那里位居珠江口古海湾之中部，有横门、磨刀门、鸡啼门和厓门之天险为屏障，以那里的澳岸作为行朝栖身之所，既不暴露于外，也不局处于内……"

回话的大臣马汇龙是香山县沙涌人，熟悉当地环境。陈宜中听了，当即赞成但有点忧虑："香山岛孤悬海外，地处偏僻，元兵不易察觉，就算察觉了，岛屿众多，易于藏匿，是明智之选择。但此地立县不久，土旷人稀，取给于渔农，恐筹措粮草较为困难。"

南宋时朝的香山县是伶仃洋上的一座岛屿，俗称"香山岛"。虽然地域广阔，但很多地方成陆不久，生产力落后。陈宜中的担心是有理由的。

"这请丞相放心，粮草包在我身上！"马汇龙接口应道，"我当即'飞书'让我儿准备粮草！"

杨太后听了，问："是不是地多神仙花卉，且盛产土沉香的那个香山县啊？"她也许知道当年杨贵妃就是用香山的土沉香治好病的，是个好地方。于是不无兴奋地说："往香山县吧！就这么定了！"

"正是，香山县可是一风水宝地呢！"马汇龙把香山夸了一番，杨太后高兴非常，当即号令起程。

马汇龙说"飞书我儿"的我儿，就是指马南宝。

马南宝是个名副其实的官二代，父亲马汇龙在京城当大官，他在家乡香山县看守祖宗物业，颇懂经营。且读书好义，忠良慷慨，乐善好施，在当地很有威信。

这日，他在县城石岐闲逛，见前面一群人抬头看着张贴在墙上的东西，议论纷纷，他便走上前看个究竟，原来是皇帝号令天下勤王的檄文。

这篇讨蒙檄文，可谓挥毫落墨，气吞山河。马南宝读后，内心怦然，血脉贲张。当即抄下，到处张贴榜文，征募义勇之士，同仇敌忾，共赴国难。

第二天，他返回沙涌村，即收到父亲传信：

"……宋帝不日将撤至香山濠镜澳（今澳门），着我儿速筹粮饷，前来支持宋军……"

宋室"走檄飞书"，可见情势非常危急，马南宝不敢怠慢，决定先把马家的粮食尽数捐出，以应急需。

景炎二年（1277）十月上旬，宋军自潮州之浅湾西来到东莞县南部的大奚山岛，接着横渡伶仃洋抵达香山县，在濠镜澳的沙梨头一带登陆。今澳门的"永福古社"，就是当年的驻跸之处。

张世杰立即指挥水军，沿香山县伶仃洋四周布防，"行朝有船千余艘，内大船极多"，构成海上防御体系。

宋军来到香山，因长途跋涉，后勤补给供应不上，人困马乏，已经出现兵士饿死的惨况，众将心急如焚。

大本营所在濠镜澳（今澳门）是小渔村，不产粮食，如陈宜中所料，筹措军粮相当困难。好在，有大臣马汇龙一力承担，果然，宋军尚未安营扎寨，一个兵士走进来报告："外面有一群人，拉着20多辆牛车，带头的叫作马南宝，说是送粮的！"

"是吗？"杨太后惊喜之余，朝中大臣马汇龙进来禀报："是的，我儿马南宝送粮来了。因当地没有马，只有用牛拉，故来慢了！"

马汇龙话音刚落，军士点数后进来，说："报告丞相，送来大米足足千石有余！"

"好啊！真是雪中送炭啊！快！快！快把马汇龙儿子请进来！"杨太后喜不自禁。

一会儿，只见一个正值壮年的男人，英姿焕发，精神抖擞，大步流星地跨进里屋。

马南宝身材高大，浑身上下有一股凛然正气，因家学渊源，更添书卷味，一点不似土豪，却颇像一介书生。

杨太后与众大臣见了，自是满心欢喜。主政的陈宜中与杨太后耳语两句，然后代行天子令，道：

"南宝听着，现是我大宋危难之时，紧要关头，庆幸汝等，尽忠报国。论功行赏，任你为工部侍郎！总督后勤粮草！"

马南宝算是火线破格提拔了，而工部侍郎这个官真不小，相当于现在的建设部副部长，是个实职，责任重大。

"蒙上厚爱，我当悉力以赴！"马南宝高声道，"此乃前线，岂有让皇上在前线之理？请到我家暂住，姑且做行宫吧！"

众人听了，觉得很有道理，连连点头。陈宜中与杨太后、陆秀夫商量了一下，即下令道："好吧！事不宜迟，即日起程！"

是年十一月二十六日，宋帝由马南宝迎驾至沙涌村。

沙涌村，位处香山县五桂山山麓，村中有一条宽阔的河溪，由五桂山山脉顺流而下，直通岐海。河中有很多沙子，村子因之得名"沙涌"。

当众人浩浩荡荡地来到山清水秀的沙涌村时，杨太后郁闷的心情顿时开朗起来，与陈宜中等大臣商议后，决定以此为行宫。

数十万人马进入香山县，除了主力在前线驻守外，大队人马驻扎在沙涌护驾。宋皇与杨太后等近亲侍卫住在建筑精美、颇具规模的马氏祠堂里。

行朝及大批军马抵境，一向安静宁谧的香山县也开始不安起来，当地人已明显感觉到战争已殃及本土。从这时起，香山县迅速进入举邑勤王、高度备战的阶段。马南宝带领乡民在村前山构筑碉堡，深沟高垒，极力保护皇帝。

马南宝每天忙里忙外，劳瘁备至。在他的发动和感召下，各乡的乡绅、豪门及武林义士，乃至普通乡民，亦纷纷来到行朝求觐。或献粮，或奉饷，或献策，或应募从军。

仁厚乡（今中山市石岐区）城关里乡绅高添，见驾献粮 2000 石勤王，受端宗封为宣义郎，令随朝听候宣召。后来，端宗崩后不久，随朝护驾的宣义郎高添，过劳病逝，安葬于丰乐乡神湾村的芒涌山上，坟址至今仍在。

潮居乡（今珠海市斗门区）有一大户人家，主人赵若举，是宋室宗亲。当他看到马南宝响应勤王的榜文，并闻知宋帝已撤至香山，即率众到沙涌见驾攀亲，并献粮勤王，同时奏称乡里赵族青壮热血沸腾，均愿组成义军报效驾前。

马南宝临危受命为权兵部侍郎，专责粮草后勤保障，任务最为艰巨。他为此奔波劳碌，动员全县乡亲父老四出采办食物，筹措供养。

为保证皇帝和大臣们吃得饱，也要吃得好，马南宝可谓费尽心思。他与厨师一起研制新菜式，炮制专供一品大臣食用的"一品煲"。久违的美味，大臣吃了，均赞不绝口，此菜式流传至今。

还有一菜式，是专供兵士享用的。马南宝考虑到前线兵员众多，消耗体力，需要一定的肉食，且又要好味道，但在当时的环境下，制作也不能太考究。他与厨师商量了一下，索性把猪肉切成大块，加上粉葛或香芋，以及配料，一锅子煮熟。想不到，刚一出炉，已是异香扑鼻。

将士们吃后，更是个个称赞，将领张世杰问道："此菜肥而不腻，浓香四溢，入口即化，咸鲜可口，是何菜式？"

马南宝听了，想到蒙元入侵后，民不聊生，人民无不生恨。看到战士们好像把猪肉看成是敌寇之肉，大口大口地吃着，于是随口答道："此乃'寇肉'！"

因"寇"与"扣"同音，后来说成了"扣肉"，据说中山名菜——扣肉，就是由此而来。后元兵血洗沙涌时，制作扣肉的厨师逃到隆都（沙溪），"沙涌扣肉"变成了"沙溪扣肉"，而中山沙溪扣肉、一品煲等食品亦由此驰名至今。数百年过去了，直至现在，在沙涌、沙溪这一带的村落，每逢举行盛大筵席，"一品煲""扣肉"作为主菜必不可少。

宋军进驻香山后，由于隐蔽性相当高，在相当长的一段期间内，"元人无知之者"。加之，马南宝筹措粮饷有方，保障了前线的补给，安定了后方。广东一度呈现了一片祥和的景象。

小小的沙涌村，因宋皇行宫的进驻，变得热闹起来。

转眼间，春节到了。

马南宝见粮饷不再吃紧，特命乡民制作当地特色点心，以度传统佳节，聊解将士思乡之情，因之发生了一场虚惊。

这天晚上，夜深了，宋端宗于睡梦中被"隆、隆"响声惊醒，疑为元兵追至，急召陆秀夫床前问之，陆秀夫见皇上面带责怪之色，寻唤马南宝不见，亲率随从到乡中察看究竟。

走出祠堂门口，但见家家户户灯火通明，乡民忙碌不停。匆匆近前细看，见村妇都在齐心协力舂米、筛粉、蒸茶果，方知"隆、隆"响声乃舂米之声。

舂米，就是把谷变成米，或把米变成粉的过程。舂米时，碓头撞击地臼的声音，发出闷响，其声如雷，这种沉闷的撞击声，在晚上幽静的乡村里回响，可以想象出有多大声，难怪把皇帝也惊醒了。

陆秀夫目睹这一切，他明白了。而晚上，何以全是女人干活？皆因村中男丁都参加了勤王义军，留下的妇女做后勤，为保新年吃上应节食品，所以连夜挑灯舂米。

陆秀夫返回向宋帝禀告，言是马南宝动员全村妇女通宵舂米做美食，才得以安寝。杨太后、陈宜中及陆秀夫、张世杰等闻知，皆感动得热泪盈眶。

拂晓，马南宝率众村妇齐齐奉上热腾腾香喷喷的煎堆、茶果让宋帝品尝，派发宋军将士享用，皆赞叹不止。

宋室人员逃难至此，香山妇孺为勤王而奔忙，通宵达旦，此情此景，实在感天动地。陈宜中即代传旨封赠香山妇女为"安人"和"孺人"。此衔为皇室后妃之尊称，以此感激香山妇女对南宋忠义之壮举。

这些称谓后来又演变为民间礼仪，直至今天，中山本土妇女之间仍有"安人""孺人"称谓流行。一般而言，称家婆的谓"安人"，而媳妇的即称为"孺人"。香山诗人李浩曾专门写有《孺人赞》一诗：

> 抗金击鼓气犹雄，此日沙涌有义风。
> 黼黻多官谁效命？荆钗无禄识精忠。
> 劳军茶果家家美，供具糇粮夜夜舂。
> 稗史流芳光一邑，孺人徽号宋皇封。

●异乡感怀，焚香结缘

与临安的繁华景象大不相同，香山沙涌村远离了城市的那种喧嚣，整个村庄都在绿色的掩映中，很是幽静。村前河流蜿蜒，各种奇花异草从山脚到山腰，一垄垄，一排排，满地铺开。

在一个雨后的上午，天朗气清，宋端宗在马南宝等大臣的陪同下，漫步村中街巷。细小的野花正从蚝壳墙壁间探出头来，迎风摇曳。间或听到村民们窸窸窣窣的闲聊、婴儿"咿咿呀呀"的啼哭声，还有"汪！汪！"的狗叫声。洋溢着浓郁的乡村生活气息。

闲逛中，见一村姑用背带背着小孩，一边背着手轻轻地拍打着小孩屁股哄着，一边口里说着"勒紧头毛带大仔①，梳光头髻做孺人"。继而，唱起有点哀怨的歌谣：

> 鸡公仔，尾弯弯，
> 做人新抱②真艰难，
> 早早起身安人都话晏③，
> 眼含泪水入下间④。

一路走来，不时见到村落街道中，正在玩耍的孩童。大人们在他们身后照看着，不时呵斥几声，"你们再闹，蒙古兵来了，就把你们抓去！"

皇帝刚刚赐给香山妇女"安人"的称谓一下子入了歌谣，"蒙古兵"也成为大人恐吓小孩的用语。

走出村外，又是一番景象，眼前绿树青葱，稻浪翻滚，野花红又艳，山草青又鲜，鸟儿枝头叫，白鹅戏水间，农民正在田间劳动。这时见前面有两个放牛的小童，各牵着一头水牛，骑在牛背上，一边让水牛在田基边吃草，一边互相答唱着玩：

> 边个⑤出世三只眼？边个出世借东风？
> 边个出世兵马乱？边个出世守华容？
> 华光出世三只眼。孔明出世借东风。
> 曹操出世兵马乱，关公出世守华容。

端宗好奇小孩唱的歌谣，问是何意。马南宝解释后，说："附近不远处，有间华光庙，就是供奉三只眼华光大帝的。"接着，便讲了华光庙的来由。

---

① 带大仔，方言，把儿子抚养成人的意思。
② 新抱，方言，指媳妇。
③ 晏，方言，迟起床的意思。
④ 下间，当地人称厨房为下间。
⑤ 边个，方言，哪一个的意思。下同。

华光庙位处迎阳山（今中山市石岐南下村，现更名为迎阳社区）山脚，迎阳山的东南西三面临海，东面有狮子洋，南面有浦鱼洋，西面有白石洋。水域暗礁累累，潮水汹涌。岸边大石林立，其中在山的东南面，有一块巨石，从路旁延伸到海边，像海疆卫士，踞守在县城的南端，称"迎阳石"。来往浦鱼洋和狮子洋的船只，经常因风浪或触礁沉没，造成船翻人亡。当地人为求神灵保佑，在距迎阳石不远处建了一座华光庙，供奉道教神祇华光大帝。祈求华光以神奇力量，制止龙王兴风作浪。

端宗听了嚷着要去。随行的杨太后点头道："好吧！一同前往华光庙上炷香吧！"

人，是以有希望而生。希望看似虚妄，微不足道，但恰恰相反，希望的力量是很大的，能够支持在困境中的人增强信心，走出生天。宋军与元军交战以来，胜少败多，眼见宋军节节败退，杨太后的确有点绝望，故有寄望神灵保佑之心。

华光庙所在的迎阳山周围风景秀丽，海天浩渺，一望无涯。山上古树成林，大榕树、白榄树、荔枝树、龙眼树、石榴树、乌榄树、黄皮树、枇杷树等岭南果木，应有尽有。众人见环境异常优美，皆欢天喜地入庙拜祭。

进得庙来，早有准备的庙祝即递过点燃的香，给走在前面的杨太后，杨太后示意端宗接过，想不到端宗刚把香插上神台，还未站定，却一不小心手袖扯着香炉连香一并带倒在地上，顿时香炉摔了个粉碎。

众大臣大惊，入庙前的兴致勃勃立即被不祥的预感所替代，少帝端宗也眼神呆滞，一声不吭。

庙祝见状，忙走过来，哈哈大笑，施礼道："诸位不必惊慌，此乃'落地开花，富贵又荣华！'"

接着，庙祝送上一串项链给端宗，说："这是用本地五桂山上产的土沉香木做的，已开光，带上它有辟邪之功呢！"说完，庙祝替端宗把沉香链带上。

这一祈求，端宗与华光庙结下了不解之缘。后来，乡人为纪念宋帝，特制作刻有"御祭华光庙"的木匾，挂在庙宇门楣之上，保留至今。

端宗一众焚香毕，即走出庙门，踏上返回沙涌行宫的路。

时夕阳西下，红彤彤的云彩倒映在海面上，血色一片；透过树梢投影在路上的霞光变成一摊摊的红色。众人踩着这摊摊的红色，渐行渐远，寺庙传来阵阵晚课的钟声，似乎向端宗说："再见吧，宋皇！"

很快，赤色的晚霞渐渐地从天边褪去。天空中传来了阵阵雁鸣声，乌鸦也呱呱地叫着回巢去了。放牛的孩子也赶着牛回圈了。

"飞鸟归巢，该回家了。但是，家在哪呢？"杨太后触景生情，潸然泪下。

马南宝见状，上前抚慰道："普天之下皆为王土，神州处处皆为赵家，只要保住赵氏王室，哪里不是家？"

众人听了皆点头称是。可是，杨太后还是愁眉紧锁。

是的，从杭州到香山，颠沛流离，漂泊之苦，故园之思，哪有不思乡？所幸香山人勤王至忠，解了不少乡愁，但此时阵阵雁鸣声，莫不是感应天地的唱响，还是有什么预示？

当众人行至沙涌村村口，已见炊烟缕缕，听到大人放开喉咙喊着孩子的小名，"阿牛！阿珍！快番①屋企②吃饭啦！"

端宗从小深居皇宫，稍长在军队的护卫下，颠沛流离。杨太后想，如果生长在农家，或许就是这样自由自在地生活。为什么偏偏生在帝王家，让小孩去受这份苦，这份罪呢？

"太后、皇上，看路边大树上挂满了果实，知道这是什么果吗？"马南宝的话打断了杨太后的胡思乱想。她抬头看过去，果然，道路两旁苍劲的树上，果实挂满枝头。

"这是什么果？"端宗问道。

马南宝禀告："这是荔枝树，岭南特有，时值三月，此刻果实是青色的，还未成熟，是酸的，再过两个月，红熟时方可食用。"

"一骑红尘妃子笑，无人知是荔枝来。"赵氏兄弟早听过岭南佳果荔枝的美名，可怜贵为官家，生于兵荒马乱的年代，并未品尝过作为贡品的荔枝。

"马上可以食就好了。"端宗望着树上的果实，期盼地说。

当晚，端宗做了一个梦，梦见荔枝熟了。

---

① 番，本地方言，回来的意思。
② 屋企，本地方言，家里的意思。

"喔喔喔——"

一阵响亮的鸡啼声穿窗而至。端宗刚被鸡啼声吵醒美梦，接着小朋友的歌声灌耳而入：

> 卑暗暗，荔枝黄。
>
> 阿姐嫁，冇衣裳；
>
> 阿家嫁，冇嫁妆。

这是用本土石岐话唱的一首童谣，"卑暗暗"是形容知了即荔枝蝉的声音，"荔枝黄"是说荔枝熟了。"阿姐嫁，冇衣裳"意指姑娘要出嫁了，因家贫，像样的衣服也没有，下面这句"阿家嫁，冇嫁妆"的意思大概一样，"冇"即没有之意，"阿家"是指另一位家姐。

端宗不明何意。刚好，杨太后与马南宝走了进来，便要问个清楚。马南宝作了解释。杨太后在旁听了，接口说道："蒙元乱我中华，真是民不聊生啊！"

马南宝点头称是，然后，转过头来对端宗说："昨天，皇上不是说荔枝现在可以吃就好了吗？真是皇帝开金口，想有什么就有什么。今天早上外面的荔枝真的熟了。"

端宗毕竟年少，心里想着要吃，一听荔枝熟了，故非常开心，他与杨太后等人随即跟着马南宝走出院门。

庭院里，乡民早已摘了一大堆荔枝下来放在这里。荔枝半青半红，剥开泛红的外壳，露出的肉洁白且有透明的质感，像凝脂白玉一样。一口啖下，汁液四溢，果肉脆嫩，清甜可口，味浓香清，真是食之回味无穷。

待君臣将士饱啖一顿后，马南宝借机请求皇上赐名。端宗实在早慧，半眯着眼，故作老成地说："三月红熟，为果之先，就叫'三月红'吧！"

从此，中山便有了这全国独有的最早熟的荔枝品种——"三月红"荔枝。后人有诗叹道：

> 当年宋帝驻沙涌，马氏勤王显大忠。
>
> 万里间关缘浩劫，解馋且待荔枝红。

●疾风知劲草，乱世识忠臣

景炎二年（1277），冬季来了，天气变坏，朔风凛冽，而形势也进一步变坏。

端宗停留香山期间，过了一段很安静的日子。试想，十多万军马进驻，哪有不走漏风声的一天，宋军主力的行踪终于让元军侦知了，元军紧追不舍。

第一道防线的广州已被元兵占领，宋军节节败退，形势非常危急。

11月中旬，元军进袭香山，张世杰率宋军前锋在县境南部沿海及井澳、谢女峡等海岛的第二道防线，严阵以待。

井澳，即"仙女澳"，后称大横琴；谢女峡，后称小横琴。峡有双女坑，相传有一位青年到此采樵，见有两位仙女，姿色绝佳，结伴于坑边嬉水。他上前窥视，仙女忽化作双鲤石。

"烟开万顷碧，木落九霄清。"这个远古就充满了美丽传说的海岛，当时是一个荒无人烟的孤屿，然而，"渔舟不往御舟到"，竟成为南宋与元军在广东对决的战场。

井澳和谢女峡是宋军的第二道防线，如果这道防线被攻破，整个香山县将不保。

庆幸此次迎战元军，以逸待劳，加之有马南宝组织的义军紧密配合，宋军士气如虹，众志成城，奋勇抵御元兵的进袭，鏖战既久，元军因无步骑配合作战，始终无法得逞，且又伤亡惨重，元军将领刘深身负重伤，结果只能向东南海面撤兵。宋军终于打了一个大胜仗，打破了元军不可战胜的神话。

当井澳大捷的消息送到沙涌村行宫。群情振奋，少帝端宗也嚷着要亲征前线。

在陈宜中、马南宝等大臣的陪同下，宋端宗来到了井澳，巡视海面上的布防后，然后登上制高点。俯视周围，端宗说："此岛其形，仿若一把横放的琴！"

横琴岛因而得名，岛名沿用至今。原名井澳慢慢地让人淡忘了。

横琴岛与澳门、路环、氹仔对峙，一衣带水，孤悬海表。后来首任香山县澳门同知印光任，曾泛舟于此，登高临眺，有感描述：

凭高秋极目，孤屿一横琴。

有曲仙应谱，无弦籁自鸣。

端宗到井澳时，时值隆冬，日已薄暮，风寒水急，不少军民受冻和晕舟，大小船只都停泊在大小横琴、路环及氹仔一带海面。

话分两头，元军惨败撤回后，商讨对策。探知端宗登上井澳，异常兴奋，心想要捉活的。为确保胜利，元军想方设法，重金收买了横琴岛西端的守将余新潮，决定从这里打开缺口。

10天后的一个早上，元军整军反击。但宋军士气高昂，打退了元军多次进攻。直至太阳西下，夜幕慢慢降临，双方才鸣金收军。

陈宜中非常高兴，当晚在井澳营内犒劳将士，酒至半酣。忽然听到"着火了！"

原来余新潮被元军收买后，说好了，若白天打不过宋军，晚上把宋军的船点燃，火势一起，里应外合，宋军必乱。

时端宗与众将走出营外一看，只见岛上西边火光冲天。元军借机登上岸来，喊杀声震天。宋军阵脚大乱。

情势危急，宋端宗在众军士护卫下，立即上船，往谢女峡退却。

此时狂风大起，白浪滔天，刹那间很多船舶被风浪卷没。宋军溺死无数。众船混乱之际，有一船让元军内应点燃，火趁风势，迅速蔓延到其他船只。顿时，一片汪洋火海，军民被烧死溺死者无数，这场风火浩劫人舟损失逾半，龙舟倾覆，端宗遇溺。

就在这生死关头，马南宝不顾一切，跳下海去，与随从一起奋力把端宗救上船来。但端宗已经喝了一肚子的水。经过一番手忙脚乱的施救，喝下的海水吐了出来。可是经此颠簸，吓得他一时讲不出话来。

此役元军夺去宋船200艘，追宋军至香山九州，误把俘获的帝舅当作端宗，停止追击，端宗从而侥幸脱险。后香山石岐诗人黄瑜专门有《悲井澳》诗感叹此役：

白雁过，江南破①，更无一寸土可坐。

---

① 宋末童谣云："江南破，白雁过。"又谶云："逢崖则止。"后伯颜过杭，遂至崖而亡。

自闽入广随波流，胡尘暗天天亦愁。

黄芦霍岸风飕飕，鹧鸪雨中啼不休。

上有深井山，下有仙女澳，渔舟不往御舟到。

风吹御舟力排罱，嗟嗟悲哉谁与告？

谁与告兮悲复悲，逢崖则止会有时。

星星之火奚成为。

君不见，青苗行时不敢语，大事已逐黄龙去。

又不见，金牌出时不可回，杀气先随白雁来。

舒王生，鄂王死，

宋家刑赏乃如此，嗟嗟井澳徒悲尔。

景炎三年（1278）一月上旬，马南宝把端宗皇帝送回沙涌村。此时，端宗惊悸成疾，卧床不起，奄奄一息，行朝面临着新的考验。

杨太后与众大臣看着少帝这个样子，悲从中来。时马南宝紧握拳头，说道："不报此仇，誓不为人！"

"报仇？谈何容易？"陈宜中闭着眼睛，摇了摇头。

本来胜负乃兵家常事，若不断地总结经验，团结一心，增强信心，南宋是大有希望的。偏偏在这重要关头，主政的丞相陈宜中竟然绝望了。他还想脚底抹油溜之大吉呢。他泼了一盆冷水给马南宝后，转过头来，对杨太后说：

"宋军在香山已暴露，现敌强我弱，与之硬碰，必败无疑，我有一计，不知太后能否接纳？"

"现在是什么时候了，还吞吞吐吐的？陈丞相直说无妨！"杨太后有点不耐烦。

陈宜中用余光扫了扫站在两边的陆秀夫、马南宝等大臣后，拱手向着杨太后说："我之计策，必须在最短的时间内找到一个比较安全的落脚点，做好一切准备，放弃这里的一切，随时撤离！"

"天大地大，前往哪里？"杨太后心急地问。

"奉帝走占城（今越南南部），以图东山再起！"陈宜中语气坚定。

"真的没有别的出路了？"杨太后有些忧郁，"我们对外面一点也不清楚，能不能站稳脚跟呢？"

"太后英明，本人愿先行前往！"陈宜中似乎很英勇。

众人一听，面面相觑，却又不敢作声。

马南宝果然是位忠臣，他丝毫不在乎陈宜中刚才阴鸷的、带有威胁的目光，他脖子一梗道：

"微臣但知，大事关头，主政者岂能远遁？若要先行探路，大可派他人前往，何劳丞相？"

杨太后正要开口，陈宜中狠狠地瞪了马南宝一眼，皮笑肉不笑地说："侍郎此言差矣！占城我有熟人，若安排他人，事不成反拒，岂不白去？侍郎可负责得了？"

马南宝正要反驳，杨太后右手一拨，示意马南宝不要作声，然后，对着陈宜中说："说得也是道理，那请丞相速去速回！勿误大事！"

"臣领旨！"陈宜中一听，欢天喜地。奏请完毕，即率数十舟，载着不少财宝，匆匆起程，向占城进发。

马南宝闻之恸哭，道："丞相必不返，国事危矣！"

后来果然不出马南宝所料，陈宜中借口联络占城，领数十舟逃往占城，一去不返。陆、张多次派人催请，都不理会。他继而迁居暹国（今泰国），过着奢华的生活，后老死暹国。

"路遥知马力，日久见人心。"

客观地说，陈宜中不算民族败类，只是一个贪生怕死的投机分子。有利时候，忠于主子；利尽之后，忠于自己。与陈宜中形成鲜明对比的是，马南宝不顾个人安危，竭力保护皇帝，组织乡勇勤王，并招募数百乡民入伍，增强宋军兵力，真可谓忠心耿耿，劳心劳力。

端宗皇帝在沙涌调理了三个月，丝毫不见起色。在他刚满11岁的那天驾崩。杨太后哭得死去活来，当即在马南宝家举殡，葬于香山县寿星塘山的坟头岗上，马南宝筑疑陵五处以迷惑元军。

端宗归天后，群龙无首，不少大臣都十分悲观，认为千日行朝就此完结，又开始了各奔东西、各寻生路的动摇。

就在这树倒猢狲散、小朝廷就要分崩离析之际，马南宝挺身而出，大义凛然，慷慨悲壮地鼓动同僚说："保天下者，匹夫之责也，国家危难之际，岂能撒手不管？"

在场的张世杰听了，用充满着敬意的眼神看了看马南宝，然后转过身来扫视了众人一眼，说："是啊！我们的马侍郎家境富裕，可以过着一生安逸的生活，为保宋室，已倾家荡产，现与我们共患难……我们受君恩已有多年，竟有此念，多羞愧！"

话音刚落，坐着的陆秀夫站起身来严肃地说："大宋皇帝还有一子（指赵昺），怕什么？古时，少康能凭借五百人马、方圆十里中兴夏朝。如今我百官俱在，兵马近20万人，如天不灭宋，难道我们不能复兴大宋三百年帝业吗？"

马南宝、张世杰、陆秀夫先后慷慨陈词，深深地打动了众人，大家又重新聚拢起来，愿同舟共济，誓死复兴宋王朝。

陆秀夫与群臣商量，拥立年方7岁的赵昺为帝，改元祥兴。

在这"山河破碎风飘絮"的危艰时局，陆秀夫受命接任左丞相，与太傅张世杰、侍郎马南宝共同撑持危局，决心挽狂澜于既倒。

赵昺即位后，元征南大将张弘范闻知，即奏言忽必烈：

> 南方赵昺称帝，闽、广百姓，尤其是香山、新会两县百姓蜂起响应，倘不及时剿灭，恐为大患……

忽必烈急于实现一统江山，听了张弘范的话后，当即委任张弘范为元帅全力进剿。张弘范以李恒为副帅，发精兵数万，分水陆两路进兵。

元军步步进逼。一些族人得知元军势大，惧怕引祸上身，劝马南宝远走高飞，道："你以乌合之众赴之，何异驱群羊而捕猛虎？"

马南宝反劝道："民族危亡，国家飘摇，食君禄，报君恩，我辈岂能袖手旁观？这正是需要我们出力的时候啊！"他举酒向众将士们说："痛饮黄龙府，在此行也！"

马南宝以岳飞的英雄事迹激励众将士，然后大声背诵岳飞那首爱国名篇《满江红》：

> 怒发冲冠，凭阑处，潇潇雨歇。抬望眼、仰天长啸，壮怀激烈。三十功名尘与土，八千里路云和月。莫等闲、白了少年头，空悲切。
>
> 靖康耻，犹未雪；臣子恨，何时灭。驾长车，踏破贺兰山缺。壮志饥餐胡虏肉，笑谈渴饮匈奴血。待从头、收拾旧山河，朝天阙。

众人听了，无不为之热血沸腾，纷纷表示抗元到底！

自陈宜中走后，陆秀夫认为香山沙涌不宜久留，计议移师他处。

马南宝持异议，劝说："宋军走到哪里，元兵就追至哪里。与其被动应战，不如养精待劳，主动迎击。香山虽人口稀少，但岛屿众多，且民众爱国热情高涨。倒不如就此驻扎，或有胜算，光复我大宋河山！"

陆秀夫听了，却不以为然，坚持己见。

翌年五月，陆秀夫、张世杰率师转移至厓山。

厓山，位于香山县东北方向（今属广东新会）的会城南80里大海中，东为厓山，西为汤瓶山，两山之脉向南延伸入海，如一座大门束住了海面，地势险要，易守难攻，如若不熟悉航道和潮汐规律，大船很容易迷航搁浅。与石山对立如两扉，潮汐湍急，易守难攻，是天然的堡垒。源于此，宋军统帅张世杰决定死守厓山，幻想利用天险来拯救南宋王朝。

祥兴元年（1278）六月初七日，帝驾启航，马南宝随行。数百船舰，浩浩荡荡，向东北方向进发。至二十三日，始抵新会厓门。分兵屯守在厓山周围，大部分安住在舟船内。一时间，厓山海域内云集的官兵和流亡民众高达20万之众。

行朝从沙涌移驻厓山后，立即构筑工事、宫室，打算凭借险要地形久守。由权工部侍郎马南宝负责全面监工。派人入山伐木，造行宫30余间，军舍3000余间，正殿曰慈元，杨太后居之。

是年冬，马南宝在厓山完成宫室、军舍及永福陵的工程任务后，因操劳过度，病倒了，经奏准得返回原籍沙涌村疗病。

●厓门血海，旷世悲歌

祥兴二年（1279）冬春之际，香山丝毫没有变暖的迹象，北风凛冽，阴雨绵绵，天色蒙蒙，似乎预示着不祥。

二月初六，南宋军队与元军在厓山海域的大海战，逐渐拉开帷幕。

宋军到达厓山时，尚有正规军和民兵20万人；而进攻的元军开始时只有数万人。表面看，仅就兵力而言，双方相差悬殊，且元军不善水战，宋军无疑占有优势。

但实际情况并非如此，宋军虽号称拥有兵力20万，但当中包括了文臣及其眷属、宫廷人员、普通百姓，实际战斗力只有几万人；相反，元军虽号称几万人，但全部都是精兵，加上后来增援的，兵力达 30 万人，战斗力强盛，实力远超宋军。其实，宋军唯一的优势，就是拥有战船 2000 多艘，这是元军望尘莫及的。

也许，总指挥张世杰就是凭此做出错误的判断，认为元军的优势是骑兵，又不擅水战，必须依靠水军与之作战。以致在部署调度上犯了两个致命错误：

一是放弃了对厓门入海口的控制权，后世的军事家评论他"等于把战争的主动权拱手交给了对方"。

二是把千余艘战船背山面海，用粗大缆绳连环起来，结成一字长蛇阵，宛如城堞（水寨），宋帝赵昺的御船安置在中间。虽然集中了力量，却丧失了机动性。难逃被动挨打的命运。

唯一可取之处，为防御元军的火箭和炮弩，把木制战船两侧用衬垫覆盖。但令人非常费解的是，花了马南宝不少心血，以致病倒才建起来的岛上宫室、防御工事，一声令下全部烧毁，全部人马登船，绝了自己的后路。

也许，长久漂泊流离的亡国心态，已扰乱了张世杰的心智，他打算毕其功于一役，胜则没有长算，败则一举殉国成仁，以结束这无穷无尽的流离颠沛。这阵势显然在明示全军：

生死存亡，在此背水一战，绝地反击！

祥兴二年（1279）正月初，元军大将张弘范率领元军由闽入粤打败文天祥，在海丰五坡岭生擒了文天祥，这标志着，南宋在陆上的主力已覆灭。随后，直扑新会厓山；元军副元帅李恒在福建、广东沿岸组建起来的一支强大的舰队，浩浩荡荡地杀向了厓山海域。张弘范与李恒的陆军、水军会师厓山、厓门，元军的兵力一下子从几万增加到30 万。

此时此际：云压楼船，海浪如山！

对峙两军都高度紧张。陆秀夫和张世杰做好了分工，陆秀夫负责近卫皇帝，张世杰指挥战斗。各自严阵以待。

张弘范"先礼后兵"，他先派人向张世杰劝降。当时，张世杰有个外甥韩新三在元军中，张弘范一连三次派其至宋营对张世杰劝降，张世杰说："吾知降生且富贵，但义不可移耳！"誓死抗战到底。

张弘范又叫囚禁中的文天祥写信招降张世杰，文天祥说："吾不能捍父母，乃教人叛父母，可乎？"

张弘范没法，再向军民展开宣传攻势，以动摇军心。他派人向厓山的士民说："你陈（宜中）丞相已去（占城），文（天祥）丞相已执，你们还想怎样呢？投降吧！若不然，只能沉溺大海！"

对张弘范的劝降，将士们无动于衷，不仅张世杰、文天祥拒绝了唾手可得的荣华富贵，而且士民亦无背叛者。

张弘范眼见来软的不成，开始来硬的了！他仿效东吴周瑜的做法，先用小船满载茅草，灌以油脂，乘风纵火，直冲宋船，企图火攻连环船。但是宋军早有防范，预先涂泥浆于船篷船身之上，火不能燃。

时马南宝人在沙涌，但心在宋室。闻张世杰以死守计，大惊失色，道："第一着已输，真是'一棋错着，满盘皆输'啊！"他仰天大叹，"天亡宋室矣！"

"我看未必，因元军善于骑射，在陆地上优势明显，但元军不熟水性，故布军在海上作战，实扬长避短'背水一战'之策，将士料无退路，必力拼，如此或可扭转败局。"随从道。

马南宝摇头道："话虽如此，但元军水师今非昔比，除了收缴的战船，元军有一将领张弘范，原是我宋军，后降了元军，这厮熟识水战，与元军操练月把时间即可，故我布军于海上又有何用呢？最为紧要的是，宋军放弃陆地，全集结在海上，船只储备的粮食和水毕竟有限，若给元军断了后援，一月也难支撑，必败矣。"

"如之奈何？"随从急问。

"立即纠集人马，送水送粮，相机撤退！"在这危急存亡之际，马南宝不由分说，大声号令。

但是，一切都太迟了。

此时，元军已完成了对宋军水陆夹攻的包围。以水师控制了厓山之南的入海口，骑兵从北面和南面两个侧翼切断了宋军的所有退路。截断宋军往岸采柴草、汲淡水的路线，不断向宋军炮轰和袭击。宋军腹背受敌，陷入孤立无援的境地。

此后 10 多天中，宋军只能以干粮充饥，饮海水解渴。饮过海水的士兵呕吐不止，加上连日不停作战，饥饿、疲倦得几乎失去了战斗能力。

二月初六早晨，元军眼看时机成熟，发起总攻。立时，灰蒙蒙的厓海上弓弩、石炮、火炮齐发，矢石纷飞，烟雾弥漫。元军乘势向宋军舰阵冲击，终于打开了缺口。

大批元军冲入宋军舟阵，两军陷入一片混乱的肉搏战。喊杀声、鼓噪声、哀号声、惨叫声与枪剑击声交织，血肉横飞，天地变色。打到黄昏日落时，风雨大作，昏天黑地，宋军的战船一艘一艘沉没，全线溃败。数以万计被杀并掉在海上的兵士，其鲜血把海水染成了一片血海。

这时，马南宝率着数百艘载满粮食和水的渔船及义兵来援宋军，也被元水师冲垮，数百渔民落海，多数壮烈牺牲。余下的 20 多艘渔船，平时训练有素，在马南宝的率领下一个劲地勇敢前冲，杀了不少元军。正打得不可开交之际，见张世杰率的 16 艘战船突围而出。

原来在海战兵败的最后一刻，张世杰下令砍断绳索，率 10 余战舰护卫杨太后突围。率众找寻少帝，未果，驾船突围，只想先将家眷、小孩接走，在众船的护卫下，且战且退，终在混乱中突围而出，有一元将见了，如蛆附骨追至。

马南宝率队赶至，迎击掩护。见元将船只，怒火中烧，忙撑船上去，当靠近敌船一刹那，竹竿在自己的船板上一点，纵身凌空跃起，人早在敌船上，手起刀落，将元将首级砍下踢落大海。马南宝杀得性起，将一拥而上的元兵尽数斩了下海。敌船无主，慌忙四散。

张世杰大喜，急促地对马南宝说："快！请侍郎引领这几艘载着后宫女眷的战舰返回香山沙涌行宫，宋军战败已成定局，务必把后宫女眷和小孩，以及留在沙涌的老臣迅速分散在香山各处岛屿隐匿。"

说毕，张世杰再调转船头，率众杀回来，闯入中军救赵昺。

杨太后思子心切，执意要跟着前往。张世杰来到外围，见御船过于庞大，又与附近的战船紧紧地连在一起，一时半刻不能砍断缆绳，故难以突围，只得派小舟前去接应，他在周边掩护。

此时，天色已晚，海面上风雨大作，对面不辨人影，陆秀夫唯恐小船为元军假冒，断然拒绝来人将赵昺接走。

张世杰无奈，只得率战舰护卫着杨太后杀出厓门，再作计议。

一直伴随着赵昺的陆秀夫，觉得乘小船突围成功的机会很小，皇帝所坐的大船是几艘绑在一起的，更无平安离开的希望。他长叹一声，道："悔不听侍郎南宝言！"

宋军败局已定，陆秀夫知道已没有逃脱的可能，他抄起一柄宝剑，把自己的妻子儿子赶下大海。然后，他来到幼帝赵昺面前，双膝跪下，满脸凝重，恭恭敬敬三叩首，说："臣等不才，中兴之路绝矣。徽宗、钦宗、恭帝因投降受尽了北人的屈辱。陛下不应重蹈旧路，当为国难死。"

惊恐万状的幼帝看着陆丞相那绝望的眼神，似懂非懂地点点头，又摇摇头。

陆秀夫决定跳海殉国了。他先拿出玉玺系在幼帝腰上……

宋帝赵昺目睹陆秀夫把妻儿驱赶下海，知道接着会发生什么事了，他恐惧地大声哭喊起来：

"母后，救我！母后救我啊！！"

在少帝心中，这个可爱的陆丞相现在变得那么可怕，是带他走向死亡的人啊！所以，他唯有把求生的希望转向母亲，声嘶力竭地哭喊：

"母后，救我！母后你在哪里？救我啊！！"哭声悲切。

少帝哭喊声震动着陆秀夫的心脏。太强烈了，像有一面大鼓一直不停地被猛捶猛打，好难受啊！

此时此刻，这是多么艰难的抉择，因为这小皇帝赵昺不想死！试问，蝼蚁尚且贪生，有谁愿意自取灭亡呢？但是，不死，将面临奇耻大辱！

陆秀夫"扑通"一声跪在船板上，对少帝说："——陛下！现在死，死得痛快！给元军抓了，也是死，迟几天死而已，但是会死得很惨啊！我坚信，将来有一天，继承我们遗志的同胞，一定会征讨元军，为我们复仇的！"

说到这里，少帝应该是听懂了，因为他的哭声戛然而止，眼神再也没有半点恐慌。他顺从地让陆秀夫用素白的绸带与自己的身躯紧紧束在一起，然后一步一步地走向船舷。

无力回天的陆秀夫仰望天空，怀着亡国的悲愤背着赵昺一起纵身跳进了大海，淹没在滚滚波涛里了。

小皇帝赵昺还不满9岁，相当于今天一个二年级的小学生，就这样结束了生命，真是催人泪下；陆秀夫死时年仅 43 岁，死得壮怀激烈，撼人心魄。

再说，张世杰保护杨太后冲出重围，当杨太后听到赵昺的死讯后，悲痛欲绝，手掩胸口大哭："我不顾生死，万里跋涉来到这里，为的是存赵氏血脉，现在已经无望了！"说罢扑向大海，壮烈殉国。

之后，纷纷跳海殉国的有官员、士兵、妇女、百姓……少说也有 10 多万人。这场历时 23 天，双方投入兵力 50 余万，动用战船 2000 余艘，发生在厓门海域的惨烈的大海战，以宋军的覆灭告终。

据史书记载："越七日，尸浮海上者十余万人。"也就是说，7 天后，厓门海浮尸 10 多万，随波起伏，惨不忍睹。这就是南宋最后一场会战的厓山之战。有诗为证：

> 萧萧草木悲风啸，望帝伤心声久咽。
> 殉国沉江十万余，厓山海上凄凉月。

时常想，厓山之战 10 多万军民自发跳海殉国，连死磕到底的勇气都没有，横竖都是死，为何不拼死一搏？这样叫气节吗？简直是彻头彻尾的懦夫行为。

然而，细想一下，当粮尽弹绝，饿得站都站不住的时候，哪来死磕的力量？唯有这样，才能避免受辱，这不叫气节又叫什么呢？

文明的宋人清楚地知道：活着，并不是人类生命存在的最高的价值，一个人生命真正的价值是，有尊严地活着。他们不愿被残暴的蒙古政权所奴役，所以义无反顾地跳了！体现了不向入侵者屈服，"宁为玉碎，不为瓦全"的浩然正气。

真的，历史上没有一个朝代，可以这样抵抗到最后，十数万臣子蹈海殉国，这是多么悲壮的画面，绝对是世界历史上未见的奇迹，其气节可谓惊天地，泣鬼神！

表现民族气节的楷模更有文天祥，时文天祥被俘已经四年，元军一直把他囚禁，一再逼迫他投降，但文天祥始终不肯屈服。次年，当囚禁文天祥的船途经伶仃洋时，张弘范逼迫文天祥招降坚守厓山的宋军，但他却写下了这首千古名篇：

> 辛苦遭逢起一经，干戈寥落四周星。
> 山河破碎风飘絮，身世浮沉雨打萍。
> 惶恐滩头说惶恐，零丁洋里叹零丁。
> 人生自古谁无死，留取丹心照汗青。

文天祥以诗明志，视死如归，张弘范见一计不成，又来一计。他为了摧毁文天祥的意志，把文天祥缚于船上，让他目睹厓山宋元大战的全过程。然而，目睹厓山已破的文天祥，丝毫没有因此屈服，他仰天恸哭，用激昂的诗文记录下这段海战的炼狱场景全过程：

> 羯来南海上，人死乱如麻。
> 腥浪拍心碎，飙风吹鬓华。
> 一山还一水，无国又无家。
> 男子千年志，吾生未有涯。

●君臣壮烈，天护忠魂

陆秀夫背少帝赵昺投海殉国后，元军遍寻赵昺尸身不着，只好鸣金收兵。

令人恐惧的厮杀声和呐喊声终于停了下来，黑暗也渐渐笼罩了天空。但整个海域并没有平静，海水的咆哮声恍若哀鸣声，弥漫着地狱般的恐怖气氛。

这时，微弱星光下的夜空中出现了一大群鸟儿，在海面上盘旋，好像在寻找着什么。

不久，只见在上空盘旋着的鸟儿迅速向同一个目标俯冲。

原来系在少帝身上的玉玺沉落海底，而遗骸却浮出海面。一大群鸟儿伏在少帝尸身上，把少帝的整个遗骸都遮住，随着海水漂流，一直漂回香山，到第二天早上漂至香山县南下村。

前面说过，南下村迎阳山的海边有一座华光庙。这日早上，庙祝正在里面上香，听到屋外许多鸟儿在叫，鸣声异常悲切凄凉。庙祝便走出门外看个究竟。一看，呆了，只见海边有一具浮尸，上有群鸟遮盖保护。

庙祝断定此浮尸非常人，是异人的遗骸，他立即召唤乡亲设法将浮尸拖上岸来。浮尸上岸，群鸟飞去，露出一具童尸，童尸身上穿着黄袍龙衣，面色红润如生人，脖子上还戴着一条沉香项链。庙祝一下子就认出这是少帝赵昺的遗骸，也许上天有灵，让少帝有所依归，漂浮至此。

庙祝与乡亲父老忙用本地的五桂山特产——沉香木做了一副上等棺材，礼葬少帝于石岐南下村迎阳山。因怕元军寻着，石碑无一字。

迎阳山虽小，但与英杰有缘，后来的明朝抗倭将领张通以及抗战时在横门保卫战殉难的国民党抗日将士，也葬在这里。

话说回来，少帝、杨太后跳海后，元军紧追张世杰不放，张世杰且战且走。五月初四，船到南恩州平章港（今阳江海陵岛）时，又遭遇台风。

刚才天气还是好好的，只是阴天闷热而已，顷刻间，变得昏天黑地，乌云在四面八方翻滚，暴风裹挟着雨水像密集的粗大沙粒般噼噼啪啪打在人的脸上，针刺般痛。这台风刮起来气势真是惊人，眼见岸边一座茅棚像火柴盒子似的被刮到海中。狂风狞笑着扑向战船，掀起巨浪，船不停地颠簸着，人站也站不稳。

"将军，弃船上岸吧！留得青山在，哪怕没柴烧？"部下劝他登岸。

"不用了！"张世杰仰天拜道："我为赵氏亦已尽心尽力，一君亡，又立一君，现又已亡，我不死，是想为赵氏存宗祀。天若不让我光复赵氏，大风吹翻吾船！"

"呼——呼——"

话音刚落，呼啸着的台风更大，风雨肆虐，很快舟覆人亡。元军也抵挡不住强风，押解着俘虏班师回朝。

《元史》对此事有明确的记载：

> 至元十六年，帖木儿不花加都元帅，追宋将张世杰于香山岛，世杰死，降其众数千人，广东诸郡及海岛尽平。

说也奇怪，张世杰溺亡后，雨住风停，元军在一带海域搜寻其尸，眼见其尸顺水而流的，正要上前捞起，但光天化日之下，忽然又出现一大片乌云笼罩着整个天空，一片昏暗，一会儿，狂风摇天撼地，风雨大作，闪电划出一线亮光后，接着便是隆隆的雷声，震天动地。片刻，倒海翻江飞急雨，尸身也不见了。元军只得放弃搜寻。

也许，耿耿忠臣，壮志未酬，就这样在与元军的战斗中溺亡，岂非天怒人怨？

此时，乌云弥漫整片海域的每个角落，噼里啪啦的雨久久不停，海面上波浪起伏。是时，有一大群海鱼托着张世杰的尸首向着香山方向逆水而行。次日早晨，尸首至香山县之黄杨山水湄处停了下来。

宋朝时，斗门黄杨山周围还是浅海，浅海滩处有一大片红树林。当潮水上涨时，树干浸泡在水中，只有茂密的树冠漂浮在海面上；退潮后，泥泞的树干露出海面，盘根错节，好像一片原始森林。

海鱼把张世杰的尸首搁置在茂盛的红树林中。不论潮退潮涨，尸首也不易冲走。凑巧，有宋军避难黄杨山中，军士见到海边红树林里面的浮尸，一眼就认出来是张世杰，忙招呼同伴把其遗体拖上岸。

军士为免张世杰遗体被元军寻着，故"棺敛焚尸"，葬之在山上，一代英灵也算入土为安。这就是"天护忠魂，逆水流尸"的传说。

据《香山县志》载："诸军棺敛焚尸岛上，杰（张世杰）胆大如斗，更焚不化，诸军号恸。"有诗为证：

> 黄杨山上草青葱，风雨时还壮士魂。
> 胆似金银焚不化，悲风夜夜惹啼痕。

●河山易主，丹心难灭

南宋于厓山覆亡后，江山易主，盛世不再，香山人受到元朝统治者的疯狂报复，杀戮了一大批，又驱赶了一大批到北方为奴。

忠臣马南宝一直逃匿不降。他心怀愤痛，日夜悲泣不食。每到夜深人静，时常悄悄地来到海边跪拜，然后独自一人走在岸边堆积的乱石之上，看着雾霭茫茫、水天一色的大海，海战的悲声依旧，听惊涛如诉，他压抑在心底的激愤化成催人泪下的《哭祥兴帝》诗：

> 翔龙宫殿已蓬飘，此日伤心万国朝。

目击厓门天地改，寸心难与海潮消。

黄屋匡扶事已非，遗黎空自泪沾衣。
众星耿耿沧溟底，恨不同归一少微。

最后两句的意思是：众大臣都随着君王葬身大海了，我恨不能与他们在一起，永远做一颗拱卫在皇上身边的"少微星"！字里行间中透露出寂寞、悲怆的情绪，字字是血，句句是泪，深刻体现了铮铮男儿的不朽人格。他悲伤沉郁，忧愤满胸，抗元复宋之心一直未泯。

"死为宋国魂，不做元寇鬼。"

元军在香山横行霸道，其肆虐的风头稍过，马南宝激于民族大义即主动联络宋遗将黎德、梁起莘组织义师奋起抗元，以图恢复宋室。召集近千人，在五桂山深处（今五桂山镇槟榔山村古氏宗祠一带）秘密练兵，以待时机起兵反元。

再说，厓山决战结束后，元军搜寻赵昺等尸体不获，一直认为他们尚在人间，担心迟早一天会死灰复燃，故元世祖忽必烈再派兵追捕，香山县是元兵重点搜索的地方，井澳成为元军驻防香山的大本营。

得知大批元军再进香山井澳，马南宝终于抑制不住复仇之怒火。他纠集人马，在五桂山里的槟榔山村集结，誓师出征。

是日，像血一般鲜红的残阳，投影在起伏不尽的五桂山山峦，放射出夺目的光彩，成为一幅雄浑的画卷。以这一幅天然雄浑的画卷为背景，马南宝登上了点将台。

此时的马南宝，人老了、瘦了，但忧郁的眼神里目光异常锐利，他看着一面面飘飞的战旗，猎猎作响，一把把寒光闪亮的刀枪，庄严肃穆，脑海里出现厓山决战的悲壮一幕，他心潮难平，对全体士兵大声说道："全体将士：此去一役，不知生死，但为我大宋不再受辱，为了家乡不再沦陷，为了家园不再被焚烧，为了家人不再被屠杀，让我们奋起抗争，拼死一搏！不成功便成仁！"

战士们几乎同时点了点头，然后振臂高呼："报仇！报仇！誓死报仇！"

马南宝与黎德、梁起莘分成三批人马，马南宝为先锋，晚上潜伏在井澳附近的红树林里，准备以火为号，凌晨进攻。

马南宝带着先锋队来到了井澳海域，撑着小船，在深夜里神不知鬼不觉地经过附近的红树林，再潜水到最接近井澳岛的芦苇林里，待黎明即展开夺岛复仇大行动。

东边露出鱼肚白了，潜伏在芦苇林里的马南宝一众听到了脚步声，近了，越来越近了！清楚地见到一班元兵列队巡逻，正向他们潜伏的方向走过来。

越走越近，几乎能够清晰地看见对方的面目了！

马南宝瞄准了一个走在前面的兵士，稳稳地扣下了机簧。"嗖！"弩箭激射而出！约六十米的距离，几乎一眨眼，前面兵士"啊哟！"一声凄厉的惨叫，砰然倒在了地上。

随即，马南宝身边的十多个人看着前面，认定了目标稳稳地射出了弩箭！伴随着惨叫，又倒下去几个人！

马南宝哨子一响，先锋队队员立即冲出芦苇林，走上井澳岛，提着刀，向最近的蒙古包砍杀过去。营内有个元兵听到惨叫声，走出来张望，一个措手不及，早让马南宝砍下头颅。

"啊哼啊哼——！"

这时，马南宝听到帐篷里面的啜泣声。他一刀掀起帐篷，走了进去，里面的场景让马南宝怒火中烧。只见三个汉族女子赤裸地拥挤在行军床的一角，面前站着两个元兵正手忙脚乱地提着裤子。

一阵从未有过的刺痛袭上马南宝的心。这些元狗在侮辱糟蹋抢来的女同胞！

马南宝的眼睛赤红，手起刀落，一刀一个，"啊！""啊！"随着一声接一声若野兽般的嘶叫，这两个元兵的狗命结束了。

马南宝救出这三个惊恐的女子，即时点燃了那蒙古包，向潜伏在红树林里的黎德、梁起莘发出了进攻的信号！

井澳岛（横琴岛）的战役开始了！

"杀绝元狗，复兴大宋，冲啊！"立时，战士们的呼喊声以及刀、剑撞击的声音如雷鸣般从三个方向响了起来，大家同仇敌忾，三面夹攻，奋力搏杀，元兵没有防备，很快就血流成河，尸横遍野。

马南宝与战士们取得了暂时的胜利。大家激动地拥抱在一起，分享这难得的胜利带来的喜悦。

然而，苍天不佑大宋！

抗元复宋大计难得有一点起色，很快就被掐灭了。

井澳战役胜利刚过两天，传来消息，谓祥兴帝并未死，陈丞相护之在占城。马南宝想，莫非当时漂浮至南下华光庙的不是少帝尸体？马南宝护主心切，加之刚取得抗元战役的胜利，他信心大增，于是立即联合黎德、梁起莘兴兵前往占城救驾。

想不到，井澳此役胜利后，梁起莘被元将王守信重金收买，投降了。特传出此谣言，当马南宝率军行至半路，遭到伏击，因寡不敌众，黎德战死，马南宝战败被擒。

元将劝他投降，百般威逼利诱，在那个情境下，马南宝绝对有选择不死的自由，或许会给他带来荣华富贵。但他大义凛然，道："国破山河在，人去气节存！我中国男儿，安肯苟活！头可断而志不可屈！"

随后，马南宝拒绝跪下而受戮，英勇就义，年仅35岁。

正当壮年的马南宝就这样不屈地死了，元军对马南宝恨之入骨，把他的尸体抛于荒野，元军放言，若谁收其尸，将被灭族，暴尸荒野。

然而，马南宝这样的决绝与不屈，感染着与他浴血奋战的战友们。

终于，有几个忠心的士卒，在月黑风高、大雨滂沱之夜，冒着生命危险，暗收南宝尸，葬于小赤坎鳌鱼岗（今珠海斗门东北面黄杨山山麓）。而安葬南宝尸的士卒，不敢返乡，遂一起逃往占城，加入香山华侨的行列。

马南宝在井澳岛（横琴岛）完成了他为宋室王朝发起的最后一场战役，他的倒下，也标志着南宋在民间最坚强的一根支柱轰然倒塌。

"生当作人杰，死亦为鬼雄。"

马南宝试图力挽狂澜，可惜他的努力终未能重扶已倾之宋室，但他挺身殉难，保持了民族气节，最终以自己的忠节之举报效了国家，其忠心报国的爱国精神穿越时空，在香山延续的是不绝如缕的华夏血脉！最终带来了民族的重生。后来，他的同乡，明朝大学者黄佐有首诗专赞马南宝：

沙涌清夜月，曾照宋行宫。

未抵黄龙府，空悲白雁风。

丹心思蹈海，正气化成虹。

若遂厓门志，吾乡有大忠。

"青山有幸埋忠骨"，马南宝死后埋葬之地——斗门小赤坎鳌鱼岗成为人们常去拜祭的地方。明清两朝、民国均追表其忠，崇祀乡贤，历朝县令均有祭祀。他的墓前，常有"包米饭而祭者"，或放着中山扣肉或"三月"红荔枝。

● 优秀基因，世代传承

南宋赵氏王室万里间关，由杭而闽，由闽而粤，颠沛流离，浮海而栖，停留于香山，终止于厓山。

崖山战后，元军灭了南宋皇朝，统一了中国。为巩固其政权，实行高压政策和大屠杀，出现"十年兵火万人愁，千百中无一二留"的悲惨景况。特别是元朝统治者为斩草除根，对南宋宗室遗裔、遗臣、抗元义士，大肆搜捕，不遗余力。

濠镜澳（今澳门）、横琴、沙涌等地都是宋皇在香山县停留时间较长的地方，也是抗元的主战场。因此，香山县成为元军重点肆虐作恶之处。

元兵铁蹄所到，烧杀抢掠，奸淫妇女，无恶不作，搜获匿藏的宋朝官兵，稍有反抗者当场格杀，所有俘虏一律送去当奴隶。整个香山县一片风声鹤唳，真是哀鸿遍野，民不聊生。

过了一段时间，烽烟渐息，士兵冲锋的喊杀声也渐渐沉寂下来。

曾是宋皇驻跸之地的沙涌村，随着抗元义士马南宝被杀，四出避难的村民都以为元军不会对那个小村庄再大动干戈了。于是，陆续回到村里。

这里，是他们祖祖辈辈的家园，生于斯、长于斯，熟悉这里的一草一木，是身体和精神的栖息地，怎能说一走就走呢？

然而，哪曾想到，针对性的报复接踵而至。新任的蒙古籍香山县县令达鲁花赤已传令："血洗沙涌村、刀刃潮居里！"

这是一个万籁俱寂的早晨，天还未亮。沙涌村村里的狗忽然持续性地急速吠叫起来。

"嗒嗒、嗒嗒……"一阵清脆的马蹄声由远渐近，像暴雨敲打蕉叶般响成一片。

"不好啦，鞑子来啦！鞑子来啦，大家快躲起来啊！"村口方向不知哪位早起的村民凄厉大喊。

顿时，整个村庄一片惊慌失措。哭喊声、尖叫声响成一片，到处都是村民奔走逃窜的身影，不少人走往山上藏匿。

村口那边已传来了妇女的凄厉惨叫哀嚎，显然冲进村子的那伙元兵已经开始残暴肆虐了。几个热血方刚的年轻人早抄起身边的木棍，拿起锄头向喊声方向急奔前去，但怎能抵挡得住大批野蛮的元兵，瞬间倒在血泊中。

很快，整个村庄已被元军包围，本就500多人的村庄，有半数以上来不及逃跑的，都被赶在晒谷场上集中。

在"逢马必杀"的指令下，姓马的族人遭到元兵屠杀性的报复，不论男女老少，姓马的村民当场杀死。除了年轻漂亮的村妇留下来供元军淫乐之外；余者尽杀，真是凶残之极！杀戮后的沙涌村成了一个无人区，简直是人间地狱。

侥幸逃离了沙涌村的姓马人士，也纷纷改姓为"冯"或"骆"，隐姓埋名，走避他乡。元朝灭亡后，马姓后人才陆续回乡重建家园，恢复马姓。

元军血洗了沙涌后，接着向赵氏族人的聚居地香山潮居里（今斗门）进发。赵氏族人闻讯，慌忙携同宗祠牌位祭器入山，以存宗祀。但也有不少非赵姓的村民，存在侥幸的心理，不愿走。

带兵来到潮居里的元将张弘范抓不到村子抗元首领赵若举，便扬言："两天之内，赵若举不返乡，将彻底清洗潮居里，一个不留！"

本来赵若举已率族人入山躲避，当收到这个消息，他想到同为乡绅的马南宝不惜生命，抗元到底。身为赵氏宗亲，岂能置之度外呢？他心里自责起来，于是不顾亲人的阻挡，立即返到村子，挺身而出，对张弘范说："抗元纯是我族人行为，与留守村民无关，否则他们何以还敢留在村里？杀我赵若举一人好了，切勿伤害无辜！"

危难关头，赵若举大义凛然，独力承担责任，以一乡民命为请，逼使张弘范收回成命，潮居里300余户居民得以安生，而他却把自己送上了断头台。赵若举为保百姓，痛快淋漓地蹈死不顾，真是感人至深！

香山县大批被搜捕者为了逃避蒙古人的不断追捕，有的走上投奔海外那条路。南宋末年，正是香山人第一次出现整批地向海外移民的高潮。这些南宋军民，就是香山乃至中国最早的华侨。

51

万分庆幸的是，在厓山海战时被马南宝"抢救"回来的宋室文臣武将及后宫女眷和小孩，还有留守在沙涌的老臣以及宋军残部在当地乡民的帮助下，除了远走他乡逃离海外之处，皆分散在香山各处岛屿隐匿，得以避此大难，从此定居于香山。

经此浩劫，往日人烟稀少的香山县，人口一下子增加了，"有500多个姓氏和40个少数民族，有三大语系20种方言，这种现象在全国绝无仅有。"（引自苏小红《香山移民图谱》）

他们均来自五湖四海，在村落聚族而居，出现了同一条村只有一个姓的现象；甚至，隔一座山，一条河沟，或一条小路，口音也完全不同。当中，不少人的身上有着宋代皇室的血脉，出身高贵，只是朝代更迭，江山轮流坐，昔日的祖上从政治舞台上下台后，后裔如惊弓之鸟，流落尘世，基本上以隐居的方式在香山县开枝散叶，散播于寻常百姓家。

生活还要继续，历史还要延续。失去了南宋王朝的庙堂庇护的赵氏皇族和宋室后裔，远离了刀光剑影，也与平民百姓一样每天为生计而奔波，在自食其力的同时，也为岭南的开发建设带来了中原地区先进的生产力，以及精妙的文化艺术和哲学思想，甚至诞生了扭转乾坤的政治家和不少精湛的文学家、艺术家，以及大批的能工巧匠。

古老相传，今天的香山或说中山本土人，除了部分是从珠玑巷迁徙至此之外，大部分是宋室或南宋遗民后裔。

事实上，香山县能够彻底摘掉落后的帽子，迅速成为鱼米之乡和文化发达地区，主要还是在南宋的覆灭后，数以万计的宋军残部和宗室大臣的家属，被迫滞留香山，定居之后而产生的。

由于南宋遗民大量滞留香山，宋室遗民的优秀基因，从此在香山县这块神奇的土地上扎下根来，开花结果！这正是何以明清时期，中山会出现名人"井喷"现象的最好注脚。或许，这就是当年香山人所付出的沉重代价，终于获得的丰盈回报吧！

"一代沧桑洗不尽，幸存四烈尚流芳。"

无论时光怎样改变，无论道德是非观念几经嬗变，被后人尊为"宋末四忠"的文天祥、张世杰、陆秀夫、马南宝，无疑是忠孝节义人格的伟大图腾，是中华民族精神的象征，他们的民族气节深深地感染着人们，至今仍旧让人感到强烈震撼！

香山县一带是南宋政府军和民众武装最后抵抗元朝军队的阵地。青山碧海，到处都留下了屠杀的血迹和不屈者的英魂。为纪念这些英魂，当地村民在南下村（今中山市迎阳社区），也就是当年宋帝曾祈求保佑的地方建了一座"三山古庙"，保存至今。自此以后，香山大地活跃着宋室后人的背影。

后人有诗专赞马南宝：

宋帝千年成往事，沙涌驻跸作行宫。

勤王献粟传今古，卫国抗元到始终。

尽瘁鞠躬诚慷慨，挺身殉节树英风。

乡贤显赫皆先哲，一曲悲歌颂大忠。

第二章　硕学鸿儒称泰斗
　　　　锦绣文章传天下

词曰：

天资聪颖髫年，潜心早立鹏程志。才思敏捷，文章高古，博闻强记。殿试春闱，一朝考取，终成大器。挥如椽大笔，纵横本是真儒格，诚非易。

更尽慈亲孝义，优则仕，清廉德治，烟墩旭日，文光焕发，标新立异。卓越才华，仕途坎坷，几番酣醉。写鸿篇、展骥书香世第，泰斗谁比？

——调寄《水龙吟》

锋利无比的蒙古刀剑把南宋灭了，旋为元朝。因举邑勤王的原因，香山人备受元朝统治者的压制。终元一朝，整个香山没有一个进士。不过，以暴易暴的魔咒很快响起，朱元璋把这样一个不可一世的帝国送进了历史的黑洞之中，建立了大明王朝。这时的香山县好像一下子激活了，人才如"井喷"般出现，仅在明朝嘉靖年间，不足万人的香山县便产生了16名进士、180名举人，这其中以黄佐最负盛名。

黄佐（1490—1566），字才伯，号泰泉。明代香山（今中山市）石岐仁厚里人。黄佐幼承家风，聪慧好学。正德十五年（1521）登进士，次年经廷试选为庶吉士，授翰林编修。历江西佥事、广西学政、国子祭酒等职，政声颇佳。他博学多才，对典礼、乐律、辞章，无不通晓，经、史、子、集无所不及，是明代著名的史志学家、学者、思想家。黄佐的著述颇丰，著书39种，500卷以上。黄佐逝世后，朝廷追赠为礼部右侍郎，谥号"文裕"。黄佐一生主要从事教育及著述活动，不愧为明代岭南成就非凡的大学者。后人对其学术成就给予了很高的评价，被赞誉为"吾粤之昌黎""岭南文宗"，"岭南儒学集大成者""岭南诗派领袖"以及"伟大的教育家和文献学家"。《四库全书总目提要》认为，在整个明朝的人物中，黄佐的学问最有根底！

●天纵英才，奇隽闻名

据传，明弘治三年（1490）的一天，司天监夜观天象，找不到文曲星。直至卯时，文曲星始现，但见星芒大盛，瞬间即划过夜空往南方疾驰。司天监认为，此乃大吉之日，文曲星下凡。

第二天，香山县城石岐仁厚坊黄家生了一个儿子。按理，在当天出生的孩子不少，偏偏黄家儿子出生的这个时辰，天显异象，满室生辉，香气满屋。

黄家为这个儿子取名黄佐。佐，助也。古代君王左边是文臣，右边是武将。因此，文臣是辅佐，武将是保佑。显然，取名之意是寄望黄佐日后成为文臣辅助君王。

黄佐长得隆准阔颐，英俊潇洒，且以奇隽闻名，尚未开口讲话，就整天拿着书本，煞有介事地乱翻。他3岁时已能背诵唐诗宋词百余首，日后成为"一代文宗"，人们都说是天赋异禀之故，这固然不假，但与其所处环境有莫大的关系。

黄佐祖屋所在的仁厚坊，又叫仁厚里，坐落于石岐"七星峰"之一的仁山（今中山市孙中山纪念堂所在地）。仁山周围历来是文化荟萃之地，衙署、府馆、庙宇林立，仁厚坊则是这些"上层建筑"的后院，达官贵人多居于此。在入口处的石制门洞上，镂刻"仁厚里"三字，至今仍存，似乎在述说着昔日的光辉。

宋元战事平息后，香山县遂远离了刀光剑影，少了山河破碎的凋零，很快又变成了一片清净之地。前朝遗臣的内心或许并不平静，但均以"孝悌忠信为家法，读书耕织为本业"为教育后代的根本。到了明代，黄家的人才如雨后春笋般层出不穷。

黄佐的曾祖父黄泗，学富五车，是明初香山的大富豪和有名的慈善家。永乐十四年（1416），香山发生灾荒，粮价急涨，不法粮商乘机抬价，民怨沸腾。黄泗见状，即在自己经营的粮店中，每天推出一定数量的低价粮，以低于市价一半的售价卖出，称之为"平粜"。对实在连半价也买不起的贫民，则免费赠送。曾受过他赈济，最终能够活下来的人数达到4000多人。

祖父黄瑜，字廷美，自称"双槐老人"。景泰七年（1456）举人。他参加会试的时候名列乙榜，明英宗时授长乐知县，在任期间干了不少教化邑民、清理积案、抑制豪强等造福民众的实事。著有《应诏六事疏》《七诱》及《书传旁通》（10卷）、《双槐文集》（10卷）、《双槐岁钞》（10卷）等。

黄佐的父亲黄畿更加不简单，幼年便有"神童"的美誉。有《三五元书》《易说》等书传世，因其号粤洲，时人皆称其"粤洲先生"，在屈大均的《广东新语》中有"粤人著书之精奥，以畿为最"的甚高赞誉。

在所处的大环境及家学渊源的熏陶下，黄佐幼承家风，4岁就开始读《孝经》，5岁随父亲"执养亲礼"，6岁入读私塾。因他未入读私塾已经熟读唐诗宋词以及"三百千"等，故一入学，老师就为他讲授《大学》《孟子》等程度较深的课程。

到8岁时，天生聪慧的黄佐已开始钻研诗词歌赋以及《左传》、"二十四史"了。小小年纪"开口成文，挥翰霞散"，他勤思善辩，在课堂上提出的问题有时连老师也答不出。

有一次，老师正朗读《大学》："大学之道，在明明德，在亲民，在止于至善……"

老师的朗读声刚停下来，黄佐就发问："何谓'明明德'？

"所谓'明明德'，就是指通过修行，使'明德'显明于心"，老师解释。

"我看未必尽然，孔颖达有言'明明德'为'谓身有明德而更彰显之'，既然'明明德'主要是指'修身'，那么它就应当包括'正心''诚意''格物''致知'等内容。"黄佐大胆插口。

老师开讲的《大学》课程，有点深奥，而小黄佐竟有此见解，不得不令老师惊讶。老师正想说话，勤思善疑的黄佐眼珠转了两转，又问："《大学》自纲领条目之外，何以释本末而不及始终？"

这一问，真难倒老师了。老师面对一脸稚气的黄佐，却无从回答这个问题。

一个孩子，思想怎能这么深刻呢？

有一次，老师带学生渡过石岐海到县城以西的长洲山春游。

长洲山是因山脚有一条长洲村而得名。当时周围都是水，每当夜幕降临，渔歌唱晚，仙鹤漫步，烟雾弥漫，恍若仙景。香山八景之一的"长洲烟雨"便应景而生，元代香山知县黄棠曾有诗写及此景：

> 万顷中间螺髻青，人家环绕住升平。
> 鹤汀凫渚虽烟雨，长有渔歌牧笛声。

依山而建的长洲村，美景不在话下，聚族而居的黄姓人，同样名声远扬。长洲村黄家与石岐仁厚里的黄家实乃同宗；不同的是，长洲村这里聚居的黄姓人更多，在长洲村建有一座黄氏大宗祠，所奉始祖为宋进士黄敬斋。

黄敬斋为南宋宝祐年间进士，其祖上也是进士出身，可谓名门望族之后。距黄氏宗祠不远还有一座"烟州书院"，此乃长洲人自古注重文化和教育的佐证。

只有8岁的黄佐看到黄棠的题诗及祠堂记载的祖宗荣耀，诗兴大发，当场作了首《长洲山》：

> 微雨净山绿，赏心投鹤群。
> 拂藓憩幽洞，松花如密云。
> 龙湫接狮屏，石濑时远闻。
> 野烟湿苔径，牛羊下斜曛。

此诗"融情于景物之中，托思于风云之表"（费经虞语），意境深远。私塾老师看了，大为赞叹。

翌日，私塾老师对黄佐的父亲黄畿说道："我执教数十年，天资聪颖的学生见了不少，但有如你儿子年纪这么小就这么有思想的，我是平生第一个见，你儿日后定有大作为，这可真是黄家祖辈积下来的恩德啊！"

黄佐从小成才，既有大环境的影响，也有家学渊源。黄畿心里清楚，但听了私塾老师的话，他还是谦恭地说：

"老师对小儿过奖了，这全赖老师教导有方！"

"老师固然有作用，但最重要的还是天赋异禀，加之个人努力！你看只入读私塾不够三年，已熟谙四书五经了。以你儿子现在的水平，老朽实在无能为力再教下去了。让他参加科举考试吧！"

私塾老师的一句话，黄畿真的让不足10岁的黄佐参加了科举考试。

何谓科举？

科举，是中国历史上通过考试选拔官员的一种制度。它渊源于汉朝，创始于隋朝，确立于唐朝，完备于宋朝，兴盛于明、清，废除于清朝末年。根据史书记载，从隋朝大业元年（605）的进士科算起到光绪三十一年（1905）正式废除，整整绵延存在了1300年。

科举之路，艰辛漫长，其所走路径，可谓"过五关斩六将"，方可达至科举的金字塔——进士。

哪五关？就是"五试"：童生—秀才—举人—贡生—进士。

先说"童生"，又称儒童，是对未考取功名的读书人的通称，由各地方政府主持，可以视为第一道门槛，无年龄限制，所以只有9岁的黄佐也可以投考。黄畿让小小年纪的黄佐参加考试，只是想锻炼一下儿子，成绩如何，他一点也不关心，但万万想不到，儿子竟然得了童生考试第一名。

如果说，第一关的童生试，将其比作进入科举这座殿堂的"敲门砖"，那么下一关秀才试就是门槛了，通过者才有资格参加乡试。在秀才试中，黄佐又轻而易举地得了第一名。这年是正德二年（1507）丙寅，黄佐17岁。

接着，通过乡试者，就是"举人"，即举子了。乡试在省城举行，每三年一次，由皇帝亲派主考官。因在八月举行，故称"秋闱"。中举人者可以直接为官，当然官位不会太高，比如知县等地方官职，相当于现在的地级市委书记或市长。按照这样的节奏，黄佐应在三年后，即可以参加举人考试了。但黄畿认为儿子虽在童生、秀才这两关接连夺魁，不过多少有点运气。年纪轻，根基还未扎实，打实基础再去考吧！

为了打基础，黄佐刻苦用功，博览群书，特别关注经书史籍，每有心得，必做笔记，汇编成册，名《漱芳录》，继而又写下《正骚》等文章，他说也要和孔子一样，订立人生的座右铭，写下了《志学铭》：

> 为学在志，立志在勤；今我不力，岁月如轮。
>
> 汤曰日新，孔云时习；所以圣人，寸阴恐失。
>
> 忠信作主，孝悌是先；有过斯改，闻善必迁。

勿炫己长，而谓人短；情不可逸，志不可满。

行恐躁妄，言妨诞烦；义之与比，礼以为闲。

方事口耳，即求温饱；匪小人儒，亦童之狡。

惟明其道，不计其功；钦哉是言，德广业崇。

直到正德五年（1510），黄佐20岁，黄畿才让他参加举人考试。乡试在广州城东北隅的贡院举行，这是全省最高级别的考试。当年分配给广东的举人名额是75个，要在数千名考生里脱颖而出，取得举人资格是很难的事情。但是，黄佐却成功地考取了癸酉科乡试举人第一名，称"解元"。

在古代，绝大多数的考生，在这一关已经止步了。再往上走的"贡生""进士"可谓更加难了。

"贡生"，别称明经，授予通过会试者。会试在京城礼部举行，也是三年一次，并且是在乡试后的次年举行，由礼部官员主考。

正德八年（1513），黄畿陪儿子黄佐赴京师应试，因路太远，故提前一年起程，途至玉峡地方，染病不起，客死他乡，终年49岁。黄佐悲痛不已，哀伤哭泣，让同行的兄弟扶柩返乡。他唯有带着悲伤只身前往。正德九年（1514），化悲痛为力量的黄佐时年24岁，又是毫无疑问地考取甲戌科会试贡士，位列第一名。

连闯四关，皆是第一，而且又是这么年轻，这下可震动京华了，一夜之间，黄佐成为天下学子的榜样。

此时的黄佐，正踌躇满志地开始向科举的金字塔——进士这座高峰攀登了。

"进士"，是科举考试的最高功名，授予通过殿试者。殿试，顾名思义，是在皇宫举行，由皇帝或皇帝委派的大臣主持。进士按成绩分为三等，称为三甲。一甲赐进士及第，第一名称状元，第二名称榜眼，第三名称探花；二甲赐进士出身，三甲赐同进士出身。进士榜用黄纸书写，故叫黄甲，也称金榜，中进士称金榜题名。

正德十五年（1520），黄佐再次来到京城。上次到京城考贡生，有父亲陪同走了大半路程，一路都是老父帮他安排打点，一切都妥妥当当。这次来北京，父亲没了，兄弟又未能与他同行。由始至终，所有一切，都由自己亲手操办，骑马、租船、步行、爬山，风餐露宿，走了一年多，来到京城他就累倒了。高烧不断，面色蜡黄。好心的店主为他请来了老中医，服了几帖药，才稍觉好转，但头部还是觉得痛，昏昏沉沉的。

"明天开考了，如此状态，怎么考啊？在店里休息几天返乡，待明年再考吧！"店主好心劝他。

"我千里迢迢来到北京，岂有打退堂鼓之理？考不上，权当锻炼吧！"黄佐决定带病参考。

考前的一天，适逢春节将至，他来到北京庆通寺，祈求菩萨保佑顺利通过考试，此时独处异地，挂念岭南故土和家中亲人。他用《思家》为题写了首诗：

> 独坐禅扉迥，怀归思窅然。
> 花光明薄暮，莺语入新年。
> 彩仗随春动，华灯与月悬。
> 绝怜风景美，不是粤山川。

开考这天，黄佐早早就到了考试大院的门口，进了考场，还是那个大院，没有一个人认识。今年的主考官是一位新上任的侍郎。

试卷发下来了。黄佐一看也不算太难。就开始从容作答。他才思敏捷，意到笔至，很快作文写就，但毕竟带病，刚写完最后一个字，还有一首诗未作，他就撑不住一头倒在桌面上睡着了。

不知隔了多长时间，隐约地听到主考官说："距交卷的时间还差一刻钟！"接着是台面的敲打声把他完全震醒了。黄佐努力地把眼睁开，主考官正站在他身边，原来是主考官用手敲桌子提醒他。他稍定定神，一看试卷才完全醒悟过来，天啊，还有一首诗未作答呢！

诗词命题是以"拔剑起舞"破题作诗，科举考试的试帖诗一般为六韵或八韵，这次要求却是四韵。这样的做法他从未试过。此时的黄佐昏昏沉沉，好像喝了酒一样，朦胧之际，他驰骋情怀，拿起笔来，竟一挥而就：

> 拔剑起舞临高台，北斗插地银河回。
> 长空赠我以明月，天下知心惟酒杯。

门前马跃箫鼓动，栅上鸡啼天地开。

倦游却忆少年事，笑拥如花歌落梅。

黄佐当堂所作的诗，诗句有如大江直下，曲折盘旋，豪迈气概尽显，难怪何藻翔在《岭南诗存》里有"倜傥不群，神来气来"的评语。后来的谭敬昭云："此诗直是徐庾乐府，在王、杨、沈、宋之上。"

他写完此诗，自我感觉良好。由头至尾检查了一番，看没什么可改的，即起身向主考官躬身施礼，退出考场。

当时尚未有人交试卷呢！主考官好生奇怪，拿起他的试卷浏览一番，大吃一惊！不论为文还是作诗，均雄伟奇丽，豪迈大气，显示其聪慧和才华。

本来诗文均系上乘之作，主持内阁具体事务的蒋冕阅览黄佐的试卷时，也认为黄佐的文章可与东汉的张衡、王文考相媲美，故列其为第一。

遗憾的是，偏偏黄佐这天病了，病得沉重，拿着毛笔的手有如千钧重担，个别字写得歪歪扭扭。古时科举考试对字体要求挺高的，黄佐最终被内阁首辅杨廷和评定为二甲第十一名。

黄佐踏上科举之路后，一路高歌猛进，到了最重要一关，虽高中进士，但离所期望的尚有距离，所以公榜这天，他背着手在街上走来走去，闷闷不乐。

"男人大丈夫金榜题名，可喜可贺，何故长吁短叹？"主考官刚好路过，见是黄佐，便上前说道。这位主考官本与黄佐素不相识，监考这天看了黄佐试卷，知其非池中之物，故印象深刻。

"自参加科举考试以来，一路顺风顺水，均是第一，最后一关，我知状元不易得，但得一甲应如囊中取物，岂料竟得二甲进士，真羞愧难当！"黄佐见是主考官，施礼后直答。

"能得一进士，不论一甲、二甲，已是天下学子终生所求，绝大多数人屡次赴考均未必可得，人生哪能事事如意呢？"颇欣赏他的主考官见状，好言抚慰，最后向他指引光明大道：

"你若有真本事，何愁没有机会展现？下一步还有个翰林院庶吉士的考试等着呢！这比中状元更难考，有真本事你就去考吧！"

●木秀于林，风必摧之

先说翰林院，这可是一个带有浓厚学术色彩的官署。在院任职与曾经任职者，被称为翰林官，简称翰林，是传统社会中层次最高的士人群体。

庶吉士，是明朝翰林院内的短期职位，从进士中选择有潜质者担任。明朝中后期，只有庶吉士才能成为内阁大臣，进士中一甲或二甲中优秀的举子，经过考试才有机会成为庶吉士，所以，非常难考。

可见，庶吉士基本上是以后做高官的保障。进入这个群体，就相当于进入现在的中央国级干部的后备干部序列了。

明嘉靖元年（1522），世宗皇帝朱厚熜即位，举行殿试挑选翰林院庶吉士。黄佐第一时间报了名。

六个科目的考试，黄佐出人意表地获五科榜首！这是朝廷设置了庶吉士考试以来，从来没有过的"五试皆第一"，于是震动京城，惊动朝廷了。

一天，黄佐在内阁大院遇见杨廷和，杨一脸内疚地对黄佐说："那年殿考，我未能了解你的水平，今天才知道你确实非同凡响！"

皇帝也特意召见了黄佐。为试黄佐才学，让其以《君马黄》乐府古题作诗一首，黄佐不假思索，当堂吟诵：

> 君马黄，臣马玄，狭斜相逢不敢前。
> 黄马驰，玄马逐，后喷沙，前喷玉。
> 副以江浒翼两张，翩翩倏如流电光。
> 周有穆满今圣皇，君臣布德周万方。

此诗不仅豪放雄奇，跌宕生姿，而且赞颂皇帝功德，毫无造作之嫌，致使龙颜大悦，即授予黄佐编修官之职（明代翰林院为中央政府正三品衙门）。这个职位主要协助皇帝处理奏章、谏议，兼管修史、著作、图书等事务，也就是担任皇帝秘书。官职不大，但权力很大。

至此，满腹才学的黄佐终于为自己打开了通往权力巅峰的一扇大门，进入内阁只差一小步！

"首为清、次为慎、三为勤",这是黄佐的为官箴言。他处处谨小慎微,温润谦和,生怕得罪人,这是想当官的人所不得不采取的立身准则。因而颇得同僚赞许。

入翰林院不久,黄佐撰写了《翰林记》20 卷,这是一部详细记载翰林院情况的著作。黄佐在书中将各事标目,凡 220 条,系统具体地讲述明朝翰林院的建置、沿革以及翰林学士的职能和作用,对于后人研究翰林制度的发展,具有很高的学术价值。

当时的官场好颂而不好谏,花言巧语、拍马奉承之风盛行,为此,黄佐专门撰写了一篇针砭时弊的文章——《颂谏论》来阐明忠言逆耳的道理。从古人有"颂而无谄,谏而无骄"说起,指出当官的人本身要行为端正,用端正的行为影响帝王,并要乐于听取不同的意见,才敢于将不同的意见禀告帝王。

黄佐毕竟年轻,人生历练不足,时间稍长,胸中沟壑尽显,出类拔萃,又深得圣上赏识,开始受到同僚的妒忌。正所谓"木秀于林,风必摧之;堆出于岸,流必湍之;行高于人,众必非之"。黄佐为官没多久,朝廷发生了著名的"大礼议"事件,木秀于林的黄佐被这一股凛冽的大风吹倒了。

明武宗正德皇帝(朱厚照)去世后,因无子继承,朱厚熜依"兄终弟及"的继嗣方式,也就是民间所说的"过继",由藩王身份继承了皇位,是为嘉靖皇帝。

嘉靖上台不久,为了巩固自身的统治,在网罗人才为己用的同时,授意大臣议尊生父兴献王为"皇考",但是朝中以杨廷和、毛澄为首的武宗旧臣们认为此举不合礼法,应尊正德皇帝的父亲(孝宗朱祐樘)为皇考,兴献王为皇叔父。

也就是说,所谓"大礼议"是指嘉靖生父兴献王名分认定相关的礼仪。谓之"大",因其与纲常伦理相关。

杨廷和们认为,你过继给了人家,就是人家的儿子,当上皇帝,意味着人家将江山也给了你了,让你坐皇位,你却不认人家,这世界哪有这么便宜的事?但站在嘉靖的角度看,何以当上皇帝后,亲生的父亲变为叔父?太不近人情了吧?

显然,斗争的焦点是如何确定嘉靖生父朱祐杬的尊号。

朱厚熜虽然当上了皇帝,但在内阁制之下,他也没有办法。这是明朝早期良好的政治氛围，有点民主气息。可惜朱厚熜亲手把先辈确定的颇有民主意味的架构破坏了。

"连一个为自己父母争取名分的理论说法都没有，当什么皇帝啊?"朱厚熜从来没有建立民主架构的意识，相反，他正为自己身为皇帝做不了主而内心非常痛苦，一筹莫展。

在这个时候，为朱厚熜"挺身而出"的人物出现了!

这个人物就是张璁，张璁绝不是天生聪明，考进士冲击了七次也考不上，但他锲而不舍，"咬定青山不放松"，终于在第八次会试中，高中进士。尽管名次不高（二甲第七十余名），但总算考上了，得偿所愿。

可以肯定，考试考不过人家，并不代表他没有才华，下面的事实足以证明，他是有才华的，在钻营取巧方面真是绝顶聪明。

张璁高中后，被分配到礼部当实习生，他很珍惜这份工作。时礼部正在议论皇帝爹娘的名分问题，张璁敏锐地意识到机会来了、运气来了。他迅速主动地了解整个事件经过，弄清楚来龙去脉后，顿如醍醐灌顶，幡然醒悟:

"这班读书人真是死蠢，这个江山是皇帝的，又不是你的，皇帝能逆的吗?"张璁下定决心，坚定不移地站在皇帝这一边，并想法帮皇帝一把。他想，庶吉士考不上了，翰林也当不上了，但入阁为相依然是有可能的!

张璁连夜写了一道《正典礼》的奏疏，阐明汉定陶王和宋汉王的儿子是入宫承嗣为皇子，而后继承皇位，此为继嗣。而当今皇上是以伦序而立，是为继统。统与嗣不同。并据"孝"和"尊亲"传统，说明礼法核心是人情。申明世宗登基后即议"追尊圣考""奉迎圣母"，本乎大孝之道，顺乎人情之理。说白了，只向朱厚熜说明了一个观点:你想认谁当爹都行。

嘉靖皇帝朱厚熜太高兴了，他拿着张璁的奏折，高兴地说:"此论出，吾父子获全矣。"也就是说，"我终于可以认我亲爹了!"

在内阁制说事的时候里，皇帝也有干不成的事情。果然，内阁首辅杨廷和授意才华盖世的黄佐也写了一篇针锋相对的奏疏。黄佐引经据典，旁征博引，把张璁写的《正典礼》驳得体无完肤，旗帜鲜明地摆出观点:家有家规，国有国法，底线是不能破的，否则这个国家就乱套了。坚决主张依礼追嘉靖帝生父为皇叔。

这不打紧，重要的是，张璁因此触犯权臣，而被排挤出京，到南京任刑部主事。

"这么点事，皇帝也做不了主，你这个皇帝也太窝囊了吧！"张璁被打压得一头雾水，灰心丧气。表面上看，张璁聪明过头了，失算了、失败了。而黄佐这次实战让他显山露水了，胜利了。

但事物总是有两面性的。当嘉靖皇帝知道这篇《驳正典礼》的奏疏出自黄佐之手，气得手发抖，心里直骂黄佐：你是我的秘书，怎么跟着杨廷和们瞎起哄？这下就埋下了隐患。而正直单纯的黄佐还浑然不知。

事情很快逆转！嘉靖元年（1522）十二月，山东按察佥事史道呈上奏疏弹劾杨廷和昔年曾勾结朱宸濠谋反等事。事后才知道，这是嘉靖的权谋，要把杨廷和扳倒！

杨廷和是内阁和六部老臣之首，擅权朝纲，恃此请求归田要挟。以为嘉靖会就范。其实，嘉靖求之不得呢，于第二年二月，顺其意而同意他归田养老。

接着，嘉靖迅速召回他的得力干将张璁，大礼议再次兴起！嘉靖三年（1524），嘉靖欲为其生父上尊号。

虽然，杨廷和走了，但是后继有人，弹劾的奏章如排山倒海般压了过来，朝中骂声一片。嘉靖忍而不发，以静制动。

继而，那些老臣及忠于祖宗礼法的人计有200多人联名上奏，并在皇宫左顺门示威，再发展到百官于左顺门外跪谏！

在这场政治事件中，黄佐大可事不关己，高高挂起，或退避三舍。换言之，不签这个联名，皇帝秘书这个职位或许能保得住。然而，"性格决定命运"，尽管憨直不屈的黄佐从不喜欢拉帮结派，也未参与这次跪谏，但他据"礼"力争，在联名反对嘉靖的奏章上义无反顾地签了名。

示威的200多人全都是朝廷里的精英，位高权重。如果在以前，这样一闹，皇帝不得不屈服，一定会收回成命；但今时今日的嘉靖已今非昔比了。

经过几年的力量积蓄，加上最具影响力的杨廷和已不在朝里，嘉靖二话没说，将名单交给了锦衣卫，把跪谏者全部抓了起来，关进了监狱，残酷镇压。这场嘉靖年间最大的示威运动就此平息。

皇宫终于恢复了平静，大臣们也老实了，但事情不能就此算数，接着的"秋后算账"便来了，跪谏的231人中受廷杖者180余人，杖死18人，142人下狱，另有11人远谪。

说白了，受廷杖者就是被脱光裤子，打屁股，此次打屁股可谓盛况空前，有16人被打成重伤，死亡率高达百分之十二，怎一个惨字了得，简直是人格的侮辱，尊严丧失殆尽。

庆幸黄佐这天要赶稿子，没有参加示威，避过了打屁股这一劫，但签了名，避不了第二劫，而给他带来这一劫的就是张璁。

现在张璁可得意了，当年写了篇驳斥他文章的人岂能饶恕？

他对皇帝说，黄佐此人，没有一点"政治觉悟"，万万用不得啊！

公正地讲，在议礼纷争的那些日子里，张璁挺身而出，为孤立无助的少年天子说话，可圈可点，但他毕竟是出于投机的目的，而黄佐是出于维护宗法，各人观点不同，都没有对错。但在极权的社会里，权力是评判对错的唯一标准！

嘉靖的行为无疑在启示着后来当权者：只有权谋和暴力，才能征服所有的人，除此之外，别无他途。

这一次，张璁赌赢了。在皇帝钦点下，他顺利入阁，也就是进入了最高权力机构。

前面不是说想进入内阁，首先条件是要进翰林院，当过庶吉士的吗？这是基本条件，按理张璁是不够格的。关键是皇帝喜欢他，以他有特殊贡献之名，装模作样地走走程序就把他推进内阁。

张璁终于出人头地了！而一直以来强烈要求进步的黄佐就惨了，本来离入阁仅半步之遥，却因"站错队"而被剔除。

张璁通过皇帝逼黄佐做出了一个使自己伤心欲绝的决定——辞退。这与削职为民相比，算是天恩浩荡了！至此，差等生走在他的前面，他黄佐这个优等生却被打回原形——回老家当顺民去！

黄佐被驱逐出朝廷后，骑着一头骡子凄凉回家乡。

阳春三月的香山，草长莺飞，鲜花绽放。家乡特有的水果——"三月红"荔枝已挂满枝头。凝眸倾心处，还是家乡的山山水水更美。但见如斯美景，黄佐心情无法好起来。心中郁闷啊！他找到同乡好友李哲一诉。

李哲早年为官，且建树颇多，官声甚好，因刚正不阿颇受打压。他实不想同流合污，终心力交瘁，故辞官归里，成为一闲云野鹤。李哲曾当过黄佐"高考"前的辅导老师，师生两人甚是投缘，遂结为忘年交。

"我处处恪守为官准则，想不到竟落如此下场。"说起这次辞官，黄佐很无奈。

李哲一听，沉思片刻，道："我看任何职场都有其守则，医生不能见死不救，教师不能误人子弟，骑马者不能横冲直撞，做生意要信守契约（合同）……"

"我也有做官的原则啊！"未待李哲把话说完，黄佐以为老师指他不懂为官的原则，故解释道。

"哈哈，我是说任何职业自有其准则，而做官的唯一准则乃是没有原则啊！"黄佐一听，若有所思。李哲见黄佐并不言语，接着道："在不少人的心目中，一旦成功做官，因为没有原则，自可为所欲为。这就是为何这么多人喜欢做官的道理啊！"

说到这里，李哲话锋一转，慢条斯理地道："以你刚正的个性，并不适合做官。除非你遇到一个好伯乐，或有机会一展平生抱负。"

人的一生，真的要讲运气，李哲的"除非你遇到一个好伯乐"所指的"伯乐"，后来，竟让黄佐遇上了。

●思想交锋，智慧迸发

黄佐经此打击后，开始对自己的人生进行思考，意识到自己的性格不适合官场，不会有大作为。在居家这段日子，他先到家乡周边的名胜走走，去得最多的还是位处城中的烟墩山了。山不高，但听着这个名字，已令人联想到它昔日的烽火连天。

黄佐登上烟墩山，时太阳初升，霞光万丈，放眼四望，远处的五桂山连绵蜿蜒，近处的石岐海潮起潮落，他心潮也随着起伏，借着景物，启动遐想，脑海中出现一位位家乡先贤：陈临、郑愚、陈天觉、梁溪甫、马南宝……

时光流逝，人远去了，但他们的背影依稀可见，家国情怀永铭心间！

"嘎！嘎！"天空飞过的一群鸟，叫声在空中回荡。黄佐的耳旁响起古人"人过留名，雁过留声"的教诲。

"人，活着就要有所作为！"黄佐似有所悟。

他回到家里，进入自己命名的"内省轩"书房，当抬头看到墙壁上挂着他父亲为他写的"慎独"二字时，仿佛听到父亲的教诲："慎独是孔门传心之要。"

读书修身，心以慎独为要。黄佐坐在书房的椅子上，反躬自省，读圣贤书，所学何事？学识又有何为？他陷入了苦苦的思索中。

此时理学盛行，黄佐决定对理学进行一番探究，做一个有作为的人。其实，他从6岁起便开始接受这方面的知识，并颇能心领神会。

何谓理学？理学，又称义理之学或道学，其创始人为北宋的周敦颐、邵雍及张载。继后有程颢和程颐等，最终由南宋朱熹集大成，因此这种理学常被称为"程朱理学"，元朝、明朝、清朝前期均把其定为国家的官方思想。

黄佐对程、朱理学顶礼膜拜之余，没有盲目崇拜，经过一段时间研究，他冲破思想藩篱，建立了自己的"理气"学说的。

他把理和气看为同一的东西，气为万物的本体，而理则是气变化发展的规律。他认为，气本来是一个统一体，但这个统一体中又存在着矛盾双方，如阴阳、动静、往来、阖辟、升降等，"循环无已，积微而著，由著复微"，于是产生了天地万物。万物的生灭过程中，"千条万绪纷纭胶"，无限复杂，但其中"卒不可乱"，总有"所以然而然"，这就是理。

黄佐把他的研究成果写成一本叫《理学本源》的书，一经印发，在朝廷引起了较大的反响。

这时的黄佐自信心大大增强了。

人，都是这样，自信心强了，胆子也大了。他要见当时粉丝无数，魅力无限，被视为当代"圣人"的王阳明。

王阳明，即王守仁。因曾筑室会稽阳明洞，又自号"阳明子"，故称为阳明先生。王阳明不但精通儒家、佛家、道家，而且能够统军征战，是中国历史上罕见的全能大儒。"此人不但文武兼备、智勇双全，而且五花八门无一不通、三教九流无一不晓，且善始善终，堪称不世出之奇才。"

王阳明虽为文臣，却屡建军功；功勋卓著，却一度不被重用；深受谣言攻讦，却保有光明峻伟的人格；转战南北、九死一生，却创立了中国古代思想界的最后一座高峰——心学。

心学，源于理学，却与之分庭抗礼，因它突破理学割裂人心物理的观念，启发人性解放的潮流，吹响了人性解放的号角，故心学站在理学的肩膀上看得更高、更远。但心学的观点与政府主导的程朱理学殊异，王学一度被指斥为"伪学"，故不被统治阶级待见，每多打压。

无论如何，在黄佐看来，王阳明创立的阳明心学，集儒、释、道三家之大成，是数百年来中国人最精妙的智慧之一。但总觉其有个别地方不妥，所以，他要找王阳明好好地理论一下！

真是初生牛犊不怕虎，当时的黄佐只不过是翰林院的一个青年才俊，而王阳明是当朝大儒，时任兵部尚书，叱咤风云。论年龄、地位、名气都很悬殊，不是同一个档次的人。按理黄佐是没有资格见这个大人物的。

但黄佐与别人不同，他有他的自信，赖以炫耀的，是在"国级干部后备干部"——庶吉士的六科考试中，他独占五科第一，又当过皇帝秘书，这些都不重要，现在最令他自信心强大的是现在有一块敲门砖——《理学本源》。

经舟车劳碌，黄佐终于来到了时王阳明贬谪之地贵州，其修行所在的"何陋轩"。何陋轩，筑于贵州的山野丛棘之间。"守仁以罪谪龙场，龙场古夷蔡之外，于今为要绥，而习类尚因其故。人皆以予自上国往，将陋其地，弗能居也。而予处之旬月，安而乐之，求其所谓甚陋者而莫得。"

黄佐至何陋轩门口，即把《理学本源》递给门童，静待回复。隔了一会儿，走出了一个颇有仙风道骨的长者，此人正是王阳明！他竟亲自出来迎接，黄佐大喜过望。

两人步入何陋轩书斋坐下，寒暄几句，很快就转入正题——切磋学术。一起辩论"知与行的关系"。这是王阳明学说中最重要的部分——知行合一。

此前，在王阳明看来，知识引发实践，又因实践而获得新的知识，再为下一次实践给予指示。即知识与实践的关系是一个循环往复的过程。黄佐承认实践是获取知识的重要来源，但在知识和实践两者谁先谁后的问题上，黄佐更强调知识在前，即人们是通过获得知识来指导实践。用现在的话来说，就是理论指导实践！

王阳明开门见山地说："知行合一的'知'，我们可以解释为知识，就是知道如何去完成任务，'行'就是实践，即具体去完成任务，两者是一致的，《中庸》里面说过这样的道理，我的信念也在于此。"

完了，王阳明指着仆人送上来的水果说："比如这水果，你吃了才知道它的味道。你吃水果时就相当于一次'行'，正是如此直截了当。"

黄佐面对比自己年长18岁的王阳明，一点也不客气，他认为，知识与实践不应混作一谈，它们是有先后次序的。

黄佐直陈己见，说："知，犹目也；行，犹足也。虽乃一时俱到，其实知先行后。"他强调："知识好比人的眼睛，实践好比人的双脚。比如这次我来拜访先生，是先要向人询问您的住址，才能一路前来，表面看上去我的眼睛和两腿同时到达，其实我是先知道了您的地址才开始行走的啊，这也就是'知先行后'的道理。"

黄佐用了这样一个通俗易懂的比喻来诠释自己的观点，确令王阳明有些始料不及，于是他将黄佐的学问归咎于受宋儒的影响太深，他对黄佐说："你可能读了太多朱熹的著作，太相信宋儒了！"

黄佐直言道："《尚书》有'非知之艰，行之为艰'之说，岂宋儒耶？我是说，获得知识与具体实践是两回事，不应混作一谈，所以并不存在谁影响谁的问题。"

王阳明初次感受到黄佐对学术的固执。见到黄佐引经据典，王阳明说："《尚书》也有'王忱不艰'一句，由此证明知、行是一回事。"

黄佐毫不示弱，他反驳道："《周易》有言'知之非艰，行之为艰'，夫子亦曰：'知之，未尝复行也'……"即是说，如果不在之前获得知识的话，恐怕以后的实践便会出错。

黄佐以程朱理学为宗，但绝不迷信权威。他不只引经据典，且推陈出新，见解独特：

一者，在理气关系上，黄佐反对"理先气后"说。他准确地指出，作为宇宙最高范畴的"理"与"气"，亦与宇宙间的一切事物一样，是一个统一体，两者表现之形式可有不同，但不能强分为二。

二者，在"知"与"行"关系上，黄佐认为应当知行统一。他认为，无论是朱熹的"先知后行"之说，还是王阳明的"知行并进"之论，都是不能贯彻到底的理论。

王阳明闻此，沉默沉思。黄佐与王阳明这场"针锋相对"的辩论，赢得了王守仁的敬服，皆因他高屋建瓴的观点：

"知"和"行"是一个完整的统一体，互相依存，不可分割。但又具有自身相对的独立性，表现为对事物认识、个人修养的不同层次和不同阶段。"知"是"行"的基础，"行"是"知"的表现，两者以不同的形式存在。

这些辩证的观点，显然是宇宙万物的统一性和相对独立性的观点。黄佐这一观点比西方哲学家还早几百年呢！

事实上，黄佐的思想未因时空变换而被尘封，也未因时代久远而被遗忘。恰恰相反，其思想就如同真理的燧石，愈是经时间老人的打磨，愈是闪现出耀眼的光辉。大约400年后，同是香山人的孙中山在总结辛亥革命以来的经验教训时，提出了"知难行易"的理论学说，或多或少都会受到黄佐的"知行观"的影响，由此，我们可以得知古今认识论的演变轨迹。正是：

> 程朱理学是为宗，理气之言辩始终。
> 可见知行蕴深意，如何转化微茫中。

这个话题讨论完了，王阳明又和黄佐谈论起文学来。

王阳明说："昨天，绍兴知府南元善写了一篇赋给我，里面用了'兮'字。'兮'是一个感叹词，将它用作颂语似乎不妥吧。"

"《诗经》的《淇澳》里也有'瑟兮僩兮，赫兮咺兮。有匪君子，终不可谖兮'句，同样将'兮'用于颂语，似乎没有什么不妥。"黄佐想也没想，直接回答道。

对于王阳明提出的问题，黄佐随时引经据典，可见其记忆力之强，学养之深，不得不使王阳明惊讶起来，感叹道："庶吉士的考试，五科第一，的确真材实料，名不虚传啊！"

接着两人又讨论对《大学》一书宗旨的阐述。

明初以来，由于受科举制度的束缚，许多人只读朱熹的《大学章句》，不太注重对古本原文的研究。王阳明对《大学》，遵从的是源自《礼记》的古本。

"《大学》一书的要领，在于使自己的意念诚实无妄，这也是书中说的'欲正其心者，先诚其意'。而怎样才能做到诚实无妄呢？就是要考究事物的道理。诚实无妄的目的是要将事情做到最好，事情做到最好，也就可以获得新的知识了。"王阳明表明观点。

但黄佐不置可否，抱有不同看法，他说："《大学》的宗旨在一个'仁'字。对于个人来说，如何做得最好，那就是'慎独'二字。尽管某人诚实无妄，并有明确的志向，这只能说明他无坏的念头，但却难免犯错。如果某人胸怀广阔，大公无私，心无邪念，思想端正，正确对待物质享受，避免过错，做好自身的修养，从此出发去处理家庭、国家的事情都会迎刃而解，天下也就太平了。"

王阳明听了黄佐的不同看法，觉得颇有道理，由衷赞许道："你对《大学》的见解独到，特别是引入了'慎独'理念去解释古人所强调的'至善'，很有说服力！"

王阳明欣赏黄佐的见解，并乐于听取和汲收，用以丰富和完善自己的学说。同时，尽管他说服不了黄佐，但他却赢得了黄佐对他的尊重。黄佐在讲学时对自己的学生详细讲述了这两次会面的情况，充分肯定了王阳明观念开放、愿意听取不同意见的宽阔胸怀。

这是黄佐第一次与王阳明见面，经此聚会交谈，这位在不少人眼中至高无上的阳明先生不得不对黄佐刮目相看，黄佐深厚的经学功底与博学多才给王阳明留下了深刻的印象，原来打算让黄佐来听自己讲学说法，不料却让其独到观点所打动。

对黄佐来说，能够与一流的理论大家磋商学术是一件难得的事情，交谈之后，黄佐认识到王阳明在学术上的宽宏大量，能够容纳不同见解，同时也知道自己以往的用功并无白费，自己无论在学问、操守和理论等方面都可与王阳明相提并论，从此坚定学习进取的信心。

当黄佐刚把话说完，王阳明就站起身，握着黄佐的手，由衷地说："'千金易得，知己难求'，你广见博闻，真是我的益友啊！"

人生真是很奇怪，所谓朋友易得，知己难求，越是交往密切的人，如父母、同事，可能难以成为知己，反而与自己生活毫无关联的陌生人却极易成为知己。一曲《高山流水》让晋国大夫和一个樵夫成为知音的故事千古流传。想不到，这样的一场知与行的辩论，竟让王阳明与黄佐两人成为莫逆之交。

王阳明认为黄佐不仅有旷世之才，更是正直可靠之人，故利用其兵部尚书这一显赫身份当起"伯乐",向皇帝游说,使黄佐得以重新起用,外放任江西佥事,再改广西督学。

"世有伯乐,然后有千里马。"有才华的千马里往往能力超凡,正直刚毅,不随波逐流,不趋附权贵。这是一种风骨,然而这种风骨很容易被别人看作傲气、清高,给个人的发展设下了障碍。除非你遇到如王阳明这样有慧眼有胸怀的伯乐。黄佐有幸,真的让他遇上了。

●设学兴教,孝行天下

嘉靖九年(1530)秋,黄佐以广西提学佥事身份,负责全省教育事务。

他从广东溯西江而上,经苍梧转溯府江至桂林,开始了在广西的任职生涯。当时正值王阳明平定思田土司之乱,继而再次征讨大藤峡之后不久,连年的战乱,加上自然灾害,庄稼失收,粮价暴涨,广西变得萧条凋敝,民生困苦。

走马上任的黄佐见如此局面,忧心忡忡。这里是少数民族聚居地区,文化落后,当务之急是如何尽快恢复正常的社会秩序,厉行教化,以稳定人心。

所以,他刚到桂林,便到处走访,深入基层了解情况。

一日,黄佐乘船经过被瑶民占据的大藤峡险滩时,船只竟被当地的瑶民用铁钩钩住,索要买路钱。

当时有官员告诉黄佐,瑶民没有文化,又贫困,野蛮至极,这种做法已成惯例,官府也无可奈何,只好姑息迁就。

"我哪里有钱交买路费啊!"黄佐听了,并不认同,也不惊恐。他和颜悦色地对瑶民说:"人的本性是善良的,人人必须孝顺父母。父母养育你们非常艰辛,为何要做坏事去损害父母的名声呢?人能为善,天必报之。如果大家愿意孝顺,从善向好,我会免费送你们的子弟入学读书,让他们知书识礼,将来用孝顺报答你们,到那时你们大藤峡就有出头之日了!……"

黄佐一番苦口婆心,终于打动了他们,放众人过去,分文不收。

黄佐也信守承诺,不仅免费收录瑶民子女读书,还赏赐瑶民粮食。大藤峡瑶民收买路费的恶行从此绝迹。他们还前来贡献土产,对黄佐说："我们已感教化，不敢复索金矣。"

这件事使黄佐看到，广西的落后，并不是这里的人愚昧，而是官府连年征伐才导致社会动乱，老百姓深受其害，少数民族最为贫苦，衣食也无保障，失却教育，孩子又没有书读，何来文明？

黄佐提出了"体恤民情、以民为本"的理论，推行顺应民心，安抚民意的教育方针：

一者，他把主要精力放在社会中下层，一改以往教育在"土官子弟，许入附近儒学，无定额"的规定，转为"择土民及瑶僮之子弟而教之"。换言之，从过去只送少数民族首领的子弟扩大到送瑶族、僮族等少数民族的普通家庭的子弟入社学读书。

二者，亲自撰写劝化文章在广西全省颁行，将四书五经以及自编的《小学古训》教育引导包括少数民族在内的当地人，令当地的瑶民知书识礼。广西风气渐开，土司、瑶僮多有向化。

自黄佐来任提学佥事，风气渐变，藤峡、府江、古田等地的大规模动乱基本上结束了。以往来广西任督学的官员因害怕少数民族，每每出门都要手拿木棒，全副武装。现在一片太平。

光阴似箭，黄佐到任广西半年了，当他又乘船经过大藤峡时，几百个瑶人突然在草丛中走了出来，众人吓了一大跳。以为有什么不测，但只见走在前面的三个首领跪下，将竹帽举在头上，说要拜见黄佐，感恩称谢，高声说："您是上天派来教导我们的好官啊！"

黄佐曾写过一首《大藤峡瑶老》诗，记下这段难忘的经历：

> 大藤勋业使人疑，今日襄帷始见之。
> 每忆韩公成感叹，且令瑶老望威仪。
> 江山道梗空千里，兵甲屯云又一时。
> 闻道招安成妙算，从前真觉费王师。

黄佐不停歇地对广西各地走访，当他来到临桂县东乡桐罟，好生奇怪，来了将近一月，何以当地天气一直乌云密布，阴雨连绵，没试过一时半日的天晴？他还发现一个怪现象，当地的老百姓虽十分贫困，但到处都是寺庙和道观。他明察暗访，知道这里的风俗是专敬淫祠，男女混杂，行而为奸。其中桐罟岭上的天武婆庙，吸引了许多民众前往烧香，巫师在庙里用邪术骗人，以达到其敛财目的。

黄佐为此亲自撰写并公布《禁淫祠榜谕》，通令广西全境拆毁淫祠，每乡每里各建一社庙，请有学问的人担任社师，社庙内有神像，每月初一、十五由社师引导民众焚香发誓，务要孝顺父母，尊敬长辈，和睦乡里，不能做不孝不悌、赌博盗窃等害人坏事，否则必会遭到报应惩罚。他还写了一篇《仙道释》，向老百姓进行破除迷信的宣传。然后，下令桂林府知事王彻派人前往临桂县抓捕巫师，拆毁天武婆庙，并将庙里的鬼神塑像押回桂林城隍庙前砸烂，焚毁示众。他以此告诉人民，邪鬼都自身难保，又怎么能保佑大众！

说来也神奇，此后，一直阴雨绵绵的临桂县，雨过天晴，阳光灿烂。有记载说，广西从此僧尼多还俗，巫观不再祀鬼，风俗为之大变，教育事业兴起。

黄佐知识渊博，名声在外。有一天，时任广西右布政使的林富找到了黄佐，请他主持编纂《广西通志》。

此时的黄佐主持重建了桂林宣成书院和全州湘山书院后，正大力推行儒学教育，撤淫祠，倡导社学，将亲自撰写的《泰泉乡礼》"刻于广之藩司，颁诸郡邑行矣"，以正风化。每天忙得不亦乐乎，哪里有时间去主持编纂志书？

"此乃地方官员施政必读之书，您学识广博，非您莫属，望能鼎力支持！"

本来，黄佐一口推辞的，但见到林富诚挚的眼神，想到作为一个地方官员，竟然有心思去编地方志，出发点又是这么崇高，他实在为这份热爱文化的真情所感动。没有办法再推辞了，便一口应承下来。有因必有果，后来黄佐出事，林富能挺身而出，大家就不难理解了。

黄佐承诺了林富，马上投入到实际工作中去。白天没时间，每到晚上便伏案撰写至三更。他先草拟《广西通志》的宗旨、编例、大纲等，继而确定整部志书的格局，采用了图、表、志、列传、外志等编纂方式，即以纪传体编撰，以保存史料为宗旨的编纂体例，分为图经、沿革、分野、选举、藩封、山川、沟洫、风俗、户口、田赋、食货、公署、学校、书院、兵防、坛庙、宫室、古迹、祥异、名宦、列传、外志等，后人称此为"历史派"的修撰方法。

经过一年的努力，黄佐纂修的广西历史上第一本《广西通志》终于完成了，共60卷，内容丰富，史料翔实，体例严谨，至今仍被公认为历代所修《广西通志》中最好的一部，对研究广西地方民族历史颇具参考价值，是他对广西文化教育的又一大贡献。他在广西的著述，除了《广西通志》外，还有《广西平蛮录》《广西图经》等。

古人强调忠、孝二字，黄佐更是视"孝"高于一切，甚至在"忠"之上。

黄佐在广西推广礼仪孝行。曾撰写《乡礼》一书，希望以此规范人们的道德行为，引导社会孝顺父母、尊敬长上、和睦乡里。

明世宗嘉靖九年（1530）九月，黄佐接获家书，得知母亲病重。他立即上疏，乞休侍养。但嘉靖不同意黄佐的请求。这时，有同僚劝他，道："皇上将在近期选拔人才，故不同意你请假，遑论退休？眼下是升迁的最好机会，你还是不要回香山为好，错过了机会，将悔之晚矣。"

黄佐摇了摇头，不以为然地说："忠孝难两全，倘若国家急需，我当顾全大局，弃小家顾大家；但现在不是，仅仅为了升官，而置生我育我之母亲于不顾，这个官我宁愿不当。孔子有言，'孝子之事亲，居则致其敬，养则致其乐，病则致其忧，丧则致其哀，祭则致其严，五者备焉，然后能事亲。'现母亲病重，我非返乡不可。"

说完，他匆忙向朝廷乞休。还未等到批准，便急奔回家。但是，黄佐万万没有想到，当回到家时，母亲已病入膏肓。尽管连续几天都东奔西走，想尽办法为母亲延医求药，但也挽不回母亲的生命。母亲那不舍的眼神，如锥子刺着他的心窝，痛苦万状。

是的，多年来，为了自己的前途，到处奔波，与母亲聚少离多。现在有点成就了，本应让一生操劳的母亲好好享受晚年，现在却要生离死别。

黄佐俯下身在母亲的耳旁说："娘亲，等病好了，随我到桂林一起生活吧！"但一切都太迟了。这时，只见母亲的嘴唇动了动，想说话又说不出，紧握着黄佐的手，终于垂下。就这一刻，母亲撒手人寰，阴阳相隔。

黄佐目睹生命转瞬即逝！整个人差点崩溃。

"子欲养而亲不在"是人生最大的悲哀。他跪在地上号啕大哭。本来，生老病死、红尘苦海，是人生必经之路，是生活的常态。但问题是，黄佐平时太专注于求学、求官、求财，以致对母亲关心不够，现在心里愧疚！

黄佐现在才明白古人说"父母在，不远游"的道理。孝顺也要及时，人生的链条，一环扣一环，断了就断了，一切都不可重来！活着，目睹的是一片蓝天；死了，却只能是一抔黄土。

此时此刻，黄佐却不知道生命究竟有什么意义，当官又有什么意思。这一感悟为他后来著书立说埋下了伏笔。

正当黄佐失去母亲、万分悲痛之际，他的同事落井下石，举报他请假未候回复就回家，简直是目中无人。就因同事的妒忌举报，朝廷拟以擅离职守交由内阁论罪。

黄佐与他的上司广西巡抚林富被召到内阁，受到问责。

林富，字省吾，明成化十一年（1475）出生于福建莆田一个诗礼之家。他饱读诗书，执法严明，刚直不阿。他初任广西巡抚时，形势十分紧张。那里是少数民族地区，由于民族分裂主义者卢苏一伙反叛朝廷，扣压知府以下官属，四处掠抢。林富临危不惧，威恩兼施，分化瓦解敌人，最终促使卢苏率众七万降朝。

为了巩固统一，黄佐在宣传教化方面大力支持，社会秩序很快恢复了正常。尤其是林富此前任广西右布政使时，曾求黄佐主持编撰《广西通志》，黄佐一力承担并出色完成。所以，林富对黄佐有感激之情。

这日，皇帝声色俱厉，当廷质问黄佐："你身为朝廷命官，竟擅离职守，你知罪吗？"

黄佐听了，解释道："为臣身为人子，岂能不尽孝，未等到批示至，事有出因，皆因怕来不及见母亲最后一面也！"

百善孝为先，历朝以来，孝道是排在第一位的。黄佐讲得合情合理，皇上听了也点了点头，说道"你说得很对。"然后话锋一转，接着说：

"世上诸多事，忠孝不两全。君不闻禹之治水，三历家门而不入，是禹无亲情耶，孰禹公而忘私耶？"

皇帝说得有理，这下，到黄佐怔住了。其他官员，见黄佐"大势已去"，又为了奉承皇上，纷纷上前指责黄佐，众口一词说："皇上英明！"

眼看就要治黄佐之罪，在此紧要关头，有一人昂着头，气宇轩昂地大声说道："我有话要说！"

大凡，在朝堂或内阁会议上，话不能乱说。说错话，轻则丢官流放，重则小命不保。这些臣子们，朝堂上每说一句话之前，都打了腹稿的，没有安全把握的说话，能不说则不说，这叫作沉默是金。

"林巡抚有何高见，直说无妨！"皇帝道。

"黄佐自从到广西任职以来，颇多建树，百姓交口称赞。因母亲病危，批复未至，无奈出此下策，臣以为情有可原！"林富据理力争。

"林巡抚素来执法严明，刚直不阿，何以偏袒下属？"内阁首辅插口道。

林富耿直地回答："偏爱之心有之，但偏袒却无。自古皆说忠孝不能两全，身为公职，一般情况下，应把忠放在首位，但国家地方若无甚大事，且非黄佐做不可的话，我看应把'孝'放在第一位！"

林富说到这里停了一下，环顾四周，接着又说："君所共知，钱没有了可以再挣，官没有得做，可以再争取机会，可若是至亲死了，不用说平时想要尽孝而不可得，就是见最后一面也不可能，莫非在诸位眼中，孝道不如官位重要吗？"

林富振振有词，说到兴奋处，他把衣袂一扬，单膝跪下，拱手道："黄佐无罪，何治之有，若治，请求皇上谅其孝行以恕罪，本人首愿为其受过！"

林富语气凌厉，吓得刚才争先恐后上前骂黄佐的官员一个也不敢出声。场面气氛有点尴尬。

人们以为皇帝会动怒，但想不到，皇帝说了句合情合理的话："林巡抚说得非常有道理，又敢于为下属担责，而你们要么推祸于部下，要么见风使舵，差点令我做错事！着吏部核实，确因黄佐母亲年高病重，就不提'治罪'二字！"

皇帝一番说话，吓得他们面面相觑，想不到风云变得这么快。这次，黄佐算是有惊无险地过了这一关。

在皇帝生气之时，林富为了维护黄佐据理力争，是冒着生命危险的。不过，经此一次，林富受到多方责难，有徇私之嫌，黄佐唯恐林富难做，索性以病为由请求退休。

●初心不改，正直依旧

黄佐回到祖居地香山石岐仁厚里后，远接近交，从游甚众。他毕竟已名扬海内，地方官员和朝中大臣纷纷上表交章相荐，但无奈都被"大礼议"的掌权者所阻，以及受他当年"擅离职守"所影响，未能重返官场。

嘉靖十五年（1536）十二月的一天，嘉靖上朝，大学士李时对首辅夏言、顾鼎臣等人说："现在翰林院正缺乏像黄佐这样博古通今的人才，是否聘请黄佐，请诸臣多加考虑。"

此议一出，众大臣均举手赞成，这次连"大礼议"的掌权者也不吭声。

吏部遂打算让黄佐出任翰林院编修。机会来了，相反，黄佐并没有立即答应李时的推荐和吏部的安排。

或许，上次"擅离职守"的问题，被同事举报，多少令黄佐有点心灰意冷。他返乡后，重修其父亲黄畿在广州粤秀山开设的粤洲草堂，"远近学者从之游"，他一边讲学，一边埋头著述，编撰《内则》《曲礼》《列女传》等书。

不过，在吏部的催促下和朋友的劝说下，他终于接受了朝廷任命，重返翰林院，担任左春坊左司谏。左春坊是翰林院下属的一个机构，尽管官位低微，他却一如既往地埋头苦干，并撰写了《九经政要箴》，直陈大义，用以约束政府官员的行为。

黄佐很快调任南京翰林院侍读，明世宗（1542）嘉靖二十一年春，黄佐升任南京国子监祭酒，官职为四品。

何谓国子监？它是中国古代隋朝以后的中央官学，为中国古代教育体系中的最高学府，又称太学或国子寺，相当于现在的中央党校。是培养文官和直接向国家输送人才的学校，所谓"天下贤关，礼义所由出，人材所由兴"。

南京国子监，就是明朝最高学府，其规模宏大，建有供教学用的正堂一、支堂六，计105间，藏书楼14间，学生宿舍2000多间。"延袤十里，灯火相辉"，国子监内还有射圃、仓库、休养所等。当时规定"监生与尚书、侍郎、诸郎官并名而疏"，显示国子监学生的预备官僚身份。

鲤鱼跳龙门，需要纵身一跃。国子监的学生通称"监生"，依其来源分为四种来源：一是从全国各地秀才中选拔的正途监生，到此做进一步深造；二是外国留学生，当时高丽、日本、琉球、暹罗等国"向慕文教"，不断派留学生到南京国子监学习；三是"捐监"，三品以上京官的子弟或皇帝恩准入监的子弟，只要交足银子，就能领取"监照"，算是监生；四是由地方官学选拔入监的生员，相当于现在的推荐生。

黄佐当了"国子监祭酒"，就是这最高学府的校长。

不要小看这个校长，他不仅有权同历事衙门的正式官僚一起议拟政事的"可否""举察所司奸弊"，而且可直达天听。

作为国家最高学府的长官，黄佐新官上任即烧起"三把火"：

第一把，整顿校风，颁布"五伦"条约。强调德才兼备，他说："管理天下事情的基础在于德，治理天下的事情在于才。才是德的本钱，德是才的统帅。"黄佐强调："学之博，问之审，思之慎，辨之明，而后笃于行焉。广大，仁之致也；精微，义之尽也。高明，知之极也；中庸，礼之交也。"不难看出，几百年后，他的同乡国父孙中山创办"广东大学"（今中山大学），立下"博学、审问、慎思、明辨、笃行"的校训。是否与之有相同之处，可见黄佐长久的影响力。

第二把，明代国子监学生出仕大致有四个途径：通过升堂积分，通过考试得官，通过报考教职得官，或通过历事出身得官。不管哪种途径，有关系的总是很快获得提拔，自古于今皆然。但自从黄佐担任"祭酒"后，要求预备拨历的监生按其坐堂时间统一排队，登记在案，全校六堂各设一册，供各堂查核。遇有违反监规拟作虚旷，由监丞总为扣算，严厉制止之前的"超拔之法"。

第三把，对那些无心读书、无心历事、逃避历事及雇人代历的监生，黄佐做出处罚性规定："不分在监在历，私逃回籍三个月者，发回原学肄业。半年以上，一律革退为民。""各衙门拨到历事监生，俱要常在公供事，讲习律令……其有私自回家，雇人代替者，查究得实，即将替人参送法司问罪，监生仍照行止有亏，革罢为民。"

黄佐这"三把火"令国子监风气大变。当时在街上见到穿着整齐、气度雍容的青年，人们不必询问便知道是黄佐任上国子监的学生。

黄佐主张老师要用道德伦理启发学生，以身作则做学生的表率，用儒家经典教育学生，教导学生要守信用、讲义气。有人为讨好并有求于黄佐，免不了送金钱礼物，但他尽量拒收，人情难却收下，全部分给监生，自己一分不收。

《中庸》有云："国家将兴，必有祯祥；国家将亡，必有妖孽。"那时已是明代中晚期，国子监的阵阵清风终究未能改变"朝廷腐败，奸人当道"的社会现实。

当时的官员大多懒惰而好交往，挥霍而好饮酒，上行下效，贪污成风。黄佐目睹国家积弱，一如既往敢谏直言，上书请行新政。

本来，黄佐烧的"三把火"已得罪了不少人，现在又请行新政，触及一些当权者的利益。奸臣严嵩正欲拿他问罪，庆幸王阳明等大臣力保，才避过此劫。

黄佐对眼前国事十分忧虑，但深感报国无门，他无可奈何，只能在诗中发泄和感叹，《横州伏波庙》正表达了他此时的心情：

> 高滩危石锁崔嵬，长夏风烟午未开。
> 南海楼船从此去，中原冠冕至今来。
> 武陵一曲风尘静，铜柱双标日月回。
> 千载伏波祠宇在，汉朝何事有云台。

黄佐借赞美汉朝伏波将军马援开发岭南的丰功伟绩，又为马援回到朝廷后却遭到不应有的冷遇而表达自己的愤慨。全诗情景相生，一唱三叹，极富感染力。

嘉靖二十六年（1547）春，黄佐拜谒66岁的武英殿大学士夏言。

夏言，江西贵溪人，中进士很早，但成绩一般，不过人长得帅，形象好，口才一流，纵横辩博，文辞锋利无比。在官场内斗的1542年，他战胜了张璁，成为内阁首辅，走到了权力的顶峰。夏言位高权重，一般人他是看不起的，老是用一种居高临下的姿态对待同僚，所以树敌很多。可黄佐对他很有好感，这不仅是因为夏言正直敢言，而是夏言为他报了一箭之仇，不要忘记，张璁可是黄佐的死对头。

这个深得皇帝恩宠、平日骄横跋扈的夏言与黄佐一见如故，竟然对黄佐行了一个对等的礼，黄佐唯有作揖鞠躬，大臣们也为之惊骇不已。

时两人寒暄一会，夏言有意无意地说："转眼间已是春耕时令，贵乡也应是插田时候了吧？

"是啊！"黄佐听了，不知夏言用意，于是说道："提到此，我不由得想起首辅作的那首《安乡道中观妇人插田》，实在写得太好了！"随即背道：

> 南村北村竞栽禾，新妇小姑兼阿婆。
> 青裙束腰白裹首，手掷新秧如掷梭。
> 打鼓不停歌不息，似比男儿更普力。
> 自古男耕和女织，怜尔一身勤两役。
> 长安多少闺中人，十指不动金满身。

按黄佐个性，绝不是拍马屁之流，他如此这般，表明他对夏言的才华实事求是的认可，但实际上起到了"拍马屁"的效果。

夏言听后竟像小朋友一样高兴得不得了，他哈哈大笑，满心欢喜。显然，夏言有心与黄佐套近乎。一来，大凡当大官者，都希望身边有个学识超人做朋友，好为自己脸上贴金，因为自古有话，"先观其友，后观其人。"以旁证自己不俗。二来，此时正值夏言与严嵩争夺权力，各自扩张势力，故夏言极力拉拢。

可以肯定，黄佐借此就势而上的大好机会来了，这个势力比王阳明还大，但耿直的黄佐接着因与夏言论河套事不合，双方产生政治分歧。

河套，即今内蒙古南境地，黄河自西入省境，绕其西北东作一大曲，故谓河套。河水至此，岐为数道，水性平稳，从无泛滥之患，套内之地得灌，沃野素有"黄河百害，惟富一套"之谚。其地秦、汉时称河南、新秦中，当时为匈奴所据，晋为前后赵，前后秦，隋、唐为胜州、丰州，五代及宋、金被占于夏。明朝鞑靼之族居此，屡为边患，时称套寇，明朝廷几次欲收复河套，因意见不一，几经罢议。

当时有人劝黄佐不妨"委蛇从时"，他却说："道长，时也；道消，亦时也。吾惟与道偕行而已。"这种独立的精神即使在现在看来，也是难能可贵的。

本来，意见不合很正常，夏言本来也是个好官，曾与严嵩作斗争，非常出色。但多年来，在官场的权力斗争中，使他悟出一个道理：要心狠手辣才行。而事实上，久历官场的夏言，人也变了。贵为首辅，变得独断专行，善于弄权，大肆收受贿赂，凡是有升迁者俱须厚礼答谢。

当时，吏部右侍郎职位空缺，兵部尚书王阳明再度力推黄佐，皇帝也有此意。

可是，手握用人大权的夏言因河套之议与黄佐有不同意见，早怀恨在心。他想，你要我不反对提拔你也可以，看你会不会做人！换言之，若我夏言没有意见，算是授人"滴水之恩"了，但你要"涌泉相报"才行。

欲谋此位者，大抵是官场潜规则。然而，黄佐不屑于这样做。有好心人力劝黄佐，"'忍旁人之不能忍，成他人不成之事。'姑且送送礼吧！"

"这些道理我懂，但凭送礼当官的，已超越了我的底线，这个官我宁可不当！"偏在这时，不止一人属意此位，而欲谋此位者互相诋毁，终让皇帝知道，龙颜大怒。黄佐虽未参与其事，却因是被荐举的候选人而受牵连，夏言借此机会排挤黄佐。

此时，偏偏他的伯乐或者说靠山王阳明失势了，面对宫廷里尔虞我诈、钩心斗角的人事，黄佐身心疲惫，却从不作辩解，他心灰意冷，只得再度辞官归故里了。

也许，黄佐是有机会再上层楼，一展宏愿的。但满腹才华的他，虽有经天纬地之才、战天斗地之勇，但在如大山一般的封建制度压迫下无法施展，拗不过积淀深厚的中国权谋文化。落寞的他走在返乡的路上，有一种前所未有的孤寂感。这时，冬雪飘飞，满地苍茫，举目无人烟，黄佐对天号歌：

> 十载行囊一素琴，寥寥天地几知音。
> 渊明已有归来赋，和靖初无禄养心。
> 北郭晚田堪白酒，东篱秋菊尽黄金。
> 扁舟一去随明月，回望苍梧空绿阴。

黄佐这首《弃官归香山口号》，营造了一个天地寂寥、凄清寒冷的独绝意境，正是黄佐在政治上失意时真实精神世界的写照。自此，黄佐彻底脱离官场，决意潜心治学终老。

●震古烁今，文坛泰斗

对有着传统行为准则的士人阶层来说，人生的路径并非归去来兮的
田园诗，更像是进退失据、左右为难的岔路口，让人迷茫和无奈。所
以，才有黄佐为官、辞官这样反反复复的事情发生。这次，黄佐决意
"弃官归养，不再入仕"，所以回到家乡的他，从没有如此轻松过。佛
说，"放下、自在"，也许就是这个道理。

在一个风轻云淡的初秋，黄佐荡舟徜徉在石岐海上，看着分布其间
的七星峰、月山、北斗山，脑际浮现出当年赖布衣云游香山至石岐山时
指说"七星伴月"乃风水宝地的情景，惊叹上天如此偏爱香山，有如
此天造地设的景致，他诗兴大发，写了一首描写家乡风貌的著名长诗
《石岐夜泊》：

> 香山秀出南海壖，四围碧水涵青天。
> 七星峰峦拥楼阁，北斗照耀开云烟。
> 云烟长自峰峦起，复露千家连百里。
> 渔歌菱唱不胜春，桂棹兰桡镜光里。
> 石岐夜泊白欧沙，南台飘渺浮梅花。
> 蛟浦澄澄洗明月，龟城霭霭升繁霞。
> 繁霞明月从昏晓，翠旗朱薨纷窈窕。
> 井澳空传北骑仙，乌岩多见南枝鸟。
> 乌飞前去杳难寻，木自成桥水自深。
> 登堂一入青山郭，尚友惟闻绿绮琴。
> 绮琴古韵真奇迹，正气当年动廖汣。
> 共言解愠协熏风，谁悟知音愁白雪。
> 白雪熏风调莫弹，栽桃栽柳世称难。
> 身随列宿归天上，迹此灵光寄人间。
> 大北山前松柏老，寿星原上多瑶草。
> 采采今为南陌行，迢迢昨忆青门道。
> 道出青门月子冈，浴凫飞鹭满莲塘。
> 竞夸北里量牛马，绝胜西康集凤凰。

豪华比屋河须数，海错山珍弃如土。
到处那无种玉田，营家自有藏金坞。
豪华堪美亦堪悲，零落山丘能几时？
红棉葳蕤装半臂，磨灭芳名谁复知。
此时壮志期鸿鹄，此夜疏灯照帆宿。
浩歌梁甫回阳春，沧波渺渺桑田绿。

从诗中可看到，当时的香山仍处在大海波涛中，县城石岐就建在七星峰之间，是谓"七星峰峦拥楼阁"，还有那"北斗照耀开云烟"。

家乡的山山水水给黄佐带来了灵性，激发了他的创作灵感，他的笔触不断地往外延伸。他写的《粤会赋》。上下几千年，纵横百粤地，历朝次序，地理山川，丰富多彩，引经据典，深邃奇奥，对仗工整，足称粤文杰作。

百粤之会，是为南海。仰稽璇玑，星纪所在。黄钟协律，赤熛流形。上烛南斗之精，下凝衡岳之灵。左跨荆扬、五岭之重阻，表以灵洲、黄岭之山；右瞰牂牁、溟渤之洪波，带以桂、郁、浈、肆之川。神鳌奠足，星鹑俯首。睓睐瓯闽，若趋若走。前有虎头之门，限隔岛夷，来航万里，溯沿漭弥。而凡暹罗、真腊之属，其布犹棋焉。于后则白云、紫云，迤为越台。曹幕地涌，石门天开。跖以罗浮，璇房瑶室。穹窿嵁崒，尨岏郁崒。朱明靓深，铁桥崒发。神芝珍禽，往往丛集。近郭则会以九曜，萦以三江，表里回游，奔峭飞淙。沉珠拾翠，礌砢荡激，入极浦而邅回，迷不知其所适。于远则循洸口以荒极，得静福之寒林，接黄连之巨峤，信南戒之喉襟。呀峡山而陟韶石，抚神皋而抠奥区。盖自赤县之外，于焉重启堪舆，晞阳光于夜半，竭灵景之扶胥，殆有大章、竖亥所不能遄，林间梗概靡得而书者矣……

黄佐的《六祖传》仅用160字，便把六祖惠能的身世及其聪明才智描写得淋漓尽致，让读者在了解历史之余，领会深刻的哲理：

唐惠能，姓卢氏，新州人。少孤贫。流移南海，鬻薪供母。年二十四，闻人诵《金刚经》有省。乃赴黄梅，参五祖忍大师，忍使充薪米之役。一日，会众传法，弟子神秀为偈书壁间曰："身是菩提树，心如明镜台。时时勤拂拭，勿使惹尘埃。"能不识字，闻人诵之，乃为偈，请人书其侧曰："菩提本无树，明镜亦非台。本来无一物，何处惹尘埃？"忍见之，遂传法于能。

黄佐写的诗也非常出色，其诗风带动了明代中期以后的广东诗坛风气，使到明初广州南园五子以后"风雅坠落"的岭南诗坛重新活跃起来。清人朱彝尊说："岭南诗派，文裕实为领袖，功不可泯。"他有首名为《怀罗浮吟赠别何工部》的长篇古风最为著名，诗句藻绘缤纷，情景相生，极富感染力：

> 我怀罗浮四百三十有二峰，大朵小朵青芙蓉。
> 波沄寥兮根鸿濛，列华舒艳兮昭神工。
> 盘空承宇夐出万象表，秀色直射彤云东。
> 中藏号屏，列缺丰隆。
> 时和吐霖雨，岁旱眠蛟龙。
> 麟为车兮凤为马，仙之人兮纷菲菲其如丛。
> 亦有太霞之洞，古禹之宫。
> 琪花瑶草历乱映晴昊，铁桥流水光于虹。
> 鸣鹍钦不鸦不敢翼而过，往往神圣留灵踪。
> 猗嗟走兮，昔所幽栖。
> 乾坤造设待结宇，日月照耀开璇题。
> 一辞蕙帐走尘坌，松花糁径青猿啼。
> 水曹仙郎承紫泥，与尔话别兰台西。
> 螺杯满酌白玉酒，牛鼎初熟黄金鸡。
> 柳条吹丝绾白日，醉听骊褭当门嘶。
> 君今扬帆向我望云路，我犹驻辙系籍通金闺。
> 风尘何夔夔，蔚荟方朝隮。
> 浮浮回极中，颓波谁为堤。
> 罗浮望兮愁，碧草春萋萋。
> 归来归来兮，采玙璠以终日，种芝术其盈畦。

琼麋云液可以供日夕，胡为乎绊柴栅而久稽。

风驱离心满烟树，月照去路闻铜鞮。

临岐执手何所道，归来归来兮，

凭君为我一访旧日飞云梯。

　　黄佐对自己的家乡香山和广东关怀备至。每当太阳缓缓升起，惊鸟出林，他已翻山越岭，或荡舟过海，深入村中，问道于父老；夜已阑珊，在窗前磨好一砚浓墨，构思其一篇篇旷世之作；万籁俱寂，仍在灯下写着未完的长卷。每写一书，基本上"采撷颇繁"，"凡三历寒暑而后成，盖事事不敢苟且也"。

　　仅仅关于家乡这方面的地方志，黄佐就写下了《罗浮山志》12 卷、《广州人物传》24 卷、《广州府志》22 卷、《香山志》8 卷、《广东通志》70 卷等。尤其是这部《广东通志》，是黄佐人生中所纂的最后一部方志，历来有佳志之称，是黄佐志学的集大成之作，也是最能体现黄佐方志学思想和成就的杰作。

　　黄佐甚至在音乐方面也有研究，写出了《乐典》36 卷，其内容分为乐均、乐义、大司乐义、乐记、诗乐等，博大精深。400 多年后，在他的家乡诞生了音乐界的开山祖师，即中国现代音乐之父萧友梅和粤乐宗师吕文成，他们同是石岐人，或许有因果关系。后人有诗赞道：

博学多才世所稀，典藏书籍大宗师。

诲人不倦培桃李，乐韵悠扬启后知。

　　有人对黄佐方方面面的传世著作进行了粗略的统计，计有著书 39 种，足有 500 卷以上。包括：

　　经部：《诗经通解》25 卷、《乐典》36 卷、《礼典》40 卷、《泰泉乡礼》7 卷、《六艺流别》20 卷、《春秋传意》12 卷、《续春秋明经》12 卷、《姆训》1 卷、《小学古训》1 卷等。

　　史部：《通历》36 卷、《革除遗事》16 卷、《翰林记》20 卷、《广西通志》60 卷、《广东通志》71 卷、《广州府志》70 卷、《香山县志》8 卷、《广州人物志》24 卷、《罗浮山志》12 卷、《南雍志》24 卷、《琼台外记》5 卷、《珠崖录》5 卷。

子部：《庸言》12 卷；《诗文集》60 卷、《明言类选》12 卷、《理学本原》12 卷、《举烛杂论》6 卷、《黄氏家乘》20 卷、《敷教录》1 卷、《泰泉全书》60 卷、《九洲问》1 卷、《两都赋》2 卷、《明千家姓纂》12 卷、《唐音类选》24 卷、《论式》3 卷、《论原》10 卷、《粤会赋笺》1 卷、《诗传通》25 卷、《乐记解》11 卷、《河涧乐记》9 卷。

集部：《泰泉集》60 卷、《两都赋》2 卷、《唐音类选》24 卷、《明音类选》18 卷、《论原》10 卷、《论式》3 卷等。

以上著述除《续春秋明经》《姆训》《通历》《明音类选》等少数几种残佚以外，其余绝大部分都有完本存世，真正可谓著述等身。从其著述的类型来看，经史子集均有涉及，尤其在经学和史学上成果最丰富。黄佐的史学成就又以方志学最为突出，所著的志书，论质量、数量均属上乘。仅以其撰述的地方志书为例，即有图经、表、志、列传、外志 5 大类，记载了当地历史沿革、地理山川、田赋、物产、民族风土人情、土司制度、学校、兵防和历史人物等。史料翔实，体例严谨，文笔生辉。堪称为中国史家、志家的界碑式人物！

上述这些都是他给后人留下的看得见、摸得着的文化遗产。

要知道，黄佐并非纯粹的学者，他在中进士后的第二年就开始了宦海生涯，是个"公务员"，忙于公务之余，还能有这样的学术成就，的确比学者更学者，除了天才，真的只有"勤奋"二字可以解释了。

探究黄佐的成功，除了基因好、家学渊源之外，取决于业余时间的辛勤耕耘，当他的同僚忙于交际、喝酒、花天酒地的时候，他却埋头读书，磨砺不休，才有如此成就。

可见，世间万物总有两面性，要看你的取舍了。管理学上的马斯洛需求，谓每个层次都有不同的感受，满足了基本的物质和生理需要后，就要追求精神需要与自我价值的实现。你要上高位，少不免要"钻营"，而从黄佐小时候写的《志学铭》就可窥见他"志不在此"，他清楚明白日后走的路，要"玉汝于成"，必须"艰难困苦"。

对黄佐来说，光是"著作等身"，还不足以实现其理想。"崇文重教、仁义为怀"的精神早在他心里扎了根。他心心念念于对百姓的"教化大业"。

为此，他写下了流传后世备受推崇的岭南士大夫推行教化的典范之作——《泰泉乡礼》，里面有教化乡里的几大法宝——"乡约""乡

"校""社仓"。所谓"乡约",就是在乡间建立"劝善惩恶"的民间组织;所谓"乡校",也即"社学",就是广为推行儿童启蒙教育,以求"蒙以养正";所谓"社仓",则是"积谷备荒,济困扶厄"的民间互助机制。

在广州白云山,黄佐把天南第一峰的"景泰寺"改建为泰泉书院,将寺僧移往光孝寺,于泰泉书院讲学论道,作育英才。黄佐门下弟子名士亦多,嘉靖年间,享誉中原的岭南诗派代表人物欧大任、梁有誉、黎民表、吴旦、李时行,所谓"南园后五子"(又称"南园后五先生")皆出其门下。

在香山县城石岐,城北一个叫韭菜园的地方,他改建为"涵一亭"书院,这里室外湖石嶙峋,室内古琴抚然,雅趣超然。黄佐曾在此讲学并著书立说,《香山县志》8卷、《格物说》等著作就是在涵一亭完成的。后来,清代的印光任,乾隆九年调任香山县令,曾作《黄文裕公书院涵一亭》诗称赞之:

> 微晴微雨湿烟汀,镜里双虹抱小亭。
> 黄喷嫩香三尺桂,绿铺新绮一池萍。
> 幽禽啼处忘城市,古篆摹来见典型。
> 薄醉听泉联好句,莲峰窥坐落杯青。

作为一代大学者,黄佐有很多藏书。他曾在旧藩司左(今广州北京路)建有"宝书楼",藏书达5万多卷,藏书之多、之广闻名遐迩。史载:"泰泉有宝书楼,搜庋秘籍为一时冠。"徐氏《宝书楼》诗云:

> 百年遗迹宝书楼,明月长空一望收。
> 六艺品流精鉴别,名山史笔足千秋。

直到现在的广州青年文化宫以北、东起学源里、西至北京路,有条不长的内街,昔叫"泰泉里",后叫"圣贤里",即因黄佐曾在此处居住过而得名。

在民间,人们都说黄佐是文曲星降世。

据传,嘉靖四十五年(1566)十二月二十五日,国师夜观天象,见天上南面的一颗星陨落了。过了一段时间，即传报恰是这天一代文宗黄佐在香山石岐家中病逝，享年77岁。临终之前还"整襟拊节"并说了一句颇为玄妙的话："宏毅之学，当如是也，小子识之。"

黄佐安详地走了，但他留给世人一笔笔非常丰厚的精神财富，真的仿如天上的文曲星，恒久地光芒四射，深远地影响着后人。

明穆宗皇帝先后两次下旨表彰黄佐，赐谥号"文裕"。

《明史》称：佐学以程朱为主，惟理气之说独特一论。

《明儒学案》谓：黄佐"教人以博约为宗旨，盖得力于读书，典礼乐律，词章无不该通。故即以此为教，是时阳明方欲尽洗，闻见之陋归，并源头一路，宜乎其不能合也"。

《列朝诗集小传·参广舆记》评："博综今古，究心于理学，经济而修词藻，杰然争雄艺苑。岭南人在词垣者，琼台香山先后相望，于是南越之文学，彬彬比于中土矣。"

清朝初年，黄佐与王阳明一起被列入名宦祠，供人致祭。

欧大任说黄佐"持汉家三尺以号令魏、晋、六朝，而指挥开元、大历，变椎结为章甫，辟荒薉秽于炎徼，功不在陆贾、终军下也"。

粤秀书院山长杭世骏说："中夏名贤学者辈出，但著述之富、德业之醇，无人比得上黄佐！"

白云山的云泉山馆（旧址在今云台花园）内有三贤祠，里面供奉三位赫赫有名的大学者，即宋代的苏轼、崔与之和明朝的黄佐。现广州白云山栖霞岭景泰寺前的黄佐墓，为广州市重点文物保护单位之一。

黄佐的家乡香山石岐先后立石柱牌坊两座。一称"解元进士坊"，建于县署左侧，惜在"文化大革命"时被拆掉。

"生如夏花之绚烂，死如秋叶之静美。"

纵观黄佐的一生，仕宦长达30年，但他并不醉心权术，性格又疏狂耿介，常因不满时政而干脆弃职归乡或被迁为地方官，浮沉波折，断断续续。换言之，没有机会让他成为一个大政治家，但这一"失"造就了他的另一"得"，成就了他的辉煌，终为成就卓越的史志学家、杰出的岭南儒学集大成者。

在中山，有一种现象，就是明清以后，历史上出现的很多"文化世家""名门望族"，至今延续。但如香山黄氏，代代出学者，所出人物均如此彪炳于世，就不多见了。影响最大者，有明代的黄瑜、黄畿、黄佐，祖先三代均为文坛泰斗；到了清代，以黄绍统、黄培芳父子为代表，文名均冠绝岭南；递延到民国之后，黄佛颐、黄苗子等也是风流才俊。

五百年来，世代书香。黄佐之家的家族传奇，"是岭南历史上延续最久，影响最深远的一个文化世家。"即使放眼全国，一个家族有如此之长的文化传承，"对广东乃至全国的文化发展做出如此重大贡献者，也是屈指可数"，实属罕见。后人有诗赞道：

> 书香门第早扬名，饱学多才集大成。
> 世代推崇君子德，平生著述故园情。
> 立言理论知行辨，重教栽培桃李荣。
> 香邑鸿儒传岭海，文坛翰墨出群英。

第三章　苟利国家生死以
　　　　岂因祸福避趋之

诗曰：

宦海浮沉三十载，平生褒贬总难衡。

徒悲战马山河碎，纵有珠玑未解兵。

内忧外患难为计，抗清以图大业成。

阶下不嗟斯世累，养晦还期复大明。

铮铮铁骨经霜老，归里悠然弄菊馨。

　　何吾驺（1581—1651），字龙友，号象冈，初字瑞虎，晚号闲足道人。广东香山（今中山）小榄人。明代万历三十四年（1606）丙午科举人，己未年（1619）进士，授庶吉士。历官至吏、礼、兵三部尚书，内阁大学士、首辅（宰相）。能文敢言，时人誉为"真人才、真文章、真史识"。

　　他历仕万历、天启、崇祯、弘光、绍武、永历六朝，官至一品，曾因议事被罢官，两受钦点复出任首辅。何吾驺历经六朝两任宰相，成就了他传奇的一生，世称"何阁老"。他是功臣也是忠臣，矢志抗清，在广州兵败被俘，也不忘策反清将反正。尽忠明朝直至油尽灯枯，蛰伏故里，关心乡梓，造福百姓。著有《元气堂诗集》3卷、《元气堂文集》30卷、《云笈轩稿》2卷、《经筵日讲拜稽集》4卷、《周易补注》4卷、《中麓阁集》及石刻楷书四种等。其诗文笃实渊雅，为时人所重，称其"树一帜于岭外"。

●太阳照贵地，禾秆冚珍珠

　　据传，当年赖布衣经过小榄时，直指小榄是"旗鼓把门，五星聚境"之风水宝地,将来必是富甲天下之处,日后虽出不了天子,但名士不少,出一宰相定当无疑。

无论赖布衣的传说是否确有其事,但在由五个小岛形成的小地方,历史上确确实实产生了五个一品官,真了不起!古时,小榄有何、李、麦三大氏族,古老相传,"何氏官最大,李氏人最多,麦氏钱最丰"。据《香山县志》记载:"榄都小榄何族,系出宋尚书仆射何卓之后,原籍四川。宋南渡入岭。"从中可知,何吾驺祖辈是四川人,名门望族,南宋遗臣。祖父何世睿,官至五品,颇有文名。其父是"香山三何"中的何述铉,另外"两何"是何述忠、何述瓒,也是当官的,同样文名远扬。

当年赖布衣谓小榄"将来必是富甲天下之处",此言也一点不假,小榄在清末已有"小苏州"之称,改革开放后,更是富闻全国。

至于赖布衣谓小榄日后名士多,且定当出一宰相,也不虚。当时同样四周环海的"五榄"之中,小榄能"一统江山"成为乡名,皆因何、李、麦三姓的地主和有功名的人物高度集中于此,使得此地成为政治、经济、文化的中心。事实上,明朝中叶以来,小榄出了一大批名人雅士、达官贵人,如李孙宸进士及第,官至礼部尚书,伍瑞隆任职兵科,何璟进士及第,官至总督。

也许,上天注定何吾驺在仕途超越祖辈、父辈。

何吾驺出生时,天显异象。他的生母刘氏是何家妾侍,平时在家并非养尊处优,妊孕中仍需操劳家务。万历九年(1581)六月十七日清晨,刘氏临产前,还照例到柴房取柴,准备生火做早餐。当跨出柴房门槛时,腹中作痛难忍,无奈之下,只好一步一步地退回柴房,慢慢地躺下等待生产。

这天早上,整个天空乌云密布,伸手不见五指,眼看就要下大雨了。就在这个时候,刘氏腹中胎儿瓜熟蒂落,随着"哇"的哭声响起,笼罩着太阳的一大团乌云奇迹般散去。太阳露出来了,照彻大地,光辉透过窗户洒在赤条条的婴孩身上。然而,待到太阳将要落山之际,天空却又黑了起来,接着狂风大雨。

何述铉中年得子,欢喜异常,取什么名好呢?他想,儿子是在柴房出生的,取一个与动物相关的名字也好。不过,不能取猪、狗这些俗气的名字,毕竟是书香门第。

何述铉再三思考，决意为儿子取名为"吾驺"。此乃出自《山海经》："林氏国，有珍兽，大若虎，五采毕具，尾长于身，名曰驺吾，乘之日行千里。"

他将"驺吾"两字调过来，变为"吾驺"，意谓这是我的"驺"，寄望儿子日后日行千里，飞黄腾达。

何吾驺6岁时，进入村塾读书。他少年早慧，潜心进取，进步神速。不过，时好时坏，并不稳定。何吾驺赴京赶考前夕，其父母忐忑不安，特意带他到石岐的白衣古寺求签，但只求了个中签，签名乃"刘备求贤"，签文：

前程杳杳定无疑，石中藏玉有谁知。
一朝良匠分明剖，始觉安然碧玉期。

法师解道："此卦剖石见玉之象。内藏无价宝和珍，若不离亦不弃，若不弃自亦不离，得玉何须外界寻，不如期待高人识，宽心犹且更宽心。"

法师见他俩似乎不尽明了，接着又道："刘备求贤，石中藏玉无人知，若求功名，福气不佳，最多不过是秀才，除非太阳拱照，石中藏玉就有人知。"

父亲何述铉听了甚是不悦，但刘氏却笑逐颜开。因为她知道，儿子出生时，有"太阳拱照"呢！

刘氏见老公闷闷不乐，便向他说了儿子出生时的情状，法师在旁一听，始知何吾驺是在柴房的禾草堆出生的，且有太阳临照，甚觉诧异，脱口而出："真是禾秆冚珍珠啊！"然后，口中吟道：

石藏美玉在中心，得指何须向外寻。
直得高人来分析，恰如灵雨涤烦襟。

"禾秆冚珍珠"这句俗语，也许就源于此。万历四十七年（1619），37岁的何吾驺只身赴京赶考，得中二甲进士第四名，接着又通过更严格的考试，授庶吉士，自此迈上了仕途。很快进入"中央"的最高权力机构——内阁，何吾驺官位高擢，村里人都说是因他出世时太阳临照有关。

何吾驺进入内阁后，衣锦荣归。返乡这日，官服朝补，高靴马袖，威风凛凛，真的是为何家争光了。

宴请亲朋，酬谢师恩，不在话下，最要紧的是到祠堂祭祖。因为祠堂是中国人心中的圣殿，灵魂归依之所。中国的祠堂有点像西方的教堂，不过西方人是和上帝交流，而我们是和祖先交流。每到祠堂，仿佛先人们都在看着自己，那种追思之念、敬仰之情乃至责任感油然而生。可以说，祠堂祭祖是一种很重要的孝道教育。

何氏祠堂坐北朝南，建筑前后两进，左右两侧各设厢楼，两进之间是天井，正殿正面的墙壁上挂着祖先容像，容像两边悬挂的条形酸枝木板上书阴刻楷体"昭格列祖"与"佑启后人"。

何吾驺祠堂祭祖毕，即同友人刘道倩、傅元子漫游家乡名胜，择日一早专门往县城以东的宫花村探访。

何以到宫花村探访？这是因为他回乡前，有一贵妃娘娘是香山张家边竹径坑村（今中山市火炬区宫花村）人，托何吾驺到竹径坑村的八面嶂山父母坟前代她拜祭。

说起这个皇妃，却有一个故事。

竹径坑村住着林、王两姓，村子里外都生满茂密的青竹，长流不息的溪水绕村而过，景色幽美。

王家有个女儿，自小聪明伶俐，深得父母宠爱。可怜的是父亲早逝，家境窘迫。所幸小女生性懂事，事母至孝，十分勤劳。从小在山间田埂看牛割草，皮肤晒得黑黑的，但不掩其俊俏，因长得娇小玲珑，被村民称为"黑珍珠"。女大十八变，越变越可爱。到 16 岁时，看牛妹变成了人见人爱的大美女。

那年皇帝选美纳妃。一天早朝，司天监道："臣夜观天象，皇上须到南方寻找一个穿黑衣、脸微黑、骑黄牛、举黑旗、横过江的女子，封为贵妃，方能洪福齐天，早生龙子。"

皇帝一听，果真派了钦差大臣秘密查访起那女子来。众人奉旨从京城向着南方出发，一路穿州过省，日夜兼程。春尽夏来，终究没寻着那个美人。眼看限期已近，钦差大臣心焦如焚。

有道是"山重水复疑无路，柳暗花明又一村"，当他们来到竹径坑村村口，被雨后哗哗作响的溪水挡住了去路，正想转身离开。忽然，不远处的竹林里飘来一阵悠扬动听的歌声。显然，是一女子的自问自答：

> 问：插秧姑，插秧娘，
> 问你手揸①禾苗几寸长？
> 几寸到泥几寸到水？
> 剩番②几寸耍风凉？
>
> 答：我唔系③插秧姑，
> 我唔系插秧娘，
> 手揸禾苗六寸长，
> 一寸到泥，一寸到水
> 剩番三寸耍风凉。

歌声委婉柔和，散发着浓郁的乡土气息。这就是东乡民谣，当地村民在田间劳作时表达生活感受时传唱的歌曲。

歌声留住了他们的脚步。惊讶间，竹林深处走出了一个打着赤脚的看牛妹。她一身补丁的黑衣服，手拿的青竹尾端系着一块黑布，牵着黄牛走到溪边，看着雨后湍急的溪水，纵身一跃，跨上牛背，涉水过溪。

钦差大臣心里一动：嘿！这不就应了"穿黑衣、骑黄牛、举黑旗、横过江"的天象吗？钦差大臣不禁以手加额，眯起眼睛，仔细打量起那姑娘容貌。

只见那个看牛妹，虽衣着破旧，却长着一双水灵灵的大眼睛，柳叶眉，湿漉漉的鬓发插着几朵野花，微黑透红的脸蛋挂着晶莹的水珠，坐在牛背上的她苗条身段更显得娉婷婀娜。

啊！这简直就是一朵含苞欲放的黑牡丹！

真是"踏破铁鞋无觅处，得来全不费功夫"，众人连忙尾随着看牛姑娘进了村……

原来当天清早，看牛妹牵牛到村外竹林处吃草，返家时，遇上了骤雨，全身被雨淋得湿透。天转晴后，她将黑色的围裙解下来系在赶牛的

---

① 揸，粤语，拿的意思，下同。
② 剩番，粤语，剩余的意思，下同。
③ 唔系，粤语，不是的意思，下同。

青竹上，意在晾干，因雨后溪水湍急，只好骑在牛背上过溪，天晓得竟这样应了"天象"。

三天后的一个清早，县城里锣鼓喧天，换了一身官服的钦差大臣在县官及衙役的簇拥下，走进竹径坑村，看牛妹也打扮一新，让衙役抬着花轿迎接进宫。

当地人把进宫的看牛妹称为"宫花"，久而久之，就把竹径坑村叫作"宫花村"，沿用至今，原来的村名甚少人提起。

古时，东乡（今火炬区）的陵冈村、大岭村、宫花村，虽分属三个不同的村落，但由山体连成一片。而从小榄到宫花村必须经陵冈村、大岭村，走的都是山路，而至宫花村，这里有一条清亮的溪流绕村而过，两岸都是雪白的细沙。这条溪的源头，就是今日的长江水库，当时并无堤坝，只是个大湖泊。一条宽阔的溪流，将清亮的湖水引至周边村落，是当地农民耕作及生活的主要水源。主流经大岭村直至张家边，通向浩瀚的伶仃洋。

当何吾驺与众人至此，见到这里的美景，情不自禁地说："真是好山好水好姑娘，难怪这里会出皇娘！"

他受"宫花"皇娘之托，要到宫花村之南的八面嶂山拜祭其父母。在当地村民的引领下，登上了八面嶂山，这座山与五桂山主峰连贯，有大、小八瓣山脉，故又称为八峦嶂或八面嶂。八面嶂有多条大小山涧，大山涧流水如小瀑布，小山涧流水潺潺作响，流入宫花溪中。山脚有一个形似乌龟的小山丘，名为"龟地坑"，沧海桑田，如今这里的自然风貌已无从寻觅。

八面嶂山主峰半山腰有一山洞叫黄牛仔屋，相传看牛妹到京城做皇妃后，这头黄牛就无缘无故不见了。上山砍柴的人，常见山腰洞口处有一黄牛，疑是失踪的那头，但走近山洞却什么也不见，人们认为这黄牛是仙，下凡助看牛妹成为贵夫人的，从此便称那山洞为"黄牛仔屋"。

何吾驺按指引，在距黄牛仔山洞西侧约百米处，寻得宫花父母坟墓，放上香烛、果品，拜祭完毕才下山返小榄。有诗为证：

　　　　黄牛天上下凡尘，力助村妹成贵人。
　　　　为拜双亲诚有托，不忘父母海深恩。

此时正值夏日，何吾驺一行跌跌撞撞下得山来，气喘吁吁，已是汗流浃背。行经陵冈村时，周身疲惫，正想找个地方歇息，见一群鸟从前面的树林中飞出，叽叽喳喳地叫个不停。顺眼望去，鸟儿飞出处有一座寺庙，掩映在高大的树木中。

这些大树多为沉香木，当地人视为宝树，故坐落其中的寺庙就叫"宝林寺"。因寺院位处陵冈村前面，故又称陵冈寺。何吾驺觉此处环境甚为清幽，便在此休憩。

陵冈寺周围特别多鸟，何吾驺看着它们上下飞翔，去留不定，感叹人生聚散无常，起伏不定，有谁会意料到，自己一介书生，一下子位极权臣？而远离京城万里之遥的宫花村，一个看牛妹，竟然会被选入宫为妃？看来世间很多事情，似乎冥冥之中早已注定。他为此有感而发：

> 人生好似空中鸟，长翼从风何不之。
> 看山偶过陵冈寺，明日题诗知是谁？

●抗清立功，青云直上

何吾驺从乡下返回京城，向贵妃娘娘详细禀报了拜祭其父母的经过，理所当然受到贵妃娘娘的厚待。何吾驺以为凭此可以一路高歌，但事与愿违。此时明朝内部派系林立，内斗剧烈。从万历四十七年（1619）到崇祯初年，何吾驺仕途并不如意。主要担任编修等没有实权的官职，负责编纂撰述、为皇帝讲解经义。

正当明朝内耗之时，东北地区的女真族却发展起来了。明万历四十四年（1616），女真族首领努尔哈赤于赫图阿拉称汗，建立了女真少数民族政权——后金，正式开始向明朝宣战。明天启六年（1626），努尔哈赤亲率大军南征，一路所向披靡，明朝在辽东、辽西的军事重镇大都落入后金之手。很快兵临宁远城下，但遭到了明大将袁崇焕的顽强抵抗，结果明军大胜，后金大败，努尔哈赤受伤而死。

努尔哈赤死后，其子皇太极继位。他继续对明朝展开攻势。

崇祯二年（1629）十月二十七日，皇太极率领当时尚称为金兵的部队由大安口龙井关入塞，围蓟州，破遵化，兵锋直逼明朝首都北京。

时任蓟辽登莱等处督师的兵部尚书右副都御史袁崇焕闻讯后率兵入援，同满桂、侯世禄等人分别把守京城九门，各与后金交战，大败金兵，击退皇太极，解了京都之围。

袁崇焕，字元素，广东东莞石碣村人。万历四十七年（1619）进士，有胆略，通过自荐的方式在边关任职，在抗击清军（后金）的战争中先后取得宁远大捷、宁锦大捷，乃当世名将。

袁崇焕打死努尔哈赤，继而又大败皇太极，从此声名大震，威名远播。

皇太极遇到强敌，难以取胜，便心生一计，派奸细混入北京城，到处放风，说袁崇焕与后金勾结，图谋不轨。并有意放跑两个在押的明廷太监，将这股阴风直接煽到崇祯的耳朵里。为了坚定视听，清兵一部于崇祯二年（1629）避开锦宁线绕道蒙古，由喜峰口进入关内，直趋京畿地区。

崇祯被传言弄得云里雾里，难以判明是非。在这个时候，如果身边有一个明辨是非的辅政大臣提醒一下，就不会发生以后的惨剧了，偏偏遇上一个他宠信的，且比魏忠贤还狡猾十倍的辅政大臣——温体仁。

温体仁此人，精通权术，工于心计，因为人乖巧，善于察言观色，故深得宠信。自以为英明无比的崇祯被他玩于股掌而不知，竟说他"纯忠亮节"。正是在崇祯的宠信之下，温体仁把他的权术发挥得炉火纯青，于不动声色中，把他不喜欢的那些大臣们，一一予以打击。

这天，温体仁呈上一封密疏，说后金猖狂进攻，是因为袁崇焕暗中与后金的钱龙锡串通，勾结金兵导致的。温体仁奏请迅速逮捕袁崇焕。

袁崇焕是崇祯亲手提拔起来的，在辽东战场上可谓是中流砥柱。袁崇焕谋反，是他不愿看到的，但他太过相信温体仁了。

同年十二月初一，崇祯召见诸将，突然将袁崇焕捉拿下狱，欲将他凌迟处死。

袁崇焕与何吾驺同为广东老乡，袁崇焕是东莞人，何吾驺是香山人，虽素不相识，但何吾驺因是广东老乡的关系，平素颇多了解，知袁崇焕为人忠心耿耿，乃当世豪杰。现在，袁崇焕一夜之间变成卖国将领，何吾驺觉得事有蹊跷，于是暗中调查，始知是温体仁从中作梗。

何吾驺为此找机会大胆向崇祯陈词："温此人，尖脸猴样，眼神游移不定，其所指实不可轻信。"

皇帝听了，反而认为何吾驺在背后说人坏话，根本听不进去。这也难怪皇帝不信，何吾驺没有充足的证据说明温体仁诬陷袁崇焕，仅凭观相貌何以取信？

崇祯三年（1630），皇帝终以"附托不效，专恃欺隐，以市米则资盗，以谋疑则斩帅"等罪名将负责辽东军务的袁崇焕处死。

兵临城下之时，崇祯捉拿了袁崇焕并处死，以后的局面可想而知了。临阵换将已是不利，偏偏所换将领没有一个比得上袁崇焕的，每次出战都铩羽而归，京城万分危急。

朝中无人，崇祯急得如热锅上的蚂蚁。这时，何吾驺毛遂自荐，奏献退兵之策，谓能解京城之围。崇祯见何吾驺是一个文官，能有何退兵之策？但细想一下，袁崇焕也是文官出身啊，左思右想，且看他有何妙计。

何吾驺附在皇帝耳旁细声道："正面佯攻，后面即派人绕道而行，烧其粮草……三日之内，金兵必退。"

皇帝一听，点头不迭，让何吾驺领兵，依计而行，果然不出三日，金兵败退。何吾驺因之连升三级，一跃成为礼部尚书兼东阁大学士。

次年，皇太极整军反击，又打到北京，明朝的将领屡战屡败，在这紧要关头，何吾驺再献良策，使明军在与后金的两场交战中胜出。

"真想不到，爱卿胸中藏兵十万啊！"是日，皇帝升殿，嘉勉何吾驺，并升何吾驺为礼部右侍郎。

崇祯六年（1633），何吾驺又被加封为太子太保，升文渊阁大学士，官至一品，登上权力的新高峰。

平心而论，从对何吾驺的任用来看，崇祯可以算是一位有所作为的皇帝，尤其是在此之前，面对他的哥哥明熹宗留下的烂摊子，他励精图治，重振大明国威。他首先对以魏忠贤为首的阉党进行了彻底的大清洗，但他万万想不到，自己也会重蹈覆辙，碰上了第二个魏忠贤。

温体仁收拾了能文善战的袁崇焕后，下一个目标就是刚刚升任的何吾驺了。

何吾驺很会相人，知温体仁是一个阴狠刻毒的人，一直对他有所防范，并且曾提醒以正直、才气闻名的礼部左侍郎文震孟。

崇祯八年（1635），文震孟以东阁大学士入阁，参预机务。作为首辅的温体仁对这一任命并不欢迎，但表面上却装模作样，极力与文震孟搞好关系。每次拟旨，温体仁都要找文震孟商量，有所改动也一概听从。因此文震孟竟觉得温体仁相当不错，连说："温公相当谦虚，怎么都说他奸呢？"

何吾驺听罢，好意提醒他，说："此人机深，阴狠刻毒，不可轻信！"

但文震孟哪里听得入耳，反而为温体仁讲好话。果然，如何吾驺所料，时间稍长，温体仁就故意设下圈套让正直的文震孟钻，终于撞到他的枪口上。

何吾驺文才武略，为人正直，在朝中声誉日隆，对温体仁来说，威胁很大，心里又恨又怕。皇帝要提拔何吾驺，温体仁心里一点也不高兴，但表面上却大颂何吾驺，当众对皇帝说："有吾驺如此人才，真是天佑大明，中兴有期，实在可喜可贺啊！"

人都是喜欢听好话的，这样一来，使对其有所戒备的何吾驺也开始慢慢疏于防范了，还以为自己是以小人之心度君子之腹呢。

温体仁专权日久，图谋起用魏忠贤余党任事，当时欲罢黜不愿依附的给事中许誉卿。何吾驺进言保许誉卿，不知不觉中又得罪了温体仁。

本来就妒恨何吾驺的温体仁，对何吾驺更是恨之入骨，欲除之而后快。可他表面上仍对何吾驺相当客气，非常尊重，遇事找他商量，一点架子也没有。但暗地里，却在寻找时机欲置何吾驺于死地。

与一切野心家、阴谋家一样，温体仁热衷于拉帮结派，打击异己。但他的手法更加阴狠刻毒。

温体仁首先贿赂阉党。他出手大方，阉党乐于为他通风报信，让他更好地掌握情况；接着，他就想方设法栽赃诬陷。

机会终于来了，皇帝要何吾驺购置军饷，单据到了温体仁手里，他把数字巧妙地改了，造成单实不符的铁证。然后，使人暗中参了何吾驺一本，而何吾驺却茫然不知。崇祯知道后，十分恼火，但念何吾驺抗金有功，并未发作，不过，心里已扎下了一根刺。

温体仁深谙舆论的作用，他在内阁散播消息，破坏何吾驺的清廉形象。传到何吾驺耳朵里，何吾驺却很坦然，觉得清者自清，懒得辩驳。

一计不成，温体仁又心生一计。他从阉党口中知道何吾驺入阁后，曾作过一首诗：

风流弦管久无缘，满耳歌姬绕户喧。

漫言此夜群英会，绝胜山山红杜鹃。

温体仁一看，认为此诗是讽刺皇帝纵情声色。于是，他决定以此为突破口，搞垮何吾驺。不过，温体仁要打击异己，自己并不出面，而是暗中唆使亲信提出弹劾。因上述事件，皇帝本来已对何吾驺不满，这样一来，无疑火上浇油，斥责何吾驺。何吾驺有口难辩。

这个时候，温体仁在朝堂上对着皇帝和众大臣的面，为何吾驺说些听起来很是宽容的话，而实际上，更挑起皇帝的愤怒。温体仁心机之深，由此可见！

崇祯八年（1635），何吾驺让人整了下来，罢黜归故里。

从崇祯三年到崇祯八年，仅仅六年的时间，与皇太极交过手的袁崇焕、何吾驺等不是处死就是罢黜。

皇太极从中看到了战胜对手的极大希望。

明崇祯九年（1636，天聪十年），皇太极在沈阳即皇帝位，改"女真族"为"满洲"，改国号为"大清"。"清"与"金"是一音之转，在满语里发音无差别。但这两个汉字在写法上却有不同。皇太极改国号为清，是有意图的。皇太极是清太祖爱新觉罗·努尔哈赤的第八子，上台后，雄心勃勃，决意承袭父志，把入主中原、取代明朝统治作为后金的基本"国策"。皇太极十分喜爱中原文化，相信谶纬，"明"属火，而"清"属"水"，"水"能克"火"，其意昭然若揭。

从此，皇太极全力以赴地对明朝发动全面的侵略战争。

● 得罪权臣遭罢黜，蛰伏故里十余年

不得不承认，何吾驺怀有强烈的拯世救民、努力事功的入世理想，也有全力以赴去实现的实践精神，特别是在大明多事之秋，大清虎视眈眈之际，他很想尽忠保家卫国。然而，他与黄佐一样，拗不过深懂中国权谋之术的温体仁这样的人。其实，他不被杀头也算幸运的了。

头颅，没有被摘掉；身心，却受到了严重的摧残。何吾驺在无奈与无望之中，不得不选择了归隐家山，为疲惫忧伤的心灵找一个安详的栖居地。

何吾驺回到故里，寄情山水，常流连于灵秀之气蕴然的香邑东南山

水间。

崇祯十三年（1640）仲春，何吾驺再与傅、刘二友重游当年贵妃娘娘让他代为拜祭父母的宫花村八面嶂山，路经陵冈宝林寺，仍见到以前自己题的诗，他深有感触，挥笔再题一首：

> 六翮从风彼一时，青山如昨照须眉。
> 扶筇可似当年者，扛笔亭头更有诗。

该诗文被刻成碑镶嵌于宝林寺壁上，时至今日，寺与碑无存，而诗碑拓本尚在。这是何吾驺给后人留下的佳作之一，从诗碑拓本看来，笔底沉实、力透纸背、挥洒纵横、朴茂雄浑而不乏生气之神采。

何吾驺自少酷爱书法，欧、虞、褚、柳无不涉足，入乎其内，却能出乎其外。罢官后，更有时间钻研，使得书法形成冲和圆穆、神韵秀异的独特风格，他的独创精神在明末书家中，似无此"高视阔步，目无余子"之作，因其不轻为人书，故"作而传者，皆如精金美玉之在世也"。书坛四大名家邢侗、董其昌、米万钟、张瑞图等皆推服何吾驺，称之"树一帜于岭外"。

大凡，官运腾达所需要的是奉迎献媚与随流虚张，而在艺术上有所成就，必靠真才实学。何吾驺是有才华、有作为的，他返乡后不久，就创建了"香山书院"，致力于讲学，以培英育秀。抗清"岭南三杰"之一的陈邦彦就曾受教其门。

何吾驺经历了宦海起伏打击，对人生有着太多的体悟，拒绝的是官场的黑暗，忧愤的是家国的动荡，守望的是精神的独立，所以成就了他在文艺领域的光辉。而他的才华都渲汇在他的笔端，传世著作有《周易补注》4卷、《经筵日讲拜稽录》4卷、《元气堂诗集》3卷、《元气堂文集》30卷、《云芨轩稿》2卷、《中麓阁集》等。

何吾驺蛰伏期间，除了讲学著书，还做了一件惠及子孙的好事、大事，就是发起闻名全国的"小榄菊花会"。

每当秋日，小榄的乡野阡陌、门口小路都密密匝匝地盛开着簇簇的野菊花，闻着熟悉的花香，总是一次一次地唤醒了何吾驺那一抹永存梦乡、古老相传的美丽故事：

相传，宋度宗咸淳九年（1273），胡妃逃难至南雄珠玑巷，奸相贾似道派数万官兵围剿南雄，乡民畏惧，与胡妃一起纷纷举族向南奔逃。当时没有舟楫，何氏兄弟与胡妃破竹做成竹排，乘流漂泊南下，一直至小榄凤山。

甫入小榄，扑面而来的是遍地在秋风里如微波荡漾的菊花，四溢的花香沁人肺腑，大家都被深深地吸引住了，从此定居下来。

何氏兄弟初到小榄之时，以做豆腐起家，后来家产渐丰，家族亦逐渐发达。何族子孙为纪念祖宗的功德，在小榄挖掘了一口井，称为"思源井"，后人曾有《咏思源井》诗一首，述及此事：

胡妃事件惨迁移，辗转迂回小榄时。
闻菊盛开基址奠，思源掘井默然思。

菊花，在中国文人的心目中，清高超逸，从来被视为孤标亮节、高雅傲霜的象征。故文人雅士多钟爱菊花，何吾驹也不例外。他在凤山南（即小榄山）附近购地数十亩，建起自己的宅院，名为"翁陔园"，广植菊花。翁陔园北至凤山之麓，南至莲塘大街，东至滘口仔塘，西至西闸，葵水（葵树涌）横注其中。松风阁、吸和轩、览辉楼、宝纶阁、愚公楼、元气堂等巧布其中。

翁陔园将庭园空间与日常生活空间紧密结合，建筑、园林、雕刻、诗书、灰雕等艺术汇集于一身。园内石山桥廊、古木花藤，布置得幽深别致。徜徉其间，步移景异，令人流连。种满了各种各样菊花的翁陔园，其实就是菊花园。菊花绽放时，清风吹过，淡淡的花香在空气中荡漾，花在风中轻轻摇曳，美极了！闲时赏菊遂成何吾驹最大乐事。

菊花园地方广阔，景致清雅优美，吸引了左邻右里的孩子们跑来这里玩耍。那个时候，孩子们最喜玩的游戏叫《氽氽转 菊花园》，大家手拉着手，围成一个圆圈，一面团团转动，一面放开喉咙唱：

氽氽转①，菊花园。
炒米饼，糯米团。

----

① 氽氽转，粤语，整个身体转动的意思。

五月初五系①龙舟节呀，

阿妈叫我去睇②龙船，

我唔睇，睇鸡仔。

鸡仔大，拎③去卖，

卖到几多钱呀？

买只风车仔，

转得好好睇。

仌仌转，菊花园……

这是一首用粤语唱的经典童谣，不知在民间流行多少年了。参与者反复唱着、跳着，营造了欢快而温馨的氛围。

每当何吾驺看着孩子们欢天喜地在玩、在唱，他更加深刻地体悟出一个道理："独乐乐不如众乐乐。"

如何"众乐乐"呢？每当秋天菊花盛开时节，何吾驺借菊会友，广邀骚人逸士对菊吟咏，酌酒赏花，好不风流，并留下了不少传世诗作，他这首《九日即事和陈秋涛年兄》留传至今：

九日餐英忆故山，美人新句破愁颜。

上尊屡逐韶光老，好景偏输白昼闲。

杯底月华时自照，鬓边秋色不堪删。

几年枫叶芦花梦，醉倚东篱酒浪殷。

那个时候，聚集三五知己，借此遣兴已成何吾驺的习惯。但何吾驺并没有满足于此，他始终认为，呼朋引友，以菊为题吟诗作对，虽非独乐，但毕竟是小众，非真正之"众乐"。若把此乐推而广之，人人参与，才为真正的"众乐"。

一天，何吾驺把这个想法与平日来往密切的表弟伍瑞隆说了。

伍瑞隆，同为香山小榄人，自小聪颖，天启元年（1621）乡试举

---

① 系，粤语，是的意思。

② 睇，粤语，看的意思。下同。

③ 拎，粤语，拿的意思。

第一，辛酉科解元。官至中议大夫，因病归隐故里。他比何吾驺小四岁，工诗，善书、画，尤擅竹枝体，著有《怀仙亭草》《零乐林草》《临云集》《辟尘集》《金门草》。《白榆草》《石龙草赋》《铁笛草》等。他有首《竹枝词》最广为传诵：

> 蝴蝶花开蝴蝶飞，鹧鸪草长鹧鸪啼。
> 庭前独有相思树，落尽相思人未归。

伍瑞隆描写菊花的诗也妙绝一时：

> 篱边花草亦知愁，十月才开九月秋。
> 莫待深言此中事，餐英聊上白蘋洲。

这日，伍瑞隆听了何吾驺的话，深表认同。当即建议在菊花盛开时，发起赛菊之举，集乡人所植名种，设赏格、评高下，名为菊试。既可赏，也可售，此举可谓一举两得，料乡人必乐于参与。

是年霜降以后，何吾驺即命人在空旷地方盖搭花棚，置菊场。果然，乡人响应热烈，参加者众。种菊之人，列名花，让各姓氏中的文人雅士为菊花取名，然后吟诗作对，通过品评吟咏，再推菊花魁首，别等第，最后按序颁奖。

菊试期间，还请戏班在场内搭棚演戏，非常热闹。当时评选菊花有量化指标，达到"三不"标准才有资格入围评选。"三不"就是一不脱裙（叶），二不交枝，三不跪脚。而立菊技艺即以"三丫六顶"为式。菊试毕，则别次第以奖给纱、缎、巾、扇等物品。

有了与众乐的胸襟，何吾驺把对菊花之喜爱推向了极致。

他将菊试改为菊社，又名"黄华会"，以氏族、庙宇、坊社为单位，每到菊花盛开时节，将各种艺菊集合在菊社进行欣赏比试，评菊开场，诗酒流连，递演为远近闻名的"小榄菊花大会"。

每次菊花大会，都设立花场、花街，盖搭菊棚花楼、花桥、戏棚，张贴菊联等，人们赏菊、赛菊、吟菊、画菊、尝菊，还有水上飘色、菊花戏等活动助庆。菊展期间，家家参展，菊花满城，造型千姿百态，万人空巷，灯光辉煌，彻夜不眠。人们穿梭在多姿多彩的菊花之中，流连忘返，喜悦映在脸上，欢乐飘散在空中，尽情享受这姹紫嫣红的视觉盛宴。李孙宸曾对小榄赏菊盛举及其风景地势作生动描述：

> 两榄一乡，风水形势，东西两海，大溪数十里，围绕一乡。楼房屋宇，联络不断，火烟相盖，烟户人丁共十数万。人如蚁队，路上往来，时时川流不息。乡内山峰五座，金木水火土，名为五星聚境，旗鼓把门，百官朝拱。九龙入洞于乡内，双美拱桥通两榄。开元古寺内有梅花泉，飞驼直上通天桥。三墟六市，九洲八景。东有跃龙，西有起凤，登云望月，渔翁归晚，老树巢鸦，五松六路三丫水，一洞梅花十二桥。岁岁菊花看不尽，诗坛酌酒赏花村。

李孙宸，字伯襄，也是小榄乡人。他是万历四十一年（1613）进士。授翰林院庶吉士。官至礼部尚书。官从一品，六年三上疏乞退归隐。著有《建霞楼文集》10卷、《建霞楼诗集》21卷、《风羽斋稿》《南沐斋稿》《北舟小草》等。

从李孙宸的描写中，可以看到小榄菊花会的盛况。其中"诗坛酌酒赏花村"里面"酌酒"的酒，是指菊花会时，喝荼薇酒以助庆。

荼薇酒是用当地的荼薇花为原料制作的。当地的荼薇花就是"香山荼薇"，并不是指分布在中国云南、陕西等地原生的悬钩子荼蘼品种，悬钩子荼蘼的花是白色的，而香山荼薇花是粉红色的，又称"洋荼蘼"或"番荼蘼"。

屈大均《广东新语》云："广东香山人多种荼蘼……其花喜烈日，当午浇灌则大茂……以甑蒸之取露，或取其瓣拌糖霜，暴之兼旬，以为粉果心馅，名荼蘼角，甚甘馨可嗜，然犹以大西洋所出者为美。"

据此，可知香山荼薇是古时从大西洋引进的。不过，也有传说，香山荼薇花是少数能保留下来的远古玫瑰品种之一，是当年小榄花农从五桂山移植下来变种的奇花。

一日，何吾驺与三五知己，寻香至小榄落霞峰南麓，但见清亮的雩溪水由高处向田野流去，滋润着前面大片花田，这里所出的荼薇花长得特别清丽茂盛，如铺锦彩霞，清风吹拂，芳香阵阵。

同行的伍瑞隆，见此景象，心潮澎湃，对何吾驺说："欲效表兄在此处建一'翁陔园'，赏花喝酒，快意人生。"

"以表弟之学识名气，何必效我？此处山清水秀，雩溪绕山流，荼薇花满地，不如取名'玉溪园'，岂不更妙？"何吾驺道。

伍瑞隆听了，连声说"好！"于是差人在落霞峰南麓辟建了"玉溪园"，并开设了"雩溪诗社"。玉溪园落成之后，吟诗作画，时邀名流雅聚。

又是一个荼薇花开时节，伍瑞隆专门邀请了知名的文人墨客，包括同里的李孙宸、何吾驺诸人，还有高明阮涌村的进士区大相等，至玉溪园品酒唱酬，赏风谈月。

当晚，酒至半酣畅，清风吹过，"有飞花堕酒中者"，何吾驺见状，鼻下往环几回，深深嗅过，觉得酒香扑鼻。以花入酒，仿佛将自然界的点滴灵气都凝聚在晶莹的酒液里。于是，他端起酒杯一饮而尽，顿时口感绵柔，连声说："好酒！好酒！"

伍瑞隆见了，索性把荼薇花瓣放入酒杯，果然酒香悠长，醉人心扉，一众名流闻之，深以为是，顿时大家意趣倍增。李孙宸连声说"好香、好酒"，竟接连喝下数杯，诗兴大发吟唱起第一首《荼薇》诗：

> 玉面檀心暗吐香，涂黄争妒汉宫妆。
> 薰人欲醉浑无力，说甚琉璃杯未尝。

被邀来自高明县的区大相，也是著名诗人，他首次见到荼薇花称颂不已，当饮下荼薇酒，更是开心至极，立时也吟了首《咏香山荼蘼》：

> 弱艳风偏舞，新茎露未晞。
> 姣容胜桃李，多刺似蔷薇。
> 香送砗璩碗，春生翡翠帷。
> 犹言看未足，折以赠南威。

在区大相眼中，香山荼蘼（荼薇）花比桃花、李花更娇美，百看不厌。

此雅聚"传之四远，无不以为美谈也"，承载着那一阵恬静的芬芳，一份沁心的温柔。自此，本地酒坊纷纷仿效试配荼薇酒，直至清初所酿之荼薇酒已胜于菊酒。荼薇酒似汩汩清溪，长流不息。至20世纪

40 年代后半期，万多人口的小榄，竟有酿酒作坊 50 多间。荼薇酒成为小榄菊花会必备庆典酒，曾获"中国十大名酒"殊荣。

"春之荼薇秋之菊"，何吾驺蛰伏故里期间，赖他的推动，菊花和荼薇花升华为小榄两大花文化。这般清雅风流，荡漾着浓浓的书香，成为香山县一个突出的文化印记。

●空有凌云志，奈何花落去

崇祯即位前后，海内难民揭竿四起，关外清兵不断进犯，在这种内忧外患的严峻形势下，朝廷迫切需要富有处理军国大事经验和把握动荡时局能力的能人来独当一面。遗憾的是，崇祯所用非人，温体仁在朝辅政八年，没有提出过任何经国济世的方略，没有建立过任何利国利民的功业，但在结党营私、玩弄权术上却是一个高手，崇祯"始终敬信之"。

眼看，袁崇焕、文震孟、何吾驺，一个个文武双全、才华横溢的人都被他或害死了或坐牢或罢黜，在短短几年之内将明朝拖进山穷水尽的绝境。

明崇祯十七年（1644）三月，李自成攻占北京，因为爱姬陈圆圆被农民军首领霸占而"冲冠一怒为红颜"的明驻山海关宁远总兵吴三桂引清军入关，击败大顺李自成军队。五月清军占领北京。同年十月十日顺治于北京即皇帝位，并定北京为都。

明南京兵部尚书史可法、凤阳总督马士英等在南京拥立福王朱由崧为帝，年号弘光，建置百官，拜史可法为礼部尚书兼东阁大学士，马士英为兵部尚书兼东阁大学士。这便是明宗室建立的第一个反清政权——南明福王政权。

这位受命于危难之际的弘光皇帝，却是个昏庸无能、沉湎于酒色的昏君。他宠信奸臣马士英，不久，马士英为独揽大权，排挤史可法，史可法不得已请求督师扬州。

清军盯着明军主力，追着南下至扬州。史可法身先士卒，奋力守城，击退清军无数次进攻。在危急关头，皇帝听奸臣马士英谗言，拒不发援兵。守城官兵因寡不敌众，终于兵败。城破后，清军屠城十日，整个扬州一片阴森恐怖。死难的人数仅焚尸簿上就达 80 万之众，落井投河、闭门焚缢者尚不在其数，史称"扬州十日"。亲历者朱子素的《嘉定屠城纪略》记载："市民之中，悬梁者，投井者，投河者，血面者，断肢者，被砍未死手足犹动者，骨肉狼藉。"显然是一幅活的人间地狱图。

赋闲在家十余年之久的何吾驺听到消息，如五雷轰顶，捶胸顿足，但空有凌云志，却无从报效，徒唤奈何。

很快，清兵渡江南下，南京沦陷，弘光被杀害于京城。

南京沦陷后，又有宗室唐王朱聿键在福州建立政权，取年号隆武，领导抗清。

"国破思良相、家贫思贤妻"，这时隆武想起父皇生前曾说过，被罢黜的何吾驺如何了得，于是决定起用何吾驺。

本来，何吾驺已心灰意冷，无意再为官，但在民族危难关头，还是挺身而出。正所谓"小隐隐于林，大隐隐于市"，归隐文人只是将自己的身体交给自然，而心依然牵挂着黎民苍生。"苟利国家生死以，岂因祸福避趋之。"所以，当皇帝征召，何吾驺还是立即起程。

在前来接送他的军士的保护下，何吾驺日夜兼程，风尘仆仆地来到福州。

他受到隆武帝的至高礼遇，皇帝亲自出宫门迎接，免行下跪礼。"爱卿已目睹，本朝正危如累卵，朕今急召汝回，以期东山再起，现正式委汝为首辅（宰相）之职。祈不负朕望！"皇帝一见面即对何吾驺寄予厚望。

何吾驺听了，非常感动，立即向隆武帝表忠，道："臣蛰伏故里十年余，未尝忘忠君爱国之心。今委以重任，当不负皇恩！"

他试图力挽狂澜，向隆武帝痛陈政务得失，建言革新吏治、组建新军、改革军事等，隆武帝听了连连点头。

本来，居于高位的何吾驺可大展身手，不知是否命运安排，明朝皇帝的身边总是离不开奸臣，这时整天侍奉在侧的郑芝龙，实力掌握在他的手里，隆武帝实际亦为其所节制，故何吾驺的献言，却不为隆武帝所采纳。

要命的是，拒不发兵给饷在外带兵的何吾驺，致使多次北伐流产，反清失败。不久，清兵越仙霞岭长驱直入福建，福建沦陷，隆武帝遭俘遇难，南明隆武政权灭亡。何吾驺只好护着皇弟朱聿鐭遁回广州。

1646 年 11 月 2 日，在忠心耿耿的何吾驺拥立下，朱聿𨮁在广州称帝，改元绍武。而另一支皇族桂藩的永明郡王朱由榔在两广总督的拥立下，同年同月的十八日在肇庆称帝，改元永历。这样，在广东的两个南明政权上演一场同室操戈的闹剧。

大难当前，两支皇族政权不是合力去抗清复国，反而自相残杀，互争正统。

其时，何吾驺信心满满地辅助南明皇帝抗清，以图匡扶明室，岂料内部纷争，抗清战事日渐式微，令他焦头烂额。

一日，何吾驺有要事返香山，顺便到石岐的白衣古寺占了一卦。他不问家人安否和自身运程如何，却问明朝能否抵御清兵。寺院主持道因甚是惊愕，但观其面相并无恶意，故还是为他占了一卦，然后，小声道："明属火，清属水，水克火，不久当是大清的天下。"何吾驺听了寺院道因之说，心情沉重，一言不发离开了寺院。

就在邵武政权取得胜利时，李成栋率清兵乘平闽之势，挥师南下，清军由福建沿潮州、惠州奔袭广州。是年 12 月 15 日，清军攻陷毫无防备的广州城。绍武帝朱聿𨮁逃跑时为清兵所擒，自缢身亡，大臣苏观生亦悬梁自尽，何吾驺与王应华等被俘。南明邵武政权从建立到覆灭，仅存在 41 天。

此后，朱由榔南明永历政权成为西南最主要的反清力量，一度抵住了清兵，政局趋于稳定。不过，始终派系林立，争斗不休，削弱了斗争力量，局势仍然危急。

● 一朝反正，天下震动

何吾驺被抓，他本想一死了之，但想到"留得青山在，哪怕没柴烧？"于是，为避免被杀，他只得诈降，留在清营。不久，他利用时机，"密通书于故吏潘曾纬、洪天擢，相机说成栋举事"。

成栋，就是李成栋，原为李自成的部将高杰下属，后随高杰降明，官至总兵，守徐州，任徐州总兵。清兵南下时，李成栋奉高杰的妻子邢氏投降了清朝。不久，清廷又把他调往东南，派他去平灭南明的另一个皇帝隆武帝。

李成栋是个极为复杂的人物，一生反复，大起大落，比吴三桂有过之而无不及。何吾驺就是利用他反复多变的个性策反他。

时机成熟，一天，何吾驺亲自出面，和另一位原明朝大学士黄士俊一起邀请李成栋"就议密室"。

与李成栋相见后，何吾驺即"涕泣陈大义益切"，纵论天下大事，策动李成栋反清。他对李成栋说："以天道、人事卜之，中兴无疑。将军千古得失之机，正视举足间尔，安可执迷自误？"

李成栋深为何吾驺言语所感，表达了自己决心反正的意向时，"公（指何吾驺）亟相率下拜，曰：'公言及此，我太祖高皇帝之灵，宗庙社稷之福也！'"

然而，过了10多天，李成栋仍毫无动静。何吾驺料李成栋虽有所动摇，但顾虑诸多，终究下不了决心。

一日，何吾驺与友人相约正往妓院寻春，见一妓女叫赵玉乔的有倾国姿色，自古"英雄难过美人关"。何吾驺想到此，计上心头。他找来赵玉乔，许以重金，并晓以大义，让她做李成栋的思想工作。这位赵玉乔虽为妓女出身，但深明大义，当即应允。

当赵玉乔出现在李成栋面前时，李成栋目瞪口呆。

眼前的赵玉乔美丽不可方物，不仅身材苗条，有一双水汪汪的大眼睛，且如花笑靥，轻声细语，楚楚动人，女人味十足。李成栋惊为天人，立即被她迷住了。

何吾驺知李成栋好色，本意不用言明，果然，当李成栋见到赵玉乔姿色，神魂颠倒，立即把她纳为妾。

李成栋与赵玉乔相处后，赵玉乔受何吾驺之重托，大吹枕边风，劝他趁机反正。

赵玉乔是个烈性妇人，见自己天天吹枕边风，李成栋也未定夺，她索性以死相胁。一日，拿刀在手，对李成栋说："公如能举大义者，妾请先死尊前，以成君子之志！"

言毕，横刀在颈，用力一挥，登时，香消玉殒。李成栋不及解救，抚着被鲜血染红衣衫的尸首恸哭。他咬牙切齿地说："一个妇道人家以死相劝，我堂堂大丈夫若不作为，天地难容！"

红颜玉碎，激使一代枭雄李成栋"益感愤"，他拍案而起，下定反清复明的决心！

当时尚有两个降清将领，一个叫金声桓，另一个是王得仁。这两人皆是明末农民军出身，虽是"贼"出身，但常"邑邑思本朝（明朝）"，平时宴饮之间，言及明朝覆亡，竟也常常泣下沾襟。

这天，合该有事，清有个董御史巡按江西，傲慢骄横，向降清的副将王得仁索要一个歌妓陪他晚上睡觉。但王得仁未即时应允，董御史大骂："你不要以为你是一个副将就了不起，充其量也只不过是我们满人的奴才！我可以让你老婆陪我睡觉，你也无可奈何啊，何况一个歌妓！"

董御史扬言要睡王大将军老婆，王得仁听罢，立时怒从心头起，恶向胆边生。他按剑而起，大叫："我王杂毛做贼二十年，却也知道男女之别，人间大伦，安能跪伏于猪狗之辈以求苟活！"

王得仁提剑直冲上前去，大喝一声："禽兽！看剑！"一卜子就把这个董御史送上了西天。

王得仁斩了董御史，提着他的脑袋来拜见总兵金声桓。金声桓一看，什么都明白了，立即与广东提督李成栋一起"反正"，重新成为明朝的"忠臣义士"。

世事就这么的巧合，李成栋与王得仁这两个曾经杀人不眨眼的人，都是为红颜而怒发冲冠！

从中也可见到，历史上许多重大事件，导火索往往是一件小事情，如果没有董御史的好色，李成栋一个"宠妾"自杀激劝，可能他们只存"恢复"之心，随时而移，也就不会激起如此大的事端，最终极可能一直做大清顺臣。

南明君臣在喘息绝望之时，竟忽然得到了他们做梦也想不到的好消息——江西总兵金声桓、副将王得仁和广东提督李成栋陆续宣布反正，重奉明朝正朔，反击清军。

永历二年（1648）六月十日，李成栋在何吾驺的安排下，变易冠服，正式拜永历正朔。为了表示对李成栋的尊崇，永历帝特敕拜李成栋大将军、大司马，并效刘邦拜韩信的故事，封坛拜将。为报知遇之恩，李成栋发兵逮捕佟养甲辽籍亲兵一千多人，"屠之"，并裹胁佟养甲一起向永历递降表。由此，广东十郡七十余县共十多万士兵归附南明，李成栋获封惠国公，李元胤获封锦衣卫指挥使，袁彭年为都御史，连迫不得已投降的佟养甲也被封为"襄平伯"。

李成栋、金声桓的兵卒数目相加共30多万，又有良马万匹，甲械精好。可谓"否极泰来"，广东、江西、湖南、湖北等大片地区一时又遍树明朝旗帜，尽复明朝衣冠，"乌纱吉服，腰金象简满堂，如汉宫春晓"。不久，靖州、沅州、梧州、金川、宝庆等地也相继入明，"形势一派大好"。

李成栋向永历帝投诚，使得粤境重归南明，抗清局势一时改观，何吾驺策动工作功不可没。

可惜，好景不长，南明永历四年（1650），清兵再次攻打广州，形势万分危急，时年69岁的何吾驺也被永历帝诏复原官入内阁，兼任兵部尚书，赐尚方剑便宜行事，受命领兵抗清。

何吾驺以三水为根据地，树起大旗，重整兵马欲图大举，以复中原。他尽瘁行间，廉洁自奉，每次鼓励兵士，莫不是泪流满面，动以忠义。

在何吾驺调教下的明军，果然个个英勇，大败清军，声威复震。

然而，天不祚明！

本来中兴在此一举，无奈，永历朝廷派系纷争持续，文官武将平时骄横躁进，只顾争权夺利，将领又互相倾轧，在行军银饷上被百般刁难，请兵则一营不发，索饷则一毫不予。

不要说何吾驺，连反正后的李成栋也连吃败仗。想当初，李成栋为清朝从北往南打杀时，一路势如破竹。反正以后，他由南往北打，连连败绩，10万大军沿路伤亡殆尽。

赣州的清将高进库把金声桓、王得仁两支反正的明军剿灭后，再无北顾之忧，聚集全部精锐部队在信丰进攻李成栋。鏖战数天，李成栋部下大将多死，士卒溃逃，粮食又吃完。部下将领请李成栋退师，寻找机会再图重兴。已经绝望的李成栋索酒痛饮，投杯于地，大言道："吾举千里效忠迎主，天子筑坛以大将拜我，今出师无功，何面目见天子耶！"

言毕，竟不带随从，控马持弓渡水，直冲清兵大营，"不择津涘，乱流趋敌"，加上饮酒过量，伤心欲绝，竟于中途摔入水中，遇溺而亡，结束了他令人费解、充满杀戮、反反复复又不失波澜壮阔的一生。

至此，诸师沦亡，南明昙花一现的大好时光终于过去。

永历帝也只好继续逃亡。顺治七年（1650）年底，在何吾驺的护送下，永历帝逃至南宁。

目睹永历朝廷朝臣一遇危急或降清或逃窜，毫不足恃，何吾驺已感到前途渺茫了，终心力交瘁，病倒了。万般无奈的他只好潜回故里养病。

●忠于明朝，迷信风水

可以肯定，何吾驺对明朝是忠心的，并且有功于中华民族。不过，他在家乡也做了些不光彩的事，但从另外一个角度来说，这也是他对明朝忠心的一种体现吧。

所谓不光彩的事，其实与风水有关。

据传，崇祯皇帝就是过于相信风水，而铸成大错。在封建时代，一个人一旦考上进士，以及朝廷任用大员，朝廷都要派出国师到各及第进士或候任官员的家乡去勘踏其家山屋宅风水，看其能否出得如此人才，如无良好的家山屋宅，不仅不被任用，甚至还被作为"天生妖孽"而诛杀。

袁崇焕威震辽东，屡屡晋升，恩宠奇遇无以复加。崇祯初登大宝，诏令起用袁崇焕之时，便令内廷太监与锦衣卫暗随诏使追寻袁崇焕去向，并暗访其家山风水。寻至其家乡，只见家山屋宅，处处皆风水大地，处处有帝王之气，回朝禀报，更令崇祯心神惊疑不定。

崇祯帝本来就笃信风水之学，听后惊恐万状，惟恐江山被夺，又加上首辅温体仁等阉党佞臣罗织袁崇焕"早有谋反之志"，加之他的名字"崇焕"，不就是要把"崇祯"换掉？

就这样，袁崇焕阴谋与阳谋都"证据确凿"，他不仅"通敌叛国"，而且要颠覆大明江山社稷取而代之，崇祯自然咬牙切齿，即使将袁崇焕千刀万剐也难解其心头之恨。

从后金建立以来的历次南侵来看，袁崇焕是一位能够抵挡和屡败后金大军、捍卫边关的杰出将帅，崇祯自毁长城，《明史·袁崇焕传》谓："自崇焕死，边事益无人，明亡征决矣。"也就是说，袁崇焕一死，明朝亡国的征象开始出现了。

真可谓迷信误国，自毁长城，到头来断送了明朝江山，崇祯也就落了个自缢身亡的下场。

可悲的是，何吾驺并没从中吸取教训，仍然非常迷信风水。

白衣古寺大雄宝殿

这日，他回到香山，来到石岐天门一带，听闻赖布衣曾断言此处乃护拥天龙之地，并预言香山藏龙卧虎将来定出一位天子。何吾驺也是精通堪舆术数之人，认为赖布衣所言大有道理。其时何吾驺已官及首辅，心中不禁有了在私的考虑：我何吾驺毕竟已经是香山县出任朝廷官职最高的一人，光宗耀祖。如果将来此处出了一个皇帝，岂不是把他的威名比了下去？

于是，何吾驺想出了一个破解之法。他命人在白衣寺右侧的山坡下造起一座"十皇殿"，将地府内的十个阎王请来。表面上说把地府阎王都请到天门供奉起来，让百姓八方平安，长命百岁。实际上，他的用意是：连地府的皇帝都请出来了，这里以后怎么还会有皇帝出现呢？

何吾驺正为其做法洋洋得意时，他听到了永历皇帝死了的消息。

原来，永历帝逃至南宁后，虽有李定国等忠臣义士相拥，但因朝中奸臣当道，受制于权臣孙可望，四面交困，又苟延残喘了十二年之久，历尽艰辛，逃过百死，永历最终为缅甸人出卖，交给了大汉奸吴三桂。永历十六年阴历四月十五日（康熙元年，1662），永历帝朱由榔被吴三桂以弓弦绞死于昆明算子坡，时年40岁。南明如同南宋一样，是不屈汉人最后的反抗，但窝里斗等陋习终于使明宗室最后一滴血也没有了。

回顾一下，满洲八旗入关时只有6万兵，到顺治五年也不过10余万，而竟能以区区10余万兵灭亡拥兵数百万、人口近三亿的大明朝，着实发人深省。这与南宋的灭亡何其相似！

当何吾驺闻知永历帝朱由榔被吴三桂绞死时，他昏死过去，醒来老泪纵横。他为吴三桂那些败类奸臣佞贼而切齿欲碎，也为史可法等忠臣赤子扼腕叹息；更为自己的做法而自责，何必造那个"十皇殿"呢？让汉人做皇帝总比满人做好吧。

在正统明朝灭亡后，何吾驺有机会、有权利选择做一个普通的前朝遗老，但他不，仍然追随南明政权，到处奔波，苦苦支撑着这个残喘挣扎的朝代，他已经尽了大明臣子的最后的忠心了，可惜风雨飘摇的明朝还是不可避免地衰败。

这时，何吾驺想起了自己仕途曲折、落寞苍凉的命运，几番进退，大起大落，在一个末世朝代哀婉的绝唱声中，被当作一个标本壮烈出演，出场华丽显赫，转身退幕，真是历尽人间浮沉！

倏然间，他脑海中浮现当年天门白衣寺老僧所说的"水能克火"，清能灭明的谶语。看来，这是天意啊！现在的何吾驺才明白，何以自己出生时太阳临照，何以夕阳西下之时，乌云密布，接着滂沱大雨了。后人有首《古风》叹道：

> 壮志难酬年复年，何时横扫息狼烟。
> 可怜帝子听谗语，一时瘴雾掩碧天。
> 声嘶战马归何处？免将解甲下归田。
> 抛残岁月悲垂老，难平乱世泪潸然。
> 堪舆枉作回天术，潜龙暗合个中玄。

第四章 山小岂无云出岫
台高还有树参天

诗曰：

> 雏鹰展翅傲春风，及长扶摇上碧空。
> 一任威廉行善政，百年清誉纪丰功。
> 明镜高悬分曲直，芳声远播任西东。
> 刚正不阿铮铁骨，丹青翰墨至今崇。

清灭明后，清廷为了维护满洲贵族的统治，采取了"一手硬一手软"的高压和笼络手段：一方面对异己进行残酷镇压；另一方面沿袭明朝的科举制度，用科举考试的办法网罗知识分子为己所用。庆幸的是，这次政权更迭并没有使香山县出现像元朝统治者对香山人进行压制的情况。据《香山县志》，有清一代，在不足 4 万人的香山县，共出过举人 721 人、进士 105 人。这其中，进士出身的曾望颜是清代官职最高、建树颇丰的香山人。

曾望颜（1790—1870），字瞻孔，号卓如，广东香山（今中山）员村人。孔子学生曾子的后裔，清道光二年（1822）进士，选庶吉士，授翰林院编修，历任监察御史刑部给事中、户部给事中、光禄寺和大常寺少卿等，道光十六年（1836）升任顺天府尹，治理京畿出力颇多。继而任陕西巡抚、四川总督，后被召入京师授内阁侍读学士。曾望颜一生刚正严毅，铁骨铮铮，廉洁清介，敢于言事，时称"曾铁面"。他集道光、咸丰、同治三朝荣宠于一身，赤心向公，政绩卓著。清政府国史馆为其立传，陕西省城为其立祠。《香山县志选举表》《馆阁爵里考》《简学斋日记》《留庵随笔》《益州书画录附录》等典籍均有其记载。曾望颜"善诗文，工书画"。尤其是书法，雄强雄浑，高古静穆。

●曲水清流，韵味悠长

清乾隆五十年（1785），曾望颜出生于广东省香山县（今中山市）员峰村。员峰村因山而名，位处香山县县城石岐北郊，背靠员峰山，面向岐海。此地林木茂盛，遮天蔽日，几乎将整个村庄揽在怀里。

不要小看这只有几百人的小村庄，这里出过一些颇有名望的人物。世界著名宇航员张福林博士、著名爱国华侨吴桂显、"跳水王后"郭晶晶的教练钟少珍等都是员峰村人。当然，如果说到员峰村的名人，最出名的还数曾望颜。

当地民谚"多多鲈都唔及一起缯"，表面意思是"即使有很多的'鲈'鱼，也敌不过'缯'网的撒起"，实际上是说，虽然香山县姓卢的人不少，但比不上一个姓曾的，这个"缯"即是指曾望颜。

曾望颜出身于书香门第，父亲是有功名的秀才，为他取名"望颜"是有深意的，寄托了父亲对儿子的厚望：一者，在澳门望厦村私塾执教，对此地有深厚的感情，故为儿子取一个"望"字，同时寄望儿子将来读书能当上高官，有机会一瞻圣颜，故又加上了一个"颜"字。二者，有"曾参望颜回"之意。曾参、颜回都是孔子的学生，曾参最长命，颜回最优秀。

当年曾望颜父亲在家乡石岐西山寺附近及澳门望厦村开设了私塾，又当馆长又当老师。而自己的儿子却另觅老师教导。

曾望颜的第一个老师严少陵，是一个落第书生，颇有文名。当时香山县城内著名的地名"顺口溜"就是他编的：

一天门，二门坎，三级石，四方井，五街祖庙，六家祠，七仙街，八卦巷，九曲河，十皇殿。

然而，像严少陵这样在香山有功名的书生不少，曾望颜父亲何以请一个当时让人瞧不起的落第书生？

说到这里，有一个与此相关的趣闻：

县城有一条河，叫九曲河，曾是石岐的母亲河。源于五桂山溪涧，顺流而下，绕城而过，与岐江相通。因该河全程恰好是九道曲湾，故名。民居依河而筑，依水成街，河道上横跨有许多小桥，桥街相连，颇具"小桥流水人家"的意境。可惜那颇有诗情画意的九曲河在20世纪80年代被覆盖了，现在唯有通过一些街名，如"上河泊、中河泊、下河泊"这三条带水的巷子去追忆。

昔日的九曲河河面较宽，河水清澈。因与岐江相汇，故鱼虾特别多。那时候，九曲河是不少疍家人赖以谋生之地，称为"疍家人"的水上人家，大多"浮家泛宅"，但也有在河边筑起简易房子，以便大风来时上岸居住。疍家人出海打鱼回来，往往把船泊在岸边售卖。船小的出不了海，只能棹着小艇在九曲河网鱼虾，以维持生计。

每当夜幕降临，九曲河两岸的灯火一家家地亮起来，将河边的房屋倒影在河面上，与慢慢行进的摇橹小木船构成一幅浪漫的小城风情画。此时，耳边时常会响起疍家女唱的咸水歌①：

> 日间有个太阳照，晚间有个月来朝。
> 荣华富贵我唔要②，清茶淡饭好逍遥。

歌词大多表达安贫乐道的思想，言词信手拈来，极具生活气息。香山县水乡地带的男女老少都会哼上几句，当然歌词要好，有点才华才行。

严少陵育有一女，才貌双全，嫁了一户疍家人，依河而居。惜婚嫁多年，都没有生育。男家香灯后继无人，把责任都推到儿媳妇身上。

居住在河畔的石岐人，房子都有石板延伸至河水边，方便打水洗菜等。这日，婆婆见儿媳妇正到河边弯下腰来打水洗脸，穿着件轻柔睡衣的媳妇，挺胸翘臀的，一看便知是好生养的身板，何以多年未有生育呢？婆婆便怨恨地唱起咸水歌：

> 朝朝洗面照颜容，颜容落在水河中。
> 咁好③鲜花无籽结，枉费孩儿开夜工。

---

① 咸水歌，疍家人口耳传唱的口头文化。盛行于中山等水乡地带。
② 唔要，粤语，不要的意思。
③ 咁好，粤语，这么好的意思。

漂亮的媳妇，一听歌声聒耳，知道婆婆嫌自己入门后没有生育，又不好意思直接说出来，换个法子骂人。于是，她针锋相对地唱道：

　　咁好禾田咁好坑，谁知你儿不会耕。
　　犁头不入三分土，倒插禾苗怎样生。

婆婆听了，不做声，暗暗地唤儿问个究竟，方才知道似乎是儿子的问题。只好叫儿子求医问药，后来儿媳很快就怀孕了，不久就生了个白白胖胖的儿子。

此事传开，一时成为趣谈，都说严少陵会教导，培养出一个聪明有才的女儿。以后，人们都称严少陵为"严老师"。消息传到曾望颜的父亲那里，刚好他正礼聘老师，故第一个便想到严少陵。

曾望颜的父亲在正式聘请之前，要"测试"一下严老师的才学，见面之日，要求他用香山地名即席作一副对联。严老师想也不用想，即挥笔写道：

　　三灶无柴，蒝尾大兜烧破镬。
　　四门有炮，中心小引弹长江。

三灶（今属珠海市横琴）、蒝尾、大兜、破镬、四门、中心、小引、长江，均为香山县的村名。除了"破镬"改为"福获"之外，其他村名至今仍沿用着。

"面试"通过之后，严老师顺利地进入了富业学馆当老师。

曾望颜少时贪玩，有一次，竟然跑到附近的九曲河去游泳，上学堂迟到了。严老师见是老板的儿子，不好体罚，但如此骄纵便害了他，于是循循善诱：

"古人云：'水唯能下方成海，山不矜高自及天。'九曲河源于山涧，若不能往下与岐江汇合，怎能成河？同样，人自恃聪明而骄傲自满，成不了气候！"

严老师说毕，问曾望颜："大凡河水都不怎么清澈，你知道何以九曲河的水这么清吗？"

"老师不是说了吗？九曲河源于五桂山山溪涧，哪有不清的道理？"

曾望颜直答。

"是啊！源清则流清，深水沉静悠然，浅水喧哗自满。心如水之源，人应如水……"

严老师的一番说教，启发了曾望颜的心智，他从此用心攻读，从不迟到。可谓曲水有情，沐浴了身心，九曲河成为催人奋进的源头活水。

曾望颜变得越来越勤思好问。富业学馆所在的西山上有一座西山寺，古称武峰，原为明朝乡贤毛可珍读书之所，后来改为寺，叫仁寿禅林，又称仁寿寺。老师时常会带学生上山玩。老师"三句不离本行"，看着进进出出的香客，对着他的学生说："常言道：'佛争一炷香，人争一口气'，你们要争气些用心读书啊！"

"我不明白前半截'佛争一炷香'，佛菩萨可不缺那炷香。佛门互相礼让，哪会争？"曾望颜问道。

老师一听，顿时口哑。刚好寺里住持道兴法师走了出来。

这位住持与曾望颜父亲相交多年，平素聚在一起，谈禅论道，颇为投缘。但自从富业开了私塾后，曾望颜父亲多在澳门，见面的机会少了。他与严老师也十分相熟。

道兴法师见严老师窘迫状，问是何事？严老师便把曾望颜提出的问题摆了出来。道兴听了，哈哈大笑，"这也难倒严老师？"然后转过身来，摸着曾望颜的头说："佛争的是和气，人争的是大气。"

道兴法师一番开导，点亮了曾望颜的心灯，指引着他今后的人生道路。

从此，曾望颜在富业学馆内倍加用功，童生试获头名，补邑学，进入全县最高学府石岐学宫就读，与鲍俊同为名士赵允菁门下。

"寒窗苦读十余载，只为金榜题名时"，嘉庆二十四年（1819），曾望颜参加己卯科乡试，名列第十七名。道光二年（1822），曾望颜赴京赶考，高中进士。接着，通过庶吉士选拔考试，授翰林院编修，从此踏上了仕途。

●查贪得力，初露锋芒

大清传至道光一朝，这部专制的国家机器已经运转了一百七十余年，不可避免地呈现出因循懈怠、贪污腐化的衰朽状态。道光皇帝尽管非常勤政，但政治日荒。究其原因，还是在用人方面出了问题。他的曾祖父雍正在《朱批谕旨》中曾写道："朝廷用人乃头等大事，其余皆为枝叶耳。"

可是，道光在用人方面却很失败。他最信任的两个宰辅，一个是曹振镛，一个是穆彰阿，皆为靠拍马屁上位的庸才贪官。两人上下其手，把道光蒙蔽其中。好在通过科举考试选拔了一些人才，比如林则徐、曾望颜等。

道光二十三年（1843），户部银库亏帑事发。户部是主管全国财政的最高行政机关，是清政府的财政中枢，相当于现在的财政部。户部银库，则是专门为皇上保管银子的机构，充当着"国库"的角色，类似于现在的中央银行。

这一财政大案是由一件库丁侵盗库银的小案引发的。道光帝得知此案后，高度重视，认为"此等积惯舞弊之人，恐盗用已不止此一次"，遂命刑部尚书惟勤迅速组织人员前往调查。

惟勤认为此案非同小可，猜度牵涉不少京官，最好在外抽调得力人员协查。他向道光建议起用时任江南道监察御史的曾望颜。道光皇帝采纳了他的建议，将曾望颜调回京，以主事之职负责查处。

这时，不少人都十分羡慕曾望颜，认为受到重用，日后必定飞黄腾达。可是，曾望颜妻子得知消息后，并没有高兴起来，反而劝说丈夫最好借病推却，说："你若坚持要去，你就把我休掉吧！"

"糟糠之妻不可抛，岂能官场得意就把结发妻子弃之如敝屣？"曾望颜以为农民出身的妻子见丈夫青云直上，深得皇帝重用以致深感自卑，认为配不起老公。

妻子听了丈夫的一番说话，苦笑了一下，摇了摇头说："你想多了，我哪会往那里想？"接着，她凝重地说出缘由："银库是个美差，查处银库贪腐更是一个肥差，必有许多人逢迎，灾祸也就不日降临，我不忍心见到你被皇上斩首啊！"

曾望颜闻言，心头一震，对天发誓："贤妻放心好了，我绝不会贪污受贿！"

现在，不少贪官往往都是通过妻子贿赂。所以，曾望颜不贪，除了他个人素质高之外，与家里有一个贤妻也有很大的关系。

这个时候，是农历正月，北京的雪愈下愈大，如鹅毛般的雪片漫天纷飞，天地间白茫茫一片，但在曾望颜眼中却是混混沌沌的一片。曾望颜知道，此行非同一般。皇帝要他查贪案，搞不好，免官事小，人身安全事大。

曾望颜到京后，明察暗访，忙了足足两个月。这一查非同小可，发现账面上的数字与实际库存银两相差925.2万两之多。

925.2万两白银是什么概念呢？打一个比方，要是用现代载重四吨的中型卡车运，能装满一百车。当时，清政府的财政收入，每年也不过4000多万两。而这两三年间，战争、治理黄河的支出，银子花得像流水似的，留下的这差不多1000万两备用存银，但竟然也亏空了。

"国之鼹鼠，监守自盗。"

深挖下去，好家伙，一下子查出一窝子京官来。包括牵涉身任宰辅多年的三朝元老、深受道光倚重的大学士、军机大臣曹振镛。

怪不得刑部尚书惟勤说不用京官查处。可以想象，若此案连惟勤也牵涉在内，就根本不用查了，哪怕曾望颜有三头六臂！好在惟勤是一个相对比较廉洁的官，也好在曹振镛恰恰死了，否则，无从下手。

曾望颜知道，这些贪官污吏，胆子大、心肠毒。为国为民，这些赃官都该死。本来，曾望颜打算直接上报的，恰在此时，向他求情的人络绎不绝，且这些人都有强大背景。时任宰辅的穆彰阿就向他打了招呼，让他小心点。

管库人员更是想把曾望颜拉下水，千方百计引诱他，知他喜欢名人字画，连宋朝、明朝那些大名人的字画也拿来了。曾望颜看了，心里非常喜欢，但不为所动，让他们全部拿回去。

在内外胁迫下，曾望颜也细想了一下，自己当官不久，又没有靠山，如实上报，必惹火烧身。他思前想后，觉得还是用"文火"烧一把较为稳妥。因此，曾望颜并没有立即上奏皇帝，他在查清亏空数额后，未事张扬，着管库官员分摊偿还，既追回了部分银库亏欠，又保住了户部属吏的面子，受到僚友们的好评。不过，也因此埋下隐患。

曾望颜如此做法，应是两全其美的办法，既保了自己，又追回了损失。然而，"纸是包不住火"的，毕竟数额巨大，追回了损失也弥补不了巨额亏空。

他与刑部尚书惟勤沟通了一下，一致认为没有必要保护那些贪赃枉法的"干部"了。于是，在道光二十三年（1843）三月二十六日，曾望颜与刑部尚书惟勤向道光详细汇报盘查银库的统计结果：银库应有历年积余的正项银12182116两，而经逐袋查验后发现，仓库中只有存银2929354两，共计短少9252762两。

当时鸦片战争的硝烟虽已消散，但战后赔款对大清的财政状况来说已是雪上加霜。现在又发现户部银库只有200多万两的储备，清政府的财政更是一贫如洗。

道光十分震怒，愤怒地痛责诸臣，说：

> 竟亏空银至九百二十五万二千余两之多，实属从来未有之事，览奏曷胜忿恨。以国家正缺钱粮，胆敢通同作弊，任意掠夺，似此丧心昧良，行同俏国盗贼……历次管库及历次派出查库王大臣，皆系亲信大员……不知诸王大臣有愧于心否！朕自咎无知人之明！

黑幕解开，大批库兵被抓下狱，大批官员被停职审查。道光起初打算将所有涉案人员全部处理，但考虑到人数实在太多，如果一锅端掉后，恐职事无人接手，最重要的是亏空无法追回，最终只得睁一只眼闭一只眼，将革职改为降级留任，但有一条，必须全部交回赃款，否则格杀勿论！军机大臣曹振镛虽已去世，但由其子照数赔补。其子赔补1万两后，因病身亡，又改由其孙继续补缴。曹振镛如此，其他人不问可知。

曾望颜在此案中是立了大功的，但事后仍被人抓住了把柄，说他执法不严，应罚未罚，仅退回赃钱了事，怀疑他是受贿了，还未待他辩解，这年的夏天他就被解职了。

此事隔了一段时间，曾望颜才知道，在被查处人员中，有一个是宰辅穆彰阿的亲戚，这无异于得罪了宰辅了。不过，这也许是曾望颜用"文火"处置此案的唯一好处了，穆彰阿算是采取了较轻的报复手段。

无论如何，刚委以重任，并做出点成绩，就受此打击，这对曾望颜来说，无疑是一个重大的挫折。他不明白，何以自己一心向公，会受如此"待遇"。

生活，从来就不会一帆风顺，官场也是一样，种种失意总是形影相随。失意的人，都会寻求宣泄的渠道，有的人借酒消愁，有的人遁入空门。

曾望颜返乡后，他来到位于石岐迎恩街（今孙文路）的仁寿寺（今西山寺）去寻求一种心灵的安宁。

这天，曾望颜来到了西山，拾级而上，行至半山，清风乍起，大雄宝殿楼角屋檐的铜铃叮当作响，似是迎接客人。

曾望颜刚跨进山门，寺中一长老迎上前来，道："曾大人好啊！住持出外云游，尚未回来，不知大人光临，实有失远迎！"

"此处是我开悟之处，如游子归家，何用客气？"

彼此施礼后，在长老的引领下，走进寺院接待处，在偏于一隅的书案边，宾主坐定，早有寺中和尚奉上香茶，茶香浓郁，格外提神。茶毕。长老道："知曾大人回乡，我们皆喜出望外，望能留下墨宝。"

曾望颜看到室内早放着的长长书案，案上置墨盒、宣纸、狼毫毛笔，微笑点头道："你们都做好准备了，我哪有不应允之理？"

说完，众人大笑，气氛顿时活跃起来。

未几，曾望颜挽起袖子，拿起毛笔。恰在此时，门外正有一妇人正声色俱厉地训斥着不听话的小孩子。故勾起了往日时光的回忆。他想起年少不更事，幸得师长严加管教，才有今日。于是大笔一挥，写出一联：

> 心猿意马教管束；
> 莲根奈果藉扶持。

长老看了一会，会心一笑，少不了几句逢迎的话。曾望颜听了，心情舒畅，此时望着窗外青山环绕，天上的白云缥缈，清风习习，倍觉神清气爽。他挥起袖子再写一联：

> 青霭近可掬；
> 白云遥入怀。

众人啧啧称赞。在长老的引领下，众人走出书房，跨进大雄宝殿，曾望颜看着两旁站立着的神态怪异的佛像，若有所思，心有感触，口中吟道：

> 惟有孝子忠臣，终成三乘妙谛；
>
> 任他凶神恶煞，难道十殿阎罗。

显然，此诗借景抒怀，表明曾望颜虽遭受打击，而初心未改的心迹。

曾望颜此次归里，见寺院已破损，于是募资重建，修佛殿，塑佛像，重建寺门。工程完工后，在他时任四川总督时被邀回乡，重题上联，并刻在柱上。时唐家（今属珠海）文武帝殿的门联"七星高耀，两圣齐尊"，也是曾望颜返乡时所书。

●清除积弊，敢说敢做

老子说："祸兮福之所倚，福兮祸之所伏。"曾望颜查贪，虽被权臣打压遭解职，但却令他锋芒初现，头角峥嵘。咸丰四年（1854），朝中一些正直的元老联名推荐，曾望颜得以奉召入京，先用为五品京官，授通政司参议。

咸丰六年（1856）初，距曾望颜到京上任后仅仅两年，好运接踵而至。

一日，他正在室内书房看书，突然间听到室外传来一声尖细而高亢的呼喊声："圣旨到！曾望颜接旨！"

曾望颜一听，立即站起身来。这时一个衣冠楚楚的锦衣小太监神色倨傲，双手持着圣旨，大踏步走了进来。小太监侧着头，用那骄矜凌厉的目光望了望神清气朗的曾望颜，然后高声地说道："圣上有旨！曾望颜接旨！"

曾望颜定了定神，下拜了去，朗声应道："曾望颜在。"

小太监宣读道：

> 奉天承运，皇帝诏曰：钦点翰林院庶吉士曾望颜为顺天府尹，望其勤勉办差，勿违圣意。钦此。

曾望颜一听，颇有种一步登天的不真切感。他接下圣旨后，一字一字看了个遍，才确认自己没有听错。要知道，"顺天府尹"这个位置是多么的显赫，多少人梦寐以求。

"顺天"是旧府名，辖地比今天的北京市还大得多。顺天府尹，是北京的最高行政长官，同时也管着六部以及上书房，其职位相当于现在的北京市市委书记。只不过是相当于，实际上虽为正三品，官阶不算很高。但很不简单，因为顺天府尹不仅管辖范围广，而且权力大，可以直接上殿面君。

"顺天府尹这个职位太重要了，由此可见，皇上对你的重用。"一同送旨前来的御前大臣肃顺对曾望颜说。

"是啊！于我而言，这好比天上掉下来一个大馅饼。不过，我看这个馅饼，并不是那么好吃的啊！"曾望颜面色凝重。

肃顺见曾望颜诚惶诚恐的样子，说："曾翰林素以胆大直言著称，有天不怕地不怕之个性，升官了，多少人开心也来不及呢，你何以忧心忡忡？"

"是的，皇上一下子委以重任，不知有何重托呢！我担心难以胜任。"曾望颜回道。

肃顺一听，大笑道："曾翰林真是太聪明了，皇上任你为顺天府尹，是让你当钟馗，专门'捉鬼'呢！"

"我又不是法术高深的道士，捉什么鬼呢？"曾望颜料到几分，故意这么说。

"你有所不知啊！近年来，顺天府的科举考场腐败成风。经多年整肃，效果不大，科场舞弊还是屡禁不止。"肃顺满脸堆笑的脸由晴转阴。

"是啊！不法考官与不良考生，上下串通，作弊手段花样百出，使得不少人才被埋没，而一些不学无术的公子哥却高中红榜。太不公平了！"曾望颜道。

"这几年，为了整治科场舞弊，从上到下，主官或杀或流，已经人头滚滚了。仍是'野火烧不尽，春风吹又生'，你道为何？"肃顺皱着眉头说。

"这有什么的？还不是因为科举考试的成功在一定程度上保证了考试者一生的富贵荣华，当了官就鸡犬升天了！所以，他们都冒着生命危险来一拼！"曾望颜同样感叹。然后，话锋一转，说："治国之首在治吏，科举这种关系国运的大事，如发现舞弊者，当严惩不贷。"

"对！不能听之任之啊！现在距顺天府乡试还有半年时间，故皇上委以重任，望你好好地整治一下！"

曾望颜心理上是接受这一任命的了，但不无忧虑地说："唉！整治不难，但后顾之忧大啊！搞不好，又让人参一本，后果严重！"

"这次不同，皇上直接委以重任，对你信任有加！"

"好的！那我就撸起袖子，甩开膀子大干一场！"

人，大凡遇到坎坷、挫折，要么心灰意冷，要么吸取教训，圆滑处世。但是，曾望颜不改初心。你道他是如何开展工作的呢？

他初来乍到，已经查探到不少情况，比如进入顺天府的"公务员"全部都是有背景的，大多是当地刑部、礼部的亲朋好友，为此，他先调阅了近年被录取的考生档案，顺藤摸瓜，发现录取者要么是有当官的背景，要么家庭背景优越，是富有人家。曾望颜心想，难道当官的或有钱人的子女读书特别聪明吗？他不信这个邪，决定采取"壮士断腕"的手法，对顺天府的内部进行整治，对全部有背景的人重考，不合格者全部遣返！

"曾大人，算了吧！这些人都是经合法程序进来的，而且都是有背景的！"有人劝说。

"身为官府要害部门，不以身作则，何以服众？什么合法程序？作为府尹，自己的儿子侄子也弄进来了，这个程序合法性何在？意义何在？"曾望颜火了。

原来前任府尹竟胆大妄为，利用手中权力，借助科举这个所谓的合法程序把自己的亲朋好友也拉进来了，而且进来以后，升职飞快。

曾望颜敏锐地觉察到，进来的皇亲国戚多为刑部监察人员，由此观之，显然是为自己的胡作非为编织保护伞！

曾望颜内部整治的消息传出，这下可捅了马蜂窝！息事宁人者，想收买曾望颜，但遭曾望颜严词拒绝。这些人一计不成，就找那些比曾望颜官大的来压他，但曾望颜不为所动，坚决纠弹查处。

尤其是对在顺天府工作的有背景的"公务员"，必究清其底，勿论压力多大，不达目的誓不罢休。这样一来，除极个别有真才实学者经考试合格留用之外，一律辞退！故权贵皇戚也怕他三分，送了一个绰号给他，叫他作"曾铁面"。

曾望颜的雷厉风行，无疑开了一个好头，为接下来的科举考试奠定了良好的基础。

当时，全国各地的考场中，以顺天科场最为重要。凡顺天（今京津地区）、直隶河北省、关外以及名隶国子监或籍系满蒙汉军八旗的士子，都可以参加顺天乡试。同时也允许各地监生、贡生离开本籍，到京师赴考。

"十年寒窗苦，一卷定终身"，在这座独木桥上，每个人都得拼命，用真本事，也有用歪门邪道，用各种方法作弊。最常见的作弊有三种：一是贿买（贿赂主考官以获取好成绩），二是夹带（带书或抄录于随身物品中），三是雇佣"枪手"（请人代考）。

对此，曾望颜也想好了应对之策。考前，曾望颜明令规定，主考官自受诏命之日开始，一直到放榜之日，不能回家，只能在考场住宿。这样就断绝了主考官与外界的联系，使得请托难以成行。

八月初九日，顺天府乡试正式开考了！乡试，不要以为是在乡村举行，而是在各省省城举行，每三年一次。顺天府乡试的地点在顺天府贡院。

这天，住在远处的考生早就提前齐集北京；住在近处的考生，早早起了床，在家中点了三炷香火，拜祭祖先，许了心愿，提着考篮铺盖，前往考场。

来顺天府参加乡试的考生将近6000人，录取名额只有200名，如此悬殊之比例，令不少报考者开始打起了馊主意。

曾望颜亲自到顺天府考场监考、搜查，他还自以为防范措施做到足，杜绝了问题发生。然而，还是防不胜防。

问题出在副主考官谢球身上。有一个考生，叫侯茗的，家底厚实，他一早就用重金贿赂谢球的家人，请他通过谢球暗中做手脚，换了考卷。然而，没有不透风的墙，事情让人揭发。败露的原因很简单，皆因侯茗高中后，与三五知己庆祝，喝多了，透露了出来。后果可想而知，若在以往，问题发生了，送多点金银珠宝，就能大事化小，小事化无，但这次碰到有"曾铁面"之称的曾望颜，岂肯放过？

"知法犯法罪加一等！"按例把谢球押赴菜市口给斩了，并严惩了参与舞弊的一些考官和士子。从此，那些人风声鹤唳、如履薄冰，此后科场局面为之一新。之后的数年，科场舞弊明显减少。而当年科举考试高中者，绝大部分都是贫寒的农家弟子，爸爸既不是当官的，也非富有人家，亦由此可见过往科举舞弊之烈。

科举考试若能公正，能为许多渴望改变命运的底层人民看到出路。然而，在极权的政治体制下，要做到公平、公正是不可能的，唯有寄望于曾望颜式的"包青天"了。

当年年底，曾望颜离任。顺天府尹的继任者并不是包青天式的曾望颜，所以在咸丰八年（1858），顺天乡试终于爆发了科场大案。

皇帝这下子震怒了，杀了一大批参与舞弊的考官和士子，主考官柏骏掉了脑袋，有牵连的舞弊考生和其他大小官员，一律流放。

●赤心向公，百姓拥戴

世事有时就是这样奇怪。过往，曾望颜瞻前顾后，用"文火"烧一把，以为稳坐钓鱼台，想不到也会阴沟翻船。这次用的是"武火"，却越烧越旺，皆因有皇帝为他撑腰。所以说，在极权的体制下，忠直的官要想有所作为，背后也要有靠山。而且这个靠山要够大，够"硬"。否则，唯有自寻死路。

咸丰六年（1856）十二月，曾望颜以清除科场积弊有功，升任陕西巡抚。

清朝的地方行政机构一般可分为省、府（州、厅）、县三级。省一级的最高军政长官为总督、巡抚。巡抚为一省的最高军政长官，又称抚台，例兼兵部侍郎、都察院右副都御史衔，这样便有权统管全省的行政、军事、监察等大权。其官职等级相当于现今的省委书记或省长，为正二品大官。

曾望颜由一个三品府尹一跃晋升为总揽一省军事、财政、吏治、刑狱的地方政府最高长官——陕西巡抚。他对朝廷感激不已，决心恪尽职守，以报皇恩。

在皇帝的心目中，曾望颜是个能干的人物。从这次的任命圣旨就可看出端倪：

奉天承运，皇帝诏曰：钦点现任顺天府尹曾望颜为陕西巡抚，望其以救弊补偏为急务，勿违圣意。钦此。

细心的人一眼就看出，与上次的任命圣旨相比，多了句"以救弊补偏为急务"。

何谓"救弊补偏"？意思是说补救偏差漏洞，纠正缺点错误。显然，皇帝指陕西存在"漏洞"，要曾望颜前去补救。

什么漏洞呢？当时，清廷正全力征讨太平天国和捻军等农民起义武装，巨额的军费全由北方各省分摊，陕西乃"财赋之邦"，每年负担的各种军赋饷银高达数百万两。但到了咸丰六年（1856），竟无力上缴。这意味着，曾望颜官是升了，但并不是一个好差使，担子如千斤重负，要他补上缴不足这个漏洞。

曾望颜是咸丰六年（1856）十二月底离开北京的。

拂晓时分，他起床了。尚未走出房门，已打了一个寒战。当年来京城查案时，也是天寒地冻，兼且大雪纷飞，现在虽然没有下雪，但也寒风刺骨。

此时，绝大多数的北京人还躲在被窝里睡觉，路上行人零落，但曾望颜所住的行辕前，此时已是人喧马嘶，打破了清晨的静谧。

马车停在门前，即将要出行的人们分头张罗着，只待曾望颜一声令下，大家就可以登车揽辔，浩浩荡荡地前往陕西。

前来送行的人，有宰辅穆彰阿、刑部尚书惟勤，还有湖广总督兼政务大臣张之洞，好友鲍俊等人。众人在院子里寒暄，说些客套话。一会儿，听到有人高喊："皇上驾到！"

宰辅穆彰阿马上带着众人到门口迎驾，皇帝在侍卫的簇拥下走进院落。

"臣参见皇上。"穆彰阿率众官整齐地说道。

"都平身吧。"皇上然后对着曾望颜说："朕知宰辅、尚书、总督都来为你送行，我这个当皇上的也来凑凑热闹吧！"

曾望颜一听，跪下道："皇上乃万金之躯，竟冒着严寒为微臣送行，曾某实在感激不尽！"

"严寒天气，皇上连个招呼都没打就亲自到你府上来了，足见皇上对你赴任陕西巡抚的重视了。"穆彰阿插口道。

皇帝扫了扫众人一眼，说："纵观朝廷，有曾爱卿才识胆略者能有几人？我与刑部尚书惟勤、湖广总督张之洞都特别欣赏你呢！现乃陕西多事之秋，曾爱卿此行赴任，你的责任重大啊！希望你不负朕望！"

皇帝偏偏不说穆彰阿欣赏曾望颜，不知是有意的，还是无意的，此语使穆彰阿也显得有点不自然。

张之洞见状，立即接过话题说道："曾巡抚才学识量人所共见，且正直容人，却无骄矜之色，堪当大任，我与宰辅都十分欣赏他！"

说毕，转过身来，对曾望颜说："受命于国家危难之际，方显贤者之能。明知前面有万丈深渊，也要有勇气走过去，这就需要英雄气概啊！"

张之洞这么会说话，给了穆彰阿台阶，又激励了曾望颜。

在赞语声中，一般人都会说什么才能薄弱，力不胜任，表示谦虚。但曾望颜性格耿直，他直言道："以我之才承担此任，绝不会让大家再为陕西之事操心。请放心好了！"

"好！有胆识、有担当，朕就是喜欢你这样的人！"皇帝高兴地说。

曾望颜立即回应皇上，说："臣披肝沥胆，尚不能补报皇上知遇之恩。今奉诏命，敢不竭力……"

曾望颜知道此行责任大，压力亦大，而且，几乎没有后退的余地，唯勇往直前。

这时，天完全亮了，阳光明媚，正是远行的好天气。曾望颜告别众人，踏上赴陕西就任封疆大吏之路。

陕西省，简称"陕"或"秦"，位于中国内陆腹地，南北狭长，由北向南可分为三大地区：陕南、关中、陕北。其地理、历史、文化、气候、语言、人种截然不同。这可是中华民族的发祥地之一，令人神往。

从北京到陕西，足足经过两个月的舟车劳累，曾望颜一行终于来到了陕西长安（今西安）。这里地处关中平原，北邻渭河，南依秦岭，人口众多，平原土地肥沃，四面高山环绕，形势险要，历史上曾是"十三朝"的都城所在。

曾望颜身处其中，千年沧桑一朝尽览，他感慨万千：何以"金城千里，天府之国"如今会繁华落尽？是迁都后致其一蹶不振，还是近年天灾不断，战乱多，导致如斯境地？

走马上任的曾望颜，面对的境况堪忧，首当其冲的是藩库空虚，库无存银。社会治安恶劣，盗匪横行，民不聊生。他首先整顿戎政，实行保甲，修筑寨堡，擒治流匪，社会得以稳定。

在这个基础上，对陕西的经济收入状况全面调查，发现藩库空虚，推断陕西出现蛀米大虫。于是，站稳脚跟后，第二年七月，他开始对官钱局进行审计。

"官钱局"，清政府官立的金融机构，即"官钱铺"，亦称"官银号"。相当于现在的中国人民银行。

他亲督府道官员，把官钱局、铁钱局和府城西安五家私人钱铺的历年账目来了个彻底清查，足足花了半年时间，结果让他大吃一惊。

官钱局委员李应诏、李洵匿报侵吞官铸铁钱7万余串，李洵又亏短铁炭本钱5万串，官钱局委员候补知县郭廷椿、管理钱铺事（捐职）王迎科及陕西布政使司徒照家人黄君任等串通一起，挪用官钱，开私钱铺，营谋私利，朋比分肥，亏缺银钱逾百万两。

这又是一起特大"窝案"！

牵涉人员众多，有官钱局历任官员、现任知县，还有官阶仅次于巡抚的陕西布政使司徒照，这些人都有强大的背景，所以当案情泄露，曾望颜受到了死亡的威胁，协助他调查案件的两个官员不明不白暴毙。还有一些证据资料莫明其妙地消失，案子因此被搁浅。

这个时候，要么妥协退却，或许会相安无事；要么勇往直前，可能会成为权力魔杖之下他人升官发财的垫脚石与祭品。

曾望颜想，他们的后台不是宰辅穆彰阿吗？但我有皇上撑腰，怕什么？只要我成功把他们挖出来，大把大把的钱收回来，解决朝廷急需的军饷，穆彰阿能奈我何？想到这里，曾望颜义无反顾地选择了后者，否则，怎对得起他两个死去的手下？

咸丰七年九月（1857年11月），他拟本上奏，将清查的初步结果如实上报，并强烈要求严惩所列罪犯，处分知情不报、姑息养奸、用人失察、玩忽职守的官员。

此案影响很大，在穆彰阿的阻挠之下，此案一波三折，但曾望颜"死缠烂打"，清廷只得派御前大臣、军机大臣会同刑部复审，结果证据确凿，铁证如山，清廷于咸丰八年二月（1858年3月）发出谕令：

> 李应诏、李洵、郭廷椿、王迎科立即处斩，黄君任处绞监候；现任湖北知县李应谔和官钱局管事人路万太，明知委员匿吞官钱，非但不据实禀报，还听从指使，助纣为虐，着将李革职遣送新疆效力赎罪，路杖责一百，流放三千里；陕西布政使司徒照摈斥道府，

滥用私人，对其家人黄君任伙同郭廷椿等长达三年的舞弊罪行竟毫无察觉，着即革其职务，遣送新疆充当苦役，并勒限一年。

这起当时震惊全国的官钱局舞弊大案，从揭发、审理到判决，一气呵成，虽经反复，并受到威胁，但曾望颜视死如归，咬定不放，终于成功结案。可见曾望颜性格刚烈，几次丢官，历经坎坷，但一旦再委任，依然不改初衷，仍然头角峥嵘、敢说敢干。

案子结了，追回了100万两，按时足额完成了朝廷征调饷银的指令和协饷的解送，受到朝廷的赞扬。

曾望颜到任陕西后，雷厉风行，处理了一系列的大贪案，政治清明，百姓拍手叫好。但刚松了一口气，接着便遇到百年一遇的大旱灾。

咸丰七年（1857）夏，关中大旱。

八百里秦川，地裂日燥，赤地千里，川竭井涸，触目都是荒野。"旱极而蝗"，严重的旱灾往往相伴而生的是严重的蝗灾。

蝗灾，是指蝗虫引起的灾变。蝗虫初生之时小如粟米，几天后就会长成苍蝇大的蝗蝻，这时候能群聚在一起跳跃前行，还不会飞。十几天后羽化成飞蝗，在田头掀起遮天蔽日的乌云，所经之处，稻菽、树叶吞噬殆尽，颗粒无收。接着便是饥荒了，亡者无数，死者相继。

旱情告急！蝗灾告急！饥荒告急！

视百姓为亲人的曾望颜如坐针毡，他四处筹措粮食，先缓解饥荒，而后坐镇抚院，指挥灭蝗大战。他通令各地，军队也要介入灭蝗大战。对督导不力、造成蝗蝻孳生蔓延的蓝田知县李梦荷、署华阴知县毕赓言，报请朝廷批准革职拿问；对敷衍应付并未认真督催捕除蝗蝻的候补知县张守峤、陈崇善等，均摘去顶戴，并勒令将原管辖区的蝗蝻挖净捕尽；对贻误农时，没有及时部署捕打蝗蝻的署宝鸡知县刘钦弼，也摘去顶戴，责令加紧捕挖，以功补过。曾望颜严厉处罚不尽职责的官员对全省震动很大，扑灭蝗蝻的任务在秦岭南北迅速展开。

当时并没有什么农药，更不要说飞机空中施药了。但曾望颜的调度有方，指挥得力，各地民情振奋，男女老少都加入了灭蝗队伍。

官民协力，效果显著，大大减轻了当年蝗灾的为害程度。为保证来年的收成，曾望颜还通令各府州县厅，在冬春挖蝗卵、捕蝗蝻。果然，第二年，不见了蝗虫的身影，收获季节，又呈现了丰收景象。旱灾、蝗灾危机相继解除，农业、工商业取得了前所未有的发展，为加重田赋、推行捐输创造了条件。

当时，正值太平天国农民起义，清廷军饷难支，指令陕西负担各路军饷银高达数百万两，而陕西藩库存量不多，财政拮据。

面对如此困境，曾望颜在省城西安创办陕西厘金总局。厘金分为坐厘和行厘两种。所谓坐厘，就是向坐贾征收的厘金，也称板厘；所谓行厘，就是向行商征收的厘金，也称活厘。坐贾与行商一并征收。坐厘除榆林、延安、绥德、鄜州四府州属免征外，其余均由各地方官征收报解；行厘则由各地方专设局卡征收。于咸丰八年六月（1858年7月）、十二月（1859年1月），遵照清廷谕示，先后对不按章抽厘、纵容门丁差役借端勒索民财的兴平知县王弼和经管粮仓任意盘剥、私卖图利的榆林府照磨邓用元，以及榆林知府何鲲等均严行审讯，并按律予以惩办。

曾望颜还制定了《义仓章程》十二条，饬令地方劝捐积谷，是为陕西义仓之始。很快全省建起义仓1600多处，捐存粮食京斗806万多石。

一年下来，仅厘金和捐输两项，就能收银百万两以上，又超额完成朝廷连年征调饷银的指令。曾望颜把陕西"财赋之邦"的招牌重新擦亮！

更让人称道的是，曾望颜在陕西巡抚任上时，能正确处理民族关系，促进民族团结。

陕西是一个汉回民族杂居较多的地方，由于信仰和价值观的不同，加上政府无能、腐败或故意激化民族矛盾，当时汉回两族常有冲突。倘若地方当权者执法不公，偏袒一方，随时会引发血光之灾。

曾望颜深究之下，发现当汉人与回民发生诉讼纠纷时，官吏总是偏袒汉人。原来又是一个"公"字处理不好。于是，他把下属召来，对他们说：

汉、回皆国家赤子，只分曲直，何分彼此治之？

也就是说，无论汉、回，都是国家的赤子。若是就事论事，只有是非曲直之分，哪能因为当事人是汉人，就一定要判他胜诉呢？

有一次，临潼汉、回两族发生大规模械斗，曾望颜派人携带他的亲笔文书前往，分头做和解工作，又派兵把带头滋事者擒获，并将一个名叫李麦芒的汉族大恶霸绳之以法，枭首示众。这种不偏向汉人的做法，令回民感动地说：

> 自林文忠后仅见此人，我虽与汉人世仇，但曾抚军在，不可生事负恩德。

曾望颜认为，千里之堤，溃于蚁穴！只讲信仰不讲法律，后果不言而喻。所以，不论汉人、回人，一旦犯法，同样依律处治，绝不姑息。

在曾望颜的治理下，原来"戎政废弛"、民族关系紧张的西部地区，"皆得其平"。曾望颜身处地方，赤心向公，励精图治，只经过几年工夫，把一个千疮百孔的陕西治理得井井有条，欣欣向荣，为地方百姓所拥戴。

●任凭风浪起，我心如砥柱

曾望颜治理陕西政绩卓著，声望如日中天。

咸丰九年（1859），皇帝以治理地方有功，把他升任为四川总督，官从一品。

四川总督，正式官衔为总督四川等处地方提督军务、粮饷兼巡抚事，总管四川省的军民政务。按例，巡抚只管一个省。而总督一般管辖两省至三省，总督例兼兵部尚书和都察院右都御史衔，掌管数省的行政、军事、监察大权。而四川总督比较特殊，只管四川一省。皆因四川人口多，产出大，是有名的"天府之国"。

曾望颜从二品官一跃成为一品官，于为官者而言，是多么令人羡慕和多么值得庆贺的事情，但曾望颜接圣旨后一点儿也高兴不起来。

因为他知道，此行接替的是四川总督有凤。有凤是什么人呢？他可是咸丰皇帝的亲信，满族人，封为"辅国公"。任上不仅将四川这个"天府之国"治理得一塌糊涂，民生凋敝，而且打仗逢战必输，是属于典型的怯懦无能之辈。

本来接替谁人都很正常，问题是有凤"退而不离"，仍在四川任职，只不过降职使用而已，不当总督，当成都将军，手握兵权。这就意味着曾望颜这个总督只管政务，管不了军务。要知道，一段时期，这是清对汉人担任总督这一要职的制约，谁叫你曾望颜是汉人呢！

曾望颜接到圣旨这一天，夜不能寐，思绪万千。这晚，他走出户外，抬头仰望，只见一轮明月，高悬半空，色凉如水，他的心里只觉阵阵发寒……

他想，还是向皇帝推掉这一任命吧！但皇帝已经下旨了，不是你想推就推得了的。

当曾望颜来到四川，境况真的是远不如当初的陕西。因战乱、灾害连年，饿殍遍地，田土荒芜。而贪官污吏横行，横征暴敛依旧，故农民起义此起彼伏，社会急剧动荡。面对如此恶劣的境况，安抚流民、整顿吏治、振兴经济成为曾望颜需要迫切解决的问题。

曾望颜从整顿吏治入手，在他看来，"吏治之道，中枢之要，亦为国本"，吏治的优劣直接关系民心的向背和社会的稳定。因此，他大刀阔斧地整顿吏治，查处了一批贪官，形成一股强势的"曾旋风"。

曾望颜对在其位、不谋其政的贪官固然痛恨，而对那些阿谀奉迎的行贿者也极为讨厌。他来到四川成都，总督这板凳还未捂热，一日，有两个远房亲戚肖氏兄弟千里迢迢从广东香山来到四川成都总督府找他要官做。

此两位远房亲戚，少时读书不努力；及长，仕途自然难以企望，只有学做生意，赚了点钱；后来胆子大起来，做了一桩大买卖，想不到血本无归。在走投无路之下，只好不远万里来到成都找到曾望颜。

曾望颜问了究竟，对他们说道："你俩倘有真才实学，我尚可助你们一臂之力，但你们胸无点墨，怎能当官？依了你们，岂不毁我清誉，误我百姓？你们还是回去做点小本生意吧！"

"我们现在吃饭都未有着落，哪来本钱做生意呢？"两人可怜兮兮地应道。

曾望颜思忖：作为乡里乡亲，又沾亲带故，自己理应解囊相助，但一生为官清廉，积蓄无几，不知如何是好。自古道："授人以鱼不如授人以渔。"然而，肖氏兄弟现在连钓鱼工具也没有，如何授之以渔呢？看着这两个穷途末路的亲戚，脑子里浮现小时随母亲在家乡采挖葛菜再拿到沙岗墟卖的情景。

于是，曾望颜心生一计，对他俩说："好吧，我介绍一条生路给你们。记得家乡有一种菜叫葛菜，十分可口。城外很多，可惜当地人尚不知食用。这样吧，你们明天一早到城外野地里掘一箩葛菜回来，就摆在总督府门前大街上卖，有人问，你们就说是龙牙菜。还有，你们可把出售价钱抬高，以十两银一两卖吧！"

两人听后，忍不住大笑起来："你真会开玩笑，这些野菜在我们乡下不值几文钱，你叫我们卖十两银一两？"

曾望颜变色道："不用啰唆，你们照办就是。"

第二天，一大群县官、乡绅，拿着不少贵重的礼物，来到总督府拜见新上任的总督。曾望颜知道这班人都是慷公家之慨的行贿者，于是对他们说："你们把礼物都拿回去，这些东西我不要。"

送礼的人没办法，但又想巴结高官，于是便悄悄地向府上师爷打听总督喜欢吃什么。师爷早已明白曾望颜的意思，就对送礼的人说："曾大人喜欢吃龙牙菜。在门前大街这个地方有卖，不过价钱较高。"

"我们有的是钱，价格高又如何？"这班县官乡绅财大气粗，高声应道。随即来到门前大街，果然见有两个人在摆摊卖野菜，当他们问明是龙牙菜后，就全部买了下来。

过了一天，肖氏兄弟拿着卖葛菜得来的几百两银来总督府。曾望颜知其来意，板着脸对他们说："总是凭关系求官做生意，非真本事。凡事都有个'度'，如此下去，岂不乱套？你们卖葛菜赚钱到此为止，以后也不要在这里卖了。拿这几百两银回乡去，做些小生意，好好过日子去吧。"

两人千恩万谢之后，离开总督府而去。他们回到香山把此事传开，此后，再也没有人找过曾望颜求官。而曾望颜也借这次老乡求官的机会，捉弄了那些行贿者。

咸丰九年（1859）秋，也就是曾望颜来到成都的第二个年头，四川发生了举"顺天"旗，称"顺天军"的农民起义。不到一年，"义军队伍扩大到了十余万人"。声势浩大，正向清政府的纳税大户——犍乐和自贡两个盐场进发。

咸丰帝下谕旨一道，令曾望颜务必守住犍乐、自贡的盐场。因为盐场关系着清廷的大宗盐税收入，而且有数十万盐工。

诏书里清楚地写道："倘若四川再有大羌，总督将要被移京革职查办。"

曾望颜看着诏书，心里忐忑不安，若在陕西，他根本不用担心，因军政大权在自己手里。而现在虽然官阶高了一级，而兵权却在别人手里啊！

但无论如何，身为总督都要负起这一重任，他硬着头皮立即指挥有凤领军迎击义军。有凤口里应承，却迟迟不发兵！曾望颜当时所忧虑的现在验证了。

有凤拒不听命，曾望颜也拿他没办法。

这时，义军已连克川南诸县，随后进占自流井，逼近自贡盐场。

情势危急，事不宜迟，作为总督不能听之任之，曾望颜只好拼凑地方武装，调集省勇，在犍乐盐场和自贡盐场中间设防，意要截断义军攻取自贡盐场的道路。曾望颜考虑到义军势大，恐会有失，便绕过有凤特命四川提督（军门）蒋玉龙派兵驻守何家场（何市镇）及盐场。蒋玉龙是有凤的人，但为了两头不得罪，只好出兵，他想，若有凤怪罪下来，只推说总督直接命令，不得不听。

蒋玉龙带兵在自贡盐场附近安营扎寨。

合该盐场有事。当晚，蒋玉龙几个部下见到两个送菜妇女虽穿着破烂，但颇有几分姿色，这班久未见女人的兵士，色心顿起，走上前去，揪住这两个妇女的秀发，拖到营里来，饿狼似的轮番蹂躏。

这两个女人是在盐场里打工工头的媳妇，盐场打工工头知老婆被清兵强奸了，怒火中烧，要与官兵拼命，让众人拦住。官兵势大，论理只能是送死，无奈只能暂且忍住这口恶气。这班清兵本来是调来保护盐场的，他们却在盐场为所欲为，盐工们对这帮官兵深恶痛绝。

他们报仇的机会来了。

顺天军气势如虹，势不可挡，清军一触即溃，很快让义军攻入盐场。盐工纷纷加入义军，与义军一起把守卫着盐场的官军全部杀掉。队伍迅速增加至几万人。队伍日益壮大。

曾望颜得悉后，十分震惊，连夜写了奏章，抄有凤一本，告有凤不听指挥，且治军无方，军纪败坏，以致激发民变，要求免有凤军职，由自己统一指挥。

然而，有凤早有应对，他联同成都知府及军中将领合力诋毁曾望颜，谓其纵容乡里抬高物价，欺行霸市，最严重的是不尊重下属，绕过他调动军队，弹劾曾望颜"任性妄为"。

曾望颜有口难辩，咸丰皇帝当然相信其亲信的话，要治曾望颜的罪，庆幸朝中大臣力保，咸丰皇帝也念曾望颜治陕功大，治川也是可圈可点，故只将曾望颜罢免了事。

咸丰十年（1860）六月，曾望颜回到香山县石岐，时年已 70 岁，担任了这么多年大官，竟囊橐萧萧两袖寒，唯有一囊书画。

当地有一句俗语："家有良田万顷，不如薄技在身。"

曾望颜的"薄技"，就是他写得一手好字和画得一手好画，史书载其"善诗文，工书画，画兰石极有秀劲之气"。他的书法雄强浑厚，高古静穆，颇负盛名，与他的同乡同是进士出身的鲍俊齐名。

失去经济来源的曾望颜，回到家乡后，以卖字画谋生，引来无数"追星族"，不少人上门求画。他的官做得大，字画又超凡脱俗，其书画附加值自然高，故生活过得颇为滋润，且有闲钱捐出来重修附近的白衣寺和西山寺。

西山寺，是曾望颜儿童时期留下印象最深刻的地方。

这天，他经过喧嚣的迎恩街（今孙文路步行街）又来到西山脚下，沿台阶拾级而上，走至山门，只见山门的两侧阴刻着"佛法重舆，山门镇静"八个大字。

此联别有意思，山脚是闹市，沿山路上来，至半山仍隐隐听得见市语喧嚣，车水马龙，但当推开山门，再把门轻轻掩上这一刻，一下子静

西山寺

了下来。顿觉日月悠长，山河无恙，果真"山门镇静"。

一道小小的山门，活生生把整整一个繁华浮躁的世界拒之门外，仿若千里之遥。曾望颜明白，从喧嚣到静寂，从入世到出世，只需一推一掩如此简单！这与他从位高权重的总督，一夜之间变成一个平民百姓何其相似？

往左直走，曾望颜脚踏古老的板石，扑面而来的是高大苍劲的木棉树，四处弥漫着浓郁的古拙沧桑之气，一些遥远记忆被悄然唤醒。

据考，香山立县之初，陈天觉在这条上山的路上手植了六株木棉树，寓意"陆陆无穷"，至清代咸丰年间木棉树枯萎，曾望颜与寺中僧人复植六株。每遇初春，老树新花，蓊蓊郁郁，明明媚媚，一派绚烂之景真是"红棉旧荫，福地重光"。

在这条古老的山路上，建有一座院门，横幅上书"六棉古道"。院门两侧是一副楹联：

> 山小岂无云出岫；
> 台高还有树参天。

曾望颜站立良久，凝视着这副对联。这可是他当年亲笔所书，乃其明志之作，表明他虽历经坎坷，但雄心不改的心志。

转眼间，曾望颜回乡已经五年了。

一日，京城来了消息，召曾望颜回去任内阁侍读大学士。

这就意味着，因获罪被解职的曾望颜被平反了。不过，这真是"迟来的爱"，此时，曾望颜已经76岁了。看来，新皇帝是想让这位老臣发挥余热吧。

"一把年纪了，当什么官？你还是在家哄着孙儿玩吧，岂不更好？"他的妻子劝他不要再上京任什么京官了。

曾望颜听了点点头，表示认可，但转念一想，认为这是天大的好事，因为自己离开官场是因为"犯事"而解职的，实在不好听，现在有机会复职，这是把以前"污点"尽去的最好机会。

曾望颜对妻子说："大丈夫翻手可当天地，覆手可为方圆。立一世名，彰一世显，为亲族之尊，为妻儿之荣！试看天下，岂可荒疏颓志？"

"以你的个性，我看你当不了几年又回来了。"妻子反唇相讥。

"再过几年，80 有多了，不解职，也该回来了。"曾望颜笑答道。

同治四年（1865）冬，曾望颜来到京城上任，皇帝给他虽是个闲职，官职也没有以前的大。但所处位置并不简单，是内阁侍读大学士，有机会常在皇帝身边，提意见，出谋划策的。显然，同治上位不久，很需要他这样的忠直老臣指点迷津。

按理，老于官场的人，应学会了圆滑处世，老于世故，但曾望颜个性丝毫未改，一把年纪了，仍是铁骨铮铮，遇见不平事，好打抱不平，"遇事敢言，指陈晓畅"。

转眼间，又过了三年。清廷局势越来越危殆，曾望颜和那些一样老态龙钟的老臣一样，无力为主了修补或支撑这千疮百孔的江山。此时的曾望颜就像燃烧着的蜡烛一样，越到生命的最后流下的眼泪越多。现在，也无泪可流了。于是他以年老为由辞官归粤。

回到家乡，在人生的最后岁月，曾望颜仍是利用他的"薄技"在香山石岐以书画自娱。他喜绘画在清澈河溪的岩石旁生长着的幽香兰花，寄寓有"在山泉山清，出山泉水浊"之意，体现其志士清高的傲骨。

同治九年（1870），曾望颜卒于城南里第，享年 81 岁。

人去名存，精魂与巴山同在，芳声与蜀水共长。

光绪六年（1880），甘陕总督左宗棠奏议，在西安、四川为其建立专祠，以纪念这位为清廷忠心尽责，卓有贡献的大臣。后人有诗赞道：

> 岐海扬波，五桂飘香。望颜一出，名传遐方。
> 整肃贪渎，权奸难藏。铁面无私，威武堂堂。
> 浩气凛然，除暴安良。清除积弊，仗倚天良。
> 刚直不阿，赈灾救荒。岂容硕鼠，大啃仓粮。
> 面对险凶，不退不慌。扬清击浊，正气弘扬。
> 处理纠纷，曲直评量。为官一任，造福一方。
> 惠爱百姓，政绩皇皇。清风两袖，一路芬芳。

第五章　吟诗弄墨隐山林
　　　　矢志不渝思庙堂

诗曰：

桂峦烟雨雾重重，幸拔乌云见彩虹。
书法冠场悬御匾，功名进士出学宫。
红尘幻灭朋僚冷，宦海浮沉才气雄。
翰逸神飞何处是，香山故里觅芳踪。

　　鲍俊（1797—1851），字宗垣，号逸卿，别号石溪生。香山县下恭都（今珠海市香洲区）山场乡人。道光二年（1822）举人，次年取进士，其殿试试卷在进呈给道光皇帝御阅的十本之内，道光皇帝御批"书法冠场"，授翰林院庶吉士，改刑部山西司主事，候选员外郎，即用郎中。清道光十一年（1831）辞官返粤，在广州芳草街（今登峰南路仁生里）构庐"榕塘吟馆"，朝夕以诗书画自娱。他以诗、书、画名世。尤擅大小行草和擘窠大字，为晚清岭南著名书画家之一。鲍俊晚年归香山故里隐居。其间，曾讲学于凤山书院、丰湖书院。

　　鲍俊著有《榕塘吟馆诗钞》《倚霞阁词钞》《罗浮游草》《鲍逸卿草法》等。为家乡留下了亦兰亭、石溪摩崖石刻等人文胜景。

●长相丑陋被歧视，茅塞顿开苦读书

　　鲍俊的出生地香山县山场乡，原名濠潭，意即濒临海边。位处五桂山系之凤凰山下，依山面海，宋时是著名的盐场。香山立县之前，山场村曾是香山寨府所在地，留存着大量的文物，可惜在"文化大革命"期间被毁，鲍俊故居大门上悬挂的道光皇帝御笔匾额"太史第"（即鲍俊官衔）也被砸烂。时至今天，山场村及其故居已淹没在房地产发展的浪潮中，难觅踪影，唯有石溪摩崖石刻留待后人追忆。

据考，鲍俊的始祖是南宋时流落香山县的名士鲍允瑜，有《无题》诗留传于世：

云来山有凤凰名，罗列群峰耸翠屏。
从此烟霞栖息稳，云礽后裔出公卿。

这首诗表明鲍家居住地好山好水，是一个适合安居乐业的好地方，也预示着鲍家后世子孙是出公卿的。

说来也奇怪，鲍俊的父母都长得不错，父亲挺拔英俊，母亲苗条漂亮，并且都是洁身自好的人。但偏偏生下鲍俊，长相丑陋，脑扁驼背，露齿歪腮。村里人都说，鲍俊长得这么丑，全怪他母亲十月怀胎时，吃了那些不该吃的东西。当地有个习俗，怀孕时切忌吃蛇、王八等长得丑陋的动物。但她偏偏不信。为了补身体，吃了不少。临产当晚，她做了一个奇异的梦，一个癞蛤蟆钻进了她肚里，醒来便生下了这么一个丑陋的儿子。

长得丑陋的鲍俊，不仅受族人鄙视奚落，而且同龄人也瞧不起，长大了，变得自暴自弃，性情放荡，不修边幅，经常用衣袖抹鼻涕，人称"邋遢俊"。

这时的鲍俊已 9 岁了，本来早到入学年龄，只因怕同学耻笑，一直未进村塾读书。母亲见儿子这个样子，越发心慌，很是担心他的前途。

村塾有位姓赵的老师，得悉鲍俊状况，怜悯之心油然而生，决意择日上门劝说鲍俊上学。

这位赵老师，名允菁，本是南宋赵氏皇室后裔，又是饱学之士。赵允菁原居住在石岐，先后在山场村、石岐学宫等地任教，后迁居澳门望厦村，他与父亲赵元辂皆为举人出身，"父子登科"牌匾至今仍悬挂于赵氏宗祠内。

一日，赵允菁主动找上门来劝鲍俊上学。但倔强的鲍俊仍紧皱着眉头，抿着嘴巴，接连地摇了摇头。赵允菁见鲍俊这个样子知道纯是自卑心理作祟。于是，他俯下身子，拉着鲍俊的手，亲切、轻声地说："孩子，听我一句话，长相丑陋不可怕，可怕的是心灵扭曲，自暴自弃。多读书吧，书读多了，相貌就会变得越来越好了。"

"读书多了，相貌就好了。这理从何来？我也读了不少书啊。"鲍俊疑惑地问道。

"你小小年纪，尚未入学，读什么书了？"赵老师问。

鲍俊的母亲在旁听了，告诉赵老师，鲍俊有位大哥，早学聪慧，对长得丑而迟迟未入学的弟弟十分关爱，常常教他读书识字，因此尚未入学的鲍俊也识了不少字。

"老师，我会背你写的赋呢！"鲍俊未待老师回应，已抬起头来，朗声背道：

> 泉锵兮玉漱，石矗兮云蒸。枕崇山兮凤翥，襟沧海兮龙腾。固宜会冲和于一脉，瞻瑞应以繁兴……

前几天，鲍俊跟随大哥到乾涌山（今为水雍坑村）砍柴，见到摩崖石刻有赵允菁写的一篇赋，描写眼前的秀美风光，祈望这方水土多出人才。鲍俊大哥觉得这首赋写得文采斐然，情不自禁地轻声读了起来。鲍俊听后，便记住了。恰巧今天赵老师上门造访，真是有缘。

赵允菁一听，颇为惊讶，这是他写的，文字有点深奥，想不到尚未入学的鲍俊能由头至尾背出来。由此可知鲍俊是一块读书的料，故更用心诱导他，问："你读过北宋年间汪洙编纂的《神童诗》吗？"

"老师还未答我，何以书读多了，相就会变得越来越好？"

赵老师笑了，并不直答，却说："你若能把《神童诗》由头至尾背出来，我再说道理与你知。"

"这有何难？"鲍俊清清嗓子，大声道：

"天子重英豪，文章教尔曹；万般皆下品，惟有读书高……"

"对啊！'万般皆下品，惟有读书高'"赵老师笑着点头说道，"北宋诗人黄庭坚尝言：'三日不读书，则语言无味，面目可憎。'这是因为读书可以使人变得睿智、豁达，心灵焕发啊！"

赵老师见鲍俊凝神听着，便继续说："古时候有一句谚语叫作'有心无相，相逐心生；有相无心，相随心灭。'意思是说，一个人的相貌是会随着他的心念善恶而改变的。纵使他现在已经有了不好的面相，可是他如果能经常起慈悲心，读诗书，那不好的相不久便会转化为很好的相了。"

"谢谢老师指点迷津！"一直在旁边用心听着的鲍俊母亲，双目瞬间明亮起来。

赵老师的一番苦口婆心，使鲍俊的母亲看到了希望，也看到了光明。她满脸笑容，往日愁眉苦脸的样子一扫而空。

在当地农村，很小年纪就要下地干农活，鲍俊母亲因听了赵老师一席话，兴奋异常，从此，不再让鲍俊干农活，让他到书塾专心读书。因而"怠惰农攸戒，辛勤学不虚"。

鲍俊非常渴望读书求仕，出人头地，为父母亲争口气。这次老师的一席话，无疑为他壮了胆，鼓了气。等到新学年，鲍俊在母亲的陪同下到村塾报了名。

在中国古代，孩子入学对于许多家庭来说是一件大事，要举行一系列隆重的"入学礼"。首先是"正衣冠"。《礼记》有云："礼义之始，在于正容体，齐颜色，顺辞令。"古人非常重视仪表，认为"先正衣冠，后明事理"，让学生注重自己的仪容整洁，是首要的一课。

鲍俊被人称为"邋遢俊"，平时，他母亲虽然反复叮嘱让他穿戴整齐，不能失礼他人。但他总是听不入耳，依然故我。现在有书读了，一反常态，自己把衣服整理得非常整齐、干净。

"衣服可以朴素，甚至可以打补丁，但不能肮脏，这是一个读书人的自律，也是对别人的尊重。"

母亲见儿子一身整洁的衣服，内心欢喜，但口里还一边唠叨着，一边为他置办了新的长袍、马褂、黑缎帽。从此，鲍俊便踏上了"路漫漫其修远兮"的求学之路。

莫言曾说："我生来相貌丑陋，村子里很多人当面嘲笑我，学校里有几个性格霸蛮的同学，甚至为此打我……"可见看脸的世界自古于今皆然。

当年的鲍俊与莫言一样，仅仅是相貌生得丑而备受同学欺负。上学的第一天，就受到不少同学的耻笑，甚至有些特别顽皮的同学还出手打他，令他整天闷闷不乐。

终于有一天，让赵老师知道了。赵老师对那些耻笑并欺负他的学生大发雷霆，并明令一经发现有同学耻笑鲍俊的，立即逐出师门。从此再没有同学耻笑鲍俊了，鲍俊也渐渐静下心来。鲍俊更珍惜学习机会，"丑"成为他加倍努力学习的动力。

鲍俊虽天生丑陋，但也天生聪颖，加之学习非常用功。当时村塾通常所用的教材有《三字经》《千字文》《幼学琼林》《心牍》《千家诗》等，人家用三年时间才读完，鲍俊用了不到两年时间就通读完毕了，并且以优秀的成绩考上了当时香山县的最高学府——石岐学宫。

让人瞧不起的鲍俊考上石岐学宫了，这在山场村反响非常大。都说，他的相貌不丑，是异。人有异相，当然有本事了。其实，人的相貌是天生的，而人的智慧，也是本于天分，智者故不能使愚，愚者亦不能使智。路走对了，就会越走越宽。

●才情显达，书法冠场

石岐学宫位于县城石岐以东，莲峰山以南（今中山市人民医院所在地）。整座建筑坐北向南，采用中轴线布局，高台基殿堂式结构。由照壁、晒经台、棂星门、泮水桥、大成殿、名宦乡贤祠、尊经阁等组成，各殿有序排列，是当时广东规模最为宏大、庄严、雄伟的建筑群之一。

学宫就是孔庙，是读书人向往和朝圣的地方，石岐学宫不仅是当时香山最著名的大庙堂，用以供奉至圣先师孔子；同时也是香山的最高学府，是学子讲读及应考的地方。按照香山县府的规定，在村塾或私塾学完规定课程，考试优秀者才有资格进入学宫学习，以备来年参加"高考"。凡参加朝廷考试取录者，照例须入学宫朝拜孔子。

山场村离石岐较远，在石岐学宫开学的前一天，鲍俊随着已在石岐学宫读书的大哥，从山场村步行至石岐，在亲戚家安顿好，准备第二天上学。

次日早上，鲍俊兴高采烈地来到了石岐学宫。此时，喷薄欲出的太阳，正照着学宫的琉璃瓦面，整个学宫像镀上了梦一般的金黄，熠熠发光。鲍俊看到沐浴着朝阳的学宫如此壮丽，顿时心生敬仰。

进入学宫后，优美的学习环境像磁石般吸引着鲍俊，他很快就在学校里找到自信：他不仅学习成绩出类拔萃，而且写得一手漂亮的毛笔字，令老师和同学们高看一眼。

"同学们看一看，鲍俊的字写得多好！"

赵允菁与鲍俊颇有师生缘，鲍俊考上石岐学宫，赵允菁也从山场村调至石岐学宫。赵老师经常拿鲍俊的作业做样板。赵老师以为，鲍俊这么小年纪，写得一手好字很不容易，细问之下，始知鲍俊乃无师自通。

当地每逢春节，都有贴春联的习俗。春联，又称挥春，古称挂桃符，古人认为有驱鬼避邪、除祸降福之功，寄寓了人们对美好生活的向往，蕴含着丰富的文化内涵。每到春节前夕，在香山很多地方，写挥春的各路高手，不约而同地汇聚在一个地方，自然而然地形成挥春一条街。山场村也有一条挥春街，那红纸黑字的挥春飘逸着翰墨之香，深深地吸引着鲍俊。从 5 岁开始，每逢挥春街启市，鲍俊都会跑去观看，从摆摊开始，直至收摊，才依依不舍离开。而回到家里，他就摆开架势，用蘸饱墨汁的毛笔，一笔一画地写起来。奇怪的是，他写字有如神助，往往一学就会，且越写越好。

赵老师是个学问家，也是书法名家。他自从知道鲍俊的书法乃无师自通之后，便有心栽培他。因为，赵老师认为，上天给了每个人以不同身躯的同时，也给了每个人以不同的特性，其中自然也包括不同的喜好，这就是所谓的兴趣。这种兴趣之中，包含着天分和才能，这对其未来的发展会更加有利。

赵老师还为鲍俊开"私灶"，引导鲍俊如何把字写得更好，让书法上水平。

"你觉得你的字写得如何？"有一天，赵老师问道。

"好啊！"鲍俊满满的自信。

"好是好，但太'甜'了。"

"这又不是食物，老师何以言之？"

"此乃比喻说法，春联写得讨喜，谓之'甜'，这很正常，但字要写得真好、耐看，要费很大功夫呢！"

"请老师指教！"

赵老师说："你的字太肥太甜，初学之际，宜先立筋骨，筋骨不立，肉何所附？且用笔之势，特须藏锋，锋若不藏，字则有病，病且未去，能何有焉？建议你还是先习柳体。"

鲍俊点头应诺。过了十多天，他拿着习作，让赵老师点评。

"不错，只花十多天时间，柳体就写得如此有板有眼。"老师连声称好，但话锋一转，接着说："不过，矫枉过正了。你的字，藏锋太多，过了，笔画有点像'搔桨棍'，毫无美感，太难看了。"

鲍俊若有所思，点了点头，表示受教。过了几天，再拿习作让赵教师评点。他昂着头，脸含笑意，一副等着表扬的神态。

想不到，赵老师看了，摇了摇头道："虽结体工整，惜用笔枯瘦，墨如浮光掠影，气息孱弱，为何？线条太单薄平直，枯骨无肉也，看似锐气逼人、铮铮有劲，实际上缺乏内在张力。"

"老师一时谓太肥，一时说太瘦，究竟如何是好？"鲍俊被弄糊涂了。

"需平中寓变，瘦骨生肌，才能鲜活出灵气。"赵老师指着学宫墙上里那些飘逸洒脱的名家匾额书法耐心引导，说："一般而言，能上寺庙大殿之书，绝非凡品，你日后多加观察研磨。"

"呵，老师说得在理，但不知如何纠正？"鲍俊直言。

"是的，我推你一治愈良贴。"

"那请老师明示！"

赵老师见他用心听讲，便说："此帖谓《朱巨川告身》，乃唐书法名家所书，他名徐浩（703—782），字季海，越州（今浙江省绍兴市）人。其楷书最精，自成一家。它不见长于法度，却在漫不经意间隐藏着对法度深刻的理解，本应该精严整饬的楷书，却写出魏晋以来难得的风骨，具有宽袍缓带的雍容气度。我看，这就是境界。此帖对于在书法上有一些毛病苦无解法的人，颇具治愈和提升之效。"

"老师不是在课堂上说过吗？大凡学书，先从柳体，再入颜体，何以让我习季海的《朱巨川告身》？"鲍俊疑惑。

"颜体固然是书法史的一座丰碑，一般学生习字，皆循此道，但你不同，因你在挥春街之所学，实为颜体，故无须再费时日，且季海字体靠近王体（王羲之），写好楷书《朱巨川告身》，那么学会王体及其行书也只是水到渠成的事情。"赵老师循循善诱。

鲍俊一听，恍然大悟，他从此按照赵老师的教导，苦习季海的《朱巨川告身》，三个月后，写的字体果然呈现一种静穆笃定的气息。赵老师看后赞不绝口。

天性使然，鲍俊醉心于书法。因赵老师的"能上寺庙大殿之书，绝非凡品"一句话，令鲍俊不顾他人非议和侧目，日夕描摹石岐学宫里那些飘逸洒脱的名家匾额书法，稍有空闲便在各地的寺庙跑，专门搜罗碑帖。

为了练习书法和节省纸张，他每回到家，就用瓶子装满水，找来毛笔，蹲着身子，在地面的阶砖上一笔一画地临摹诸名家的字帖，直到写完瓶子里的水为止。在这个基础上，他开始临摹王羲之的《兰亭集序》，逐字玩味，以谙熟字形，并铭记于心。因有以前的基础，加之禀赋魄力，对王帖的钻研苦心，其作品更具姿态，笔法变得生动起来，兴酣下笔，均字字精到，钩深入微，于飞舞中具饶劲挺拔之气。可谓静如菩提冥思，动则如游龙出海，形成既清新又古朴，既遒丽丰润又意蕴醇厚的独特艺术风格。

鲍俊很庆幸，他不仅遇到了赵允菁这样一位优秀的老师，还有同在赵允菁同门下的曾望颜。

曾望颜比鲍俊早入学一年，长得高大威猛，性格刚强，因有一个高年级的同学见鲍俊生得丑陋，便欺负他，曾望颜路见不平，狠狠地教训了这个同学。从此，曾望颜与鲍俊便成为莫逆之交。

都说"物以类聚，人以群分"，曾望颜、鲍俊皆为好学上进的人，都把苏东坡的"发愤识遍天下字，立志读尽人间书"为座右铭，并且都成为赵允菁这位举人老师出色的学生。

清道光二年（1822），曾望颜高中进士。同年，鲍俊中举人；第二年，鲍俊追随着师兄曾望颜的步伐上京会试。

清道光三年（1823），春三月。

鲍俊意气风发地从香山赶赴京城参加会试。经过长途跋涉，一路辗转，来到京城，找了个客栈租下房子，盘缠正好用尽。接下来，连吃饭也没有钱了，怎么办呢？

为解决温饱，鲍俊便想找份短工，但店主见他尊样都不想请他。没办法，他只好抱着文房四宝到附近的"京都雅游之所"——琉璃厂大街，在这里摆个地摊，卖些自己拿手的字画。

琉璃厂大街位于京城和平门外，以前这里是郊区，有座官窑烧制琉璃瓦，故名。后来城区扩大至此，琉璃厂外迁，但"琉璃厂"的名字则延续未变。每到科举，各地来京参加考试的举人大多集中住在这一带。因此在琉璃厂大街出售书籍和笔墨纸砚的店铺较多，在这种氛围下经营古玩字画的地摊应运而生，形成了人文荟萃的文化街市。

鲍俊一介书生，人又长得不好看，却要抛头露面，鲍俊万分不情愿，但饿了几顿，就知道面子不重要，能换银子才是最重要的。好不容易，找到个偏僻位置，摆下摊子，才吆喝出去两声半不到三声，就凑过来一帮人，可是看热闹的居多，都说字画真漂亮，想动真格买的还真少。

京城是文化之都，当地有收藏字画的习惯。但不少人是冲着名气而来，鲍俊的字画虽然写得好，但没有名气。他从早上蹲至夕阳西下，一张字画也卖不出。时饥肠辘辘，他也不想收摊，因为晚餐还没有着落。正苦闷间，突然听到有人问话：

"小哥！这张'字追唐晋汉，史论夏商周'的书法多少钱？"

鲍俊惊觉般抬起头来，还未及答话，双方却是一阵惊讶，不约而同地说："是你?!"

原来，问话的人是同学曾望颜，他去年中进士后，正在京城当官。闲时必在琉璃厂大街走一走，看到心爱之物即收入囊中。行经此处，被地摊上这幅字画深深地吸引了，想不到是鲍俊在此摆地摊。

鲍俊开心至极，把自己的窘境向曾望颜说了。曾望颜当即表示为他解决经济问题，让他集中精神复习，准备应考。

一周之后，开考之日到了。

鲍俊进入考场，试题发下来，他定睛一看，题目是以"山鸡舞镜"为题作赋。

鲍俊饱读诗书，知道"山鸡舞镜"典出南朝宋刘敬叔《异苑》卷三："山鸡爱其毛羽，映水则舞。魏武时，南方献之，帝欲其鸣舞无由。公子苍舒令置大镜其前，鸡鉴形而舞，不知止，遂乏死。"

三国时，曹操有一子名曹冲，年岁尚幼，聪明无比，有成人之智。一日，南方遣人送来一珍禽名"山鸡"。此"山鸡"喜在清澈之水旁，见水中自影而起舞。曹操无法使之在殿上表演。年仅五岁的曹冲思得一法，命人取来大镜，置于山鸡之前。山鸡自镜中见其美丽之身影，仿佛身临水旁，得意忘形而翩翩起舞。越舞越有劲，不肯休止，终于精疲力竭而死。

鲍俊明白，"山鸡舞镜"意指山鸡对镜起舞，比喻顾影自怜，自鸣得意。

绝大多数考生都以此为题伸纸作文，鲍俊则别出心裁，笔锋一转，谓山鸡虽有自鸣得意致早夭一面，但不要忘记山鸡乃有"五德"："头戴冠者，文也；足搏距者，武也；敌在前敢斗者，勇也；见食相呼者，仁也；守夜不失时者，信也。"（语出韩婴《韩诗外传》）他说，鸡是可信赖的"五德之禽"："意在五更初，幽幽潜五德；瞻顾候明时，东方有精色。"

鲍俊引经据典，再说到民间，谓鸡可以吃掉各种毒虫，为人类除害。说鸡可以避邪，被人们视为吉祥物，开年第一天民间以红纸剪鸡做窗花，而且把这天定为"鸡日"。

鲍俊按照当朝八股文规定，以赋的形式论述，由破题、承题、起讲、入手、起股、中股、后股、束股、大结程式依次写去，层层递进说到人生也有五德，就是"仁义礼智信"。整篇文章，洋洋洒洒，逻辑严密，文采飞扬。

主考官看了，为他的文笔拍案叫绝，但也遗憾不已，因为文章显然有点跑题了。作为未来的"公务员"，大可就"顾影自怜"之含义立意，阐明作为"公务员"之要领，切勿孤芳自赏，否则将陷入自我封闭的境地，正确之道应看到问题的另一面，这才有利于打开工作局面。

然而，这位香山举子却审错考题。看来，无缘进士了。不知何故，鬼差神使的，他的试卷被进呈殿试卷十本之内。

皇帝看着考卷，虽跑题之瑕难掩，但觉得鲍俊文笔实在太好，且深深地被鲍俊龙飞凤舞、结体灵动、甚有书卷气的书法所震撼，故朱笔一挥，赐书"书法冠场"。

就这样，鲍俊凭一手好字，避免了名落孙山的命运，成为当朝进士。接着他参加了翰林院庶吉士的考试。这次鲍俊吸取教训，不会跑题了，顺利通过，打通了通往官场的通道。

●秉公执法，横生枝节

鲍俊进入了翰林院后不久调任刑部山西司主事。

主事，为各部司官（即郎中、员外郎、主事）中最低一级，为七品官。相当于现在的处级干部，掌章奏文移及缮写诸事，协助郎中处理该司各项事务。官职低微，但很辛苦，责任大，也没什么油水可捞。

鲍俊虽生相怪异，但绝顶聪明。上任刑部山西司主事后，工作十分出色，上司对他颇为赏识。在刑部山西司掌生杀大权。

有一人因别人杀人而被连坐，抓到了刑部山西司。郎中鲍俊负责审理案件，进来的人看见鲍俊审案，吓得挪了九次脚，面无人色。

原来此人叫林遂，家境殷实，当年鲍俊在京城摆摊，林遂在京城当差，与鲍俊有过节。当时的林遂可谓是一个十足的无赖，他与几个随从巡街，见鲍俊字写得漂亮，竟不给其钱，随手拿起就走。

鲍俊等着这些字画开饭的，哪肯放过，便扯住其衣服索钱，林遂把他推倒在地，破口大骂："看你这个衰样，我要你的画是看得起你，还想要钱？"

未待鲍俊还口，林遂早招呼几个随从把鲍俊一轮暴打，扬长而去。后来，不知何故，林遂也到了山西任职，与鲍俊不同部门而已。

俗话说，山水有相逢，林遂想不到竟在这里遇到鲍俊。此时的林遂两脚像筛糠似的，心想，这次在劫难逃了。

"主事大人，你报仇雪恨的机会来了！"知道此事的随从在鲍俊的耳旁提醒道。

鲍俊已查清，此案根本与林遂无涉，所以他严肃地回答道："冤冤相报何时了？此案与他无关，岂能利用职权报私仇？"

说完，鲍俊笑着迎上来，把林遂松绑了，并把他无辜受牵连的事禀告给了刑部，长官同意鲍俊的处理意见。

林遂被释放后，前去感谢鲍俊。鲍俊以礼相待，林遂感动得热泪盈眶，主动上门提亲，要把漂亮的女儿许配尚未婚娶的鲍俊。

鲍俊却断然拒绝，说："我虽有一官半职，但长得丑陋，怕配不起令千金。"

"人的内心比相貌重要，你能以德报怨，足见你道德高尚，可以依赖可以依靠！"林遂诚挚表示。

"看来，你是一厢情愿，但你女儿未必喜欢我呢！"

"我早已说与女儿知，我虽粗蠢，但女儿至小喜欢读书，特喜有才学之人。"

鲍俊听他这么一说，便说："这样吧，我写一诗，看她如何作答，我再作主意吧！"

然后，拿起笔来。恰在此时，传来远处寺庙的钟声，也正好是中秋时节。于是，鲍俊写道：

中秋佳景正堪期，月下弹琴吟古诗。

寺远又闻钟鼓便，更深方见斗星移。

林遂回到家里，让女儿看了。这缘分也许早就注定了。林遂夫人是广东人，出身书香门第，知书识礼，教女有方，女儿是方圆十里出了名的才女。

林遂的女儿看了鲍俊这首诗，嫣然一笑，道："这不是一首接字诗吗？简单得多了。"

所谓接字诗就是把一句最末的一个字的一半，作为第二句开头的字。上面的第一句最后的字是"期"字，而"期"是由"其"和"月"组成，即"期"字的后半个字是"月"，"月"就是第二句开头的字，故称"接字诗"。

当林遂把女儿的诗带给鲍俊看了，只见上面写着：

多少神仙来相会，日无我辈不投机。
几时得到桃源洞，同与仙人下象棋。

鲍俊深解其意，顿时欢天喜地，立马应承了这门亲事。都说一代好儿媳，三代好儿孙，此后鲍俊的后代个个男俊女俏。

林遂幸甚，不遇鲍俊这样良善之人，可能受到报复而死；鲍俊能以德报怨得饶人处且饶人，给他人留条活路，其实也是给自己留条后路，有着以后的福报。

鲍俊以不挟私仇、秉公执法在官场稍露头角，但不久发生的事情和他开了一个大玩笑，且颇有点讽刺意味。

缘起道光十年（1830）十一月皇上批下步军统领一奏本，着令严查发生在广东香山县的一桩凶案。奏报称，在前年八月，山场乡发生一起宗族械斗。同宗的鲍仰聘恃朝中有人，召集100多人，拿着鸟枪器械洗劫了古氏家族，抢掠毁房，私行拷打，伤人、杀人，数罪并发。

这本与鲍俊无关，却硬生生把鲍俊给扯上了。奏本写道：鲍仰聘"勾串主事鲍俊，倚恃熟识衙门，贿通吏役，以致案悬二载未结……何以鲍仰聘串通刑部主事鲍俊、赴官嘱托即不传审。如果属实，殊属大干法纪"。军机处指令"该主事实有干预公事、贿通吏役情弊，及该地方官听嘱偏袒。并不秉公究办，着一并据实严参，毋稍徇隐"。

就这样，鲍俊的仕途刚刚起步，便戛然而止。作为一个"正处级干部"，离瞻云就日处还远着呢，却被横生的枝节绊倒了。

无奈，鲍俊脱下六品文官鹭鸶补服打道回府了。这年，他只有35岁。

●辞官"隐居"，诗书自娱

道光十年（1830）四月，从政未满八年的鲍俊只好打道回府。

当他马不停蹄地返到香山，天刚蒙蒙亮，浩瀚的零丁洋海浪滔滔，五桂山缭绕的山岚似一幅泼墨山水画，朦朦胧胧，农户做早饭的炊烟自古木葱茏处飘飘袅袅，给稀稀落落的村屋涂上了一层朦胧色彩。

这一切，都似乎预示着鲍俊的后半生的人生如同那暮霭轻烟般虚幻，朦胧不清。

他没有直接返山场村，而是来到当年求学的石岐学宫。这里，作为香山县的最高学府，曾经为当地培养了3000多名香山文人，自己就是当中的一个。

鲍俊顺步走上泮水桥时，感慨油然而生。是的，从表面上看，泮水桥只是学宫点缀风景的一座古石桥，但它却是神圣威严的，他想起刚入读时的情景，那些尚未考取功名的读书人，是不许从桥上通过的，他们只能从泮月池边绕路走。

如今，功成名就，自己任何时候都可以堂而皇之地走上泮水桥了，这是多么荣耀的一件事！

然而，走上泮水桥又如何？当朝进士，年轻有为，本应大有作为的时候，却被迫辞官归隐故里。

古语有话，"三年清知府，十万雪花银"，当官没有多少不贪，鲍俊就是不贪，现在官没得做了，又没有什么正当职业，今后的生活何去何从？

当鲍俊行至泮水桥中央，正午像火一样的太阳照在学宫屋顶上，学宫显得更加辉煌壮观。

他猛烈醒悟，人生有各个阶段，早晨终被中午代替，而立之年，是人生的一条分界线。他清楚地知道，自己站在了人生的一个峰顶上了，犹如悬挂在天穹中央的太阳，放射出无限强烈的光芒，正穿透层层云翳……

因此，有什么困难不可以克服的呢？

返乡之前，那位已成为他丈人的林遂送来了金银。凭着丈人给的本钱，加上自己当世无两的好书法，照样可以大有作为！

鲍俊决定在广州以隐居的方式开拓自己的新天地。他凭着丈人的这桶金，在芳草街特构建了一间"榕塘吟馆"别墅，以此立足，展开他的新人生！

鲍俊选择在广州的芳草街建园林别墅，究其原因有二：

一者，早在道光七年（1827），鲍俊还未辞官，他就被那些达官贵人邀请来到广州与书画名家一展高下，史书明确记载了这一段风流逸事：

> 丁亥秋入都，鲍逸卿、潘伯临、招铭山饯于珠江，酒罢月出，索书画者林立楼前，设方几四，各占一席，逸卿、铭山画兰竹，余与伯临作行草，烛光照座，花气袭人。

潘伯临，即潘正亨。招铭山，即招子庸。招氏为粤中著名画家，鲍俊能与他同场献艺，身手不凡。从此，鲍俊在广州声名更盛。换句话说，鲍俊高中进士后，他的大名已在家乡传开，而广州作为省会，字画生意好做呢！

二者，芳草街是一条不寻常的街。它位于广州城的重要地带，西汉南越国都城东界就在芳草街附近。芳草街西侧是著名的番禺学宫（今农讲所），为全城士子瞻仰的人文集合之地。按其时的看法，"芳草"代表美德或贤德之人，这些先贤会千古留名，街道从而得名"芳草"。芳草街优越的地理位置曾吸收了大量文人雅士。所以，鲍俊选择在这里建宅造园，对酒当歌，激扬文字。

文人建别墅，与众不同的是能彰显他深厚的文化底蕴。鲍俊为别墅取名"榕塘吟馆"，上轩刻着"守庸"二字，是以感怀他官场失意的身世。

别墅内有古榕曲池，高台芳榭，崇门丰室，轩敞雅致，还有沿着花园周围的火红火红的木棉树，格外引人注目，真可谓"十里红棉绕画楼"。

实际上，这里不仅是鲍俊的隐居之所，也是他的生意场所。当年皇帝赐予"书法冠场"，无疑为他卖了免费且高端的广告。此后，凭着称雄当世的好字，加之满腹经纶，真才实学，有了"榕塘吟馆"这个令人流连忘返的平台，向他求字求文的达官贵人，络绎不绝，门槛为穿。

鲍俊每天在这里潜心学问，并置酒邀友，吟诗作画、卖字卖画。每逢春秋佳日，还约与一干文人老友吟诗作画，不亦乐乎。

有一次，在京城当官的同乡曾望颜返乡，路过广州，知鲍俊在芳草街建了一座别墅，便顺道登门探访。

鲍俊见曾望颜来访，分外开心。他俩乃同门师兄弟，皆为进士，且曾望颜有恩于鲍俊，官阶也比鲍俊高得多，但两人相见并无高下之分，无所不谈。

所以说，真正的一份情谊，是不会因地位高低，时间和距离而疏远的。相反，随着时日的增加，越发感受到它的醇香和甜美，就如那淡淡的茶香，时间久了，就会割舍不了这种香味！

两人坐下来一边品茶，一边天南地北聊了一通，然后曾望颜问道："兄弟隐居于此，一定写了不少大作吧？"

"写了一些，还请师兄多指教为是！"

曾望颜拿着鲍俊新作，看了一会儿，不停地摇头，说："你的书法可谓登峰造极了，但诗作水平何以大不如前？"

鲍俊听了，似乎正为此事苦恼，接口道："是啊！我也不明白，我以古人为榜样，隐居于此，殚思竭虑，潜心学问，你看我在门庭、篱笆，甚至厕所里都搁着纸笔，随时记录构思，却总是写不出好诗词也。"

曾望颜听了，哈哈大笑，道："隐居？这就是你写不出好文章症结所在啊！"

鲍俊并不认同，说："师兄不见世上智慧超群的高人，如鬼谷子、黄石公、孔明等在深山老林隐居好几年不出门，还写出这么深奥的著作？"

"所谓的高人，'高'就高在他们能看破红尘，与世无争；'隐'，就是不得志而大智若愚，不愿在他看不惯的环境中出名。其实，他们不与外界交流是不存在的，你也不是吗？问题在于所接触交流的人是与他水平相当的人，一般人不知而已。"

曾望颜言休未止，接着又说："你年纪轻轻，阅历不深，整天宅在家里，何以写出旷世诗文？"

鲍俊听了，沉思片刻，深深地点头道："真是听君一席话，胜读十年书！"

从此，鲍俊听从曾望颜的建议常走出户外采风。

一日，他与友人游南海西樵山。西樵山不高，面积也不算大，但有七十二座山峰，山体外陡内平，状如莲花簇瓣，群峰罗列、参差有序，形态万千，风景秀丽。鲍俊见到如此美景，诗兴大发，写下这首境界高远的《晚望西樵》（后收入《榕堂吟管诗钞》中）诗曰：

> 插天七十二芙蓉，朵朵都归夕照中。
> 烟火万家团远树，楼台山界动寒钟。
> 似从空际寻瑶岛，不辨岩边走玉龙。
> 藤杖芒鞋明日事，振衣同上大科峰。

"文以载道，诗以言志"，当他与友人在悯义祠褐霍岐山烈士像后，表示十分仰慕古代志士仁人的高标劲节，感由心生，写出这首读之令人凄婉，却又激人奋发的诗，一改往日诗作的无病呻吟。诗曰：

> 一望灵幡动，英风通紫霄。
> 先生名不朽，壮士节同标。
> 匣影思长剑，江声咽暮潮。
> 重阳刚到此，风雨尚萧萧。

鲍俊有了出类拔萃的书法根基和深厚的诗词根底，其画自能卓然不群。他为官不长，但也亲身体验到官场的黑暗、人生的辛酸，思想更加深邃，感情更加炽烈，所以画风清劲挺拔，尤其擅长于画松、梅、竹、兰、菊和仕女，"气韵疏秀"。

尤其是画竹，"纸毫飞舞淋漓处，牧户一幅潇湘雨"，绘出画竹的神气意趣。

写梅，丽质芳姿，冷艳幽香，笑傲冰霜，昂首怒放，极具潇洒出尘之致。

所作松图，用笔苍老，墨意浑厚，描述出松树的"山水合并蒸云气，磅礴郁结成苍松"和"声彻箫管奏鸾鹤，影挟风雨蛟龙"的意韵，极具气势。

他的画加上他傲视同侪的字，可谓相得益彰，深得世人的喜爱。时人以家里挂了他的字画为荣。

鲍俊卖字画，价钱视人而定。那些态度傲慢、有钱有势的人来求他的画，他会开出天价，买不买随便你。但穷苦的人来求字画，带给他一点他喜欢吃的土特产，他就会高兴地给他们画上一小丛竹子，或者写一小幅字。据说有些乡民没米下锅，就跑来找到鲍俊题，让他写几个字，拿去卖以换米。

鲍俊声名极盛，尤其是他的书法，震慑着每位热爱书者的心灵，一时洛阳纸贵，求书者接踵，获书者视若拱璧。

在广州，太多的达官贵人来找鲍俊索书画，鲍俊也曾赋诗叹息："年来不为浮名绊，字债犹能累此身。"他感到越来越厌烦。芳草街怡人，西樵景秀，但还是家乡香山的景致诱人。在他45岁那年，鲍俊决意回老家香山定居。

●石溪雅集，翰墨风流

鲍俊回到香山，感到特别神清气爽。路经石岐，再次来到魂牵梦萦的石岐学宫。

这时，太阳刚好落山，柔和的阳光洒在学宫建筑群上虽不至于金碧辉煌，但却是自有一番的壮美：它永远是那么的庄严儒雅。

当年他30多岁被迫辞官，他没有返故里，而是选择落脚广州，除了出于生计的考试外，还有就是怕乡里人笑话。毕竟"学而优则仕"在中国人心中是根深蒂固，除非你在另一领域做出很大的成绩。算起来，他在广州蛰伏整整10年，诗画水平之高，声名远播，可以说，现在的鲍俊虽不是大官，但广东大才子的名声却是公认的，所以，现在可以堂而皇之的衣锦还乡了。

当鲍俊再踏上泮水桥，落日的余晖正透过浓密的树叶斑斑点点地洒在河面上，泛起一圈一圈的金色波光，美不胜收。他感叹道："真是'夕阳无限好，只是近黄昏'啊！"

与他同行的林谦却不置可否，笑道："但得夕阳无限好，何须惆怅近黄昏？"

林谦，香山县大车乡（今中山市南蓢镇大车村）人。据考，这条村的林氏一族了不得，多出文人名士。后来的美国太空研究院的华裔航天科学家林可风（1930—2000年），也是大车人。这位林谦，乃清道光八年（1828）举人，曾大挑直隶知县，任凤山书院主讲，同治十三年（1874）尊列为香山县乡贤。他与鲍俊过从甚密，常结伴出游。

鲍俊一听林谦的话，觉得颇有道理，精神顿时振作起来，说："林兄言之有理，令我心境一下子愉悦起来了！"

鲍俊意气风发地回到山场村，当地的乡绅热情地为他摆酒接风。一个乡村出一个进士容易吗？这可是当地的荣光！没过几天，凤山书院、丰湖书院等纷纷伸出橄榄枝，请他当老师。他从此先后在多家的书院执起教鞭，作育英才。

不过，鲍俊教了几年书，觉得身心疲累，不得已，辞去教职，在山场村的松邻祠设一书房，名曰"经畬"，与几个文友一起观书临帖，切磋字画。

书房位处村中，不够安静。鲍俊与林谦商议决意找一个心仪所在——水门。

"水门"是石溪的原名，在山场村北面的凤凰山坳里。实是松林掩映间的一条狭长的白石峡谷，岩石嶙峋，终年水声淙淙，林壑优美，望之蔚然。因在山溪落瀑处有两块大石，形似门户，故而谓之。

鲍俊从小就很喜欢到水门游山玩水。在道光辛卯（1831）九月，鲍俊亲笔书写了"石溪"两个大字，刻在水门摩崖石上，从此这一带不叫"水门"叫"石溪"了，他也自称"石溪生"。

既然有意向在石溪筑书室，于是，很快，鲍俊就在石溪半山临溪处筑起亭榭和书室，命名为"亦兰亭"，以安放其文人雅士的身心。

"兰亭"源于书圣王羲之。书法界有言，"不入二王，徒成野道"，鲍俊认为，王羲之彻底规范了汉字楷、行、草的书写，他也很早就把王羲之树为标杆，学习的好榜样，心摹手追。

从此，鲍俊在清冽石溪水的陪伴之下，过起了清心寡欲的隐逸生活。他喜欢在泉下写诗作画，故留下如此诗句：

> 卜筑溪山愿已偿，琴泉洗耳尚清凉。
> 无人手绘娄东画，写出松杉数万章。

鲍俊时而冷笑红尘，静心修道，时而呼朋唤友，诗书胸臆美景。

古洞天开不计年，溪山高会聚群仙。

供推词赋王摩诘，大有烟霞葛稚川。

白石清泉留逸韵，青山红树结前缘。

呼童莫扫高人榻，我向松荫伴鹤眠。

有一天，鲍俊特邀同乡黄培芳到亦兰亭书室品茶。

黄培芳，香山县城人（今中山石岐）人，其先祖就是黄佐。他以诗文知名，与张维屏、谭敬昭并称为"粤东三子"。黄培芳著作甚丰，曾编纂《重修肇庆府志》22卷、《重修新会县志》14卷，著有《易宗》9卷、《春秋左传翼》30卷及《岭海楼诗文钞》《浮山小志》《云泉随记》《香石诗话》等不下50多种，共数百卷，世称"岭南名儒"。

鲍俊请他前来，一者有心请教如何布置亦兰亭书室；二者想借黄培芳之大名，为亦兰亭题写几个字，用现在的话来说，这叫作发挥名人效应。

黄培芳在鲍俊的搀扶下，登上崖顶，人立此间，可"景物旷观开眼界"。南望远山如黛，田畴铺绿，背后山峰，苍松翠柏，奇花异草，更有参差怪石，涓涓流泉。

走进亭间，两人临窗而坐，端起茶杯品呷，茶香荡漾，窗外细雨阵阵，朦胧无边，景致益发美丽。两人畅谈古今，尤是对人生价值观的讨论，观点一致，更是融洽。

当说到书法，鲍俊眉飞色舞。黄培芳说："习书法以王羲之为标杆，石溪如斯美景，岂能错过，何不仿效'曲水流觞'？"

"人生在世，有作为者皆不愿意与草木同腐，我早萌生出做此事的想法，这正是我取书室名为'亦兰亭'之本意！"

"是啊！人生天地间，不过数十年的光景。若无善事流传于后世，岂不是与草木同腐？"已年近八旬的黄培芳表示认同，并接过鲍俊的话对生命发出感喟。

黄培芳接着说："石溪不仅有山有水，得天然之趣，而且有可供镌刻的摩崖石壁，自然风光远胜绍兴兰亭，真乃绝佳胜地。"

鲍俊的想法得到德高望重的黄培芳的理解支持，他深受鼓舞，便着手策划这一盛举。

何谓曲水流觞？觞，指古代酒器。曲水流觞也称流觞曲水，或流杯曲水。是旧时上巳节的一种饮宴风俗。相传，在东晋永和九年（353）三月初三，晋代有名的大书法家、会稽内史王羲之偕名士谢安、孙绰等42人，宴集于浙江山阴（今绍兴）兰亭，在兰亭修禊后，举行饮酒赋诗的"曲水流觞"活动。这些吟咏之作被编成《兰亭集》，由王羲之作序，写下了举世闻名的《兰亭集序》。

道光三十年（1850），农历三月初三，时年53岁的鲍俊，呼朋唤友欢聚石溪，仿效兰亭，在石溪这里也玩起了"曲水流觞"。

真是天公助美，连续几天，香山山场村都在下雨，刚好三月初三这日，格外晴朗，风和日丽。众人一起，沿着小溪择地而坐，开始文人之间的游戏。

谁将酒杯放下溪里"启航"呢？公推黄培芳。他当仁不让，撸起衣袖，拿起盛满酒杯的石岐米酒，仰头一饮而下，第一个吟诗道：

> 花有清香石有泉，高松栖鹤待神仙。
> 闲云出岫空中绕，树影西斜是晓天。

书童重新倒满酒，接着黄培芳把杯放下溪里。一阵风吹来，杯子晃荡着来到鲍俊跟前，他接力端起杯子，一饮而尽，也吟诵其即兴之作：

> 洗尽尘心便隐居，石溪久待筑蓬庐。
> 江湖老去头如雪，归向深山读道书。

"江湖老去头如雪，归向深山读道书。"透露出鲍俊人生际遇的不堪与寂寥。侍女又把酒倒满，鲍俊把杯放下，漂至时为澳门名士的鲍庆春跟前，他随手拿起，也题下名诗：

> 兰亭作自右军先，今亦兰亭仿古贤。
> 天为名山留柱石，人来幽洞听琴泉。

当日，题诗有落款的还有若谷林谦（香山乡贤）、春珊侯植芳（海南儋州学正）、吴元善（番禺名士）、陈国光（新会名士）、邓芝田（南海名士）等，其规模之大、名士之众，足可见其当年盛况。

众人留下了墨宝，鲍俊便找了工匠并镌刻在石溪的摩崖石壁上。

其中，黄培芳的诗镌刻于石溪摩崖最高处，以示敬重。虽经几百年的风雨侵蚀，但至今仍存，模糊中依稀可辨。

以鲍俊为代表的诸多文人名士在"亦兰亭"活动，留下石溪摩崖石刻有 36 处，有楷书、行书、草书、隶书，或醇古壮伟、苍茫古穆，或雄强俊秀、潇洒飘逸。

如今，游人至此，如临一座书法展览馆，当年的名士雅集，使得原来已有的山水林竹之胜的石溪更加出名了。

鲍俊当年发起的亦兰亭曲水流觞活动，林谦《石溪诗并记》有记载：

> 鲍逸卿自省门归，遂偕游焉。日卓午，赤足当流，风振襟袂，涛声琴韵，不辨何来。逸卿谓余曰："此地虽小，不足当罗浮诸大洞，独不可拟其次耶？丁亥，予既表其胜附于志，今将合同志，辟为亭，一泉一石，皆有品题，子其记之。"

正所谓花落、花开，千里搭长棚，天下无不散之筵席。每当曲水流觞的活动曲终人散，各自走回自己的轨道，回到自己的家，鲍俊又重新回到寂寥。

● 名士暮年，壮心不已

中国传统文人的信条是"达则兼济天下，穷则独善其身"，进过官场的文人，传统中的价值观不能轻易撼动。哪怕是过足了官瘾，也常常恋栈不走。当哪一天他喊"淡泊名利"了，就一定是"官场失意"了。

所以，已辞官的鲍俊，虽然在后半生的风雅场中有所寄托，但实际上是在欷歔的煎熬中度过的，他毕生都似乎在为得到皇帝的青睐而朝思暮想。这在他人生中的一些行动可充分反映出来。

澳门原属广东省香山县，完全沦为葡萄牙统治后，时任澳督阿玛勒对中国居民横征暴敛，滥用武力。强迫中国人交纳地租、人头税和不动产税，稍有违抗者，即派兵"拘拿鞭打"，使中国商民"不胜其扰"。更令人无法容忍的是，阿玛勒置中国的传统习俗于不顾，强迫龙田村村民起迁祖坟，凡服从者，可得银一两四钱，拒从者，将坟墓夷为平地，尸骨扔入大海。

鹊巢鸠占，反客为主。阿玛勒的行径，激起了中国居民的极大愤慨，他们决心用行动对入侵者还以颜色，于是便有了"义士沈志亮智杀阿玛勒"的壮举。

沈志亮，祖居福建，后因贸易迁居香山澳门，在下恭都龙田村居住，他家的祖坟就是在修公路时被铲平的。对于侵略者的强暴，无能的当地官府不管不问，这使"生而倜傥，慷慨尚义"的沈志亮决定为当地居民除去阿玛勒这个祸害。他首先找到了当地的绅士鲍俊、赵勋、梁玉祺等人来谋划这件事。

鲍俊把阿玛勒在澳胡作非为的详情告知了两广总督徐广缙，徐听后，也愤怒地说："此诚可恶。"鲍俊回村后，将徐广缙的话转告了沈志亮，表示支持他和同村的郭金堂等人的复仇行动。

道光二十九年（1849）八月二十二日傍晚，阿玛勒带着副官李特，驰马前往关闸。沈志亮得到消息，认为时机已到遂和郭金堂、张亚先等数人，装扮成贩鱼、贩蔬菜的小贩。一切准备就绪。天近黄昏，亚马勒从关闸返回，沈志亮装作告状向亚马勒呈"状词"，当亚马勒俯接"状词"时，他把亚马勒钩下马，道旁佯装叫卖的小贩立即冲上来包围亚马勒，沈志亮砍下他的脑袋和一条胳膊，被杀伤的随从副官李特仓皇逃离现场。

阿玛勒被杀的消息传开，香山民众无不拍手称快，大家奔走相告，欢呼庆贺。当然，这也给侵略者以极大的震动。无能的清政府在葡方压力下，责令广东官府四处缉凶，"乡人被连株者，不知凡几"。

这时，整天想着当官的鲍俊，觉得机会来了，他想了一个"两全其美"的办法，一方面，他找到徐广缙，说有办法说服沈志亮投案自首，言外之意，望徐广缙有机会帮他重返仕途；另一方面，他找到沈志亮，"晓以大义"，说服他投案自首，以免殃及无辜。沈志亮听从了他的建议后，然而，自首后很快就被斩首了。

鲍俊的所作所为的确是不想因沈志亮一人连累全村而做出不得已的行为，但事实上，他断送了沈志亮的宝贵生命，所以这件事给他带来了"震动与痛苦"。因为香山县城石岐有人贴出一张告白，矛头直指徐广缙和鲍俊，抨击他们"人面兽心""畏夷如虎""卖友求荣"。从此，鲍俊梦魇憧憧，惶惶不可终日。

不过，接着他期望已久重返仕途的机会终于来了！

咸丰元年（1851），咸丰登基，鲍俊见君主易人，于是别出心裁地写了一副对联，通过时任一品大官的老乡曾望颜呈送咸丰皇帝。联曰：

> 咸岁双春逢雨水；
> 丰年盛世两中秋。

适值咸丰称帝，逢有两个罕见的"立春"和"雨水"，并且那一年农历闰八月，有两个中秋节。此对联对仗工整，又入时境，咸丰阅后大悦。两广总督徐广缙也算够意思，十分卖力地为他说词。咸丰皇帝果然召他"入都补官"。

帝京难忘，朝堂难舍。鲍俊走马赴任了，他欣喜若狂，一如当年赴考一样，雄心万丈地背上行李走在复官的路上。

坐一段轿子，行一段路，转眼间一个多月过去了，离京城越来越近了。他心情一天比一天兴奋，但是乐极生悲。一天晚上，他做了一个梦，自己变成了一只山鸡，对着镜子不停地起舞，力歇而死。醒来，吓出一身冷汗，而背部莫名其妙长了一个毒疮，痛得他坐也不是，站也不是，不得不在当地找医生求治。医生说，并无大碍，又服又敷几帖药就会好了。但服药后不但一点好的迹象也没有，而且越来越严重，后背如磨盘般沉重，且疼痛难忍。

"唉！还是回去吧！"

锥心的痛，使鲍俊发出无奈的叹息。轿夫只好抬着他半道折返，打道回府。

有人说，是因为鲍俊"出卖"了沈志亮，上天报应了。

当他回到家乡时，昏黄的夕阳，正在大风吹起的尘埃中渐渐下沉，老屋已完全沉浸在暗影当中。临死前几天，鲍俊让人抬他到石溪亦兰亭。或许，亦兰亭是能让他心灵得以安宁的地方吧！

想当年，会稽山下，东晋名士兰亭雅集，俯仰天地之间，一觞一咏，是何等的风流；然"胜地不常，盛筵难再；兰亭已矣，梓泽丘墟"，真是俯仰之间，已为陈迹，而当今的香山鲍俊，方巾野服，承名士之遗风，于石溪流觞曲水，诗词曲赋，发思古之幽情，涤当世之烦忧。不亦快哉，命名"亦兰亭"，岂是一个传承了得！想到这里，鲍俊笑了。

"仙乡何处觅，即此是蓬莱"，这时的鲍俊耳朵响起了不知从哪里传来的吟诵声，声音久久地在空谷中回荡，显得特别的寂寥。

仰慕魏晋文人，临摹魏晋书法，复制魏晋行为，是鲍俊们追慕先贤的行为。世人皆知，王羲之独创了一笔"鹅"，鲍俊也仿效在溪旁一块高耸的壁石上用行草题刻一笔"鹅"的大字，字径三尺余见方，字形浑厚凝重，丰美流畅，并题有一首古诗：

> 名署亦兰亭，谁作兰亭记？
> 敢说溪鹅书，只学古鹅字。

当鲍俊抬头轻声地读着这首古诗时，脸上不无得意之色，但当念到这个"鹅"字时，他却茫然了。何以"只学古鹅字"？其实，从他上京考试这天，就与这只"鸡"耗上了。瞬间，壁石上上了红漆的"鹅"字，在鲍俊的脑海里幻变成了个血淋淋的"鸡"字。

当日，在太阳落山时分，鲍俊在亦兰亭撒手人寰，享年54岁。

至此，一个曾经沧海的人、以书法称雄的才子，终未能等待他面圣这一刻的到来就离世了。或许，死在亦兰亭，应是他最好的归宿。因为这里留下了满山谷的风花雪月，能让他得以安宁。

莫非，这就是命与运的安排？后人对鲍俊表达了既爱又哀的情感：爱的是他的才情，哀的是他的志趣。然而，正所谓人各有志，这是谁人也左右不了的。

无论如何，鲍俊的一生，最为称道的是他潜心学问的精神，尤其是那些刻在石头上的艺术品足以掩盖他的俗世志向，彰显的是他千古传诵的诗篇还有登峰造极的好书法。后人有诗赞道：

> 学优出仕世知名，金榜高悬耀门庭。
> 书法精研惊御眼，丹青妙法享殊荣。
> 庙堂知倦还乡梓，岐水回看有政声。
> 才子风流传岭海，诗坛百载尚留馨。

第六章　一代枭雄闯天下
纵横驰骋上海滩

词曰：

　　自古香山，龙虎聚，百年岁月。曾记否？丽川刘氏，隆都俊杰。习武行医为善道，锄强扶弱高风节。展雄才，侠气闯江湖，情高洁。

　　举义旗，洒热血。伐无道，坚如铁。上海滩头勇，豪情悲切。复兴家国罡风猎，孤军拔剑斗妖孽，笑平生，壮志气如虹，千秋烈！

——调寄《满江红》

　　刘丽川（1820—1855），清末上海小刀会领袖，广东香山县溪角乡（今中山市沙溪镇溪角村）人。农民出身，自幼习武，精通英语，通晓中医，擅接骨医术。1845 年在香港参加天地会，任首领；1849 年到上海，成为上海小刀会领袖。

　　1853 年，太平天国攻克南京后，刘丽川联合陈阿林、周立春、潘起亮等高举"反清复明"旗帜，发动上海"小刀会"起义。9 月 7 日，起义军攻占上海，建立政权，称大明国，公推刘丽川为统理政教招讨大元帅，后改称太平天国统理政教招讨大元帅，派人上书洪秀全，表示接受领导，未果。在上海，刘丽川不为所诱，坚持与清军和法国侵略者血战到底。1855 年 2 月 17 日弃城率师突围时，在虹桥壮烈牺牲，用鲜血和生命谱写了可歌可泣的英雄史诗。

　　刘丽川建立的大明政权在中外反动势力的绞杀下很快终结了，为上海历史上第一次大规模的武装起义，尽管完全被同期的太平天国运动的光辉掩盖。但是，"它在清末的对外关系史上，小题目、大事件，却是极重要的一页"。不仅给予腐朽的晚清王朝沉重的打击，而且刘丽川们为民族解放甘洒热血的献身精神永远激励着后人!

●出身望族，勤习功夫学医术

　　刘丽川的故乡隆都，原是香山县一个地方行政区域的名称，包括现在的中山市沙溪、大涌两镇和板芙、横栏的一部分。香山立县时，隆都称德庆乡，明代称龙眼都，清代称隆都，一直沿用至改革开放。自隆都分为沙溪、大涌两镇后，隆都作为行政区域名称便不再使用。

　　南宋以降，香山县的外来人口剧增，语言复杂。而隆都各乡村居民，不论从何处迁来，大多聚族而居。村落交错，村头连着村尾，鸡犬之声相闻，姓氏虽有不同，但讲的都是同一种方言——隆都话。隆都话属闽南语系，这可解释后来刘丽川为什么与闽人走得近。在香山数百种方言之中，俗称讲"省岐隆"（广州话、石岐话、隆都话）是最多的，可见隆都占有一席之地。

　　隆都刘氏家族在香山县是出了名的。据考，仅明、清两代刘姓就出了进士 9 人，举人 30 人，武举人 16 人，贡生 57 人。清朝不仅出了武探花刘其昌，后来著名的无政府主义思想家刘思复，及至当代的著名作家刘逸生、刘斯奋等都是溪角乡人。当地有两首村名姓氏歌可佐证当时隆都山溪角刘氏家族的显耀：

> 广东广府香山县，隆都确系①好风光。
> 今讲隆都乡一脉，各村人民姓氏香。
> 山溪角中刘姓子，分为三堡是名乡。
> 直往北衢二里路，坎下乡中是姓梁。
>
> 泛舟渡岐海，吾都曾遍游。
> 境入山溪角，聚族皆姓刘。
> 借问黄与郑，大小亦庞头。
> 上巷有人居，一村隔田沟。

---

　① 确系，方言，的确是的意思。

高山虎逊岩，驯伏大石兜。

俯眺沙平下，林壑尽清幽。

掉头百坑口，顺步出豪吐。

绕道过南樟，依稀认新路。

诗中所指的山溪角，是旧称，即溪角乡。区域包括今天的云汉村、龙瑞村。据考，山溪角在元末明初仍是一个美丽宁静的海边渔村。洲屿环列，波浪滔滔。直到清初，仍有"龙吟波光，凤起云腾，烟花吐瑞，钟灵毓秀"的赞语。

道光元年（1821），刘丽川出生在这个美丽的乡村。

刘丽川呱呱落地之时，恰是中秋之夜，明月高悬，在月色的映照下，村庄非常壮美，于是颇有学识的父亲据宋黄庭坚《别友赋送李次翁》："维庐江之四李，三隐约于龙眠。维若人之仕蛮，怀明月而丽川。"取名刘丽川。

刘丽川弟兄七人，他排行最小。六个哥哥都本分守着家业。有谁想得到，刘家这个长得文质彬彬的小儿子日后会胆大包天，发动起义，建立大明政权。

刘丽川出生于农村，但并非一些媒体说的是贫苦农民家庭，尽管他可能在众多的刘氏族人之中，其家庭不是什么大地主，但作为当地赫赫有名的武术世家和中医世家，足以让其衣食无忧。

香山县曾是南北武术交融之地，特别是南宋以来，"北拳南传"，众多武林侠士南下，一些身怀绝技的武林人士来到香山，尚武的氛围一度把香山武术推至巅峰。从明清两朝香山县产生众多的武举就可见一斑。据考，考取武举者达334名，武进士31名，武探花2名。

而刘家作为武术世家，其看家本领是祖宗拳法——刘家拳。这是宋军南下时，一位刘姓将军传下来的。广东有"五大名拳"，即洪、刘、蔡、李、莫，刘家拳是其中之一。"进似追风箭，退似雷电闪，走步须灵活，出手似云烟。"此乃刘家拳诀。凭着这绝世武功，刘丽川的同宗堂弟刘其昌，后来更成为香山县两名武探花之一（同治元年壬戌科进士，殿试一甲第三名）。

当年，刘氏兄弟在村庄里开有一间武馆，叫"龙鹤山房"，馆外有一面旗帜，写的是"我武维扬"。那是岭南民间的尚武精神。

刘丽川6岁始在私塾读书，白天读书，晚上在武馆里玩耍，跟着几个被村民称为"刘师傅"的大哥们开始习武。

龙鹤山房与珠三角其他武馆一样，学武者叫作"学功夫"，他们大多在晚上进行习武，因为白天大家忙于生计，晚上没有什么娱乐活动，就到武馆学拳。练完拳，师母或仆人往往煮一大锅粥招待大家，于是"食夜粥"成了"学过功夫"的代名词。如果有人说自己"食过夜粥"，意味着他是学过点功夫的。讲到"食"，龙鹤山房有道菜，名叫"龙虎凤"，听起来挺吓人的，其实就是"蛇猫鸡"，蛇代表龙，猫代表虎，鸡代表凤。寄寓习武的人都具备龙虎的神力，凤凰的英姿。这道菜沿用至今。

一边习武，一边读书，是刘丽川年少时的生活状态。他特别好学，最喜欢看侠义小说，崇拜那些江湖好汉，整天幻想着有一天行走江湖，为民请命。除了读书习武，还喜欢跟长辈们学唱民歌，唱得有板有眼。小小年纪的他有着天生的胆色，在10岁时已走上赛歌台成为一名"歌匼"，书写了他人生的第一次"威风"。

何谓歌匼？

从前，香山县由岛屿组成，居民稀少。据考，开村始祖大多是南宋遗民或从珠玑巷迁居于此。那时候，祖先们以永不衰退的进取精神，求得自身的生存和发展。他们带来的灿烂的中原文化在香山落地生根。而流行于香山村落里的"鹤舞"就是其表现形式之一。

鹤舞，实质是鸟类假面舞，舞鹤人半身藏于用竹、布等材料制成的丹顶鹤道具，通过模仿鹤的生活形态进行表演。

鹤舞必游行，谓之"出鹤"，并伴以版色、地色。所谓版色，由一木架为底板，木架上用彩色纱绸布置，人物在咫尺之地的木架上活动；内容多为"精忠报国""击鼓退金兵""毋忘国耻""木兰从军"等，所谓地色，是化妆的人物在路上边走边表演，内容有"马侍郎勤王""痛歼敌寇"等。处处体现的都是民族精神。

每次出鹤，队伍起行或停休，沿街演奏音乐，表演鹤舞，游遍附近乡村。

一般而言，客乡发帖邀请才应约并准备好迎接工作。所到村落必在大幅空地上搭一高台，称作设"歌台"，也就是"摆擂台斗歌"。摆擂台比武，人们就听得多了，但在昔日的香山县却出现摆擂台比歌的盛大节日，足见宋朝文化对当地的影响之深之广。

斗歌的程序，台主开台先唱，对方回答。可以反问对方挑战，或转新内容，如果"三遍鼓"（每半分钟敲一次）罢，对方答不上，即认输，缄口不言，也可由另一位歌手接唱。反之，若台主对答不出，则会令人哄笑，轰台让贤。故台主非才华横溢不可，尤以敏捷有急才者为佳，称为"歌甚"。

歌台一开，可热闹了，真是人山人海，万头攒动，水泄不通，一般至深夜或黎明方罢。

鹤舞和摆擂台斗歌起源于隆都申明亭村。这一天，隆都申明亭村出鹤队伍来至溪角乡溪角村歌台处停下来，白鹤振翼、歇息、闲步之际。申明亭村的歌手便在鹤蚌相嬉时，站上歌台引吭高歌：

> 今晚鹤神出宫行，笙歌妙舞乐升平。
> 锣鼓牌灯齐助庆，蚌娘金鲤共欢腾。
> 担担花篮真够靓，版版飘色走不停。
> 紫薇星君打头阵，到了文巡又武巡。
> 多谢贵乡人情盛，接了鹤神享太平。

凡鹤到，客乡必须唱鹤歌迎接。凑巧，这日溪角村的歌手身体不适，出不了。而新歌手怯场，一时答不上来。想不到，只有 10 岁的刘丽川自告奋勇，毛遂自荐，走上台前，高声应唱：

> 海阔天空鹤飞至，沙滩草坦觅虾鱼。
> 食饱鱼虾岩石企①，修身擦羽歇须臾。
> 海蚌金鱼同游戏，推波涌浪共欢娱。
> 水声翻腾惊鹤起，昂头振翼捉蚌鱼。
> 海蚌双鱼真机智，凝聚一心力争持。

好戏在后头，接着，申明亭村的歌手开始抛出问题，唱道：

---

① 企，方言，站立的意思。

今晚歌台逢知己，劳君指导意如何？
借问古时四美女，乜名①乜姓告顽愚。

此时此刻，台下的歌手必须用七言诗格式唱答，只见刘丽川气定神闲地应唱：

羞花玉环痴帝王，爱国西施伴沉鱼。
闭月貂蝉乱董吕，昭君和番落雁儿。

然后，台上申明亭村歌手再提出问题，而台下溪角村歌手刘丽川也作相应回答，如此循环提出问题，刘丽川均应接得上。每次歌声刚落，掌声雷动。不是因为他唱得特别好，而是在这种环境气氛下，小小年纪，处变不惊，才思敏捷。从此，每逢摆擂台斗歌，都是由他代表溪角乡。年纪轻轻的刘丽川被称为"歌圣"。

刘家兄弟的武馆之所以取名"龙鹤山房"，皆因当时盛行鹤舞，实是取"龙瑞鹤舞"之意。

转眼，刘丽川已 17 岁了，在武馆里练就了一身好本领，但外表看来，一点不像个练武之人，却极像一个白面书生。

父亲认为小儿子长着读书人的相格，并且年少时已是村中"歌圣"，所以认定他是读书的料。希望他用心读书，走科举之路，但他死活不肯，体现他叛逆的个性。无奈之下，父亲只好把他送进了县城石岐的一间教会学校攻读英语，哄着他，谓学懂英语就可以走遍天下，行走江湖了。他一听，非常乐意。

香山曾经是中国最早的通商口岸之一，当地洋行为了培养精通英语的经纪人，在香山设立了不少外语学校，有钱人家从长远考虑，都会送子女就读。刘丽川入读后，凭着他的天资聪颖，很快就通晓了英语，为日后对外经商奠定了基础。

以前，大凡学武之人，难免受伤。所以，武术世家往往也是中医世家，刘丽川的父亲不仅擅长跌打刀伤，而且对其他奇难杂症都很拿手，在当地很有名气。

---

① 乜名，方言，什么名的意思。下同。

刘丽川在众兄弟之中，特别聪明，没有一点骄矜之气，且吃苦耐劳，其父有心将中医的衣钵尽传与他，故常带他一起上山采挖中草药，并在县城石岐开设的药房里一起坐诊。寒暑不辍，朝夕苦练，让刘丽川拥有了扎实的脉诊基本功，尤其是熟练地掌握了刘家绝技——驳骨功。刘丽川在父亲的熏陶和教导下，通晓跌打中医，成为一名中医师。并且很快成家立室。

生活，就这样波澜不惊，有滋有味地一天一天过去，但后来发生的事情彻底打破了这个家庭的安宁和幸福。

●疾恶如仇，该出手时就出手

刘丽川正直善良，性格刚烈，常常路见不平，拔刀相助。

有一次，他独自一人到远离溪角乡的古香林山采药。

古香林，位处五桂山系的小岭（古名雪山），那里植被丰富，湖光山色，非常秀美。在密林深处掩映下的山窝里，有一座古香林寺，离寺院不远处有一座善惠庵堂。相传，这一寺一庵乃唐朝贞观年间一对远道而来的夫妇出家创建，是名副其实的千年古刹。这一僧一尼，除参禅悟佛外，还行医占卜，其后世弟子也秉承其衣钵，故一直以来前来拜佛、求解困难的人不少。

这天，刘丽川行至古香林山山脚。突然间，听到有人呼喊："救命啊，杀人啦，抢东西啦！"

他心头一惊，循声远望，只见前面的林荫道上，有个年轻男子一手持短刀一手拿包，正在甩脱一个少妇的手准备脱身离去；另一个年轻男子应是同伙，正按着一个上了年纪的男人，使他动弹不得。

见到这种场景，刘丽川立即飞奔上前，大声喝道："住手！光天化日，也敢抢劫？真是无法无天！"

那两个年轻男子，见只是他一个人，声色俱厉地道："不要多管闲事，给我滚开！"

刘丽川听了，并不理会，径直上前。那两个家伙见来者不善，便放开这夫妻俩，一起围着刘丽川厮杀。

那个稍为年轻的男子，从腰间拔出刀子直刺过来，刘丽川侧身避过，反身一肘，这家伙立即狗啃泥。另一个挥起棍棒，气势汹汹地砸下，刘丽川并不避让，左手一格，棍棒立时变成两段。吓得两人顿时呆了。刘丽川不容他们有喘息机会，紧跟而上，使出刘家连环腿一扫，随着"轰！轰！"两声闷响，两个均四脚贴地，喘着气道："唉，遇到高手，这回栽了！"

两名盗贼俯首认输。细问之下，两人都出身贫困家庭，靠赶车拉脚为生，竟也遭人抢劫，被逼得走投无路了，索性铤而走险，就改干抢劫这行，知道有人经此路上古香林寺求神问卜，故埋伏于此。想不到遇到高手，只能自认倒霉。

年纪稍长的盗贼说："我俩皆因贫困而被逼为盗，仅取些财物养家糊口，维持生计而已，身上并无血债，给我们放条生路吧！"

刘丽川想，清政府腐败无能，百姓生活无着。正所谓得饶人处且饶人，故教训了他们一顿后即放走。

刘丽川回头找那对夫妻时，早不见踪影，猜是趁乱之机走了。刘丽川也不介意，他拍了拍身上灰尘，继续上山采药。

一波刚平，一波又起。

当他背着一箩山草药返家时，已是太阳落山时分。至村口，见大榕树下人声鼎沸，围观的人群里面不时传来一片打骂之声。

刘丽川是爱管闲事之人，见状，便走上前去，了解究竟。

始知有一个挑担的外乡人在这里卖东西，邻村里的恶少欺他是外乡人，买了东西不给钱，稍加理论，即拳脚相向。摊贩哪里肯依，扯着要钱。结果，这一群恶少围着他打，未几，竟然用麻袋套着头一顿暴打。

刘丽川走上前去，大声呵斥道："四海之内皆兄弟，岂能如此欺负外乡人，都给我滚开！"

话音刚落，那几个恶少都收起架势并且散开一边。其中一个恶少，冲在前面，早向刘丽川飞起一脚，刘丽川侧身闪过，说时迟，那时快，刘丽川用双手把那人脚掌接住，往前一送，"拍！"的一声，跌了个仰面朝天。引来围观者大笑。

那群恶少倒吸了一口凉气，见刘丽川是有料之人，立时抖擞精神，个个侧身挪步，开始慢慢围拢过来，一场打斗就此展开！拳来脚往，哪是刘丽川对手？一会儿，恶少们尽数应声倒地，捂住受伤部位，鬼哭狼嚎，抱头鼠窜。

不过，由此结下梁子，领头的恶少，其父叫慕容修，在县城当差，他老子知道此事，不是狠狠地教训儿子，而是思量着如何报仇。他知刘家势大，不敢造次，便想出了一条毒计。

道光十八年（1838）始，鸦片盛行，不少老百姓因吸毒而倾家荡产，民众怨声载道。同年冬，钦差大臣林则徐到虎门销烟，从这时候起，全国掀起了禁烟大潮。清政府明令倘有销售鸦片者轻则监禁，重则处死。

慕容修在政府当差多年，使暗招、狠招是他拿手好戏。他暗中使外号叫奸仔雄的心腹把鸦片放在刘氏药房里，然后吩咐奸仔雄如此如此。

在禁烟的风头火势之下，搜寻到刘氏药房藏有鸦片，后果可想而知，不容分说，把父子俩抓了投进牢房。几个大哥前去论理，竟也被抓，并将武馆捣毁了。

为营救他们，母亲花尽所有，在族人的帮助下，虽然最终将他们父子营救出来了，但经此一事，善良博学的父亲忧郁成疾，一病不起，不久就去世了。温顺贤良的母亲受此打击，一时崩溃，很快也追随老公而去。妻子由于操劳过度，心力交瘁，也郁郁而终了。

刘丽川的三个亲人相继离世，可谓家破人亡。

面对如此悲惨变故，刘丽川感到了绝望。正在这个时候，有位从香港回来的叫洪全福的同乡寻上门来，对他说："丽川，离开这个伤心地方吧，人有一门手艺，何愁吃穿？"

"我从来未为我今后的生活担忧，大可以在外面开药店，当我的跌打郎中。可我是因被人冤屈而愤慨！"话毕，紧握拳头往桌面上一砸，道："此仇不报，誓不为人！"

洪全福听了刘丽川的话，重重地点了点头，说："是的，但是冤有头，债有主，你的仇人，不仅仅是慕容修，而且是他背后的万恶清政府！"

然后，洪全福向刘丽川讲了家乡仁人志士的故事，从马南宝毁家纾难抗元讲起，到何阁老步入晚年仍奋起抗清，再讲到鸦片战争清政府丧权辱国的耻辱……

慢慢地，刘丽川在悲痛之中清醒过来，渐有"反清复汉"的思想。

当晚，月明星稀。他在院子里闲踱，远处的山川非常静穆，周围蟋蟀声此起彼伏；近处，龙眼树洒下了细碎的月光，与被秋风吹拂而温柔地摇摆着的一片竹林，构成一幅很美的图画。多么美丽的家乡，该是隐居生活的好地方，但生于专制的乱世，也不得以安生。他想到此，大喊一声：

第二天，他找到洪全福，表示愿意随他到香港创业。咸丰五年（1855）春，刘丽川来到了香港。

●行侠仗义，一跃成为香港天地会香主

香港开埠后，万商云集，商铺林立，道路纵横交错，初次展露出五方杂处、华洋杂居的近代繁荣，成为不少不安于现状的弄潮儿向往闯荡的江湖。

香山与香港隔海相望，自然很多人揣着摆脱困境、发家致富的梦想来到这里寻找机会。

刘丽川到香港后，经洪全福介绍找了份工作，在丝茶栈当起了伙计。但这种被人吆来喝去的打工生活显然不是他想要的，所以没做多久就不干了。

当时绝大多数人都认为，最体面的工作是在洋行当买办了。

什么叫洋行买办呢？用现在的话说，洋行就是"从事进出口贸易的公司"。而"买办"呢？omprador，原本是葡萄牙语，通俗说法，就是跨国企业里的中方职业经理人，指为外国商馆办事的中国公行中的管事人，后来多成为富商巨贾，到19世纪末已经形成为一个阶层。

当买办，薪水高、福利好，但是入职洋行最基本条件的是懂英语。刘丽川在家乡时已学会英语，故轻而易举地进入了香港怡和洋行，因工作出息，很快由学徒升为人人羡慕的买办，与香港的洋商也多有往来，挣钱的机会也多，收入颇丰。

刘丽川凭着这些丰厚的收入，在香港开设了大药房，兼当中医师。他有侠义之风，对于前来求医的贫苦病人，往往慷慨相助，倘是重病急症，便守候在患者身边，至病人脱离危险方离去。渐渐地，他在香港这个江湖赢得了声誉，也结交了许多三教九流的朋友。老乡洪全福见刘丽川"善交际、讲义气"，终于对他说，自己是天地会的人，动员刘丽川

加入"天地会"。

天地会，是一个"拜天为父，拜地为母"的民间秘密社团，以"反清复明"为宗旨，初创于康熙十三年（1674），因明太祖年号洪武，故对内称"洪门"，会员互称"洪门兄弟"。到了晚清，统治阶层的力量渐趋式微，对社会的钳制力大大下降，天地会的势力乘势而涨，蔓延渗透，麾下帮派众多，成员也从农民、手工业工人，扩展到城乡从业者、游民，甚至乡绅，成为啸聚所有反现实力量的大本营，频繁发动武装起义。

洪门子弟在后来的辛亥革命中做过贡献。不过，此后的天地会蜕变为"三合会"，由于再没有原来崇高的政治理想维系，已逐渐演变成从事非法活动的集团，以牟取金钱利益。

当时天地会的宗旨十分明确，就是"反清复明"，这与刘丽川"反清复汉"的思想是吻合的，故洪全福介绍他加入天地会，他心里别提有多高兴！

一天晚上，刘丽川随着洪全福来到位处香港铜锣湾的天地会机关总部。

天地会虽是秘密组织，但对入会无严格的资格限制，有介绍人就可加入。不过，有十分严格的会规，为三十六誓，要求会员加入后彼此以手足相待，忠于誓言，严守秘密。为了便于秘密活动，天地会还有特别的言谈隐语。当晚，洪全福带着刘丽川来到了天地会总部，他们接头方式的言谈隐语真的让刘丽川大开眼界。

"卟、卟、卟"洪全福连续敲了几下木门，里面传来像读书的声音：

地振高岗，一派溪山千古秀。

洪全福听了，立马对着门缝接口道：

门朝大海，三河合水万年流。

这是天地会接头的暗号，又叫切口。里面的人听了，才走到门边，并从门缝里问了一句："所为何来？"

"请问有没有清热毒治眼疾的复明眼药膏？"洪全福用隐语答道。

"有啊！"里面的人听了，回应了一声，迅即把门打开，热情地请他们进入。

屋里面有十多人，大部分与洪全福认识。纷纷上前打招呼。

这时，一个看上去50来岁的中年人走上前来，微笑着对刘丽川说："朋友，欢迎您加入天地会！鄙人劳德泽，如今是香港天地会会长！"

"在下刘丽川！"刘丽川忙拱手行礼微笑地回答。

在刘丽川的印象中，帮会组织头目多是五大三粗，没有文化，没有修养之人。想不到，天地会的头目说话如此彬彬有礼。由此看这绝非一个普通的帮会组织！想到这里，他心情格外喜悦。

只听劳德泽又说："全福兄将你的情况讲了，天地会有你这么一等人才，是天地会之福啊！'择日不如撞日'，就今日开香堂吧，让你入会！"

"谢谢会长和各位大佬关照！"刘丽川高兴非常。

待安排妥当，劳德泽引着众人来到后堂。见一张板桌上供着一块灵牌，中间一个写着"大明天子之位"，板桌上供着一个猪头，一只鸡，一尾鱼，香炉上插着七炷香。众人一齐跪下，向灵位拜了。

天地会的会员，在正式加入天地会的时候，都要在天地牌位面前诵誓状诗，作为自己的誓愿。当下，焚香设誓，歃血誓盟。并诵读誓状诗：

> 有忠有义公侯位，反心反意雷打亡。
> 立字世上有忠奸，奸者来于剑下亡。
> 当天立誓愿姓洪，剑下来里别半途。
> 古今传来天下知，个个离别桃洞山。

劳德泽带着刘丽川诵读誓状诗毕，重申"反清复明"之宗旨，还将会中的三十六条守则向刘丽川解释明白，大抵是忠心义气，孝顺父母，和睦乡党，兄弟一家，患难相助等。

仪式刚完成，劳德泽面色苍白，走路也有点站不稳的样子。众人扶他坐下，嚷着要立即送他到医院。

"先不急，让我为劳会长诊断一下吧！"刘丽川二话不说，挽起袖子，伸出三指为劳德泽号脉。

刘丽川继承父亲的诊脉技艺，在搭手的一瞬间，从上至下轻轻一个来回，劳德泽体质的寒热虚实、阴阳表里、病灶区已经了然于胸。

"不必惊慌，劳会长操劳过度，又受了风寒，服两三帖药就好了！"

刘丽川说毕，即拟药方，连夜在自己的药房取药，熬好，让劳德泽服下，第二天，劳德泽的病已好了大半。众人大赞刘丽川医术了得。

因刘丽川医术高明，为人也仗义，很快就成了天地会中有名的人物。

当时，广东帮与福建帮经常为争地盘发生械斗，但刘丽川的出现，两派和睦了。这与刘丽川的医术和救死扶伤的精神影响有关。

话说这一天，夜深了，刘丽川突然被急促的敲门声惊醒。

"刘医生，快开门！"是熟人声音，语调甚是凄厉。他料是病人急病求诊，忙起身开门。

"我兄弟被人打断了腿，带回来了，快快救他！"相熟的阿灿急促说着，他身后的一个身材高大的汉子搀扶着一个面无血色的年轻人喘着气走了进来。因站不稳，一个趔趄险些栽倒，被刘丽川扶住。

"快放到床上躺着！"刘丽川一边吩咐，一边看着那受伤的年轻人。只见他低声哀嚎不止，满身鲜血，不停地哆嗦，两条腿拧着，姿势怪异，想是骨头已经断了。

刘丽川忙拿参片让他含住，一面用剪子剪开裤腿，只见一条腿断了，一片血肉模糊，骨头也从皮肉里戳出来，甚是吓人。清洗、消毒、接驳、敷药、包扎、固定，一轮下来，刘丽川已是满头大汗。

细问之下，方知当晚广东帮与福建帮又发生械斗，这位福建帮的年轻人梁明被砍断了腿。好友阿灿知刘丽川擅长接骨术，故引了上来。刘丽川真是妙手驳骨，不到 100 天，梁明就痊愈了。从此，梁明对刘丽川感恩戴德，尊敬有加。从此之后，双方发生什么事，都是靠刘丽川出面摆平，两派慢慢和好。刘丽川在江湖声誉日隆。

一个组织，少不了经费。刘丽川开设的大药房，生意红红火火，他慷慨地将药房的大部分收入都拿出捐给天地会，成为天地会活动的主要经济来源。

清道光二十五年（1845）十一月十九日，时年只有 25 岁的刘丽川被香港天地会推举为首领，接劳德泽手做了香港天地会的领导者。这是对他入会以来组织才能和民众号召力的肯定。

刘丽川成为香港天地会的香主之后，开始"暗招军士"，进行反清活动。隔了一段时间，他觉得作为殖民地的香港局面小，不是一个起义的地方。于是他在清道光二十九年（1849），借着他原来服职的洋行总部迁往上海之机，也跟着转移到了上海。

●德才兼备，公推为"小刀会"总舵主

鸦片战争后，上海成为"五口通商"口岸之一，"迢迢申浦，商贾云集，各色人等，相率来到沪滨"，仿佛一夜之间，这方水土就变了，洋行、银行、酒肆、舞厅、烟馆、妓寮等如雨后春笋般建立起来，很快变成五光十色的"十里洋场"。成为冒险家的乐园、蛇龙混杂的"江湖"。

洋行，是上海刚开埠时一道最为亮丽的风景线，数不清的洋行，在一定程度上影响着上海的经济发展。而在洋行当买办的中国人，九成都是香山人。后来引领全国乃至远东之商业潮流，创造亚洲百货业无数第一的永安、先施、新新、大新，这些大名鼎鼎的"中国四大百货公司"，其创始人全部都是香山人。

清道光二十九年（1849）春，刘丽川来到上海，他站在南京路上望着人来人往的人流、车流，多少有点茫然，但他并不孤单，因为这里有他太多相熟的乡亲。

让人惊讶的是，连上海地方的最高行政长官，时称为道台的吴健彰也是香山人。可见当时的香山人在上海政商界的地位，可谓风头无两！

这位上海道台吴健彰，与刘丽川一样，值得在上海发展史上记上浓重一笔。吴健彰官阶不高，但在官场上却颇有地位。他原服职于美商旗昌洋行，精通英语，长袖善舞，深谙官场三昧，为人、办事得到外商和朝廷的一致认可，被清廷和英美领事认为是"通夷之才"，受到重用时不仅担任苏松大道（上海第一把手），而且还兼任海关监督。

俗语说："狗要成群，人要抱团。"刘丽川到上海稍为安歇，即去找吴健彰。两位相识的老乡异地相见，那种亲热之情分外浓厚。

他们讲的都是家乡石岐话，亲切的乡音消弭了距离。这一对广东香山老乡之生死际遇，因这次的见面，拉开了序幕！

都说，香山人最讲乡谊。接下来，刘丽川在南京路租地方开药馆及创设"广肇会馆"，注册"上海义兴有限公司"，这些都少不了吴健彰的支持与帮助。

接着，刘丽川以广肇会馆为上海天地会总部，以经商为名，以行医为掩护，广泛联络各派地下势力，积极发展天地会会员。

不久，刘丽川看到，上海的开放带来了经济的繁荣，但在繁荣的表象下，更多的是普通老百姓的日益贫困。

自对外通商以后，外国轮船的穿梭逐渐排挤了长江和沿海一带木帆船的航运，使大批船夫失业。漳州、泉州一带尤甚，这两个地方人靠的就是海上的生计，现在上万艘船没有活路，大部分流入了上海、广州。而受不平等条约保护的外国船进入上海港后，更是严重地冲击了从事以沙船为主体的旧式航运业，当时"在船水手十余万人"，码头搬运工人万余人，他们绝大部分因之没有了营生，以致游荡在城市中，生活无着，成了游民、难民。

受限于乡土思想，当中不少人依附于当地的同乡会会馆讨饭吃，会馆的董事也就是他们的领袖。而那些美其名曰会馆、同乡会的，大多数就是那些地下帮会组织的门面机构。

当时的秘密团体，大体分为七帮：广东人组合的有香山帮、潮帮、嘉应帮；福建人组合的有建帮、兴化帮；浙江人组合的有宁波帮；本地人组合的就叫作上海帮。共有几千人。当然，若以区域语言之别，其实只分为广东、福建及上海宁波本地人三大帮，而以广东帮最强。

上海有个帮会组织十分活跃，叫"小刀会"，成员全部都是下层的农民、手工业工人，以及一些游民、难民。他们备受欺侮，为了防身，人人皆备小刀一柄，长一尺七寸，故称"小刀会"。这些人有着共同的心理：不满现状、放荡不羁。早年的天地会抓住这一点，鼓动他们反清，把"小刀会"发展成为华南会党"天地会"的一个支派。

刘丽川摸清情况后，即以洪门驻上海天地会领袖的身份，拉小刀会徒众入伙。但整合小刀会，此举太难了，因为大多小刀会分舵淡忘了初心，再也没有了为民请命的使命。他们不思进取，仅仅满足于会员之间的相互扶助，有的甚至退化变质，成了盘剥百姓的地痞。

当然，不是所有帮会都退化变质的，如由广东帮成员组成的上海天地会、上海本土的嘉定天地会、百龙会等，不仅坚持着他们由诞生之日起树立的"反清复明"的崇高理想，而且关心人民疾苦。在一些特殊的情况下为民众代言，比如抗租抗赋，以暴易暴等。

一句话，这时的上海不仅华洋混处，而且帮会组织也是鱼龙混杂。

自从刘丽川来到上海后，这种不良局面开始向好的方向转化。

刘丽川素来乐善好施，有一副侠义心肠，又懂医术，常为人看病，贫困者看病不收钱，所以广有人缘，深得推重。经他的折冲樽俎，之前经常在闽粤人之间发生的械斗也不复再起。

整合了福建、广东两帮后，刘丽川又主动上门拜访上海帮的首领周立春和嘉定天地会头目徐耀，以及庙帮百龙会首领潘起亮等人。经他上下周旋，这班江湖好汉开始接受了这个功夫了得、能说英语的白面书生。

道光二十九年（1849）以来，江南一带气候反常，水灾、旱灾接踵而来，瘟疫流行，饿殍遍野，但朝廷不仅不减免赋税，相反加紧追征。人祸加天灾，把上海人民逼上了绝境，不少地方已经出现小股的造反浪潮。

刘丽川眼看时机成熟，决定整合力量，经与各个帮会头目联络和磋商，决定在青浦会盟，成立上海小刀会总会，推选总舵主，选择在适当的时机举行起义。之所以不叫天地会总部，因为"天地会"这三个字已引起清廷密探的注意，为防患于未然，故顺势而改名。

咸丰三年（1853）七月的一天，江苏青浦县城北白鹤江畔，此时已经是夜幕沉沉，天上明月高照，波光粼粼，在江畔一处村落中，外围一片寂静，而在一座四合院式的祠堂之内，却是人声鼎沸、热闹非凡。

在祠堂大厅内，数十人围坐一起，有老有少，有男有女。多是粗布短褂打扮，只有两人与众不同，一个男的，长衫装扮，英俊潇洒，气质颇像城里的教书先生；一个女的，穿着大红裤子，上身紧身月白衫子，身材匀称起伏有致，容貌俏丽。

这些人都是各帮会的头目，他们共聚一堂，正在推选上海小刀会总舵主。

约半个时辰后，坐在正中央的一名50多岁的汉子——上海帮帮主周立春站起身来，朗声说道："刚才相谈甚欢，诸位都同意结盟为'上海小刀会总会'，并公推广东帮帮主刘丽川为总舵主，大家若无异议，我看就这样定下来吧！"

话毕，周立春转过头来，问身旁的百龙帮帮主潘起亮道："刚才，就潘帮主没吭声，不知意下如何？"

潘起亮起身抱拳说道："周老英雄客气了，刚才想着其他事，故未吭声。我百龙帮日前已经并入上海小刀会了，今后都以刘丽川总舵主马首是瞻！"

周立春"哦"了一声，笑道："哈哈哈，原来百龙帮早被刘丽川收服了！"

那位身穿长衫似教师先生的当下站起身来，拱着手转了一圈，说："哈、哈！'收服'二字愧不敢当，我小刀会如今和众帮联盟，只是为了起兵抗清，并无吞并其他帮会之意。况且小刀会源出天地会，大家那是同根同源啊！"

言犹未止，转身对着周立春说道："周老英雄，去年在青浦起义抗清，数败清军，威名远扬。就连令媛周秀英姑娘，也是巾帼英雄，白鹤江一战，阵斩三员清将，威名可是远播的。不如由你当盟主，如何？"

站在中间的周立春听了，不置可否，环视一周，道："我虽虚长几岁，但论学识、才华、能力，我怎能与刘丽川帮主相提并论呢？你不仅武功高强，而且擅医术，通洋文，真是文武齐全，德才兼备啊！"说到这里，稍顿，然后直勾勾地看着刘丽川又说道："你被推选，端的是众望所归，就不要推辞了！"

刘丽川就是那位长衫打扮，书生气质的人。他身材不高不矮，挺拔健硕，虽然才30多岁，脸色却饱经沧桑，目光锐利，颌下微须，外形甚是英武。坐在一旁的一位年轻女子，已被他深深地吸引了，听刘丽川这么称赞自己，脸上即时红了起来。

这位女子，就是穿着大红裤、白衫子的周秀英，是周立春的女儿。秀外慧中的她，看起来好似待字闺中的村女，但实质上是一个精于刀法，豪迈不羁的女中豪杰。

清咸丰二年（1852），青浦在连年歉收的情况下，知县余龙光还限期追征已豁免的钱粮，激起民愤；在周秀英及其父周立春的带领下，青浦农民群起武装抗粮，同年九月，连续击退清军的进攻。周秀英身先士卒，白鹤江一仗，打得清军落花流水。乡民歌颂周秀英：

女中英雄周秀英，大红裤子小紧身。

手提大刀百廿斤，塘湾桥上杀四门。

周秀英当下接过老父的话，道："父亲说得对，我看刘丽川当总舵主最适合不过了！"

周秀英说完便转眼看着刘丽川，刘丽川刚好正看着她说话呢，四目双碰，立时迸发出火花，互生情愫。

周秀英话音刚落，坐在周立春身边的李咸池忽然站起来问道："不知刘总舵主想要起事，是要自立为王，还是另有所图呢？"

刘丽川抱拳微笑着说道："呵，福建李帮主问得好，我正告大家，联盟就是为了举事，举事就是反清，重建我汉人的大明江山！想清入主中原后，杀我汉人无数，阉割我汉文化，已祸我中华两百年有余，但凡犯我大汉者，虽远必诛。我呼吁，凡有血性的汉人，上自达官贵人、下至贩夫走卒，都应共赴国耻，我刘丽川毁家纾难在所不惜！总而言之，鞑夷当灭，明复当兴！"

"说得好！"周秀英看着站在当中的刘丽川，侃侃而言，大度从容，敬佩倍加，便夺口而出。众人掌声顿起。

"请总舵主宣读会盟书！"周立春道。

"好！今日以小刀立誓，永不相背！"刘丽川抽出腰间小刀大声说道。

众人随他走出祠堂，在门口，个个以刀立誓，相约结盟。刘丽川大声宣读天地会之小刀会会盟书：

后土尊神为证，今夜歃血为盟，结为同胞兄弟，永无二心。今将同盟姓名开列于左。本原异姓缔结，同洪生不共父，义胜同胞共，似管鲍之忠，刘关张为义，汝我视同一家，自今结盟之后，前有私仇挟恨，尽泄于江海之中，更加和好。有善相劝，有过相规，缓急相济，患难相扶，我等兄弟须当循规守法，不可借势妄为，恃强欺弱，为非作歹，故违誓约。自作自当，不得累众人，若不忠不义五雷轰。唯有诚意立心，竭尽所能，不顾生命，驱除鞑虏，复我中华！

一个统一各派力量的秘密组织——上海小刀会就这样正式宣告成

立了!

会员以小刀为标志,对外用"义兴公司"为代号。除了刘丽川因实力强、威信高被推为大首领之外,代表闽南小刀会的李咸池为第二首领,周立春、林阿福、陈阿林均为重要首领,而百龙党的潘起亮和罗汉党的徐耀等人为上海小刀会的领导骨干。

就像任何时候的帮会一样,各帮派中有忠心归附首领的,也有貌合神离的。刘丽川也看到问题所在,他正准备重新整合的时候,天下局势风云突变。

● 发动起义,成功建立大明政权

道光三十年(1850)六月,在广西,洪秀全太平军起义爆发了。

咸丰三年(1853)二月十日,太平军攻下金陵,接着更向长江下游推进,占领镇江、扬州,江南震动。风声所播,影响所及,带动了东南各地纷纷效仿,造反之声此起彼伏。

在上海,吴健彰、刘丽川这两个广东香山人,都特别关注太平军的动向,随着太平军逐步逼近长江,各自做着准备工作。

吴健彰,身为上海第一把手,有着"为官一任,保一方平安"的强烈责任感。他见此形势,意识到潜伏在上海的种种不稳定因素将会趁机起事,在未接上级指示的情况下,他组织民团,甚至容纳一批游民,招募团练备战。

刘丽川,刚上任不久的上海小刀会总舵主,还来不及整合各自为政的帮会,就进入了备战状态。他串联广东、福建、上海、浙江七帮,在上海小刀会总会的统一号令下,商定在冬季起义。与此同时,乘吴健彰招募团练之机,派会员打入内部,乘机把吴健彰身边的四十名警卫统统换成了小刀会的人,积蓄力量。

八月,吴健彰得到小刀会要在冬季起事的消息,他立马出面禁止,并逮捕了10多人,包括李咸池在内,并且拉网清查逮捕城内小刀会成员,情况变得越来越危急。

箭在弦上,不得不发。

刘丽川想办法救出李咸池之后,经与众人商议,决定将原定于9月18日(农历八月十六日)举行的起义提前。

9月5日，周立春率小刀会部分会员率先在嘉定起义，一举占领嘉定县城，揭开了上海小刀会起义的序幕。

随后，刘丽川得密报称，道台衙门内藏有40余万两银子，将于这几天运走，于是他决定在县城举行纪念孔子诞辰仪式即9月7日这天，杀进城内，抢夺银子，发动更大规模的上海起义。

9月7日（八月初五），照例是举行祭祀孔子大典的日子。这天凌晨，在上海县城内文庙正殿前，牛、猪、羊等牲品排列齐全，主祭人及一班士人都已早早来到，恭候着道台和其他官员的到来和祭祀大典的开始。

正在此时，600多名头包红巾、腰缠红带的小刀会成员，在刘丽川一声令下，手持武器汇集至上海城北，在守城卫兵的策应下，突然从北门冲入城内，与城内会员会合，经过短时间战斗，即攻入县衙，将知县袁祖德团团围住。起义军喝令袁祖德交出印信，免其一死。

这位袁知县颇有胆色，并不惊慌，他捶胸大叫："印信在此，如果你们要拿，就先拿我的性命。"并威胁道："我乃天子命吏，你们中有谁敢把我怎么样？"

"我敢！今日之事，有进无退。本来不想杀你，这么说来，非杀你不可！"曾经受其迫害过的潘起亮大呼，提刀走上前来，其他义军一拥而上，刀矛相加，袁祖德身上连中20多刀，顿时血流如注，一命呜呼。

小刀会义军迅速占领了炮台，包围了衙门，并抢夺了吴健彰企图运走的40万两白银。

此时，吴健彰在前呼后拥下正走出衙门，欲前往目的地主持祭孔仪式，突然间听到外面一片嘈杂声，刚跨出门外，只见手持器械的义军站在前面，不知有多少人，个个威严，目怒凶光。

见到此情景，他惊愕了。但危急中，不忘喝令身边的手下：

"有人造反啦，给我冲杀啊！"

却不料这些以往言听计从的家伙，一瞬之际统统扎上了红头巾，对他说：

"道台大人，你已被捉了！"

直到这时，吴健彰方才恍然大悟，惊呼上当。他没想到自己的衙门里藏了这么多反贼卧底，并且不少是平日里和自己亲密非常的老乡。

"道台大人，识时务者为俊杰，请加入我们队伍一起反清复明吧！"

刘丽川提着刀大步流星地走了进来。

吴健彰盯着刘丽川的双眼发红，他用家乡石岐话回应了句："你好嘢①！竟敢造反！"

"官逼民反，我的家庭何以沦落到如此悲惨境地，你不是不知道，国恨家仇，我岂能不反?!"刘丽川厉语相向。

吴健彰恼火地用鼻音"哼!"了一声，转过头去，不理睬刘丽川。

"总舵主，把这清狗杀了吧！留他何益?"福建帮的李咸池坚决主张把吴健彰杀掉。

但是，在此"华容道"中，刘丽川摇了摇头，放他一马。指示先把吴健彰关在道衙内的曦园，后又移往城西广东会馆。起义军在刘丽川的嘱咐下没有像对付袁知县那样对付吴健彰，不光没有要他的性命，而且以礼相待。

起义军占领上海后，即以文庙为总指挥部，另设城北指挥部于豫园点春堂。在文庙，依据天地会"反清复明"的宗旨，建立起了"大明国"。年号天运。由于对清政权的仇视，洪门兄弟不愿用清朝年号，而作为一个庞大的组织，内部的文书、揭帖又难免会触及年代的记载。因此，洪门内部开始用"天运"作为年号，"天运"本是《庄子》中的篇名，即《庄子·天运》，犹言天命，含有借助上天旨意，兴汉亡满之意。后来孙中山建立兴中会后，也沿用了洪门的"天运"年号。所以说，从刘丽川到孙中山，那种家国情怀是一脉相承的。

当日，公推刘丽川为"大明国统理政教招讨大元帅"，李咸池为平胡大都督，陈阿林为左元帅，林阿福为右元帅，潘起亮为飞虎将军。其他首领也封以将军、先锋等名号。

刘丽川"登基"后，当天宣告：

> 大明国统理主义教招讨大元帅刘丽川出示安民以靖地方事：照得安邦定国，安民非所以害民；发政施仁，戡乱非所以扰乱。城厢内外，毋庸惊迁，士农工商，各安本业。鞑夷当灭，明当复兴。兹因童君昏暗，污吏贪官，残害庶民，殊深可悯。本帅应顺天人，兴起义师，剿灭贪官，以除残暴。为此特举义兵，先行谕嘱部下，不

---

① 好嘢，粤语，厉害的意思。

得妄取民间一物，不许奸淫妇女，凌虐良民。如有抗违不遵，本帅定当究治，以冥报之讯。特此谕知，各宜禀遵。特示。

天运元年八月初五日示

随即，刘丽川发布告示，严申军纪：

> 某等因天下之失望，顺宇内之归心，歃血同盟，誓清妖孽，厉兵秣马，力扫腥膻。班声动而鸟伏潜形，剑气冲而风云生色。兵刃整齐，毋伐有革之木；粮储盈满，毋量道济之沙。大兵到日，士女无惊；军令如山，秋毫无犯。倘能倡议迎师，亦以腹心相待；如若拦途拒命，难免斧钺之诛。各宜深思，毋贻后悔。谨将法令开列于后：不听号令者斩，奸淫妇女者斩，掳掠财物者斩，偷盗猪狗者斩！

旋即，又出告示安定上海社会秩序：

> 谕各城门，不得拦阻行店货物，任客出入。居家行店，不得搬移，安堵闾阎，不必惊惶。花布粮食，照常生理，大街小巷，各业开张。大小贸易，各照行市，匪徒抢夺，立拿斩决。强索硬买，捆送治罪，藉公讹诈，立斩不赦。各宜禀遵勿违，特示。

起义军严明的纪律和维护城内社会生活照常进行的努力，深得民望，当时有一首民谣唱道：

> 东校场、西校场，
> 兵强马又壮，欲投小刀会，
> 去到点春堂。

当克复上海的时候，起义队伍只有600人。到起义的号角响起来了，上海郊区江湾、洋泾等处农民也都削竹为枪，斩木为兵，云集响应起义，组成了30000人的起义军。为巩固革命政权，乘势扩大革命势力，刘丽川指挥义军立即由上海、嘉定分兵出击，于9月9日占宝山，

10 日破南汇，13 日克川沙，17 日占青浦。从 9 月 5 日起，在十二天内，起义军即攻占了六座县城，声威大振。

刘丽川这一支起义军，纪律严明，做到安堵如故，秩序井然。深得民望，故挥师之处，捷报频传，起义大获成功！

当时亲历其境的外国人评论说："在任何其他国家中，人们起来武装反抗官府的统治，其行动之佳，维持秩序之善，能与上海小刀会起义军比拟的，实所未闻。"

如果这个时候上下一心，高度服从刘丽川的统一指挥，小刀会必有更大作为，实现天地会"反清复明"的愿景。但这个世界没有如果。

刘丽川无疑是整个起义的领导者、指挥者，是"操盘手"，但不是绝对权威者。因他刚坐上"小刀会总舵主"的位置，还未捂热，就起义了。可以说，来不及树立他的绝对权威。能基本服从他领导的是广东帮和上海帮，福建帮对他还是敬而不服。究其原因，刘丽川"嫡系"有"反清复明"的政治理想；而福建帮有的是会党逐利本性，所以很难拧成一股绳。

事实上，小刀会起义胜利之后，有的帮派立马争权夺利。福建帮在占领上海县城后，不少人将获取的钱财装上沙船，逃离上海运往福建。

相反，具有远大抱负的刘丽川，在大明政权建立后，他的所有行为都是大公无私，并且有远见卓识，一切从大局出发：

在拿下上海城当天，刘丽川的第一项要务，便是到租界里去，用他流利的英语进行"外交"，亲自拜访各国使领人员。他和英使文翰（SirGeorgeBonham）、英领事阿利国（Rutherford Alcock）、美使马歇尔、美领事马辉（R. C. Murphy）、法领事爱棠（B. Edan）都有很诚恳的谈话。亦因此使得上海的外国人在清军与小刀会之间亦采取中立态度。

可惜福建帮有两个首领却反其道而行之。这位刚当上"平胡大都督"的福建帮首领李咸池十分霸道，他竟然带人破坏海关署，抢走了里面的财帛，直接破坏了刘丽川与外国人建立的友好关系。劫下吴健彰的 40 万两饷银，刘丽川主张把银钱用于起事，李咸池等福建帮帮主非要平分不可，而且索要一半，至少 20 万两。双方为此发生了严重争执，几乎演成械斗。

起义军的矛盾，在起义之初就发生了，就是起于对如何处置吴健彰，有着截然不同的两种意见，福建帮极力主张杀吴，对刘丽川一味祖护吴健彰非常不满，只不过碍于他大首领的面子，一时下不了手罢了。刘丽川心里明白，如果吴健彰能够顺利归降，起义军内部的矛盾或许还可化解，但吴健彰始终不肯服软，这使刘丽川左右为难，深感棘手。

要命的是，吴健彰的遭遇引起了沪外国势力的极大关注。美国驻华公使马沙利致函刘丽川，要求释放吴健彰。由此看来，刘丽川不杀吴健彰，除了同乡情谊之外，更有他的远见，杀了吴健彰，后果会更严重，更不可收拾。

这天，接到美驻华公使来函后，刘丽川当晚便会见了马沙利。

"吴道台乃美商旗昌洋行的股东，作为美国公使，我愿对吴负起保护之责。"

"就我本人而言，决没有杀吴之意，只是希望吴道台能与我合作，加入起义军，为实现反清复明这一目标，我也会将尽力保护吴的安全。现公使来求，我更应保护他的人身安全。"

站在马沙利身旁的翻译正想开口把马沙利的话翻译给刘丽川听，想不到刘丽川用明白晓畅的英语明白地告诉了马沙利。

接着，刘丽川与马沙利会见后，在致英、法、美、葡、普及汉堡各国领事的公函中，宣示：

> 兹者清室覆亡在即，深望各国侨民既不接济本军，亦不援助胡满。

更由此可见，刘丽川对革命后独立自主的中国充满自豪感。难得的是，"他深通外情，不像洪、杨那样糊涂得自高自大。因此他对列强使领的要求和保证，可说是合情合理和符合国际公法的"。

刘丽川权衡对外关系，也顾及同乡情谊，决定把吴健彰放了。此后，吴健彰的妻儿家小，也在英国传教士雒魏林的帮助下，逃出了上海县城，在租界内，同是香山老乡主事的宝顺洋行住下。

占领上海 20 天后，刘丽川发现，李咸池竟私吞元宝、金器。虽被追回，也没有处分，但李咸池颜面尽失。对帮会来说面子是第一位的，故李咸池带领手下人马回福建去了。"右元帅"林阿福觉得福建帮要受欺压，也带了自己麾下哥儿们回福建去了。这两路人马的离去对小刀会来说是很致命的，一下子实力已去半。

这还没有折腾完。哪曾想到，广东帮的李绍熙（广东梅州人）经不起清军金钱诱惑，带领200多广东梅州老乡出城投清，与清兵一起攻城。当时在点春堂指挥部的刘丽川收到消息，气得直跺脚，但又无可奈何。

"反清复明成功在望，一伙人竟为金钱利益背信弃义，太不像话啦！更有甚者卖主求荣，实在无耻之极！"周秀英恨恨地说。

众人闻言，一阵默然。未几，刘丽川眉头紧皱地说："周姑娘说得对，现在正是同仇敌忾、同心协力的时候，岂能为一己之私，背信弃义？"

"刘总舵主，李咸池、林阿福令我福建帮脸上无光，李绍熙简直是梅州人的耻辱！我福建帮的陈阿林追随总舵主到底，为福建人增光添彩！"陈阿林非常激愤。

接着，潘起亮、徐耀等纷纷表态，决心追随刘丽川左右，血战到底！

此时，小刀会只剩下刘丽川部、陈阿林部、潘起亮部和嘉定的徐耀、周秀英部几股力量。好在，这三股力量是小刀会中最强的，尚可抵御清兵，问题是，他们面对的不仅仅是清兵，还有外国侵略者。

翌日晚上，潘起亮、徐耀乘月黑风高，假投诚之名，潜入清营，毫不留情地把广东梅州帮的李绍熙的狗命了结了。这一招起着杀一儆百的作用，此后没有人再临时变节了。

这个时候，上海滩已经是一片腥风血雨了。

●中外绞杀，血染沙场气化虹

小刀会内讧期间，清政府急从围攻天京的江南大营抽调部分清军，由署理江苏巡抚许乃钊、江苏按察使吉尔杭阿率领，赶赴上海镇压。

因为上海及其附近地区是苏南菁华之地，起义军占领这个地区，不仅是截断了江南大营从上海海关的军饷来源，而且截断了漕粮海运北京的出口。清政府调动大军抢救这一个大缺口。

义军的武器多为小刀长矛，仅有少数鸟枪，战斗力较弱；但是，他们凭着视死如归的革命精神，却能屡败清军。对来势汹汹的清军，义军迎头痛击。一次又一次粉碎了清军的进攻。到咸丰四年（1854）六月，清廷不得不把许乃钊撤职，另派吉尔杭阿接替，并大量增员，加强军力。

起义军原拟乘胜占领太仓，向苏州方向发展，后因苏州的天地会起义组织遭清军镇压，而进攻太仓又为清军所阻，故折回嘉定，转取守势。

8月底，上海四郊各县相继被清军夺回，周立春在嘉定被俘牺牲，小刀会退回上海，由进攻转入防御。

刘丽川面对变得越来越恶劣的局面，明白独木难支，要想完成驱逐鞑虏的重任，单单依靠自身的力量还远远不够。于是他派出信使前往天京，上书洪秀全求援。

为争得洪秀全的支持，刘丽川宣布上海小刀会起义军是"太平王的部属，在太平王的指挥下一致行动"，革命政权"奉行太平王的法令"，并于9月下旬改用太平天国年号，竖立太平天国旗帜，刘丽川也改称"太平天国统理政教招讨大元帅"。

想不到，洪秀全不为所动，竟以"不与不同教派合作"为由（小刀会属于天地会系统），拒绝援救。

肯定地说，在这紧要关头，洪秀全缺乏大局观念，没有意识到在非常时期，团结一切可以团结的力量的重要性，错过了"建立统一战线"的大好时机，也意味着错过了收复富庶的上海之良机；当然，对刘丽川来说，这本可以走出生天的机会也没了，他进入了窘境。

清军对于上海城的进攻，是从南、西、北三个方向加以包围，因为东面临近黄浦江，无法攻城。自小南门外以至北门外，都有清军防守，并建筑营房。当时，小刀会的活动和对外往来，大半集中在北门外，那里与外国租界接壤，小刀会可由此获得米粮与军火接济。上面提到，经刘丽川成功与外国斡旋，均表示中立。因有这一后勤保障，义军与百姓众志成城，清军无法得逞。

很快，敌人已清楚地看出，只有割断起义军来自北门的给养路线，才有可能把上海城夺回。

世事都是这样，得与失往往是双向的。刘丽川放了吴健彰，和谐了与租界的外国关系，但也埋下了纵虎归山的恶果。

清政府知道吴健彰擅与外国人打交道，故委吴健彰主动求见租界各国，表达了求和意愿，并不惜以出让上海海关权益为条件，以换取列强对镇压小刀会的支持。也就是说，从此中国的海关将交由外国人执掌，进出中国领土的税款收入，将由外国人操纵分配份额。

作为回报，英美法等国自此开始放弃所谓的"中立"立场，切断小刀会城外对城内的接济，使小刀会失去粮食和其他军需品的供应来源；吴健彰还"借师助剿"，促使法国派出部队，积极参与对小刀会的联合围攻。

1855年1月6日，法军和清军联合大举攻城。

那是一个晴朗而峭寒的上海冬天早晨，小刀会的黄旗在城墙上高高地飘扬着，战士们守着自己的岗位，严阵以待。

战斗开始了，黄浦江中两艘法国战舰的大炮，发出震天动地的隆隆声，轰开了城墙的一处缺口。清军大队人马从营盘里开出。

一场激烈的战斗展开了。起义军在刘丽川的指挥之下，沉着应战，这一处防御工事被轰毁、被烧倒了，又转移到另一处去。敌人的炮火能够摧毁的是人工防御工事，但不能摧毁战士的斗志。起义军愈战愈强，勇气百倍。经过三小时的战斗，法军和清军的死伤人员，一批又一批地从城内抬回去，敌人的攻势被压了下去。于是起义军从防御转为反攻，正午时候，冲锋的号令发出了，起义军立刻从防御工事内冲出，像旋风似的向北门冲去。

盘踞在北门阵地上的法军和大队清军听到了起义军冲锋前进的怒吼，吓得魂飞魄散，惊慌失措，阵地陷于混乱，抱头鼠窜，义军缴获了他们的大量武器，这就是著名的"北门之捷"战役。

然而，毕竟势单力孤，随着清军不断增员，法军亦以炮火相助，城池虽未攻破，但城内情势已经变得十分严峻。

这时，吴健彰派人送来信件，劝刘丽川投降，并许以免予追究、加官晋爵；洋行也派来信使，许以重金劝他放下武器投降。面对朝廷和洋人的利益诱惑，刘丽川始终不为所动，一次又一次打败敌人的进攻，上海城依然雄峙。

义军在军事上虽然不断取得胜利，但随着时间的推移，围城中的困境也一步步地加深了。

到了1月25日，由于上海城内的给养线完全被割断，城中没有存粮，起义军把城里能吃的都吃干净了，已到"皆食糜粥、草根，掘穴蟛蜞"的地步。与此同时，火药也差不多耗尽了。

而清军粮饷充足，太平军又不加援手。至此，小刀会完全陷入死守孤城的境地，到了不得不突围的时候了。

刘丽川不再指望洪秀全的部队救援了，他决定组织突围，计划进袭松江，预备守住松江城，作为反攻上海、经营苏南革命根据地。

1855 年 2 月 16 日，农历年除夕，被围困达 17 个月之久的小刀会所剩的几百人准备突围。他们兵分几路，刘丽川率一部从西门突围，从包围圈中杀出一条血路，奔沪西方向而去；二部由陈阿林、潘起亮带领；三部由嘉定的徐耀、周秀英带领。每部两百多人，队伍相约突围后见面。

2 月 17 日深夜，刘丽川率领的一支部队在夜色的掩护下向城外奔去。到了近郊西面小闸桥地方，为湖所隔，守渡者以黑夜难以辨别方向为由不给他们渡河。争吵之下，他们旋即开枪，惹得当地乡民鸣锣聚众。刘丽川于是被迫另寻他路。

次日黎明时分，他所带 200 多人抵达沪西虹桥，这时又饿又累，正想找地方稍作安歇。突然前面冒出近千名清兵，喊声震天："活捉刘丽川，赏金万两!"

原来，吴健彰探知刘丽川从近郊西面小闸桥过不了，必从虹桥过，故早派兵潜伏此处，以逸待劳。他也不想杀刘丽川，只想活捉。

面对强敌四面截击，刘丽川临危不惧。这时，不知他哪来的力量，只见他大叫道："兄弟们，不成功便成仁，杀啊!"

刘丽川光着膀子，挥舞马刀，率先杀入敌阵，其他小刀会成员，也随着他愤然冲入敌阵。

双方打得难分难解的时候，天空突然下起大雨来。刘丽川一众越战越勇。近距离厮杀，敌人枪炮无法发挥作用，强敌如潮退。

眼看有机会成功突围。偏偏在这个时候，清军的追兵也赶了上来。两相夹击，刘丽川一众渐渐力乏，疲惫不堪，完全处在下风，他大喊一声，"不要再与清狗厮杀啦，只顾往前冲!"说时，那马已驮着他冲出敌群。

"呼! 呼!"在远处瞄着刘丽川的法军狙击手，终于寻找到机会，射出罪恶的子弹。随着连续两声枪响，刘丽川在马上轰然倒下，惨遭杀害，时年 35 岁。

现场散落大量血迹。刹那间，雨住了，天空中出现了一道绚丽的彩虹。不，那不是彩虹，是一座美丽的充满生命的彩虹桥。这座桥接引刘丽川魂归天堂，让他在天堂里保佑他的同胞完成未竟的反清复明的使命。

当周秀英带领的第三支小刀会200多人赶到，为时已晚。她得知自己爱慕的刘丽川已被杀害，顿时激起了她的万丈怒火，她立马横刀，不顾一切，冲向敌阵，杀得性起，"辟易千人"后，"不幸马蹶被执"，周秀英被生擒活捉后在上海被凌迟处死，死时年仅19岁。

刘丽川、周秀英壮烈牺牲了，而陈阿林、潘起亮分别成功突围，陈阿林流亡国外，潘起亮达到天京，建了不少功勋，封至天将，最后也献出了他的生命。

小刀会，终于在孤立无援中谢幕！

那个有着反清复明伟大抱负的年轻人，那个会讲英语、通医术且英俊无比的白面书生，上海小刀会总舵主——刘丽川，从此消失在江湖中了！

虽然刘丽川领导的"反清复明"起义最终失败了，但是，在华夏这块炽热的土地上，刘丽川和他的同志们做出了人生最重要的努力，用自己的血性彰显了民族不屈的精神，永远地激励着后人。后人有诗赞道：

> 反清沪上擎高纛，几欲复明磨剑锋。
> 闯荡江湖怀大志，集招义勇展豪雄。
> 孤军抗击称咸勇，对垒牺牲化彩虹。
> 虽败犹荣留史册，长教后世记英风。

第七章　清正廉洁勤为民
　　　　神州处处颂清风

诗曰：

> 心无旁骛受人尊，折桂蟾宫自有缘。
> 鸣凤朝阳标正气，爱民勤政显清廉。
> 豪强不畏刚风在，剿抚斐然功业存。
> 最是留芳桃李地，拓开商埠泽黎园。

黄槐森（1829—1902），字作銮，号植庭。香山斗门（今属珠海市）荔山村人。出身于书香门第，自幼通读诸子百家，才思敏捷。清咸丰十一年（1861）中举人，同治元年（1862）中进士。历任翰林院国史馆编修，山东道御史，云南道刑科给事中，顺天文武乡试监考官，文武会试监试官，考试汉学教习官，直隶大顺广道，四川川北道，云南迤东道，贵州按察使，护理巡抚，广西布政使，广西护理巡抚，云南巡抚，广西巡抚等。光绪二十七年（1901），因年迈辞官还乡，次年病故。

据考，香山县黄氏源于宋末，植根于元，开枝于明，繁茂于清。南宋灭亡时，流落民间的宋室黄姓大臣分三支隐居香山县。一支在长洲村，以南宋末年进士、一品官黄敬斋，以及当代作家、书法家黄苗子而扬名；一支在石岐仁厚里，一门出四杰，其中以明进士、大儒黄佐，清进士及文豪黄培芳最具代表；一支就是斗门五山镇的荔山村，这条小村庄出了三个进士，以黄铨、黄槐森而著称。

●秀雅荔山村，黄氏傲群贤

斗门位处香山县西南，其名源于当时的斗门村。该村因三面环山，一面向被称为虎跳门的大海，状如斗，故名。

197

宋时斗门称潮居乡，明朝改称黄梁都，清朝改为区，称香山县第八区。斗门僻处一隅，但也出了不少名人。其中荔山村最为著名，较为显赫的当数官至二品的黄槐森。

道光九年（1829）七月三日早上八时整，荔山村一间瓦房中，突然传出新生婴儿响亮的啼哭声，"呀！呀！"，孩子的哭声足有半个时辰，与夏日此起彼伏的蝉鸣声汇成一曲乡间交响乐。说来也奇怪，一般新生儿出生只哭几声，这孩子竟哭了这么久，响亮而悠长。

黄槐森出生的荔山村，用"绿树村边合，青山郭外斜"这句古诗来形容最为恰当。村子坐落在山脚，村前有一条河，直通大海，河岸草长莺啼；村后是一座凹形山体，山不高，但林木葱茏，绵延开来，将村庄半揽在怀中，景色十分秀雅。时移境迁，昔日的景象已无从寻觅。

荔山村原名叫小罗涌，后改名为荔山村。

据传，宋末，黄氏择小罗涌村隐居，到了明朝始形成较大的村落。时有一名崔氏女子，嫁到小罗涌的黄姓人家。有一年夏天，崔氏的本家送来很多荔枝给崔氏和其丈夫食用，崔氏吃完之后，便把吃剩的荔枝核埋在山脚。荔枝核很快发芽，长树成林，多年后，"高且凌霄，大可合抱"。与原生树木相杂，掩映着这座秀丽的小村庄。黄氏族谱记载说："植自初祖，乃兹犹茂，荔枝山黄家也。"

古人常说"乔木，故家之征"，当年村人外出归来，远远望见满山高大的荔枝树，就知道快回到家了，而从小罗涌经过的人，望着这触目皆是的荔枝树就渐渐把这里叫作荔枝山村，后简称为"荔山村"。

明朝成化年间，荔山村的黄隆生了个儿子名唤黄铨，颇有出息。不过，年少时，并不显山露水，他欲通过读书改变自己的命运，故十分勤奋攻书，出类拔萃，诗文俱佳。

一次出门，家境贫寒的黄铨，穿的是用草秆编制的草鞋，遭人白眼。面对讥讽，他坦然吟诗回敬：

> 金足纳履非草鞋，玄德藉此建帝业。
>
> 三文宝钱虽不值，脚踏青云不踏泥。

讥讽者也是一个非常有学问的人，见他长得矮小，体力又不足，总是走在人们的后面，于是借此作弄他，吟出上联：

猛水流沙粗在后。

黄铨一听，知他嘲讽自己，便冷笑一声，还以颜色，随口对出下联：

狂风播谷秕在先。

秕，别也。这里指没有米的谷，很轻，风一吹就无影无踪了。意谓只有外表，没有内涵的人，是经不起考验的，终会被淘汰。

黄铨出语不凡，嗣后没有人再敢小看他。后来，黄铨高中进士，官居四品。这可是偏于一隅的斗门区的第一个进士。黄铨有一首七律颇能概括描述当年斗门荔山一带的形胜，流露出黄铨的乡情和豪情：

一轮明月照江湾，举目濠涌咫尺间。
东澳波涛渔艇去，南村烟雨牧童还。
斗门浪阔龙归易，梅阁山高虎跳艰。
借问状元何处是，往来人报荔枝山。

黄铨之后，荔山村有没有出过状元，姑且不论，但至清朝同治年间，这里又出了个比黄铨更有名的人物——黄槐森。

●心无旁骛，一意攻书

黄槐森，与黄铨同族，秉承家学，自幼勤奋好学。他7岁时在村中的锦章书院读书。因天资聪慧，过目成诵，11岁就考进香山县最高学府——石岐学宫。他的老师是著名的文豪黄培芳。

有一次，黄培芳率学生到石岐以西的马山郊游。山脚处有一村庄，叫长洲村，是宋进士黄敬斋故里。他是香山立县后南宋宝祐年间的进士，曾以一品官衔前往安南（今越南）册封安南王。

长洲村，因地处马山、狮山周围淤成狭长的沙洲，故名。又因朝暮时刻，沙洲沿马山上空烟雾弥漫，轻纱缭绕，故有"长洲烟雨"美誉。

登上马山，长洲村是必经之路，村口处有一座用麻石砌成的高大牌坊，横额上有黄敬斋亲书"长洲烟雨"四字，苍劲有力，且形象地描绘长洲村依山傍水的美丽景致。

黄培芳有心考一考他的学生。抬头看着牌坊，若有所思，接着摇头晃脑地吟道：

> 烟迷翠黛，意淡如无，似轻描画山水。

说完，看着身边学生，只见黄槐森不假思索地接口吟道：

> 雨洗丛林，色浓于染，若大笔写园林。

黄培芳一听，哈哈大笑，当即赋诗赠给这个出色的学生：

> 荔山雄海国，祠宇仰前贤。
> 若辈宜争奋，吾宗岂偶然。
> 文章归有用，德业浩无边。
> 亹勉艰难日，凭谁济大川。

黄槐森与前辈黄铨皆学富五车，但不同的是，黄铨长得丑，而黄槐森却一表人才，18 岁时，更是出众，生得剑眉大眼，顶平额阔，丰神俊逸，俨然一翩翩英俊少年。饱读诗书的黄槐森，才气更盛传于十里八乡之外，让乡中很多待嫁姑娘，甚至已婚少妇垂青，但黄槐森以读书为重，根本不考虑这些事。

村中有个少妇，叫冯玉莲，生得姿容俏丽，因老公出国谋生，她在家侍奉家公家婆，时间长了，难免寂寞。自从见到黄槐森后，立时被深深吸引，春心荡漾，便生非分之想。总想找机会接近黄槐森。玉莲得知黄槐森喜欢吃橙子，便趁他从石岐学宫回来之机，托心腹悄悄送了几斤过去，黄槐森不收。玉莲以为他嫌少，于是又找了一个机会送了几大筐，可是黄槐森还是不要。玉莲没有死心，欲找寻机会亲自出马。

这天，黄槐森从石岐学宫回到荔山村。玉莲得知，兴奋异常，精心打扮一番，身上洒了不少她老公从国外带回来的香水。自以为，以自己的美色趁着这迷人的夜色过去，必偿所愿。

夜晚的山村特别清幽，月亮半隐半现，偶尔听到几声狗吠声，更觉静谧。黄槐森一如往常，每当夜幕降临，就伴着油灯，伏案专心研读诗书，准备乡试。

黄槐森特喜荼薇花，院子里种了很多，粉红色的花瓣层层叠叠，状如牡丹。此时正是花开时节，院中荼薇花的清香随风阵阵飘来，弥漫在四周，沁人心脾。正埋头读书的他，闻着怡人清香的荼薇花，格外精神。突然，觉得淡香的荼薇花香变得特别浓烈。他好生奇怪，不由自主站起身来，也许坐得太久了，揉了揉酸痛的腰肢，伸展活动着四肢，正转身向屋外花园走去。

"啊!?"他惊讶得目瞪口呆。面前有一美艳少妇正倚在门边含羞带笑地望着他，娇声细语地叫了他一声："槐森！听说你准备应考，考上了可是全村的荣光啊！读书苦况谁人不知？我来陪陪你，轻松一下吧！"说话间已经来到槐森跟前。原来这浓烈的花香是从她身上散发出来的。

黄槐森定睛一看，是同村的玉莲。身材修长的她，脸若三月桃花，微泛着像桃花吐蕊般的粉红。媚眼简直是一汪盈盈的秋水，深澈且闪着诱人的光波。

"玉莲姐，这么夜了，你来干什么？"黄槐森疑惑地问。

"哈哈哈！"玉莲一阵娇笑，一双美目似笑似嗔地看着黄槐森，接着笑吟吟地问道："我刚才不是说得很清楚了吗？"

一边说着，一边装作不经意间把衣服往下拉，立时香肩半露，雪白的、嫩嫩的胸脯让黄槐森心跳加速，不由自主地撑起了小帐篷。那是男人最本能的正常反应，人与动物之间的区别就在于人有思想有情感。

玉莲那双勾魂摄魄似的媚眼紧盯着黄槐森，此情此景，她知道自己的魅力发挥出来了。于是，玉莲更加肆无忌惮，她莲步轻移，娇躯轻挪，摇摆着腰肢，仿若风吹杨柳，尽显少妇娇柔成熟美态。甫挨近，即伸出双手把槐森紧紧地拥抱住。

黄槐森读的尽是圣贤之书，满脑子里都是礼义廉耻，想的尽是应考之事。

这时，他尽管难以自持，但思想制约行为，有些事可以做，有些事万万不能，否则和禽兽没有区别。黄槐森终究理智战胜了冲动。他猛然用力把玉莲挣脱，沉下了脸，说："你深夜来此，难道不懂得男女授受不亲吗？你还是请回吧！"黄槐森彬彬有礼地下了逐客令。

玉莲爱慕黄槐森已久，好不容易找到机会接近他，岂肯放过，听黄槐森这么一说，非但不生气，反而娇嗔地看着黄槐森，嫣然一笑，嗲声嗲气地道："槐森，玉莲爱慕日久，听人说你喜欢吃橙子，见你深夜读书辛苦，特买了一筐橙子送过来。你休息一下，先吃几只橙子，不要辜负了玉莲的一番心意，好吗？"

说完，已是珠泪满面，一双俊眼哀戚地看着黄槐森。

黄槐森不为所动，并且仍然沉着脸，疾言厉色地说："玉莲姐，女子重贞节，书生重廉洁，本公子还要读书，无时间陪你，还是请走吧！"

玉莲见百般施媚也无法引动黄槐森，且见黄槐森一脸寒霜地站在那里，气得杏眼圆睁，既羞且愧，脸涨得通红，咬牙切齿地指着黄槐森道："你……你这个无情鬼！"

说罢，一甩衣袖，提起橙筐，悻悻而去。

正所谓情郁于中，难免发之于外，玉莲说与了闺蜜听，而闺蜜按捺不住，传开了这一"骂名"，没过多久竟远近皆知，"香山无情鬼"的绰号便在黄槐森的家乡流传开来。黄槐森不为美色所诱、一心攻读的故事，至今还是荔山村人教育下一代的典型例子。

被称为"无情鬼"的黄槐森不负众望，咸丰十一年（1861）乡试中举，同治元年（1862）赴京城赶考，高中进士，殿试二甲第二十名，被钦点为翰林院庶吉士，授翰林院编修。时年33岁。

这在科举时代，黄槐森通过读书成才之路，几乎可以说是顺风顺水、少年得志了。如今在荔山村的黄氏大宗祠内，仍有一块当年留下来的石碑，上书同治元年壬戌科黄槐森进士和殿试的成绩。

●清高正直不攀附，直言敢谏不畏强

黄槐森走上仕途后，早期在京城的官场里打滚。先入翰林院任国史馆编修，因其文才华实，关心国事，勤于上疏奏陈形势，分析时局利弊，又能提出中肯的处置措施，多有采纳深得皇帝赞许与宠信。

同治二年（1863），时年 34 岁的黄槐森升为御史，供职刑部。期间，任顺天文武乡试监考官、文武会试监试官、考试汉学教习官。

御史是监察性质的官职，负责监察朝廷、诸侯官吏。刑部相当于现在的司法部，也就是说，黄槐森是司法部内的一个处级干部。

初涉官场，黄槐森也算有所作为。有一次黄槐森外出视察，发现各省、州、县有不少营私舞弊的行为，人民怨气很大。他非常不满那些为官者的所作所为，于是决定上奏朝廷。此事，让他的一个心腹知道了，好心规劝他：

"你如此做法，实是举报行为，将会得罪很多人，弄不好还会掉脑袋。还是'只眼开只眼闭'为妥。"

"身为刑部人员，职责所在，倘前怕虎，后怕狼，当那个御史有何用？占着位置不干事，拿着俸禄混日子，就是为官者的失职。我黄某人理应为民请命，赴汤蹈火在所不惜！"

他毫不畏惧，连夜写了奏章上奏朝廷，要求朝廷派员整顿，并提出了兴利必先除弊，弊不除，利无自兴的论点，其奏折中云：

> ……足以欲民怨者，有谓争讼，民之常也，理讼官之责也。被贪酷官，贿托偏断，或故人以罪，威吓勒索无论也。往往书吏差役，唆使成讼，多方勒索及有奉押人犯，即之幽囚污地，绝其饮食，私刑返勒，得银始休，而官不知察，复廷案不结，或讯断不公，甚至稽成仇杀，酿至械斗，倾家荡产，实为乱阶……至催科官之责也，拖欠走漏，法之善也，乃闻有巡船巡了，到处缉私，半途拿截，未经到关货物，则遽指为走漏，即已有查验放行执照，税单，复行留难查勘，偶有客商零碎衣物，及应免准免，仍须立回，并无勒索甘结，始为放行，否则解送大关，当羁刑讯。复不论已税未税货，连船一并勒具，充分具结，及将货并船，统计价值，八成折罚，违例勒索巨款，营私害民，此欲民怨者也，各有情形如此，若非方除其弊，此怨日甚一日，于国计民生，大有关系云云……

须知，在极权体制下，封建统治者居高临下，十分冷酷和威严，所以为民请命的人不仅要有一定声望，还要侠肝义胆。当时刑部主事张崇见了奏折，也说黄槐森胆大，事关重大，他不敢擅自处置，连夜把奏折上呈同治皇帝。

正在养心殿内的同治皇帝接到黄槐森的奏折后,大发雷霆,来回踱了十多步后,把紧抓在手中的奏折狠命地一把摔在台上,道:"就是这帮贪官污吏把朕的江山搞坏了,岂有此理!"

"皇上息怒,尚未查明,切勿当真,查证再处置也未迟啊!"伺候在旁的总管太监见皇帝如此震怒,颤抖地劝阻。

皇帝听了,觉得也有道理,火气才慢慢熄下来,然后立即传旨黄槐森进宫。

就是这一本奏折,黄槐森打开了面圣之门!

皇帝见黄槐森能大胆揭发营私舞弊官吏,故随即任黄槐森为钦差大臣,下令切实查办,大力整顿,舞弊之风给刹住了。黄槐森因之被赞誉为"能知民隐,是一真御史"。

同治十年(1871),在广东,有人向朝廷举报粤督瑞麟治粤不力,广东厘局烦扰,导致广州属地盗贼蜂起。

皇帝考虑到任御史的黄槐森是广东香山人,对地方熟悉,着他前往广东查办粤督瑞麟治粤不力以及犯罪的案件。

黄槐森亲自带员微服调查,冒险进入戒备森严的瑞麟犯罪地方侦缉,现场找到了瑞麟犯罪事实的确凿证据。黄槐森即时将瑞麟及犯罪党羽全数抓获押送进京,听候发落。黄槐森随之又带领全体官员投入粤地剿匪之中,为当地百姓除了大患,恢复了社会治安。

可是,广东治安好不多久,这里又盛行起赌博之风。

一次,他返乡探亲,见到家乡赌风甚盛,路边经常可以看到小赌摊。穷者小赌,富者大赌。

黄槐森来到广州,亦见到这里到处都是大小赌场,最普通的赌博花样有番摊、牌九、十二位、牛牌、字花、白鸽票、山票、铺票等,此外,还有斗蟋蟀、斗鹌鹑、斗雀鸟及天九牌、麻雀牌、十五湖牌、骰宝之类。

广东赌风之盛在全国绝对首屈一指。当时有一首《点算好》,可佐证:

点算好①，钱财将来作粪土。自悔当初好学嫖，被人捉住做阔佬②，鱼口痄疔生满身，问你点算好。

点算好，好学唔学去学赌，痴心妄想发横财，只见输时赢唔到，输干输净鬼可怜，问你点算好。

点算好，人人话你③醉酒佬，今朝有酒今朝醉，明日愁来恐难保，更妨醉后发癫狂，问你点算好。

点算好，终日吞云兼吐雾，练成老瘾作烟仙，抛荒正业唔顾务④，吃烟将来要领牌，问你点算好。

这首用广州方言写成的《点算好》告诫世人若沉迷于嫖娼、赌博、吸毒，必将倾家荡产，家破人亡。

黄槐森知道，赌博的恶习由来已久，但政府若把赌税当作财政收入的一个重要来源，是屡禁不止的。所以，他找到了广东总督英翰陈述利害。

两人见面，一番客套后，黄槐森开门见山，问道："我想总督大人应知开赌会带来什么危害的吧？"

英翰一听，脸上顿时变色，说："我本意也不想开赌啊！但实在没有什么办法，你看西路用兵急着用钱，海防用款急需筹备。"

"广东乃鱼米之乡，收入在各省前头，收入不足以开支？尚有他法开源开流，不足也差不了多少。开赌却是祸害无穷。一些人因之债台高筑，家庭解体；更有甚者，铤而走险，盗窃、抢劫、绑票，甚至杀人。当然，少不了我们官府的人为了赌博贪污受贿、挪用公款……"

黄槐森的一串连珠炮令英翰一时语塞。

英翰毕竟是一个老官僚，稍顿，他辩解道："我也想禁赌啊，但想一想，要砸掉成千上万大小赌商的饭碗，最重要的是，要截断官府一条每年几百万两的滚滚财源。"

"'单则易折，众则难摧'，置百姓利益于不顾，孰轻孰重，还请总

---

① 点算好，粤语，怎么办的意思，下同。

② 阔佬，粤语，指有钱人。

③ 话你，粤语，说你的意思。

④ 唔顾务，粤语，不务正业的意思。

督好好掂量!"

显然,黄槐森的意思,用现在的话来说,就是局部利益要服从整体利益。但英翰听了,不置可否,反唇相讥:"不当家,不知柴米贵!"

黄槐森听了英翰的话,火了,也不甘示弱回应道:"'不谋全局者,不足谋一域。'把赌博视为地方财税收入,无异于'竭泽而渔,杀鸡取卵'!"说完便拂袖而去。

黄槐森知道,靠一己之力劝说已无济于事。1875 年 1 月,黄槐森奋笔疾书,上奏皇帝,直接举报广东总督英翰,以西路用兵和筹办海防用款为由,在请旨未批情况下恢复赌局,于理不合,于法不容。请饬申明前来查禁。

皇帝接到奏折,责朝廷"用御史黄槐森言,禁革广东厘局帮费名目,并裁汰吏胥"。

英翰一干人因此即行革职查办。

黄槐森清高正直,不畏强豪,屡上书揭发营私舞弊官员,因而获得"朝阳鸣凤"的美誉。

"恂恂仁煦,抚民如子,矜慎刑罚。而严于治盗,不畏豪宗。"这是皇帝对黄槐森的评价。

黄槐森作为一个能吏,几经调动,用现在的话说,哪里有困难,哪里就有黄槐森的影子:

任御史时,在山东道巡视中城,群盗畏法敛迹。

任云南迤东道,改革臃肿官署,解除一批吃闲饭的官员;严禁吏役税关索贿受贿的行为,严肃官纪。

任贵州护理巡抚,永淳一带连遭自然灾害,百姓困苦。他即令筹集款项购粮,便宜卖给百姓,赈济灾民。觉该地政务松弛,遂雪夜巡城,考核勤惰,官员皆感震慑。

任大顺广道时,该地九河交错,夏秋水涨,堤防常毁,连年受灾。黄槐森即督建河堤,使百姓数年免受洪患。

任川北道期间,他采纳众议,解决水患,同时开通河西义渡,便商利农,百姓勒碑称颂。

总的来说,黄槐森能体察民情,恪遵官守,为国家兴利除弊。任职所到,整治社会治安,兴商重农,发展教育事业等,做出了为人们称道的政绩。

朝廷对这一位平日里不显山不露水的老官僚也不得不刮目相看。光绪二十一年（1895），黄槐森升任云南巡抚。两年后，即光绪二十三年（1897）十月初二，即由云南巡抚调任广西巡抚。

●恩威并施，剿抚共用

黄槐森调任广西巡抚，皇帝是有一番考量的，因为黄槐森调到哪里，哪里就安定发展，其"清官能臣"的形象有口皆碑。时广西"匪乱"呈燎原之势，几经围剿均不奏效，任黄槐森为广西巡抚是不二人选。

广西没有总督，巡抚意味着是封疆大吏。时黄槐森已经65岁了，一介老书生，肩负皇帝的重托，带着随从，千里迢迢从云南来到了广西。

一踏上广西这片神奇的土地，美丽的山水，多彩多姿的民族风情，深深地吸引着黄槐森。此时，广西北流等地区连遭自然灾害。在前往北流视察灾情的路上，只见土地龟裂，满眼荒草、乱坟；寂静的村子里，几乎看不到一个人影。黄槐森满脸阴云，踩着破砖烂瓦，一声不响地朝前走着。

这天合当有事。当黄槐森众人走出村子，经过一个山坡，见有三棵槐树斜卧着挡住去路。

"'三木成森'，又是槐树，莫非我黄槐森在此地倒下？"黄槐森心里咯噔了一下。向前走了几步，脚下似乎被什么东西绊住，"哎哟"一声倒下。随从立即上前把他扶起。

当此时正值太阳西坠，天空逐渐灰暗，四野开始凝聚在一片灰蒙蒙的雾气之中。突然，从路旁跳出五个人，其中一人手里拿着大刀，大喝一声："前面狗官听着，要命还是要钱，要命的请留下买路钱！"

"这些狗官，鱼肉百姓，坏事做绝，什么留钱留命，我要钱又要命，把这帮狗官都杀了！"身边另一个长得五大三粗，看似是头儿的人接着道。

黄槐森猝不及防，一时吓得六神无主。但毕竟见多识广，很快就镇定下来，道："好汉不要一竿子打死一船人，当官也有好官。本官黄槐森初到贵境，有何冤屈，尽管向本官投诉！"

207

"哼，你们当官的，都是官官相护，有哪一个是好的？"说完，挥起大刀砍杀过来。黄槐森那几个随从是行伍出身，早有防备，两人护卫着黄槐森，其他人早冲上前，刀来剑往，只消几个回，那几个人抵挡不住，很快就被侍卫打倒在地上，"哎哟"声不断。

黄槐森把他们狠狠地训斥一顿，经一番询问，方知这领头的，叫梁君，原是广西北流人氏，家有一老母，因家中遇劫，他奋力抓获盗贼送至官府，但这些官吏们竟以种种"规费"敲诈——开堂审案处理民事诉讼，诉讼人先要到门房交"铺堂钱"二三千文不等，告官则另取三千文。开审要"站堂钱""灯烛钱"，结案又要"消案钱"。如此办案，结果往往是"贼未惩办，事主已先破家"。

梁君忍无可忍，把他们告了，由此得罪了这个当官的，被告不但没事，告人的反而以乱匪的罪名抓进去了。他一气之下，寻机把狱卒杀了，逃了出来，背着老母到附近十万大山落草，跟随着一个叫韦英的山大王干起劫富济贫的勾当。不过干这一行，这帮人有自己做事的准则，就是拦路要钱，也只劫当官的财主，从不对小贩穷人下手。

"真是官逼民反啊！"黄槐森听后，沉着脸道。接着对梁君说："请回去告诉你首领，半月后我黄槐森上山拜访。"说完把他放了。

"多谢大人不杀、不捉之恩！"梁君磕头不迭，然后带众人一溜烟跑了。黄槐森回到府衙，再奋笔疾书，向皇帝奏报：

> 广西之乱，无非激于官吏之贪劣，赋税之苛刻，水旱饥馑之交加，而饥饿之迫身，不得已为此揭竿斩木之举，以求幸免于万一。郁林、博白、北流等地匪徒猖獗，民不聊生，非民之所愿，乃官吏之朘削有以使之然也，亦安足全为民咎哉……

黄槐森征得皇帝支持，在京师"空降"了几个官员到广西协助黄槐森整治地方贪官。同时，派员到郁林、博白、北流等较乱的地方明察暗访，掌握了这批贪官污吏的犯罪证据，悉数处置，并张榜公布，开仓赈济。民众欢天喜地，无不说黄槐森好。

眨眼过了半个月。一日，黄槐森对站在一旁的随从说："黄志，上次与梁君相约，时间到了，你去召集20名武艺高强的兵丁，明日一早，我们出发去十万大山。"

"大人，带这几个人去怎么剿匪？"黄志惊讶得瞪大了眼睛。

黄槐森摇摇头："不是去剿，是去平息。"

第二天，黄槐森带兵前往十万大山。十万大山位于广西南面，分布于钦州、防城、上思和宁明等地。因山脉连绵，峰峦重叠，点不清，数不尽，故称十万大山。山中古木参天，抬头看不见天，低头看不见路。

刚到山脚，只见山上的树木摇动。瞬间，几百人簇拥着中间一个高头大马者从山上汹涌而下。尚有百步距离，停了下来。领头的韦英看着黄槐森，傲然一笑，道："黄大人果然有胆有识，你就不怕我布下天罗地网，将你生擒活捉？"

"既敢来，已将生死置之度外，谨告诚这位壮士，这营生终非长久之计，你们随我回家吧。"然后，黄槐森将如何处置那些贪官污吏都说了，众人听了兴奋异常。

"黄大人刚才所说的，最近也有所闻，我看你是一位好官，我们不再做此营生了，跟你回家吧！"

"且慢，你们劫富济贫也话分两头，为富不仁，劫之尚可理解，但富者中有不少是大善人，劫了就不对了。让你们平安回家当然可以，但要戴罪立功。距这十里之外，有一山头，叫韦丙的汉子也聚拢了一班人，专门打劫救济灾民的粮食，山高路险，几番招抚不成，让你们引路，一并把这山头拿下，那由我做主，把你们前罪皆免了。"

在韦英的帮助下，黄槐森亲往督剿，杀贼枭数十，匪患遂息。抢去的赈灾粮食，黄槐森命令速将粮运往灾区，筹集款项，平卖粮食，赈济灾民，拯救了无数的灾民。

郁林、博白、北流等地匪患遂息，黄槐森又上书，赦免了那些在苛捐杂税的逼迫下而不得不谋乱的山民。一场动乱就这样平息了。黄槐森受到嘉奖，百姓称赞。

●创新型学堂，开教育新风

晚清时节，外忧内患，国势险恶，甲午战败、八国联军侵华的一幕幕历史悲剧，不但没有落幕，反而越演越烈。战后的天文数字赔款，导致地方赋税沉重，民不聊生。虚弱、腐朽的清政府正陷于万劫不复的境地。

地处边陲的广西，情况更加严重，当时工业不兴、矿产不开、交通不便、财货不富、民智颇低、文化也较落后，一句话，社会、经济、文化的发展都大大落后于其他地区。

作为广西省最高行政长官的黄槐森，对所辖地区的情况有着清醒的认识。他深知自己无回天之力，但总想在自己管辖的地方能有所作为。

一日，黄槐森正为平乱后的广西应如何发展而苦苦思索。他随手拿起放在办公台上的《盛世危言》读起来。这本书可是御亲笔批示要求全国各省巡抚以上人员必须阅读的。

这本书的作者是郑观应，是香山县三乡人，虽与黄槐森是同乡，相距也不远，但并无交往。黄槐森当时收到此书，并不以为然，随便放在办公台上。事实上，黄槐森上任以来，既要平乱，又要赈灾，焦头烂额，根本无心亦无暇拿起书本。今日捧读此书，郑观应的睿智与洞见，深深地撞击着他的心扉。尚未读完，已汗涔涔下。

黄槐森拿着书对身边人说道："这真是天才之书啊！家乡竟有如此奇才，若能依此而行，大清国有救了！"

当晚，春雨淅淅沥沥地下起来，滋润着万物。黄槐森回到住所，躺在床上，听着窗外"嘀嗒、嘀嗒"的雨声，久久无法成眠。郑观应书中的话语仍然清晰地在他耳边回响：

> 初则学商战于外人，继则与外人商战。
>
> 以中国之伦常名教为本，辅以诸国富强之本。
>
> 学校者，造就人才之地，治天下之本也。

黄槐森深明此理，他望着窗外黑黝黝的暗夜，似乎看到广西发展的一丝光芒。他再也躺不住了，干脆披衣而起，在摇曳的烛光下，连夜写奏折。

鸡啼了，雨也住了。初升的太阳，从窗外投进了数缕光芒，黄槐森揉揉酸涩的双眼，打了个哈欠，合上奏折，回衙后立即派人快马加鞭送往京城。

黄槐森看了"郑氏危言"，深有所感，并有所行动，向朝廷提议"废除弓，改习枪炮"，在沿海省份建水师学堂，终为皇帝采纳。

光绪二十四年（1898），在朝廷的支持下，黄槐森积极筹办"新学"，创办广西体用学堂。

所谓"新学"，就是改变传统书院式教学，学的知识不只是"四书五经"，而加上很多西学课程，让广西青年学习西方科学知识有了正式途径，这是广西新学的开始。

校址设在省城桂林文昌门外，规模仿广东广雅书院，讲授中西之学。课程则因经济科所举，内政、外交、理财、经武、考工、格致六事为目。

黄槐森亲自上门邀请赋闲在家的原台湾省巡抚唐景崧主办堂务（即当校长），知府陈寿珺管提调堂事，优选教习（老师），招生范围定在省内15岁至25岁的贡监生徒中考选60名，另选在外附课生百名。

经费方面，由政府岁支万金，不足部分黄槐森到处"化缘"，想方设法筹措。终于，广西近代史上第一所中西结合的新型学堂开办起来了。

时年已届69岁的黄槐森，站在校门前看着由自己亲手操办起来的学堂，他开心地笑了！

站在黄槐森身边的丁振铎激动地说："广西体用学堂的建立，从此让广西青年学习西方科学知识有了正式之途径，标志着广西新学迈开了第一步啊！"

黄槐森深以为是，点头道："民有为官之时，官也有为民之日。官与民本是一体。故为官一任，理应造福一方！"

丁振铎听了，称颂道："黄巡抚如此，真的是不枉为官！"

光绪二十七年（1901）九月，清政府下兴学诏："除京师已设大学堂应切实整顿外，着各省所有书院，于省城均设大学堂……"

后来，接替黄槐森当上巡抚的丁振铎，改体用学堂为广西大学堂，果然也是"不枉为官"。

衡量一个好官的标准就是要看在他执政期间，能否为当地百姓谋福利。若不能做到这点，哪怕他才高八斗，都不是称职的官。黄槐森岂止是一个好官，他足以称之为能臣。

而作为始终处在时代变革的风口浪尖的能臣，很容易被时代所淹没，但黄槐森没有，相反，他总是傲立潮头，并且颇有建树。

●审时度势，开放商埠

> 欲攘外，亟须自强；欲自强，必先致富；欲致富，必首在振工商。

这日，黄槐森一页一页地细阅《盛世危言》，当读到精彩处，脱口而出："真乃真知灼见！"

对那些心怀远大抱负、有所作为的好官，如黄槐森者，郑观应的商战思想是那个时代最闪光的经济伦理理念，是黯淡的清政府治下的一道强光，把人的心腔照亮。

黄槐森从心底里佩服郑观应这位同乡的见识。是的，这几年，黄槐森眼睁睁看着辖下的北海、龙州、梧州先后被迫开埠通商，成了列强掠夺国人财富的大门。他实在于心不甘，但又无可奈何。现在郑观应的"商战"理论，无疑让他看到了曙光，有了努力方向，并有信心力图挽颓势于未然。

巡抚衙门外有一排高大的槐树，蝉儿被六月的阳光灼得开始聒噪。黄槐森也有点焦躁不安，他看着挂在墙上的地图，在办公室里来回踱步。其实，他的焦躁源于刚收到皇帝发出的一道圣旨：

> 电寄刘坤一等：孙文一犯，行踪诡秘，久经饬拿，迄无消息。着刘坤一、边宝泉、谭钟麟、黄槐森赶紧设法购线密拿，务期必获，毋任漏网，致滋隐患。

黄槐森真是万万没有想到，他的家乡，近年来出了那么多大人物，如"正"的有郑观应等，"反"的有孙文等。但他知道，学郑观应的"商战"比捉孙文好多了。

黄槐森是一个很有智慧的官僚，他既不想捉孙中山，也不违抗圣旨，唯有"避重就轻"，他上书陈词：

> 老朽年迈，捉拿钦犯非余力所能及，现今广西贫瘠，百废待兴。班固云："好为民兴利，务在富之。"余当尽心竭力，甘为民

佣……

黄槐森以自己年老力不从心为由推辞，好让他集中精力发展广西。当皇帝接到奏折，念他有功于朝廷且确实年老，同意了他的请求。

这时，黄槐森可以集中精力发展广西了。

光绪二十三年（1897）年初，黄槐森"拟自开南宁商埠"。因为他知道，年前有法国商人欲在南宁购买地皮，兴建洋行，尽管议价未成，但已暴露外国商人欲染指南宁商务的可能。

不过，官府的人对黄槐森的想法并不是那么的赞同，有不少人持反对意见，说："南宁并无直接出海口，倘开商埠恐无益！"

黄槐森面对无休无止的争论，很不耐烦，说："如此争持不下，于事无补，且费时日，倒不如实地调查再作定论！"

同年三月二日，黄槐森一行来到南宁实地视察，"见其地势山环水抱，虽间有浅水滩，而统汇左右两江，河身深阔，上控龙州，下通浔梧，又为云贵两省必经之途，边防倚为转运后路，诚为上游重镇"。并为此特地召当地官贾乡绅询问，得知此地商务极为兴旺，"直驾浔梧而上"，"前明于此设关为越南互市之所"。

至此，黄槐森更加清晰地看到，南宁虽无直接的出海口，但可以北海、龙州、梧州做通道。因其地处广西南部，郁江上游，左、右江交汇处，上通云贵，北倚柳桂衡湘，沿江而下，可直达梧州、广州。由此，他得出结论：这里是最佳的转运港。

黄槐森兴奋地对随行人员说："明代有诗《入邕州》云：'邕州城北两江来，五管金汤亦壮哉。'已道出了南宁地控三江与巩固岭南之关联，自古以来就是岭南政治军事重镇，兵家必争之地啊！今日此地必是港口开放之最佳场所！"说完，他兴奋地吟起明人的诗：

观风五管已多年，每至南宁眼豁然。
绿树万家依附郭，桑麻十里接平川。

黄槐森的兴奋抉择是有道理的，据史书记载，当时若天下太平，南宁则驿道畅通，若遇战乱，则政府驻军持饷，必在南宁。清顾祖禹《读史方舆纪要》："南宁府内抚溪峒，外控蛮荒，南服有事，此为咽喉重地。唐置邕州管于此，为广西唇齿之势。宋侬智高倡乱，邕州不守，而西路遂为鱼肉。荡平之后，恒以重兵戍守，无不置重于此。明朝用兵田州后经略安南，皆建节于此，盖地居冲要，势所必争也。"作为南疆重镇的南宁，屏障岭南，其地位之重要由此可见。

正因为如此，帝国主义对南宁早有染指之心，尤其是英、法、德等国，更是虎视眈眈，图谋将南宁作为自己控制的转运港口。

黄槐森吸取了北海、龙州、梧州被迫开埠因而导致丧权辱国的沉痛教训，对南宁的政治、经济和地理诸情况进行了详细考察论证后，于光绪二十四年（1898）十二月初二正式上奏朝廷：

> 开海禁以来，通商口岸，许各国分划租界，失中国应有之权，启四邻觊觎之渐。即梧州上年新立码头，各国即索立租界，绅民颇多龃龉。虽办理幸臻妥洽，而权利终嫌交侵，因详察情形，当以左江南宁府为要著，若不先立口岸，诚恐他人援梧州之例求请，又增朝廷后顾之忧。

据此，他建议："援照湖南岳州府等处成案，开作口岸，不准划作租界，以均利益，而保事权。"

总理衙门接到奏折后，赞成黄槐森的主张，认为"与其外人援例求请，而后准行转政，授权于人，不如自开口岸，尚可示以限制"。

赞成归赞成，但迟迟未获批复。

光绪二十五年（1899），黄槐森见多次上奏迟迟未批，便再次主动去到总理衙门陈词，请求开放，"将南宁作为中国自设口岸，比照岳州府城案一体办理"。他反复奏报清廷总理衙门，提出拟将宣化（即南宁）自行开辟为通商口岸。

同年，清政府鉴于当时国内外形势，审阅了黄槐森的奏折，终于批复同意南宁自行开关。

当黄槐森接到清廷批复，那兴奋之情无以言表，逢人便说："宣化县（南宁）百年开埠的历史从此开启了！"

"光绪二十七年初，广西巡抚黄槐森奏准南宁自辟口岸，不许各国分划租界，以均利益而保事权，经总理衙门，照会各国公使遵照，此南宁开辟商埠之始。"这是南宁百年开埠的历史记载。南宁自批准开商埠后，黄槐森订立了较完善的《南宁租界租地章程》，取消土地永租权，把土地所有权牢牢控制在自己手中。章程规定："各国商民，在通商埠内侨寓，中国地方官应按约保护。""买地、挪房、填塘及迁移坟墓等事，都由南宁新关监督作主，外人不得干预。"后来，总理衙门核准，广西当局派左江兵备道丁乃锡为总办，宣化县令李家彬为弹压员，负责建设商埠工作。

当时勘定的地点在南门城外，东自古邕州城基（即植物路区直机关保育院后面），西至河堤路邕江河岸，南自古邕州城旧南门（即原广西人民出版社南面），北至现在的河堤桃源路口，面积共 300 亩。该地段内的房屋均须拆卸。居民历代祖居，一旦拆卸迁徙，颇多不满，抗议声不断。丁乃锡明令不能强行拆迁，他与县令李家彬会同地方父老士绅，亲自到各户居民家中开导。经过几个月的波折，才办理好拆迁工作。接着兴工，平整地面，筑马路、堤岸、码头，建楼房、置水阀，连带补偿原住户拆迁费等，全部兴建费共白银 94654 两多。因拆迁安置补偿到位，没有发生一个居民"上访"事件。至翌年年底落成。

清政府宣布南宁开埠后，派广西提督驻军，并拨款抓紧修建马路、公园和市场，沿邕江修建码头和堤岸，鼓励商人兴建楼房、货栈。为扩大南宁商务，总理衙门税务处在南宁设监督局，分设工程、巡警、审判、租税四个事务所，负责勘地购地、修筑堤岸、整理土地等，很快，南宁便筑起三条马路和一条长堤，供船只靠泊和上下客货之用，此后陆续修沟渠、衙署，开井泉，种树木，设邮局，使南宁商埠符合近代城市的要求。

南宁处于江河汇合处，左、右江及红水河流域的商品、土特产，均以此为集散地。开埠后，西方的经济大潮滚滚涌来，通过市场，冲击到南宁的每一个角落，促进了商贸空前繁荣。商业贸易的兴旺，吸引了粤、浙、赣、闽、晋、陕的商人纷至沓来，设铺经商。公路、电力、航运和工矿企业等代表近代先进生产力的企业相继出现。南宁从小农经济的水底，随波而上成为现代市场经济的浪尖。几年内，全市形成专业市场 40 多个，经纪行 30 多家，银行、银庄生意红火。商贾云集，百货聚散，清代诗人黄体元曾描述邕江货运繁忙情景：

大船尾接小船头，北调南腔语不休。

照水夜来灯万点，满江红作乱星浮。

黄槐森为杜绝外人觊觎，在内陆城市南宁开创第一个"自开商埠"，可谓中国近代史上一道独特的风景线，以缩影形式记载了19世纪末20世纪初广西历史的发展，成为透视广西和南宁近代经济历史变迁的一个窗口。

可惜，南宁开埠后的繁华景象，黄槐森这位开埠先驱未能亲眼看到。

他是光绪二十七年（1901）四月返乡的，时年72岁的黄槐森积劳成疾，以老病之躯辞官归里。

为官一任，造福一方。黄槐森任职期间做了大量的实事和好事，政绩显赫，有口皆碑。所以，当地老百姓得知黄槐森离任，成群结队带着土特产自发地来到巡抚衙门为他送行。

黄槐森望着这么多热情的老百姓，不断地连声说："谢谢!"脸上无时无刻不流露出一种难以掩藏的喜悦之情。

是啊，一个人如果在其位的时候，大家说你好，也许是另有所图。但是，黄槐森已是古稀之年了，不再做官了，如今要离开这里，老百姓能自发上前来问候他、感激他、祝福他，可以想象他造福一方的德政和人格魅力影响之深远!

●情怀桑梓，和风润物

经过十多天舟车劳顿，阔别家乡多年的黄槐森，终于走进了故乡香山的怀抱。

县城石岐是必经之路，他顺路到学宫拜访了他的师长学友，然后才启程返斗门，那时从石岐返斗门要经过三个渡口，足足走了大半天的时间才回到斗门。

黄槐森行走在熟悉的土地上，纵目仰望巍峨的斗门最高峰黄杨山，只见青山巍巍，山雾缭绕；再转过头来，遥望着面前滚滚东去的鸡啼门河道，但见河水滔滔，波光明灭，泡沫聚散。他看着这一切，什么话也没有说。从他的神色里，透露出对家乡无限的深情和深深的眷恋。

黄槐森是在遥想，当年这个香山"无情鬼"是怎样靠着坚强的毅力，不受女色诱惑，一心攻书，终偿所愿，一步一步地走上仕途。他清醒地知道，是家乡的神奇山水哺育了自己，是读书改变了自己的命运！

所以，他在异乡为官四十年，鞠躬尽瘁的同时，也无时无刻不在关心着他家乡的父老乡亲，同时用实际行动谱写着故里情深、桑梓难忘的心曲。

黄槐森在京任御史时，专为家乡人设"都门旅费局"，募款储蓄生息，凡香山人在京供职而经济拮据者，均得都门旅费局无偿济助。

光绪二年（1876），黄槐森丧母回乡服孝，倡建宗祠5所，整顿崇义祠物业，以除积弊。他对家乡学子的教育最为关注，一手创办了荔香、养兰、朗环三座书院，凡贫寒弟子一律免费读书，费用不足由他一力承担。他的仗义疏财，口碑载道。

那些书院、学堂浸染着黄槐森不少心血。在他心目中，这好比他的亲生儿子，所以就不难理解他，踏上斗门土地的黄槐森，并没有急着返老家荔山村，而是执意要第一时间察看他当年创办的书院，尤其是他发起倡建的斗门"和风书院"，即今天的斗门和风中学。

黄槐森对和风书院有着浓厚的感情。同治年间，他应斗门凤岗乡学之聘讲学，他站在讲台上，针对家乡的党派之争，建议把凤岗乡学更名为和风书院。他依稀记得，当时他引经据典，讲了更名的理由：

《中庸》曰："中也者，天下之大本也；和也者，天下之达道也。致中和，天地位焉，万物育焉。"和风者，和蔼的春风，细雨润物无声也。儒家以和为贵、和衷共济、和以处众、政通人和。儒家尚和，有子曰："礼之用，和为贵。"

黄槐森如此煞费苦心为书院改名，目的是让这所学校平和宁静，成为读书人的一方净土。此事彰显了和谐理念在一个中国儒生脑海中的根深蒂固。

往事如烟，岁月如歌。

荔香、养兰、朗环、和风这四座书院已成远近闻名的学堂。崇尚儒学，注重读书改变命运的黄槐森没有理由不高兴。

离开了和风堂，黄槐森才颤巍巍地回到生他养他的荔山村。

当他踏上老家这块土地，当地县令、乡绅早已在此守候多时，远近的百姓闻声而至，欢迎这位叶落归根的乡贤。

一大群的老乡跟随在黄槐森后面陪同，稍微走一段路程，黄槐森便要停留下来，四处打量和凝望，他看着远离尘嚣的荔山村，那一幢紧挨一幢的村屋，还有散落在村庄，那古色古香、富有浓郁岭南风韵的祠堂、牌坊，岁月依稀的青砖黛瓦，他心潮起伏，不由感叹："家乡多像一幅水墨画啊！"

"是啊！历经几代人的繁衍，我们荔山村变成一幅绵延着宗族生息繁衍的历史长卷了！"村里的乡绅附和着。

提到宗族，黄槐森不由自主地往黄氏大宗祠的方向走去。

据《黄氏垂裕堂家谱》记载，该祠堂群原用"蚝壳所建，系按照铨公（黄铨）按察使司衙门之迹兴建而成"。黄槐森为"振兴乡风，光宗耀祖"，决定重建祖祠，于光绪元年（1875）动工，重建后的祠堂为三座两院结构，坐北向南，成一字儿排开，前低后高，呈"懒猫伸腰状"。前有广场后有花园，园林式的建筑规模宏大，气势不凡。黄氏大宗祠居中，黄氏名贤祠及其附祠（祭祀黄姓历代贤人）居右，月轩黄公祠（黄槐森家祠）居左。

祠堂门前有六只"镇守"宗祠的石狮子，黄槐森抚着其中一对直头狮子，满面喜悦。传统中，门前的石狮应该是侧头相互回望状，而这两只石狮却昂首挺胸直视前方。按照清朝礼制，设立直头石狮子有严格

黄氏大宗祠

的规定，非二品以上官员的家祠不能设立直头石狮子，二品以下的官员经过时要下马下轿，故直头狮子并不多见，而在石岐员峰村的曾氏祠堂也有一对直头狮子，因曾氏望颜为一品官。

黄槐森站在大门口，一眼望进去，正厅中间没有任何门庭或屏栏遮挡，目光所及，全是高墙巨柱、挑檐画壁，显得格外庄重肃穆。大殿里的木柱气宇轩昂，让他感觉到，木柱托起的岂止屋顶的重量？它承托的是黄家那一段沉甸甸的历史。

最引人注目的是，正堂挂有慈禧太后赠与黄槐森60岁生日祝寿的樟木牌匾，上有慈禧太后亲手书写的鎏金大"寿"字。祠内有一副对联，记载了他的祖辈黄钤当时科场成名的故事：

> 身生荔岭，名重燕京，香邑文人首选；
> 试捷南宫，勋铭西粤，黄都科甲先声。

黄槐森跨过高高的门槛，在祖先神像供桌前面上香，然后捧着朝廷为褒扬他为官40年政绩而向他颁发的《奉天诰命》诏书，昭告列祖列宗：我黄槐森衣锦还乡，光宗耀祖了！

从黄氏大宗祠出来，黄槐森径直往左边的"百岁京堂"石牌坊走去。这是清帝为享年103岁的咸丰年国子监黄增庆所敕建。黄增庆和黄槐森是伯侄关系，所以被称为"伯侄翰林"。以前，每逢过节，在月轩黄公祠门口就会挂出"伯侄翰林""两广巡抚"的大灯笼。

牌坊正面对联为：

> 崖海行千波，光涵荔岭；
> 熙朝隆百代，秋晋槐堂。

牌坊背面对联为：

> 大德享大年，恩承玉陛；
> 寿身兼寿世，艺讲琼林。

黄槐森仰视着牌坊上面的对联，心生敬意，他为这个"百龄举人"

的伯父而感到骄傲，笑容满面地说："我黄家算是为家乡增光添彩了！"

此时，他心情格外舒畅，对众人大声地说："走！看荔枝林去！"

黄槐森执意要到后山的荔枝林去看看。可是，当他来到后山，神色顿时变了。

他不明白，何以昔日茂盛的荔枝林日渐变得稀疏、零落了？那曾充满欢声笑语的林间，还有老人家说他出生时那长久的哭声，霎时交织在黄槐森耳际边。

是时，日落西山，笑声很快消失，但那哭声却越来越大，似是喻示着他为尽忠的清政府将归西而啼哭。次年，黄槐森寿终正寝，终年74岁。

斯人已逝，然而，那渐渐消逝的历史回音至今仍在激荡。

黄槐森在官场40年，不论何处任何职，皆清廉自持，为民请命，除弊兴利，政声显赫。尤其是在广西期间，维护社会安定，兴学开埠，建树最多。后人有诗赞道：

磊落光明寄此身，芬芳桃李又逢春。
担当国任胸怀在，体察群情义理伸。
除弊兴邦圆抱负，安宁整治见施仁。
口碑载道功德巨，兴商兴学乃能臣。

第八章 商人识字忧患始
启蒙时代第一人

诗曰：

> 莫道书生运不周，踌躇满志展鸿猷。
> 维新变法开先导，盛世危言策上谋。
> 实业自能兴国富，雄才未许济时忧。
> 文章杰句金汤固，尚有余晖带月流。

郑观应（1842—1921），本名官应，字正翔，号陶斋，别号待鹤山人，广东香山县（今中山市）三乡镇雍陌村人。

他是中国近代最早具有完整维新思想体系的著名理论家、文学家、实业家、慈善家和热忱的爱国者。咸丰八年（1858）到上海学商，先后在英商宝顺洋行、太古轮船公司任买办。历任上海电报局总办，轮船招商局帮办、总办。后隐居家乡的三乡雍陌村和澳门近六年，撰成《盛世危言》一书。光绪二十八年（1902）冬，郑观应辞去招商局会办。宣统元年（1909），协助盛宣怀发起组织轮船招商局商办，遂第三次入轮船招商局任会办。

郑观应对近代中国所做的巨大贡献，不仅在于开创民族实业，更难能可贵的是他写就了《救时揭要》《南游日记》《易言》《盛世危言》等多部著作。尤其是皇皇30万言的巨著《盛世危言》，揭开了大清帝国在"太平盛世"表象掩盖下的封闭、落后以及种种内在的社会矛盾与危机，全书贯穿着"富强救国"的主题，对政治、经济、军事、外交、文化诸方面的改革提出了切实可行的方案，在当时是给甲午战败以后沮丧、迷茫的晚清末世开出了一帖拯危于安的良药。引发了传统中国社会的震动，成为康、梁领导的"戊戌变法"的理论先导，乃至影响了孙中山、毛泽东等一批探求中国发展道路的先驱。郑观应因之成为揭开民主与科学序幕的伟大的启蒙思想家而光耀后世，名垂青史。

●榜上无名，脚下有路

清道光二十二年（1842）六月二十七日，郑观应诞生于香山县谷都（今称三乡）雍陌村。这里三面环山，背靠被当地人称为天龙山的五桂山，左右两边山势挺拔，谷都坐落在中间这一巨大的盆地上。南面的通道与澳门相连，尽纳南方吉气进入镇内腹地，如此的风水格局，被地师称之为"聚宝盆"。

三乡是文化发达、人才荟萃之地。郑锦（中央美院创办人、近现代画家、美术教育家）、吴铁城（国民党中央秘书长、外交部部长）、郑天赐（国际联盟法官、民国最后一任驻英大使）、郑耀宗（中国科学院院士、前香港大学校长）、郑君里（中国早期著名导演）、郑景康（著名摄影大师）、郑守仪（中国科学院院士）、郑健超（中国工程院院士、电力科学研究院名誉院长）等都是三乡人。

郑氏家族是村子里的大姓，当年祖辈随宋军南下，从此扎根香山三乡。郑氏家族是书香世家，也是官宦世家，到郑观应的曾祖父始，其家族连续六代在朝当官，可谓家世显赫，故称之为望族。祖父郑鸣岐俭朴寡言，格局高远，瞧不上那些"寻章摘句以为能"的书呆子，这或许是科举不顺的隐讳说法吧。

但不得不承认，郑鸣岐是一位"莫因善小而不为"的儒学之士，奉行的准则是"积金玉以遗子孙，子孙未必能守；积诗书以遗子孙，子孙未必能读，不如积德以遗子孙"。老人家教诲儿孙的首要一条就是德行为上，慈善为怀。就这样，郑家血脉的传续，家风的熏染，一代一代传承。

郑观应的父亲郑文瑞是当地郑姓的第21代孙。他"慷慨好义，有古杰之风"，且"夙承家学，读书过目成诵，藏书颇富"，可是没有取得功名，只是村塾的教书先生。

郑观应原名"官应"，这名字寄托了父母望子成龙，渴望他将来顺利走上仕途的心愿。那么为何后来将"官应"改为"观应"？

这有一段来由。郑观应幼时身体异常羸弱单薄，经常生病，其父母听说石岐白衣古寺灵验异常，便择了吉日带着儿子前往，祈求白衣观音保佑。又偏这么奇巧，回来后，官应甚是纳药，纠缠多年的病很快就好了。为铭记有求必应的大慈大悲观世音菩萨之德，郑文瑞索性将儿子之名改称"观应"。

郑观应从小跟随父亲学习"四书五经"，因聪颖过人，5 岁已入村塾读书，家人对他期望不小。然而，世间的事情往往是这样，希望越大失望也越大。

清咸丰八年（1858），按照清朝惯例，这年是三年一科的大比之年，各地的秀才们都在忙于赶考，企盼着能一考成名，光耀门楣。刚满 16 岁的郑观应，带着家人的万分期许参加了这年的"高考"，然而天不遂人愿，落榜了。

当地有句俗语，"唔怕①生错命，只怕改错名"。村里人都说，郑观应未高中，皆因改名之故，因"官"字没了。郑文瑞一听，觉得有道理，于是想把郑观应的名改回郑官应，但让郑老太太狠狠地骂了一顿："读书重要还是身体重要？"

名字改不成，郑观应又继续备考一年，17 岁时，在科举之路上做了最后一次尝试，但依旧名落孙山。

"真是朽木不可雕！"郑文瑞当众把郑观应骂了一通。

老太太疼爱孙儿，听郑文瑞如此说，便忍不住反唇相讥："你是教师先生，不也是读了很多书，考了很多次也考不上吗？"

郑文瑞张口正欲说话，老太太言犹未止，接口又道："读书的成就，固然靠自己努力，但能否中举，往往是靠运气的！"

郑文瑞一听哑口无言，想说也说不出了。至此，科举的梦，渐渐在郑家无奈地淡去。

但是，儿子何去何从呢？郑文瑞陷入了深深的沉思。

"文瑞，你的信！"

一日，郑文瑞坐在书房的酸枝官帽椅上，正托着腮左思右想。他的妻子走进来递给他一封信，一看信封右下角的署名是姻亲唐廷枢寄来的。

唐廷枢，同为香山人，住唐家湾，时在上海怡和洋行当买办。这是一个人物，素养深厚，"精通天文、地理、格致、算数"。早年曾经受过彻底的英式教育，不但英文写得非常漂亮，而且说起英语来像个英国

223

---

①　唔怕，粤语，不用担心之意。

人。后来成为轮船招商局和开平煤矿的总经理。

说到买办，当时的香山县可是盛产买办的地方，素有"买办家乡"之称。在晚清"四大买办"中，唐廷枢、徐润和郑观应均为广东香山人，只有席正甫为江苏东山人。从1830年至1900年的70年间，全国各商埠的洋行买办中，香山人竟占了九成，以致"香山人"一度被看作是"买办"的同义语。

这是有历史原因的，也与香山所处的地理位置有关。那时，香山与香港隔水相望，澳门为香山辖地，郑观应故里三乡离澳门只有十多公里，整个香山正处于中西方文化交流的最前沿。

澳门自1553年被葡萄牙占领后，逐渐成为中国东南沿海的对外贸易口岸，其地位在康熙初年实行全面海禁时尤为突出，成为东南沿海唯一的对外贸易口岸。中国政府在唯一的开放口岸澳门之隘口处设关闸，国内货物如瓷器、茶叶都是经此处出口。经过20多年的独专其利，澳门变得异常繁华了。

持续不断的中外贸易活动必须要有一批既通晓外国语言文字和了解西方商业制度又熟悉中国商情的商人，他们专事中外贸易或服务于中外贸易，这些商人就叫买办。随着洋商一批批到来香山，香山买办也一批一批地产生。

买办阶层不同于传统商人的地方，在于他们深受西方教育和西方商业精神的熏陶。在晚清，唯一被认为符合企业家标准的商人群体就是买办。买办阶层属于社会中的精英阶层，是资本主义在中国萌芽的象征。

鸦片战争以后，根据《南京条约》和《五口通商章程》的规定，上海、香港正式对外开放为商埠。英、美等资本主义国家的商人、政客、冒险家纷至沓来，澳门的地位被香港、上海取代了。尤其是上海，外国商品和外资纷纷涌进长江门户，划定租界，开办洋行等，洋货源源不断输入，对外贸易不但远超澳门，而且也把香港、广州远远抛在后面了。

已领风气之先的香山商人抓住时机，跟随着洋商的脚步，来到了上海，凭借在长期对外贸易中积累的经验和能力，不少香山人成批地成了大上海的买办。郑观应的叔父郑廷江在上海新德洋行，亲戚曾寄寓在上海宝顺洋行，姻亲唐廷枢、世交徐润都是后来中国最有分量的大买办。

话说回来。唐廷枢的来信中谈到郑观应的科举考试，劝郑文瑞千万不要责怪儿子，谓人生的路有很多条，大可不必往科举这座独木桥挤，若科举不中，可带他来上海洋行打工，日后当上买办，多有出息，正所谓榜上无名，脚下有路呢！

"榜上无名，脚下有路！"

一言惊醒梦中人，郑文瑞恍然大悟，对身旁的妻子大声说道："这也是出人头地的路啊！"

"对啊！廷枢返乡时就说过，人人争做买办，无非看重买办的两个好处，一是财，二是势。外国人在中国做生意，收购丝茶，销售鸦片与纺织品，离不开买办。他们享有莫大的特权。买办的每月开支及'一切出入统属权衡'，均归洋行包办，按月领取固定薪酬之外，还可从每项生意中提取大笔佣金，收入很高，衣着光鲜，吃住无愁。"

郑观应的母亲是大户人家的小姐，在娘家时跟父亲读过书，知书识墨，并在上海住过几年。

郑文瑞有点大男人主义，看了妻子一看，"哼"了一声，道："真是妇道人家，谁不知道当买办好，但买办并非人人可做，一者要有信誉良好的引荐人；二者要懂英语和有经商才能。尽管可以凭借亲朋关系进入洋行，要生存发展下去却只能依靠自己啊！"

"我们这么多亲戚在上海当买办，引荐人就不用愁了；英语嘛，让观应边做边学。我看读书为了当官，升官为了发财，殊途同归！这个道理难道只有你们男人懂？"

妻子的回应很有道理，郑文瑞也深以为然，接口道："儿子这么能读书，也考不上，或许真的是运气使然，既然如此，儿子明年未必考得上，倒不如早点出来社会闯荡，也许是一件好事。"

言毕，丢下一句："好！就这样定下来吧！"然后，转身就去找郑观应。

郑文瑞找到正在书房里看书的郑观应，说："阿仔①，准备一下，去上海跟叔父学做生意吧！"

郑观应没有作声，未几，抬起头来，正想回答"不"，但当看到父亲紧皱的眉头，似乎从中读懂了什么，怯生生地说："好吧！"

显然，郑观应心里是想继续在家乡读书的。他从父亲面容中看到，

———————————

① 阿仔，粤方言，儿子的意思。

家庭状况不允许他继续读下去。兄弟9人，姐妹8人，衣食住行，整个家庭靠父亲一个穷教师支撑着，其压力可想而知，如果没有在上海做买办的富裕亲戚接济是很难维持下去的。而长久依赖亲戚接济总不是办法。自己长大成人了，该为家人分忧了，郑观应想到这里，表示愿奉父命弃学从商。

临行时，父亲告诫他："讲究实际，亦绅亦商，读书经商两不误。"

1858年3月28日，伴着英国轮船的汽笛声，郑观应在叔父的带领下，来到繁华与喧闹的大上海，那年他虚岁17。

他遵从父亲的安排，在上海新德洋行当买办的叔父郑廷江处"供走奔之劳"，说白了，就是打杂，即初入洋行，地位最低的学徒。

刚步入青年的郑观应从农村到城市，对新生活既忐忑不安，又万分期待，他站在新德洋行门口，凝望路边貌似更换栽下不久的小树上刚长出来的满树嫩芽，心生感悟：这不正是喻示着旧去新来，必将有新的开始，好的未来吗？

郑观应想到这里，精神振奋，暗下决心，要争一口气，出人头地。

一日，下班了，他在街上闲逛，看到这样一则广告：

"目前中国人和外国人的交往已经很频繁了，要尽可能地促进和发展这种交往是极其重要的。……因此之故，在沪外侨决定在英租界内开设一所高标准的、有才能和有效管理的学校。"

刊登这则广告的是英国传教士傅兰雅创办的上海"英华书馆"，这是上海最早开设外语课教学的学校。看到这样的广告，郑观应思忖："盖今日时势，非晓英文，业精一艺，不足以多获薪水。"

刚好，第二天早上，郑廷江语重心长地对郑观应说："侄儿，在洋行工作，要有出息，你一定要懂英语。除非做苦力，不求上进。我看不用急着上班，先到教会学校读两年书吧，学好英语再出来工作！"

"江叔，我正有此意呢，不过我可以一边工作，一边学英语！"郑观应回应道。

"好吧！从明天始，下班后，晚上就到教会学校，学会了英语，就不用你做杂工了！"郑廷江的话无疑是激励他好好地学英语。

夜校开学了。郑观应白天上班，晚上上课，每当用过晚饭，即跑到英华书馆夜课班读英语。风雨不改，从不懈怠。郑观应明白，一个人的成功是要先付出的。付出你的时间，付出你的精力，才会有所收获。他有此动力，内心上有着为父分忧，改变家庭贫困境地想法，所以他十分懂得珍惜光阴，从他年老时对其子女训诫时就可佐证：

> 人之一生，犹一岁之四时乎。春风和煦，草木萌动，一童年之活泼也；夏雨时行，草木畅茂，一壮年之发达也；经秋成实，历冬而凋，则由壮而老，由老而衰矣。然冬尽春来，循环不已，而人之年华则一去不返。老者不可复壮，壮者不可复少。语曰"时乎，时乎，不再来"。凡我少年其识之。

坚持不懈的勤奋努力，还有本身也通英语的叔父指点，真的，仅用了一年多的时间，他就学了一口流利的英语，与外国人交流竟如讲白话。其叔父大为惊讶，知侄儿非池中物，为免误他前途，他信守承诺，不但不再用他打杂，而且立即通过关系送他进入上海一流的英商宝顺洋行任职。

●勤勉尽责，脱颖而出

当时的上海，洋行遍地开花，加上大大小小的商号，"扎堆"在这里做生意的洋人，根本没有办法数过来。郑廷江在众多的洋行之中，选择宝顺洋行让郑观应入职，主要考虑到，该洋行是上海开埠后首批进入的英商洋行之一，实力强、影响大。1856年，从美国耶鲁大学毕业的中国留学生，同是香山人的容闳这样评价宝顺洋行："此公司在上海实为首屈一指，其行主亦极负一时之盛名。中外商人，无不与之契洽。"

郑廷江觉得入职宝顺洋行出人头地的机会多，更重要的是，在宝顺洋行有一位同乡任买办。

这位同乡名叫徐润，香山县北岭乡（今属珠海市）人。在20世纪初，徐润是中国最大的茶叶出口商，有"茶王"之称。他也是当时上海最大的房地产商、最早的股份制企业创始人，中国第一家保险公司（上海仁和水险公司，用以承担轮船营运风险）、第一家机器印刷厂也是他创办的，是中国近代早期民族工商业的创始人之一。

所谓时势造英雄。在中外贸易碰撞的上海发展时期，精通中英语言文化的商业人才，成为炙手可热的人物。徐润就是当中的佼佼者。他

15 岁进入宝顺洋行当学徒，凭着勤奋好学，悟性高，深得洋行上下看重，19 岁已获准上堂帮账，24 岁升任主账。当时的徐润刚刚接任买办之职。

其实，徐润的家族本身是一个著名的买办世家。伯父徐昭珩、族叔徐关、季父徐瑞珩（荣村）均是上海买办，"伯叔余荫"和"行中招牌"是他发迹的两大凭借。徐润的侄女也很出名，她就是徐宗汉，乃辛亥革命元勋黄兴的夫人，著名的民主革命运动之"巾帼英雄"。

这天，郑观应按照叔父吩咐，循着地址一路找到一家很阔气的门庭，见牌匾上写着"宝顺洋行"四个大字。便跨脚进去，目之所及，陈列考究，给郑观应和第一印象是，这家洋行摆设阔气，与原来服职的新德洋行拉开了距离。

郑观应站在大厅，四目张望，一溜玻璃柜台里面的洋烟、洋酒、洋布呈现眼前，还有女人用的洋脂粉、蛤蚌油、洋首饰，琳琅满目。这些都是洋行经营的进口商品。

"先生，你找谁？有事吗？"有个穿着时尚、袅袅娜娜的年轻女子，步态轻盈地走过来很有礼貌地问道。

郑观应正聚精会神地看着商品，听到有人问话，便转过身来，见到是一个漂亮的女子，便不由自主地怔了一下，但很快就反应了过来，连忙答道："呵，你好！我找徐润先生，他在吗？"

"徐买办今早出去办事还未回来，老板正急着要找他呢！"言毕，问道："先生贵姓？找他何事？"

"在下姓郑，小名观应，是来见工的！"

"呵！你就是郑观应，徐买办说过了。你先坐着等一会。"说完转身就走，走不了几步，又回过头来说："郑先生，反正你今天都是来上班的，刚好来了客人，你进去会客室帮忙斟茶招呼客人吧！"

"好的！"郑观应一边应着，一边走向会客室。刚到门口，只见一个身材高大的外国人走出来，用着生硬的国语埋怨道："徐润还未回来？真是岂有此理，他不在，谁当翻译啊？"

原来说话的就是宝顺洋行老板，叫颠地。此人就是第一次鸦片战争期间臭名昭著的英国大鸦片贩子。多年来，他以向中国输入鸦片和输出生丝、茶叶为主要业务发迹。

当时人才奇缺，作为一家在上海数一数二的宝顺洋行，也只有三个翻译。有两个出差了，而徐润外出办事尚未回来，所以颠地心里着急。

当郑观应走进会客室，见到里面坐着三个外国人、两个中国人，便躬身分别用英语和国语问道：

"would you prefer tea or coffee？"（你喜欢喝茶还是咖啡？）

颠地刚好转身走进会客室，见刚刚进来的"下人"竟然会用英语交流，一下子呆了。但聪明的颠地一下子便反应过来了，不过，仍然是用他生硬的国语问道："你就是徐润买办介绍来的郑观应吗？"

"是的！本人就是郑观应。"

郑观应礼节性地点了点头，不卑不亢地也用国语回应道。接着，双方开始洽谈生意。郑观应不仅担当着翻译的角色，而且紧要关头，出谋划策，在老板旁边耳语几句，每每中的，很快就谈成生意，二方满意。

郑观应出色的表现，令颠地笑容满面，说："我们宝顺洋行正缺人才，倒什么茶水？当翻译吧！"

第一天上班，郑观应从一个最底层的雇员，一下子变身为"白领"。

可见，机会总是给有所准备和有胆色的人。倘若他在新德洋行时得过且过，不读夜校，攻下英语，不好学上进，熟悉业务，就没有今天这个好机会。

后来，郑观应才知道这是徐润特意迟回，好让他有机会在老板面前展示一下才华，迅速"上位"，结果如愿以偿。在宝顺洋行干活，东家要求很严，虽然郑观应有亲朋的庇荫得以进入宝顺洋行，但能否站住脚跟，不被竞争所淘汰，最终还是要靠自己。

1859 年冬，老板让郑观应去天津考察商务，时值隆冬，"在津度岁，大雪漫天，身亦只衣布棉袍，素位而行，耐苦自励"。郑观应是南方人，从未遇到大雪，穿着单薄，但为了完成老板交办的工作任务，不以为苦，挨过了一个漫长的冬天，直到过了春节，他才回到上海。

郑观应的任劳任怨，令老板刮目相看，尤其是看到郑观应呈上的市场调研报告，分析到位，更是大为惊叹，认定郑观应为可造之材，马上提拔他为管理轮船客载事务的主管，从此正式开始了他的买办生涯。这年是 1860 年，郑观应仅 18 岁。

从"下层人"变为"上层人"，郑观应仅用了两年时间。当他走进老板为他安排的私人办公室，看着台面上的账本、算盘、电话，靠在墙壁的陈列桌，还有漂亮的女秘书，就是郑观应来洋行第一天接待他的这位女孩子。他踌躇满志，开心地笑了，他知道，从今天开始，自己正式步入管理层了。

郑观应上位后，有位有为，初步显示了其出色的商业天才。

郑观应十分关注时政，他很快得悉，中国将对外开放航运，敏锐的他立即向老板建言：

"把握机遇，尽快建立宝顺洋行船队，承揽航运业务！"

老板听了，不置可否，不以为然地说："航运行业，风险高啊！"

"风险高主要是船只的质量问题，在国内承揽航运的船只都是中国产的，我们大可从国外进口船只。"郑观应胸有成竹。

但在场的徐润也表示忧虑，插口道："在经济不景气、业务不多的情况下，利润也不高，涉足航运恐不是时机。"

可是，郑观应却认为，待时机成熟，再涉足就迟了，他据理力争，说："对外开放后，经济往来频繁，进口轮船，其安全性能肯定较之前提高，捷足先登将会获得高额利润。机不可失、时不再来！"

郑观应条分缕析，句句在理，老板和徐润听了表示认同，终于采纳了郑观应的建议，迅速让郑观应组建了拥有四艘轮船的长江船队并开辟了江西、福州等处揽载行，获得的丰厚利润，令众人垂涎。

俗语说得好，"瘦田没人耕，耕开有人争。"

其他洋行纷纷涉足长江航运业，宝顺洋行遇到了旗昌船队的巨大挑战，抱有扩张长江航运业务野心的宝顺洋行首先降低运费，原先每吨货物收银20两，客收银50两，到了1864年1月为了打价格战，从汉口到上海的运费每吨为2.5两，7月降至2两，到了5月降至每吨1两。

凭宝顺洋行的实力，这场价格拉锯战胜券在握。但是，偏偏在这个重要时刻，老板颠地1863年在伦敦去世。洋行没了主心骨，接替颠地的老板，喜用关系户，有才干的郑观应不但得不到重用，而且受到同僚排挤。他开始心灰意冷，得过且过。从此，宝顺洋行的业务开始日薄西山，渐渐走下坡路。

福无双至，祸不单行。1866年欧洲爆发金融危机，宝顺洋行因为在航运业的过度扩展以及在印度、上海两地的房地产投机亏空受到致命的打击，于1867年，宣告破产，其名下的土地和房产也都出让抵债。

1867年宝顺洋行宣告停业，郑观应也从而结束了他近10年的早期买办生涯。

离开了宝顺洋行，没有了工作，许多人都会彷徨，但郑观应不当一回事，因为此时的他已不是初来上海时的那个初涉世的年轻人，虽然现在仅有 26 岁，但已经是一位腰缠万贯且见多识广、经验丰富的企业经营家了。

此时此刻的郑观应，走出新德洋行门口，看着当年刚栽下不久吐出嫩芽的小树，已长粗长高了，且枝繁叶茂，其树枝上还有振翅欲飞的鸟儿。他笑了，因为自己的翅膀硬了，该展翅高飞了。他先在"和生祥"茶栈担任翻译，熟悉了业务后，不久便盘下了这家茶行，独自经营，业务不断扩展，伸展到两湖、江西、徽州等地，经营的茶叶生意，红红火火。

郑观应手里有钱了，首先想到投资。他先任"公正长江轮船公司"这间外资企业的董事，继而参与上海最早的外资驳船公司——荣泰驳船公司的经营。经商顺、荷包（钱包）鼓，他洒脱超凡，满怀着憧憬与期待。正是：

> 落第韶年志不穷，十年奋发便登峰。
> 洋行买办成新贵，卓立群英气正雄。

●究心民瘼，忧国伤时

在上海这个十里洋场、声色犬马的地方，有了钱的暴发户大多夜夜笙歌，尤其是热血方刚的年轻人。但是郑观应除了偶尔的应酬，绝少涉足。他有着很强的自控能力和强烈的书生气质，有空多是埋头读书，这是郑观应与其他商人最大的不同之处。他有着远大的志向，一边从事商业活动，一边手不释卷地读书思考，一旦激情来了，便写成文章，或寄给朋友，或登于报刊。

据史料记载，郑观应是我国最早一个向报章投稿的知识分子，19世纪 60 年代到 70 年代初，即在宝顺洋行服职时始，他已陆陆续续写了不少"触景伤时"的作品，在上海《申报》上发表。

当他得悉上海有的医生和药房在深夜不肯出诊，致使病人不治而亡，便立即写文投稿发表，毫不留情地揭露：

> 昨友人来云，有逆旅客某侨寓行栈，夜深得症，势甚危急，亟请沪上著名之某医来治。

> 但医生无动于衷，坐视不救，夫果谁之罪欤？每见颂扬医生者，辄谓之起死回生，而药铺自表心术，亦必谓存心济世。试一顾名而思义，岂可见危不救乎哉？

你看，郑观应作为一个商人，不仅好好的经商，而且多管"闲事"，可见他是一个多么有正义感和激情洋溢的人。

郑观应虽变成有钱人了，但一点都不鄙夷那些穷人，相反为他们鸣不平。譬如，那些流浪街头的乞丐，从古至今都有，绝大多数人都一视而过，可是郑观应看到，却心生怜悯，专门写了一篇《拟设义院收无赖丐人使自食其力论》，投稿申报：

> 于大都会之所在，则设一栖流局，仿外国之规模，广置田产，大开屋宇，严立章程，按给衣食，以收养诸无赖之乞人。或督之以耕耘，或课之纺织，使之仍有所事事，不致妄为……

就如何处置穷民乞丐的问题。他主张筹集一笔巨款，在各省设立"栖流局"，使贫困无依的乞丐耕织自织。

郑观应关注的目光，不止停留于他工作的上海，当他得知外地水灾，就在报上呼吁，带头捐赠，并且写出《论救水灾》文章，提出解决问题的办法：

> 呜呼，天灾流行，国家代有，然未有如近年直隶之甚者也。按去年夏秋之际，阴雨连绵，数月不止，河水盛涨，崩堤决口。今年夏秋之间，雨又大作，较之去年为尤甚。……若总直隶一省而计之，则损坏之房产等物，所值奚止千百万？而民人之颠沛流离无栖止者，又奚止百万人哉？亦云惨矣。……今年夏秋之间，雨又大作，较之去年为尤甚。……若今年之灾既成，抚绥而安集之，是在为上者之尽心民事，而海内好善之士，谅必踊跃而为助赈之举，不

使去年诸人得专美于前也……

　　俗说："世有大患者三：一曰水，二曰火，三曰贼.'……何水灾近世如是之多也？呜呼，兵戈未息，水患频兴，或两广常被水灾，或长江时罹水患，黄河水决，清水潭崩，哀鸿遍野，惨不可言。"

郑观应在上海滩有"千手观音"的外号，除了他经商有千手之能外，皆因他富而不骄，有为民请命、扶危济困的侠义心肠。一般商人往往唯利是图，对局外之事漠不关心，但郑观应成为富豪后，仍能站在人道立场上，想方设法为劳苦大众争取权益，每当知道低下层的劳工有难，他第一个站出来"行侠仗义"。

或许，同他家庭环境也有很大关系，他出身贫苦家庭，对下层人有着深切的同情。记得家庭最困难时，当教师先生的父亲收入少，为了多赚几个钱，曾一度跑去澳门当苦力。

苦力，即搬运工，当地人叫"咕喱"。在许多人眼中，家里太穷才会做苦力。他印象最深的就是年幼时常听父亲哼的"咕喱歌"——《顶硬上》：

> 掉哪妈！
> 顶硬上！
> 哼唷嗬！哼唷嗬！
> 鬼叫你穷呀，顶硬上啦。
> 铁打的心肝铜打的肺，
> 立定心肠捱世界！……

这首歌，从前在大小码头、搬运场所，到处都可以听到。这可能是广东流传得最久、最广的劳动号子。

歌曲的内容也极为原始粗糙。而"顶硬上"，实际上是表示背负重荷，艰难前行。推而广之，成为粤语中一个惯用语。明末名将袁崇焕是广东东莞人，据记载，他在前线指挥打仗时，每逢遇到危急关头，便大喊："掉哪妈！顶硬上！"因此"顶硬上"，所唱出的，已不再仅仅是咕喱们的命运叹息，而是中华民族灵魂的一种呐喊。

　　本来，在当地做"咕喱"已经是够苦的了，更惨的是，这班社会最低层者——苦力，竟被一些不法洋行挂着出洋打工的招牌，被诱骗出国，做着更低贱的活。其凄惨的境况，当然比做咕喱的有过之无不及。

　　应该承认，最初华工们选择出洋讨生活是生活所迫，绝大多数都是自愿并且渴望的。但没过多久，洋行招工变成了赤裸裸的拐骗和绑架。他们在当地雇佣了一批流氓地痞专门负责拐骗苦力。开始时，从身边的老乡下手，许以高薪或向他们描绘海外的优越生活。后来为了追求效率，他们懒得多费口舌，直接下蒙汗药、打闷棍，甚至绑架。当地官员不闻不问，任由大批中国百姓像牲口——猪仔那样被运往海外。广东人叫"小猪"为"猪仔"。卖猪仔，就是把人当作猪仔来卖，指被拐贩到国外的苦工。

　　19世纪50年代，广东许多口岸设有"猪仔"馆，华工出国前集中于馆内，丧失自由，备受虐待，常有被折磨至死或自杀者。在海外庄园、矿山中，华工过着非人生活，其中苦难真是说不完，写不尽。当时有一首用广东话描写南洋矿工生活的顺口溜：

> 想起我华工，日日去掘锡。
> 日头猛得好凄凉，几乎晒焦我背脊。
> 矿山计①起来，重企②过照壁，
> 有的辛苦力难捱③，猪栏报数又一只。
> 死左④冇⑤棺材，就地掩埋卷烂席。
> 惨过做马牛，怕遇着伤风兼头赤⑥。
> 一时抖下手，老番⑦就兜脚踢。
> 叫天亦唔闻，遁地亦难趄。
> 做满三千六百五十日工，

---

① 计，粤语，算的意思。下同。
② 重企，粤语，比峭壁还陡峭。下同。
③ 力难捱，粤语，再没有体力干活的意思。下同。
④ 死左，粤语，死了的意思。下同。
⑤ 冇，粤语，没有的意思。下同。
⑥ 头赤，粤语，头痛的意思。下同。
⑦ 老番，指外国管工。

捞来捞去①得对冲凉展。

　　远离故里，已跻身上流社会的郑观应，无时无刻不牵挂着他的家乡，当他得知家乡那些"咕喱"被"卖猪仔"与赌博仍然风行，他义愤填膺，一如既往投稿报纸：

　　　　夫我粤俗，最坏者赌博之流风日炽，最惨者猪仔之流弊弥深。当日者赌博之场，开于香港；猪仔之毒，只流于澳门。今则粤省内外，赌博之风与猪仔之害不减澳门之盛。民生涂炭，伊于胡底？

　　澳门，是中国最早开放的通商口岸，这里自然成为人贩子们上选的苦力贸易中心，也是兴起赌博的罪恶之城。

　　　　余世居澳门，素知底蕴，非独窝娼聚赌，年投规银数十万，而又有贩人出洋之举。其中被拐见诱者，十居其九。父失其子，妻丧其夫，长离桑梓，永溺风波，有死别之悲，无生还之望，言之伤心，闻之酸鼻。此无殊设陷阱于境中也。溯自建立招工馆以来，为其所陷害者不可胜计，中国之人，无不发指涕零者。

　　这是郑观应发自心底的沉痛之声。令人失望的是，清廷高官把打击从事苦力贸易的重点放在中国拐匪身上，对苦力贸易的元凶西方列强，却噤若寒蝉。
　　郑观应清醒地看到，苦力贸易的元凶是西方列强，其代理人就是洋行。身为洋行买办，与自己的利益密切相关，但是，郑观应对华人地位的低下深以为耻。他写道：

　　　　我华人偶有不合例，即禁而议罚，决无宽恕，何以洋人入我中国营生，渔我中国之利，反不循我中国之规矩！此意何意乎！

　　　　迩来大西洋人（指葡萄牙人）鹊巢鸠居，划疆分治，复创陋

---

① 捞来捞去，粤语，干来干去的意思。下同。

规，设猪仔馆，大开赌场。其招工之馆则何止百有余间也。其番摊之馆则已有二百余号矣。以致盗贼之风日炽，猪仔之流害弥深。

郑观应明确指出，澳门乃中国疆土，葡萄牙人占据澳门，是"鹊巢鸠居"，外国人不得为所欲为，这是对盘踞澳门的葡萄牙当局把澳门变成罪恶深渊的严厉谴责。

在当年反对猪仔贸易的各种言论中，郑观应先后写下了《澳门猪仔论》《续澳门猪仔论》《求救猪仔论》《论禁止贩人为奴》《救猪仔巧报》《记猪仔逃回诉苦略》等多篇文章，除了揭露猪仔贸易的罪恶之外，更难能可贵的是，他提出禁绝猪仔贸易的解决办法：首先，先绝其源。与澳葡当局"理论"，"以义理折之"，责成他们设法禁止人口买卖。其次，清政府要设官治理华工出洋之事，保护人民。即"设澳门关监督专治之"；再者，是对那些敢于继续作案的人"按照律法以拐骗之罪，船即充公，人即正法"

郑观应的言论颇受注意。上海《申报》评论说："昨读贵馆《申报》登香山郑君《澳门猪仔论》一篇，可谓有心世道，洞悉时弊，其所论为不诬矣。""四海之大，九州之远，知有猪仔之人少，而不知有猪仔之人多，即官粤土者甫经下车亦未知猪仔之情形，如此，其急而不可待缓也。"

郑观应正气凛然，对与他同一个阶级，却不肯挺身而出为民请命的有社会地位的士绅们，照样口诛笔伐，毫不留情地表示强烈的不满：

> 为民上者，竟置若罔闻。本地绅衿，各顾身家，恐遭其害，又未敢大声疾呼，以讼言于葡萄牙之领事，请其舍此利息，以造苍生之福。

当然，最令人折服的是，对发生的苦力事件，郑观应大胆地向清政府提出要善于利用外国之间的矛盾，争取国际援助。

1872 年 7 月，运送中国苦力的"马利古吉"号货船，开启了长达几个月甚至半年多的越洋航程，当途经日本遇飓风和暴雨须停泊。此时这艘运送华工的货船犹如"浮动地狱"。因为苦力们像牲口一样挤在密不透风的船底。船底阴暗潮湿，便溺呕物四溢，垃圾成堆。在这样的环境中，华工们只能"日则并肩叠膝，夜则交股架足而眠"。如此惨境，常人实在难以忍受，要么反抗，要么自杀。中国人太善良了，或许几千年来所受的奴化教育已根深蒂固，所以尽管不堪忍受虐待，但他们并没有反抗，而是选择了自杀，纷纷投向茫茫的大海。

这起偶发事件揭开苦力贸易血淋淋的冰山一角，引起国际社会的轩然大波，但清政府竟然不当一回事，听之任之。

"岂能见国人受如此欺凌？"郑观应耳闻同胞受苦受难，心情无法平静，他不能袖手旁观，不能沉默，他要向世人揭露澳门华工贸易的黑幕，要谴责食利者的贪酷不仁，要呼吁中外政府共同起来制止罪恶，拯救人民于水火。

他愤然向清政府上书，试图说服清政府妥遵循国际法与洋人"据法力争"，"盖万国律法，未有不衷乎义、循乎理者，以义理折之，亦当无词以对，则其禁止亦不难也……"他强烈建议："遵万国之公法，济弱扶倾，吊民伐罪，集众与西洋国（即葡萄牙）理论之。"

郑观应看到，英、法、美等国在苦力问题上的政策与葡萄牙不同，他提议清政府争取国际援助。为万全之策，他想方设法直接参与营救华工行动，密切与法官及律师沟通。果然，在日本法庭上，由郑观应出钱聘请的代表中方的英国律师义正词严，法庭判决秉公办理，整个国际社会严责葡萄牙，苦力案以中方胜诉为终，200余名华工得到解救。当被解救的华工得知实情，对郑观应感恩戴德，称颂他就是当世的"活观音"。

从1860年开始算起，郑观应干买办算起来已有十多年。获得的不仅仅是买办业务的经验和训练，更重要的是，成了他观察社会、洞悉西方文化、积累人生经验的重要时期。期间，他不停地思考：何以大多数的外国人精神面貌总是容光焕发的，反观国人表情麻木、呆滞愚昧？何以没有人去为积贫积弱的国家谋划，为受苦、受难、受歧视的人民呐喊？郑观应热血沸腾，他要深入探讨，为积贫积弱的中国开出治世良方！

围绕着"挽救时局"这个中心，郑观应时常昼夜伏案，奋笔疾书。1873年，正是他的而立之年，其心血之作——《救时揭要》问世了！

这部作品"触景伤时，略陈利弊"，力主发展民间实业与烈强"商战"！强烈地表达了他匡时救世、普度众生的悲悯，笔端流露的都是满腹的爱国情怀！

●慷慨大义，崇德厚施

开埠后的上海，一家又一家的外国洋行，如雨后春笋现身于黄浦滩边，作别了昔日的乡野滩涂，傲视着来来往往的行人、车辆，如今的繁华商埠。

这里有一座清水红砖的巍峨建筑，它就是著名的太古洋行的办公大楼。太古洋行创设于 1816 年，创办人斯怀尔早年是英国利物浦的出口商。来华设行初期，以推销英国纺织品和采购中国茶、丝为主要业务，1872 年斯怀尔在上海设太古轮船公司，可是，成立两年来，面对实力强大的竞争对手，斯怀尔尽管使尽浑身解数仍是屈居其后。

不甘人后的斯怀尔急需物色一位有商业经营头脑的中国人来担任"总理兼管账房"，拓展业务，但寻寻觅觅未果。在 1874 年，斯怀尔决定面向全社会高薪招聘人才。

时郑观应已跻身于上海富豪之列，声名鹊起，他良好的名声与业绩，引起太古洋行老板斯怀尔的极大兴趣。不过，当他知道郑观应有自己的生意，又恐其分心，未能尽心尽力，故举棋不定。

刚好，斯怀尔这日无意中看到郑观应写的《论中国轮船进止大略》，拍案叫绝："中国竟有如此商业奇才！"于是，他不考虑这么多了，决定聘请郑观应专责太古轮船公司的业务开拓。

郑观应离开宝顺洋行做了"个体户"后，总觉自己做生意，每年获利也不少，但毕竟远不如洋人所做的生意赚钱多，于是他有打算一边创业，一边回到洋行当买办的想法，有了这个两者兼顾以期左右逢源的念头，双方一拍即合。

郑观应接手太古轮船公司的业务后，意味着开拓航运版图的战役正式打响！

他着手在长江各主要口岸开设了商务机构和金融机构。当时太古仅有旧船三艘，为了扭转公司在规模上的劣势，郑观应在提高周转率上做文章。他以仓储补贴为优惠条件，与货商达成约定，对方事先把货物准备到各个码头，船到即可装货，免去空船回运之虞。并许诺货多者优先送达，以吸引大客户。

这一招果然奏效，船只往来一直有货可运，周转率大大高于同行，利润率随之倍增。因经营得法，郑观应为太古赚到巨额利润，老板开心至极，大笔一挥，同意郑观应的提议购置了多艘货仓大、耗煤少、速度快的新式轮船，使太古轮船公司如虎添翼。

在郑观应的苦心经营下，太古轮船公司营业规模不断扩大，发展得极为迅速，盈利丰厚。营业重心从进出口贸易转为航运，成为与怡和轮船公司、旗昌轮船公司并驾齐驱的三大航运公司。并且很快后来居上，一跃成为太古洋行总买办，登上了外企华籍员工的顶峰。这一年他才32岁。

与此同时，郑观应的同乡莫仕扬也在香港升任太古洋行香港分行的总经理。"一南一北"都是香山人把持太古洋行。

至此，全国最著名的人洋行的大买办，包括太古洋行的郑观应、莫仁扬，怡和洋行的唐廷枢，宝顺洋行的徐润，旗昌洋行的吴健彰无一不是香山人。

郑观应在太古得到充分的信任和授权，"所有轮船揽载用人事务"俱归其调度；而他也发挥出卓越不凡的才干，利用上海工商界的人际关系、商业信誉，灵活地扩展业务、招揽生意和扩展市场，调整沿海航运资源与布局，增开国外新航线，为太古洋行的进出口贸易和航运业打开了新局面，在郑观应的精心运营下，太古洋行的生意兴旺发达，短短几年，太古轮船公司不仅在国内首屈一指，而且在国际也享有盛誉。

水涨船高，郑观应利用丰厚的资金积累及总办这个显赫的身份又开展自营生意。他在福州、天津、汕头等口岸开揽载行，围绕太古洋行的客货运输做生意。还增开杂货店、茶栈，辅以钱庄作为周转平台，到东北采购土特产运往香港。

斯怀尔虽然知道郑观应外面有生意，但他并不理会，因为郑观应由始至终都没有"损公肥私"，相反太古轮船公司在郑观应的主持下，业务蒸蒸日上，获利颇丰。所以，斯怀尔从不干预郑观应自己的公司业务，而且还介绍业务让郑观应私营，使郑观应实现了两者兼顾、左右逢源的初衷。

当上总买办的郑观应的收入十分丰厚，仅年薪已在7000两白银以上，还有不菲的办公津贴（按当时行情，一般为年薪的5～6倍）。当时，一亩良田的卖价，亦不过6两白银。郑观应的收入中如果再加上佣金、分红和自己的投资，其年收入银高达100万两以上，远远超出一般买办 1 万至 5 万两白银的年收入。

郑观应头上顶着外资名企的灿烂光环，兜里揣着叮当作响的真金白银，总买办的身份和雄厚的经济实力使郑观应很快跻身上海社会名流，许多人或许就此却步。但是，有了钱的郑观应，并没有做守财奴。他慷慨大义、关注社会，积极参与上海商界的筹捐赈济灾民活动。用时下的话说，他很有社会责任感。

时至 1877 年，任官山西巡抚的曾国荃，正遇上北方奇旱，赤地千里，饿殍遍野。光绪皇帝命李鸿章借拨海防经费也只得 14 万两银子，杯水车薪。眼看灾民连树皮草根全吃光，只得"研石为粉，和土为丸"，塞入腹中。曾国荃在奏折中称："多掘观音白泥以充饥者，苟延一息之残喘，不数日间，泥性发胀，腹破肠摧，同归于尽。"灾民无以为食，以"观音土"作为食物，以致泥土在腹中发胀，撑破肚肠，情形惨不忍睹。更有甚者，"人死或食其肉，又有货之者"，"父子相食，母女相食"，人间惨剧，莫此为甚。统计山西一省之内，每日饿毙千人以上。

当郑观应听到这个消息，忧心如焚，慷慨解囊，一下子捐出十万两银子，救人不少，在社会上引起很大反响。赈灾款送往山西，帮助曾国荃渡过了难关。曾国荃十分感激，后来郑家大屋落成时，便派人送来了"崇德厚施"四个金漆大字横匾。郑家的捐赈义举经李鸿章等朝臣上奏朝廷，圣上大悦，下令褒奖，御赐"乐善好施"四字，从此"活观音郑善人"的声名远播四方。

凭此，郑观应迅速融入了当时最具影响力的江浙帮派，引起政府高层的重视，赢得了清朝重臣李鸿章、盛宣怀等人的青睐。

青睐归青睐，商人要想当官毕竟是要花钱的。清代的富商通常兼有官僚身份，当时叫作"捐官"，考不上功名，有了钱可以花钱买一个官当，这是很多人进入仕途的好办法。

年轻的郑观应在政界的投资迅速结出果实：光绪四年（1878），资赈晋、豫、直、陕灾区难民的善举，再次使他受到清廷褒奖，膺受道员衔，即官至道台。后人有诗赞道：

> 博通时务善经营，巧动商机不用兵。
> 济困扶危施救助，忧民忧国总关情。

●纵横捭阖，舍我谁堪

19世纪60年代，那是一个风起云涌的时代。亚洲、欧洲、美洲的广袤大地上掀起了一场改革和革命的浪潮，并且以势不可挡的气势向前奔流。在这样的形势下，清政府不得不进行一场"师夷长技"的自强行动，史称"洋务运动"，不少民族企业因之应运而生。

鉴于清末对外战争失利，航权丧失，沿海或内河航权都被外轮势力掌握的严峻局面。为使"内江外海之利，不至于为洋人占尽"以及军事目的，李鸿章创议招商成立轮船公司，取名叫"招商局"，以图最大限度夺回航海权。

招商局，乍听起来，是一间政府行政机构，其实不然，它可是中国近代史上第一间"央企"，是洋务运动硕果仅存的产物。从1872年8月23日成立始就肩负着民族自强的担子，步履何其沉重！

作为中国清末创建的首家官督商办企业，李鸿章重视有加，但找谁来掌舵呢？颇为伤脑筋，因为办航运有两大困难：钱、人。本来总办一职属意盛宣怀，但清政府缺钱，盛宣怀无力挑起担子，所以李鸿章没让他担任主管，而是把上海怡和洋行的买办唐廷枢、宝顺洋行的买办徐润给挖了过来，要他们为国家办事，以应付洋行的合力倾轧，指望这两个香山人利用他们在商界的影响，招募商股。

1873年6月，李鸿章正式任命唐廷枢为招商局总办，又任命徐润担任会办，盛宣怀只是唐廷枢手下的一个帮办。

唐廷枢任总办以后，凭借他个人在商界的影响力，招商局资金匮乏的局面一下子改观了，引入资金，为企业输了血，激发了活力，迅速增加了天津、汉口、长崎等十九个分局，该局的"伊敦"轮已经能驶往日本长崎、神户及菲律宾、吕宋岛等地了。1874年7月，招商局公布了第一届结账，盈余颇丰。1875年7月第二届结账，已能结余两万四千两银，首次分发花红六千七百余两。全局上下自是皆大欢喜。

在唐廷枢主持下的招商局迅即在商海掀起了层层巨浪，不到三年，吞并了美资的旗昌轮船公司，并把怡和洋行甩在后面。

招商局来势汹汹，但在另一个强敌面前，也是最大的强敌——太古洋行面前寸功未取，却步不前。尽管费尽心机，不断冲击，但太古洋行依然屹立不倒，丝毫未被撼动。相反，本来属于自己的业务，反被太古蚕食了！

这下，李鸿章急了，立即召集了唐廷枢、徐润、盛宣怀等"央企"高层商讨对策……

"要打败太古洋行，唯一的办法是把郑观应挖过来！"

统一了共识，由既是同乡又是姻亲的唐廷枢出马做说客，但郑观应摇了摇头，表示为难："合同未到期，不能走人！"唐廷枢素知郑观应是一个很有契约精神的人，故不勉强，但唐廷枢脸色很难看，一声不吭。郑观应见状，满脸堆笑地说道："不论招商局，还是洋行，主事者多为老乡，又沾亲带故的，不过'商场无父子'，大家都各为其主力拼，谁都应理解。可是如此的'龙虎斗'，既伤感情，又势必两败俱伤。我看'钱是赚不完的'，大家'平分秋色'吧！"

郑观应这番说话，表面上来看平淡无奇，但又滴水不漏，重要的是提出了解决办法。用现在的话来说是"双赢"，唐廷枢一听，脸上转阴为晴，始绽笑容。

李鸿章听了回话，觉得也是道理。对唐廷枢说了句："按郑观应的意见去办吧！"

经郑观应建议，太古轮船公司在1877年与招商局签订《齐价合同》，在运价（水脚）分配上，招商局占55%，太古占45%。次年，怡和公司加入，重订《齐价合同》，比例改为招商局占38%，太古占35%，怡占27%。时任上海太古轮船公司买办的郑观应，招商局的唐廷枢、徐润参与了该合同的具体谈判和签订。签定的合同兼顾了华商、外商的利益，是合理的。

1878年，李鸿章拟创办上海机器织布局，广泛搜罗像唐廷枢、徐润这样熟悉洋务又能干的管理人才。又想到了郑观应，便委托盛宣怀请郑观应筹办上海机器织布局，但郑观应以与太古公司续订了5年的合同为由婉谢。

郑观应并没有骗李鸿章，事实上，郑观应在商海中纵横驰骋，所向披靡，成为众多公司争夺的对象。太古非常欣赏他的才干，这一年，又与郑观应续签了5年的合同。

当时，聪明的郑观应并没有完全谢绝李鸿章，他托盛宣怀转告李鸿章说："我'身在曹营心在汉'，既蒙李大人厚爱，我当效犬马之劳，上海机器织布局尚处筹备阶段，我大可在工作之余谋划一下。"

于是，心思细密的郑观应利用业余时间，拟定了《上海机器织布局招商集股章程》，从办厂的动机目的、招商集股、购机、买地、建厂到生产、销售、赢利分配，以及商办、用人、发展前途等，都做了明确的计划和精细的计算。郑观应还向李鸿章递上呈文，建议"酌给十五年或十年之限，饬行通商各口，无论华人洋人，均不得于限内另自纺织"。这是上海机器织布局享有的特别专利权，用现在的话说，就是"优惠政策"。

郑观应的精明才干赢得了盛宣怀的好感和李鸿章的赏识。期待合约期满，再把郑观应挖过来。

郑观应从商这条道路，越走越宽。但他并没有满足于在经商这条道路上开拓发展，而总想一吐胸中块垒，以宣泄心中的积闷。因为，郑观应涉足商业后，不论是在外国人开的洋行、还是自己创办的企业，从中看到了中国的积弱。因此，处处流露出"舍我谁堪"的迫切。他一如既往地经商、著述，令他声名远扬，没有一间洋行不知道郑观应的大名。

1880年，反映他改良主义思想的第二部著作——《易言》出版了。

此书提出了中国应该学习西方、变法图强的主张，建议采用机器生产，加快工商业发展，鼓励商民投资实业，鼓励民办开矿、造船、铁路。对华洋商税赋不平等的关税政策表示了强烈的不满，主张"中国所有者轻税以广去路，中国所无者重税以遏来源"的保护性关税政策。他还提出立宪法，尊重道德，改良政治。

纵观全书，其要旨强调向外国人发起"商战"。须知，郑观应身为太古洋行总买办，薪金非常丰厚。可以说，他是那个时代的既得利益者。尚且，他的老板是英国人，但他却毫不避讳地设计了一整套抗击英国的方略。

探究郑观应之所以有这个想法，纯粹是融入血液里、涵养着的家国情怀，深深地烙印进他灵魂最深处，因而有着胸怀天下的担当！

郑观应看到，一开始洋行各国各自为政，从中国运走东西，从自己的国家运来东西，仅此而已，正常不过。但是后来发展到无孔不入，甚至垄断了中国一些重要的商业，例如石油、纺织、茶和白糖等，形成了垄断集团。

有了见识的郑观应认为这是一种侵略。但同时，他也不得不承认，这不仅仅是侵略，对于上海、对于自己来说还是一种肯定和机遇。所谓"机遇"是指上海迅速"洋化"的过程。诚然，我们不能认同洋人对中国的侵略，但从另一方面来讲，也正是因着洋人，清末上海那衰败没落的暮气，也得以迅速扭转。就因为郑观应看到洋行存在的两面性，所以，他"初则学商战于外人"，"继则与外人商战"，提出不是真枪实弹的战争，而是"商战"！

这就是与众不同、智慧超群的郑观应。就因为有这样的情怀，才有《易言》一书的编定刊行。此书在商界反响巨大。因为他破天荒第一次提出"商业立国"的观点。

须知，中国自古重农轻商，勤于农事，这历来是传统中国的基本国策。工商活动则从来都被认为是占据生产人口，妨碍农业生产，促成浪费奢侈的无益行为。因此，在中国倡导发展工商业，走"以商强国"的路子，则需要一个启蒙。那么，谁来完成这个启蒙呢？

近代启蒙运动的肇始者，在某种意义上来说，都是一批思想上的拓荒者、耕耘者、播种者。有人说，这个启蒙者首先必须是一个实践者，而非一个观望者；必须是一个能够独立进行思考的人，有一个擅长分析、思辨的大脑。

只有完全符合以上条件，才有资格做这个"启蒙运动"的领袖。这个领袖人物，可遇而不可求。既然历史给了中国这么一个千载难逢的转型机会，给了中华商业文化这么一个走向新生的机会，就不会吝惜再降下这么一个"人才"来。这个人才就是郑观应！

商务者国家之元气也，通商者舒畅其血脉也。因为无商则制造之物不能销，商贾具生财之大道，而握四民之纲领。

中国以农立国，外洋以商立国。农之利，本也；商之利，末也。此尽人而能言之也。古之时，小民各安生业，老死不相往来，故粟、布交易而止矣。今也不然。各国兼并，各图利己，藉商以强国，藉兵以卫商。其订盟立约，聘问往来，皆为通商而设。英之君臣又以商务开疆拓土，辟美洲，占印度，据缅甸，通中国，皆商人为之先导……可知欲制西人以自强，莫如据兴商务。安得谓商务为末务哉?

> 商务之盛衰，不仅关物产之多寡，尤必视工艺之巧拙。有以翼商，则拙者可巧，粗者可精。借楚材以为晋用，去所恶而投其所好，则可以彼国物产仍渔利彼。若有商而无工，纵令地不爱宝，十八省物产日丰，徒弃己利以资彼用而已。即今力图改计，切勿薄视商工。

这是郑观应新书《易言》的只言片语，"窥一斑已见全豹。"用现在话来解读郑观应的观点：首先，从思想上，必须破除以农为本，以商为末，重本抑末的成见；其次，从策略上实行"两个转变"，即从传统的农耕经济转变到现代工业经济，从传统的自给自足的自然经济转变到现代市场经济。

一百多年前，郑观应已有如此先进的思想，放在今天仍然令人震耳欲聋。仿若在平静的湖面投下一块巨石，激起阵阵波澜。

所以说，启蒙者的可贵也正在于此，因为他们比较早地看到了历史发展的必由之路。

所以，当李鸿章、盛宣怀展卷这本刚刚刊行的《易言》时，不约而同惊叹不已，连呼天降奇才！无疑，郑观应就是这位"以商立国"的启蒙者。

转眼间，到了1881年，郑观应的5年合同期眼看又满了。此时，或许连郑观应本人也不知道，一场人才争夺战早在官界、商界悄然开展了！

一边厢，大大小小的洋行纷纷以高薪厚禄利诱郑观应。其中有"洋行之王"之称的怡和洋行也向他伸出橄榄枝。怡和洋行是当时最著名的一家老牌英资洋行，远东最大的英资财团，涉猎的范围除了传统的茶、丝以外，甚至还有采矿、淘金、金融业、保险业等。同乡兼姻亲唐廷枢就曾在此任要职。

另一边厢，招商局又打起这位经营奇才的主意。招商局自唐廷枢领衔后，生意红红火火，不少皇亲国戚见招商局"好捞"纷纷塞进来，有的还担任了要职。唐廷枢举步维艰，招商局从此江河日下。为了扭转这一局面，盛宣怀力举郑观应。

这回可是李鸿章亲自出马，他向朝廷上奏恳请将郑观应"一门好善"的事迹载入广东省志和香山县志以示表彰，奏片刚刚写好，盛宣怀就马上抄录了副本寄给郑观应，这对于郑氏家族实在是一个无比荣耀的事情，郑观应自是感激涕零，在回函中表示：

"感悚交集，非得笃爱深知，曲为详达，时与春嘘，乌能承此。"

不久，盛宣怀又乘李鸿章南下之机，邀郑观应一同到吴淞口拜见了李中堂大人。接下来，唐、徐和盛三人轮番上阵，劝说郑观应转投招商局。

说到人才的选拔，回想中国历史上的人才都是社会上历练一段时间的真才实学之辈，三国时的诸葛亮，现在的郑观应不外如此。

在外企担任高管是一条典型的"致富之路"，不过郑观应别有抱负，他兢兢业业做买办数十年，向洋人学本事，是希望有朝一日，振兴国家商业。他期待这一天的到来。然而，当这一天来了，他却"心若辘轳，殊难臆决"。

这是有原因的，太古一向待他不薄，英方总经理冷士唯更是私交甚笃。进招商局的利弊在他看来也是明摆着的：就职位而言，他在太古是总买办，进了招商局肯定将排在唐、徐及盛等人之后；就利益而言，也是大大地跌了身价。

他在给唐廷枢的一封信中说得很明白：不计薪水之多寡，唯恐舍长局而就短局，有关名誉。

这些眼前的得失倒还不是他优先考虑的，让他再三迟疑的，其实还是招商局的官商体制。因为商业毕竟是个以谋利为主要目标，由商人来办，因利益相关，会有很强的责任心，尽可能地杜绝浪费、推诿这些现象。相反，官办企业，其利益不与个人相连，办事者不愿倾全力。加上官场那套相沿已久的繁琐环节和沉暮气习，与经商的灵活、简便及迅速把握时机这些因素相距太远。所以"官办不如商办"这个观点，在郑观应所著书中颇多反映，这也是他的亲身体会。

何去何从？

郑观应在经商生涯中面临着人生的一个十字路口。他看到，招商局目前的经营格局尚不稳健，"若不早日维持，恐难自立，我国无轮船往来各通商口岸，更为外人所欺辱。"而加盟招商局有实现振兴民族工商业理想的机会，强烈的爱国情怀始终占了上风。在"民族利益"与

"个人利益"面前，郑观应义无反顾地选择了前者。他决定转投招商局。

　　显然，为了振兴民族经济、挽救国家权利是来自郑观应的内心召唤。从他的《与西客谈时事》一诗中显而易见：

> 有客谈中华，隐抱腹心疾。
> 原误因循弊，凡事守迂拙。
> 矿产富五金，匪独旺煤铁。
> 虽有采购者，往往多牵掣。
> 刻舟以求剑，胶柱以鼓瑟。
> 粉饰每自欺，学华难覆辙。
> 英图扬子江，围棋布子密。
> 或借港泊船，或租地筑室。
> 或司总税务，或代邮传驿。
> 或为开矿谋，或为训士卒。
> 铁路或包工，国债或借拨。
> 措施靡不周，阴谋多诡谲。
> 欲取因先与，忘本翻逐末。
> 怪哉据要津，犹自耽安逸。
> 无复计变通，只用羁縻术。
> 厝薪卧其上，举火同迅发。
> 其势必燎原，共间不容发。
> 虎视兼狼吞，海疆终缺裂。
> 奋笔作此诗，字字含泪血。
> 危言且深省，聊用告明哲。

　　诗中对中国时局的分析，对列强用经济手段侵吞中国主权和利益的狼子野心的揭露，写得相当集中而强烈，他其实要说，在"商战"方面，列强对中国早已不宣而战了，不采取果断的措施，比如发展民族工业，中国断无富强之日。

　　1882年2月，郑观应与太古的合约期满，3月，他毅然辞去待遇优厚的太古轮船公司总买办一职，正式脱下太古洋行买办的服饰，接受李鸿章的委札，就任招商局帮办一职。开始了从洋行买办到民族企业家的人生转折。

从此，徐、唐、郑这三个广东香山老乡，成为中国进入工业革命时代之后的第一代国企经理人，为开创民族企业披荆斩棘！

买办生涯如此稳定而多金，唐、徐、郑三个老乡却相继弃之转投，这没有商业利益的评估，如此大的冲动其实是完全来自于他们对国家的报效之心！

当时的轮船招商局，并不是人们想象中的"肥猪肉"，相反，郑观应面对的是一个"烂摊子"，外受怡和、太古洋行之倾轧，内受官场积弊之侵蚀，亏损连年，难以为继，几至不能维持。

郑观应果然不负众望，他上任伊始，即拟"救弊大纲"十六条上呈李鸿章，从得人用人、职责相符、赏罚分明、增加盈利、降低消耗等方面提出了一系列建议并付诸实施。由于他的内外治理，轮船招商局的营业额和股票市值大幅提高，业绩很快跑在所有洋行前面，尤其是航运，基本上给招商局垄断了，实现了李鸿章创办招商局的初衷。1883年，10月，李鸿章擢升郑观应为招商局总办。

"千手观音郑观应"的"朵"（外号）从此在商界响起，这个称谓意味着郑观应的经商天才无与伦比。上海机器织布局的创建更展现郑观应在经商方面的过人禀赋。

上海机器织布局在1878年已开始筹办，转眼5年过去了，但至今仍是"见雷声，不见雨落"，开不了工。究其原因，机器织布局权力握在官方代表手中，四川候补道、总办彭汝琼和郑观应的关系总是不谐，导致企业筹建进展艰难，甚至连房租食用都要付不出了。

李鸿章见状火了，立马将彭汝琼调开，起用郑观应。不知是清政府国库空虚，还是李鸿章有心试一试郑观应是否如社会上所传一样具"千手"之能。郑观应上任后，利用"一把手"的权威，压制了新调来的官方代表龚寿图、戴恒等，成功地推进筹建的一切准备工作，但仍是"万事俱备，只欠东风"，清政府下拨的资金迟迟不见踪影。

俗语说，"巧妇难为无米之炊"，虽说钱不是万能，但是没有钱万万不能，创办企业尤其如此。在这万般无奈的情况下，为感李鸿章的知遇之恩，他硬着头皮，抛却沮丧，施展他的"千手"之能，频出新招：

第一招，众筹启动资金，开创解决资本新路。在上海《申报》及海外报纸上刊登广告，向社会集资。这种登报向民间招股的方法，在中国没有先例，百年后的中国才开始流行。郑观应为解决中国企业资本缺乏问题开创了新路。在19世纪80年代的上海，他首创的招商集资的方式，成为中国股票发展的源头。这样做的手法光明，透明度高，财务又公开，得到社会认可，集资效果显著，达60万两白银之巨。

第二招，许以高薪、礼聘能人。"办大事首在得人"，郑观应说，"厚给薪水，奖以虚衔，优礼牢笼，使之悦服。然后人皆用命，各奏尔能。"这就是郑观应高明的用人之道。他说到做到，许以高薪，委托容闳在美国"选聘一在织布厂有历练，有名望之洋匠到沪商办"，最终聘得美国织布工程师丹科来华。并利用香山老乡的华侨直接从国外引进纺织先进技术，机器设备来自美国，建起一座有轧、纺、织三步兼营的大工厂，打破了中国历来手工织布的局面。

第三招，立足当前，着眼长远。建立原材料生产基地，从美国引进了优良棉籽，在本土建起了优良的原材料基地，此举不仅解决了后顾之忧，而且对我国棉织业发展贡献重大。

第四招，建章立制，制度管人。人是万物的尺度。办企业，就是用一套好的制度，把各种人才聚集到一起，发挥合力。"确定章程、建立机制"，对权力形成约束和监督，譬如定期召开股东大会，对经营决策进行表决等。这些具有现代企业的管理特征，显然超前，并且有很大的鞭策力。

很快，上海织布局全面投产，营业兴盛，利润很高。郑观应理所当然成为中国历史上第一家机器织布局的奠基人。

此后，中国众多一流"国企"都由他充当一把手，上海机器织布局、电报局、轮船招商局三大官督商办公司大权由他统揽。同时，还担任开平煤矿粤局总办、上海轮船招商局总办、汉阳铁厂总办、广东粤汉铁路总办等，继续展露他一人"千手"之能，是真正意义的"打工皇帝"。

随着"国企"业绩日渐好转，引发了民间对民族工商业的投资热情，催生了中国的股票业，第一家证券交易所平准股票公司应运而生。

郑观应使"国企"扭转危局，起死回生，有人传说他有"秘术"。洋务人员盛宣怀认为郑观应"商情熟习"，是近代中国企业的奇才，不愧为"商战高手"。

郑观应回应道："并无秘术，不过诚意相孚、实事求是耳。固无奇才异能，何敢贪天之功为己有？"

"实事求是"的观点，原来在一百多年前，郑观应已经提出来了。撇开郑观应的自谦之词，人们可以看到，郑观应除了确有奇才异能之外。其实，也离不开他的勤勉。为了进一步推动"国企"的业务发展，郑观应经常走出去，巡视各埠商务情形，进行实地调查。

1893 年 3 月 30 日，他携招商总局文案吴广霈，从上海出发，沿长江西行。他们途经镇江、芜湖、九江、汉口、宜昌、万县，于 5 月 6 日到达重庆。5 月 16 日东归，6 月 10 日回到上海，合写了《长江日记》及一批调查报告，为招商局日后制定发展战略提供了重要依据。

如果说郑观应有什么"秘术"的话，这就是郑观应成功的"秘术"之一。用现在话来说，他有着"深入实际调查研究的工作作风"，这就是他制胜的法宝。

然而，"国企"存在的种种弊端，始终是它的发展障碍，郑观应深感"政企不分，后患无穷"，除非有一个像他这样的好领导，但企望"人治"始终靠不住，"法治"才是根本。于企业而言，这个"法"，要义之一就是要符合经济规律。

1909 年，郑观应征得李鸿章的支持，决定对"国企"进行改革，把招商局从"官督商办"企业改制为完全的商办企业，这标志着郑观应为近代中国工商业的拓展和创新留下里程碑式的一笔。

●指点乾坤，泼墨惊世

有道是"人无千日好，花无百日红，早时不算计，过后一场空"，一心为国企操劳，尽心尽力的郑观应，早将个人创办企业抛诸脑后，也没有为自己后半生积累盘算。所以，当灾难来临，他也只能望洋兴叹。

正当郑观应的事业如日中天的时候，一场世界性经济危机波及上海，给了他致命打击。早在 1882 年的初冬，上海的《申报》就刊出了武汉有钱庄倒闭的消息，到了 1883 年年底，上海的 78 家钱庄也倒闭了68 家。

早在 1883 年年初，国际形势风云突变，中国和法国兵戎相见，法国军舰集结于上海港口，摆出进攻姿态，十里洋场因之泡沫破碎，股票大泻，胡雪岩、徐润等商业巨头也是在这个时期破产。郑观应纵有千手之能也难抵御急风暴雨式的打击，他旗下企业也逃不了江河直下之命运。

郑观应时任"央企"机器织布局的高管，遭遇战乱，无法正常开工，股票从原价 100 两跌破 70 两，使织布局外放之款收不回而出现亏损，经元善等受清政府委派来清理局务，发现总办龚寿图有挪用公款的行为，而龚寿图却攀诬郑观应，郑观应只得垫出两万金了结此案。

1884 年 3 月，中法战争爆发，爱国心切的郑观应立即自荐参加抗法斗争。赴广东办理军务，到南洋了解敌情，并向李鸿章上《防法条陈》十条，就加强军队战斗力，断绝敌人供应，加强船舶、电线管理，严防奸细等提出了具体建议；他还协助张之洞筹划从汕头运兵械增援台湾，还冒险亲自前往西贡、金边和南洋一带探查敌情。他去香港购置军械、租船运送粮饷时却被扣留了。

原来由他所保荐的太古轮船公司总买办杨桂轩手脚也不干净，贪污公司巨额钱款出逃，太古洋行援引保人亏欠有偿还义务的法律，将郑观应扣留于香港追索赔款。最后，郑观应按"西例"宣告"破产"，变卖原存太古的高档红木家具，并以出让股权等方式才使债务纠纷得以解决，他本人也获自由离开香港。

这两起事件成了郑观应人生的又一个转折点，不仅使他经济损失惨重，还使他在商界的名誉毁于一旦，让他感到十分沉痛和无奈。

将近一年的被拘生活使郑观应身心遭受巨大打击，他感叹写道："年来命运坎坷，事多拂逆。以致上司朋友责于外，父兄妻子怨于内，进退维谷，申诉无门。惟今身败名裂，不足取信于人，虽到处乞怜，终难应手。"他有首诗写的就是当时的境况：

> 家惟千卷书，囊空无一钱。
> 弟兄交相责，妻孥涕泪涟。

如此折腾，身处绝境的郑观应以前所未有的失望感叹世态炎凉，这个有着革新思想却骨子传统的儒商自觉身败名裂，几乎要丧失尊严的乞怜让他心力交瘁。他有了退隐之意。

确切地说，郑观应是 1885 年 5 月上旬回到了家乡香山县雍陌村的，和他一起回来的还有他在上海娶的妾赵氏，就是当年在宝顺洋行见工时认识的，后来当了他的秘书小姐。这一年，郑观应 43 岁。

雍陌村，这条小村庄是郑观应生长的地方，这里每户住所皆背靠五桂山，坐北朝南，南面是秀丽的田野，环境宁静清新。他身处其中，迅即消除了城市喧嚣所造成的疲惫压抑，心脾为之畅通，境界为之开阔。郑观应细细打量起这里又熟识又陌生的一切。

他推开院门，映入眼帘的是屋檐下"秀峰家塾"四个苍劲有力的金漆楷书阴文匾额。秀峰为他父亲的号，严父教诲的影子仿如昨日。他若有所思，穿过中门，径直地走进书房，这时，他的视线被书台的一本打开的小书吸引了，他轻声地读着开头这小段：

> 夫猪仔馆者，拐贩华人过洋为奴，其所居名曰招工，俗谓之"买猪仔"。粤东方言，物之小者曰"仔"，盖言被拐者若猪仔之贱，有去无还，既入其笠，又从而招之意也。奇货可居，获利极厚，每名归西洋国税洋一元，归澳门拟事亭番官使费银两元。

这是他当年回乡时，耳闻目睹家乡的"猪仔"现象有感而发的初稿。书房是他的"禁地"，家人上下都不敢动他的东西。所以，这篇文章的初稿至今仍原封不动地放在这里。后来以《澳门猪仔论》为题在上海《申报》发表，惊动清政府。

澳门这弹丸之地，原为香山辖地，它的盛衰变迁始终牵动着郑观应的观察视线，只是鸦片战争后，香港以其天然深水港的地理优势取代了澳门，以致澳门只剩下"商务鱼栏与鸦片，饷源以赌为大宗"。

蛰居香山县期间，郑观应时常往返雍陌村和澳门两地。根据记载，尽管郑观应一生中的大部分时间居住在上海、广州、南洋等地，但他在澳门前后生活了 10 多年的时间，在与澳门邻近的三乡雍陌村生活了 17 年，他一生中有三分之一的时间是在雍陌村和澳门度过的，即便是在上海、广州等地生活，郑观应也与同乡之间保持着密切的联系。

郑观应在澳门建有一座很大的郑家大屋，位于澳门下环妈阁街龙头左巷 10 号。这是他功成名就、荣耀故里时建的，1881 年落成，占地4400 余平方米。郑家大屋由两座并列的四合院，以及仆人房区域和大门等建筑群组成。在当时的澳门民居中，算得上是规模宏大、建筑考究的，显示着澳门特有的中西文化交融的韵味。

步入大屋，先是一个姹紫嫣红的花园，穿堂走巷，而后经过一个开阔的院子，便是两座四合院，这里是主人起居学习的主房区。赫然入眼的是"通奉第"牌匾。"通奉第"是郑观应的住室，在这里，他写下《题澳门新居》：

> 群山环抱水朝宗，云影波光满目浓。
> 楼阁新营临镜海，记曾梦里一相逢。
> 三面云山一面楼，帆樯出没绕青洲。
> 侬家正住莲花池，倒泻波光接斗牛。

在郑家大屋正厅有一副对联："惜食惜衣，不独惜财还惜福；求名求利，必须求己免求人"，时刻警醒着郑氏族人具有"必须求己免求人"的自立精神。如何自立呢？"善耕者不必善积，能读者不必能商。但求一艺之精，可为世用，足矣。"这一家训与以往轻视技艺的传统观念大不相同，很有现代气息。

郑观应经过一段惶惶不宁的日子，后来又"卧病三载"，杜门养病，沉溺医书，寻方治病，研习道术和医术。1886 年，郑观应专程去罗浮山访道求仙。有诗为证：

> 我欲退步学神仙，不愿长为世所抑。
> 富贵功名本由天，任尔畸士求不得。

这段时期，郑观应的政治态度是消极的，虽然这样，他骨子里的维新改良思想和意志却没有动摇。其实，从郑观应的慨叹中看到，他隐世并不避世，尽管他自称"蜷伏乡间，灰心时事"，但并未停止对中国问题的思考。事实上，刚回到家乡时，当他得知中法息战，想想外国人在中国横行霸道，他写道：

> 兵部不知兵，武官无韬略。
> 刑部不晓律，胥吏弊易作。
> 户部不兴利，工农日萧索。

坐论推元老，部员供唯诺。

事若上不明，动为下所默。

畏难图苟安，袖手观棋局。

否极泰来，在家乡恬淡、宁静的环境，身体越来越好起来了，开始静心梳理自己的人生经历和多年来对时事的思考。

他一生坚信"最感人者，莫如多著善书"。早在上海经商期间，郑观应谨遵父嘱，手不释卷，古今中外、政治经济等书读了不少。当买办，又让他有机会增长见识，开阔眼界。成了工商巨子后，郑观应已开始不停地思考中国的命运，先后写出了《救世揭要》和《易言》等有较大社会影响的书，但都不是令他满意之作。早在1884年，他从新加坡去槟榔屿途中，在日记上这样写道："晨起，披阅《易言》，觉昔日见闻，以今日证之，多未透彻。"

郑观应有信心在两部书的基础上，写出一部皇皇巨著。写什么好呢？此时此刻，在雍陌村郑家祖屋的书房里苦苦思索。他脑海中出现外国列强侵略中国的情景，"落后就要挨打"这五个字犹如警钟在他的耳畔长鸣。郑观应不假思索，写下了书名——《盛世危言》。

多少个不眠之夜，在雍陌村的书房里，在澳门的郑家大屋中，或低头沉思，或伏案走笔，他将满腔的爱国之情、几十年的广博见识都倾注于《盛世危言》这部惊世巨作中。

他每写一章，住笔捧卷，朗朗读来，声音铿锵，字字句句，都是惊世之语：

自中外通商以来，彼族动肆横逆，我民日受欺凌，凡有血气孰不欲结发厉戈，求与彼决一战哉。于是购铁舰，建炮台，造枪械，制水雷，设海军，操陆阵，讲求战事不遗余力……而彼族乃哑哑然窃笑其旁也。……

有国者苟欲攘外，亟须自强；欲自强，必先致富；欲致富，必首在振工商；欲振工商，必先讲求学校，速立宪法，尊重道德，改良政治。……

能富而后能强，能强而后能富。可知非富不能图强，非强不能保富。富与强实相维系也。然富出于商，商出于士、农、工三者之力，所以泰西各国以商富国，以兵卫商，不独以兵为战，且以商为战，况兵战之时短其祸显，商战之时长其祸大。……

西人以商为战，士、农、工为商助也；公使为商遣也，领事为商立也；兵船为商置也……我中国宜标本兼治。若遗其本而图其末，貌其形而不攻其心，学业不兴，才智不出，将见商败，而士、农、工俱败，其孰能力与争衡于富强之世耶？……

中国不乏聪明才智之士，惜士大夫积习太深，不肯讲习技艺，深求格致，总以工商为谋利之士，初不屑与之为伍。……

中国以农立国，外洋以商立国。农之民，本也；商之利，末也。此尽人而能言之也。英吉利商国也，恃商以富国，亦恃商以强国。……

这是郑观应发出的惊世之叹，醒世之言。对于当时积贫积弱的清朝，这声音无异于黄钟大吕！

郑观应已看到清政府的政治腐败的程度，内忧就不可避免地要升级为外患。因此，他开始深盼回春国手医，于是又挥笔写道：

> 亡羊补牢尚未迟，农工商是富强基。
> 强邻环伺犹堪虑，当轴因循岂不知？
> 贾谊上书唯痛哭，班超投笔莫怀疑。
> 疮痍满目凄凉甚，深盼回春国手医。

"深盼回春国手医"，这次，郑观应终于遇到这位"国手医"了。这位国手医就是从医人到医国的孙中山！

当年，年轻的孙中山在澳门行医，高超的医术，被当地人称为医圣。郑观应与孙中山的相识是通过郑藻如介绍的，过从甚密。那时孙中山年仅27岁，而郑观应比他长24岁。郑观应的老家雍陌村与孙中山的老家翠亨村相去仅 10 多公里。从书信往来中，这两颗智慧的脑袋产生的思想互相碰撞，激起了璀璨的火花。孙中山为郑观应这位前辈具有丰富的人生历练、渊博的学识及独特的见解所折服，而郑观应对年轻的孙中山有如此广博的见识、高远的志向及非凡的气宇深表震撼。至此，他们俩成了同抱救国救民理想的忘年交。

对于青年才俊孙中山，郑观应以识才的伯乐之慧眼，及长者爱才之博大胸怀，热心尽力地给予资助。

1894 年 1 月，郑观应亲自写信给好友盛宣怀，托他将孙中山的《上李傅相书》转给李鸿章。后来在郑观应的著作中还辑录了孙中山的《农功》这篇文章。而郑观应以爱国为根本，商战为核心，开议会立宪法为精髓的改良主义思想，启迪了孙中山。

●变法大典，郑氏"危言"

1894 年春，浸染着郑观应毕生心血的《盛世危言》正式发表了。

《盛世危言》的内容涵盖了"议院""学校""商务""铁路""邮政""银行""开矿""纺织""农功""海防"等 111 篇正文，附录、序跋有 72 篇，内容涉及建设现代国家和解决当时危难的所有问题。

此书一出，吹响了改革变法的号角，迅速引起朝野震动，如一场急风暴雨，开始涤荡中国政治界、知识界。其影响的确是方方面面的，诸如：

——第一个提出了君主立宪的思想及在当时看来不可思议的"依法治国""商战甚于兵战"理论。郑观应首先开出的强国之方有二：一是变法，认为按西制设议院是良法，"政事之废举，法令之更张，惟在上之人权衡自秉，议毕即行。"既可博采众议，又能消除君民隔阂，全国上下同心合力。二是全面"向西方学习富强之道"，强国富民之道在于寓兵于商，"官之所需，商皆立应"；呼吁国人"欲自强，必先致富；欲致富，必首在振工商"，"初则学商战于外人，继则与外人商战。"

——第一个提出"标新立异"、力争上游的观点。郑观应是位坚定的爱国者和民族主义者，他对西方侵略者的行径，力主抗争。建言要引进西方先进技术，包括先进武器；强调自行研发，力求"标新立异，进而弥上"，否则中国只能永远"望其项背"，而不能"夺其所恃"。要制胜外人，"必须尽知其成法，而后能变通，变通而后能克敌"。

——第一个提出中国应该打破与世界隔绝的观念。利用"国际公法"维护自身权益，并根据国际法修订本国律法，在弱肉强食的国际关系中，各国借以相互维系安宁和睦的法宝，便是共同遵守的"国际公法"，对于中外签订的不平等条约，要按照国际公法加以修订，摆脱"孤立无援"之境。无可否认，郑观应是推动中国融入世界的引路人。

——第一个对"官督商办"体制率先提出批评。郑观应指出，按照官僚权威设置模式的官办企业，成了官府衙门一样的机关，谁的官大谁说了算。他主张国家设立商部，由环游过地球、兼通中西语言的大臣当政。郑观应的确是国有企业民营化的先行者。

——第一个提出发展义务教育，强调实业教育。要求改革科举考试内容，要讲授"洋学"，兼习中西"有用之学"，郑观应期盼中国"庠序学校遍布国中，人无贵贱皆有所教"，以及"凡天地万物之理，人生日用之事，皆列于学校之中"，对留学归国者"优先录用"。学术界公认，郑观应是废科举、兴西学的首倡者。

——第一个提出中西医"弃短取长，中西合璧"这一精辟见解。少年郑观应多病，为同疾病斗争，他既相信佛理，又相信科学。深入钻研医术多年，有较深医学造诣，1890 年他著成《中外卫生要旨》一书，预言："打破中西界限，彼此发明，实于医学大有裨益。"如今这一预言也已应验。

——第一个写出有关赈贫济难社会福利的《恤贫》《善举》的文章。详细介绍了西方国有的社会福利事业，对于今天做好社会公益、社会服务，发扬守望相助的传统精神，仍有积极的现实意义。后来，孙中山接受了他的这个主张，成为三民主义内容之一。

——第一个提出在外国设立领事馆。"今各国商人来中土者，无不设立领事保护。而我民之出洋者，不知凡几，常闻受外洋之辱，而莫可申诉。何不照欧洲各国之法，于海外各国都、各口岸，凡有华人贸易其间、居处其地者，则为之设领事馆。大都会则分立二员，大口岸则特立一员。遇有殴争、欺侮、凌虐诸情节，则照会该处地方官，按照万国公法，申理其冤，辨析其事……"

——第一个提出了在上海举办世博会的主张。"故欲富华民，必兴商务，欲兴商务，必开会场。欲筹赛会之区，必自上海始。"

——第一个撰写《电报新编》专著，使汉字编码更完善、更系统，真正完成了汉字符号转变为电子信号的重大突破，汉字电报编码的产生，意义重大，影响着100年以后的今天。以至电脑普及……

人生在世，倘具以上任意一个"第一"，也不白活一回了，然而于郑观应，却只是他攀登峰峦的一串行迹而已。

《盛世危言》点破了人们粉饰的"盛世"的虚伪，指出中国与西方国家的差距在于"彼崇新而强，我泥古而弱。处二十世纪之时，行十九世纪之法，何异冬葛而夏裘，岂第贻人之讪笑"！

林则徐、魏源是最先抬眼看世界的人，但他们对西方国家的现状和国与国之间的关系缺乏研究，也没有提出系统的应对策略。所有这些他们没有做到的，而郑观应都做到了。

郑观应呼吁"习兵战不如习商战"，提出创办新式银行、平等中外税收、收回海关权、铸造简便通货等切实可行的措施。他更大胆地提出向日本学习，"何不反经为权，转而相师？"这种务实气魄绝非寻常书生可比。更为重要的是，他比十年前更为清晰地提出了政治改革的要求，包括实行立宪、设立议院、进行公开选举，他坚定地写道："政治不改良，实业万难兴盛。"

《盛世危言》的问世，恰逢甲午中日战争一触即发、民族危机深重之时，因而很快轰动了社会，好评如潮。可谓是一部富民强国的改革变法大典！

张之洞阅后评价此书："上而以此辅世，可谓良药之方；下而以此储才，可作金针之度。"他意犹未尽，挥毫评点："论时务之书虽多，究不及此书之统筹全局，择精语详，可以坐而言即以起而行也。"

江苏布政司邓华熙阅读此书后，对郑观应的观点十分认同，万分感慨。1895年4月20日（农历三月二十六日），他向光绪皇帝呈上了一道奏折，郑重推荐此书——《盛世危言》。同时，礼部尚书孙家鼐、直隶总督李鸿章也联名将此书推荐给光绪皇帝。张之洞拿着这本书直接找光绪皇帝荐阅。光绪皇帝"不时披览"，大为赏识，认为"颇有可采"，命总理衙门将该书印制2000册，分发朝廷"高干"阅读。自此"京都各地索者络绎不绝"，几年之内，这本巨著竟被朝野上下不断再版，翻印20多次，版本多达20余种，10余万册，时人称之为"医国之灵枢金匮"，一时洛阳纸贵，人人争读，还流传到日本、朝鲜等邻邦，创下中国近代出版史之最。

1898 年 6 月 11 日，光绪皇帝颁布"明定国是"诏，百日维新由此开始！

同年 6 月 16 日，光绪帝第一次召见康有为。临行前，康有为专门拜访了比他年长 10 多岁的郑观应，探问他对于改革的看法。

因为两人都是广东人，刚坐下，自然闲聊家乡人事，很快扯到震惊朝野的《盛世危言》，康有为自然地恭维一番，然后恭敬地问：

"政治能即变否？"

郑观应听了，摇了摇头说："事速则不达，恐于大局有损无益，譬如拇指与尾指交，二、三、四指不扶助能举重合？"

这就是流传于坊间的"五指之喻"，意思是只靠拇指和尾指，其他指头不助力，能托得起重物吗？大指者即光绪，尾指即康南海。在郑观应看来，没有广泛中间力量的支持，单凭一个皇帝，变法是不能成功的。

郑观应泼了他一盆冷水，但没有让康有为醒过来。结果如郑观应所料，几个月后，戊戌维新失败，光绪被囚，康梁逃亡。

没有人知道康有为在逃亡途中，有否想起郑观应的"五指之喻"，如果他当时能领悟这位睿智的香山人的说话，他就不至于差点连性命也不保了。

对于康梁的这场信心满满的改革，郑观应打一开始就不看好，很早就对盛宣怀说："康梁办事毫无条理，不知度德量力，将来必有风波。"这就是何以郑观应缺席戊戌维新运动的原因所在。

历史证明，政治改革的逻辑从来不是上呼下应那么简单，没有社会力量的广泛认同和支持，任何改革都必然是无力的，其结局可想而知。客观地说，对政治规则和帝国的权力逻辑看得更远的人，其实还是郑观应。

《盛世危言》引发康梁变法，变法的失败纯是欲速而不达，这并不影响这本书的真知灼见，以及其持久的影响力。

在这本书的忠实读者中，除了有时年 37 岁的康有为、梁启超，还有时年 27 岁的孙中山，以及少年的毛泽东。日后毛泽东曾向美国记者斯诺直言不讳，这本书对他也产生了巨大影响。他说："我常常在深夜里把我屋子的窗户遮起，好使父亲看不见灯光，就这样我读了一本叫作

《盛世危言》的书。"《盛世危言》使年轻的毛泽东意识到，他应该走出韶山，去学习更多的知识。

具有历史影响力的巨著《盛世危言》一书，标志着郑观应的思想已达至巅峰状态，也达到了自己人生的巅峰。后人有诗赞道：

立志修身重读书，功成商贾亦雄儒。
学深养到成名格，善把箴规导智愚。

●落日余晖，召唤黎明

郑观应蛰伏家乡整整十年，最大的收获就是写就了这一本影响深远的思想巨著——《盛世危言》，这令他名震天下，风头更胜当年，一言一行便可震动晚清商界。

在此书出版后不久的 1892 年 6 月 1 日，他收到了盛宣怀的亲笔书信，言因轮船招商局经营不善，盛宣怀请郑观应再度出山。

去，还是不去呢？他左右为难。

此刻，他在郑家大屋的书房里，躺在那张用小叶紫檀木做的四出头官帽椅上，闭目思索，脑海里出现他进入"央企"后的一幕幕。在他的大半生中，经办上海电报局、机器织布局、轮船招商局、造纸公司、开平煤矿等多家重量级官督商办企业。凡其所任职企业，无不勉力经营，倾注一腔热情，力图打造充满竞争力的新式企业。虽然成绩显赫，但遗憾的是，没有哪一家企业，像太古洋行一样，给予他充分的信任与权限。郑观应感慨道：

政治关系实业之盛衰，政治不改良，实业万难兴盛。

是的，在专制体制下的"国企"实在令其心寒，看看创办"国企"的大功臣，他的同乡唐廷枢、徐润竟也先后被打压。而排挤这两人出局的正是清廷重臣盛宣怀。尽管盛宣怀把唐廷枢、徐润利用完了，就一脚踢开，但一直以来对郑观应都是关怀备至。郑观应与盛宣怀互相欣赏，是一辈子的好朋友。不过，他们在官督商办的理念上却始终格格不入，郑观应信仰民本主义，对官商体制从来深有不满，这种矛盾心态紧紧地纠缠着他。

　　说白了，郑观应实在不想再吃"回头草"了。然而，人毕竟是一种感情动物，郑观应反复地看着盛宣怀手书的言词这么恳切，泪水忍不住流了出来，盛宣怀对他的确有着知遇之恩，想到这里，心软了。

　　郑观应决定重返上海。这一年，他50岁。

　　他握着盛宣怀给他的尚方宝剑，回到招商局，立马又来了个《整顿招商局十条》，和推行降低成本、提高效率的一系列措施，对招商局大加整顿，很快平息了招商局的"内争""外困"，终于逐渐扭亏为盈，使招商局重新具有了和外国轮船公司竞争的能力，郑观应出色的经商才干再次得到淋漓尽致的展现。

　　这时，被称为"千手观音"的郑观应依然活跃在国有、半国有（国企民营）和民营企业里。1896年5月，张之洞委任郑观应为汉阳铁厂总办。汉阳铁厂是由湖广总督张之洞督办，于1889年筹备，1891年兴建，1893年投产。它可采矿、炼铁、开煤，是一个官办的钢铁联合企业。但由于经营不善，加上厂址与原料、燃料产地相距较远，运费昂贵，成本较高，销路不广等原因，曾一度停产。

　　对于接管汉阳铁厂，郑观应曾十分犹豫，最后决定"义务出山"，他在给友人的信中说："总理汉阳铁厂，当时声明系当义务，不领薪水。不过欲为整顿，以救危局，而慰知己耳。"

　　一直以来，郑观应视张之洞是他的知己，有着知遇之恩。因为《盛世危言》发行之初，对此书的推崇和宣传最不遗余力的就是张之洞了。

　　郑观应是一个很讲情义的人。他虽然表示不领薪水，但办起事来却是全情投入。郑观应上任后，就着手解决经营管理方面的问题，宣布招募民股，充足股本。同时，他将化铁炉改建在铁矿产地大冶，大大降低了铁砂长途运输的成本。接着在生产改进上，他实行"觅焦炭，选人才"的两大举措。

　　汉阳铁的问题是价高质差，英美工厂的生铁每吨生产成本为15两，汉阳厂需25两，而其关键就在于原材料焦炭的紧缺以及提炼技术落后。为了解决焦炭问题，他派人在较近的江西、湖南等地勘探煤矿，最终选定用最近的萍乡焦炭，"自行设局买煤炼焦"。为了降低运输成本，他还建成由萍乡到湘潭、株洲180里的铁路。解决了原料供应问题后。他对炼铁技术再做创新，聘用高水平的英国工程师，还专设学堂，培养自己的技术人才。双管齐下，仅仅一年，迅速扭转汉阳铁厂的生产颓势，很快起死回生。

在他的战略调整下，不仅拯救了铁厂，而且汉冶萍（汉阳、大冶和萍乡）形成了亚洲地区规模最大的钢铁联合体，在中国工业史上地位显赫。

汉阳铁厂在濒临倒闭的境况下，让这位有千手之能的郑观应轻施妙手就起死回生，令对创办企业颇有心得的张之洞口服心服，赞不绝口。当张之洞问及郑观应何以能使企业起死何生？郑观应并不直答，微微一笑，拿过纸笔，写了一首打油诗——《铁厂歌》：

> 泰西富强重煤铁，深山穷谷恣搜剔。
> 地不爱宝用不竭，人定胜天恃巧力。
> 经营伊始非草率，井井规模胡遗策。
> 汉阳建厂地势卑，襄河水刷矶头窄。
> 大冶采矿铁质良，转运终嫌一水隔。
> 阴阳为炭造化炉，草木为焦山石枯。
> 先觅煤源树根本，继开铁矿招丁夫。
> 高管插天云雾涌，烘炉泻液雷霆驱。
> 学步却笑邯郸拙，遗巨投艰动支绌。
> 马山煤劣强开炉，烈炬烧天天且泣。
> 器成价较西来昂，停工待料作复辍。
> 洋匠挟制多纷更，总办无权费经营。
> 翻译舞弊失物重，司农不允调水衡。
> 斯时英雄气急短，仰屋无聊但扼腕。
> 奇谋猛得变通法，改官为商机可转。
> 下走参读中外书，十载淞滨筹船算。
> 一朝骤迁将作匠，任劳任怨意相左。
> 移炉就矿煤价廉，事各专精无不妥。
> 太常督办胆识优，只手相期挽逆流。

这首诗强调了进行体制改革和加强管理的重要性，回答了张之洞提出的问题。郑观应这首以振兴实业为主要题材入诗，确实前无古人。同时代或由实业家兼诗人者，无实业题材入诗；或有诗人而非实业家者，更难有以实业题材入诗。郑观应应是近代实业家写实业诗的第一人！

时间来到了1911年1月，郑观应与时为邮传部尚书的盛宣怀发生了最大的一次争执，也是最后一次争执，而此次争执关乎帝国的生死。

甲午之后，大兴铁路渐成热潮，朝廷将之当成国策，民间看到巨大利益，国际资本也不甘失去机会。于是，它成了各方争夺和博弈的最大热点。从1904到1907年间，各省先后成立18家铁路公司，其中，13家商办、4家官商合办或官督商办、1家官办。

盛宣怀坚定地认为，铁路必须国有化。他的逻辑是，铁路既然是事关国家命脉的经济事业，而且有如此丰厚的利益，则自然应该由国家来垄断经营。

在投资理念上，他的想法是，如果国家有钱，就坚决国营投入，如果没有钱，就只好引进外来资金，但宁可借款而不出让股份，如果借款，宁借外债，不信内资。所以，在1911年5月，盛宣怀上奏要求将已经民营化的粤汉、川汉铁路收回国营，朝廷准奏此事。盛宣怀则与英、德、法、美四国紧密洽谈借款事宜。

对此，郑观应却坚决反对，他有充足的理由。1905年，粤汉铁路收回自办，然而，首先遇到的问题是资金问题，清政府又拿不出钱。时清政府委任郑观应总办，他立即筹款，通过努力将招股的数额超过原拟数额一倍，并且股票随即上涨。有钱了，立即招聘工程师、购买器材、购地鸠工、重勘线路等，做得井井有条。股票一涨再涨。郑观应从中看到，利用民间资本，政府民众皆得其利，是最可取的办法了。

可是，根据盛宣怀公布的方案，政府只还给民间股东六成现银，另四成是无息股票，也就是说，投资人不但没有任何投资收益，还承担了四成的损失风险。

郑观应认为，如此方案明显欺凌民股，所以反对有加，他给盛宣怀发去急信，认为"如政府收归国有，自应本利给还，不能亏本。若不恤人言，挟雷霆万钧之势力，以实行此政策，恐人心解体"。盛宣怀接信后，置若罔闻。

结果如郑观应所料，清政府颁布盛宣怀制定的方案后，各省商民群起反抗。1911年5月14日，长沙举行万人群众集会，接着长沙至株洲的万余铁路工人上街示威，并号召商人罢市，学生罢课，拒交租税以示抗议。紧接着，四川组织保路同志会，宣誓"拼死破约保路"，参加者数以10万计。

在这紧要关头，6月30日，郑观应再写信给盛宣怀，紧急提议："查反对党所说不公者，其意不过要以后之四成给还有利股票，照原议商议，不成，原银缴还而已……恩威并制，迎刃而解。"一意孤行的盛宣怀还是无动于衷。

9月7日，四川总督赵尔丰逮捕保路同志会领袖，枪杀数百请愿群众。四川民变骤生，清朝廷紧急抽调湖北新军驰援四川，导致武汉空虚。

10月10日，在同盟会的策动下，数百新军发动起义，星火顿时燎原。

1912年1月1日，他的同乡孙中山在南京成立中华民国，数千年帝王统治宣告终结。这时候，郑观应和盛宣怀都无语了。所有的一切一切都没有机会挽回了！

每到心事重重，郑观应喜欢一人漫步在黄浦江边。这天，落寞的他，抬头看着对面那些在落日的余晖中，一栋栋颇有风格的建筑。

虽然磅礴依旧！但已风光不再。此时，徐徐下山的太阳，像燃起的大火球似的，燃烧着一片血红的晚霞。一团色彩绚丽像烈火一般的云团渐渐地平淡，最终渐渐地消失。

他知道，自己就是这落日，映射着余晖。

他想，黎明的召唤让他的同乡孙中山去干吧！

因政见的不同，郑观应与孙中山分道扬镳多年了。现在，他不得不佩服比他年轻二十多岁的孙中山之先知先觉，想起家乡流传着有关神算子"是帝象帝，是帝即帝，是帝非帝"的故事及预言，他知道此"帝"非孙中山无疑。历史证明，孙中山是正确的，是潮流的引领者。不是吗？当年孙中山要推翻帝制，不少人群起而攻之，说孙氏太天真了，认为皇帝是不可以也不可能推倒的，而事实上是批评他的人无知了。

当年郑观应与康有为、梁启超一样，并不明白清室何以不"觉悟"的深层原因，当"戊戌变法"惨剧发生，"甲午中日战争"的惨败，直至变法失败，他才意识到，"帝制"的确是中国落后的根源，帝制存在的一天就永远没有变法的可能。

这活生生血的事实，郑观应开始有所醒悟。他抛弃了原先的赞成君主立宪的观点，转而支持孙中山的民主共和，这在郑观应斥窃国称帝的袁世凯的一首《专制叹》中足可佐证，诗曰：

> 古今尧舜华盛顿，择贤禅让名不磨。
> 欲救万世家天下，强秦洪宪今如何？

然而，历史也证明，郑观应的商战理论是正确的。可恨的是，只想赞"盛世"而不愿听"危言"的清廷统治者们，终究还是不能觉悟，以致沦落到亡国危机中，这不禁令人扼腕叹息：要是统治者多听一点"郑氏危言"，也许中国富强的时间可以提前数十年，20 世纪创造亚洲奇迹的可能就是中国而非日本！但历史已经没有假设了。

到民国初年，郑观应已年近古稀，开始转而关注教育，担任招商局公学住校董事等职务，并创办了中国第一所女子学堂，仍在发挥着他的余热。

1921 年 6 月 15 日，发行于上海的《申报》上登出了一则讣告："清授荣禄大夫，原任广西左江道郑公陶斋，于夏历五月初九日寅时寿终。"

一代伟大的启蒙思想家郑观应与世长辞了，令人扼腕，中国又少了一位大家，少了一个伟大的灵魂。

纵观郑观应的一生，极具象征意义，生于《南京条约》签订的那一年，又与变更国体的伟人孙中山是同乡，病逝于中国共产党成立那一年。几乎与近代前期相随始终，经历了鸦片战争、洋务运动、甲午战争后，介入维新、新政、宪政，直至国体变更，民国建立，郑观应逐渐淡出现实舞台，专注于教育。

由郑观应一生经历可知，其知识结构是百科全书式的。然而，郑观应最让人心生敬意的还是他的家国情怀！因为爱国，舍弃外国买办的位置，主理官办企业；因为爱国，他不惜一切，为民请命；因为爱国，舍弃后方的优越条件，奔往烽烟滚滚的前线；也因为爱国，舍弃悠闲的富足生活，而日夜不停地奋笔疾书，写他的旷世巨著——《盛世危言》！

一个人的生命毕竟是有限的，每个人都是时代的过客，或许郑观应的辉煌与落寞，凝固于他参与经营的企业，被时光封印在了大清朝。

可是，他的思想是无限的。时间冲刷不掉"郑氏危言"的恒久之生命力，任时光流转，任何时候捧读《盛世危言》，依然让人心潮澎湃。足见郑观应前瞻识见之惊人，对后世影响之深远。后人有首调寄《浪淘沙》的词赞道：

华夏好男儿，壮志如虹。为民请命是英雄，倡议商战兴国运，处世从容。

大气正凛然，慷慨情浓。"危言"醒世意无穷。启迪后人开大道，变革新风。

第九章　博爱为怀施善举
　　　　有容乃大结善缘

诗曰：

生逢世道乱风云，立志常怀报国心。
慷慨笃诚担大任，光明磊落豁胸襟。
侨胞利益如山重，家国情恩似海深。
民主追随弘博爱，永垂竹帛世人钦。

欧阳庚（1858—1943），字兆庭，号少伯，广东香山张家边（今中山市火炬区）大岭村人，是清末民初著名的驻外外交官。自 1872 年考取第一批官派留美幼童生开始，受清廷之官，至 1911 年宣统退位，计有 39 年；自 1911 年至 1927 年，又在民国政府任外交官 16 年，共计 55 年。先后担任美国、巴拿马、印度尼西亚、爪哇等多个国家总领事及智利第一任公使和驻玻利维亚条约特使。著有《大坑香山移民史》《同一经纬地震史》《重建金山中华街》等书。

这位职业外交官横跨两个动荡的朝代并多有建树，爱侨护侨有口皆碑，被华侨尊为"国王"和"首领"。他成功策动美国退还"庚子赔款"，以此款建立了清华学堂（即清华大学前身）；他还为到美避难的孙中山提供庇护，是支持孙中山首创共和的幕后英雄。欧阳庚的革命事迹很早就写进了台湾的中小学教科书，在民国初年上海有条"欧阳路"纪念他，路名沿用至今。

●不凡乡村，显赫的家族背景

欧阳庚的家乡叫大岭村，是坐落于群山拱抱、清水环绕之间的一个美丽小村庄。村庄南面的山叫马鞍山，与宫花村的八面障山相连；北面的山叫后门山，山上竹林成片，果木尤多，故又名花果山；西端与陵岗山相接。山势都不高，但远山迤逦，绵延不断，势若游龙，属五桂山余脉。

大岭村最美之处是马鞍山与花果山之间这条清亮的小溪，溪水源于西面高处的山涧，淙淙流过全村，至新埗头①与小隐村、大环村的河流汇合后直通浩瀚的伶仃洋。小溪终年流水潺潺，美不胜收。可惜在后来轰轰烈烈的城市建设中，小溪绕村庄的面貌已无从寻觅。

"参天之木，必有其根，环山之水，必有其源。"据考，欧阳氏先祖乃渤海湾人（今河北省沧县），是当地名门望族。后人南迁及迁往世界各地，一直沿用"渤海欧阳"这个徽号。宋末，先祖欧阳荣可乃皇亲国戚（当朝郡驸），护卫宋皇南下。南宋败亡后，族人四散避难，一支在顺德均安，一支在江门篁庄，一支在香山南朗麻子村，一支在香山张家边大岭村。

逃难至大岭村的欧阳氏族人安定下来后，在村庄北面的花果山南麓建了一座恢宏的欧阳氏祠堂，以纪念先祖。祠堂坐北向南，前面是开阔的广场和大池塘。左右两边各有一棵三人也合抱不来的古树，遮天蔽日。欧阳氏祠堂为四合院式，两边有回廊，正堂内有两根粗粗的柱子高高地耸立着，直指中梁。直柱上挂着一副对联：

天下欧阳无二氏；
翰林学士第一家。

"翰林学士"指北宋的欧阳修，唐宋八大家之一。"文化大革命"时，祠堂被毁，这对联也就不知所终了。现在的欧阳氏祠堂，是改革开放后乡贤欧阳欣华发起，由海外乡亲、热心村民捐资重建的。

全村依地势分上高村和下高村。上高村原村庄入口处，有一门楼唤作"接龙门"，传说当年皇帝曾经到此处，故称。皇帝有否到过大岭村无从稽考，而门楼横额镌刻着的"大岭"二字，是清朝重臣李鸿章亲笔题写，却假不了。原来，驻美外交官欧阳辉庭与李鸿章过从甚密，这远离京都的偏僻小山村，劳驾中堂大人题写村名，也就没什么值得大惊小怪了。

---

① 新埗头，指小码头。

大岭村人聚族而居，直至改革开放前，异性人不超过两户。这么一个小村庄，旅居美国、加拿大、澳洲、日本、秘鲁、墨西哥等国的侨胞竟高达3000多人，是一条名副其实的"华侨村"。更令人惊奇的是，清末民初时，仅500多米长的一条街，竟出了数十名哈佛大学、耶鲁大学等世界知名学府的大学毕业生，以及5位声名显赫的清政府驻外领事官，因而被称为"中国领事村"。

这是有历史原因的。早在18世纪初，欧美、南洋等国家发现了金矿，为了开采金矿，这些国家大量招收华工。

> 西人开垦招工，佣值顿贵，于是贩卖人口出洋者，名曰卖猪仔。

当时广东因家贫而被"卖猪仔"的人很多，早期许多华侨出国也是被"卖猪仔"出去的。也有一些幸运者，侥幸"捱得出头"①，积累了资金，在海外或经商，或开锡矿，或种橡胶，由此迈上成功之路，变为富商巨贾，成为乡人羡慕的对象。

在清政府专制腐败的统治下，人民生活十分悲苦，贫苦的张家边大岭村村民和珠三角许多家庭的男青年一样面对着无法过下去的日子，不得不背井离乡，抱着搏一搏的心理抛妻别子走上这条风险很大的谋生之路。

他们先是从大岭村新埗头乘坐小船至横门出海口转乘木帆船横渡伶仃洋到香港后转乘轮船前往他国。途中，他们要忍受在波涛汹涌的大海中颠簸100多个昼夜之苦，才能抵达目的地。所以，很多家长担心儿子会受此折磨。除非万不得已，才会让孩子背井离乡出国谋生。欧阳光前是通过澳门的中国劳工招募处"卖猪仔"到美国做苦工，成为大岭村出国谋生的鼻祖。

不知经历多少艰难困苦，欧阳光前在美国站稳脚跟后，努力拼搏，成为一个资财雄厚的资本家。从此，其后到美国的亲朋好友就不需要再走他做"猪仔"出国的老路了。

欧阳光前那些成功者的示范效应，"一个带一个"，这就是为何这

---

① 捱得出头，粤语，通过拼搏，终于出人头地的意思。

么一条小村庄会出现这么多华侨的原因，珠三角其他地方的情况大抵如此。但是，大岭村何以一下子出这么多名牌大学生和外交官呢？情况就特殊了。

欧阳光前发迹后，乡下整个家庭乃至家族从困境中摆脱出来，其子侄有机会受到良好的教育。他有一个侄子叫欧阳明，字辉庭，号锦堂。从小读书聪颖，先在村中欧阳氏祠堂读私塾，后通过乡试，获选送京城参加大考，赐进士，任直隶州知州、知府，后又封授他为资政大夫，花翎布政司，村人都说他光耀门庭，尚且村人习惯以字行，故多称他为欧阳辉庭。

也许是因为欧阳辉庭有一个叔父在美国功成名就之故，他被直接派往美国担任总领事官，负责组建、开拓美国的外交工作，朝廷每月供给总领事馆1600两银子，一切人事任免，均由总领事官负责安排。有一个财雄势大的叔父在美国，人脉较好，外交工作开拓起来也比较顺利。

欧阳辉庭在任期间，目睹国家积弱，深刻体会"弱国无外交"的道理，认识到强国之根本在教育，故反复与清政府、美国斡旋沟通，终达成"留美幼童计划"，由当时已加入美国籍的同乡、年轻的容闳回国具体组织实施。

容闳，香山南屏（今珠海市南屏镇）人，是第一个毕业于美国耶鲁大学的中国留学生。容闳返国后，反复与曾国藩、李鸿章磋商，为实现派遣幼童留美计划费尽心机。他提出以选派幼童出洋留学为重点的条陈，多次游说李鸿章和曾国藩，终于使他们同意向朝廷奏请派留学生。

1871年，选派幼童赴美计划获批准，朝廷做出了一个堪称"中华创始之举，古今未有之事"的决定：派遣幼童留美，学习西方的先进技术，"师夷长技以制夷"。欧阳辉庭和容闳终把计划变成了现实。

他们的规划是：访选各省聪颖幼童，"学生年龄，定为12岁以上，15岁以下，须身家清白，有殷实保证，体质经医生检验，方为合格"。每年30名，四年共120名，分批搭船赴洋，在外国留学，15年后，按年分批回国。"计回华之日，各幼童不过三十上下，年方力强，正可及时报效"。

同年，清政府在上海洋家浜（今延安路）成立"幼童出洋肄业局"作为幼童留美的预备学校，提供为期一年的中英文集训。按照规划，制定了考试规则，应考及格才能进入预科，再学一年"方可派赴美国留学"。

上海留学预备学堂由曾国藩的幕僚刘瀚清任校长，聘请中、英文教习各三名，对幼童进行初等的中文和英文补习。经过将近一年的时间，30 名幼童出国前中英文会考全部及格，获准"放洋"。

幼童出国之前，"学生之父兄须签名于志愿书，书中载明听其子弟出洋留学 15 年（自抵美入学之日起，至学成止）；15 年中如有意外灾害，政府概不负责。"

当时，容闳以为这事很容易，不料，预科学校设立近一年了，愿意留美的幼童没来几个。

按照现代人的想法，官费留学 15 年，是再好不过的事情了，但遥想当年，国人不愿送自家子弟出国留学，因为他们担心自己孩子被"卖猪仔"做苦工。而且还考虑到，出国时间太长，足足 15 年，其间不知会发生什么变故，最紧要的是人身无保障，且身居海外，恐怕水土不宜等。

正是因为这些原因，八旗子弟没有一个人报名，从后来的报名情况中也可看到，70% 以上的孩子来自广东省，18% 的孩子是江苏人，剩下的为浙江、安徽、福建、山东人。且报名者均来自较富裕的家庭，因为清政府明令"有殷实保证"，绝非现在的一些媒体说的都是那些贫困家庭。

话说回来，容闳见招不到几个学生，大急，忙报告驻美总领事官欧阳辉庭。欧阳辉庭深感困惑，心想此"留美幼童计划"乃自己一手达成，倘因之搁浅，难以复命。故还是委派老乡容闳回到广东香山县（今中山市、珠海市）自己的老家，动员亲友支持自家子弟留学。

1871 年 2 月，容闳受中国驻美旧金山总领事官欧阳辉庭之托，风尘仆仆地来到香山县大岭村把欧阳兆庭带走，踏出了远赴重洋求学的第一步。村人见外交官的亲人欧阳兆庭也出国了，纷纷表示愿意将儿子送出国。

据广东省中山市档案馆馆藏的一份从国外收集回来的"清朝四批留美学生名单"显示，120 名"留美幼童"中，广东香山籍人士占了39 位。

让自己亲人先出去，希望有一个示范带动作用，仅此而已。但许多人想不到，中国留学史的大幕竟是在这千难万难中开启的！

●启航上海，惊涛三万二千里

1872年8月11日，清政府确定了第一批赴美留学的30名官费生，当中有13人是广东香山县人。在随后的1873年、1874年和1875年连续三年中，中国的第二、第三、第四批留学幼童全部按计划如期赴美。

在他们踏上漫漫征途之前，所有孩子的父母都与清政府签订了一份15年的生死协议，"倘有疾病，生死各安天命"。欧阳兆庭父亲出具的保证书是这样写的：

> 兹有子兆庭，情愿送赴宪局带往花旗国肄业学习技艺，回来之日，听从差遣，不得在国外逗留生理。倘有疾病，生死各安天命。

出发前，他们还照了一张"全家福"。照片上，幼童们都身着长袍，脚穿厚底靴，脑后拖着长长的辫子，眼神怯生生的，嘴唇紧抿。那神情透视着幼小生命的惶恐。而他们的身后，是摇摇欲坠的清王朝的风云变幻与浮生百态，等待着这一群孩子上演一幕幕悲欢离合。

这批中国历史上最早的官派留学生，由于其出洋时的平均年龄只有12岁，他们都有一个永远的、共同的名字——留美幼童。

留美幼童是大清国派出的学生，不仅要求品行端正、聪明，而且要"眉目清秀者，以免有辱国格"。用广东话说，就是要"靓仔"，名字不好听的，也责令家长尽快改名，所以这些留美幼童不论是外表，还是名字，都风雅大气。

1872年8月12日，即农历七月初八日早晨，上海的天空阴沉沉的，间或飘着丝丝细雨。上海黄浦江边的码头上，一艘称为"明轮船"① 的船只安静地靠岸停泊着，它的使命是接载留美幼童从上海到日本，在日本转乘巨轮东渡太平洋，至夏威夷檀香山作短暂停留，再到美国旧金山。

奉命护送第一批孩子出洋的是一个叫作陈兰彬的翰林，他担任正学

---

① 明轮船，早期轮船的驱动轮设在船舷两侧并露出水面，"轮船"名即因此而起。

第一批留美幼童合照。前排左三为欧阳庚，左二为詹天佑

监，教习吕源浚、容增祥和翻译曾恒忠。这天，陈兰彬带幼童们特去拜见美国驻上海总领事，总领事热诚接见了幼童，并作了讲话。

这一年，中国近现代史上一份重要的报章——《申报》在上海创刊。该报在 8 月 5 日的第三版专题报道了留美幼童谒见美国驻沪领事的消息。

报道说，8 月 3 日早晨，学生们浩浩荡荡，乘坐四十多乘轿子，来到领事馆门前。

诸学生下舆，随同护送官员刑部郎中陈君兰彬等鱼贯而入。冠履庄严，跄跄济济，皆衣葛纱缺襟袍，腰系带钩，凉帽、尖靴、荷包、扇坠焕然全新，亦复斐然可喜，望而知为他时经纬之才也。既至署内，排立厅上，二人为一行，大有鹭序鹓班气象。美领事霁颜接见，温语慰劳，其大意若曰：

"尔诸生生长中国，远适外洋，以习西人之学，此固从来未有之创举，亦大清皇帝励精图治、迈绝千古之新政也。余观尔诸生，莫不颖悟英发，气宇轩昂，深愿而诸生莅止我邦之后，各殚竭智力，奋志读书，而于算术机器之学，亦宜究心参考，俾技精而艺熟，将来返至中土，上能仰副大皇帝孜孜求治之至意，下能供国中人之需焉。尔诸生此时皆年未弱冠，迨十五年后，正及壮年，古人所谓幼学壮行，尔诸生殆其有之，夫此事有益于国，有便于民也，固人人皆知矣。予又深望于尔诸生者，愿尔等之能扬其声名，显其父母，俾天下咸生美慕，后世播为美谈也，尚勉旃哉。余日后返国时尚能与诸生相见，其各自爱，毋负所期可耳。"

诸生环坐恭听，无不欣欣然有喜色也。殆闻扬名显亲之语，又莫不有扬眉吐气激昂青云之意也……

完了，陈兰彬率幼童返回住处，给每位学生发放了铺盖及小箱子一只，内有长袍马褂等生活用品。然后，带领着这群孩子来到了码头，准备上船。他们当中很多人连县城都没去过，来到码头上看着浪花一排一排涌向岸边，快乐至极。

孩子第一次远离家国，作为父母的既兴奋又担心，来到码头送别。临别时，他们紧紧抱着孩子，不舍放手，个个痛哭流涕。在学监的催促下，才依依惜别。

幼童们上船了，码头上送行的亲人仍向船上 30 名统一着装的孩子挥着手。孩子们一个一个地走进船舱，站着岸边的亲人们，挥着的手还未放下，眼泪已控制不住簌簌而下。

"呜——"

随着悠长的汽笛声响起，轮船起锚了，缓缓地驶出上海港，破浪而行，掀起呈八字形的两排巨浪，扑打在岸边的岩石滩上，溅起一簇簇雪白的浪花……

当"明轮船"驶出吴淞口，雨停了。这是长江和黄浦江交汇的地方，水天相连，碧波荡漾，白帆若云，舟楫如流，一群海鸥正追逐着轮船在江面上展翅飞翔。

天真的孩子们走出船舱，在甲板上来回跑动，看着上下飞翔的海鸥，个个欢蹦乱跳，一顶顶红顶瓜皮小帽扣在一张张稚气未脱的小脸上，那长长的发辫就在他们奔跑间在身后跳跃舞动，欢笑声与海鸥的叫声像一曲优美的交响乐，清脆悦耳。

"太危险啦！快回船舱，各就各位！"

为安全起见，孩子们一个个被学监赶回船舱里，但天性好玩的他们仍叽叽喳喳兴奋地玩闹着。孩子们想不到，迎接他们的将是惊涛三万二千里！

轮船驶出吴淞口后不久，即遇到风浪，船身摇晃得厉害。他们均是第一次出海，很多孩子晕船，呕吐不止，不停地喊着要妈妈，哭声代替了原来的欢笑声，乱如麻团。

连着好几日，晕船的那些孩子躺在船舱里，昏昏欲睡，不能起床，饿了，只能喝些稀粥入胃。随行的学监看着孩子们原本红扑扑的脸色变黄、变青，心里真是不好受。所以特别细心地照料他们，把他们当自己的儿子一样看待。

轮船航行了六天后抵达日本横滨港，这是远航的第一站。

此时，大多数孩子尚未习惯海上生活，因晕船一直躺在闷热的船舱中，听说船到岸了，那种喜悦之情无法形容，精神也为之振作，纷纷从床上爬起来，跑出船舱，涌向甲板，向岸上眺望异国美丽的土地。

在横滨只休整了一天，第二日一早，学监带着孩子们下船，依次登上另一艘体量特别巨大的叫作"China"（中国）号的远洋轮船，又开始远航。

轮船在海面上航行了半个月，孩子们开始适应海上航行的生活了，晕船者开始减少，并且已从悲伤中恢复过来，活泼好动的本性彻底显露无遗。

对于大多数孩子来说，这是生平第一次坐大轮船，第一次和外国人生活在一起，第一次吃西餐……开始时，并不习惯。但不吃就挨饿，所以幼童也很快习惯了这些牛奶面包。

没有风浪的日子，随行的官员吕源浚、容增祥发中文古训给孩子们，每天上午进行宣讲。而到了晚上，就会让孩子们温习"西学"。要求非常严格，每每遇上学习上有差误的孩子，就会拿出戒尺打他们的手掌。

大海又刮起大风了，又是巨浪滔天，一波又一波地拍击着船舷，接着黑云涌现，分不清哪是天哪是海，继而电闪雷鸣，狂风暴雨，孩子们再次吓得哇哇大叫。而当风停雨住，众人似乎忘记了刚才的恐慌，依然"嬉戏自得，毫不恐怖"，气氛顿时活跃起来，喧哗不已。

长久的海上旅行，让这些孩子吃了不少苦，晕船、呕吐、吃不下饭，如此反复，时时折磨着这些可怜的孩子，而更大考验还在后头。

轮船行至太平洋中心，天朗气清，浩瀚无涯的海面上，碧波如洗，蓝天上飘着白云，美丽极了。

孩子们走出船舱，走上甲板嬉戏，最开心莫过于观赏时常出现在海面上的飞鱼。最令他们惊奇的是突然露出水面的庞然大物——鲸鱼，鲸鱼身上喷出的一道水柱，壮观极了，引来"哗！哗！"的惊叹声！大家兴奋无比。

大海的脸色说变就变，刚才还风和日丽，突然间风起云涌，大雨如注，汹涌澎湃的巨浪，使巨轮上下颠簸，平常看似庞然大物的巨轮在一望无际的大海上显得那么渺小，随时都有被大海吞噬的危险。风在啸、海在哮，孩子们吓得号啕大哭，喊妈叫娘。

轮船顶着狂风暴雨行了足足有一个小时，风也小了，雨也小了。这时，船上一位外国人指着前面碧蓝的海湾说，"到了！到了！小朋友们不要喊了！"孩子们一听，个个破涕而笑。

浩瀚的太平洋中北部，浮着一串岛屿，这就是位于大洋洲的美国夏威夷州之檀香山。这是远航的第二站。

此时，风雨戛然而止。乌云散去，太阳洒在大海上，金波荡漾。大家纷纷走出船舱，站在甲板上，欣赏景色无比优美的海湾。

夏威夷州是美国唯一的群岛州，由太平洋中部的 132 个岛屿组成。首府位于欧胡岛上的檀香山，这里有很多香山华侨。驻美总领事官欧阳辉庭早就安排好当地的华侨提供轮船的补给，轮船在檀香山只停留了两天，又启航前往终点站旧金山。

在浩瀚的太平洋航行的日子，居多天朗气清，而一旦风暴袭来，着实令人恐慌。然而，孩子们的适应性极强，如此反复，已习以为常了。此后的日子，尽管天气时好时坏，但哭声没了，笑声、喧哗声多了。

日子就这样一天天过去。

经历了种种磨难，满载着大清帝国未来希望的 30 个幼童，终于来到了远航的目的地——美国旧金山。

"金山！金山！"学童欧阳兆庭指着前面用英文写的"金山码头"四个大字大声喊道。看来，欧阳兆庭这班学童在上海学的英文用上了。

旧金山，位于太平洋与圣弗朗西斯科湾之间的半岛北端，又称"圣弗朗西斯科""三藩市"。美国加利福尼亚州太平洋岸海港、工商业大城市。19 世纪中叶在采金热中迅速发展，华侨称为"金山"，后为区别于澳大利亚的墨尔本，改称"旧金山"。

"呜——"

轮船的又一声长笛，告诉人们轮船将到岸了。

此时距离出发那日，已过一个月了。除了在日本和夏威夷作了短暂的停留外，足足有 30 天的时间都是在大海里漂泊。大家猛然看到新大陆，欢声雀跃。此刻的心情，无异哥伦布当年发现美洲大陆一样，激动、兴奋。

临到上岸前，学监让孩子们脱下身上的旧外服，又打开衣箱，取出一套套簇新的衣服："蓝绉夹衫，酱色绉长裤，缎靴"，让他们一一换上，"为到金山上岸光辉"。

●留学异邦，沐浴欧风美雨

幼童各自提着小行李箱，排成整齐的队伍，在护送官员的带领下，井然有序地从轮船上一步一步地走下来。

甫一上岸，在这里等候多时的驻旧金山总领事官欧阳辉庭与随行人员走上前热情打招呼："唉！终于平安抵达了！"

大家都如释重负，互相问候。欧阳辉庭与陈兰彬互相施礼后，寒暄一会，即带他们到早订好的皇宫大饭店安歇。

他们入住的皇宫大饭店有九层高，是当时旧金山最高的建筑。后来，学童李恩富曾回忆说："我们从没有见过那么高的摩天大楼。""这里有煤气，有自来水，有电铃，还有一种'升降梯'，这些都是我们没有见过的，极大地满足了我们到一个新地方的好奇。"

这里的一切，对于刚从中国来的人，不论是大人还是小孩都是新奇的。

陈兰彬在回忆的文章里作了如下的描述：

> 登岸见华人会馆酒店已挂中国龙旗，赁寓在满金荣茉莉街九层楼宫殿酒店。是埠有洋商大酒店六间，此又六间中最华丽者。闻房屋器用值六百万圆，地毯足铺五顷，庭院设新制电气灯四盏，白光如月，芒焰远映，胜煤气灯，且工费省倍蓰，他日行用，谅必广矣。……其街道宽阔，形如棋盘，而以街市街为适中之地，生意之大尤在东边。各街俱有长行街车，可坐十数人，略同泛湖小艇，而

往来迅捷。又有机汽车，不用人力、马力，转动消息，自动行走。迤北地势稍高，清泉颇少，所饮之水俱由远山引来。

就在大清国幼童们踏上美国国土的第二天，美国一家著名的报纸在报道他们到来的消息时，这样写道：

> 他们都是优秀的有才智的淑女和绅士，并且外表比从前到访美国的同胞更加好看整洁。

是的，此前到来的中国人给美国人的印象好不到哪里，因为大多是贫苦人家的孩子，且是当作"猪仔"卖过来的，不好看、不整洁最正常不过；而现在这班孩子，都是家庭殷实，又经过选拔培训，有外表、有教养，所以，给人"有才智的淑女和绅士"的第一印象是理所当然的。

幼童在旧金山逗留了3天，期间欧阳辉庭安排人员带他们到处观光，一路所见，幼童仿佛置身于另一个世界：

高耸林立的大厦，令人仰视；树荫草地间穿着鲜艳的各色人等，花枝招展；宽敞的马路，汽车欢快地奔跑着；鳞次栉比的店铺，游人如织，挥钞如雨。夜幕降临，灯红酒绿，暮色朦胧，花花世界，使人目眩。

而中国幼童的衣着打扮也令当地人侧目：

他们身着锦缎长袍马褂，脚蹬厚底布鞋，头戴瓜皮帽，脑后拖着一条油黑发亮的长辫子。每当他们出现在大街上，就惹起了美国人的好奇，后面总会跟着一群小朋友高叫："看，中国女孩子！"

显然，幼童的锦缎长袍和粗长辫子，让美国人错认了他们的性别，这使得幼童们十分尴尬。

其实，当地人的好奇心并不在于肤色的不同、穿着的新异，而在于拖在每个孩子脑后的长辫子。这也难怪，他们不知道中国历史。

辫子，是清入主中原后强迫汉人留下的，初时受到汉族人的强烈反抗，但在刀剑威逼下，终于驯服，男人留辫子不仅是忠于清廷的表现，而且是汉人对大清帝国的统治是否表示臣服的标志，是被清廷视为忠君爱国的象征。

旧金山，是留美幼童的中转站，在孩子们到来之前，欧阳辉庭已与美国政府商榷，中国儿童留学的地点是新英格兰地区。中国留美幼童将分散居住在这里的美国人家庭里。

在旧金山休整到第三天，领事官欧阳辉庭对陈兰彬道："容闳已提前到了新英格兰安排好所有的一切，正等着大家呢。"

"好吧！那我们明天起程吧！"

"为了使孩子短期内熟练掌握英语和适应美国的生活方式，我们将把孩子们安置在当地美国家庭中，每家二三人。"

"呵，这种教育方式对初到美国的中国幼童来说是再合适不过了。"

从欧阳辉庭与陈兰彬的对话中看到，陈兰彬对这种培养方式当初是表示认同的，但他想不到，正是这种方式，恰恰是他后来最不想见到和最为担忧的幼童"美国化"。

在旧金山观光游玩极为愉快，第二天，当欧阳辉庭带着幼童们离开这里时，个个都依依不舍。大家无奈地坐上了横贯美国大陆的火车，前往他们留学的目的地——春田。

火车，现在国人再熟悉不过了，但在 100 多年前，这可是新鲜事物。

在留美幼童抵达美国旧金山的前三年，这个年轻的国家刚刚修筑了横跨美洲大陆的火车干线，当时的报章如此描述：

> 十几年前还处在田园牧歌时代的土地，一夜之间从东到西冒起了滚滚浓烟。这个建国不足百年的国家轻装上阵，朝气蓬勃，一种称作"美国精神"的东西，吸引着来自全世界的新移民。这个世界上新生的共和国正像开足马力的火车一样奋勇前进！

美国的一切都令人向往，也许这就是吸引古老帝国派遣留学生不远万里来学习的缘由吧！

然而，绝大多数国人并不知道，这个国家能开足马力前进，成为世界最强大的国家，表面上看来是"其技使然"，但实质上是其先进的政治制度，孙中山实行共和革命就是受美国共和政体的影响。

如果问，19 世纪 70 年代的美国是什么样的，"火车时代"无疑是最好的概括，对幼童来说，最感兴趣的莫过于"火车"，幼童们第一次见到火车，都为之瞠目结舌，惊叹不已。

"你们知道吗？这条举世闻名的铁路有我们中国人的功劳呢！"

"是吗？有可能吗？那我们中国为什么不建一条？"孩子们连珠炮

似的疑惑问道。

"不，我们中国还没有能力建造，我是指中国人参加了建设！"欧阳辉庭说，"这条横跨美国大陆的铁路，原计划的建设时间是14年，实际上仅仅用了7年就建成通车。这要归功于吃苦耐劳、忠诚勤奋的华人移民。当中就有被'卖猪仔'的欧阳光前，即我的叔父。在当时铁路完工的典礼上，主持人曾以巧妙的一句话提醒众人：'我愿意提请各位注意，我们建造的这段铁路能及时完成，在很大程度上，要归功于贫穷而受鄙视的中国劳工，归功于他们所表现的忠诚和勤劳。'"

这就是美国移民史上著名的"一句话历史"。

1872年，铁路设计者又呈交了一份策划书，建议修建大桥跨越金门海峡，作为铁路的延伸。现在一些文章说留美幼童来到美国看到旧金山大桥如何壮观，是不真实的，当时还未动工建设呢！

"我实在不明白，什么样的车可以在那上面行走，而且据说是被'火'推进着。"在这班好奇的孩子们当中，有一位男孩好奇地问道。后来这个男孩进入了耶鲁大学工程学院，返国后，他主持修建了闻名遐迩的京张铁路，他就是欧阳兆庭的同班同学——詹天佑。

在幼童们的喧闹声中，学监"急令诸生，勿探头出，恐有撞击"。对火车感兴趣的，不只是来自中国的幼童，对大人来说也是如此。曾带幼童到美国的清朝官员兆熙也是第一次乘坐火车，据其记述，"车轮一发，山川、田地、树木，恍如电光过目。忽进山洞，比夜更黑，不见天日。"

旅程的头两天，要越过落基山，因此火车穿过许多隧道。所以，兆熙有"忽进山洞"的描述。陈兰彬也写下了这样的诗句：

一车牵率十车行，方木匀铺铁路平。

八十轮开如电闪，云山着眼未分明。

以后四天，火车都是奔驰在中西部一望无垠的草原上，透过车窗，他们看到，在草原的某些地带，有成群的美国野牛，每当火车奔驰时，它们就狼奔豕突。在许多火车站旁，幼童们看到土著印第安人，黑色的头发上插着鹰的羽毛，脸上像中国评戏中戏子一样涂有颜色，挽弓佩箭，好不神气！

火车走了六天六夜，共计三千里路程，终于到达了中国学童留学目的地——新英格兰康涅狄格河畔的斯普林菲尔德，美国马萨诸塞州的一个小镇，中国人给了这座城市一个清新的名字，叫作"春田"。大作家马克·吐温一家就居住在这里。

在中国幼童来到春田小镇之前，康州当局已将学童分散到各个家庭的消息公布，愿意接受中国幼童的美国家庭踊跃报名，有122个家庭表达了意愿。这些美国家庭主要为中产阶级，主人是教师、医生或律师，本身有较高的文化素养，可以胜任担当家庭老师的职责。

对中国留美幼童的到来，不得不承认，美国人民是发自内心的热爱。当地教育局局长专门给那些接待中国幼童的每个家庭发了一封信，提醒家庭教师们：

"当于慈爱之中，仍寓严整之意。"

"应于每日酌留四刻，以便幼童专心温习中国文字。"

"华生尤须令知保身之道，须令其时常沐浴。遇有天变，务必躲避风寒……"

从节录的只言片语中，可见美国当地政府对中国留美幼童是关怀备至的。

当第一批幼童到达春田时，正值风光明媚的春夏之交，到处鲜花绽放，花团锦簇。那静静的康涅狄格河，环抱着漫山的树影。波光粼粼的湖水，让周围的景致更显蓬勃生机。

孩子们刚下火车，看着眼前的美景，已感受到这里的阵阵暖意。

容闳与陈兰彬、欧阳辉庭见过面后，即通报了学童留学的准备情况。然后，他们在寓所里与幼童们一起用餐。

这天刚好是星期天，早餐后，接待幼童的美国家庭的主人，男男女女迎着朝阳，"接踵到寓，来接诸生"。他们都是来自康州和麻省大小城镇的15户家庭，个个笑脸相迎。

欧阳辉庭、容闳和他们逐个见面交谈，拜托一切，然后让2人或4人一组的孩子谒见他们的家庭教师，随即带着行李随他们的美国"家长"乘上马车。在以后留美的岁月中，这些美国老师负起教养监护的责任，在"家长式的爱护"下，照料中国幼童的起居生活并为其补习英文。

当孩子们全部接走，陈兰彬、欧阳辉庭、容闳又"奔走其间"，对幼童——训勉。他们看着这么年幼的孩子从此远离父母，不觉黯然神伤，落下了眼泪。

但让他们感到宽慰的是，每个负责接待的美国家庭的每一个成员都是那样喜欢中国的孩子，也许他们大多为基督徒，对幼童们的关怀可谓无微不至，脸上浮现着"亲爱之情"。

欧阳辉庭在当地盘桓两日即返回旧金山，临别时特叮嘱其年幼的堂弟，比他小 20 岁的欧阳兆庭，说："不要以为有亲人在这里当外交官，就为所欲为。理应做好表率，为族人争光！为国家争光！"年幼的欧阳兆庭频频点头。

一段全新的生活开始了！

欧阳兆庭被安排到 WestHaven（西海汶），接待家庭是 L. H. Northrop（诺索布），和他一起的幼童有詹天佑、潘铭钟。

女主人诺索布夫人逐一给他们以热情的拥吻，然后分配房间，床上被子枕头齐备。接着为他们"理衣箱，派书儿"，拿出他们箱子里的衣服，整齐地挂在衣柜里。

诺索布夫人是一位纪律非常严格的人：当他们进餐时刀叉拿得不对，就立即纠正；晚上九点钟，幼童们仍然在阁楼上说笑时，她会教训道："孩子们，睡觉的时间到了，不许再说话！""夜俟其睡，熄灯。"等他们睡下之后，女主人给他们关灯。

"雄鸡早报晓了，该起床了！"

每天早上，诺索布夫人都为他们准备好早饭，然后才叫他们起床。而每天"其读书之时，亦九点起，四点止"。并且，"现即将日用起居，随时随地教一句，写一句"。

这种通过紧密结合日常生活的教学方法来教授英语，让他们"以惊人的速度越过语言障碍"，在短短的一月之内，就攻克了语言关，可以和当地的孩子玩成一片。

"明天是礼拜天，我带你们上教堂吧！"

"好啊！好啊！"孩子们一听非常开心，手舞足蹈。

每到教堂，欧阳兆庭就会回想起当年父母带他去家乡寺庙拜神的情景：前来烧香跪拜的人络绎不绝，烟雾缭绕，呛得睁不开眼睛。说真的，若不是父母命令，他死活不愿去。而现在去教堂就不同了，来到这里，又唱歌，又有礼物，非常开心，想家的愁苦和各种烦恼因之一扫而光。

基督教是美国文化的根基，教堂遍布全国。每到星期天，家长就会带他们一起进入教堂，唱圣歌、听演讲、祷告祈福。

幼童们在这些美国家庭里生活就如同在自己家里一样，无拘无束，自由自在。《环游地球新录》的记者李圭在游历美国时留心考察中国留美幼童的情况，他说，幼童和美国房主之间的感情十分融洽，"爱之情，几同母子"。

美国老师及监护人那种家长式的爱护，使幼童们久久铭感不忘。

欧阳兆庭在回国后曾写信给房主诺索布夫人，他说：

> 我十分怀念在您家和你们共处的日子，您无微不至地照料我们的起居，当然最念念不忘的是您亲手做的丰盛可口的食物，还有你们想方设法使我们尽快熟练掌握英语，并教会我们如何照料自己的生活和很多做人的道理，大恩大德实在令我们一生难以忘怀！

所有的学童，经过一段时间的家庭式英文补习，他们就迅速进入当地的小学和中学学习，生活依然由美国居民照料。在学校里，他们不仅接受全新的教育，而且开始接受全新的文化。欧阳兆庭和詹天佑两人就读的第一所学校是西海汶的海滨男生学校，后来一起考进纽海文中学，再后来一齐考进著名的耶鲁大学。

幼童们在美国刻苦学习，成绩优异。他们"绘画、地图、算法、人物、花木，皆有规格"。"洋文数页，西人阅之，皆啧啧称赞。"当时的随行翻译就说："中国留美幼童读书两年，远胜在中国读书五年。"

与此同时，他们还迅速爱上了异国文化，脱去长袍马褂，换上运动装，学会划船、溜冰、跳舞，活跃在各项体育运动的赛场上……

美国社会对来自大清帝国的这些孩子评价甚高，态度也非常友好。1876 年，全体幼童应邀出席在费城举办的美国开国 100 周年世界博览会，他们的课程作业在博览会上展览，美国总统格兰特一行"观赏了他们的绘画、算学、人物、花木……""皆啧啧称赞"。美国总统格兰特亲切接见了这些黄皮肤黑眼睛的孩子，并与每一位亲切握手。

当年的《纽约时报》称赞他们说：

中国幼童均来自良好高尚家庭，经历考试始获甄选。他们机警、好学、聪明、智慧，像由古老亚洲来的幼童那样能克服语言困难，且能学业有成，吾人美国子弟无法达成。

●归去来兮，中西文化碰撞激烈

幼童尽管身处异邦，但仍必须遵循封建礼教，不可避免地将自己的一生投掷在两种文化的夹缝之中。

清政府在这里设置有"选带幼童出洋肄业局"，每年定期召集分散居住到各处的幼童回来局里学习中国功课，要求他们要熟读儒家经典和《国朝律例》《圣谕广训》。

幼童们很快感觉到，学中文的课堂与学英文的课堂不一样：

在中文课堂上，先生很严厉，动不动就要体罚学生，更为严酷的是，稍不如意，就会遭到竹板的惩罚。

在英文课堂上，孩子们可以随便说话，作业做不出也不必担心打屁股。美国人也尊敬他们的总统，但不用给总统叩头，而且可以批评总统；中国人对于皇帝，却必须叩头，只能恭维而不能说他的坏话。

这一切，都使孩子们意识到他们真是来到了一个全新的天地。

新的生活使他们享受到一种国内学校所没有的自由和舒展，但一旦进入两种社会、两种生活的比较，却使他们黯然神伤，为自己的祖国而叹息。

幼童的学习频度、难度比国内幼童高一倍。庆幸的是，这批孩子的资质很高，西文的学习已非常出色了，那本国的语文又学得如何呢？有一次，陈兰彬考查学童掌握中文的情况，特意坐在课室后面听了一堂课。

在课堂上，老师要求学生即席作古诗，要求"诗中带水"。古代诗词讲究平平仄仄，要韵脚相和才行，又要内容限制，没有一定中文功底，断难有所成。

"坐在第一个位子上的是黄暄桂同学，你作一首试试吧！"老师点名了。黄暄桂站起来，稍一思考，道：

十载攻书向学堂，果然富贵出文章。

鳌鱼涌出千层浪，丹桂开时万里香。

三级浪中龙见爪，九霄云外凤翱翔。

状元榜上标金字，直入皇都作栋梁。

这首诗第二句、第三句都带水，陈兰彬笑了，连声赞道，"从小有做栋梁报效朝廷的愿望是好的！"

须知，留美幼童中，有官派的，有自费的。官派的全部经挑选和培训，自费生则不然。而黄暄桂属自费生，不入120名之内，但仍有此水平，陈兰彬颇为惊讶。

清政府为了不使这些孩子西化，真可谓费尽了心思。不过，不得不承认，这些孩子身处异域都继续学习和掌握中国传统文化，不但他们的中文水平没有退步，反而进步了，这是大大出乎人们意料的。幼童们的西学不在话下，其读写能力，乃至书法作画都很了得，清政府说挑"聪颖幼童"，看来，一个都没看走眼。

当时幼童年龄多在12岁至15岁之间，心志尚未成熟，对新生活适应很快，迅速接受了美国的观念及理想，在这片广沃的新大陆上，自由地呼吸着西方文明的空气。幼童的"美国化"速度不仅无法抑制，而且快得惊人。

出国前，清朝官员曾三令五申不许更服饰，不许剪辫子，不许进教堂，不许谈恋爱，但是他们当中的一些人不仅脱掉了长袍，穿起了西装，而且开始偷偷地剪掉了被当地人嘲笑为"猪尾巴"的辫子。

更换服饰、进教堂尚可容忍，而剪掉辫子呢？这就意味着反清，可不得了！

清廷官员对剪掉辫子者严惩不贷，甚至杖责召回。没办法，幼童只好将辫子盘在头上或藏在颈后衣领中。但每当学校上体育课，打篮球、踢足球时，脑后那条讨厌的辫子，实在碍事。所以把辫子剪掉是必须的。好在这些聪明的孩子想出了应对之策，买条假辫子以应付官场。

孩子们一天一天长大，不少从懵懂少年变成了英俊青年，情窦初开，悄悄参与各种多姿多彩的社会活动。

欧阳兆庭、詹天佑、潘铭钟三个住一个家庭，成绩都出类拔萃，一起读中学，一起上大学。潘铭钟15岁考进瑞萨莱尔理工学院，但因过度刻苦，进入大学后一年就因病去世了。而欧阳兆庭、詹天佑一同考进著名的耶鲁大学。

欧阳兆庭兴趣广泛，善于交际，读到大学四年级时，还不足 19 岁，他就"违规"了：不仅信教，而且谈起恋爱来。

欧阳兆庭的浪漫之恋，起于一次耶鲁大学与哈佛大学联合举办的歌唱比赛。

当时，欧阳兆庭是耶鲁大学法律系的高材生，擅长男高音；而耶鲁大学医学系也有一个高材生叫骆丽莲，擅长钢琴独奏。老师把他们编在一组，一个弹、一个唱，以此抗衡哈佛大学。

这位叫骆丽莲的女同学是混血儿，父亲是出生在美国的香山籍华人，经多年打拼后，创办"维仁茶行"，生意兴隆，母亲则是美国的英格兰人名门后裔。骆丽莲聪慧美丽，身段曼妙，兼具东方知性美和西方女孩开朗活泼的性格，是出名的校花。

两人第一次见面，都被对方深深吸引住了。骆丽莲美丽窈窕，深深地打动了欧阳兆庭；欧阳兆庭眉宇间透露出来的英气，足以令骆丽莲春心荡漾。

比赛开始了！

欧阳兆庭引吭高歌一曲著名的美国民歌《Long Long Ago》（《多年以前》），由骆丽莲伴奏：

> Now you are come all my grief is removed,
> Let me forget that so long you have roved.
> Let me believe that you love as you loved,
> Long, long ago, long ago.
> ……
> 你已归来我忧愁全消散，
> 让我忘记你漂泊已多年。
> 让我深信你爱我仍如前，
> 多年以前，多年以前。
> ……

欧阳兆庭一边唱，一边看着舞台上骆丽莲那娜娜的身姿，从纤纤素手中滑过似滚珠落玉盘的琴声，热血沸腾；骆丽莲也被欧阳兆庭伟岸的身躯、富有磁性的男中音深深打动，由此双方爱慕之情加深。

一曲未了，全场掌声雷动！

异国情缘，浪漫真实，那种缠绵悱恻和炽热情感，本是少年应该有的美好情感和青春见证，但是当他们的热恋传到学监的耳朵里，并且知道欧阳兆庭还入了教，学监认为这是道德品行出现了问题，简直不顾礼义廉耻，是大清这个东方帝国所不能容许的。欧阳兆庭受到了严重的警告。

深查一下，像欧阳兆庭这种情况，并不是个别现象，学监大为恼火，先是将去教堂的幼童找来训斥，后又将一些屡教不改的入教者开除。若不是欧阳兆庭有一个堂兄在美国当外交官，也早就被开除了。

后来，朝廷终以留学生"中学荒废，不堪管束"为由，将四批120个幼童全部召回，只有第一批的欧阳兆庭和詹天佑完成了小学到大学的全部学业，其他幼童尚未毕业。

从天而降的召回诏书，使留美幼童的命运发生逆转，提前结束求学回国。这也好似晴天霹雳，辟开一道天河，把热恋中的欧阳兆庭与骆丽莲分割开来了。

转眼间，幼童回国两年了，有不少已经完成学业的和未完成学业的"幼童"都想回到美国去。在福州船政学堂服职的欧阳兆庭和在天津当下等海军士官的李恩富始终想着重返美国，欧阳兆庭是要追求他的爱情，而李富恩是想继续完成其未竟的学业。

归去来兮，不得不说李恩富。

他是香山县沙岗圩大社坛人（今中山市石岐区太平路维新街）。1873年被清政府选为第二批幼童赴美留学。那年他12岁，虽与欧阳兆庭不是同一批，但都是同乡，又合得来，"同声同气"，很快就成为莫逆之交。两年后的1884年年初，在欧阳兆庭的堂兄欧阳辉庭的帮助下，两人再次返回美国。

在这里，姑且宕开一笔：

他们刚走，在骄阳如火的8月23日，发生了中法海战。

这场海战注定悲剧收场，李鸿章海军建设的蓝图刚刚展开，近代海军尚未成型，在欧洲定造的两艘铁甲舰还没有回国，在福建水师的木制舰只上，是未经战阵的年轻的在船政学堂培训的"留美幼童"……

马尾罗星塔附近的海面上，法国 8 艘铁甲舰和 11 艘木制的中国战舰对峙着，局面令人神经几乎要绷断。"硬件"已输给人家了，要命的是，主管海疆防务的官员，昏庸无能。

"扬武"舰上，"留美幼童"容尚谦第一个发现法舰"窝尔达"号桅杆上的信号旗降落下来。他立即报告管带。可管带以为法舰上有军官病死，下半旗志哀。不予理睬，正议论间，炮弹如雨而至。这时，同是"留美幼童"的杨兆楠不待管带下令，立即发炮还击，第一炮便击中"窝尔达"舰桥，当场炸毙引水员和五个水手，差一点击毙法国舰队司令孤拔。

但一切都太迟了，法国铁甲舰一齐快速猛扑上来，接连向"扬武"等舰发射了一颗颗炮弹。旗舰"扬武""振威"先后被击中，很快沉没。除容尚谦和吴其藻跳水逃生外，"留美幼童"黄季良、薛有福、杨兆楠、邝咏钟阵亡。

海战仅进行了半个小时，福建水师全军覆没，船政学堂和造船厂被轰毁。

比损失军舰和学校、厂房更令人痛惜的是人，是一批在新式教育中培养的人才的夭亡。在马尾海战中，"洋学生"们个个表现英勇，"留美幼童"6 人参战，4 人牺牲，其中薛有福、杨兆楠、邝咏钟 3 人是麻省理工学院的学生。著名诗人黄遵宪专为英勇的"留美幼童"写下了诗句：

泼海旌旗热血红，防秋诸将尽笼东。
黄衫浅色靴刀备，年少犹能作鬼雄。

在美国的欧阳兆庭、李恩富得知消息，如雷贯耳，悲痛万分。他们身处国外，深知最好的纪念是学有所成，报效祖国。

欧阳兆庭作为第一批"留美幼童"中的一位，以及幼童回国时仅有两名大学毕业的其中一位，他在美国待了九年，从 14 岁到 23 岁，从一个不谙世事的少年变成了学贯中西的青年。

在堂兄的帮助下，欧阳兆庭很快就找到一份工作，在驻纽约领事馆当实习生。也是天赐良缘，恰好昔日的恋人骆丽莲也在领事馆里做翻译，两人如愿以偿，喜结良缘。

李恩富进入耶鲁大学继续学业，读大学二年级，迎来了他生命中最为春风得意、光芒四射的岁月。在耶鲁大学，他尽情展现自己在英语文字上令人惊讶的天赋，在该校的英文作文比赛中获得一等奖。之后他又在讲演、辩论等多种语言文字的比赛中充分展示了他超人的语言天赋。26 岁时以优异成绩从耶鲁大学毕业。

自从美国在 1882 年通过了排华法案后，美国的反华浪潮，一浪高过一浪。

"中国人必须滚开！"在大清帝国驻美大使馆内，欧阳兆庭拿着报纸，望着上面的标题，眉头紧锁起来。他看到：美国变了！当年这个曾留给他美好少年时光的国家，如今却成了一块仇视同胞的土地，不再是他少年时代认识的美国。

欧阳兆庭找到了师弟李恩富，他俩商量了一下，决定用自己的嘴、用手中的笔为同胞呐喊，争取权益。

"我做前锋，你当后卫！"李恩富考虑到欧阳兆庭的特殊身份。

"好的，为了同胞利益，我们将竭尽全力！"欧阳兆庭回答得干脆有力。

李恩富针锋相对，他首先写下了著名的《中国人必须留下！》，欧阳兆庭则为他联系报社刊发。

李恩富这篇强有力的犀利言论，一针见血地质疑美国标榜的所谓民主，指出华工在美遭受的不平等待遇与美国的立国精神相悖。文章在美国社会产生了很大的反响，不少报纸也转载了。

1887 年，欧阳兆庭又出资为他的师弟李恩富在波士顿 LOTHROP 公司出版了《我在中国童年的故事》，这是华裔作者，甚至可能是亚裔作者在美国出版的第一本图书。

一日，李恩富对欧阳兆庭说："美国西部最多华工，我们一起去吧！动员在那里的华人劳工一起斗争！"

"好的！最好能成立中国劳工工会。"

"你毕竟是领事官，不怕你堂兄责罚吗？"李恩富担心地问道。

"我不与你一同前往，找谁呢？你为了同胞，人也瘦了，我岂能坐视不理，袖手旁观？"

于是，他们决定一同前往。当他们兴冲冲来到美国西部，眼前所见的一切实在令他们失望了。无论如何苦口婆心，华工都无动于衷，甚至骂他们，说他俩存心把他们的饭碗打破！

本来一腔热血，希望帮助他们成立中国劳工工会，组织起来去为权益而斗争，但是他们面对的是一群没有受过任何教育的同胞。

"看来，他们已经惯于忍受白人的欺压，宁愿蜷缩在中国城的角落里瑟瑟发抖，也不愿意站出来为他们所受到的不公正待遇做证。"欧阳兆庭非常感叹。

"西部华工和国内汉人一样，简直就是一盘散沙！"李恩富深有同感。

至此，成立中国劳工工会的梦想破灭。无奈，他们只好返回驻地。

这件事让仍在美国当总领事官的欧阳辉庭知道了，他大为光火，找到欧阳兆庭大骂一通，欧阳兆庭据理力争，结果两人大吵了一场。

末了，还是这个当外交官的堂兄有办法，他说："你若当上外交官，为自己的同胞争取权益，不是更好吗？"

欧阳兆庭一听，觉得堂兄讲得有道理，但转念一想，说："外交官？不是你想当就能当的啊！"欧阳兆庭想，当一名实习生可以，能升任领事官有这么容易吗？

"领事馆正缺人。自古有话，'举贤不避亲'，耶鲁大学高材生，应该没问题！"欧阳辉庭不容置疑地说。

●晋身仕途，策动追返"庚子赔款"

1883 年，欧阳兆庭在他堂兄的活动下，从一个实习生升为副领事。自此学以致用，将其特长发挥得淋漓尽致。几年后，当他的堂兄退休，欧阳兆庭顺理成章地接任了驻美国旧金山总领事一职，开始抒写他漫漫的外交官人生之路。

清朝的领事和外交官是不分的，总领事意味着统揽所在国的一切外交事务。作为国家的耳目口舌、民族的形象代表以及华侨权益的维护者，责任重大。

欧阳兆庭升任中国驻美总领事后，骆丽莲也很快辞去纽约领事馆翻译一职，随老公来到旧金山，在当地当执业医师。

骆丽莲虽然出身于贵族家庭，却毫无上流社会骄横奢侈之气。她气质幽雅，行为端庄。难能可贵的是也有一颗爱心，对那些贫困的华工一律免费治疗，所以口碑很好。

欧阳兆庭担任驻美总领事官后，充分发挥了他的聪明才智，他注意与美国政府和人民搞好关系，做了大量护侨工作，许多棘手的涉外事务，清政府都要派他出面交涉。他尤其关心华工，制止了美国不人道的"华工契约"，受到华侨及当地人员的拥戴，于是人们都称他为"KING"（国王、首领之意），后来就索性改名为欧阳庚，原名反而让人慢慢地淡忘了。

正当欧阳庚踌躇满志时，1900 年，中华大地风云突变：

义和团运动在包括北京在内的中国北方部分地区达到高潮，接着大清帝国和列强开战，八国联军占领了北京紫禁城皇宫。

辛丑年（1901）9 月，清政府和 11 个国家达成了屈辱的《解决 1900 年动乱最后议定书》，这一年是辛丑年，史称《辛丑条约》。该条约规定，中国拿出 4 亿 5 千万两白银赔偿各国，并以各国货币汇率结算，按 4% 的年息，分 39 年还清。当时清朝人口是 45000 万人，按 4 亿 5 千万本金算，等于每人摊派 1 两白银，这便是超过此前所有战争赔款总和的"庚子赔款"，西方人称为"拳乱赔款"（Boxer Indemnity）。在庚款总额中，美国的份额是 3294 万两，折合当时的美金是 2444 万元。

庚子赔款消息一经公布，反响强烈，海外许多媒体也纷纷报道了这一消息。1902 年，《纽约时报》刊登文章，报道庚子赔款引发中国地方的骚乱事件。

一日，在大使馆内，欧阳庚处理完公务，一身疲倦的他一边品尝着咖啡，一边看着一则关于国内庚子赔款引发的事件报道。

隔了好一会，他放下报纸，眯缝起眼睛，但泪水仍然关不住，从眼缝里流了下来。

作为长期在美国的外交官，欧阳庚很清楚中国与其他国家存在着多大的差异，美国有多强大，开战失败是必然的。签定屈辱的《辛丑条约》也属意料中的事，但是要贫困的国人来承担这一重负，简直是灾难！

然而，他心有不甘，总是想着在这件事情上，能有所作为，能为祖国分忧。

"大使，海·约翰来访了！"年轻的参赞走进来报告。

"嗯，让他进来吧！"

这位海·约翰，原是夫人骆丽莲的一个朋友，曾担任林肯总统的私人秘书，具有很强的民主意识和平等精神，经骆丽莲介绍，欧阳庚与海·约翰两人相识了，十分投契，来往密切，私交甚笃。

"什么事愁眉苦脸？"海·约翰走进来，见欧阳庚无精打采，于是问道。

"你看贵国做的好事吧！"欧阳庚拿起报纸递了过去。

海·约翰接过来一看，很快就明白过来，道："总赔45000万两白银数目太大了，真的会给中国造成灾难。"

"民间难于负担，仇洋之念将日益高涨，大局很可能受到动摇，祸患不堪设想。"欧阳庚问，"有什么办法减轻中国的负担呢？"

"我看赔款肯定存在着虚报数，且数目不少，若能减除就好了！"

欧阳庚一听，心头大震，紧接着追问道："你是否清楚此事？"

"这个我知道，根据美国精确计算，连同军费在内，清朝应赔款1165万美元，但却赔了2444万，多出1279万，扣除各项费用和已发行的债券利息，净余1079万美元。"海·约翰直言不讳。

从后来发现的史料中得知，的确是这位海·约翰计算出赔款虚报数，并非台湾作家李敖说的是由梁诚发现，梁诚作为清朝外交使节，绝不可能计算出美国军费和财政机密。

当时，海·约翰还面授机宜，让欧阳庚直接找时任总统的罗斯福。欧阳庚表示为难。

"你不是说有一个胞弟叫欧阳祺，与西奥多·罗斯福总统是哈佛大学同学吗？"海·约翰用心提醒。

"是啊！这是最好办法！"欧阳庚恍然大悟。

欧阳祺，字祉庭，号如山，是自费"留美幼童"，毕业于美国哈佛大学。他与西奥多·罗斯福同在哈佛大学读书，是同班同学。罗斯福竞选总统时，欧阳祺带头组成校友会助选团，为罗斯福竞选总统摇旗呐喊，劳心劳力。可以说，罗斯福能成功走上总统宝座，也有欧阳祺的一份功劳。罗斯福当选总统后，两人感情加深，相互间往来不断。

一言惊醒梦中人，欧阳庚立即拿起电话，不想电话这一头先响了起来，拿起电话一听，正是胞弟欧阳祺。

欧阳庚决定借助胞弟欧阳祺与罗斯福总统这层关系展开工作。

在欧阳祺的牵线搭桥下，欧阳庚与罗斯福总统见面了

"确有至理，看到与胞弟情谊上，我也自当极力代谋。"欧阳庚就多赔庚款的一事先谈了自己的看法，罗斯福接口表态。

"是的，经调查，美国公民在义和团时期所遭受的损失以及美国军队的开支并非最初估计的那么多，鉴于这一事实以及中国目前的财政困难，望美国政府能退还部分庚款，减轻中国沉重的债务！"

"我会与国会磋商，从长远利益出发，美国希望造就亲美人才，避免未来中国再次发生类似1900年的拳乱和1905年的抵制美货风潮。在很大程度上也是促进中国的发展。"

"对！这符合双方利益啊！"

此后，双方就赔款善后事宜展开多次的非正式商谈，兄弟俩也多次往返白宫会见罗斯福总统，反复游说，中间迭生波折。眨眼又过了几年，一日，欧阳庚又找到了罗斯福就退赔之事再度陈辞。

"此项赔款摊付之法，若果交还，不知是否摊还民间，抑或移作别用？"罗斯福总统心有疑虑。

显然，罗斯福考虑同学之谊及中美的长远利益，有意退还这笔赔款。可又担心这笔款的用途。

"赔款退回，当由中国政府自处，这可是中国内政啊！"欧阳庚站在清政府角度回答道。

"不！我为说服国会，退回这笔款项，明确规定这笔退回赔款只能用于教育，否则停付！"

欧阳庚一听，觉得此款退回只用于教育，有益于百姓，利于中国长远发展。何乐而不为呢？倘不顺其意，岂不"鸡飞蛋打一场空？"欧阳庚想到这里，说："总统大人说得在理，我当全力成全此美事！"

商议结束，欧阳庚立即将会谈结果报告时任外务部右丞，也是他的师弟梁敦彦。梁敦彦当即指示同是师弟的梁诚密切跟进。

1908年元月19日，欧阳庚致电外务部梁诚，言"诚当随时运动，遇便催办，务期早日议行，免致事久生变"。

果然，清政府欲将退款移作他用，梁诚力加劝阻，谓"请将此项赔款归回，以为广设学堂遣派游学之用，在美廷既喜得归款之义声，又乐观育才之盛举。纵有少数议绅或生异议，而词旨光大，必受全国欢迎，此二千二百万金元断不至竟归他人掌握矣。在我国以已出之资财，造无穷之才俊，利益损益已适相反……且按年赔款，各省摊定此二千二百万元者，合则见多，分则见少，即使如数归还民间，未必获益，与其徒资中饱，起交涉之责言，何如移应要需，定树人之至计耶！诚衡量轻重，若善于此"。

梁敦彦也亲自致电欧阳庚问及此事，言"目前中国待办要政极多，正虑无款可筹"，表示清政府并不赞成全部用于兴学。

欧阳庚复电道："庚款兴学，为美廷所乐从，我已多次交涉，因罗斯福总统态度十分明确，回款唯用于资学。不能挪作他用，否则停付。"

在美国政府的"胁迫"下，清政府被迫同意该方案。

1908 年 12 月 28 日，罗斯福签署法令，将 1079 万美元退还清朝。

终于，梁敦彦代表大清政府在协议上签字。协议规定："从 1909 年起，每年用退款遣派 100 名学生赴美学习，从第 5 年起减为每年不少于 50 名，依此循进，至 1940 年结束，期限 32 年。"

不久后，清廷即宣布任命唐绍仪为赴美特使，对美退款表示感谢。美方表示，清廷必须坚定地执行派遣学生留美计划。最后，拟定《派遣美国留学生章程草案》，就留美学生资格、选拔、专业及其管理等问题初步达成一致意见。

在美国一再"催促"下，1909 年 7 月 10 日，清廷颁布《遣派游美学生办法大纲》，正式启动留美计划。

为选派学生赴美，1909 年，在京师设立了"游美学务处"。第二批留学美国的幼童、外务部主事唐国安担任帮办。内务府将皇室赐园——清华园拨给学务处，所以预备学校名为"清华学堂"。1911 年，香山人唐国安任学堂监督，后学堂改名"清华学校"，校长唐国安，奠定了清华大学的雏形。

纵观庚款留美这件事，从 1904 年欧阳庚提出到 1908 年退还，谈判历时四年，双方往返磋商、波折百起。当时这笔赔款的获得，并非清政府主动努力的结果：

　　　　多年来一直从中周旋此事，历尽千辛万苦的是耶鲁大学毕业生、一直担任驻美总领事的留美幼童欧阳庚，并非很多文章所述的梁诚。（李健明《文化精英——梁敦彦》）

总的来说，用以选送学生赴美留学，清政府在美与美国当局谈判，动议交涉的是欧阳庚，梁诚也出了不少力；达成协议后，是由当时的外务尚书梁敦彦在协议书上签字的；留学预备学校——清华学堂的创办和头几批留学生的选送，唐国安、唐绍仪参与其事。

换言之，这件在中美关系史和中国近代留学史上具有重大意义的事件上，推动中国现代历史进程，都是那班"留美幼童"欧阳庚、梁敦彦、梁诚、唐国安、唐绍仪合力争取的！五人当中有三人，包括欧阳庚、唐国安、唐绍仪都是广东香山县人。

这班留美幼童尽管回国后有种种不如意，但经过一番磨炼和洗礼，欧阳庚和他的同学们迎来了属于他们的时代，他们几乎亲历了从晚清到民国初年几乎所有的重大历史事件：1894 年中日海战、1898 年戊戌变法、1900 年八国联军侵华、1911 年辛亥革命。大批的"留美幼童"绽放了卓越的才华，成为响当当的人物。

粗略统计，计有国务总理 1 人，铁路局局长 3 人，外交部部长 2 人，外交官 12 人，铁路官员 5 人，公使 2 人，铁路专家 6 人，矿冶专家 9 人，海军元帅 2 人，海军军官 14 人……值得一提的是，在下面赫赫有名的杰出人物中，除了詹天佑之外，绝大多数都是香山籍的"留美幼童"：

> 唐绍仪——中国第一位共和体制下的国务总理；
> 蔡廷干——民国内阁代总理；
> 欧阳庚——著名外交家；
> 詹天佑——中国第一位铁路工程师；
> 李恩富——著名语言学家，作家；
> 钟文耀——中国铁路总办；
> 吴仰曾——中国第一位矿冶工程师；
> 蔡绍基——北洋大学（今天津大学）校长；
> 唐国安——清华大学首任校长；
> 梁敦彦——晚清外交家、民初交通总长；
> 梁如浩——民国政府外交总长、交通总长；
> 张广仁——第一个被允许在美国执业的华人律师。

肯定地说，是"留美幼童"催生了"庚款生"。薪火相传，他们缔造了一代影响中国百年的精英：

第一批"庚款生"中有后来的清华大学校长梅贻琦，有第四批留美的幼童邝国光的儿子邝煦。

第二批"庚款生"中有胡适、赵元任（著名语言学家）、竺可桢（著名气象学家）。从 1909 到 1918 年，共 499 名学生使用庚子赔款的返还部分留学美国。此事大大推动了留学美国的潮流，其他各类官费留美和私费留美生迅速增加。到 1917 年，在读的留美学生达 1170 人，已回国的留美生 400 人。

与 30 多年前的"留美幼童"不同的是，"庚子赔款留学计划"所派遣的学生，大多是 16 到 20 岁的青年，而相同的是，"庚子赔款留美学生"学成回国后，当中也有一大批人成为社会各界有影响的人物。

自 1872 年第一批"留美幼童"开始，中国人出国留学始成风气，到今天，按粗略划分，已经有七八代留学生了。如果问：哪一代留学生最为出类拔萃呢？

肯定地说：中国历史上第一批官派留学生——"留美幼童"是最优秀的！

●赴汤蹈火，爱侨护侨感天动地

欧阳庚任总领事后，有位有为，最为感人的事迹除了促进退赔庚款之外，当数他舍生忘死地投入救灾及肩负起灾后重建旧金山中国城之重任。

在地质灾害史上，1906 年是个惨痛的年份。

那一年里，阿拉斯加、旧金山、厄瓜多尔、智利和哥伦比亚等地均爆发了七级以上大地震。当年 4 月 18 日，美国旧金山发生了 8.3 级大地震，山崩地裂，造成城市供水系统破坏，并因火炉倾倒引发大火，大火持续三天三夜，将 10 平方千米的市区化为灰烬，死亡 60000 余人，直接经济损失 5 亿美元。

因天气干燥，地震后发生的火灾吞没了华侨聚集的旧金山洛克镇中国城，2.8 万栋房屋被毁。往日繁华喧闹的城市如同人间地狱，到处都是熊熊燃烧的大火，满眼都是倾斜倒塌的房屋，处处可闻幸存者痛失亲人的哀嚎、无家可归的悲叹。

发生地震的时候，恰好欧阳庚与妻子在参加宴会的返回途中。在剧烈的震荡中，惨剧不可避免地发生了。

欧阳庚的漂亮女儿欧阳锡淑在这次地震中遇难。当安全保卫人员在瓦砾中挖出被掩埋的大清国领事官的宝贝女儿锡淑小姐时，已回天乏力。回到家的欧阳庚，抱着刚刚被大地震夺去了年轻生命的爱女，悲痛欲绝，平时潇洒倜傥的外交官大滴大滴的泪水不停地滴落在女儿尚存余温的身体上；而欧阳夫人骆丽莲医生瘫坐在旁边，泣不成声。

"走，快救人，时间就是生命！"欧阳庚抹干了脸上的泪水，拍拍身上的尘土，对着大人发出了嘶哑的声音。

在场工作人员见到他夫妻俩在失去女儿最为悲伤的时刻，迅速携手走出废墟，直奔旧金山地区华侨聚居的洛克镇方向走去，大家都感动得热泪盈眶。在欧阳庚夫妇的感召下，他们都紧随其后。

这里有一间华侨孤儿院，当时正好有清政府的"领导"来视察，此时此刻，这位外交官不仅未嚷着"让领导先走！"而且无视自身安危，不顾一切地投入救灾中去。在他的心目中，这些孤儿无依无靠，而这些当官的大人物要么自己走，要么理应和他一样。

为了抢救孤儿，欧阳庚毫不犹豫地提起一桶水从头淋到脚，接着奋不顾身地跃进火海，挥舞着湿衣服与火海战斗，他顺着哭声寻找孤儿，与消防员一起成功地救出许多孤儿。

孤儿院烈焰冲天，"轰"的一声闷响，房屋上倒下来一根火红的柱子。"啊！"随着欧阳庚的一声惨叫，木梁砸中了他，头发也着火了，他瞬时倒在地上，不能动弹，消防员见状，立即帮他灭掉身上的火，然后把他背出火场。

在场外守候的骆丽莲医生赶紧为他包扎伤口。这时，欧阳庚睁开眼睛，吃力地说了一句，"在房子的东南面还有一个小孩！"就晕了过去。

救护人员赶紧送欧阳庚到医院，经医生检查，他头部让木梁砸塌陷了，两根肋骨断了，头发差不多有一半烧没了。以后左侧永远不能再长头发。

在孤儿院火灾现场，骆丽莲听老公说里面还有孩子，她竟不顾一切要冲进去。

骆丽莲长得异常漂亮，皮肤白里透红，一举手、一投足，都有一种贵族气质，平时看她似娇生惯养，仿佛不食人间烟火。但在危难关头，她仿佛换了一个人，俨然成了一个女汉子，她执意要冲进火海。

"夫人，太危险了！让我们去吧！"消防员阻止她。

"不，我熟悉环境，一起进去！"消防员说不过她，于是追着她一起再冲进火场。

火场里到处都是浓烟，当她找到欧阳庚所说的地方时，听见孩子微弱的哭声，她弯下腰来，把孩子抱在怀里，然后夺路而出。真不幸，只差几步便可走出火场，突然听到"轰"的一声，又是一条横梁倒了下来，她为了保护孩子，躲闪不及，受伤毁容。

骆丽莲在医院躺了三天，还未康复就出院了，白天忙着为受灾华侨义务施诊，晚上才拖着疲惫的身躯回家。

大火连续烧了三天三夜，第四天大火停了。骆丽莲写了封信给最关心他们的诺索布夫人，就是欧阳庚早年留学期间的美国家长。

亲爱的诺索布夫人：

我们遇上了最大的灾害，十八日早晨此间发生地震，许多人家破人亡，亲友散失孑然一身。我们也损失了全部财产，仅剩身上穿的一套衣服。但感谢上帝我们保全了生命。

地震发生在清晨五点一刻，大约有五分钟，而余震连续终日。在初震以后，闹市十余处爆发大火，连续烧了三天三夜，才渐能控制。全市水管因地震而破裂无水，旧金山闹市全化为灰烬无一建筑幸存。仅有几处住宅区未受波及。这实在是重大灾害，但人们逆来顺受，竭尽全力患难相助。

我们现住友人处，但计划在海湾那边租屋而居，可怜的欧阳在医院里躺了两天，就忍着伤痛出来了，我不知他哪来的意志和毅力。不过，他真的已精疲力竭了，他一面要安置华侨，一面要照顾我们。当我们安定后，我将写信给你。现在我无法给你任何地址，我会尽快告诉你。

忠实的欧阳丽莲

十几天以后，再次写信给诺索布夫人：

亲爱的诺索布夫人：

　　欧阳与我收到你的来信，欧阳忙碌得几乎没有自己的时间。由早上六点直到午夜，小睡一阵，第二天清早又周而复始。自从大地震后，他是席不暇暖。

　　在地震火灾后的第二天，我曾在医院给你写信，告诉你我们已一无所有，但平安逃过灾难。欧阳多年的辛苦积蓄，均已荡然无存，一切要从头开始，我们也毫不沮丧。欧阳找了这个房子（在海湾的对面），我们将在此住一阵。

　　我的健康不如一个月前那样好，这是理所当然的事。这是恐怖的大震灾使我健康大损——恢复原状尚需时日。

　　得悉你的女儿发炎症，那是很麻烦的一种病，痊愈费时。特别注意调护。此间乏善可陈，稍待时日再行禀告详情。欧阳与我一齐祝福你和你的家人。

忠实的欧阳丽莲

五月二十四日，又写了第三封信，叙述他们近况：

亲爱的诺索布夫人：

　　几天前已收到你八日的来信，这阵我忙于收拾我们的新居。

　　欧阳仍忙于救灾工作，每值午夜始归。他离家已两日，现在蒙特里（Monterey），正忙于重建该地中国城的计划。中国城最近毁于大火，损失四万美金，当地居民拟乘机驱逐华人出境。加州对华人的迫害，是一件极为可耻的行为！

　　中国驻华府梁公使（梁诚）正来此间，周末将返美京。……

　　欧阳说从来没有一个家像现在这样，他一向安之若素，从不使我操心。至于说政府对我们损失的赔偿，绝对不会，政府不会给我们一分钱。我的直立大钢琴及医学藏书均付之一炬。我想事已至此，徒伤无益。

　　艾尔一切好，他的篮球队名列冠军，他向你致意。我将寄给你旧金山灾后之照片，我们将把我们的家（领事馆）画一记号，你可一目了然。希望你一切好。

你忠诚的欧阳丽莲

从骆丽莲的信中看到，地震造成的灾难，及他们家的惨状，作为外交官的欧阳庚的操劳，为重建该地中国城奔波劳碌，同时也提到了地震期间当地居民拟乘机驱逐华人出境的可耻行为，并对此进行谴责。

1906年5月3日，詹天佑也写信给在美国读书时的"家长"诺索布夫人专门问候了欧阳庚：

"旧金山大地震是何等可怕呀！你可知道欧阳平安否？……"

有人说，"欧阳庚及其夫人这种在海外救灾的事迹，是晚清中国政府主动关照海外华人的象征，是中国人民与世界民众同甘苦、共患难的历史见证，也是中国走进世界的重要表征。"

灾后，欧阳庚极力维护华人在原华埠重建的权益，主动积极与美国官员交涉，抗拒美国官员搬迁华埠，虽说弱国无外交，而华人又备受歧视，但欧阳庚一点也不示弱，他对美国政府的官员明确表态："如强行搬迁华人到不合宜之地，他将会号召全部华人迁离旧金山。"此一拍两散的招数，立时令主张迁华埠的声浪平静下来。

欧阳庚化解了逼迁的问题，接着又担负起重建中国城的重任，但凭一己之力，在一片废墟中进行重建工程，其艰巨性不可想象。当时清政府腐败无能，美国政要对华人聚居的中国城之重建，态度一点也不积极。为此，欧阳庚接二连三撰写并公开发表了《重建金山中华街之必要》《同一经纬地震史》《震灾防火之切》等文献，借舆论提请当地政府对地震的重视及关注灾民。他以个人名义向旧金山银行担保贷款，经过千辛万苦终于推动了中华城的重建工程。

为解决灾民的生活，欧阳庚发动社团组织捐助，并带头变卖家产自己出资建立孤儿院，收养数十名在地震中失去父母的孤儿。有一个10岁的混血女孩欧阳瑛，父亲在美国出生，祖籍为香山县大岭村，是欧阳庚的同乡，母亲是白人，在地震中，她的父母和两个哥哥均遇难。欧阳庚的夫人骆丽莲女士将她收养，安排在欧阳庚出资建立的孤儿院中。后来，欧阳瑛考上航空学校，1924年自驾机长途飞行，由洛杉矶抵达智利圣地亚哥，比1930年英国女飞行家阿美约的英澳飞行还早六年，引起轰动，受到总统接见。

或许受电视剧影响，现在许多人印象中的清朝官员，多是顽固守旧、无知惧外的封建官僚。但事实上，当年与劫后余生华人共度患难的清驻美官员欧阳庚们，却都是通晓西学有担当的精英分子。

当地居民，尤其是华侨团体对欧阳庚感恩戴德，在当地人的心目中他就是"国王"。的确，美国旧金山华埠从1906年的大地震中迅速复元，浴火重生。如果没有像欧阳庚一样有智慧及胆色过人的中国官员在这关键时候发挥领导能力，让华人在天灾及人祸相逼之下得到援助，恐华埠的恢复不会如此顺利。

所以，那首当时流行在华人社会里的歌谣，100年过去了，至今也有华侨在咏叹：

华夏后裔历八方，五洲万国有虞唐。
老人若叙移民史，怀德每称欧阳王。[①]

然而，地震带给欧阳庚的伤痛也始终未能平复。

三年后的1909年，又狠狠地刺了他一刀：他的夫人骆丽莲医生因旧伤不愈去世，年仅37岁。

欧阳庚与夫人骆丽莲情深似海，夫人的去世对他的打击太大了，一夜之间，头发白了。这天，他在领事馆的办公室，望着夫人的遗照，深深地陷入沉思中。

回想起在大学时相识相恋的日子，1881年，"留美幼童"被强行召回，他们这对小情侣天各一方，却仍情系彼此。直至1884年，自己再次赴美，进入领事馆工作，二人才重逢，并于1891年喜结连理。他想，如果没有这场火灾，骆丽莲就不会早早辞世，这场原本甜蜜的婚姻就不会在十八年后就此告终！

驻美总领事官欧阳庚不顾一切救助华人华侨的消息传到清廷，慈禧太后也为之动容，捐款10万元大洋。清廷基于欧阳庚一手成功策动"庚子赔款"的返还以及救侨护侨功高至伟，故封他为资政大夫，并赠爵上三代：赠封其曾祖父欧阳应琏公、祖父善培公、父亲敬庸公为光禄大夫。伯父欧阳徽庸公受赠文林郎，荣传香山张家边大岭村故里。如今村口门楼所书"大岭"二字乃清朝重臣李鸿章亲笔所题。后人有首专赞欧阳庚的诗：

301

---

① 欧阳王，欧阳庚的"庚"字，当时是按广东话英译为"KING"的。KING就是"帝王"，所以当地华侨都戏称为欧阳王。

蓦然地震火光冲，楼宇倾颓一望空。
患难相扶生死共，救灾奋力苦甘同。
忠昭日月人皆仰，义薄云天国士风。
大爱友情真模范，身为侨领亦英雄。

●救助孙文，幕后支持共和革命

欧阳庚作为驻美外交官，正直尽责，但不愚忠，而是处处以民族利益为重。他曾冒着株连九族的风险，为逃难至美国的孙中山提供庇护，并捐出巨资支持共和革命。

许多人都知道，孙中山曾在伦敦蒙难，被关进中国公使馆，后经营救获释。因《孙中山伦敦蒙难记》一书的出版，故为世人所知；其实，此后孙中山也曾被关进中国驻美公使馆，全因欧阳庚的担保而避过此劫。但基于欧阳庚的特殊身份，一度讳莫如深。

1895 年，广州起义失败后，孙中山作为一个名列榜首被通缉的政治犯，逃难至日本，辗转来到了檀香山。

檀香山，这是他胞兄孙眉发迹起家的地方，也是他少年求学的地方，更是他在海外亲手建立起第一个革命团体——兴中会的地方。

义举不成，全家遭殃。可是，义举的失败使人们失去了往日的热情，不再像先前那样一呼百应。现实使孙中山清醒地认识到："久留檀岛，无大可为，遂决计赴关，以联络彼地华侨，盖其众比檀岛多数倍也。"

1896 年 6 月 18 日，30 岁的孙中山用孙逸仙的名字由檀香山乘轮船抵达旧金山。

美国有两个省，是广东香山华侨最多的地方，一个是檀香山，另一个就是旧金山了。所以，孙中山来到了这个华人聚居的城市。

登陆这天，天空乌云密布，遮住了太阳。

上岸迎接孙中山的不是亲朋好友，而是美国警察。以他的护照有问题为由，把他扣留在移民局的一间木屋中。

原来，清廷贝子溥伦定于当年 4 月 20 日到达美国，参加圣路易博览会，清廷官员侦知孙中山到了美国，担心他"闹事"。因此命令清廷驻旧金山领事何佑出面交涉，以孙中山是大清国的一个重量级的通缉犯为由把孙中山抓了，准备遣返中国。

早在 1882 年，美国议会通过"排华法案"，禁止华工入境，华人没有证件不能进入美国。为了能在美国进行革命活动，孙中山不得不设法取得美国护照。1904 年，在他第二次前往美国本土前夕，他通过在夏威夷的亲友做证，弄来一份夏威夷出生证明。1866 年出生于香山翠亨村的孙中山，称自己是 1870 年 11 月 4 日在夏威夷出生，并以此为理由取得了美国国籍。

关在屋子里的孙中山这次可能大祸临头了，孙中山第一次在海外进行革命活动，就是在伦敦蒙难，在他老师的积极营救下，脱险了。但这一次危难，能否大步跨过呢？

孙中山躺在木屋里，左思右想。现在唯一能救他的就是他的同乡欧阳庚了。但他作为清政府驻外高官，会不会冒险伸出援手呢？反正没有其他办法了，姑且试一试吧！

于是，孙中山写了一封密信，收买了一个报童，让报童把信送了出去，请求欧阳庚为他作保。其实，欧阳庚与孙中山虽是同乡，但两人素不相识，欧阳庚只不过在朋友口中知道有这么一个老乡。

当欧阳庚收到信后，大惊失色。怪不得最近清廷接连派出公使，都与他这位驻美总领事官避而不见，直接找他手下何佑商谈，应该是为了逮捕孙中山吧！

欧阳庚不经半点思索，立即写下"放心等待"四个字让报童转交孙中山。

当时，身边亲信劝说欧阳庚："你与孙文是同乡，但素不相识，非亲非故。孙文是清政府头号通缉犯，为孙文作保，会引来杀身之祸，甚至株连九族。你乃清廷驻外高官，'受君俸禄，替君劳碌'，正确之道，应告发孙文才是，借此还可更上层楼，何乐而不为呢？"

欧阳庚听后，出了一身冷汗。心想，中国不同于美国，没有民主可言，要杀要砍，全凭皇帝老子一句话。如果孙中山遣返中国，必然凶多吉少。以出卖同乡孙中山作为自己晋升的阶梯，绝对做不得。

从小就在美国留学、成长的欧阳庚，深受西方民主思潮的影响，并且为人处世很有主见。他对劝说者道："我虽然反对他的做法，但我要捍卫他说话的权利。"

正是这颗博大的包容之心，促使欧阳庚在关键时刻做出了正确的选择。他想好了对策，毫不迟疑地展开营救孙中山的行动。欧阳庚想不到，做出此举的他，救下的不仅仅是一个老乡，而是一位东方第一个共和国的缔造者。

当然，美国是一个法治国家，这里所说的"营救"，不是"劫狱"，而是通过法律途径——请大律师打官司。

为以防不测，欧阳庚先是以自己的名义拿出 500 美元做保证金为孙中山作保。果然，他这个总领事的身份很有效，美国政府立即就把孙中山放出来了。

放了出来，并不代表安全，随时也有被遣返的可能。

1904 年 4 月 26 日，华盛顿律师事务所 Ralston & Siddons 代理孙中山，向美国移民局提起了上诉。

与此同时，欧阳庚又通过美国华裔报人伍盘照和华人社团"致公堂"保护孙中山的安全，还为他安排生活。

欧阳庚花了 5000 美元聘请了大律师为孙中山上诉。上诉书认为，孙中山是檀香山籍公民，只因在中国倡导革命，才被中国政府通缉，不允许他入境，实属损害了檀香山籍公民居留美国本土的权利。

1904 年 4 月 28 日，美国"商务及劳工部"做出了这样的一个复议决定：

鉴于旧金山当局一直以来都没有对孙中山"我出生在夏威夷"的声明提出过异议，所以，1900 年 4 月 30 日生效的"美国移民新法案"，自动赋予了孙中山"美国公民"的身份。

换言之，准许孙中山入境美国。就这样，在欧阳庚的安排下，孙中山打赢了这场移民官司，并取得了美国的居留权（美国国籍），获取了"美国夏威夷护照"；并从木屋子里被释放了出来，入境美国本土。

孙中山从 1904 年 4 月 28 日开始变成了美国人。此后的一段时间里，孙中山在美国华侨圈子中开展了革命宣传和筹款的活动。不过，他的美国人身份很快就被取缔了，这同清政府的活动有很大关系。

1909 年 3 月 11 日，美国国务院向汉密尔顿·金公使下发了这样的决定：

美国公民享有权利，但也有责任和义务，他（指孙中山）非但没有尽美国公民的义务，反而是全力投入中国的政治，尤有甚者，他是鼓动反政府的领袖，而本政府和那个政府有友好关系。

基于这些理由，从 1909 年 3 月 11 日开始，美国政府不再承认孙中山的美国公民资格。也就是说，孙中山仅仅在 1904 年 4 月 28 日至 1909 年 3 月 11 日期间是美国人，从那以后，孙中山就不再是一个美国人了。

这对于奔走在海外革命的孙中山来说绝对是一件坏事，因为孙中山真实的目的就是为了方便在海外倡导革命，否则以当年美国通过的"排华法案"，禁止华工入境，孙中山也无法继续反清大业，这样大费周章取得美国国籍的文件，其爱国的忠诚度和"革命先行者"的称号不应该受到质疑。

事物总有两面性，1911 年中国革命成功，就是因为已没有"美国人"的身份，仍是正宗大清国国民的孙中山，于 1912 年 1 月 1 日，得以顺利登记参与总统竞选，当选为中华民国临时大总统。

话说回来，对于作为朝廷命官的欧阳庚竟明目张胆为孙中山作保一事，很快便被清政府知晓。面对追查，欧阳庚以"我不知道孙逸仙即孙文"来搪塞。此事经过漫长调查，始终未平息，后来清政府还专门派梁诚前往美国调查此事。

凑巧的是，梁诚也是当年的留美幼童，他属第四批（即最后一批），可算是欧阳庚的学弟。他有心搭救欧阳庚，二人暗中商定，在调查报告中将孙文进入美国之事写成由洪门中人经办，与欧阳庚无关。据此作为报答，欧阳庚暗中"回馈"了梁诚一项功劳——提出庚款退还一事。欧阳庚从而避过了清廷的追究，避过了大祸。

孙中山为感欧阳庚的搭救之恩，曾专门到旧金山宴请欧阳庚。

席间，两人先叙同乡之谊，然后围绕国家积弱以及孙中山进行的革命活动进行了交谈。孙中山向欧阳庚介绍了他的三民主义及建国主张。

如果说当初欧阳庚为孙中山担保，是出于包容的话，那么现在真的是为孙中山的精神所感召了。

早年的留学生涯对欧阳庚的影响巨大，他也期盼着民主共和。同时，多年的海外经历，或许也使得他对那个遥远的清政权感到淡漠。所以，欧阳庚不但支持孙中山革命，而且支持在美国留学的亲表弟廖仲恺加入兴中会，成为孙中山的得力助手。

辛亥革命一声炮响，不仅赶跑了清朝皇帝，还使中国四千余年的王权从此永绝于天壤。一个少数部族对全体汉民族的二百六十多年的君主专制统治被推翻，中国曾存在 2500 年的君主帝制因此而结束，从而推动了中国乃至世界历史的进步。

革命成功后，国民政府成立时，急需经费。孙中山致电欧阳庚求援，欧阳庚没有食言，当即指示时任上海永安公司首任董事长的亲侄子欧阳民庆捐款。他在信中对欧阳民庆说："孙文领导推翻数千年帝制，发起震惊中外的辛亥革命，乃中国几千年文明史上之创举，整个东方文明史上之壮举。且观孙文革命，夺权不为掌权，掌权不为弄权。无论如何，倾家荡产都要支持他！"

据考，民国初创，捐款最多的就是宁波帮的虞洽卿与广东帮的欧阳民庆。为表彰欧阳庚及欧阳家族与虞洽卿的功绩，国民政府决定分别用他们的名字来命名一条街道。多少年过去了，世代变迁，"虞洽卿路"已改名为"西藏路"，而"欧阳路"一直沿用到现在。

中国之所以能够从黑暗走向光明、从落后走向先进，孙中山是创造历史的第一功臣，不愧为伟大的革命先行者；而欧阳庚是在孙中山的精神感召下做出历史性贡献的幕后英雄，历史不应忘记他们。后人有诗赞道：

> 自幼远留洋，男儿志四方。
> 胸藏强国梦，既定不彷徨。
> 说服罗斯福，庚款建学堂。
> 金山遭地震，大义拯伤亡。
> 为救孙文险，运筹觅计长。
> 共和心所向，捐助慨而慷。
> 家国情怀重，常怀博爱彰。
> 天涯乡梓别，惟念振家邦。

第十章 涉外维邦真英雄
南北议和不世功

词曰：

> 远渡重洋求学，幼童留美争先。仕途策马影翩翩，颇让世人称美。
>
> 爱国襟怀磊落，外交才智周全。共和促进志弥坚，耿耿雄心一片。

——调寄《西江月》

唐绍仪（1862—1938），字少川，广东香山县唐家湾（今珠海市唐家镇）人。清末民初著名政治活动家，外交家，有"中国历史上第一外交家"美誉。

1874年，唐绍仪成为第三批留美幼童赴美留学，后进入哥伦比亚大学学习，1881年归国。历任外务部侍郎、邮传部尚书、奉天巡抚等职，曾任驻朝鲜总领事、清政府总理总办、山东大学第一任校长、北洋大学（现天津大学）校长、清末南北议和北方代表，最高职务为中华民国首任内阁总理。1917年，参加孙中山的护法军政府，任财政部部长。1920年隐退家乡，1930年复出。1932年任国民政府国务委员兼中山县县长。1938年9月30日，遇刺身亡。

唐绍仪是中国近代史上重要的人物，他以出色的外交才能和应变能力，维护了中国西藏的主权，并收回国家海关大权；他支持孙中山共和革命；任中华民国首任内阁总理期间，坚决反对专制独裁，甚至不惜牺牲个人利益，以自己的离职来对抗以袁世凯为首的专制独裁势力；主政中山模范县期间，为家乡经济文化发展做出了多方面的贡献。

●唐家湾，钟灵毓秀

在香山县石岐以东约三十公里处有条著名的村庄，叫唐家湾。唐家湾背倚五桂山系的凤凰山，东临浩瀚的伶仃洋，数十公里的海岸线蜿蜒而上，山色水影交融，风景宜人。据考，唐家湾原名釜涌境，最早居住此的是江、程、冯三姓人家，所以这里初名"三家村"。南宋灭亡时，宋室大臣中唐姓人家避难远行至此，见这里依山傍海，山清水秀，遂定居下来，繁衍生息，慢慢形成较大的村落。后来因为唐姓人家最多，人们遂把釜涌境唤作唐家湾。

传说五桂山有五条龙，分别为石岐、翠亨、张家边、三乡、唐家湾。

唐家湾，这条龙顺着凤凰山的山脉像一条游龙一样，由西向东形成唐家半岛，风水中叫作"出洋龙"，神龙栖息、凤凰涅槃，这龙凤相加，亦即"龙凤呈祥"，是祥瑞之地。事实上，在这块钟灵毓秀的土地上，孕育出了一批蜚声海内外的历史人物：开滦煤矿、轮船招商局的创始人唐廷枢，外交总长梁如浩，财政部部长唐悦良，清华大学首任校长唐国安，粤剧红伶唐雪卿，创作《帝女花》等粤曲的著名作家唐涤生等，都是出自这里的英才俊彦。

当然，最有影响力的当数中国历史上第一个共和国的第一任总理——唐绍仪。

1862年1月2日，唐绍仪出生于唐家湾。父亲唐永大，号巨川，是唐氏家族定居唐家湾后的第二十代。他在上海经营茶叶生意，生意做得很大。他共育有八个子女，唐绍仪是他的第四个孩子。

唐母是一个典型的农村劳动妇女，老公经商成功，成为大户人家，作为妻子的她从此不用做农活了，闲时种花弄草，修身养性。她在自家的庭院里种植了各种各样的岭南花草，如万年青、姜花、指甲花、炮仗花、桂花、罗汉松等。唐母偏爱万年青，室内、室外也种了不少，虽朝朝频顾惜，日日勤浇水，但每到花开时节，其他花都开过遍，偏偏万年青不开花。

无巧不成书，正在唐绍仪出生那天，院落里的万年青终于开花了。

十多年来，这万年青可是头一回开花。在当地有一个迷信的说法，说万年青不易开花，而一旦开花，便能预示家人运势。所以，唐母认为这个孩子有富贵命，高兴非常，逢人便说此事，谓儿子定有出息。后人有首诗专道那棵万年青：

> 叶自常青花自妍，共相辉映在庭前。
> 人逢喜事花开日，运转生机吉兆年。
> 万里鹏程图大业，一朝显贵出高贤。
> 春晖得报归来后，大任天将降铁肩。

从6岁开始，唐绍仪父亲就把他送进村里的私塾读书，接受中华传统文化的教育。他天生聪颖，成绩出类拔萃。塾师发现他异于一般学生，常在友人面前夸赞这位高足"攻读经史，极有颖悟力"。

那个时代，高门大户、读书世家的子弟，是要参加科举考试、谋正途出身的，如果没有后来发生的事情，唐绍仪会往科举这条道路走下去。

9岁的时候，他去上海和做生意的父亲团聚，被父亲送进一所教会学校读书，开始学习英文。他很有语言天赋，三年时间，将英语学到滚瓜烂熟，这引起了族叔唐廷枢的注意，他很喜欢这个聪明的侄子，并且希望他出国留学。

一日，在外做茶叶生意的唐父从上海回来，与他一同返乡的有族叔唐廷枢。

唐廷枢时为李鸿章洋务运动最得力的主将，中国民族企业的开创者之一。

"嫂子！我同巨川商量过了，想把绍仪送到美国读书，不知嫂子是否同意？"唐廷枢进得门来，尚未坐定就问唐母。

"巨川同我讲过了，孩子这么小，出什么国？我反对！我看肯定是他找你来说服我，没商量！"唐母一口拒绝。

其时，驻美总领事欧阳辉庭和容闳发起的"留美幼童计划"碰到不少困难。因此容闳只好按欧阳辉庭的指示回乡发动。但事实上，家乡人也不是每个人都愿意送孩子出国的。

"到万里之外的蛮夷之国，读蟹行文字，将来哪有出息？若不幸客死'番邦'，那就更加不值！"唐母振振有词。

"到外国读书，可以拓宽眼界，增加人脉，有利于今后与外国人做生意呢！而且是政府承担费用，不是你想去就让你去，还要考试选拔的！"唐廷枢说。

"这世界有这等好事，出国读书不用自掏腰包？"

"是的，出国费用全部由官府承担，只要家庭殷实，聪颖上进，考上了就可出国。但前提是身家清白，有中文根底，粗通英文。初试通过的幼童，先在上海的'预备学校'学习，再考试选拔出国。"唐廷枢不厌其烦地解释。

这时，唐父插口了，说："幼童留美已不是第一次了，到绍仪已是第三批了。你看第一批出国留学的老乡欧阳庚在美国读书至今不是好好的吗？"

唐母毕竟是个通情达理的人，听小叔和老公这么说，觉得在理，便无话可说了。并且表示："让我去动员合条件的乡里让自己的孩子与唐绍仪一道出国留学吧！"

唐巨川听了，笑着说："难怪万年青开花了！"

众人听了，都会心地笑了。在唐母的发动以及唐廷枢的保荐下，唐绍仪，还有他的同宗叔伯兄唐国安、乡里梁如浩等人来到设在上海的留学预备机构。

他们在上海参加了半年的英语及礼仪学习，并在考试中过关，得以入选留美幼童中的"第三批"。那一年的唐绍仪只有 12 岁。

●赴花旗，学业未竟

1874 年，唐绍仪等人由上海出发，途经日本，横渡太平洋后抵达被称为花旗的美国。

与之前的幼童一样，将被分配到新英格兰地区的各个家庭里。

唐绍仪与同是唐家湾的梁如浩一同被安排住在马州春田（Springfield）哥登尔（E. C. Gardner）建筑师家中。平日除学习外，和主人一起生活、运动、参加祈祷。中西文化的巨大差异，在他们的心灵深处引起了激烈碰撞。

这"碰撞"首当其冲的仍然是服装。幼童穿的是长衫马褂，这与当地的时尚穿着格格不入，而脑后拖着的辫子更是被人耻笑为"猪尾

Dresses worn by students before departure for the States.

Liang Yu Ho
(M. T. LIANG)   Tong Shao Yi

1872 年出国前夕，梁如浩（左）与唐绍仪（右）合照

巴"。这批幼童与前两批学兄一样，认为长衫马褂不便，辫子不雅，便改穿西服，且剪除了这条"猪尾巴"。

幼童们在美国的行为举止被守旧的朝廷命官看在眼里，急在心上。学监陈兰彬、吴嘉善无法容忍学生的"过激"行为。他们上奏朝廷，称不应"授学生以种种不应得之权利"，促请朝廷撤回全部幼童，并称"早一日施行，即国家早获一日之福"。清政府亦担心这些学生长期受美国文化浸润，"将不复为卑恭之大清之顺民"，并直指留学生"学风不正，学无所长"。

事实上，情况并非如此。

在 1876 年美国费城世界博览会上，包括唐绍仪在内的留美幼童"由美国女教师携行"，参观了这次世博会。刚好宁波海关的文牍李圭来到费城躬逢其盛。

在偌大的展馆里，这个海关秘书面对轰鸣的机械和精巧的发明顿时目瞪口呆，更吸引其注意的是一群西服革履的中国少年看客。"见诸童

多在会院游览，于千万人中言动自如，无畏怯态，英语精熟，装束若西人，而外罩短褂，仍近华式，举止颇为洋派。"

经打听，原来这就是从中国来的"留美幼童"。李圭见到年少的同胞，喜出望外，连忙走上前，主动向这班少年同胞嘘寒问暖。

李圭问："参观这样的博览会有什么益处？"

幼童回答："集大地之物任人观赏，可以增长见识，新机器、好技术可以仿行，又能增进各国友谊，益处很大。"

"他们什么东西最好？"

"太多了，譬如有印字法、电灯、电话、留声机……"

问到这里，李圭蹲下来，拉着一位年龄最小的幼童的手亲切地问道："想家否？"

这个幼童就是唐绍仪。唐绍仪眼里闪着泪花，片刻后回答："想也无益，惟有一意攻书，不负父母所望，反正回家终有日。"

李圭听了，心里五味杂陈，眼眶立时湿了。这些稚气未脱的"留美幼童"远离家乡，远离父母，是多么不容易，但从他们的回答中，可看到是多么老成而富有见地。

这件事给李圭留下了良好的印象，他感慨万千地写道："西学所造，正未可量。"

1880 年，唐绍仪在春田中学和哈德福公立高中毕业后，以优异的成绩考进了纽约哥伦比亚大学文科学习。正当一心攻书的时候，"留美幼童"的命运开始跌宕起来，并且事态变得越来越严重。

陈兰彬的随员中，有一个叫吴子登的人，1879 年被任命为留学事务局第四任监督。

当吴子登来到留学事务局见到在这里集训的幼童时，学童们都是用英文同他打招呼：

"hi！"

"Nice to meet you！"

幼童们没有一个人肯向他下跪、请安、作揖、叩头，他非常不高兴。

在以基督文化支撑的美国，道德伦理的核心是爱，爱的内涵是平等，所以在人伦关系和等级尊卑等方面要较清廷自由随意。中国传统文化中不能说没有爱，但爱被融化于严格的礼仪和等级之中，在三纲五常的规范中显示所谓的"爱"。

幼童到美国后，由于年龄小，不熟悉清廷的礼仪规范，在新大陆那种自由的空间中，很快就被美国的道德文化所同化，淡化了等级尊卑，见官员厌恶作揖、叩头。

此前的三位留学生监督陈兰彬、区谔良、容增祥还比较随和，吴子登对此却十分在意。从这以后，他规定在幼童中文的课堂上，摆上孔子牌位和当朝皇帝的画像，幼童每日清晨六点起床就要"拜谒"皇上，颂扬皇帝的"圣恩"。向着孔子牌位，上课拜叩，体认"圣人"的伟大。然后，向长官请安，作揖、叩头，否则杖责。

幼童们的违规行为，接二连三让吴子登知道了，他认为事态严重，连忙向清廷报告，指责"留美幼童"不遵守封建礼教，已被洋俗同化，"适异忘本，目无师长"。李鸿章不敢怠慢，即令陈兰彬、吴子登对"留美幼童"务必"设法整顿"，摆开了整肃的架势。

1880年4月1日，吴子登向全体留学生发布了"留学局谕告"：

> 谕告诸生等知悉：
> 我国家培育人材，不惜巨币，送尔等肄业。尔父母亦不耽溺爱，令尔等离家前来。无非期望尔等学业有成，上可报国临民，下可光宗耀祖，为尔等终身之计。试思中国人家子弟，若万万，若千万，岂易得此美遇？既可学新奇学问，又不用毫末钱财，又早已顶带荣身，又将来回中国后，功名超进，种种好处，不可言宣。但要思出洋本意，是令尔等学外国功夫，不是令尔等忘本国规矩。是以功夫要上等学习，规矩要不可变更。若尔等不上等学习，将来考试，岂能争先胜人？若任意将规矩变更，将来到家，如何处群和众？尔等既在外国学馆，功夫有洋师指授，不虑开悟无方。惟到局时候甚少，规矩日久生疏，深恐渐濡莫抛。是以谕示尔等，要将前后思量，立定主义。究竟在外国日少，居中国日长。莫待彼时改变不来，后悔莫及也。至洋文汉文，更会融会贯通，方为有用。否则不但洋人会洋文到中国者不少，即中国人在外国通洋话者不多。何以国家又令尔等出洋肄业？反复思维，其理易晓矣。现已一面将汉文洋文会通之法，纂习一书，以便印出后，发为尔等程式。尔等当先于学中完毕功课之时，少歇息。后，抽出闲谈及作无益诸事功

夫，即将四书温习，或互相讲论。日计不足，月计有余。总之洋文汉文，事同一理。最是虚字难明，如有未解之字，或此句有，别句亦有，当即摘出记录，以便到局请问，或随时写信求益不可，自能旁引曲征，令尔等明白晓悟也??

特谕。

从中，我们可以窥见当时这些旧派人物的担忧。但是，这些孩子从小在美国接受西方式教育，对烦琐的封建礼节不大遵守，反而对个人自由、民主之类的东西十分迷恋。这岂是封建迂腐的清朝保守势力所能容忍的?! 所以吴子登与国内的守旧派联合，群起上奏，诋毁幼童，指责幼童们无论学到多么好的科学技术，也难以效忠清廷，与其培养些"假洋鬼子"，不如及早将他们撤回。

1881 年 3 月 5 日，陈兰彬以"出使美国秘国大臣"的名义上了一道奏折，言"此等学生，若更令其久居美国，必至全失其爱国之心；他日纵能学成回国，非特无益于国家，而且有害于社会"，提出中止幼童学业，全体回国。

当然，直接导致"留美幼童"被召回的另一主要原因，是由于当时美国发生经济危机，生产萧条，资本家和报刊舆论为转移视线，竟归罪于中国华工夺了美国工人的饭碗，掀起排华恶浪。

内有封建顽固派的攻击，外受美国排华政策的影响，一贯支持幼童留学的李鸿章、奕䜣等人面对强大的反对势力也无可奈何，只好同意。

1881 年 6 月 8 日，总理衙门向光绪呈递了《奏请将出洋学生一律调回》的奏折，并得到了光绪的批准。同年 8 月，"留美幼童"奉命全部撤回，原定 15 年的"幼童留美"计划中途夭折。

当全体幼童听说朝廷让他们即日中止学业回国的消息时，无论对这些幼童，还是教育幼童的美国老师和朋友，都既悲愤又伤心。

要知道，在这四批 120 名学童当中，半数孩子已进入美国耶鲁、哈佛、麻省理工学院、哥伦比亚大学等一流大学就读，而只有欧阳兆庭和詹天佑两人大学毕业。对于大多数学生来说，再过三四年就可大学毕业，成才在即，一旦中途撤回，不仅浪费了巨额钱财，而且中断了幼童的学业，遗憾终身。

欧阳辉庭和容闳闻讯，急忙四处奔走，联络中美友人上书劝阻。

美国著名作家马克·吐温也亲自找前总统格兰特致函李鸿章，劝说："幼童在美颇有进益，如修路、开矿、筑炮台、制机器各艺，可期学成，若裁撤，极为可惜。"

清廷的一些开明官员也上奏反对撤回。但是清政府仍坚持认为留美幼童"外洋之长技尚未周知，彼族之浇风早经习染"，"与其逐渐撤还，莫若概行停止"。决定"趁各局用人之际，将出洋学生一律调回"。

学督吴子登下令：所有幼童从 1881 年 8 月 21 日起，分三批启程回国。

就这样，原定 15 年的幼童留美计划，进行到第 10 年时中途夭折，"幼童出洋"的理想和试验就这样烟消云散了。

当时唐绍仪在哥伦比亚大学读二年级，还有两年就毕业了，眼见成熟的果子硬给剥掉了，他十分悲愤，却又无可奈何。

到 1881 年年底，除已在美国病故者 3 人、中途辍学者 23 人外，剩下的 94 名"留美幼童"分三批"凄然回国"。头批 21 名送往上海电报局，二、三批由福建船政局、江南制造局留用 23 名，50 名分拨天津水师、机器、鱼雷、电报、医馆等处。

在中国"留美幼童"不得不被召回国的时候，日本政府不仅派了男生到美国留学，还派了女生出洋。中日的近代化竞赛几乎同时开始，但过程和结局却迥然不同。

> 你已归来我忧愁全消散，让我忘记你漂泊已多年。
> 让我深信你爱我仍如前，多年以前，多年以前……

在留美幼童离开美国前，香山籍的同学唱着这首优美感伤的歌一齐去墓地拜叩了因病而英年早逝的三个同学。其中，谭耀勋与欧阳庚、唐绍仪十分要好。他是香山张家边朗尾村人。读书刻苦，成绩优秀，与欧阳庚一起考进耶鲁大学。病死后被安葬在卡林顿家族的墓地里，在墓碑的正面刻着这样的汉字：大清广东香山官学生谭耀勋之墓。

望着墓碑，欧阳庚、唐绍仪泣不成声。

100 多年过去了，告别了祖国和父母的谭耀勋等三位幼童至今仍孤寂地躺在异乡寒冷的土地上。

"留美幼童"的归国令人十分失望。因为，有了朝廷的歧视，他们回到了上海，码头上既没有亲友的等待，也没有欢迎的人潮。

他们上岸后马上被送往一所已经关闭 10 年之久的书院——求知书院。在那里，他们又重新"温习"了中国封建社会的传统教育。

然而，受过先进思想熏陶的这一批青年人，不可能再接受八股文和叩头之类的行为和习惯，大清王朝逆历史潮流而动的行为，使他们成为强烈要求"彻底清除"旧政府和进行改革的愤怒的一代，后来他们当中有的成为大清王朝的掘墓人。

算起来，唐绍仪从小学一路念到哥伦比亚大学，从一名幼童已出落成 19 岁的青年，此时的他如初春摇曳的鲜花，尽情沐浴和煦的阳光，吸吮自由的空气，慢慢将那平等、博爱的思想融进了自己年轻的血液之中。

唐绍仪见识了东西方文化和政治制度巨大的差异，使他充分认识到"制度一输百输！"的道理。从而，把美国的民主共和制的种子深深地埋下，期待有朝一日破土而出，开花结果！

●遇危难，彰显德行

许多人说，唐绍仪登上民国总理的宝座，纯是同乡孙中山提携之故。其实关系不大，提拔唐绍仪的，不是孙中山，而是孙中山的政敌袁世凯。

七年的留美生活，唐绍仪不仅掌握了更加流利的英文，而且通晓了国际法，更难能可贵的是，"洋装虽然穿在身，我心依然是中国心"，唐绍仪不仅没有成为不适应中国国情的人物，相反却融汇中西，以其深厚的跨文化修养为基础，优秀的品格，迅速在官场脱颖而出。

1882 年 11 月，李鸿章推荐德国驻天津前领事穆麟德赴朝鲜办外交及海关事务，穆麟德向李鸿章提出要懂英语及国际事务的人当他的助手。

这时，刚好留美幼童返国，唐绍仪被李鸿章相中。

同年 12 月 9 日，19 岁的唐绍仪随穆麟德到达仁川，担任朝鲜海关帮办、穆麟德的秘书（作为宗主国，当时中国直接掌管朝鲜的外交、海关等事务）。

中日角逐让朝鲜为唐绍仪提供了一个巨大的舞台。

当时的朝鲜政坛有两派势力：一派是效忠清朝、墨守成规的事大党；一派是主张联合日本、进行君主立宪改革的开化党。

1884 年 12 月 4 日，汉城邮政局落成，在当晚的落成仪式上，开化党举行宴会款待朝廷大臣，准备借此将事大党大臣一网打尽，试图通过宫廷政变让朝鲜实现明治维新式的近代化改革，史称"甲申政变"。应邀出席晚宴的穆麟德目睹了政变全过程，并暂时保护了被政变者刺伤的守旧派大臣、禁军大将闵泳翊。

在这危急关头，唐绍仪趁乱离开现场，迅即召集数十人携带武器驾着马车赶回邮政局，护送穆麟德和闵泳翊一行回到穆麟德的家中，随后又请来美国传教士为闵泳翊疗伤。

当时，袁世凯是驻朝清军实际上的领袖，政变当天他没有去邮政局，第二天一早，他带了 200 兵丁赶往穆麟德家中，了解政变的情况。一哨人马匆匆而来，突然听到一声断喝：

"站住！"当此非常时刻，唐绍仪手执洋枪，守卫在门口，在门前一夫当关，阻止袁兵进入。

袁世凯抬头一看，只见这个年轻人，身材高大，英姿勃勃。

"我是帮办军务袁世凯，请快快放我们进入！"袁世凯大声说道。

"不行！未经通报许可，任何人不得进入！"唐绍仪大气凛然，不卑不亢。

袁世凯只好令士兵后退。

过了一会，经通报应允后，唐绍仪才放袁兵进入。袁世凯肚子虽有气，但细想一下，这样的人才有担当。袁世凯与穆麟德一见面，便第一时间把此事说了出来，穆麟德一听，兴奋地说：

"他不是什么守卫，他叫唐绍仪，是李鸿章选派到朝鲜的海关帮办，若非他带人相救，我早没命了。此人不但精通外语、办事能力很强，而且正直忠诚。"把唐绍仪夸了一大通。接着召他入见。

袁世凯眼前的唐绍仪身高足有一米八五，相貌堂堂，谈吐温文尔雅。袁世凯对唐绍仪在兵变中舍身护主的义气胆识赞赏有加，爱才之心油然而生。

"我身边正缺绍仪这样的人才，不如让他跟我吧！"袁世凯向穆麟德要人。

"我实在舍不得，但绍仪跟着你，进步空间会更大！"穆麟德正需要袁世凯帮忙之紧要关头，哪有不应允之理。

12月6日，袁世凯将政变镇压，因功被封为驻扎朝鲜总理交涉通商事宜大臣，位同三品道员，并时常出入皇宫，俨然朝鲜监国。而唐绍仪以候选从九品的资格担任袁世凯公署的西文翻译，虽然是个芝麻官，但却是袁世凯身边的智囊，最重要的助手。因为袁世凯粗鄙少文，对中外皆通的唐绍仪十分看重。唐绍仪也向袁介绍一些政经读物，如《孟德斯鸠法意》《欧洲新政史》等，并向袁介绍他在美国的见闻。两人因此建立起友谊。

袁世凯拥兵驻朝，日本视袁为其扩张势力的一大障碍，欲除之而后快。

1894年7月，日本人密谋刺杀袁世凯。唐绍仪闻讯，心急如焚，知道凭一己之力救不了袁世凯，他心生一计，决意借力救人。于是立即跑至英国使馆，求救于英驻朝公使朱尔典，并共同策划了一个救袁方案。

当晚，唐绍仪让袁世凯改装易服，从使馆后门出走。唐绍仪身配双枪双刀，骑马护送袁世凯到汉江边，登上朱尔典早已准备好的英国军舰"平远"舰。这时，距离日本人密谋动手的时间只差十几分钟。日军攻陷汉城后，7月28日，袁世凯在英国领事的协助下离开汉城，后乘德国船回国，他第一次派驻朝鲜的12年生涯就此惨淡结束。

日本人闻讯后，立即派出军舰追击，欲杀袁而后快。无奈茫茫大海，不见"平远"舰踪影，一腔仇恨，发泄到中国驻朝鲜总理公署。日军当即围攻朝鲜皇宫，对公署发起进攻。敌众我寡之下，唐绍仪机敏地从后院逃脱，暂避英国总领事署。后在英人帮助下，乘船赴天津与袁世凯会合。

唐绍仪的救命之恩及其聪明能干给袁世凯留下深刻的印象，从那时起，两人结为至交。所以当李鸿章为选谁为驻朝总领事而头痛时，袁世凯极力推荐唐绍仪，并不停夸奖，说唐绍仪"忠直明敏，胆识兼优"。

1896年，唐绍仪被任命为驻朝总领事，成为甲午战争后第一个驻扎朝鲜的中国外交官，时年33岁。从此，一条光明的仕途向唐绍仪敞开。

●维邦国，成就斐然

1899 年，袁世凯当上山东巡抚，奏请朝廷把唐绍仪调到山东。

实际上，从这个时候起，在朝鲜大难不死的袁世凯对有救命之恩的唐绍仪产生了依赖，用袁世凯的话说，两人的关系"如身使臂，如臂使身"。

1899 年，"山东教案"发生，法国政府要求清政府赔款 84 万两白银，袁世凯上任不久，就要处理这最为棘手和微妙的外交事务，头也疼了。

"派谁代表自己去谈判呢？"他思前想后，难以定夺，焦虑万分。

"谈判的任务交给我好了！"唐绍仪自告奋勇。

唐绍仪不负所望。他面对不可一世的法国来使，有理有节地展开谈判，赔款数额由 84 万两白银降为 17 万两，大大减轻了清政府的负担，因而深得清政府的赏识。

旗开得胜，使得唐绍仪此后有机会参加多次外交谈判，并一次次取得重大胜利。

1901 年，袁世凯当上直隶总督兼北洋大臣，唐绍仪再次被重用，任天津海关道，执掌了大清国著名的"肥缺"之一。

唐绍仪上任后，成为"道台大人"的他，在极其复杂的环境下，一反李鸿章在外交谈判方面的立场和作风，与别的傀儡式海关监督也不同。他利用精通洋文洋法的优势，直接与洋人沟通，多次与帝国主义组成的天津都统衙门交涉。1902 年，收回了天津主权，还将天津海关治理得井井有条，为财政亏空的清政府提供了比上一任多出许多倍的关税白银。

其后，唐绍仪又与英人会商接收了秦皇岛口岸管理权，与洋人开展租界，承办天津电车、电灯和津镇铁路合同等谈判，维护了民族利益，显示了出色的外交才能，朝野对他刮目相看。

唐绍仪得到了迅速提拔，继而在外交、国税、交通等方面同时担当重任。

唐绍仪的工作作风是相当美国式的，雷厉风行，不大给人留余地、留情面，由此也树敌不少。与同僚的关系相当差，因此《民立报》说

"唐之为人，京官排挤者甚多"，但因为唐个人的工作能力及袁世凯的照应，官位一直稳如磐石。

在中国外交史上，充斥人们耳目的多是屈辱求和、丧权失利的记载，但至唐绍仪却是另一番天地。他运用自己的国际法理知识，充分发挥自己的才智，在"没有硝烟的战场"——外交领域上与强权折冲樽俎之间，绝不轻易退让，倾力为国家谋尽可能大的外交胜利。

1903 年 12 月，英国利用日俄忙于争夺中国东北的时机，悍然派兵对中国西藏地区大举进犯。次年 4 月，英军攻陷拉萨，挟持西藏地方政府，私自签订《拉萨条约》，妄图将西藏从中国领土上分割出去。当时清政府的驻藏大臣有泰在英人的诱逼下，准备在条约上签字。消息传到京城，舆论哗然。

这个事件由于英人在其他帝国主义的压力下，为使其行为合法化，同意双方派员谈判。此谈判事关领土主权问题，责任相当重大，搞不好会留下千古骂名。

1904 年农历八月，在袁世凯的推荐下，光绪皇帝"赏唐绍仪副都统衔，往西藏查办事件"。

都统，即为该地方的行政长官。在设有驻防将军之处，一般设有专城副都统（满语：梅勒章京），为正二品。

农历九月，光绪皇帝又"敕唐绍仪为议约全权大臣"，并颁发"钦差议约全权大臣"银牌，派唐绍仪代表清政府前往印度谈判。

国人万万想不到，捍卫中国对西藏所拥有主权的历史重任，竟然倏忽间落在了年纪轻轻的唐绍仪肩上。

唐绍仪能胜任吗？

1905 年 2 月，中英双方在印度加尔各答举行谈判。

唐绍仪请训后，即带同参赞张荫棠、梁士诒等于 1905 年 2 月抵印京加尔各答，与英国议约专使费利夏展开谈判。

向来大国使臣都气势汹汹，挟势自傲，英国代表弗利夏这次也不例外。他仰着头，大步走进来，面对身着朝服、胸挂珠串的清朝大臣唐绍仪，连起码的礼节也不讲，十分蔑视地斜靠着椅背，架着二郎腿。

出于礼貌，唐绍仪本想和他打招呼，见弗利夏如此趾高气扬。他还以脸色，也不予理睬，抖一抖官服，淡定地面向弗利夏而坐。

停顿良久，唐绍仪以非常流畅的英语发表讲话，他避开谈判内容，开始大谈各国宪法大纲，有的章节倒背如流，随即又转入对大不列颠及北爱尔兰联合王国政体、地貌、物产、人情、风土等的评述，然后话锋一转进入正题。

弗利夏不知不觉已是正襟危坐，他没想到清廷大臣中居然有这么精明的外交通，但态度仍极为傲慢。他将与西藏私订之约丢与唐绍仪阅，然后侧着头，眯缝着眼睛说：“说多无用，约早签好，请促签押，毋庸置疑。”

费利夏以为唐绍仪也会像以往中国历办交涉之大员那样唯命是从，不敢争议，殊不料唐绍仪连正眼也不看他一下，用严厉的外交辞令，大声驳斥道：

“我是来议约的，约尚未议，何来签字之事？”

费利夏一听，很是愕然，但仍盛气凌人，道：

“萨公使（即驻京英使萨道义）来函称，中国并无改约之意，今遽欲将约作废，则无可再议。”

唐绍仪正色道：“贵国既接待议约，则我自有商议之权。中英之所以必须会议者，因西藏之主权在中国也。藏约既有干犯中国主权之语，自应解释明白。”

费利夏无言以对，始允由唐绍仪拟稿。既而，唐绍仪将原约中有碍中国主权之第九款全行删除，并加上“英国无有侵占西藏之意”，其余各款亦改易十之七八。

这使费利夏大为恼火，他认为无异于废约，声言：“英费数年心力，耗兵费八十余万镑，冻毙士卒百余人，始成拉萨约，今将约内已得利益全行让出，无此办法。谨直告贵大臣，此稿断不能更改！”

在接着的会议上，费利夏对唐绍仪说：“只须于总纲上声明藏为华属一语，其余不须更改。……且中国所订十六、十九两年之约（即《印藏条约》《印藏续约》）藏人均不遵守，何如藏人甘心画押之约可以实行。”

费利夏说得似乎很有道理，但是唐绍仪冷笑一声，反驳他：“若如此，则只须中国政府照会萨使于约中加入此句，萨使照复允准便了，何必派使到此会议，且既以藏人签订之约为可行，则当日荣赫鹏又何必延有大臣画押？”

费利夏听了，顿时口塞，无言以对。

当谈到争议焦点之中国与西藏的关系问题时，更是波澜再起。

费利夏不停地挥着手，不可一世地说："中国对西藏向不负'主国'义务，只认中国是西藏之'上国'，中国与西藏关系就等同于与昔之朝鲜、越南、琉球、缅甸。如此，则中国难阻西藏自主，大英帝国与西藏所订之《拉萨条约》是合法的！"

费利夏实非等闲之辈，互相辩难。但唐绍仪早洞知其意，在于以此奠定其合法地位。

不要以为唐绍仪在美留学，不熟悉中国历史。事实上，唐绍仪作为一个出色的外交官，不仅通晓国际法，而且通晓各国历史，对本国历史更是了如指掌。

唐绍仪接口道："费使差矣，中国当为西藏之主国，历代达赖、班禅册封、藏员补缺、请旨简放、藏兵由驻藏大臣岁操各事，如此种种足以证明中国为西藏'主国'，而不是你们英人所称之'上国'。也就是说西藏是中国的一部分，故贵国与西藏私签之约并不合法！"

兵来将挡，一轮唇枪舌剑，费利夏又是处在下风。

最后，费利夏恼羞成怒，竟以谈判相威胁，宣称："这是第十次谈判了，应为'末次谈判'，如果你唐绍仪再不按原约签字即后果自负！"

在费利夏看来唐绍仪作为钦差大臣，如果不能完成使命，则无法回朝交差，当受朝廷惩罚，以此要挟唐绍仪就范。

"甚愿听'末次'二字。但须知英国与藏僧立约，只有一面，并非两平等国，不能视为已得之权利，若照此稿我断不能画押。"唐绍仪面对费利夏的凌人气势，不屈不挠，意气凛然，言词铮铮，一点也不甘示弱。

接着，唐绍仪针锋相对地强调："此行倘不能在印妥商，我国自有办法，即本大臣使英亦自有办法。"随即率部员返回京城，主动中断谈判。

唐绍仪此举大出英人所料，连清廷要枢也迷惑不解。

其实，这正是唐绍仪的高明之处。正所谓"知己知彼，百战不殆"，他知道英国内阁对印度总督寇松已不信任，费利夏与唐绍仪谈判不成，反会使寇松倒台。果然，唐绍仪回京不久，寇松就去职了。

英使以为唐亦将与以往中国之交涉人员一样，一经威吓，便会屈服。殊不料这次他们的强权外交术失灵了。英国新内阁认为《拉萨条约》未能得到中国的承认，国际上会多加干涉，加上藏人也反对，最后，英国不得不改变手段，放弃独占西藏之野心。

在新一轮谈判中，经唐绍仪与英使多番磋磨，达到了与英国立约挽回主权的目的。新约规定：英国允不占并藏境及不干涉西藏一切政治；拉萨约内英国享有的西藏电线、铁路、矿务等项权利，现声明除中国能独享外，一切外国不得享受；1890 年、1893 年中英所订两次《藏印条约》，其所载各款与本约无违背者，概应切实施行。1906 年 4 月 27 日，双方在北京签订了《中英续订印藏条约》。

唐绍仪这一位谈判高手终于让弱国"有"外交！

《中英续订印藏条约》之签订，征诸以往之中国交涉史，实罕有此强硬豪壮之举，这既是唐绍仪外交之成功，亦是中国外交之胜利，打破了"弱国无外交"的铁律！

后来英人虽多次策动西藏独立，企图与藏直接交涉，但仍不得不与中国会议，难逞野心，实掣肘于此约；在那个时候，中国维护西藏的主权，平息外国的干涉，唐绍仪居功最大。

西藏问题的成功谈判，使唐绍仪的名声如日中天，他获得了进入朝廷外交决策的通行证。

此后，唐绍仪又作为庆亲王奕劻的主要助手，参与了中日、中俄关于东北问题的谈判，完全拒绝了俄国保留在东北利益的要求。

自此，唐绍仪的外交才干受到更大的关注。在以强硬的姿态成功维护了中国对西藏的主权之后，唐绍仪被任命为外务部右侍郎，还取代盛宣怀接任了督办铁路总公司大臣。

1904 年 11 月 7 日，唐绍仪转任邮传部左侍郎兼署外务部右侍郎及会办税务大臣，集外交、铁路、电政、税务各种办事权于一身。

●掌海关，改弦更张

清政府在第二次鸦片战争中失败后，屈膝受辱，中国海关关税自主权及管理权丧失，海关总税务司、各关税务司均由洋人担任，并已写进条约。

早在 1863 年，英国人赫德（Sir Robert Hart）被清政府正式任命为总税务司。他精通中文，眼光敏锐，当了大清政府的洋总管后，为海关制定了系统完备的规章制度和业务程序。客观地说，赫德治下的清朝海关，为中国近代化进程做了贡献，是他使这个新机构始终维持廉洁高效的运转，并把邮政、灯塔和海底电缆引入中国，带领近代海关走向现代化，在近代中国扮演着极其重要的角色。其积极作用不容抹杀。

然而，赫德的海关，依然是帝国主义经济侵略中国的工具。比较明显的例子是海关进口税率，一直保持在5%的水平，而同时期的新兴工业化国家无不实行关税壁垒，保护民族产业。5%的进口税率使西方国家的工业品充斥中国市场，完全破坏了中国自给自足的小农经济，也压制了民族工业的发展，使中国和印度一样成为原料产地和英国工业品的市场。

所以，唐绍仪认为，中国的繁荣富强，并不能指望赫德这样的局内旁观者，最终还是要靠中国人自己的努力奋斗。

当时，作为总税务司的赫德，深得清政府倚重和赞赏，不断得以加官晋爵，被封为太子少保衔的正一品官。他在海关的权势，可谓登峰造极，让朝野人士大感不安。

1906年年初，在唐绍仪的建议下，清政府设立全国税务总署，实际工作由唐绍仪主持。

这意味着什么呢？以前海关是由外务部管辖的，现在由税务处管辖，就等同将海关总税务司的羽翼剪除掉了。

同年7月22日，唐绍仪上任伊始，即电召海关总税务司赫德及各关税务司到京城听训，并宣称：

> 此次奉命办理海关税务，实为收回税权之一大关键，且海关为中国海关，聘用洋员自应归中国节制。今虽时事艰难，无所措手，亦当力任其难。

此语一出，犹如巨石投入水中，迅速掀起波澜。唐绍仪的主张自然引起洋人的极大不满，洋员开始"人心惶惑"，尤其是总税务司赫德。

时值酷暑，赫德正在避暑胜地北戴河休养。唐绍仪的行为及这一纸札文给他带来很大的不安，他意识到：作为太上顾问的日子已经一去不复返。中国不再需要依赖别人了。

但并没有彻底击碎他的幻想，因为，他知道自己是一位炙手可热的洋人，垄断总税务司数十年了，清政府封官一品，挂太子少保尚书衔，可以随便进出各衙门。所以，对年轻的唐绍仪根本瞧不起，对电召他上京开会，更是不以为然。

唐绍仪发表上任讲话的后两天，税务处"酌调人员，以资差委"，从户部、外务部抽调了20多名精明强干的官员，并从海关选拔了一批阅历丰富的高级华员，"使政府这一新部门（税务处）有条不紊地开始工作"。

这时，赫德眼睁睁地看着这个"留美幼童"挤进海关后雷厉风行，他终于坐不住了，他决定拜访唐绍仪。

也许，他没有想到，一场羞辱不期而至。

"让你来开会，你不来。想单独见我？休想！"唐绍仪决定给赫德还以颜色，挫一挫这个洋人的威风。

9月9日，赫德第一次来到税务处，唐绍仪避而不见，只是由两名从海关调来的关员出面接待。次日再往，又吃了一个闭门羹。

赫德威风了几十年，谁又敢给这个老佛爷的大红人设门槛呢？

赫德不胜讶异，派人打听其故，唐绍仪传话："总税务司服官中国四十余年，对于官制、官规，尚不习乎？税务总署，实为全国税务之最高衙门，税务会办大臣，实为总税务司之直接上司，照例下官见上官，初次必须用手折，绍仪虽不肖，亦不敢违朝廷体制。"

很显然，这就是传说中的下马威。

无奈之下，赫德只好改用手折求见唐大人。以往他拜访各衙门长官，均受特殊礼遇，自中门长驱直入，这次唐绍仪故意中门紧闭，让赫德走侧门，进门后让其旁坐，自己端坐正中。

唐绍仪的刻意安排，起到了预期的效果。向来备受荣宠的赫德难堪至极，他当天就写信给金登干，描述了他那五味杂陈的感受："从外务部转辖税务处而产生的变化意味着总税务司的放逐。它包含着一种痛苦的因素，我担心，它不会使我的日常工作称心如意。"

立威宣示后，唐绍仪接下来的事情就好办多了，节制海关洋员、设立税务学堂、接管邮政事务……

过去垄断海关税务司职位数十年的洋员，如今不得不收敛其威风，在税务处会办大臣的统辖下办事。

唐绍仪是近代中国第一位收回海关控制权的人，从清王朝九品小吏逐渐升到一品大臣，历任天津海关道、外务部侍郎、邮传部尚书、铁路总公司督办、奉天巡抚、赴美专使等职。

可是，好景不长。1909 年年初，载沣借口袁世凯患足疾，行路不便，将袁开缺回籍，然后就是一荣俱荣、一损俱损的老套路：奉天巡抚唐绍仪第一个"下课"，拉开了袁派人物纷纷倒台的序幕，跟着的就是赵秉钧、徐世昌。此后，唐绍仪大部分时间赋闲在家。

●议共和，功在千秋

1911 年 10 月，武昌起义爆发，辛亥革命的浪潮席卷中华大地，一片混乱的大清帝国行将分崩离析，一时间，"非袁世凯不能收拾残局"的声音甚嚣尘上。清政府被迫重新启用袁世凯。

同年 11 月，南北议和被提上日程。显然，那场发生在武昌的"偶然"起义，并没有立即决定中国的命运，而决定中国命运的是这以后发生的一切，尤其是孙中山回国后成立临时政府及由其主导的谈判。

这或许可以被视为中华民族走向成熟的一个节点，因为终于有这么一个时刻，中国的历史并不是纯粹依靠暴力来改变，可以在谈判桌上解决——南北议和。

南北议和事关重大，双方派谁做代表都颇费周章。

先说革命军这边，孙中山通过沪军都督陈其美请出了在上海赋闲的老牌外交家伍廷芳。12 月 5 日，伍廷芳被孙中山任命为议和全权代表。

伍廷芳，广东新会人，中国近代第一个法学博士，也是中国创办日报第一人，香港立法局第一位华人议员。洋务运动开始后，1882 年进入李鸿章幕府出任法律顾问，参与了中法谈判、马关谈判等；1896 年主持修订法律，提出了包括删除酷刑、实行陪审和律师制度等一系列先进主张，结束了中国民法、刑法不分的局面，孙中山称他为"中国刑法开新纪元"。1911 年，辛亥革命爆发后，作为前清官员，69 岁的伍廷芳"反戈"，倡议清帝退位，建立共和政体。同年，孙中山来上海，在伍廷芳的寓所促膝长谈，颇有相见恨晚的感觉。从此，伍廷芳成为孙中山的得力助手。

袁世凯这边，作为亲密的政治盟友，同进同退几十年，自己信任且能够得上伍廷芳量级的，精通外交事务，有超强的谈判能力，只有唐绍仪。于是，唐绍仪立即被起用、重用，袁世凯任命他为全权议和代表。

巧合得很，唐与伍都是广东老乡兼多年好友，加之两人都曾为清廷封疆大吏，在清政府外务部共事并来往密切。对清政府和革命党人来说，这两位都是"海龟"，一留英一留美，对世界大势有所了解的外交老手，都算得上弱国外交中为数不多的"谈判专家"，是最理想的谈判代表。

唐绍仪接到这个重任，兴高采烈，溢于言表。临别时，袁世凯授意唐绍仪，"除了'民主共和'四字，任何条件都可以让步。"

唐绍仪笑着答："'男儿不展风云志，空负天生八尺躯'，请放心吧，我当尽力为之！"

唐绍仪刚离开北京，精明的袁世凯就说："我不明白，少川（唐绍仪字）当此时势，怎么还兴高采烈呢？"

袁世凯不知道，唐绍仪在美国已种下、但尘封已久的"共和理想"已破茧而出了。

唐绍仪在火车上，剪去了辫子，换上了久违的西服。这是他第二次剪辫子！第一次是他在幼年留美期间，因辫子受人嗤笑，遂偷偷将其剪去。19 岁留美归来，用假辫子替代，第一次跪谒李鸿章时，因假辫子滑落，差点穿帮。后因在清廷为官，才重新蓄辫。

辫子的去掉，意味着唐绍仪虽然身为大清王朝的全权代表，但他的内心，怀着和袁世凯大不相同的"共和思想"，也就是说他宁愿背叛清廷，也不会背叛自己的内心。这个就是与众不同的唐绍仪。

因为北洋清军在汉阳得胜，且黎元洪的湖北军政府更好对付，所以袁世凯希望以汉口为和谈地点。但 12 月 2 日革命党江浙联军势如破竹，攻克了南京，在"一胜一负"的情况下，东南立宪派和列强各国为了便于控制和谈，提议地点设在上海。

12 月 8 日，唐绍仪作为袁世凯的和谈全权代表欣然前往，登上了从北京到上海的火车，代表清廷与以孙中山为首的共和派谈判。

1911 年 12 月 17 日，袁世凯内阁全权代表唐绍仪到达上海，下榻于戈登路英商李德立的寓所，革命党代表伍廷芳住静安寺路的沧州饭店。

12 月 18 日，中外瞩目的历史性会谈——南北议和，在上海市政厅正式拉开序幕。

谈判场景颇为讲究，在颇大的背景墙上的中间两边分别挂着代表清廷的龙旗及代表革命军的青天白日满地红旗。更为有趣的是作为朝廷命官的一品大员唐绍仪，不着官服，不蓄辫子，而是西装、领带、法式皮帽，呢大衣，一身西人装束，抵达上海。和他形成对照，前来迎接他的南方革命党谈判代表伍廷芳，却还穿着中式长袍。

议和谈判开始了，并没出现人们猜想的那种剑拔弩张的场面，双方都客客气气，颇有礼节。在和谈中也甚为投契，简直成了关于民主共和的研讨会！

不过这当然不是研讨会，谈判涉及停战、政体、国民会议和清室优待条件等重大问题。首先达成在湖北、陕西、安徽、江苏、奉天等地的停战协定。接着进入了政体问题的谈判核心——中国该实行"共和立宪"还是"君主立宪"。

伍廷芳首先在会议上开门见山，态度坚决地说：

"我原先也认为，中国应该实行君主立宪，共和立宪的时机还不成熟。但今天中国的情形和过去已经大不相同，实行共和立宪已是世界潮流，大势所趋，人心所向。今天，不仅留学生们这样看，连素称顽固的老先生也说，可以立宪，即可以共和，差别仅仅在选举大总统这一点上。今天各省的咨议局、北京的资政院，都已经民选，选举大总统何难之有？清廷专制二百多年，使中国败坏到今天的样子。即使一间银行的总经理败坏了信用，都必须辞职，何况一个国家？今天中国必须实行民主，由百姓公选大总统……"

末了，伍廷芳仍语带铿锵地说："清帝专制让中国衰败到如此地步，为什么还必须保存君位呢？我来之前，孙中山已明确表示，如果不承认共和，就无法进行议和。"

显然，伍廷芳是劝告唐绍仪的。想不到，伍廷芳话音刚落，唐绍仪就起身回应，笑着说："共和立宪，我等由北京来者，无反对之意向啊！"

唐绍仪此言一出，全场哗然，立时响起了掌声。

伍廷芳更是喜出望外，他不忘大声回应："很好！很好！"

唐绍仪看到伍廷芳惊讶的表情，为了让伍廷芳容易理解自己这种出人意料的态度，唐绍仪解释道：

"我的共和思想，尚早于君，因美利坚之平民政治，吾侪游学此邦时，即已醉心。洎奉使新大陆，益悟其共和政体之有利于国计民生，更复倾倒不置。"

看来，唐绍仪在和谈中并未尽遂袁世凯之意，他认为"清廷不足保全，而共和应当推动"，所以，人们想象中两位谈判高手面红耳赤的情形并没有出现。在唐绍仪看来，今天双方所讨论的，不是反对共和的宗旨，而是寻求和平实现的方法。

有了这个良好开端，伍廷芳高兴万分。谈判期间，在伍廷芳的介绍下，唐绍仪与孙中山、黄兴等革命党人相见。

孙中山和唐绍仪虽为老乡，同为香山县人，但素不相识。

两人相见，都不约而同地惊愕了一下。唐绍仪眼前这位大名鼎鼎的共和派领袖，中等身材，容貌甚伟，尤其是那双有点忧郁的眼睛，炯炯有神，有股穿透黑暗的光芒。一点也不像清廷宣传的那样，什么身高不足三尺，是一位十足的草莽英雄。后来，也有人为了贬损孙中山，谓其身高不足一米六，然而仅观其与身高一米八五的唐绍仪合照，差不了多少，故贬损者实大谬也。

唐绍仪与孙中山合照

而孙中山眼前的唐绍仪又是一番气象，广东人一般身材较矮，而唐绍仪作为地地道道的广东人，竟有一米八五的身高，长得温文儒雅，谈吐不凡。

"时孙唐同乡里，彼此一见，以乡音（石岐话）倾盖，握手称中山，似故交。"

唐绍仪与伍廷芳同为乡里，唐绍仪是香山县，伍廷芳是新会县，相邻的县，一河之隔；而唐绍仪与孙中山这两人的乡里，更为接近。不仅同为广东香山县，而且同一个区，一个是翠亨村，一个是唐家湾村，两村相隔只是几公里。

宾主双方坐定，一同畅叙，推杯把盏，甚是投机，大有相见恨晚之意，对各项协议互相切磋，更是"谋之甚笃"。

孙中山博学、深邃的思想让唐绍仪折服不已；而唐绍仪作为"中国第一外交家"的盛名，孙中山也早有所闻，今日相见，果然"秀外慧中"，心里感叹：作为外交官的唐绍仪真不负大国威仪也！

当晚，孙中山请他们吃饭。当时总统府工作人员膳食每餐3元左右的菜式，而大总统却是4角钱左右的豆腐、豆芽、猪血、青菜之类。对于整天跟在袁世凯身边的唐绍仪，花天酒地惯了，看着如斯菜式真是无处下筷，只好打趣说："今天刚好是我吃斋日，总统怎么知道？"话虽如此，不过，孙中山等人身上的新气象也让他感叹不已。

临别时，孙中山再次向唐绍仪强调："当世恶疾者，帝制为最，惟合众共和为世界之潮流。所以，只袁氏能用手中权力逼清帝退位，我愿让出总统之位。"

自古以来，多少英雄为了皇位，争得血流成河，但孙中山为了国家民族，让出大位，令唐绍仪感慨万端。他紧紧地握着孙中山的手，动情地说："先生开导，语重情长。共和应当推动，我当竭力为之！"

唐绍仪与孙中山"相见恨晚"后，"此后不三五日而一晤，尽掏心肺"。

进一步深入的了解，让唐绍仪清醒地看到，孙中山是中华民族的再造者，所以令其思想产生了彻底的转变，由"护袁拥袁"转化为"祖孙而疏袁"，革命意识逐渐增强，逐渐靠近革命党人，孙中山对唐绍仪也表现出高度信任。

在孙中山的影响下，唐绍仪倍加倾心共和。1911年12月27日，唐绍仪致电袁世凯，提出"召开临时国会解决国体问题"，请袁世凯代奏朝廷：

……查民军宗旨，以改建共和为目的，若我不承认，即不允再举行会议。默察东南各省民情，主张共和，已成一往莫遏之势。近因新制飞艇二艘，又值孙文来沪，携带巨资，并偕同泰西水陆军官数十员，声势愈大，正议组织临时政府为巩固根本之计。且闻中国商借外款，皆为孙文说止各国，以致阻抑不成。此次和议一败，战端再启，度支竭蹶可虞，生民这涂炭愈甚，列强之分割必成，宗社之存亡莫卜……

这些话中，表明若我清廷不认共和，"即不允许再行开议"，并说孙中山西来，携款若干，携械若干，夸张革命声势，不无对清廷的虚声恫吓，迫清廷同意召开国民会议以定国体。唐绍仪进一步规劝袁世凯：

> 共和已成定局，乃人心所向，唯一之法，立与孙中山周旋。

唐绍仪的意思是说，清政府陷入要么宣布共和，要么被革命党人推翻的两难境地。那么，摆在袁世凯面前仅有两条道路可供选择：要么成为清王朝的殉葬品，随着清王朝的灭亡而退出历史舞台；要么顺应历史潮流，背叛清王朝，拥护民主共和，为重建中国而努力。

隔不了两天，唐绍仪又再致电袁世凯反复陈说：

> 清廷退位大势所趋，全国人心主张改变国体，共和体制无可阻止，建议令清室退位，并召开临时国会，安排优待清室条件。

无论是君主立宪还是民主立宪，袁世凯真正关心的是他自己的权力。袁世凯终于同意唐绍仪提出的通过赞成共和的方式攫取大权，"无论政体如何解决，总期权操自我"。为尽快将大权揽入手中，他立即要清廷召集宗室王公，对实行共和国体表态，并以辞职、兵谏等相要挟。

从 1911 年 12 月 18 日到 12 月 31 日，双方在上海公共租界市政厅进行了 5 次谈判。有关政权更迭的实质性会谈，在南阳路上一位著名的立宪派人士赵凤昌家中"惜阴堂"秘密举行。

由于南北双方代表的共同努力，终于达成了确定共和体制、优待清室、推举袁世凯为大总统的协议。

1912 年 2 月 12 日，清帝退位。孙中山履行诺言，辞去临时大总统。

同年 3 月 10 日，袁世凯在北京就任中华民国临时大总统。

南北议和结束，唐绍仪完成了在历史转折时刻所承担的大任。

最后，就总理一职，孙、袁双方相持不下。内阁中最关键一职，非总理莫属，谁能担当此大任呢？

还是惜阴堂主人赵凤昌出了一个好主意，唐绍仪参加同盟会而任总理，理由是"新总统的第一任内阁，是新旧总统交替的一个桥梁。所以这总理必须是孙文、袁世凯两位新旧总统共同信任的人物"，能为孙中山和袁世凯共同信任，唐绍仪最合适，不妨让唐加入同盟会。袁世凯对老搭档做总理没意见。

一周后，由孙中山主盟，唐绍仪加入了同盟会。其时，"会场全体鼓掌赞成，唐绍仪签字认可，起立宣誓"。

袁世凯对唐绍仪参加同盟会，看似默许，其实大为不快，其"不满之辞"此后"逐渐露骨"。

历史选择了唐绍仪。3 月 23 日，唐绍仪正式出任内阁国务总理。

可以说，历史将唐绍仪和孙中山拉在一起，这是中华民族的幸运，因为两人有共同的理想、共同的追求，都"心怀社稷，重视民生"，所以殚精竭虑，以定国体。

从某个角度来说，共和体制在这两位老乡的努力下终于建立起来了！

所以英国人濮兰德将唐绍仪与孙中山、黎元洪并举为民国肇始的三大功臣是客观的。

历史总是这么巧合，中国历史上第一个总统和孙让位后的第一个总理竟然是同乡。至此，香山县老家流传了几百年的"双龙戏珠"的传说终于应验了！

●任总理，进退有守

唐绍仪出任总理之初，的确有极大的政治抱负。他入阁后，对临时约法颇为信奉，很想建立真正之责任内阁，希望亲手塑造一个独立富强、开明进步的民主共和国。

在他的 12 名内阁成员中，9 名是留学生，其中包括教育总长蔡元培（留德）、海军总长刘冠雄（留英）、农林总长宋教仁（留日）等，这也说明唐绍仪力图通过高官"换血"来改变国家积贫积弱的面貌，推动中国走向民主共和之路。

唐绍仪作风果敢泼辣，勤于公务，每天5点起床，逢星期一、三、五召开国务会议，二、四、六谒见袁世凯，注重办事效率，使政府呈现一派新气象。

1912年，袁世凯善后大借款之事曝光，时任《民权报》主笔的戴季陶发表了著名的《杀》："熊希龄卖国，杀！唐绍仪愚民，杀！袁世凯专横，杀！章炳麟阿权，杀！"当局以毁谤罪名拘捕了戴季陶。

社会上的人猜测，戴季陶这次定难逃劫数。但想不到，被戴季陶扬言要"杀"的唐绍仪，不但没有"维稳"镇压，把他杀掉，而且以国务总理名义致电，公开为戴季陶说情："言论自由，言者无罪，为约法所保障。"仅一天，戴季陶就被释放了。

伏尔泰尝言："我可能不同意你的观点，但我誓死捍卫你说话的权利。"这句话说起来容易做起来难。不过，对于唐绍仪来说，做起来一点也不难。

唐绍仪的气度和民主意识是有口皆碑的。

有一次，袁世凯让唐绍仪和张謇（清末状元、实业家）设酒，希望辜鸿铭支持袁党。

辜鸿铭何许人也？他可是清代精通西洋科学、语言兼及东方华学的中国第一人。时任北大教授，号称"清末怪杰"。但辜鸿铭并不买账，竟当场翻脸，称二人为"土芥尚书"和"犬马状元"。袁世凯、张謇当场火了，拂袖而去，而唐绍仪虽然挨骂，却一笑置之，且一直很尊重辜鸿铭，所以，在辜鸿铭死后，唐绍仪努力向政府申请国葬，可惜未果。

唐绍仪的政治作风，民主、自由、文明不离口，且言行一致，声誉日隆。一点也不夸张地说，唐绍仪是中西文明交汇后，中国诞生的第一代政治家，他和孙中山一样有着高度的现代精神！

可惜，他的上司不是孙中山，而是习惯大权独揽的旧官僚袁世凯。袁世凯发现，唐绍仪越来越不像自己认识的那个唐绍仪了，对唐绍仪功高震主尚可包容，但对其推行责任内阁制甚为不满。按照袁世凯的想法，现在这个内阁总理不过就是自己的幕僚长而已，应该和原来一样，是自己的下属，对自己惟命是从。

可唐绍仪不这么想，按照《中华民国临时约法》，政府的组织形式是责任内阁制，内阁代总统向国会负责，总统任免文武官吏和发布法律、命令等，须有内阁副署，才能发生效力。对总统府的决定，唐绍仪认为不可行的即行驳回。

久而久之，袁世凯对唐绍仪产生了隔阂。有人乘机离间两人关系，让唐绍仪知道了，他坦然地回应说："我与大总统交往有二三十年，彼此相知甚深，大总统必不至于将此闲言碎语记挂在心，而受人蒙蔽也。"

这一次，唐绍仪想错了。袁世凯哪能容忍唐绍仪把自己供在上面当个"虚君"？他唆使陆军总长段祺瑞、内务总长赵秉钧不出席国务会议，常常不经过唐绍仪而直接插手部务，将唐架空，使唐陷入非常尴尬的地步。

有一天，唐绍仪找到袁世凯，直率地说："责任内阁凡事要对国家负责，我任总理，也要对国家负责。"

袁世凯怀疑"唐挟同盟会以自重，有独树一帜之意"。他认为唐绍仪如此变化，与其加入了同盟会后的影响有关。他对唐绍仪说："少川，总理一国之事，应有所为，有所不为，你还是退出同盟会吧！"

想不到唐绍仪斩钉截铁地回敬说："当初组阁，条件之一非同盟会会员不可，我是因之加入的，而现在退出，岂不食言？"

唐绍仪见袁世凯很不高兴的样子，且怒目而视，他便接着说："我当初加入同盟会，是宣过誓的，这是一种契约精神，要我退出同盟会，我宁愿不当总理，断不牺牲党性！"

袁世凯听了，酸溜溜地对唐绍仪说："少川，我已经老了，总统没有几天好做了，这个位子早晚要让给你，有些事就不要再争了。"

唐绍仪大吃一惊，急起身告退，从此双方心中都有芥蒂。

此后，在用人、财政、遵守《临时约法》规定的总理附署权等问题上，两人裂痕加深。

在筹款方面，唐绍仪拒绝了英、美、德、法四国银行团提出监督中国财政的无理要求，引起了袁世凯和财政总长及四国银行团的合伙攻击。

而对唐绍仪打击最大的一件事是直隶都督的人选问题，这最终导致袁、唐二人"摊牌"。

唐绍仪主张"民国用人，务贵新不贵旧"，拒绝袁系赵秉钧（为内阁内务总长）私自安排北洋旧人入阁，赵秉钧竟以辞职相威胁。

1912 年 6 月初，当时直隶咨议局选举了和革命党更为接近的王芝祥为都督，唐绍仪曾请示袁世凯，袁世凯笑着说："唐总理选的人，怎会错的呢？"当即表示同意。

"不是我选的，是直隶咨议局民主推选的！"唐绍仪毫不含糊地纠正道。

接着，唐绍仪即发电报让王芝祥北上就任。但很快，袁世凯又打起了自己的小算盘。在他心目中，直隶都督相当于当年的直隶总督兼北洋大臣，如此心腹之位怎能交给一个亲同盟会的人？所以，当王芝祥到京后，袁世凯指示手下的直隶军人通电反对王芝祥任都督，袁世凯借此拒绝委任，不在唐内阁拟定的任命书上签字，却发布改派王芝祥为南方军队宣慰使的命令。

袁世凯知唐绍仪会不高兴，特意召来唐绍仪，说："少川，今天找你来，是想商量一件事。前你欲任王芝祥为直隶都督，可是你看看，现北洋五路军将士联名反对，事情难办矣。这直隶都督就像以前之北洋大臣，地位极其重要，需要能服众者为之。今王芝祥尚未到任，即遭反对，可见人心不服。我欲收回成命，改派王芝祥为南方军宣慰使，你意如何？"

唐绍仪是一个聪明绝顶的人，看透了袁世凯的伎俩。他当即表示坚决反对，说："军人怎可干涉内政？政府不能以军队反对为理由失信于民。前既答应，现在何能食言？"

袁世凯听了，脸色很是难看，却不吭声。

唐绍仪好言好语劝说道："按照《临时约法》，任命地方都督，本是责任内阁职权。此前，国务院会议已通过该项任命，如今日收回成命，国务员将因不用王芝祥为直隶都督而全体辞职。如此一来，内阁解体，南方也会生出许多不满，遭彼责难，岂非自讨苦吃？"

袁世凯却听不进去，武断地说："就这样定下来吧，直督人选可以再慢慢斟酌。"

唐绍仪面色凝重，说："望大总统三思而行，免食苦果！"

袁世凯看了唐绍仪一眼，拿出一红纸命令，递给唐绍仪说："这是任命王芝祥为南京宣抚使的总统令，请你副署后发表。"

"我既反对，又如何能副署？"唐绍仪说罢，愤怒地退了出去。

袁世凯并没有将唐绍仪的话放在心里，他悍然绕过唐绍仪，将命令直接下达王芝祥。这个王芝祥也不争气，带着袁世凯给的一笔钱，拿着没有总理副署的命令跑到南京上任去了。

接二连三的掣肘，令唐绍仪深感孤立无援。唐绍仪见《临时约法》已遭到破坏，"彻悟袁之种种行为，存心欺骗民党"，他绝望了，遂于6月15日愤而提出辞呈，他心灰意懒，拿起笔来写道：

> 绍仪现因感受风热，牵动旧疾，恳请给假五日，赴津调治。惟总理职务关系重要，不容一日旷荒，并乞大总统于国务员中简派一员暂行代理。

一页便笺，寥寥数十言，标志着唐绍仪与袁世凯分道扬镳，两人近三十年的私谊从此决裂。

唐绍仪出走天津，这一日，离他3月25日南京组阁，尚不足百天。总理一职，仅在总统之下，可谓位高权重，但唐绍仪也可放弃，可见唐绍仪的原则性之强。

然而，将近三十年的关系毁于一旦，袁世凯心中有所不忍，派总统府秘书长梁士诒到天津挽留。

梁士诒不敢怠慢，急趋天津，会晤唐绍仪，劝说道："代袁大总统问，唐总理才任职四个月，怎么就辞了呢？"

唐绍仪应道："两人的缘分到此结束，也不算短了。"

梁士诒听了，赔着笑脸说："大总统派我来此，是想请少川兄回京，共担国是重任，不愿为天下诟病。"

唐绍仪摇头叹息道："我自在朝鲜与项城订交以来，情同手足，追随至今日已有二十余年。于困苦危难之中，同舟共济，每每能化险为夷。即使前者与民党谈判，党人对项城颇有微词，以为项城欲帝制自为，我亦竭力为之缓颊，终使清帝退位，中山去职，项城遂愿。所作所为，自认对得起项城。怎会想到事到如今，我二人竟不能同坐天下，真乃遗憾之至。"

梁士诒见说不动唐绍仪，只得回京，向袁世凯复命，并说："唐少川去意已定，虽以我百般劝阻，已不可挽回，请大总统准许其辞职。"

但袁世凯还是不甘心，又让段祺瑞等赴津劝说。

段祺瑞见到唐绍仪，很委婉地劝说："君组阁之时，正当五十盛景，作为民国第一任内阁国务总理，您提出一整套完整的政治设计和振兴外交实业的措施，深得民望。然而，随着那一纸辞呈，远大抱负只能付诸流水，岂不可惜？"

这下可说到唐绍仪的痛处，他动了感情，说："我和项城的交谊，君最深知，公谊私情我本不该挂冠而去。可观察今之中国，欲求一和平统一局面，非项城不可，欲求治理中国，则非项城坦诚和革命党和衷共济不可。从我南下和谈到就任内阁总理，遇事多有掣肘，处在项城和革命党之间，我进退不能自如。今天我与项城分手，恩怨皆了，我也不想再做夹缝中人，免得将来焦头烂额，不可收拾。因此我与项城今日分手，是公义也。"说到伤感处，唐绍仪不胜唏嘘。

段祺瑞见唐绍仪不为所动，唯有空手而归。

袁世凯见唐绍仪不肯回头，心生一计，散布"唐贪污潜逃"的谣言，以为唐绍仪会就回来复职，但唐充耳不闻。

此等下作行为，终让唐绍仪得知是袁所为，他决绝地说："项城不但独断专行，而且毫无修为，我纵有抱负，才华满腹，但无法施展。若要留我，只好用棺材来抬吧！"

接着，唐绍仪派人至公府，送来辞职信，袁世凯得知唐绍仪去意已决，随即在唐的辞呈上批复"准辞"，但也不忘故作正经地称赞唐绍仪：

> 该总理于共和宣布之前，南北奔驰，为民国效劳备至，及就任总理，经营擘划，错节盘根，困苦艰难，非可言喻。民国举创，正赖其长，岂容听其退休，失其臂助。特以情词恳挚，出于至诚，不得不谅其苦衷，遂其厥志，应即准允请免国务总理本官，任为政府高级顾问。

唐绍仪仍坚决不就"政府高级顾问"。唐绍仪的辞职，引发了民国政府的巨大动荡，教育总长蔡元培、司法总长王宠惠、农林总长宋教仁、署理工商总长王正廷四位内阁要员联袂请辞，即使袁世凯发出"慰留"的"诚挚"哀求，也未能阻止他们拂袖而去。

唐绍仪维护约法，对民主共和赤胆忠心，赢得了孙中山的信任。他对唐绍仪的去职大为叹息："内阁中唐少川辞职后，虽然名义上还有党人在内阁中担任总长，只怕没有多大力量，又为官僚所化，也就很难依靠了。"

唐绍仪迁居天津后，决心通过传媒为其民主思想作宣传，支持孙中山的革命主张，于是与汪兆铭、胡汉民创办《民国报》。他还遵循孙中山提出的"实业救国"理念，与友人合作创办了中国最早的保险公司并自任董事长，但他仍密切关注着政治舞台。

唐绍仪辞职后，袁世凯自可一手撑天。但按《临时约法》，参议院成立后，应在 10 个月内进行国会选举，迫于大势，袁世凯不得不做出姿态。在首轮选举中，国民党占据绝对优势。

1913 年 3 月 20 日，当宋教仁完成沿长江四省的竞选活动，准备由上海返京时，袁世凯暗中指使心腹刺杀宋教仁，"呼！呼！"连续两声，罪恶的子弹打中宋教仁的背部，也彻底打破了革命党人对袁世凯的幻想。

唐绍仪获悉实情，当即对袁世凯予以强烈谴责，并再次拒绝袁世凯拉拢其复任北洋军阀政府总理。

1915 年 8 月，筹安会正为袁称帝鸣锣开道之时，唐绍仪则联合蔡元培等发电向袁提出严重警告："立即取消帝制野心，并辞职以谢天下。"

护国军兴起后，唐绍仪再次致电袁世凯，劝其退位：

> ……近闻报悉撤销承认帝制之令，而仍总统之职。在执事之意，以为是可敷衍了事，弟在天下视之，咸以为连吃道衰，为自来中外历史所无。试就真理窥测，今举国果有一笃信执事复能真践前誓，而真心拥护共和者乎？……此次举义，断非武力可解决，为执事劲敌者，盖全国人心，人心一去，万牛莫挽。此陈惟一良策，则只有请执事以毅力自退，诚以为约法上自有规定相当继承之人，亦正无俟张皇也。

这个喝过西洋墨水的政治家劝说袁世凯，只有退位才是"惟一良策"，他要求袁"为国家计，为公（袁）计，例当引避、辞职"。

1916 年 3 月 22 日，袁世凯取消帝制，但仍以大总统自居，唐绍仪再次发出《忠告袁世凯退位电》，指责袁世凯"廉耻道丧，为自来中外历史所无"。两位政治密友，就此完全决裂。

6月6日，袁世凯终于在骂声中病死。

袁死之后，北洋走马换"总"（统），一片混乱。非常国会的有识之士们，一致在广州选举孙中山为大元帅，设立大元帅府。唐绍仪顿觉中国又有了希望，希望就在于孙中山能够领导全国人民走民主的道路。为追随孙中山，唐绍仪再度出山，任财政总长，继而任七总裁之一。1919年2月，唐绍仪奉命代表南方政权赴上海，与北洋政府代表朱启钤进行和议谈判。唐绍仪正义与婉转的劝说打动了朱启钤，双方表示出和平的倾向。可惜由于"段（祺瑞）执政"的蓄意破坏，南北和议流产，南北又陷入流血斗争之中。

唐绍仪由此产生悲观思想，无法回南方向孙中山复命，便决定留居上海。

唐绍仪认为国民素质不高，改良中国须从教育办起，于是创办了闻名的复旦大学。此时其主张是：不要流血，以改革入手，提高民主意识，提高民生。

●当县长，造福桑梓

唐绍仪与孙中山虽在政治上有分野，但私交仍笃。孙中山病危时，唐前往北京协和医院探望，并着女婿顾维钧把原属唐的住宅——铁狮子胡同腾出给孙中山养病。

1925年3月12日，孙中山在北京逝世。噩耗传来，寓居上海闭门谢客的唐绍仪悲痛不已。不日，他出任"追悼会筹备处干事"，在章太炎陪同下，前往北京，径往铁狮子胡同行辕中山灵堂吊唁。

4月12日，上海市民数十万人在上海公共体育场隆重举行追悼孙中山大会，唐绍仪亲自主祭。他以香花清樽致祭于国父孙中山先生之灵曰：

> ……呜呼，国之父，民之师。志士仁人之血，青天白日之旗。而今而后，所不遵先生之遗言，继之以鞠躬尽瘁者，灭亡无日，将慰先生之灵于何时。

此时此刻，唐绍仪老泪纵横，失声痛哭。遥想当年，自辞去内阁总理一职后，他不再与袁世凯和北洋军阀合作，而是与孙中山同一战壕，在护国、护法斗争战线上南北奔驰。孙、唐这两位"同乡里"的政治家，携手创立共和后又共同维护之。可惜政见上的不同渐行渐远。

不过，他们始终是君子之交，并未反目为仇，乡谊加私谊，使得唐、孙两家一直保持着不错的私交。唐绍仪常去澳门或翠亨村探望孙夫人卢慕贞，时而将卢氏接到唐家小住。

唐绍仪发出继承中山遗志的心灵告白，可见其内心的愿望。然而，他还有机会践行他的理想，施展抱负，再展雄风吗？

不要忘记，此时的唐绍仪，已是一个63岁的上海寓公。无官无职，流连于古玩店，尤爱古瓷，往昔的鸿鹄之志，化为壶中乾坤。或许，这就是有文化修养的人所为之，不醉酒、不赌博，玩的是雅好。

辞职后的唐绍仪从上海回到乡里隐居，与其说他是韬光养晦，不如说他成了政坛的看客。他不知何时能够再遇到历史对他的召唤。

1925年，为纪念孙中山这位中华民族的伟人，他故乡香山县易名为中山县。

1929年，为推行孙中山提出的"军政，训政，宪政"的建国纲领，民国政府决定将孙中山故乡中山县升格为全国模范县，以试行"训政"。

何谓模范县？

简言之，就是为全国1700多个县树立起经济和文化建设的模范之"训政"标本。如此光荣的使命，当然非中山县莫属。

过了三年，唐绍仪接到南京政府的一封来信，邀他出任中山县县长一职，其精神为之一振。他立即复信，表示乐意担当此职。

中国历史上共和体制下的首任总理，却乐居一县之长，在几千年"官本位"意识为主导的中国，堪称特立独行。

而唐绍仪当一个小小的县长，何以如此高兴？

早在9年前，唐绍仪就曾向孙中山提出过在香山设立模范县的建议，记得当年他是这么说的："我就是做一个县知事，当可把香山县建设妥当。"

其实，主持中山县政，看似屈就，其实不然。按照设想，中山县将直隶中央政府，是中国历史上级别最高的县，是省部级的设置。中山县的县务，广东省政府不能横加干涉，中山县的科局长，相当于省级厅局长。比现在的深圳、珠海特区的级别要高得多。

唐绍仪想，年纪大了，不如致力于家乡建设，在中山这个小小的试验田里有一番作为，了却多年的夙愿。

1931 年 3 月，蛰居多年的唐绍仪不计名位高低、待遇多寡，正式出任家乡中山县的县长。县府由石岐搬迁到唐家湾，他把自己的私人别墅腾让出来用作县政府办公地方。

唐绍仪这座私人别墅原名叫"小玲珑山馆"，是 1910 年时任清廷邮传部尚书的他回乡建的，现在用来做县政府办公区，他便把"小玲珑山馆"改名为"共乐园"，寓意是"官民共乐"，既是政府办公地方，那么这个花园就是全县人所共有的。

他的办公室设在别墅里的"望慈山房"。何以叫望慈山房？这有一段来由：

1889 年 9 月 12 日，唐母仙逝，时在朝鲜任外交官的唐绍仪立即返乡奔母丧。特意为母亲选择一块风水地安葬。经堪舆先生勘测，选中了唐家镇东面飞天凤山上的凹地，说此为"凤颈"，其母可跨凤西游云云。为纪念母亲，便于祭祀母灵，唐绍仪兴建了两座二层高的孖楼，取名"望慈山房"，镌刻正门上方。该楼是长方形，三面围着石墙，北面向田，主楼伸出的一道钓鱼台式的望台对着唐母的茔地，乡人称之"望母楼"。唐绍仪每天清晨都鹄立于此，凭眺母墓。这也是他孝心的体现。

唐绍仪在"共乐园"内还建有楼阁，命名为"观星阁"。每逢天朗气清的夏日晚上，他就登上观星阁，抬头仰望满天繁星。每当此时，思绪飞扬，心驰神往。在城市，平日被喧嚣所包围，思想被扰乱和束缚，心，简直没有一处安放的空间；而在故乡，站在观星阁，静静的夜空下，辽阔，悠远，静谧，自由。

于唐绍仪来说，仰望，是一种精神昂扬的生存姿态，不但使自己的心胸开阔，而且引领自己追寻崇高，从而与崇高无限契合。

唐绍仪是崇高的，他决定把私家花园，以法律形式赠送给家乡人民。为避免日后子孙独占此园，他履行了赠送仪式，择日设了十多桌酒席，宴请了乡亲父老，当众宣布将"共乐园"赠给"乡民委员会"。为了防止亲属在他死后反悔，他自己签名，妻室子女都在字据上签字：

"共乐园"为乡亲共有。

然后，唐绍仪亲笔在花园石门上写上一副楹联：

> 开门任便来宾客；
> 看竹何须问主人。

对联之意体现出唐绍仪这种"独乐乐不如众乐乐"的信念，及其豁达大度的胸襟和高尚思想情操。

试问，如此的"县太爷"，官场中能有几人？

古稀之年的唐绍仪做起这个七品芝麻官来，跟当年做巡抚、尚书和总理一样，宏图大志，有板有眼，绝不糊弄。当初他在就职词中就表示：

> 以孙中山精神为柱石，我们为砖瓦木碎，我们建造一所房屋，柱石固然是重要材料，砖瓦木碎也不能不需要。建国纲领，以县为自治单位，我们砖瓦木碎材料，正合在一处建筑起来，为县自治努力。以二十五年时间，把中山县建设妥当！

唐绍仪下决心要用二十五年时间将中山县建设成为全国各县的模范。他多次邀请要人和专家前往中山县考察，编印《中山县发展大纲》，他通过鼓励集资兴办实业，兴建港口、公路，使中山的民生得到极大改善。

唐绍仪以"留美幼童"而成国务总理，他深知教育的重要性，曾说："教育为经国大计，百年树人，关系綦重。"他最为重视的也就是全县的教育事业。唐绍仪任职期间，全县教育经费从22万元增至27万元，占县财政支出的10%以上。另外，他还动员港澳同胞和海外侨胞支持办学，经费达70多万元。几年内，中山全县小学由318所增至440所，中学从5所增至9所。

在唐绍仪的倡导下，中山县在全国率先试行义务教育制，设立义务教育实验区，在北山、唐家两乡先行试点，将所有学龄儿童强制入学。如今位于翠亨村的"中山市纪念中学"，原名"翠亨总理纪念学校"，这所被称为全国最美的中学，也是唐绍仪主政中山县的德政之一。

唐绍仪在县长任上，一除旧时奢华习气，比较注意为政清廉，革除官吏衙门陋习，并微服察访，每天一大清早就起来，穿着灰布衣，在街上信步。

有一次，唐绍仪在街上行走，让老百姓认出了，有一个人走上前和他打招呼。警卫人员为保证安全，粗暴地阻止老百姓靠近他，并把走近前来这个人推倒了。

唐绍仪见状，忙趋步上前，亲手把这位跌倒在地上的老百姓扶起，连声说："对不起！"

然后，转过头来批评警卫，说："过去的县官自称'父母官'，要别人称他为'大老爷'。现在是民国了，县长应该是人民的公仆，有什么理由在老百姓面前摆架子呢！"

为筹措资金修马路、建医院、兴学校，唐绍仪四处"化缘"，为家乡办了不少实事。著名的岐关东路、岐关西路（石岐至拱北海关）就是这个时候建的。至今在他家乡还流传着他的逸事：马路修好之后，下水道的井盖老是被偷，他下令在井盖上铸"盗买与盗卖，均罚五十元；报信或引拿，均六成充赏"字样，后来，就再也没有人敢偷井盖了。

从一国总理到一县县长，唐绍仪都做得有声有色。短短数年间，"中山县的治绩颇为卓著"，一个当年的清廷一品大员、民国第一总理，蜕变为一个深受家乡父老乡亲爱戴的"布衣县长"。

当时的中山县不小，包括现在的珠海市及番禺和江门的部分地方，且级别高，影响大，富甲一方，一举一动都相当引人注目。还有一条特别重要，其县务自己说了算，广东省政府不能横加干涉。当年中山县年财政收入胜过贵州全省。南京国民政府曾规定中山县上缴中央和省财政的税收可截留25％，归县政府支配。

时值有"南天王"之称的陈济棠任广东省主席，觊觎中山县的富庶，对眼前这块肥肉垂涎三尺。陈济棠曾以地方不靖为名，拟派军队驻防中山，实乃阴图分沽中山巨额赋税，结果为唐绍仪所拒。陈济棠对唐绍仪早就心怀不满，视其为眼中钉、肉中刺，欲去之而后快。于是频频发动"倒唐运动"。1934年10月，陈济棠通过亲信在中山唆使县兵以索饷为名发动哗变，包围唐绍仪的寓所，逼其去职。唐绍仪去职后，举家寓居上海，再不过问政治。

中山"模范县"的试验刚刚开始就已经结束。然而，回首过往，不得不感慨，中国近代史上曾经有过一个机遇，离孙中山的宪政治国理念只有一步之遥。

1938年9月30日，唐绍仪在寓所遭不明身份人暗杀，至今仍是悬案。堂堂中华民国首任总理，就这么走了，让人不禁扼腕叹息。

唐绍仪死的当天，又这么巧，远在乡下家里的万年青竟也枯萎了；而共乐园所建的百步梯，原为100级，唐绍仪遇刺后，在他的家乡下了一场大暴雨，百步梯在暴雨中坍塌了，留下76级，恰好是唐绍仪的生龄。

唐绍仪虽死于非命，但无论如何，这位在现实中不断换位，在时代夹缝中不断践行理想的人杰，不仅是国家主权的维护者，也是孙中山民族民主革命的坚定支持者，其践履民主共和的功勋，无愧于青史留名。

20世纪50年代，毛泽东几次用唐绍仪"当了总理再当县长"的例子来教育干部能上能下、安居其位。同样是50年代，美国第31任总统胡佛出版回忆录，其中多次提到好友唐绍仪，对他的评价是："为人正直，有才干，对中国的未来怀有远大的抱负。"

唐绍仪从"留美幼童"到中国第一外交家，从内阁总理到一县之长，从清朝大员到共和推手，从袁世凯的左右手到孙中山的追随者……透过唐绍仪一生的"万变"身份，都不离"其宗"：为实现中国民主政治奋斗不息！这是唐绍仪总理与他老乡孙中山总统的最大共同点。后人有首《临江仙》专赞唐绍仪：

涉外维邦真英雄，能言善辩从容。北南议和不世功，精神依旧在，亮节树高风。

沉浮宦海空抱恨，霜摧雪压孤松。官居几品尽鞠躬，丹心照汗青，浩气贯长虹。

第十一章 终结帝制起共和
匡扶华夏拯斯民

诗曰：

> 是帝非帝思渺然，妙悟玄机七百年。
> 童心早立凌云志，推倒皇朝未息肩。
> 医国医人担道义，革命敢为天下先。
> 多少英雄洒热血，摧毁帝制真英杰。
> 复兴华夏不世功，肇造共和奠基业。

"是帝象帝，是帝即帝，是帝非帝。"

这是当年赖布衣在香山县留下的预言，数百年来一直无人能解，直至七百年后孙中山诞生。"是帝象帝"，是指孙中山出生时有帝王之兆；后来，孙中山成为中华民国临时大总统，大总统——民主社会体制里的最高权位，方知乃"是帝即帝"；因中华民国是孙中山推翻封建帝制而建立的，故孙中山又不是封建制度下的皇帝，故"是帝非帝"。

孙中山（1866—1925），广东香山县（今中山市）翠亨村人，幼名帝象，学名文，字德明，号逸仙，教名日新，普名中山，以中山名世。是中国民主革命的开拓者，中国和亚洲历史上第一个共和国的缔造者。

封建腐化，列强蹂躏，国家民族正处于生死存亡之秋，奴化的中国人生活于水深火热之中。孙中山"亟拯斯民于水火，切扶大厦之将倾"，提出"民族、民权、民生"的三民主义救国主张，号召有识之士唤醒国人推翻清朝的统治，一举终结了几千年封建专制，建立亚洲第一个共和国。从"帝国"到"民国"，从"君权"到"民权"，从"私天下"到"公天下"，是中国历史上破天荒的大事，中华民族从此翻开崭新的一页。从这个意义上看，辛亥革命无疑是成功的，它是中华民族伟大复兴征程上一座巍然屹立的丰碑。孙中山这位历史巨擘引领了这次历史巨变，为中国的进步打开了闸门。

●中山降生，天显异象

大人物出生和死亡究竟有没有异常的天象、神秘的事件相伴随？古老相传，这位处在历史转折关头的中国伟人，出生时天生异象。

孙中山的故乡濒临南海的广东省香山县翠亨村。背倚五桂山，面对伶仃洋，地多水，林木茂盛，风景清幽。南与澳门相连，隔海与香港相对。

清同治五年（1866）十月初六日寅时，绵延不断、终年葱绿的五桂山和浩瀚无边的大海还在沉睡。突然，翠亨村村头出现了非常壮观的五彩亮光，照亮了整个漆黑的夜空。"轰隆"的一声巨响，似天崩地裂，接着，在村头那座透出灯光的小泥屋内传出了婴儿降世啼哭声。哭声很大，打破了山村的宁静。村民以为深夜的巨响是狂风暴雨来临之前的雷声，但迎来的却是紫霞明丽的早晨。这就是何以坊间皆传孙中山是在"彩虹映日，紫气东来"的早上诞生的。

据传，远在千里之外的北京城皇宫内，当晚国师夜观天象，见南方将星闪耀，出现了从未有过的五彩亮光，接着祥云呈现，烘托着的帝星瞬间往东南方向坠下，声音若响雷。

国师失声道："恐觊觎天下的人将出生了！"于是连夜禀报。皇帝听了，大惊失色，第二天，立马派人查找有帝王之象的地方，一经发现，马上掐断龙脉。

真是天佑翠亨村！国师带着清兵走对了方向，却走错了地方，去了离翠亨村约十里之外、村名一字之差的翠薇村，把那里认为是龙脉的地方破坏一通。然后打道回府，翠亨村因此避过了一劫。

翠亨村有一个习俗，小孩子出生后，都要请有学识并懂算卦的人取名。孙中山在家中排行第三，上有哥哥孙眉和姐姐孙妙茜，后来还有一个妹妹孙秋绮。村里人都说，孩子出生时，天显异象，故取名需谨慎。

孙中山的父亲找到了村中一位颇通诗文、专为人占卜算命的钟姓术士，商议为孙中山取名一事。

孙中山的祖上世代务农，父亲叫孙达成，原是农民，做过更夫、鞋匠；母亲杨氏，知书达理，贤惠著称乡邻。祖辈是南宋遗民。当年随宋军南下，经福建、东莞，辗转来到香山县。见翠亨村风水奇佳，故定居下来。很多人说孙中山是客家人，这实在难以定论，他的邻村石门村，全村人说的都是客家话，但偏偏翠亨村没有人说客家话，孙家几辈人中也没有一个人懂说客家话，他们说的都是本土石岐话，而村里的长辈也众口一词否认孙家是客家人。

孙家祖辈的余荫，生活还过得去，后来家道中落，孙达成不得不外出谋生。孙家从小康变成贫农，纯是孙达成笃信风水之故。

这位钟姓术士据传是赖布衣嫡传的后辈弟子。曾为其父亲贤公安葬于"皇帝田"（土名），又为其母亲黄氏安葬在"黄草岗"（土名）。并留下铭记：

> 土名黄草岗，大海作明堂。
> 鳌鱼游北海，旗鼓镇南方。

孙中山姐姐孙妙茜也回忆道："初，父亲家尚小康，以迷信风水，遂致贫苦甚。不得已，乃至澳门，就业于外国鞋匠，每月资仅四元耳。如此数载，始复返里。33 岁与母亲杨氏结婚，其时母亲才 18 岁。"

孙妙茜还说："各祖先坟地，皆父亲所寻得，地师谓葬后十年，必出伟人。"

孙达成结婚后，在家乡务农，41 岁时有了长子孙眉，42 岁时有了二女孙妙茜。隔了 11 年 53 岁时才有了第三个儿子孙中山。现在孙中山出世了，自然也找这位钟术士取名。

钟术士向孙达成要过孙中山出生时的生辰，算了一会儿，道："恭喜你了，此孩为非凡之命，大富大贵，有九五之尊，皇帝之位啊！"

传说，当年赖布衣断言香山七百年后当出天子。钟术士窃想，莫非就是这个孩子？掐指一算，刚好七百年。钟姓术士大为惊愕，心想这个天子应是这个小孩无疑了，于是他对孙中山父亲说：

"真的是天显异象啊！'是帝象帝'，我看就为孩子取名'孙帝象'吧！"

孙达成听说孙中山就是天子，开心得他手舞足蹈，只差狂喊乱叫。他想，当年倾家荡产为风水终于有回报了。

孙达成虽是农民出身，但粗通文墨，又外出见过世面。他听了钟术士的话后，觉得儿子取名孙帝象很好。隔了一会儿，终觉不妥，摇着头说:"啊!是皇帝这个'帝'吗?万万不可,岂不招来杀身之祸?"

孙中山的母亲杨太夫人觉得老公说得有道理,也连连摇头,说万万不可。

"取名要避讳,我做这行,何曾不知道?但你听我一言,天意不可违啊!"钟术士坚持己见。

避讳,是中国封建社会特有的现象,那时,人们对皇帝或尊长是不能直呼或直书其名的,否则就有因犯讳而坐牢甚至丢脑袋的危险。

孙达成听了,虽表认同,但仍不无疑虑地道:"虽说是天意,但断不能拿生命开玩笑吧!"

"既是天意,自然有神灵庇护,又何来生命之忧呢?"钟术士继续说道,"况且翠亨村是一个偏僻的小山村,山高皇帝远,又有谁知道呢?"

"哎哟,话不能这样说啊!近日,官兵前来,听说是查找有帝王之象的地方呢!我看就是冲着我儿子来的!"杨太夫人应道。

"这个,我当然知道是冲着你儿子来的啦!不过,往附近的翠薇村去了,早撤了!"

孙达成听了,如释重负,嘘了一口气,说:"若是天意,官兵也伤不了我儿,那好,孩子就叫'孙帝象'吧!"

转眼又过了六年。早年为生活所迫而背井离乡谋生的孙中山舅父从国外回来了。

舅父告诉他们,大洋彼岸的檀香山需要大量劳动力去垦荒开发,建议孙家让长子孙眉出去闯荡。

"出洋尚有一条活路可走,这总比在中国大陆等死好得多啊!"他们从衣锦还乡的舅父身上看到了新的希望。

孙达成与妻子商量后,统一了意见:"大仔(长子)已经15岁了,就让他出去搏一搏吧!"

1871年3月2日,比孙中山长11岁的大哥孙眉,跟着舅父乘上远洋船到美国夏威夷的檀香山打工去了。

家里少了一个劳动力,仅有6岁的孙中山只好跟着姐姐干农活。家里实在太穷,鞋子也没得穿,姐弟俩常常赤着脚上山打柴,到水塘、水沟捞塘飘,年龄稍长便到溪涧捕鱼虾。每到农忙时节,下田弯腰插秧苗、除草;秋收了,拿着镰刀割禾、打谷、晒谷。但孙中山从不叫苦叫累，而农家子弟的生活使得孙中山"早知稼穑之艰难"。

●读书聪颖，少有大志

都说，孙中山出生时天生异象，自然从小成为大人关注的对象。因家贫，孙中山7岁时也未入学读书，同村的老学究杨宝常见其相格清奇，特许其附读于自己的书屋。果然，孙中山表现得异常聪颖过人，过目成诵，很快熟读了"四书五经"。

直至1867年，孙中山10岁时才有机会正式入村塾读书。村塾的王老师见他基础好，便为他传授《古文观止》，故其学识早与同龄人远远地拉开了距离。有一次，孙中山因故迟到，老师本想体罚他，但见事有出因，便免了，但为了服众，有意出了上联要他作答。上联是：

虎豹诚能格。

通常，仅有10岁的孩童不易对上此联，同学们都替孙中山着急，但孙中山胸有成竹，不慌不忙地回应：

龙蛇未可知。

孙中山用"龙蛇"对"虎豹"，"未可知"对"诚能格"，不但对得工整、贴切，而且有气魄，显示出孙中山小小年纪便有远大的志向和不平凡的才思。

孙中山好学聪慧，老师赞赏有加，专门为孙中山取了一个学名"孙文"，并对孙中山的父亲说："帝象天赋非凡，少有大志，日后能为非常事业，小事不屑为，为亦无益。"

有人说，环境决定人生。是的，基因如种子，环境如土壤。再好的种子，没有好的土壤，也难以长出茂盛的枝叶。在现实生活中，你和谁在一起很重要，甚至能改变你的成长轨迹。孙中山日后走上革命道路，与他居住所处的环境有很大的关系。

村中有一个叫冯爽观的，村里人都称他为冯阿公。

冯爽观是一个有来历的人。据考，他的祖辈是香山县沙涌村人，原姓马，当年南宋皇帝以马家为行宫。南宋灭亡后，马姓人受到元兵追杀，故隐姓埋名，在"马"前面加上两点水，变成姓"冯"，后来逃难至翠亨村定居下来。

在村头，有一棵大榕树，遮天蔽日，冯爽观经常在这棵大榕树下向村里的孩童讲述元灭宋、清灭明的故事。当然讲得最多的是南宋时期马南宝勤王抗元和反清起义的故事。他本人就参加了声势浩大的太平天国起义。

他绘声绘色、眉飞色舞地讲，孩子们认认真真地听，个个兴致盎然。当讲到洪秀全失败了，孙中山感叹地说："唉！太可惜了，洪秀全灭了清就好了。"

一天，孙中山又同一班小朋友聚集在榕树下听冯爽观讲故事。完了，冯爽观感叹道："清军占我中原，屠杀我数千万同胞。先有洪秀全起兵复仇，继而有同乡的刘丽川在上海起义，以为洪秀全、刘丽川可以把清荡平，可惜啊！都是内部纷争，结果兵败如山倒，现在洪秀全死了，刘丽川被杀了，恢复不了中华，不知今后有谁有能力还我中华大好河山呢？"

说毕，竟当着这班小朋友的面大哭起来。孙中山看着老泪纵横的冯爽观，大声道："冯阿公！你放心好了！把清消灭、恢复中华的任务就交由我来完成吧！"

孙中山挺着胸膛，一本正经地高声应道。

冯爽观看着年幼的孙中山，只见他稚气未脱，但眉宇间总有一股英气，且语出不凡，他从孙中山身上看到了希望，于是道："好啊！从小有大志，恢复中华的重任就寄托在你的身上了！"

冯爽观高兴地摸着孙中山的脑袋说："孙文，我帮你改一个名吧！"

"我有名了，我乳名孙帝象，学名孙文！"

"这个我当然知道。你不是说要把清朝灭了吗？我帮你取一个名，助你日后把清灭掉！"

"哈哈，取一个名就能把清灭了，哪有这么简单？"孙中山少年老成。

"当然没有那么简单，我为你改名，另有用意，别有天机！"冯爽观严肃地说。

孙中山一听，点头应允。

"我看，'中国香山'，取头尾'中山'两字，直截了当，全名就叫'孙中山'！"冯爽观稍为思索道。

"这个名字够响亮，有何特别意思？"孙中山喜欢寻根问底。

冯爽观笑道："天机不可泄漏，日后你自然明白。"

这位冯爽观懂堪舆五行之说，为孙文取名"孙中山"确有深意。因为，按"水克火，土克水"之说，清朝属水，所以把属火的明朝灭了；顾名思义，"中山"乃中国的大山，当属土，而土能克水。自然能把属水的清朝灭掉。看来，冯爽观为孙中山取名的用意，真的是把这恢复中华的历史重任寄托在孙中山身上了！有诗为证：

> 赖师妙算颇神奇，千载斗转又星移。
> 乡里冯公释天机，潜移默化埋种子。
> 耳濡目染英雄事，童心早立凌云志。
> 驱除鞑虏复中华，扭转乾坤酬壮志。

世事有这么巧合，后来孙中山逃难至日本，登记住宿时，日本友人问写什么名，他随手写下"中山"二字，日本人常用地名作为姓，于是在后面加上一个"樵"字，就这样取了一个化名叫"中山樵"。再后来章士钊写文章将"中山"二字缀于孙姓之后，这便是人们普遍称呼的孙中山的来源。

其实不然，皆因为这个名字，孙中山在乡间时冯太公就为他取好了。否则，孙中山就不会这么随手写下"中山"二字，至于孙中山是否还记得冯太公当年所指的天机，就不得而知了。但事实上，孙中山此后从来不用"中山"这个名，所有档案都显示"孙文"字样。

都说，性格决定或影响着命运。孙中山小时的性格似乎也决定了他以后所走的道路。

孙中山性格坚强、冲动，又好打抱不平，他在年轻时这种个性，令父亲孙达成很是揪心，担心他迟早会惹祸出事，因此决定送他到夏威夷檀香山其大哥处读书。

檀香山由一系列大小不等的八个小岛组成，后成为美国夏威夷州的首府。历史上与远隔重洋的中国南方一隅的广东省之香山县（今中山市）结下不解的"中国结"。

美国檀香山，因盛产名贵檀香木而得名；中国香山县，因盛产名贵沉香木而得名。两个不同国度的地方，竟同是以植物之"香"而扬名！

当时的夏威夷，华工高达 4 万人，广东香山县人竟占 80%。其中不少经过自己的顽强打拼，成为当地巨富。孙中山大哥孙眉，自从 15 岁那年跟亲戚漂洋过海到太平洋中部的夏威夷群岛之檀香山谋生后，先在菜园农牧场当雇工，后向亲朋借了点钱，雇了几个人，往茂宜岛（夏威夷五大岛之一）艰苦地开垦荒地，开办牧场，经营商店，还兼营酿酒、伐木等业。几年后，他已拥有了 6000 英亩的大牧场，雇佣工人1000 多人，畜养牛、马、猪数万头，还开了加工厂，成了茂宜岛的首富。孙眉为人豪爽，仗义疏财，深受当地人尊敬，被称为"茂宜王"。

孙眉富裕起来了，他寄给家里的侨汇成为孙家的主要经济来源，孙家也逐渐转化为富裕家庭。孙达成再不用当打更人了，自耕的土地也雇请别人帮忙，不像过去那样劳碌，可以安度晚年了。

1879 年 6 月的一天，13 岁的孙中山兴高采烈地随着母亲来到香港，从这里登上一艘名叫"格兰诺克"号的两千吨级的铁壳英国轮船，前往万里之外的夏威夷檀香山，投靠成为大富翁的哥哥。

尽管翠亨村靠海，有很多机会坐船，但乘坐这么个庞然大物，孙中山还是第一次。轮船在浩瀚无垠的太平洋上航行，大多数时间都是风平浪静。那无边的海洋，连天接地，多壮美啊！

海风起了，呼呼地嘶叫，翻滚起惊涛骇浪，但这艘英国造的两千吨级庞然大物，因为有着坚硬的铁壳，却胜似闲庭信步。

这一切，都强烈地震撼着少年孙中山的心。自此，孙中山感受到机器的威力和西方科技的发达。

> 十三岁随母往夏威夷岛，始见轮身之奇，沧海之阔，自是有慕西学之心，穷天地之想。

1896 年，孙中山 30 岁生日这天，他在写给友人翟理斯的信中这样地回忆了他首次离乡出洋的印象。

在海上航行，很不容易熬过了 20 天，海面上出现了成群的海鸥，它们鸣叫着、飞翔着，十分热闹。

"海鸥的出现，证明快到陆地了。"孙中山仰着头指着海鸥说。

"你怎么知道？"水手好奇地看着这个小孩。

"书上说的。"孙中山答道。

"你知道的真多，你说对了，前面就是檀香山！"

这时，许多人拥到甲板上向前观望。只见船的前方渐渐出现了一片陆地，地平线上已经望得见教堂的尖顶和大片的树林。"格兰诺克"号减低了速度，渐渐地靠近码头。码头上十分热闹，身上衣着不同的人群，挤满了整个码头。

踏上异国的土地，一切都觉得新鲜。这里住着当地的土著和移居来的白人、黑人，还有脑后拖着长辫的中国人。语言也是五花八门，有华语、英语，还有听不懂的当地人所讲的楷奈楷语。讲华语的，绝大多数说的不是现在的所谓普通话，竟是广东香山县（今中山市）的石岐话和隆都话，石岐话、隆都话至今在夏威夷也是通行的。

孙中山到了檀香山，起初在哥哥的茂宜岛茄荷蕾埠商店里当店员，并很快学会了记账和珠算。孙眉发现弟弟聪明好学，便送他进英国基督教监理会办的"意奥兰尼书院"（Iolani School）上学。

此时，中国历史上第一批"留美幼童"正在美国留学，他的一批同乡包括欧阳庚、唐绍仪，正在美国英格兰地区分别读初中、小学。

转眼间，三年过去了。1882 年 8 月，孙中山以优秀的成绩在这所夏威夷的贵族小学毕业，英文成绩为全班之冠。夏威夷王加刺鸠（David Kalakaua）亲自颁奖。

接着，他顺利地进入当地美国教会学校"奥阿胡学院"（Oahu College）继续学习，当时孙中山 16 岁。这是美国一所著名的学校，培养了许多世界一流名人，后来的美国总统奥巴马也是从这里出来的。

在这所学校，孙中山的各科学习成绩都名列前茅，尤其作文、书法和英文，每学期总是全班第一。神奇的是，他仅用了一年多的时间，就完成了三年的课程。老师对这位中国小孩的出色表现感到大为惊讶，觉得孙中山是一个不可多得的人才。

老师是一个基督徒，有一天，他开导孙中山，说："你是天赐的人才，应去为大众布福音，带领众人走过黑暗，为世界的和平安宁而工作，你想，这是一件多美的事情啊！"

孙中山深表认同，深受基督教思想熏陶的他，回到家里，便把自己欲受洗加入教会的想法告诉了大哥。

"我不那么相信传教士的工作那么有意义，我也不希望你去做那样的事情！"他大哥不听也就罢，一听弟弟有这个想法，斩钉截铁地表示反对。

基督徒的天职之一就是主动地传教，这一点，与中华文化的本质大不相同。华人崇拜祖先的，崇拜菩萨。宗法精神和佛教才是华人的基本执着。孙眉大哥显然属于后者。

两兄弟发生了严重冲突。孙眉不仅反对孙中山信仰基督教，并且担心他过度西化，因此急信向其父禀告，召孙中山回乡。

1883年6月，随着轮船的长鸣声，孙中山在炎炎的热风中乘坐轮船返回中国。

无独有偶，中国历史上首批官派留学生，也是担心留学生西化而被撤回，这年是1881年年底，比孙中山提早两年回国。

孙中山返国时仅17岁，而在檀香山学习生活已五年了。这五年，令他眼界大开，视野开阔，在心中埋下"改良祖国""必使我国人人皆免苦难，皆享福乐而后快"的宏愿。

从檀香山回到中国，他并没有立即回到香山县翠亨村，而是满怀壮志豪情地前往武昌，去面晤素不相识的高官——张之洞。

张之洞，官至总督，任军机大臣等要职，他与曾国藩、李鸿章一样，是被慈禧太后钦定为"探花"的清末洋务重臣。

当孙中山来到武昌，走到督府门前时，却被卫士挡住不让进去。孙中山便递上名片，在外面候着。

张之洞接过名片一看，只见上面用楷书写着"学者孙文求见之洞兄"九个蝇头小字。张之洞见孙中山与自己兄弟相称，甚为不满。心里直嘀咕："一个平民布衣，竟敢与我这封疆大吏称兄道弟，简直不知天高地厚！"于是，他在名片上用草书写了上联，然后叫门房把名帖还给孙中山。上联是：

持三字帖，见一品官，儒生妄敢称兄弟

孙中山看罢，知这位张大人瞧不起自己，便讨来笔墨，不假思索地对了一个下联：

孙中山的下联可谓针尖对麦芒，说得直截了当。张之洞看后大吃一惊，心想此人不仅行文不俗，而且流露出一股少有的豪迈之气，字里行间蕴含着远大抱负。张之洞当即拍案叫绝："此人不仅能写一手好字，而且应对气魄恢宏，非一般人也。"

于是，便马上礼请孙中山入衙。

从与孙中山的谈话中，张之洞发觉孙中山的才气与胆略决非等闲之辈。送别后对身边的人说："此人必为国之大才！大才者必成大业也！"后来的事实证明，张之洞真会相人。

●思想叛逆，胆识过人

孙中山在武昌住了一周，因得到张之洞的接见，满心欢喜，但当他回到香山县翠亨村，刚迈进家门，面对他的却是一片愁云惨雾，母亲正在抽泣。

"妈！发生什么事了？"孙中山焦虑地问。

母亲见儿子回来了，止了哭声，用手揩了下眼泪，答道："刚刚收到消息，你的两个族兄，被斩首了！"

"是什么原因？"孙中山异常惊愕。

母亲告诉他，这两个族兄很早就漂洋过海到美国旧金山淘金了，千辛万苦挣了一点钱，回家乡置了产业，家道刚开始富裕，便不明不白遭此横祸，家中财物被掠，房屋被封，人被清兵抓走，至今没有回来。

"岂有此理！这是什么世道？"孙中山听了，义愤填膺。

这件事深深刺痛了少年的孙中山，他明白了，在封建专制制度的统治下，所有的一切是时刻都会被剥夺的，这更加激起孙中山的叛逆心理，且这颗反帝、反封建思想的叛逆种子越长越大。

1883年12月的一天，孙中山为破除迷信，相约了自小一起玩大，志趣相投的杨鹤龄、陆皓东一起到村庙北极殿，劝说在这里烧香拜佛的人们勿靠神仙，要靠自己，但在场的人不予理睬。孙中山见村民听不进去，索性与陆皓东将一些神像砸毁了。由此引发轩然大波，当地豪绅地主大怒，要驱赶他们出村。

被迫离开翠亨村的孙中山、陆皓东，一起经澳门到香港读书，入读拔萃书院。在香港因没有了家人管束，两个月后，两人一起受洗入了基督教。

回想起在檀香山时，欲接受基督洗礼，却受到大哥的强力阻挠，但以孙中山的个性而言，当认定是正确的东西，总是一往无前，任何人也阻挡不了。孙中山加入基督教后，取教名"日新"，体现出他去旧迎新、勇于接受新事物的精神。基督教爱人如己的教义，孕育了孙中山倡导的平等博爱精神。

平心而论，拔萃书院在当时的香港是一所不错的学校，也许孙中山和陆皓东要求较高，很快，出于对拔萃书院教学质量等方面的不满，两人即告退学。翌年，就读于中央书院。

中央书院坐落在歌赋街中，是香港最早的官立中学，后来改名为皇仁书院（Queen's College），以英语为教学语言。当时该校主要教授算术、文法及常识等科目，为 19 世纪末整个中国所罕见。学生来自世界不同的地方，该校办学宗旨最后有这么一句话：

> 藉此让学生在人生各方面都有成就感和能成为明日的领袖。

这话，听起来很雷人，没想到后来竟成了现实。

孙中山、唐绍仪、廖仲恺、霍英东、何鸿燊、何东等，一大批军界、政界、商界的领袖人物都从这里脱颖而出。直至现在，皇仁书院仍以最杰出的校友孙中山为荣，在校园内立了一座少年孙中山像。

1885 年 5 月，也就是孙中山回国后的第二年，孙达成闻知离开村里的小儿子不论在夏威夷还是在香港，仍是我行我素，桀骜不驯。他想了一个办法欲把儿子"困住"，以"男大当婚，女大当嫁"为由，让他与邻村的女子卢慕贞完婚。

卢慕贞，是香山县六区外壆村（今珠海市金鼎区外沙村）的檀香山著名侨商卢耀显的女儿，时年 18 岁。

本来，如此的包办婚姻，只有 19 岁的孙中山抗拒有加，但当见到卢慕贞，不仅人长得甜美，而且谈吐温文尔雅，就认了。

定亲后不久，两人即结婚。这时是 1885 年 5 月 26 日，因孙家的大儿子孙眉在夏威夷已是首富，故婚礼办得十分热闹。结婚地点在孙家老宅左边的一间新建的房里。

这座房子是孙眉寄钱回来，由年轻的孙中山亲手设计的，中西合璧的建筑风格，在村里可谓鹤立鸡群。坐东向西的坐向更是颠覆了中国几千年来坐北向南的建筑风水学。有人说，或许正是有了这种反叛精神，才有推翻统治中国几千年封建帝制的胆略。

当时，这样的坐向是受到父母反对的，说与风水不符。但孙中山解释："我们家在村子的最西端，村里所有的房屋都坐西朝东，如果我家也坐西朝东，前面的几排房子挡住太阳，房内光线就不足了，这样把风水挡住了，哪来好风水可言？"

父母亲听了，觉得也有点道理，就由他了。

按当地风俗，出生时有乳名；读书时，有学名；现在成年结婚了，要取"字"。

取字，是一件很严肃的事。因为"字"是男女成年后才加取的，表明他们开始受到尊重。而字是从名派生出来的第二称谓，一般为两个字，其意和名的字义相关联。取字也很讲究，有数理选择、字音选择、字义选择，还有按兄弟行辈中长幼排行的次第取字。孙眉取字"德彰"，孙中山立字为"德明"。

这日，在孙家新落成房的正厅中立了"字架"，将孙中山的字"德明"写在一块红纸正中，两旁还有一副简短的对联，上书"长发其祥，五世其昌"，用相架装好挂在墙壁上，特别醒目，给贺喜的人们留下了深刻的印象。

孙中山与卢慕贞婚后聚少离多，两人虽非自由恋爱结婚，但也算恩爱，后生育了子女孙科、孙娗和孙婉三人。然而，由于卢慕贞自幼缠足，个性内向，所以孙中山到各处筹募搞革命时，往往不能一同相随。1915 年，孙中山为娶宋庆龄，与卢慕贞协议离婚。此是后话。

当时，孙达成是想以婚姻锁住不安分的孙中山的，但孙中山并没有像他父亲及其大哥孙眉所希望的那样把结婚变成生活的藩篱。

婚后仅仅三个月，孙中山便离开家乡再赴香港中央书院复学。孙达成觉得读书毕竟是长学问的大事，男儿志在四方，就由他去了。

●从医人到医国，从改良到革命

历史风云变幻莫测，如惊涛拍岸，叫人寒心。

1884 年 8 月 23 日，法国舰队突袭福建马尾军港，大败中国福建海军，震惊朝野；7 个月后的同一天，中国老将冯子材在广西镇南关大败法军，这一仗迫使法国内阁辞职，战事正朝着有利于中国的方向发展，但让人费解的是，清廷却屈辱求和，签订了媚外的《中法条约》。

中法战争"中国不败而败，法国不胜而胜"这个荒唐的消息传来，令孙中山为此非常痛愤，气愤之余，让他对无能的清政府更添一分唾弃与憎恨。再度激起了他的爱国热情，救国救民的志向愈加坚定、更加强烈。

如何救国救民呢?

"工欲善其事，必先利其器。"要做好一件大事，准备工作非常重要。所以，孙中山决意"以学堂为鼓吹之地，借医术为入世之媒"。

1886 年，孙中山在中央书院以优异的成绩毕业，完成了他系统的中学学业，接着便选择攻读医科，入读广州博济医院附属南华医学堂（即中山医科大学前身）。博济医院是在中国开办的第一所西医院，内附设医校之南华医学堂，也是中国境内的第一所西医学校。专业课学习十分繁重，但是，好学的孙中山，课余专门请了一位国学根底非常深厚的国文教师陈仲尧老先生专为自己讲授中国经史。这就是绝大多数时间都是在西式学校就读的孙中山何以其国学功底如此深厚的原因所在。他还广泛地研读了西方国家的政治、经济、历史、军事、科学书籍。有一位叫关心焉的同学回忆："总理最爱读之书乃《法国革命史》（蓝皮译本）及达尔文之《进化论》，后乃知其思想受此二书之影响为不少也。"

"聪明过人，记忆力超强，无事不言不笑，有事则议论滔滔，九流三教，皆共语。"这是孙中山给同学的印象，对他的博学，同学们都很钦佩，无不倾心折服，便送了他一个诨号——"通天晓"，意思是孙中山于各种知识无所不知，无所不晓。

孙中山在南华医学堂因时常"大放厥词"，大胆地谈论国家大事及救亡之策，受到了当地政府的警告。正在这个时候，听说香港的英文医校更好，而且言论自由，可以鼓吹革命，孙中山二话没说就再次来到香港，身处其中，这种和家乡迥然不同的氛围令孙中山顿生感慨：

> 暇时辄闲步市街，见其秩序整齐，建筑闳美，工作进步不断……香港整齐而安稳，香山反是。外人能在七八十年间，在一荒岛上成此伟绩，中国以四千年之文明乃无一地如香港者，其故安在？

当然，感觉最大的不同，是言论自由的不同。在清政府管治下的中国大陆根本没有所谓的言论自由，随时会因言论而获罪，而香港，作为英国管辖之地，有着自由的氛围，使孙中山更加无所顾忌地发表言论，他常常在同学面前抒发对清朝廷的强烈不满，号召人们要关心社会、关心政治。

孙中山公开宣称：

> 做医生尽其医术，不过只能救几条人命；而从政反满，则能将无数人民从黑暗、痛苦中拯救出来。所以我这一生，将以反清作为最大的事业，除此之外就没有什么是属于我可做的了。

同学们望着不倦鼓吹、激情澎湃的孙中山，不禁觉得好笑，以为孙中山大概患有癫狂症。有的则视孙中山为洪水猛兽、大逆不道，生怕连累自己而避之唯恐不及。

在西医书院那几年，陆皓东去了上海，孙中山与陈少白、尤列、杨鹤龄等三人一起读书，志趣相投，无所不谈。他们经常在一起议论时政，抨击朝廷。言论激烈，提倡大家"勿敬朝廷"。

为了方便孙中山在港澳鼓吹革命、接纳同志、秘密集会，平素慷慨大方的杨鹤龄把父亲在香港中环歌赋街8号开设的"杨耀记"阁楼和澳门水坑尾14号的房子让出来，作为友朋聚谈之所。

一天，他们又来到杨耀记。

孙中山对众人说："既然诸位都有驱除满人、恢复中华的共同愿望，那么何不仿效古人立约盟誓，以表坚定共同革命之信念？"

孙中山的提议得到了其他三人的一致赞同。尤列按孙中山的意思立即提笔起草誓词。

这是一份签订于 1888 年 1 月 1 日的誓言。

这是四个风华正茂、志同道合的年轻人，为表共同的革命信念而签订的坚定盟约——

　　宣誓人×××等精诚宣誓："天地鉴容，驱除满人，实行大同。四人一心，复国是从，至死不渝，务求成功。"此誓。

　　……

签过名后，四人整肃衣冠，点燃香烛，同时对天盟誓。他们立誓的目的，只想驱除满人，恢复大汉中华，实行共同理想。仪式虽然简单，但却十分严肃、隆重。后来，这四人被清廷称为"四大寇"。

在香港学医五年，孙中山做了几件与医学不相干的事情，除了立约盟誓之外，他还撰写农学论文，探讨地理与生产的关系。

1890 年，孙中山致书洋务官员郑藻如，向他提出了兴办农学会、倡导农桑、禁绝鸦片、普及教育等治国主张。

郑藻如（1824—1894），香山县张家边乡（今中山市火炬区）濠头村人，中国第一位驻外大使外交官。

郑藻如发迹于清咸丰年间，因领军镇压红巾军有功，获赐赏花翎二品。后出使美国、西班牙、秘鲁等国，开拓大清国外交事业，并且因护侨有功，屡受清政府嘉奖。至 1886 年因患病请辞回国，归里养病，但官声仍如日中天。同乡郑观应的惊世巨著《盛世危言》就是请郑藻如作序的。

当时，与孙中山素不相识的郑藻如看了孙中山这篇文章后，大为惊叹，称孙中山"学贯中西，见解超群"。1892 年，郑藻如将这篇《致郑藻如书》刊登在澳门发行的《濠头月刊》上。

开弓没有回头箭。接着，孙中山还撰写了另两篇文章《农功》和《商战》，后被郑观应辑入《盛世危言》一书中，署名为"孙翠溪"。

大家不要以为孙中山不潜心学业，成绩好不到哪里去。事实上，经过五年的学习，1892 年 7 月 23 日，聪颖的孙中山在香港西医书院以首届毕业生第一的成绩毕业，获博士学位，并获当时的香港总督威廉·罗便臣亲自颁奖。

1892 年 9 月，孙中山受聘到镜湖医院，成为澳门历史上第一位华人西医。孙中山刚到镜湖医院，就向院方建议采用西医西药。院方最终同意破除旧例，并请孙中山主持开展西医西药的工作。孙中山在华人中医院开了西医西药诊治的先河。在澳绅吴节薇等人的支持、担保下，孙中山向镜湖医院借款白银1444两，在澳门草堆街80号开设了自己的医院，取名"中西药局"，肯定地说："自中国有医局以来，其主事官绅，对于西医从未有正式的提倡，有之，自澳门始。"

在《中西日报》的广告上，孙中山公开声明："每日10点至12点钟在局赠诊，不受分文，以惠贫乏。"

孙中山高明的医术、高尚的医德受到当地报刊的赞誉，《镜海丛报》于1893年7月25日登载了题为《神乎其技》的文章，称颂其医术非凡，"不过七日之功"而治愈患者20余年的痔疾，"或数十年之肝风，或十年之脑患，或六十余岁之咯血，均各奏神速"。因此在澳门行医"不满三月，声名鹊起"，"就诊者户限为穿"。

从求学到出来工作，孙中山都是出手不凡，一鸣惊人。

有道是，"树大招风"，孙中山医术好，人脉越来越广，生意日隆，等于抢了本地医生的饭碗，这引起了当地葡萄牙籍医生的嫉妒。据当时澳门法律，在澳门的西医，只能凭葡萄牙医科毕业证书请领行医执照，一些葡籍医生抓住这点，状告孙中山。

"此处不留人，自有留人处。"孙中山虽显无奈，但反正"志不在此"，离开就离开吧，他打算前往省会广州行医，正好鼓吹革命。

1893年3月，已是春天的南国不时袭来冬日的寒意。

此时，孙中山提着行李箱，行走在初春的路上，深陷在寒凉的心境里。

算起来，他在澳门行医时间不长，从1892年9月受聘镜湖医院起，仅仅一年，却像春晖一样给医院带来了阵阵暖意，给病患者带来缕缕福音。偏偏是这样有出息的医生，却受到排挤，当地政府以"葡人定律，凡行医于葡境内者，必须持有葡国文凭"为由禁止他行医。

孙中山叹息、悲愤，明明是中国的国土，什么葡境？这是什么样的国度？

孙中山有理由不服气，何以在自己的国土上横行的是葡国定律？何以在自己的国土上自己却无权行医？显然，他不是为离开镜湖医院叹息，而是为国家的命运叹息！

澳门离翠亨村很近，孙中山当日回到家里，与父母亲话别后，即来到县城石岐，便起程前往广州。

他找了好朋友陈少白，以合股的方式在广州沙基租赁了一个铺位，开设"中西药局"。常言道，是金子的，放到哪里都会发光！不到半年，27 岁的孙中山以精湛的医术和高尚的医德享誉省会，广州人视之若神，港人跨海求治，西洋人也越洋叩门，孙中山堪称直挂云帆济医海了！

对此，孙中山却一点也不以此自满，反而常是忧心忡忡的，因为在行医过程中，他已经越来越感到：即使自己能医好无数同胞的身体，可是对于百孔千疮、沉疴缠身的国家却无济于事。

用"妙手回春"形容孙中山这样的良医，一点也不为过，但是，当世的良医又如何开出治疗国家病体的有效药方呢？

孙中山陷入了沉思。

每晚，他都辗转反侧，再也没了行医施药的兴趣，决定离开医生这个很有前途的行业，毅然关闭了仅仅开办了半年的"东西药局"。彻底放弃"悬壶济世"的安逸生活，结束了从 1886 年到 1894 年共 8 年的医学生涯。

他这样做，只为决定去做一件更重要的事情：上书时任直隶总督兼北洋大臣李鸿章！

时值 1894 年年底，虽寒风阵阵，但孙中山却一点也不觉得冷，这是因为在他心里燃起的一团火。他又悄然地回到翠亨村。这次，他没有像往常一样走亲访友，而是关起门来，伏案奋笔疾书。

无可否认，孙中山的脑子异于常人，装着太多东西，当然最多的是他富民强国的思想，飞驰的思绪驱动着手中的笔墨，只用了一天的时间，他就草拟了《上李鸿章书》。

自古有道："德不孤，必有邻。"在家乡这个小地方，也有和孙中山一样的人一刻也不曾停止对中国命运的思考。他就是著书立论的大儒商——郑观应。他时为名倾朝野的宿儒，而孙中山是一个普通的医生。两人年龄相差 24 岁，经历迥异，地位悬殊。且虽为同乡，却素不相识。但自从郑藻如推介认识后，共同的社会背景、相通的忧国忧民的感情以及对西方世界的共识、相近的思想气息，他们飞行在没有年龄鸿沟、没有行业天堑的大同境界里。因此，孙中山的信写毕，第一个就想到郑观应，以借助他的人脉关系，把信交到李鸿章手里。

1894 年 1 月，孙中山捧着写好的《上李鸿章书》请郑观应指教。信写得很长，全文八千多字。平心而论，孙中山的上书，用当时乃至现在的眼光来看，不仅文采飞扬，体现了其深厚的国学功底，而且很有远见卓识。

郑观应还未看完，已为之兴奋莫名。看到精彩处，情不自禁读起来："人能尽其才，地能尽其利，物能尽其用，货能畅其流。这四条才是富强之大经和治国之大本。"

"改良政治，仿行西法"已成为郑观应和孙中山的共识。郑观应一口气把孙中山的上书看完，大为赞叹。他激动地卷起袖子，挥毫写道：

> 敝邑有孙逸仙者，少年英俊，晨曩在香港考取英国博士，留心西学……其志不可谓不高，其说亦颇切近，而非若狂士之大言欺世者比。……孙博士欲北游津门，上书傅相，一白其胸中之素蕴。弟特敢以尺函为其介。

在郑观应眼里，孙中山志向高大，见解超群。他诚恳地向盛怀宣介绍，并请他向李鸿章举荐。1893 年出生的历史学家左舜生说：

> 在清末一切谈改革谈洋务的文字中，就我涉猎所及，以孙先生这封上李书第一。

上书李鸿章可不是一件容易的事情，也不是随便想见就能见的。自古以来，中国的升斗小民能见个县太爷就可能激动得筛糠，更何况见一个一人之下、万人之上的高官。当年可没有互联网，因而不可能靠写写博客、帖子甚至谩骂来引人注目，以求侥幸上达天听。

孙中山真是胆大包天，作为一个没有功名的年轻人，竟拿出一篇治国经世的大文章说要面见"总理"，可见孙中山的自信与胆识。

于孙中山而言，这是平常事。因为他脑子装着的都是平等博爱的思想。

孙中山如此之行为是有先例的，当时只有 17 岁的他刚在夏威夷留学回来，竟去找位高权重的张之洞，成功获见。要知道，他与张之洞素不相识，也没有半点关系；1890 年，正在香港读大学的孙中山写信给同样并不相识的一位同乡——洋务派官僚郑藻如，因之结为好友。经郑藻如介绍，认识了当时红得发紫的维新派领袖郑观应，想不到，这两个不同辈分的人，竟成为莫逆之交。

从中看到，孙中山那高层次的朋友圈能建立起来，并非靠"拼爹"、靠亲朋，而是靠少有的胆量和才识！

1894 年 6 月下旬，他信心满满地前往天津，和他同行的还有同乡好友陆皓东。

到了天津，他手持郑观应的介绍信，与陆皓东一起拜见李鸿章的亲信幕僚罗丰禄等人，述说了自己的想法和要求，并送出《上李鸿章书》。

罗丰禄等人看了孙中山写的上书，也是赞赏有加。这令孙中山自信倍增，他由此沉浸在对未来的憧憬里，每一天都在翘首佳音的到来。

遗憾的是，在孙中山焦急的等待中，却遭际辗转拖沓，不纳而默。四个月后，等来的是李鸿章给他的出国护照。这好像现在一些国家对付那些有身份且有异见的政治分子一样：你出国吧，不要在本国里惹事！

李鸿章没有想到的是，他在不经意间便把这两个热血青年逼上了清廷的对立面，要是李鸿章泉下有知，想必会后悔不迭吧！

孙中山与陆皓东在返回广州的途中，又得到中日战争清军惨败的消息。在严重的民族危机刺激下，满怀救国、救民仁爱之心的孙中山，彻底抛弃了改良的幻想。

孙中山对陆皓东说："我对清朝政府，不能再抱什么幻想，靠它来拯救中国，根本就是不可能！要使中国富强昌盛，首先就是要推翻这腐败的清政府。"

"对！只有革命才能根本改造中国！"陆皓东表示认同。

上书的失败，使孙中山更清楚中国国情。当今中国，在清王朝统治之下，正濒临于亡国灭种之秋。回首鸦片战争以来，从 1842 年 8 月 29 日签订第一个《中英南京条约》起，列强接踵侵入，割地赔款。清政府先后同英、美、法、俄、德、意、日、奥、葡等入侵者签订了三十多个卖国条约。为了维系日暮途穷、江河日下的专制统治，什么国土、主权、利益、关税、法权，没有清政府不出卖的，所谓"量中华之物力，结与国之欢心""宁与友邦，不予家奴！"

须知，在清政府眼中，汉人永远是"家奴"，中国与日本、英国完全不一样，日本、英国的"君"可以"虚"，而中国是全世界唯一延续了两千多年封建帝制、四千多年王权的"家天下"的社会。对于统治者而言，这个江山是他打下来的，别人不能染指；这个"国"即是他的"家"，万万"虚"不得，故康有为、梁启超的"虚君共和"之改革在中国根本行不通！

那么，古老的中华民族怎么办？中国向何处去？

返回家乡，孙中山再度陷入了沉思。此时的他，锐利的眼神变得那么忧郁，他为深爱着的民族苦心焦虑、忧心忡忡、日夜不安。其目光又是那么的深邃，显然超越了眼前短暂的成败得失。

孙中山针对内忧外患、百病从生、满目疮痍的中国社会现实，又着眼于长远的未来，他认定：要拯救中国，必须唤醒民众，推翻清政府，重建汉族人的"中国"。

找准了方向，一心改良图新的孙中山，一下子变了。他热血在沸腾，激情在燃烧，满脑子都是举事、起义，举事、起义！

一日，孙中山语气坚定地对陆皓东说："我要出国组织发动革命！"

还未等陆皓东反应过来，他又说："要成大事，必须有纲领、有组织，所以此行之目的，就是要成立一个以'驱除鞑虏，恢复中华'为目标的反清复国组织。名字也想好了，就叫'兴中会'，言简意赅，即'振兴中华'之意也。你能书擅画，为兴中会设计一面起义旗帜吧！"

"那你也用不着出国啊！"陆皓东疑惑地问。

"是啊！在国内革命，出国做什么？但要看到，中国经清朝两百多年的统治，绝大多数的国人都被奴化了，凡涉反清的，稍有风吹草动，就会株连九族。所以，在革命的起步阶段，策略上，必须从外到内，我相信不少华侨一听到'推翻朝廷'四个字，懦懦然避开的人很多。但毕竟华侨思想较开明，相对国内来说，还是较容易发动。这就是我要出国的目的所在。"孙中解释道。

"是的，这样较安全，你大哥一班香山老乡在檀香山，有较好的财力、人力支撑。你放心去吧！我会设计一面令你满意的旗子。"陆皓东支持孙中山的做法，且一口承诺他的要求。

1894 年 6 月 23 日，孙中山毅然乘船经日本前往檀香山。从此，踏上举旗造反的艰辛征程。这是孙中山从医人到医国的转折点，社会理想从改良转向革命，他成了中国思想界第一个从改良主义思潮中摆脱出来的民主革命家。

这次距他上次离开檀香山已经 9 年，当地也发生了很大变化。夏威夷 1893 年发生革命，王后被逼退位，君主制已变成了共和制。这无疑为他进行革命提供了良好的大环境。

"出了什么事吗？"当孙眉看到风尘仆仆赶来的弟弟面色凝重，开口便问。

"大哥！你一定要支持我！"

"支持你什么？缺钱花吗？这个你不用愁。"

孙中山摇了摇头，接着向孙眉叙述自己给李鸿章的信，谈了对中日甲午战争、对朝廷的看法。

完了，抬着头，眼睛盯着远方，坚定地说道："既然和平方法无可复施，现今之策，不得不稍易以强迫，以倾覆而复更之。"

"你想做什么？"孙眉听弟弟这么一说，两眼瞪得更大，声音低沉。

"我只想要让中国富强，要达到这个目的，首先就要推翻这个腐败的清王朝。"

"这不就是造反吗？你好大的胆子啊！这可是掉人头的大事，弄不好株连九族啊！"向来大胆的孙眉劝解道，"尽管我知道，你向来不在意钱财，不希望做什么巨富，可是你现在医术与医德都饮誉社会，而且上有父母，下有妻儿，当医生的，收入又这么丰厚，生活悠闲自在，为什么还要去做那些充满风险、随时都可能被杀头的事情呢？"

"大哥！'民族兴亡，匹夫有责'啊！"接着，孙中山又举了家乡香山县沙涌村马南宝毁家纾难抗元，还有隆都溪角村刘丽川起兵抗清的故事……

孙中山企图说服其大哥支持他革命。他口若悬河，滔滔不绝：

"国家是我们的国家，到了这样危急关头，我不入地狱谁入地狱？如果一个人的死或一些人的死，能够使更多的人活得更好，能够拯救民族的危亡，那么我们就没有理由去偷生！"……

孙眉素知弟弟的性格，他认为正确的事情，总是义无反顾，谁也改变不了。再想想，弟弟讲得句句在理，爱国的热血顿时从心头涌起。最后，他大声地对孙中山说：

"好！'生为中国人，死为中国魂！'这样吧，大佬①在这里表个态，我支持你要做的事，只是这事前途艰险，希望你小心谨慎从事。"

此后，孙中山利用自己的医术在当地一边为人治病，一边宣传革命的意义。陈少白后来回忆说："孙先生那时候革命思想很厉害，碰上一个人就要说这些话，就是和一个做买卖的人，也会说到革命。"

当时夏威夷数万华人中绝大部分来自广东，广东人中又有八成是香山人，他们之间直接或间接都是孙中山的亲友邻坊。尽管如此，当时的革命宣传工作极为艰难，有不少华侨指着他的背影叫他"疯子"。孙中山后来也不无痛心地感叹："不图风气未开，人心锢塞，在檀鼓吹数月，应者寥寥，仅得邓荫南与胞兄邓德彰二人，愿倾家相助，及其他亲友数十人之赞同而已。"但孙中山并没有灰心，他坚持不懈地奔走呼号，虽然大部分人对推翻朝廷的事诚惶诚恐，他们中的一部分人政治热情终于被孙中山激发起来了，表示支持革命，有钱出钱，有力出力。从此让他们把自己的名字和复国的事业联系起来！

1894 年 11 月 24 日，孙中山在檀香山正埠银行经理何宽的家里，举行了"兴中会"的成立大会。出席会议的有杨著昆（杨仙逸父亲）、何宽、李昌、刘祥、钟工宇、程蔚南、郑金、黄亮、许直臣、宋居仁、陆灿、陈南、刘寿、刘卓、卓海等 20 余人。他们的名字，都因这次成立大会而永远地留在中国革命的史册上。

是日早上，孙中山慷慨激昂，用他那颇有磁性的声音宣读着他草拟的《兴中会章程》：

中国积弱，非一日矣！上则因循苟且，粉饰虚张；下则蒙昧无知，鲜能远虑。近之辱国丧师，翦番压境，堂堂华夏不齿于邻邦，文物冠裳被轻于异族。有志之士，能无抚膺！夫以四百兆苍生之众，数万里土地之饶，固可发奋为雄，无敌于天下。乃以庸奴误国，荼毒苍生，一蹶不兴，如斯之极。方今强邻环列，虎视鹰瞵，久垂涎于中华五金之富，物产之饶，蚕食鲸吞，已效尤于接踵；瓜分豆剖，实堪虑于目前。有心人不禁大声疾呼，亟拯斯民于水火，切扶大厦之将倾……

———————

①　大佬，粤方言，大哥的意思。

《兴中会章程》斥责了清王朝昏庸误国，招致严重的民族危机，申述了该组织要以"振兴中华、挽救中国"为宗旨。

在一阵掌声中，大家一致通过这个章程，推举孙中山为大会主席、兴中会领袖。在众人情绪高昂中，孙中山高举右手，引领大家宣誓：

> 联盟人×省×县人××。驱除鞑虏，恢复中国，创立合众政府。倘有二心，神明鉴察！

一个在国外的小团体，之所以后来成为辛亥革命的标志，就是因为兴中会是革命民主派的第一个团体，纲领里有一句重要的话——"建立合众政府"。合众政府就是共和国。第一次在一个政党的纲领里出现了共和制的要求，发出了革命的呼喊，以推翻清廷、建立民国为己任。这在腐朽的中国打开了一个缺口是空前的，是划时代的，远远超越了农民战争，打倒皇帝做皇帝。

《兴中会章程》首条规定："是会之设，专为振兴中华，维持国体起见。……"自此，"振兴中华"这一口号成为团结和鼓舞亿万中国人奋斗的最强音！

兴中会的成立，意味着中国民主革命的开始，标志着中国民主革命进入了新的历史时期。兴中会创立这年，孙中山28岁，是一位风华正茂的青年。

孙中山建立了兴中会以后，常从檀香山坐船到广东，他深感在遥远的异国指挥中国革命显然没那么方便。第二年，1895年1月，孙中山回到香港，决定与该地的另一个进步团体——辅仁文社合作，成立香港兴中会。

陆皓东等人闻讯，即赶赴香港与孙中山会合，并与其他革命志士共商举义大计。2月，孙中山与陆皓东、陈少白、郑士良、杨衢云、谢缵泰等人，在香港中环士丹顿街13号成立兴中会的总机关，共有49人宣誓。对外则以"乾亨行"作为掩护。同年3月，孙中山又在广州建立兴中会分会。

这年3月，清廷向日本求和，李鸿章代表清政府跟日本人签订了丧权辱国的《马关条约》，全国舆情激荡，民情激愤。兴中会总会决定利用这一有利时机，发动武装起义，先取广州作为革命根据地。

同年 3 月 16 日，孙中山召集会员讨论发动广州起义的计划。陆皓东在会上说，为了团结同志，号召天下响应，一定要打出革命派自己的旗帜，以示与清朝决裂并拿出自己设计的旗帜。他解释，旗帜中的青色代表光明纯洁、民族和自由；白色则代表坦白无私、民权平等；白日的 12 道光芒，代表着一年 12 个月，一天 12 个时辰；也象征着国家的命脉永存于世界，鼓舞国人自强不息。

这面著名的"青天白日旗"就这样不同凡响地诞生了！

●高举义旗，风云际会

真不明白，从小到大，孙中山都具有的拯救中国之志，不知其勇气从何而来，他的灵魂力量又从何而来。有人说，这是孙中山的家乡风水好，是上天安排这个称为"逸仙"的人下凡到人间拯救被奴役的众生。这些带着神秘色彩的说法，在他家乡流传很广。

说实在，自从他的长兄孙眉成为檀香山首富后，整个家族的贫穷命运已经扭转，而天资聪颖的孙中山又读书成才，短时间内成为一位名医。可以预见，孙中山今后生活质量会很高。即便在那个过程中，他也有后悔的余地，尚能在异国他乡像孙眉一样购置田地，开办工厂和养牛场，或者再不济，大可在那浑浊的尘世中做医生终老。然而，他非要肩负起"亟拯斯民于水火，切扶大厦之将倾"的救世重任，奔波于血与火的生死场中！

1895 年 10 月 26 日，广州。

孙中山率领民主革命的勇士们从这里揭起了武装起义的旗帜。

这天，是农历九月九日重阳节。利用重阳节群众祭祖扫墓之机，运械聚合。谁知在起义当天凌晨，香港的队伍没来。一行人火烧火燎等了两个小时，香港来电：运送枪械不慎，海关把大家好不容易弄到的 600 支手枪给查抄了！两广总督谭钟麟知道在自己的防区出现造反的大事，吓得脸都绿了。赶紧调了 8000 多兵力全城戒严，一边严刑拷打被捕的兴中会成员，一边派大批军警四处搜捕革命党人。

孙中山闻讯，立即与陆皓东等人迅速遣散部下，分头隐藏。

"哎哟，麻烦了！党员名册没有带走，我要回总机关取回！"本来已经离开总机关的陆皓东忽然想起党员名册没有带走，决定返回察看处理。

"形势十分危险，千万不要返回啊！这无异送羊入虎口！"同行者极力劝阻。

"会员名册非常重要，如被搜去，清吏会按名册查找搜捕，可能会给兴中会带来灭顶之灾。"陆皓东说完，不顾个人安危，毅然只身返回机关。

此时，清兵在叛徒朱淇的带领下接踵而至，将机关严密包围。陆皓东迅速紧闭大门，取出会员名册。

"蓬！蓬！"门外，传来一阵阵的踢门声、踹门声和用枪托撞击的声音。

陆皓东正点燃会员名册，在火苗蹿起之时，他立即站起身，掏出手枪，闪在一边，待军警破门而入这一瞬间，他扣动了扳机。

"砰！砰！砰！"走在前面的几个清兵应声倒地。清兵毕竟人多势众，在这狭小的空间里，还未容陆皓东装上子弹，就被一拥而上的清兵牢牢地逮住，动弹不得。

陆皓东看着地上的名册已成灰烬。他从容地笑了！

孙中山获悉陆皓东被捕的消息，万分焦急。他火速请求美国领事出面调解，进而要求陆皓东曾经供职过的电报公司出面，做证陆皓东只是这家公司的一名普通雇员，并不会认真闹革命的。

然而，人们显然低估了陆皓东的革命积极性。当美国领事官前往中国官府为营救陆皓东而展开斡旋时，却发现陆皓东早已承认起义之事了。

陆皓东被押往南海县署审讯。清吏严刑逼供，妄图从他口中获悉同党名单，他宁死不招；呵令其下跪，他坚不屈膝。县令强逼供词，陆皓东留下了一份慷慨激昂的供词：

> ……讵知满清以建州贼种，入中国，夺我土地，杀我祖宗，掳我子女玉帛。试思谁食谁之毛，谁践谁之土？扬州十日，嘉定三屠，与夫两王入粤，残杀我汉人之历史尤多，闻而知之，而谓此为恩泽乎？
>
> 要之今日，非废灭满清，决不足以光复汉族，非诛除满奸，又不足以废灭满清，故吾等尤欲诛一二狗官，以为我汉人当头一棒。

今事难不成，此心甚慰。但我可杀，而继我而起者不可尽杀……

清吏气急败坏，以钉插其手足，凿其牙齿，极尽严刑酷法之能事。他多次死而复苏，始终不屈。11月7日，陆皓东英勇就义，时年27岁。

风起云涌的大革命刚开始，陆皓东就牺牲了。

在走向共和的道路上，他用鲜血为"青天白日旗"祭旗；用青春铸造"中国有史来为共和革命牺牲第一人"！

这次起义虽然夭折了，但震动了清廷。孙中山被清政府列为头号通缉犯，悬赏查拿孙中山等人，并发布告："现有匪首，名曰孙文，结有匪党，曰杨衢云，起义谋报，扰乱省城……严拿重办，若有包庇者决不从轻。"

在广州躲藏了几天的孙中山，见情势危急，不得不离开。

1895年10月29日，一艘运饲鱼草料的旧煤气艇，在夜色的掩护下停泊在广州水鬼潭码头，船主走出船头，向着岸上用粤语唱道：

> 万象阴霾扫不开，红羊劫运日相催。
> 顶天立地奇男子，要把乾坤扭转来。

这是孙中山早期创作的诗，豪气冲天。此诗用作联络暗号，又称起义歌。当岸上化装成苦力的孙中山一行听到，立马鱼贯而出登上汽艇。经顺德、香山至澳门。

在好友飞南第的安排下，在澳门码头乘船转移到香港，过了两天，孙中山与陈少白、郑士良等乘日本货轮东渡扶桑。

当大批的清兵来到翠亨村找上门来的时候，孙夫人卢慕贞早接到消息，带着孩子经香港上船，投奔在檀香山当财主的大伯孙眉而去，而陆皓东的家人也逃往日本亲戚家避难。

"出师未捷身先死，长使英雄泪满襟！"

第一次起义"出师未捷"，陆皓东的死，让孙中山悲痛万分，他挥毫写道："皓东沉勇，其节之烈，浩气英风，实足为后死者之模范。每一念及，仰止无穷……其精灵之萦绕吾怀者，无日或间也。"

然而，"欲求文明之幸福，不得不经文明之痛苦。这痛苦，就叫作革命!"

孙中山掩埋先烈遗体，向患难者家属送上抚恤金后，又东奔西走地宣传革命。他的足迹遍布世界各地，到处宣扬他的革命思想和建国纲领，饱尝了其中的艰辛苦楚，也得到了许许多多的志同道合的人的支持和帮助。

孙中山像一块巨大的磁石，产生着强大的磁场，吸引着不少热血知识青年和进步人士加入到拯救中国危亡的行列中。

在这里，不得不提上海滩江浙财团大亨——张静江。

张静江，浙江湖州南浔镇人。自小爱打抱不平，被大人们称为"小侠"。这个少年侠客在一次冲进火海救人时被严重烧伤，虽然大难不死，但落下终生残疾，髋骨摔折，股骨断裂，走路一跛一跛的。但这丝毫未改他的豪侠性格。

1905 年 3 月 4 日清晨，一艘远洋客轮在波涛万顷、水天一色的太平洋上缓缓航行。此刻，出国谈生意的张静江正站在甲板上极目远眺，转头之际，瞥见一位男子也站在甲板上凝望远方，海风吹拂起他的大衣，天际中的朝霞正涌起，映照着这位气宇轩昂、风度翩翩的男子。此情此景，仿若一座"站可立天地，仰视如泰斗"的英雄雕像。张静江看得呆了，忍不住上前攀谈，想不到这位就是大名鼎鼎的孙中山先生。此时，孙中山已创立了兴中会，正致力于推翻清王朝的革命活动。

张静江对孙中山不惜身家性命，甘冒杀头风险，到处奔走呼号的伟大革命精神，深感敬佩。他当即向孙中山表示："余亦深信非革命不能救中国。近数年在法国经商，获资数万，甚欲为君之助，君如有需，请随时电知。余当悉力以应。"

孙中山见过太多口惠而实不至的"支持者"，所以将信将疑，至美国后让黄兴办理，以探真假。结果钱分文不少，如数领取。此举令孙中山大为惊奇，认为遇到了革命"奇人"。

张静江"不图丝粟之利，不慕尺寸之地"，一心一意支持孙中山革命，慷慨助饷。毕竟，张静江不是一个没有底的富翁，到后来，他先卖掉了自己的通运公司，继而卖掉家产，包括上海的五栋花园洋房，真是不惜毁家纾难资助孙中山革命。

孙中山深为张静江仗义疏财的大义所感，题有"丹心侠骨"相赠。后来，张静江因病在南浔家中休养，孙中山闻讯，特地请留德名医李其芳为他治疗，并题写了对联，让人送到浙江南浔张静江的府上：

满堂花醉三千客；
一剑霜寒四十州。

"白头如新，倾盖如故。"不少仁人志士，与孙中山仅仅是一次偶然的见面，或仅仅是听了他的一次演讲，从此就追随在他左右，或勇赴沙场，或倾家荡产地支持他，对一个人信赖到如此程度，世上真是难找到第二个，而孙中山就是有这种魅力。

当然，这种魅力与孙中山那济世救人的情怀以及纵贯古今、学贯中西的过人才华有关。孙中山因长期在国外奔走，吸收的都是自由、民主的空气，因而酿就了他"自由、平等、博爱"的民主思想。其演讲、其为文，呈现的是深邃的思想与飞扬的文采高度融合的雄浑气势，极具吸引力。

章士钊在日记中写道："一日，吾在王侃叔处，见先生所作手札，长至数百言，用日本美浓纸写，字迹雄伟，吾甚骇异，由此不敢仅以草莽英雄视先生，而起心悦诚服之意。"他对孙中山的崇拜，仅是从字迹上就看出来。

前清举人吴稚晖，曾问与孙中山见过面的钮惕生："孙中山与他推崇的梁启超、张之洞比较如何？"钮惕生直言不讳地说："你没有看见孙文，看见了定出你意料之外……梁启超一书生矣，张之洞一大官矣，孙文气概，我没有见过第二个，你将来见了，就知道了。"

原来，吴稚晖以为孙中山是一个不识字的汪洋大盗，心里根本看不起孙中山，及至看了孙中山的书信文章后，大为惊讶其学养之深，且见过孙中山本人后，更为其气质及天下为公理念所折服，他因此加入了中国同盟会。

不得不承认，在所有的追随者心目中，孙中山便是中华民族临危赴难的号角，是天崩地裂之际率众炼石补天的女娲！所以，总是有许多德才兼备的优秀人物群体追随。

在孙中山的旗帜下，宋耀如、康德黎、宫崎寅藏、张静江、黄兴、廖仲恺、朱执信、胡汉民、汪精卫、蔡元培、宋教仁、陈其美、陈天华、方声洞、林觉民等文韬武略者云集。

多年奔走革命，使孙中山越来越认识到：在中国这样辽阔的土地上，单股的、不相汇合的水流是不可能"涤荡旧污"的，只有形成巨大的洪流，才能冲毁传统的封建帝国的堤防。他决心"召集同志，结成大团，以图早日发动"。

1905年7月19日，孙中山由法国马赛乘邮船抵达日本横滨，他此行的主要目的是组织革命党总部。学界获悉，为亲睹孙中山风采，聆听革命学说，留日学生决定在东京召开一次欢迎大会。

是日下午，大会来了2000多名留日学生，当地的华侨也闻风而至。现场人头攒动，盛况空前。在大家的翘首以盼中，孙中山来了！

只见孙先生头戴草帽，身穿白哔叽西装，台上一站，帽子一摘，向下一挥手，以蔼然可亲之色，飒爽不群之姿，从人丛中出现于演讲台上，掌声此起彼落。他笑着挥手让大家停下，先谢欢迎之盛意，继缕述环游全球所历，接着开始他的以《中国何以要实行共和革命?》为主题的精彩演讲：

> ……中国今日何以必需乎革命？因中国今日已为满洲人所据，而清之政治腐败已极，以致中国之国势亦危险已极，瓜分之祸已发岌不可终日，非革命无以救重亡，非革命无以图光复也……然而有卑劣无耻、甘为人奴隶之徒，犹欲倚满洲为冰山，排革命为职志，倡为邪说，说"保皇可以救国"，说"立宪可以图强"。数年前诸君多有为其所感者，幸今已大醒悟。惟于根本问题尚未见到，故仍以满洲政府为可靠，而欲枝枝节节以补救之，说"倡教育""兴实业，以为此亦救国图强之一道……"

是时，孙中山宏论滔滔，但也有受保皇党影响的听众表示质疑，不断地发问。

"何以不走改良之路，以和平的方式解决国弱民贫之现状，非要实行革命呢?"

> 我也是一个热爱和平的人。就在我下决心投身革命实际行动的前夜，曾上书李鸿章，试图推动清王朝实行自上而下的改良而实现"自强"。结果被弃置一旁，不予理睬。再者，康有为、梁启超实

行戊戌变法，差点送上断头台。至此，我之改良的希望化为泡影。可见在中国讲明治维新式的改良是办不到的。与清政府谈改革，无异于与虎谋皮。眼见国家江河日下，已到了亡国灭种的地步，我才义无反顾地摒弃改良道路，走上了革命之路，以血的代价推翻这个昏庸腐朽的政府，为改革政治创造条件，为人民谋幸福！

孙中山直言不讳。这时，又有听众站了出来，拱手高声地问道："孙先生，你乃一名医生，从医人转而医国，不知先生有何妙方？"

有！"终结帝制，建立共和！"从"一人之天下"变为"天下为公"！

孙中山的说话落地有声，铿锵有力，那位听众似有不同见解，问："千古无不变之法，亦无不敝之政。要强国，尽可改良政治，何解非要推翻帝制，我大清实行君主宪政如何？"

中国积弱，非一日矣！帝制者乃中国历史的万恶之源，数千年来，"以官为主人，以民为奴隶"，只有极少数贤明君臣有利于社会进步，然而总体仍停滞不前也。若夫最大权力者，无如政治。政治之势力，可为大善，亦能为大恶，吾国人民之艰苦，皆不良之政治为之。各国历史证明，要有良好政治，必使分权，但清政府死抱权力不放。因为，他们认为，这个江山是自己打下来的，是自己的国家，自己才有资格、有能力领导这个国家。

至于大清实行君主宪政，万万不可，国人皆奴才，留下皇帝要实现民主绝不可能，无君之宪政才是最纯洁的宪政，才是我辉煌华夏最终要确立的国体！

方今列强环伺，虎视鹰瞵，久垂涎于中华五金之富、物产之饶。蚕食鲸吞，已效尤于接踵；瓜分豆剖，实堪虑于目前。故亟拯斯民于水火，切扶大厦之将倾。

孙中山话音刚落，有位听众不无忧虑地问："中国是有4000年王权，2500年帝制的历史之专制国家，数千年来，不知发生多少次政权的更替，但都是在帝制的怪圈里徘徊。由此观之，中国国土幅员广大，人口众多，故走向共和，恐怕不适合国情吧？"

孙中山一听"不适合国情"四字，变得有点激动，他振振有词地道：

> 这个不适合国情，那个不符合实际情况，这就好比说你的孩子要去入学，老师说你的孩子不识字看不懂书，就不能让你的孩子上学一样可笑。美国行，法国行，就中国不行，难道我们的人种有问题？难道我们就是天生的奴才，我们就是要在别人设定好的囚笼中度过毕生？不，绝不是这样，因为我们的人民老是被奴役着，被欺骗着，他怎么可能学会做主人呢？怎么可能进步呢？

"那请问孙先生，美国、法国实行共和，成为世界之强国，有目共睹；而英国、日本，实行'君主立宪'同样走上富强之路，君所共见。即'英国行之于前，明效大验；日本步趋于后，勃然而兴，不知孙先生又作何解释？"不愧为大学生，问题也有深度。

孙中山听了，点了点头，不置可否地道：

> 此才真乃国情不同是也。譬如日本在明治维新之前，天皇是个傀儡，权力掌在幕府将军之手，所以他不需要对国势凌夷、民生凋敝负责；英国 1215 年的大宪章实现了对王权的限制，从而把集权和无限的权力约束下来，使帝制得到了改良，使统治权力不再集中在一个人或者一个家族身上，这就是进步！反观大清则很不相同，其统治权力从来不见消弱公开，只见不断地集中和放纵。即使在湘军集团崛起之后，中枢权力依旧掌在满洲贵族之手，且清一贯以部族心态治理中国，用人先分满汉，死抱权力不放。他不立宪时的权力比立宪后还大，何解要立宪？故"立宪"还要搞个皇族内阁之故也……君不见"戊戌变法六君子"也被清政府杀害了，这活生生血的教训，为何国人尚未醒悟？君应见到，中国的政治现状决定了唯有革命才能催生新的制度，唯有革命才能鞭策社会变革！

孙中山回答得有理有据。但有听众仍是语带疑虑地问：

"既而如此，恐怕先生这革命之路难走啊！你看，清朝入主中原后，容不得别人的半点杂音。动不动就满门抄斩，株连九族，且习惯在几千年帝制环境下生活的普通老百姓也难以适应啊?!"

是的，人民在帝制的社会生活了几千年了，在他们的心目中，皇帝乃"天子"，神圣不可侵犯，当官的是"臣民"，老百姓是"蚁民"，他们认为都是理所当然的事。从来，奴役者却认为自由的，从来不知道自由平等为何物，不知道自爱，亦不知道爱人，一句话，奴才不知道自己是奴才。

"如此看来，孙先生如何动员奴化了几千年的老百姓走向共和?"听众仍是紧追不舍。

中国奴制已有几千年了，人民都睡着了，不懂得自己去站在主人的地位，因此，只能不断地去唤醒他们，如果不行，只能用强迫的办法。我举个例子，美国林肯解放农奴，这是何等一件大好事！论理这奴隶要怎样的感谢林肯？他们不但不感谢，反而把林肯视为仇敌，认为是林肯把现在的生活搞掉了，竟至把林肯刺杀了，这多么可悲啊！这不是习惯难改吗？所以对没办法唤醒的民众只好用强迫的手段，此其一。其二，发起革命应先"从国外到国内"，因吾人在国内足迹所到，凡认识者，几识为毒蛇猛兽，而莫敢与吾人交游也。华侨身处海外，思想开通得早，比国内的人更容易接受共和思想，同时更拥财力、物力。

那一问一答如斯的精彩，可是有些听众仍是不依不饶："在滔滔者天下皆非的处境下，孙文先生独能坚守宏愿孤怀，以担当世运的精神与魄力，一往直前，实令人佩服！但百姓没有文化，思想很容易被奴化，这尚可理解。可是康有为、梁启超乃学问高人，何以有保皇思想，力反共和?"

孙中山听了，不假思索地回应道：

康、梁虽然有学问，但他们的学问局限于帝王治理之书，尤其是"四书五经"，不是吸其精华，弃其糟粕，而是照单全纳，故被三纲五常捆绑久了，都得了愚昧之病。君何时候见到过奴隶主主动解放奴隶的？在一个没有政治自由的社会里，哪天换了一个素质差的皇帝上台，别说生活，连生命都不是你自己的。因为是"家天下"，这个国家是他的，只有他们自己的利益。这样的社会有希望吗？这样的国家会强大吗？强大了，能持久吗？持久了，能保障自由吗？

孙中山连珠炮似的反问，引来了一片雷鸣般的掌声，这时有听众深有感触地说：

"是啊！就在我清皇朝仍在实行封建世袭家天下统治的时候，美国等西方已经实行了选举制度，通过'选贤与能'把来自社会的精英选举出来管理国家，而统治中国一直还是寡妇与孤儿，如此这般，中国焉能不落后？"

孙中山听了，重重地点了点头，接着又说：

革命的目的是为众生谋幸福，保皇乃为一人之天下。故革命、保皇二事，决分两途，为黑白之不能混淆，为东西之不能易位。如不忍中国之亡，必自辨朝廷与国家之区别始。国家不是君主的私产，一姓王朝的倾覆不等于国家和民族的灭亡。

"孙文先生不愧为先知先觉者，先生是医生出身，知道医治病人要方子，那请问先生，这救国救民的'共和'方子是由几味药构成？"

这位听众问得真是有水平，瞬时全场静了下来，等待孙中山如何回答。

孙中山一声"问得好！"便胸有成竹地说：

"共和"这方子，由三味药组成：民族主义、民权主义、民生主义。

——民族主义。是"药引"，就是唤醒国人的民族意识，"驱除鞑虏，恢复中华"。今之满洲，迫我汉人为其奴隶，有不从者，杀戮亿万。我汉人为亡国之民者260年于斯！满洲政府，穷凶极恶，今已贯盈，义师所指，覆彼政府，还我主权。不过我们非恨满人，是恨害汉人的满人。故对于满洲人不以复仇为事，而务与之平等共处于中国之内。把我们中国的所有各民族融成一个"中华民族"！

——民权主义。是"主药"，就是要进行政治革命，推翻封建君主专制政体，建立民主共和国。从"家天下"变为"公天下"，家天下，是不平的专制；公天下，即天下为公，人人的权利都是平等的，就是要讲"自由、平等、博爱"。在中国实施共和政治，创立各国至今所未有的政治学说，创建破天荒的政体，实行立法、司法、行政三权的基础上，加上考选权和纠察权的五权分立之崭新的共和政治。

——民生主义。是"补药"，就是要解决民生问题，首要改革陈腐的土地制度，"平均地权"。中国乃极贫之国，非振兴实业不能救贫。一定要发达资本，振兴实业。吾人正宜迎此潮流，行开放门户政策，以振兴工商业。凡是我们中国应兴事业，我们无资本，即借外国资本；我们无人才，即用外国人才；我们方法不好，即用外国方法。

孙中山慷慨陈词，到这里，全场再次响起雷鸣般的掌声。至此，大家感到孙中山有一种宏伟的气魄，深深地被孙中山清醒的国情意识、开阔的世界视野、广博的知识所折服了。

据历史资料显示，与孙中山接触或听过他演讲的中外名人，大多数人都有此同感，并深深被他感染。的确，无论是言论风采还是思想深度，无论是现场效果还是历史影响，孙中山都堪称这一时期出色的演说家，他天赋的演说才能和气魄连毛泽东也不得不叹服。毛泽东在《纪念孙中山先生》一文中，说："我听过孙中山多次演讲，感到他有一种宏伟的气魄。"

孙中山的"宏伟气魄"，很大程度上来源于他广博的知识。据考，在已出版的孙中山著作中，共涉及70多个国家与地区，2000多个地名，10000多名古今中外人物，100多项的重要事件，100多种主义、思想、学说、流派等。孙中山见识之广、学识之渊，由此可见一斑。

这时，提问最多的这位听众也被孙中山深深地打动了，他站起身，握着孙中山的手动情地说:"无过人之胆识,谁敢首举义旗?无过人之学识,谁能聚天下之义士?无过人之坚毅,谁能屡败屡战?先生攻心得人、启迪民智,真如一缕春风,使我们茅塞顿开啊!"

"孙大炮"的外号不是吹的,孙中山的演讲激情澎湃,荡人心魄,听者无不动容。演说如春雷惊蛰,唤醒了留学生的民族意识,激起了革命热情,令那些迷惑于保皇的留学生幡然醒悟,快速转向了革命。

这次足足进行了三个多小时的演说,是革命党人在海外的活动由秘密走向公开的重要拐点,积极推动了同盟会的建立。

一周后,孙中山联合各革命组织,召开同盟会筹备会议。1905 年 8月 20 日在日本东京,"中国同盟会"正式成立,因"孙逸仙者,近今谈革命之初祖,实行革命之北辰,此有耳目者所同认,故由他来领袖群伦"。

同年,孙中山在同盟会的会刊《民报》的发刊词中正式提出"三民主义",即"民族、民权、民生"。

这三个词,字字千钧抓住了中国问题的内核,极富概括力,准确、简明,这是他外察世界潮流,内顾中国实情,深思熟虑的结晶。

"三民主义"的确立,预示着有先进理论指引的中国革命,必将走向成功!中国同盟会的成立,标志了一支崭新的革命力量的兴起,伟大的革命风暴迅速到来!

● 开天辟地,万象更新

孙中山革命,可说是书生造反,文人起兵。常言道:"书生造反,十年不成。"然而,孙中山义旗一举,天下影从。志士们高举孙中山的革命大旗,带着壮士一去不复返的必死决心,以不成功便成仁的刚强勇毅,用生命铺就了一条中国民主革命的火热烫人的血色长路。

1906 年,萍浏醴起义,革命党人血流成河。死难革命党人中,包括才华横溢、年仅 22 岁的刘道一。

半壁东南三楚雄,刘郎死去霸图空。

尚余遗业艰难甚,谁与斯人慷慨同。

塞上秋风悲战马,神州落日泣哀鸿。

几时痛饮黄龙酒，横揽江流一奠公！

这是孙中山祭奠刘道一的一首七律，哀伤之情跃然纸上，读之泫然。

1907 年，徐锡麟、秋瑾等光复会义士，计划在皖浙两省起事，均失败。此役死难义士数以千计，一时血色映亮东南半壁山河。死难者有时年 32 岁、被孙中山称之为"巾帼英雄"的秋瑾。事后，孙中山写下挽联，寄无尽哀思：

> 江户矢丹忱，感君首赞同盟会。
> 轩亭洒碧血，愧我今招侠女魂。

1908 年，熊成基于安庆起事，慨然赴义，杀身成仁时 23 岁。悲英雄不在，孙中山留下千古慨叹：

> 缅东瀛话别时，世路多艰，内忧方急，叹国士无双，孰料竟成易水谶。

在那个黑暗和绝望的年代里，孙中山怀着对国家、对民族的深情挚爱，率领着中华民族优秀的儿女寻唤着光明、希望与重生！

从 1907 年到 1908 年的武装起义还有：潮州黄冈起义、惠州七女湖起义、防城起义、镇南关起义、钦廉上思起义、河口起义……

一次次起义失败，一次次纵身奋起，死无所惧，前仆后继。一个又一个战死沙场，壮怀激烈！

1911 年 4 月，广州。

那是一个木棉花盛开的春天，那是一个碧血横飞的春天，那是一个死亡的春天，那是一个再生的春天，那是一个希望的春天！

4 月 27 日下午 4 时，震惊中外的"黄花岗起义"暴发了。

"赴死，只为自由、平等和正义！"

志士们在孙中山精神的感召下，怀着拯救民族的坚定信念，在烈火硝烟中，慷慨赴死。

黄兴带头直扑总督衙门，林时爽、方声洞、林觉民、李晚、喻培伦……从各地汇聚广州参加起义的一代革命精英紧随其后，与数倍于我的清兵展开了激战……

激战一个昼夜之后，终因寡不敌众，以失败告终。除了当场成仁之外，事后清朝政府的酷刑残害，使得众多菁华殉难共和。

"感时花溅泪"，是日，羊城街头茂盛的木棉花朵朵坠下，落英缤纷。

一个辽阔而老疲不堪的国家，在一群知识分子的热血献身下，如闪电撕裂黑云密布的天空，如惊雷震荡着死气沉沉的清王朝。

> 是役也，碧血横飞，浩气四塞，草木为之含悲，风云因之变色。全国久蛰之人心，乃大兴奋。怨愤所积，如怒涛排壑，不可遏抑……

高瞻远瞩的孙中山先生的如椽大笔在一篇祭文之中描写了当时境况，也流露了不尽的悲怆之情。

这次起义有如一声春雷，向海内外宣告：辛亥革命的风暴很快就要来临！

事实上，黄花岗起义引发了全国不少地方骚动。尤其是四川，在同盟会的发动下，爆发了声势浩大的保路运动。清廷不得不在驻军较强的湖北等省调兵镇压。以致武昌城防空虚，为武昌起义成功创造了条件。

据郁达夫、顾颉刚、萨孟武等名人回忆，"黄花岗之役于全国有极大的影响。"少女时代的苏雪林当时也深情地写道："林觉民《与妻书》句句真切，字字泣血，曾教我流了不少眼泪。"

远在杭州读中学的徐志摩得知消息，写下《滚绣球》一曲：

> 小丑亡，大汉昌，天生老孙来主张，双手扭转南北极……杀尽胡儿复祖邦。……

黄花岗起义影响之大、之广，这得益于当时的《民立报》《申报》等媒体和革命党的宣传。因此"黄花岗一幕被看作开国序幕不是凭空的"。

黄花岗之役失败后，孙中山并没有气馁，一边继续在美国各地华侨中宣传革命，一边筹款抚恤先烈后人。令人感动的是，孙中山无论是在国内，还是在国外，所到之处，都不忘哀念流离，抚恤疮痍，亲自上门探访烈属，对有困难的还送上慰问金，这与历史上许多的政治人物"飞鸟尽，良弓藏，狡兔死，走狗烹"的做法大不相同。

孙中山仍奔波于生死场中，他总结了失败的经验教训，认识到"革命起义，不可专恃会党。今宜采取入虎穴得虎子之法，取得新军，始可成事"。他选拔了李烈钧、程潜等28人编成"铁血丈夫团"，派他们回国进入各省的新军内投营入伍，着装当兵，借敌之械，强己之枪，伺机宣传、鼓动，发展革命力量。把反清反帝小册子偷偷发于士兵手中，兴办秘密报刊，使星星之火，散布于军队每个角落。

1911年8月11日，孙中山在一封信中说：

> 现时各省民心切望革命军起，以救彼等脱离清朝之苛政者，已若大旱之望云霓；而十八省之新军，亦多倒戈相助。……吾党无论由何省入手，一得立足之地，则各省望风归向矣。

由此可见，孙中山对国内情况了如指掌，如孙中山所料，两个月后，他所期望的胜利就在湖北省会开始了。

是的，无数的挫折和无止境的奋起，无数抛头颅洒热血的革命志士的一次次起义，唤醒了越来越多沉睡中的中国人。

1911年（农历辛亥年）10月10日，武昌。

那是一个刮着风，并且时断时续下着雨的夜里，驻武昌的清朝新军士兵，在熊秉坤、吴兆麟等人率领下武装暴动。

他俩是文学社和共进会的领导人，也都是同盟会会员，在发难之初，就打出了孙中山的旗号，发布了《中华民国军政府大统孙》公告，打响了起义第一枪的熊秉坤宣称："孙先生乃革命创始者，党人遍布全国，虽间或有名目殊异，而尊崇孙先生则一也。"

革命军高举孙中山的旗帜，奋勇顽强，迅速攻克总督府，占领武昌，在中国腹心地区打开了一个缺口，成为对清王朝发动总攻击的突破口，起义爆发后，同盟会元老谭人凤等奔赴武昌提供经费，同盟会第二把手黄兴奔赴武昌；接着广州第二次黄花岗起义成功，真正牵制了清军，使之首尾不能相顾。由此在全国燃起了燎原之火，到了11月，革命大火遍燃万里，全国大部分省区脱离了清政府的控制。革命风潮所向披靡，清王朝大势已去。

然而，武昌起义的成功，并不代表辛亥革命的成功。当时革命力量分散，一度群龙无首，在历史的转折的重大关头，孙中山回来了！

1911 年 12 月 25 日 9 时许，孙中山一行抵达上海，时值细雨如织，海口雾集，督军府派出兵轮出海迎接，当孙中山走下悬挂着革命军旗帜的"江利轮"，等候他的，不再是帝国的捕快，而是手摇欢迎旗子高呼"共和万岁！"的民众。

自此，影响着国家走向的大人物终于正式亮相，开始了面对面的博弈。当时，在武汉的街头巷尾，流传着欢迎孙中山的童谣：

孙先生，打满清。

把黄兴，守南京。

到湖北，是福星。

他说话，我爱听。

"由于孙中山的个人魅力，总之，他的到达彻底改变了局面，原来四分五裂的革命党，一下子就拧成一股绳，大家都同意他的意见，这在革命党的历史上是常见的。"

孙中山的意见，就是建府开基，迅速成立临时政府，用新政权去压旧政府，以统一各派力量，更重要的是寻找南北关系的新突破，从而为南北议和的成功创造必要的条件。

同年 12 月 29 日，南京的各省代表会议进行临时总统的选举。孙中山以他在民众中的崇高威望和各省革命党迅速响应相配合，横扫了各种谬论和各派势力的争权夺利以及无休止的争执，被各省一致推为临时政府大总统。12 月 31 日，孙中山率领随员从上海到南京。

公元 1912 年 1 月 1 日（阴历辛亥年十一月十三日），这是乾坤翻转的一天！

孙中山身穿黄褐色呢质军服，头戴嵌有红边的军帽，从上海哈同花园乘马车到达上海北站，乘坐专车前往南京就任中华民国临时大总统。行前，专门嘱咐沪军都督陈其美："我辈革命党，全不采仪式，只一车足矣。"

沪宁线上，每到一个车站，都会看到上万民众集合在那里，目送孙中山通过，"共和万岁"的口号声此起彼伏，声闻数里。当晚11时，就职典礼在总统府西暖阁举行，孙中山宣告中华民国成立，他举左手高声宣誓：

> 倾覆满洲专制政府，巩固中华民国，图谋民生幸福，此国民之公意，文实遵之，以忠于国，为众服务。至专制政府既倒，国内无变乱，民国卓立于世界，为列邦公认，斯时文当解临时大总统之职。谨以此誓于国民。

> 中华民国元年元旦。孙文

这一段极短的大总统誓词，成为"中华五千年政治史上，一座极重要的里程碑和分水岭"，孙中山颁布的《临时约法》，破天荒地明确宣告："中华民国之主权，属于国民全体。"

他要的是"建立民国"，而不是"建立帝国"。这是孙中山领导的民主革命与中国历史上无数次起义和政权更迭的最大不同之处。

把中国人由皇帝的臣民、奴隶变为国家的公民和主人，普通老百姓在法理上从"子民""蚁民"一下子被肯定为国家的主人。不忘国家乃是民之国，所以称为"民国"。从这天起，中国数千年"帝制"的政体模式，开始转入"民治"时代。

若问：推翻帝制乃何事哉？

开天辟地之大事也！从帝国一变而为民国，打破家天下而走向共和，开万世之大道，不仅让人民摆脱了君权的压迫，而且脱掉了几千年来的旧风俗、旧思想、旧教化的束缚，在精神上获得了空前的大解放……从此，自由、民主、平等、博爱的曙光开始在古老的东方喷薄而出，霞光万丈！

民国的到来，在古老的中华大地上，出现了前所未有的民主政治新气象！

自1912年1月1日始，在短短的三个月内，孙中山的临时政府颁布了一系列有利于推行民主政治和发展资本主义的政策和法令：

命令各省官厅焚毁刑具，废止刑讯；取消清朝律令中各类"贱民"条令；保护华侨；禁止买卖人口；废除主奴身份；通令剪辫子；禁止赌博、缠足、吸食鸦片；鼓励兴办工商业，振兴农垦业；奖励华侨在国内投资；提倡普及教育，删除旧教科书中的封建内容等。

"中国人已当了几千年的皇帝的仆人了。从现在开始，却要学习做主人了，怎么适应得了？那如何引导民众懂得如何去做主人呢？"当时，曾有记者问孙中山。

孙中山听了，"哈哈"地笑道："这个容易，最简单的办法'从头改到脚'，'从外改到内'！"

——"从头"，就是勒令全体民众剪去脑袋上的那根被外国人嘲笑了几百年的"猪尾巴"（大辫子）。

别小看了这条"猪尾巴"，这可不是发型改变那么简单，而是耻辱的象征。清入主中原后，对汉人实施"屠杀与奴化"的政策，在战争中对平民百姓进行诸如"扬州十日""嘉定三屠"等大规模的屠杀，几乎种族灭绝，继而开始全面"汉人胡化"。在清代之前，汉人奉行身体发肤受之父母，故都是蓄发的，而清军入关后，颁布了剃发令，强迫所有汉族百姓都得剃掉头发，只能留一小撮辫子，不然就要杀头。

因此，孙中山视蓄辫为清王朝的恶政，是满族奴役汉人的象征。1912年1月1日中华民国成立后，他以法令形式通令全国：

> 凡未去辫者，于令到之日，限20日一律剪除净尽。有不遵者违法论。

并且通过报社等媒体，或张贴布告等形式呼吁有血气的国人剪去辫子，"除此数寸之胡尾，还我大好之头颅"。那时有首通俗易懂的四言诗广为流传：

> 中华光复，百事更新。惟此发辫，起于满清，既碍工作，且害卫生。昔呼鞑子，编入戏文；今称猪尾，惹哭四邻。……

在新政府的动员下，民众纷纷响应，各地都掀起剪辫风潮。一时间，大街上满是剪下丢弃的辫子。中国人的形象确为之一新。

——"到脚"，就是女人不能再缠足。

缠足是中国历史上最残忍、时间最长、迫害人最多的"刑罚"。孙中山从小看到姐姐缠足的痛苦情形，"小脚一双，眼泪一缸"，他的心被深深地刺痛了，决心铲除这个陋习。孙中山做到了。

1912年3月11日，孙中山令内务部通饬各省劝禁缠足。至此，中国女人被缠上了千年的脚开始被解放出来了，得以走出家门，进入社会的广阔天地并进而争取与男子同样的权利，也使得女性的生活变得更加绚丽多姿。

——"从外"，就是改变服饰，更新礼仪。提倡汉服、西服，抛弃便于渔猎的补服马褂之满族服装。最流行的莫过于由孙中山创制的"中山装"，以及熔合中国传统服饰与西式女装于一炉的旗袍。中山装、旗袍成为最具代表性的国服；同时，禁止使用跪拜礼，蒙、满等族相袭的跪拜叩头奴才牛马之仪悉数革除，代之以鞠躬握手、脱帽、鼓掌等新形式文明礼节；称谓也由原来的"大人""老爷"等官腔改为平等的"先生""女士""君"等称呼，政府职员之间一律改称职务。

这些变革，铲除等级、尊卑、贵贱之差别，开创了尊重人民大众的政治新风尚，给民间社会带来了一股文明之风。

——"到内"，就是严厉禁止吸食鸦片和赌博，铲除文化专制主义。

"永雪东亚病夫之耻，长保中夏清明之风。"孙中山以临时大总统的名义发出严禁鸦片令取得相当大的成效。而文化专制主义的铲除更是前所未有。清时期，"腹诽""文字狱"等不知屠杀了多少言论稍有离经叛道的民众，使中国千百年形成了"万马齐喑究可哀"的政治、文化局面。

这禁区与风气被孙中山打破了。《中华民国临时约法》明文规定人民有"集会、结社、言论之自由"。

"一时报纸，风起云涌，蔚为大观"。在民初的几个月时间里，全国的报纸由清末的约100种，迅速增加至500种，总销数达4200万份。这两个数字都是中国报刊史上前所未有的高峰。报刊内容丰富、政见迥异、言论自由、争论激烈，在很大程度上摆脱了政治干预，体现了民初多元化与自由化的社会风气与舆论环境，与中国传统钳制言论、禁锢思想、舆论一律的文化专制主义形成鲜明的对比。连一度与孙中山唱对台戏的梁启超后来在《梁任公对报界之演说》中，带着十分赞誉的口气回忆道：

回想民国元年，不啻若唐虞三代之盛。两派各有极端之主张，争论不已，固相若也。然彼时为宪法问题、借款问题、财政问题，无论其意见何若，当各有一番之研究……

孙中山带来民初的新气象，他本人就是标杆，具有一种非凡的廉洁奉公精神，不谋私利，率先垂范。

在孙中山的革命事业中，他的大哥孙眉在财力上给予了巨大的支持，数十次变卖自己的地产，直至于 1906 年其经营的公司宣告破产，加入兴中会后，继续捐资捐物，最终倾家荡产。

蔡元培基于孙眉为共和革命事业做出过巨大贡献，极力推举孙眉为广东都督。但孙中山坚决不同意，复电推荐人蔡元培陈述用人"唯才能是称，不问其党与省籍"，并于 1912 年 2 月 21 日致电孙眉，劝其勿任都督：

有人议举兄为都督，弟以为政治非兄所熟习。兄质直过人，一入政界，将有相欺。稍有失策，怨亦随生。为大局计，兄宜专就所长，专任一事，如安置民军、办理实业之类，而不必当此大任。

尽管孙眉一时难以理解，并迁怒于弟弟，差点闹翻，但孙中山坚持原则，不徇私情，始终没有改变主意。

"胸中藏五岳，胸内纳乾坤。"

孙中山无私品格绽放出政治文明光彩，彰显他博大的胸襟，心怀天下的情操。

临时政府成立后，成为南北议和、统一中国不可或缺的砝码。

孙中山委任伍廷芳为司法总长，担任南北议和总代表；袁世凯任命"留美幼童"唐绍仪为总代表。

这次为期 45 天的南北谈判，过程中虽顿生枝节，但毕竟大方向一致，伍廷芳、唐绍仪两人同声同气，故南北双方最终达成协议：清帝退位，孙中山让位于袁世凯。

袁世凯经唐绍仪的反复游说，经过审慎地盘算与度量，权衡利弊，袁世凯毅然选择了后者，终于同意这个协议。以清廷内阁大臣的身份转而对付清王室，促成和实现了政权的和平交替。

1912 年 3 月 6 日，袁世凯根据南北议和的协议以及南京中华民国临时参议院的选举结果，在北京就任中华民国第二届临时大总统（第一届是孙中山）。

袁世凯接任后，也有宣誓："……世凯深愿竭其能力，发扬共和之精神，涤荡专制之瑕秽，谨守宪法……"

肯定地说，孙中山把权力让出来，是为了借袁氏之力推翻清政府，避免战争引起生灵涂炭。同时也告示天下：总统不同于皇帝，这个位置不是私有的，为了国家和人民的利益，可即可离。

孙中山给全国人民和天下后世，树立了一个"天下为公"的崇高榜样，为在中国杜绝帝制，创造了良好的开端！

孙中山是中国历史上第一个让"皇位"的人，也是第一个提出"公仆"理念的第一人。"平等自由原是国民的权利，但官吏却是国民的公仆。"数千年帝制俱已革除，自总统百官群僚，都是"人民公仆"，这个中国有史以来之新局，是孙中山创造的。

1912 年 4 月 1 日，孙中山乘船去福建游察。当船抵马尾时，孙中山甫出现在甲板上，只见岸上彩旗招展，无数条布幅书写着"孙中山万岁"字样。而"孙大总统万岁"的欢呼声更是此起彼伏，呼声震天，孙中山见状，脸有不悦，对上船迎候的福建都督孙道仁说："这太不像话了。那是封建皇帝硬要他手下的官民称颂他的。我们为了反抗这个'万岁'王朝，多少革命同志抛头颅、洒热血才取得了消灭掉清王朝的伟大胜利。倘我接受这个封建王朝的称呼，如何对得起那许许多多的先烈吗？"接着又补充道："喊'共和万岁'完全可以，但喊'总统万岁'绝不能，上至大总统，下至一般职员，今日便都在人民之下，皆为人民公仆也。"

孙中山要求孙道仁立即撤掉这些纸旗和布条，且不能呼喊他本人万岁，否则决不上岸。孙道仁立即传达，大小船只和人群也立即照办，孙中山这才欣然上岸。"万岁"声戛然而止，但街头气氛仍然热烈，有人引吭高歌：

> 青天白日满地红，
> 问谁铁血功？
> 孙中山大英雄。

> 两千年专制流毒，
> 一旦扫而空。

歌声嘹亮悠长，彼伏此起，在上空久久回荡。民初著名作家曾孟朴对此曾发出由衷的感叹：

> 这莽莽乾坤，哪里去再找孙中山先生这样春风风人、夏雨雨人的伟大人物呢？

后来，著名学者伍立杨在他的《读史的侧翼》一文中，对孙中山带来的新气象，万分感慨：

> 个人的行为绝非沧海一粟，当其涌上社会行为风浪的顶尖，即带动生命力寻求更为良性的循环。值此万木萧疏的时代，回望那智窍大开的时分，令人何等眷念不置啊！

诚然，最能体现民主政治的是孙中山的民权主义。

自1912年1月1日中华民国建立，从南京临时政府到北京临时政府，按照近代民主国家权力分立的政权机构，从中央到省级政权都是实行三权分立，民权政治在中华民国的招牌之下多少有些实际内容。在中央到地方各级逐步建立并开始运作。

"分权制衡的政治架构初步建立并开始运作"。具言之，由人民选举出议会成员与国家元首，建立责任内阁与独立的司法机构，实行分权制衡，互相监督与互相牵制，以防止个人独裁、寡头政治、一党专制及官场腐败等的发生与蔓延。无疑，这在人类社会发展与政治制度完善中是一个巨大的进步，较之刚刚被辛亥革命推翻的中国数千年传统的专制政治有着无可比拟的优越性。

北京临时政府第一届内阁——唐绍仪内阁，就是基本按照责任内阁的程序与责权建立的。唐内阁建立后，虽遇有种种困难与掣肘，但唐绍仪力图按责任内阁的责权与要求运作，一度给民国政治带来生机与希望。

如果将共和国比喻成一只大船，孙中山就是把握方向的舵手，可惜唐内阁时，舵手不是孙中山，而是换了有浓厚专制思想的袁世凯，这艘共和大船开始偏离了方向。所有一切都变了，有抱负和才能的唐绍仪责任内阁也无从正常运转，只能望洋兴叹！

可见，我中华民族和国家的复兴运动，是何其艰难曲折！

●巩固共和，安邦定国

黑格尔说："中国的历史从本质上看是没有历史，它只是君主覆灭的一再重复而已。任何进步都不可能从中产生的。"

中华民族数千年来都是"家天下"的历史岁月，人们为争夺江山社稷，你争我夺，惨烈厮杀。天下苍生，却无一不是这二十几个家族、二三百个皇帝的家臣奴仆。老百姓过的就是这样的日子！今天终于走出了真正改变历史走向、创造历史的圣者——孙中山。

从此，阻挡中国进步的沉重可怕的闸门打开了，长辫、裹脚、皇帝、太监、宫女、奴才之类与专制皇权相适应的封建糟粕，也扫进了历史的垃圾堆。

然而，这并不意味着，前进的道路今后就畅通无阻，路途仍有不少险滩、坎坷，持续数千年的封建制度并非朝夕之间便可彻底结束。

袁世凯，这个当此帝制与共和两个时代交替的关键时刻，确曾起过重要的桥梁作用。但是，他两面三刀，善玩权术，果然，他当上了总统后，掌握了主动权，开始一再破坏双方之间的默契和信任，一味加强个人独裁，试图建立皇帝式的专制统治。

1913年年初，国民党在国会选举中赢得参众两院大多数议席，成为国会第一大党。依据《临时约法》的规定，中华民国实行的是内阁制，议会选举中获胜的政党自然获得了组织内阁的权利。这意味着国民党代理理事长宋教仁准备出任内阁总理。宋教仁因而成为袁世凯专权的最大政敌。

此时，袁世凯若有孙中山的胸襟和民主意识，面对现实，那么中国将走上民主道路，但是，从小深受帝王思想影响的他，走向了历史的反面，想通过杀伐来实现其的专制。

1913年3月20日晚，宋教仁在上海沪宁火车站遇刺，伤重致死。

袁世凯为掩盖罪行真相，装腔作势，要严惩凶手。但大量的调查结果表明，谋杀的指使人就是袁世凯，宋案真相大白，袁氏遂遭到全国舆论谴责。黄兴有诗骂袁世凯和挽宋教仁的：

> 前年杀吴禄贞，去年杀张振武，今年又杀宋教仁；
> 你说是应桂馨，他说是洪述祖，我说确是袁世凯。

孙中山等革命党人在日本得悉宋教仁被刺的噩耗后，非常气愤。同年3月26日，孙中山率革命党人返回上海，当晚在黄兴寓所召开紧急会议，商讨对策。

孙中山看清了袁世凯的反动面目，首先觉悟，力主武力讨袁。他认识到，"非去袁不可"，极力主张出兵讨袁，发动"二次革命"。

"我认为应该诉诸法律，查明真相！"黄兴等人反对孙中山的意见。

"对，我本来也赞成法律解决，但教训还不够吗？你看我们面对的是什么人？唐绍仪为何辞职？宋教仁因何而死？这全都是因为袁氏的倒行逆施！"孙中山答。

"如若法律的渠道不通，再行讨伐也不迟啊！"黄兴坚持己见。

这时，李烈钧表示支持孙中山的意见，他对黄兴说："袁世凯言而无信，能得天下却治理不了天下。无胸怀天下之心，这种人不是治世能臣，便是乱世权臣、混世魔王。今天不讨伐他，我等必为待宰羔羊！"

"反清是为了创立民国，反袁是为了捍卫与重建民国。"孙中山起兵的态度坚决。

然而，作为负责军事指挥的黄兴却不置可否。革命党领袖孙中山和黄兴的意见分歧，争执不下，就在国民党内部互相争论之时，袁世凯已集结兵力，向南方进攻。这样的局势下，争论已成多余。6月9日，袁世凯悍然剥夺国民党所掌握的几省军政大权。

直至这个时候，赞成黄兴的革命党才醒悟到：孙中山是正确的。

黄兴不得不宣告："法律解决，既经无效，仍不得不诉之武力，作最后之解决"，表示要"努力驰驱，不除袁贼，誓不生还"。

但是，一切都太迟了！

袁世凯篡夺国家政权初期，南方还有七八个省和二十几万军队在革命党人手中。如果当初听孙中山的话，准备充分，胜算是有把握的。而现在，强兵压境，仓猝应战，焉有不败之理？

与"二次革命"这个充满气魄的名字相悖，这场军事行动实际上只进行了不到两个月。在屡战屡败的情势下，"二次革命"最终失败。袁世凯下令解散国民党，众多党员流亡东京。

一夜之间，一切回到原点。曾经被"共和万岁"的呼喊声包围的大总统孙中山又一次成为流亡海外的革命者。

有人说孙中山选择使用武力，而不尝试采用政治、法律方法，诉诸公民理性的方式对抗，是把中国社会的发展推进了错误的轨道。

这纯是罔顾历史事实，脱离当时环境的不实事求是之谈！

实际上，就"二次革命"而言，革命党人当时处在不得不这样的境地，因为中国历史上这种反面教训太多、太多，很多人选择放下武器后，发现成为砧板上的鱼肉，胜利者很少能宽容对待失败者。最重要的是，宋教仁被刺，证据指向很清晰，双方互信的基础已经被完全破坏掉了。在这种情况下，国民党人选择武力方式和袁世凯对峙，应该说是自然的、唯一的正确反应。

1913 年 8 月 9 日，孙中山流亡到达日本。接着国民党骨干黄兴、胡汉民、李烈钧、谭人凤、柏文蔚等人也相继流亡到日本东京。

到了日本后，孙中山"夙夜以国事为念，每睹大局之颠危，生民之涂炭，辄用怛恻，不能自已"，他痛定思痛，深刻反思了"二次革命"的失败原因，"非袁氏兵力之强，乃同党人心涣散"。

1914 年 7 月 1 日，孙中山在日本东京举行中华革命党筹备成立会议。会上，孙中山总结了"二次革命"失败的教训，他态度很严厉，严肃地批评了黄兴，并且提出要严格整肃国民党，建立"中华革命党"。他采取了一个异乎寻常的措施：每个重新入党的人，都必须立誓词、按指模，宣誓效忠于他。

"组织涣散，各自为政，谁也指挥不了谁，这样下去，革命永远不能取得真正的胜利。要想为中国自由民主而奋斗，那么革命的同志必须绝对服从革命的领袖。"孙中山的讲话，道理非常中肯。

然而，对于孙中山重新组党和所采取的特殊手段，许多革命党人表示强烈不满和反对。黄兴第一个站起来，激动地对孙中山说：

"先生的苦心，我是明白的，但我们奋斗半生，为的是什么？全都是为了平等自由主义，以与蠹贼人道者战。先生也是终生以民权主义为号召的。今日如过分强调服从个人，岂不与我等毕生奋斗的宗旨相违背了吗?"

"这些我都已熟虑过了,我绝不是一个专制的人,但革命形势要求我们必须有严格的纪律。民主不能成为一盘散沙,必须有一个坚强的领导核心,非废民主,乃时势使然。这一次,我决心已定,决不让步。你如不愿附从,也悉听尊便。但恳请不要再干预。总之,今后我欲为真党魁,决不愿做假党魁,庶几事权统一,中国也可能还有救药了。"

孙中山态度异常坚定,回答铿锵有力。

"总理如此做法岂不是以人为治,慕袁氏之所为?"老同盟会会员谭人凤对孙中山的意见也很难接受。

这时的孙中山处于相当孤立的窘境之中,紧要关头,陈其美站了出来,他说:

"'二次革命'的教训实在太深了,其失败根源在于诸同志不能奉先生之教令,往事俱在,后之进行,须鉴前车,要达到革命目的,非如此不可!"

说完,陈其美用目光扫视了一下会场,见没人应之,然后,皱住眉头,又说:"总理这样做并没有错,那是因为我们大部分的革命党人都不知道民主共和之真谛,在屡次失败之后,总理不得不采取这一种手段带领人们走向光明!中国革命由于长期在清政府的麻木之下就像一个不认识路的盲童,需要明眼人的带路!而总理起到的就是这个作用!"

陈其美,浙江人。人如其名,长得异常俊美,眉如远山,目似朗星,俊美刚毅,玉树临风,气宇轩昂,英气逼人。他颇具才华,且行动果断、敏捷。此前,陈其美对孙中山并不了解,曾一度与孙中山唱反调,后来耳闻目睹了孙中山的言行,深为所感,他不但不再反对孙中山,而且转变到号召同志们要拥戴孙中山上来,他到处赞颂孙中山,说:"孙文是最伟大的人,由他统治中国是天经地义的事,无论在中国还是在日本,哪有他这样的人?"他还致信黄兴,建议道:"此后欲达革命成功,当视孙文主张,如众星拱北辰。"

陈其美刚说完,革命元老胡汉民也起身发言,表示支持孙中山。有了胡汉民、陈其美的支持,孙中山以更坚定的态度、强硬的语气对大家说:

"第一,革命必须有唯一之领袖,然后才能提挈得起,如身使臂,臂使指,成为强有力之团体人格。第二,革命党不能群龙无首,或互争雄长，必须在唯一领袖之下绝对服从。第三，我是推翻专制，建立共和，首倡而实行者。如离开我而讲共和，讲民主，则是南辕而北其辙。忠心革命同志不应作'服从个人'看法，一有此想，便是错误。我为贯彻革命目的，必须要求同志服从我。第四，再举革命，非我不行。同志要再举革命，非服从我不行，这绝无退让之余地。"

黄兴听了，火气来了，他严厉地质问道："先生讲过的'虽职有等差，而分皆平等'的说话可能忘了。如此一来，这还是先生倡导的那个以'平等、博爱、自由'为旗帜的共和革命党吗？这简直是独裁主义！如果我们这样做了，那我们和袁世凯还有什么区别呢?!"

孙中山听了，回应道："你说对了，也说错了！我倡导的'平等、博爱、自由'为旗帜的共和精神，永远也不会改变！但是，须知，光有良好的愿望是不行的。必须要有实现目的之策略。当然，我也担心如此走下去，岂不陷入专制的泥潭。所以，我设计了实现民主的三阶段路线图！"

"何谓实现民主的三阶段路线图？"在场的革命党人异口同声地问道。

"其实，在同盟会成立时我已提出来了，但是多数党人都不以为然。"话未说完，把怪责的眼光投向黄兴。

孙中山解释道："所谓的实现民主的三阶段路线图也就是说革命程序应分为'军政、训政、宪政'三个阶段。"

"先生的意思，现在是军政时期，若集体讨论达不成一致的意见，最终必须绝对服众最高领导人的意见!?"黄兴问。

"是的！南山可移，此案不动！"孙中山态度坚决。

中华革命党最为人诟病的是孙中山这时所提倡的准极权体制，那就是党内要无条件拥护党魁。但是当同志们听了孙中山解读革命程序应分为'军政、训政、宪政'三个阶段，联系实际情况，大家都觉得非常有道理。

此刻，陈其美又站出来说道："大家都看到了，我所以服从中山先生，绝不是盲从，是因为我现今已经实在清楚此刻中国有世界眼光、有建设计划、有坚韧不拔精神的，除了中山先生以外，再没有第二人，所以我诚心地服从他。"

他言犹未止，继续说道："总理领导我们，我们都追随不上，总理如在山顶，我们只在半山，我这两年才算认识总理的伟大，却是已太迟了。而许多同志还未觉悟。说我们服从太过，岂不可叹！"

这一下，党内民意一边倒了，从偏向黄兴的转而来了一个一百八十度大转弯，党内民意完全倒向孙中山一边。

最后，黄兴终因在革命党改组须按手指模这个问题上有分歧而退出，远游美洲，表示不愿合作。

客观地说，仅凭按手指模宣誓就视为倒退回专制行为，有失公允，这就好比时至今天的农民卖地要按手指模一样的道理。关键是看其宣誓之内容如何，当年的誓约是："为救中国危亡，拯民生困苦，愿牺牲一己之生命自由权利，附从孙文再举革命。"完全为了国家，不为一己之私。也就是说，孙中山在特定时期自树个人高度权威，甚至要求革命党按指模起誓的做法完全可以理解。

事实上，黄兴与孙中山，分歧是第二位的，友谊是终生的。孙中山从来都是对事不对人，襟怀坦荡，两人的争吵，并没有伤害他们多年同生死、共患难的真挚友情和彼此信任。故黄兴临别时，孙中山专门书联相赠：

> 安危他日终须仗；
> 甘苦来时要共尝。

从当年的具体情况来看，革命党人也不是全部一开始就拥护孙中山的，因政见的不同，或一时的误解，产生矛盾在所难免，但孙中山总是不计前嫌，以其宽阔的胸襟一一化解。

宋教仁是同盟会的骨干，在国体上力主建立内阁制，但孙中山主张总统制。宋教仁因之一度与孙中山对着干。在国民党的成立大会上，有一个叫唐群英的女革命党员上台质问宋教仁，为何取消了"男女平权"这一条，说毕，狠狠地打了宋教仁一个耳光。唐群英是同盟会中第一个女会员，有创立民国的巾帼英雄之誉。挨唐群英的耳光时，宋教仁只好捂着面颊退避，十分狼狈。孙中山见状，上前为他解围，说："我们的头号任务是巩固共和，倘若共和也维持不了，意味着男子的权利也没用，女子的权利更没有了。"唐群英气消了，宋教仁的面子也挽回了。

此后，宋教仁再也不与孙中山对着干了，在多次的讲话中，显示出他非常尊重孙中山。

树高千尺，总有枯枝。总有那么几个革命党人"以小人之心度君子之腹"。在不明真相的情况下，竟指责孙中山贪污挪用捐款，鼓动罢免孙中山的同盟会总理职务，一些免疫力较差的人，信以为真，也加入到"倒孙"行列。不得已，对孙中山进行审计调查，这时人们才知道，孙中山不但没有贪一分一毫，且其天清地白的行为实在感人泪下。

孙中山在日本有不少忠肝义胆的朋友，对孙中山的资助也很大。当时，日本政要认为："满洲羸犬耳，孙文豪杰也。宁使羸犬驭支那，不让豪杰掌中国。"

基于这一立场和侵略中国的野心，故其千方百计扼杀当时唯一致力于华夏复兴的力量——以孙中山先生为导师的国民革命。因而，每当孙中山到日本，一经发现，必遭到驱逐，而孙中山每次离开日本之际，日本友人都会给孙中山私人馈赠，但孙中山每次的馈赠，一分钱也没留给自己，全部换成了革命经费，投入到起义……

真相终于大白于天下，孙中山形象更加伟岸了。"绝大多数的革命党员和华人，对于中山先生的信仰，更为坚定、毫无动摇之余地。"大家都看到：在孙中山的心里，只有民族利益，没有个人利益。

至此，荒唐的"倒孙风潮"瓦解冰消，始作俑者章太炎、陶成章无地自容。但孙中山并没有追究他们，说："尺雾障天，不亏于大，寸云点日，何损于明？"又说："党有内讧，诚为至艰危困苦之时代，即为吾人当努力进取之时代也……支撑得过此厄运，则以后必有佳境之来也。"

"倒孙风潮"就这样在孙中山的山高海阔、天清地白的胸怀之下，化为乌有。孙中山的博大胸怀和恢宏器量，是他生前死后都具有巨大凝聚力和感召力的原因之一。

1914年7月8日，"以实行民权、民生主义为宗旨"的中华革命党在东京筑地精养轩举行成立大会，参加成立大会的党员有500余人。一致票选孙中山为总理。

就在孙中山、黄兴等革命党人流亡海外期间，袁世凯更加胆大妄为了。1915年12月12日，袁世凯冒天下之大不韪，宣布复辟封建帝制。12月12日申令接受"推戴"为中华帝国皇帝，下令改次年为洪宪元年。改总统府为"新华宫"，做龙袍两件、金印五枚。中华民国仅仅存在 4 年之后，"中华帝国"再次还魂。

袁世凯要称帝的消息传开，舆论哗然，激起了全国人民的强烈反对，孙中山首先发表了《讨袁宣言》，并命刚刚成立的中国革命党全员返国，联合党内党外各派协同讨袁。

自从民国二年（1913）袁世凯破坏约法、解散国会，孙中山就知道袁世凯迟早要做皇帝，非打倒不可，所以中华革命党刚刚成立，6 月 23 日，孙中山派遣居正、朱执信、陈其美等近百名中华革命党人秘密回国，运动讨袁工作，派遣吕志伊、熊克武、方声涛、但懋辛等人来到云南策划早日起义反袁，以防袁世凯复辟。

"竟有帝制自为者，天下共击之！"

当孙中山登高振臂一呼，天下响应，从此，讨袁的革命烽火，次第遍及大江南北。

中华革命党在鲁、豫、皖、苏、浙、闽、粤、赣、湘、鄂、川、陕等省发动起义，在这样的斗争形势下，1915 年 12 月 25 日，云南护国起义爆发。同盟会会员唐继尧、蔡锷、李烈钧等在云南宣布独立，并且出兵讨袁。

袁世凯的军队受挫，南方其他各省之后亦纷纷宣布独立。他在内外压迫后，迫使放弃帝制，1916 年 3 月 23 日，称帝 83 天的袁世凯被迫宣告退位，宣布取消帝制。

1916 年 6 月 6 日，千夫所指的袁世凯在全国人民的一片骂声中死去了。护国战争也随之结束了。垂危的共和国体，绝而复苏，这是中国革命史上又一次重大的成功！

古往今来，中国历史上的政治家们为了争夺权力，刀光剑影，寒气袭人。如袁世凯者，本可流芳百世，但为一己之私，背誓食言、开历史倒车，背叛民国、复辟帝制，实为人心所不容，故只当了 83 天的皇帝便草草收场，身败名裂；而与之形成强烈对比的孙中山，他心怀天下，不以个人的得失为判断标准，孙、袁比较，反差非常强烈，世人自会识别。

然而，尽管护国运动挫败了袁世凯复辟帝制的阴谋，达到了铲除帝制、恢复共和制的目的，取得了重大胜利，但代之而起的是"府院之争"，段祺瑞借张勋把继任总统黎元洪赶下台，又以"讨逆"名义打垮张勋，然后以国务总理掌握实权。可恨的是，段祺瑞假共和之名行独裁之实。1917 年 7 月，他悍然解散国会和废弃《临时约法》。

《临时约法》是中国历史上第一部真正意义上的宪法，确立了共和国的国家政治制度和政权的组织形式，以及人民的民主权利，体现了孙中山民权主义之三权分立思想，其实践意义在于在中国第一次开创了以法治国的先河促进了人民的觉醒，使民主共和观念深入人心。

废弃《临时约法》，意味着新生的共和国仍然岌岌可危！

视约法与国会为"共和国之命脉"的孙中山，别无选择，毅然高举"护法"大旗。他首先联合西南军阀，在广州建立军政府，被推举为大元帅，发动并领导了护法运动，进行护法战争。但孙中山在军政府内备受军阀、政客的排挤，不得不于 1918 年 5 月辞去大元帅职务，第一次护法战争失败。

第一次护法失败后，孙中山虽满怀愤慨，却毫无退缩消沉之意，很快又为寻求救国救民的真理而展开了新的探索。"顾吾国之大患，莫大于武人之争雄，南与北如一丘之貉。虽号称护法之省，亦莫肯俯首于法律及民意之。……"

孙中山的革命思想历史性的嬗变与升华体现在，他不仅重构了"五权分立"宪政学说；而且彻底认识到依靠军阀不可能达到护法救国的目的，成为他组建真正革命武装的开端。接着，俄国十月革命成功，"三大政策"开始在其脑海里孕育。

10 月 10 日，孙中山将中华革命党正式改组为中国国民党。《中国国民党规约》总纲规定："本党以巩固共和、实行三民主义为宗旨。""凡中华民国成年男女，与本党宗旨相同者，由党员二人介绍，并具自愿书于本党，由本党以给证书，始得为本党党员。""凡中华革命党党员，皆得为本党党员。"

1920 年 8 月，孙中山指示驻闽粤军回师广东，驱逐了桂系军阀。11 月，孙中山回到广州，重举护法旗帜。第二次护法战争又拉开了序幕。

孙中山将希望寄托于他亲手培植起来的、陈炯明领导的"援闽"粤军。依托这支武装力量，孙中山开始了"第二次护法运动"。很快，他开始意识到，单纯护法并不能解决根本问题。要想成功，必须建立政权。

1921 年 5 月 5 日，孙中山在广州就任中华民国非常大总统。他在宣言中表示："竭志尽诚以救民国，破除障碍，促成统一，巩固共和基础。"

接着出师广西，消灭了桂系军阀陆荣廷的势力，以两广为根据地的北伐正式打响！

正当革命节节胜利的时候，孙中山遭遇到革命30余年最沉痛的打击。因为意见不合，他所依赖的陈炯明竟调转枪口，于1922年6月16日凌晨发动叛乱。全面攻占广州市各要害机关，控制市内要隘，围攻总统府，炮轰孙中山的住所粤秀楼。

陈炯明之所以要发动叛乱，纯是政治主张的不同。他本是孙中山的一名出色的军事将领，被孙中山视为心膂股肱，但由于陈炯明的主张逾越了孙中山这条底线，故导致双方分裂。

陈炯明主张的是"联省自治"。即各省共挂一个民国的牌子，但有地方部队，相对独立。以广东的地理、环境优势，实行联省自治，广东将很快富裕起来。对此，孙中山也看出"联省自治"的好处，但其最大弊端，各省军政一体握有军队，民国这个名义上的中国就会政出无人听，且各省的资源很不平均，有的省富可敌国，有的省穷徒四壁。握有重兵者必饥寒起盗心，会演变成军阀战争，结果必将造成分裂割据的局面。

"中华民族的利益高于一切！"

孙中山为了民主精神在中国南北上下贯通，避免将整个国家分裂成无数小国，让西方列强有瓜分瓦解的机会，他坚决反对陈炯明的意见。孙中山态度如此坚决，还有一个原因，就是他看到，作为广东人的陈炯明，以为广州由他率领的粤军打下，便将广东视为个人地盘，既不容他人染指，也不愿损耗自己。故孙中山不容分说，命令其率队伍北伐，先把北方的军阀解除武装再说。

本来，政见有分歧，不支持也就罢了，但陈炯明忘了自己的实力资本源于孙中山，也忘了孙中山对他的栽培提携之恩。

这个时候，陈炯明之所以胆敢发动叛乱，瞅准广州城防空虚。此前一年，孙中山决定北伐，统一全国，1922年10月15日北伐军大部队正式出发，开赴前线。

陈炯明见时机已到，密令心腹干将叶举集结了50个营25000兵力，于15日晚深夜发难，围攻总统府，欲置孙中山于死地。

庆幸在卫兵的舍死保护下，孙中山脱离了险境，登上了"永丰舰"，但只是暂时安全，危险还未摆脱。陈炯明不断贿买海军官兵，并在舰队附近施放鱼雷，妄图加害孙中山。

"患难思挚友，国难想良将。"

这时，孙中山想起了蒋介石。在 6 月 18 日，他给蒋介石发了一封电报称："粤局危急，军事无人负责；事紧急，盼速来。"

蒋介石接到电报后，当机立断，决定立即前去救援。此次凶多吉少，临行前他把财产也给他的两个儿子分好了，颇有壮士一去不复返的悲壮。

蒋介石由上海启程前往广东，登上了"永丰舰"。孙中山当即授以海上指挥的全权。其后的 42 个日日夜夜里，蒋介石一面守卫孙中山，一面指挥舰队作战。舰上食品短缺时，他还自告奋勇冒着生命危险上岸采购。

在紧要关头，蒋介石挺身而出，给孙中山留下了非常好的印象：蒋介石是能生死与共的军人。

后院起火，北伐军不得不回师平叛，陈炯明急了，慌了！

他忙找吴佩孚支持，欲与之结成联盟对付孙中山。而吴佩孚清楚地知道，陈炯明本来是在孙中山的支持下掌握广东的重要权力的，而现在自恃羽翼已丰，悍然称兵作乱，实在太"反骨"了。故吴佩孚也不屑与他联合，说："竞存（陈炯明字）太无人格了，别人可以打中山，你不能打中山。"

他十分鄙视陈炯明，认为"与他联合，今后自己的部下效仿这种犯上作难怎么办"？

陈炯明的叛变，致北伐中断，使胜利在望的第二次护法战争中途夭折！历史在这里轻轻地拐了一个弯。

孙中山因之痛心疾首："文率同志为民国而奋斗垂三十年，中间出生入死，失败之数不可缕指，顾失败之残酷未有甚于此役者。"

但事隔不久，孙中山公开表示："只要陈炯明真心悔改，我孙文既往不咎。"

"孙中山鲜有私仇私敌，却有着无数公敌，但为了中国的前途与未来，他随时准备捐弃前嫌与之合作。"孙中山的人品之高尚，人格之伟大，政敌也公认佩服。吴敬恒在致陈炯明的信中说："孙文从不记人之恶，几古今中外少有。"

这艘由孙中山一手打造的共和国大船，尽管已经启航，但因换了不好的舵手，以致偏离了方向，触礁了，好不容易拨正方向，却因护法运动的失败而搁浅，故仍在风雨中飘摇！

如何使这艘共和国大船不再偏离方向，从黑暗的旋涡中带出来，按正确方向前进？成为孙中山思考的首要问题。

孙中山深知一艘大船想在大海中稳定前行不迷失方向，必须要有精密的罗盘；一艘大船想在大海中稳步前进，必须要有好的舵手。而"三民主义"，就是这精密的罗盘。舵手就是不折不扣地执行"三民主义"的领航人。

陈炯明的叛变断送了护法运动的"黄金时代"，但并没有使孙中山陷入失望的泥潭，相反，却愈挫愈奋，且同时奠定了孙中山和他领导的国民党另辟革命新路的转折点。孙中山觉悟到，必须寻求新的力量，寻找新的道路。他经过深思熟虑，决意国共合作。但是，国共合作，不只在党内，在党外也遇到前所未有的巨大的阻力。

一次，在国共两党的领导人筹备合作的会议上，与会人员展开激烈的争辩。

"国民党信奉的是先生的'三民主义'，而共产党信奉的是马克思主义，国共两党，宗旨不同，何以合作？"胡汉民对国共合作表示怀疑。

其实，对此问题，不仅是国民党党员有此疑问，共产党党员也有疑问。胡汉民的话音刚落，大家齐刷刷把目光投向孙中山。

"是的，两党宗旨不同。然而，振兴中华的大方向是一致的，我们大可'求大同，存小异'。这又有何不可呢？"孙中山解释："中国革命的敌人异常强大，仅仅依靠国民党孤军奋斗是不够的，要利用一切可能的机会，争取一切可能的同盟者。"用现在的话说，就是要建立革命的统一战线。

"若共产党借国民党的壳，赤化我党灵魂，我们如之奈何？"冯自由不理会在场的共产党领袖陈独秀，直言而问。

"国共合作，是在'三民主义'旗帜下的合作，国民党是唯一的、绝对的领导党！"孙中山直言不讳，"故共产党党员可以个人身份加入国民党！"

"如此下去，日后中国岂不成为一党专政的国家，中国岂不是从一人天下，变成了一个小团体的天下？"陈独秀小声地回应。

"我一生反对暴政，追求自由民生，这也是我为什么要致力推翻帝制的原因。但革命不是单凭一腔热血就能够成功的，有目标也要有策略。以前的无数失败更能说明一切。在一个没有民主传统的国家在一定期限内采取非常办法是必要的。现阶段，"孙中山说到这里，停了一下，然后一字一顿地说，"我要用独裁的手段实现民主！"

孙中山的语气不容置疑，斩钉截铁。

"那先生有何办法避免日后会出现一党天下的情形？"冯自由等人连声追问。

"我何尝不担心日后会出现一党天下这种情况的发生？"孙中山说，"要使中国成功地走向宪政、真共和的社会，光有良善的愿望是不行的，必须结合中国国情，找出适合自己的模式来！"

"何种模式？"陈独秀问。

"这就是我在同盟会成立时和革命党成立时反复提到的三阶段路线图！"孙中山胸有成竹地说，"我已在原来的基础上做了进一步的完善！"

"先生可否再解读一次？"作为共产党党员的陈独秀对三阶段路线图的了解并不深入，故问道。

"好的！我所设计的三阶段的政治路线图也就是'军政、训政、宪政'，所谓军政时期，也就是现阶段，即'以党建国'的暴力革命时期；训政时期即'以党治国'的过渡时期；宪政时期即'还政于民'时期。至此，建国大业告成！"

"也就是说，革命成功与否，不是以掌握政权为标准！而是以进入'宪政'为准绳。这也是防范日后出现一党天下的情形的最佳手段！"孙中山补充道。

与会人员听后均表示认同，陈独秀非常振奋地说："先生的三阶段的政治路线图，给转型时期的中国创造了一套行之有效的合法性系统。在这方面，体现了中山先生的先见之明，又为中国如何安邦定国做出了重大贡献啊！"

"三阶段的政治路线"，其最后是"还政于民"，由此可见：孙中山始终都是以建立民主社会为目标的。日后的实践也证明孙中山是对的。至于后继者只取前二，真让人无奈。

1921 年 12 月 23 日，刚刚帮助完成中国共产党建立的第三国际（列宁领导的共产国际）代表马林，在张太雷的陪同下，来到孙中山的大本营——广西桂林，与孙中山举行了 5 天的会谈。

最后，在"求大同，存小异"的原则下，达成了两项历史性决议：

第一，团结一切社会阶层的进步力量，把国民党改组成为一个联盟性质的政党，共产党党员可以个人身份加入国民党。

第二，建立一支由国民党领导并忠于"三民主义"思想的新军，并创办军官学校，在政治上和军事上为这支新军培养军官。

按照"军政—训政—宪政"这个政治路径图，1922 年 9 月，孙中山在上海召集有陈独秀等共产党人参加的改组国民党会议，成立国民党改组方案起草委员会，开始改组国民党。1923 年 1 月，与苏联代表越飞发表《孙文越飞宣言》，奠定了联俄政策的基础。

1924 年 1 月 20 日至 30 日，中国国民党第一次全国代表大会在广州召开。出席大会的代表 165 人。孙中山以国民党总理身份担任大会执行主席，主席团成员有：胡汉民、汪精卫、林森、谢持、李大钊。会议通过了《中国国民党第一次全国代表大会宣言》，重新解释了"三民主义"，即联俄、联共、扶助农工三大政策的新"三民主义"，从而，成功构建起革命的统一战线！

实践证明，在革命的非常时期，有集中事权的必要。可以断言，如没有孙中山个人的高度权威，没有"三阶段的政治路线图"，将重蹈辛亥之挫，当此时"联俄联共"等重大政策的调整，在党内也遇到非常大的反对力量，但孙中山就是凭着他的高度个人权威排除了障碍，基本平稳地促使了国共两党合作。

完成了国民党的改组，接着孙中山开始正式创建自己的革命军队。1924 年 5 月，孙中山在广州黄埔创立陆军军官学校，简称"黄埔军校"。

军校位处广州黄埔长洲岛，面临滔滔珠江，展望中原。孙中山之所以只创立陆军军官学校，是因为此前已指示杨仙逸创建空军学校，并建立起了中国历史上第一支空军部队。

孙中山为创建这所陆军军官军校花了不少心血，亲自制定了"亲爱精诚"的校训、校歌。训词为：

三民主义，吾党所宗。

以建民国，以进大同。

咨尔多士，为民前锋。

夙夜匪懈，主义是从。

矢勤矢勇，必信必忠。

一心一德，贯彻始终。

在军校大门，还有一副体现黄埔精神的对联，横批"革命者来"，两侧对联是：

升官发财请走别路；

贪生怕死莫入此门。

对联表明，黄埔军校不是一所普通的学校，它承载的，是孙中山"三民主义"精神的贯彻实施！它担负的，是巩固共和、安邦定国的重任！

"到黄埔去！"

明知进入军校不是为了当官发财，明知进入军校意味着血洒疆场！但在孙中山的精神感召下，无数热血男儿无论东西南北，不分贫贱富贵，都喊出了相同的口号、一致的心声。

他们抛家舍业历经千难万险，不辞万里，从四面八方奔向同一个地方——广州黄埔军校。学生来自全国各地，以广东、湖南、湖北、浙江、四川等省为多；还有来自越南、朝鲜、马来亚和泰国的华侨青年。

这标志着，中国已进入激昂的时代，漫长的中国历史上从未有过这样一种景象：东征，北伐，焕发着理想之光的革命军校向全国公开号召有志青年从军救国！

6月16日，来自全国的教官和学生，包括共产党和国民党人共500余人在黄埔军校举行了隆重的开学典礼。

是日，秋高气爽，晴空万里。操场上，人如海，歌如潮。

孙中山亲临主持，在台上宣布："陆军军官学校开学典礼正式开始！鸣炮！"

孙中山厚重的声音刚落，"轰、轰、轰"炮声随之响了起来，人们兴奋得不时地跳起来。

"唱校歌！升国旗！"校长蒋介石用洪亮的声音宣布。

"全体立正敬礼！"伴随着激动与自豪，无数只右手高高地举过头顶，无数双眼睛注视着青天白日旗。

操场上安静极了，只听见学员们刚学会的校歌在上空回荡着，那么的响亮，那么的催人振奋：

> 怒潮澎湃，党旗飞舞，这是革命的黄埔。
>
> 主义须贯彻，纪律莫放松，预备做奋斗的先锋。
>
> 打条血路，引导被压迫的民众，携着手，向前行，路不远，莫要惊。
>
> 亲爱精诚，继续永守，发扬吾校精神，发扬吾校精神！

微风吹拂着国旗发出"沙沙"的声音。大家仰望青天白日旗，仿佛看到视死如归的陆皓东和许许多多的革命先烈正英勇地与敌人搏斗！国旗渐渐地升起来了！升在了每个学员的心里。

随着一阵排山倒海的掌声，孙中山对全体师生做了演讲。他说：

> 今天在这里开这个军官学校，独一无二的希望，就是创造革命军，来挽救中国的危亡！……
>
> 我因为要维持共和，消灭这般贪暴无道的军阀，所以要诸君不怕死，步革命先烈的后尘，更要用军校做基础，造成我理想上的革命军。有了这种理想上的革命军，我们的革命便可以大功告成，中国便可以挽救，所以革命事业，就是救国救民……
>
> 我一生革命，便是担负这种责任。诸君都到这个学校内来求学，我要求诸君，便从今天起，共同担负这种责任！……

在典礼上，孙中山明确地宣布创办黄埔军校的宗旨，并对全校师生提出更高的期望。孙中山致辞完毕后，即将军校校印交给蒋介石。蒋介石手捧校印，向孙中山立正敬礼，情绪激昂。

黄埔军校就这样在腥风血雨中奇迹般地正式诞生了！

从此，激人向上、催人奋发的校歌每天在校园里飘荡。值得一提的是，当时还有一首准国歌，学员也是经常唱的。这是戴季陶在黄兴早期撰写的《中华民国国歌》歌词的基础上略加修改而成。歌词含义丰富，文采飞扬，气势恢宏，差点正式成为中华民国的国歌：

　　巍巍中华，风云浩荡。
　　地大物博，长发其祥。
　　四万万五千万生民共同王业，
　　亿万世统绪，永垂无疆。
　　西望喜马昆仑，蜿蜒壮丽，
　　东临太平大洋，辽阔苍茫。
　　五岳高万仞，长城万里长。
　　九万里河山锦绣，五千年文化辉煌。
　　中华！中华！源远流长。
　　圣德道统，尧舜禹汤、中山。
　　为人类文明启钥，为世界和平导航。
　　飘扬青天白日满地红旗，
　　以三民主义建国，奋发光芒。
　　中华！中华！国泰民康，
　　与天地同在，与日月同光。
　　中华！中华！国泰民康。
　　与天地同在，与日月同光！

　　黄埔，成为中国理想精神的海洋，一批批青年军官走出校门组建成崭新的军队，人人满怀视死如归的志气，一扫当年旧中国的颓丧萎靡之气。

　　以黄埔师生为中坚的国民革命军，深切了解为谁而战，效法先烈，赴汤蹈火其精神战斗力异常充沛，迅速平定"商团"叛乱，消灭滇、桂军阀，还彻底铲除军阀陈炯明；面对实力异常雄厚的北方军阀部队，毫不畏惧，冒险犯难，殊死搏斗，势如破竹，所向披靡。赢得了北伐战争的彻底胜利。这是继朱元璋之后第二次南方统一了北方。

　　纵观中国历史，与少数民族的争斗，如犬戎灭西周，五胡灭西晋，蒙元灭南宋，清灭明，何以始终拥有绝对数量优势和经济实力，甚至一定时期技术优势的汉民族在历史上几次被人数远远少于自己的对手打败?

究其原因，几千年以来的王朝观念，导致大多数的中国人没有国家观念，这个"国"，是私人的，谓"家天下"，亡国与我何干?

所幸，有了孙中山，民族觉醒了，国家意识增强了，黄埔军校的创建，奠定了振兴中华的军事根基，国民政府从此有了正规化的部队，不仅使"今日虽已共和，尚未大定"的局面从此扭转过来，那些清朝的遗老遗少及反动军阀北洋子遗永远没有翻天的机会，而且实现从过去策反新军或依赖军阀借兵打仗，转型到有自己军队巩固共和的大好局面，使中国的共和政体从而得以稳固地确立起来!

肯定地说，黄埔军校影响之深远，直接关系到中国的生死存亡和未来的走向，从东征、北伐，以及后来的抗战，血洒疆场，滴洒中国每一寸山川，中国就是这样生存下来的。

令人遗憾的是，孙中山未能亲眼目睹以统一中国为目的的北伐战争取得胜利的祝捷盛况。

1924 年 10 月，奉系军阀的张作霖和直系将领冯玉祥联合推翻曹锟为总统的直系军阀政权。冯玉祥、段祺瑞、张作霖先后电邀孙中山北上共商国是。孙中山接受邀请，并提出废除不平等条约、召开国民会议作为解决时局的办法。11 月，离广州北上，先抵上海，再绕道日本赴天津。12 月底，扶病到达北京。1925 年 3 月 12 日，因患肝癌在北京逝世。

孙中山是带着巨大的遗憾与宏伟的遗愿离开人世的。

孙中山逝世后，各界送来的挽联悼词中，不少民众尊称孙中山为"国父"，如《民国周刊》同人的挽联："国父云亡，白叟黄童齐下泪；邦人多难，凄风惨雨浩伤情。"其后，在口头或文字上尊称孙中山为国父者更屡见不鲜。据考，最早在报刊上称孙中山为"国父"的是卢绍稷在 1925 年 3 月 12 日孙中山逝世后不久写的《东西两国父》一文，文中说："孙先生为三民主义而斗。四十年如一日，几死者十余次，其精神毅力、功绩，较之华氏有过之而无不及，理所当然应为国父。"

孙中山逝世后，"国父"渐成民间通称，最后，国民政府顺从民意，通过法令，将"国父"称呼固定下来：

　　　　中央以总理孙先生倡导革命，手创中华民国，更新政体，所奠邦基，谋世界之大同，求国际之平等，光被四表，功高万世，凡在国民，报本追远，宜表尊崇，爰经常务委员会一致决议，尊称总理为中华民国国父。

由国民政府通令全国，一体遵行。

● 中华民族永远的旗帜

回顾一下孙中山的革命历程，从1894年在檀香山成立兴中会算起，孙中山为革命4次环游世界，15次东渡日本，8次下南洋，两次任大元帅，两次任大总统，一生轰轰烈烈，他大半生都是在赴汤蹈火与被人追杀中度过，一次一次地失败，一次一次地重新再来，他的身边聚拢了一批又一批忧国忧民的热血男儿，当中大多数都是中华民族最优秀的儿女，他们都因为热爱着这个国家，而改变了原有的人生轨迹。

试问，一个怎样的领袖才能让他们面对牺牲，捐躯赴死毫无畏惧？其领袖有什么不可思议之人格魅力呢？当时尚未有自己军队的孙中山何以有如此巨大的号召力呢？

纵观孙中山的一生，有一条贯彻始终、耀眼生辉的红线，这就是孙中山的人格魅力。著名历史学者曾纪鑫曾指出："孙中山的成功很大程度上是其人格魅力的成功，他的身上透着一种众望所归的天生的领袖气质……"

中华民族正处于危亡之秋，遥望中华大地，无数的炎黄儿女，又有谁能找到救国救民的正道？

以其位，谋其政的曾国藩、李鸿章发动了"洋务运动"，但改变不了帝国的落后面貌；不在其位，却也谋其政的康有为、梁启超发起了"戊戌变法"，但功亏一篑，落荒而逃……

"痛同胞之醉梦犹昏，悲祖国陆沉谁挽？"

唯有孙中山先生独具慧眼，洞察世界潮流。

他把准了清王朝的脉搏——君主专制，找出了中华民族的病源——家天下；诊透了中华帝国的病根——公权私有。中国再也不能沉沦在"万岁万岁万万岁"的历史怪圈中了，否则积贫积弱的清王朝必使中国处于万劫不复的境地。孙中山针对病根、病源，规划、设计出了一套拯救国家民族、强国富民的方案与程序——民族、民生、民权之"三民主义"。

1916 年 7 月,孙中山在上海做题为"中华民国之意义"的演讲时说:

> 诸君知中华民国之意义乎?何以不曰"中华共和国",而必曰"中华民国",此"民"字之意义,为仆研究十余年之结果而得之者。欧美之共和国创建远在吾国之前,二十世纪之国民,当含有创制之精神,不当自谓能效法于十八、十九世纪成法而引以为自足。

显然,孙中山要坚持共和国的根本原则并希望借鉴瑞士、美国等国发展民主的经验,来补充代议制民主政体的不足。

1923 年 10 月 20 日,孙中山在广州为全国青年联合会所做演讲中说:

> "中华民国"这个名词,是兄弟从前创称的,这个名词到底是什么东西呢?诸君自然知道"中华民国"和"中华帝国"不同,帝国是以皇帝一人为主,民国是以四万万人为主。

孙中山认为,中华民国的领土、国家主权仍然是"中华帝国"原来的领土和国家主权,但这些过去属于皇帝个人,所谓"普天之下,莫非王土"是也;而"中华民国"的领土则是"普天之下,莫非民土","中华民国"的人民则是"率土之滨,莫非国民"了。

孙中山的伟大和有别于历史上的农民起义领导人就在于,他决心把不从根本上改变君主专制制度的纯粹改朝换代的革命,转变为建立共和制度、以从根本上将国家主权归还于全体国民所有的民主革命。

从"中华帝国"到"中华民国"的改变,说明孙中山不但是一个维护继承中华文明和国家主权的爱国者,而且还是一个没有帝王野心,只为结束专制帝制、并创建民主共和制度的伟大革命家。

曾纪鑫在《千古大变局》一书中指出:

> 无论知识结构,还是精神气质、思维方式,孙中山都不同于古代士人,也有别于近代知识分子。他的足迹遍及世界各地,融古今

中外文明成果于一身，以高瞻远瞩、吞吐万象、富于创新的雄迈气势，创立理论，规划未来，以理论指导实践，将理论付诸实践，将二者有机结合在一起。所有这些，只有孙中山一人能够做到，这也是他得以超越中国古今历史人物的伟大之处。

事实上，众多的仁人志士就是在孙中山精神的感召下和"三民主义"的领导下，"愈挫愈奋，再接再厉"，终于成功地"驱除鞑虏"，赶跑了清朝皇帝，消灭了国内的民族压迫。更重要的是，孙中山不仅赶跑了一个皇帝，而且赖他以斩断了帝制之"龙脉"，一举终结帝制，破天荒地在有 5000 年王权、2500 年封建帝制的土壤上，缔造了这个亚洲的第一个共和国，并且历尽艰辛巩固了共和政体，使中国绵延数千年的封建帝制从此永绝于天壤！

长期以来，有一种辛亥革命失败论，说辛亥革命仅仅推翻了帝制，各种社会革命任务均未完成云云。试看世界上各国之资产阶级革命，英国、法国、美国，哪个国家可以毕其功于一役？哪个国家不是经过反反复复，才使新制度得以巩固？辛亥革命之大功，就在于推翻了帝制，在于使任何家天下在中国再也无法立足，从民元到民六，其间虽经袁世凯帝制自为、张勋复辟，但只不过是两场短暂的闹剧，并没有使共和政体的中国中断。

当年状元出身、与孙中山唱对台戏的立宪派领袖张謇也说："黄帝以来五千年君主之运于是终；自今而后，千万年民主之运于是始矣。"张謇十分尊崇孙中山的人格和创下的千秋大业，他说："孙中山之革命，则为国体之改革，与一朝一姓之更变，迥然不同。所以孙中山不但为首创民国之元勋，且为中国及亚东历史上之一大人物！"

连北洋政府执政段祺瑞都称颂孙中山"倡导共和，肇我中厦。辛亥之役，成功不居。仍于国计民生，殚心擘画，宏谟毅力，薄海同钦"。

直系军阀孙传芳则赞扬孙中山："手创民国，五族一人。大厦未安，两楹迟莫，普天共惜，环海同长。"

皖系军阀徐铁铮在哀电中云："先生功在民国，中外同钦……甫逾六旬，遽闻凋谢，国家损一重镇，民党失所依归。"

孙中山是现代中国最富世界眼光的政治家，其《建国方略》对社会、物质、心理，尤其现代工业做出的极其宏伟而缜密的规划，即今观之，犹使后人叹为观止。可以说，孙中山的早逝，是中华民族不可估量的损失。

何谓成功？"成功就是达成所设定的目标！"孙中山在兴中会和同盟会时的誓言，都一一实现并远远超越了。但是，孙中山至死仍说"革命尚未成功，同志仍须努力"，真是耐人寻味。有黎锦晖先生创作的《国父纪念歌》为证：

> 我们国父，首创革命，革命血如花，
> 推翻了专制，建立了共和，产生了民主中华，
> 民国新成，国事如麻，国父详加计划，
> 重新改造中华。
> 三民主义，五权宪法，真理细推求，
> 一世的辛劳，半生的奔走，为国家牺牲奋斗，
> 国父精神，永垂不朽，
> 如同青天白日，千秋万世长留。
> 民生凋敝，国步艰难，祸患犹未已，
> 莫散了团体，休灰了志气，大家要互相勉励，
> 国父遗言，不要忘记，
> 革命尚未成功，同志仍须努力。

也许，因为没有时空让他的"三民主义"全面开花结果，留下人生和事业的巨大遗憾而寄望于后人完成其未竟之事业吧。毕竟共和制的完善乃至各项社会革命是一个无止境的伟大事业，需要一代一代人坚持不懈的奋斗。

纵观中国历史，秦始皇统一中国是一个重要的历史里程碑；到两千多年后，孙中山领导的辛亥革命运动推翻封建帝制建立共和国，又成为中国历史上辉煌的里程碑。

随着时光流逝，孙中山对中华民族的历史性贡献越来越清晰，"起共和而终帝制"，无疑是中国历史上最有意义、最伟大的变革，其影响延及今天，永远作用于未来。尽管有人为了贬损孙中山，别有用心地给孙中山先生戴上了各种各样、不符合实际的"帽子"，但无论如何也遮不住他的光辉。因为孙中山的历史性贡献及其伟大人格所形成的高度，

便是中华民族文化的高度，是人类文化行进的高度。孙中山不仅是中国传统文化转向现代的界碑式人物，更是中华文明的再造者！每一个中华儿女，心思亦应为之共奋。

　　古往今来，多少荣华富贵如过眼烟云，多少亭台楼阁灰飞烟灭，多少帝王将相昙花一现；而孙中山却作为一种信念的象征，一直活在人民的心中，受到后人的无尽缅怀。可以这样说，在上个世纪风起云涌、波澜壮阔的民族解放和民主革命运动中，孙中山以其卓越才能与卓著功勋在全球范围内确立了世纪伟人的崇高地位；在五千年中华文明史上，尽管圣贤伟人频繁登台，英雄豪杰层出不穷，但堪与孙中山比肩者，寥若晨星。孙中山——一个值得我们拥护、爱戴、崇仰的伟大人物，孙中山——中华民族永远的旗帜。

（引自《人民时评》）

"天不生中山，万古如长夜"，每思孙中山从建立兴中会始到"起共和终帝制"以及巩固共和之波澜壮阔一生，总有"尔曹不出，如天下苍生何"的感觉。

后人有首《沁园春》称颂国父孙中山：

异国他乡，风云激荡，呼号八方。叹神州大地，民生凋敝，中华上下，图存救亡。振臂高呼，挥戈驱虏，缔造共和兴汉邦。谁能料，掀滔天浊浪，袁氏张狂。

风帆再起启航，惜北代挥师竟断肠。倡三民主义，联俄联共，创军建校，自我图强。力挽狂澜，邦基巩固，重奠乾坤凯歌扬。垂青史，立丰功伟绩，万载流芳。

第十二章 创立国乐功不朽
百年激荡响神州

诗曰：

山高路远水长流，再叠阳关几度秋。

十载艰辛攻博学，一生抱负展鸿猷。

凌霜风骨情犹在，傲雪寒梅花更稠。

创立国乐功不朽，百年激荡响神州。

20 世纪初有一批仁人志士，他们胸怀救国救民之志，心系民族兴亡之责，漂泊异国他乡学习音乐知识，回来后致力于中国的近代音乐教育事业。这批先驱者之中，论学识的深厚、宽广，对事业的功绩、贡献，首推为此全力奋斗了 20 年，在中国音乐史上享有崇高地位，被尊为"中国近现代音乐之父""中国近现代音乐教育之父"的萧友梅。

萧友梅（1884—1940），字思鹤，又字雪明，别号乃学。广东省香山县（今中山市）石岐人，曾留学日本和德国，1916 年获博士学位。他是一位学贯中西的音乐家，中国现代音乐史上开基创业的一代宗师，中国现代音乐事业的拓荒者，专业音乐教育的奠基者，专业音乐创作的先行者，音乐理论研究的探索者。

萧友梅"结束了中华民族几千年口传心授的音乐传承模式，更广泛地说，改变了中国的音乐文化结构"。为中国音乐文化的建设与发展，做出了不可磨灭的历史性贡献：创办了中国近现代第一个音乐教育机构——北京女子高等师范学校音乐体育科；组织了中国第一个管弦乐团——北京大学音乐传习所管弦乐团；缔造了中国近现代史上第一所高等音乐学府——国立音乐院。

他也是中国新音乐运动最大的倡导者和贡献者，最早掌握西方作曲手法并进行创作的作曲家，撰写了一系列最早的音乐教材，中国第一首室内乐、第一首管弦乐、第一首铜管乐、第一首大提琴独奏曲皆出自其手。他一生创作了100多首歌曲，包括《今乐初集》《新乐初集》等，尚有钢琴曲、管弦乐曲、大提琴、弦乐四重奏、合唱曲等。他为我国培养了一大批杰出的音乐人才，如冼星海、贺绿汀、江定仙、李焕之等。有《萧友梅全集》传世。

●音乐沃土，孵化英才

香山县城石岐大马路（今中山市孙文西路）有一条小巷，叫兴宁里，因地形似牛角，俗称"牛角巷"。这条老街巷毫不起眼，原为石板路，路窄弯曲，两旁斑驳的墙上长满了苔藓。然而，这条小巷颇有名气，不仅中国现代音乐之父萧友梅诞生于此，而且也是广东"四大名点"之一的咀香园杏仁饼的发源地。

1884年1月，南国的天气虽不像北国一样大雪纷飞，但也北风萧瑟，春寒料峭，百花凋零，而在兴宁里萧煜院子里的这棵梅花却满树繁花，清香飘溢，给萧家增添了无限喜庆气息。

7日早上，太阳还未探出头来，萧家的屋子里传出来婴儿降生的啼哭声。哭声是那么的绵长，那么的清脆、悦耳。接生婆也说，哪里像哭声，简直像唱歌一样。萧煜迎来第二个儿子的出生，喜不自禁。

转眼间，儿子快满月了，妻子提醒丈夫找术士为儿子取名。但萧煜摇了摇头道："不用了，我早就想好了，就叫'乃学'吧！"

"这个名字一点也不好听，我看儿子长大后，也不喜欢！"妻子并不买账，接着又说，"你看院子里的梅花开得多灿烂，我看还不如叫'友梅'吧！"

萧友梅的母亲梁碧帆是大户人家出身，知书识礼。平素特喜梅花，看见院子的梅花绽开了笑脸，似迎接儿子的降生，心里美滋滋的，故提出此建议。

"妇道人家懂什么？"萧煜并不依她。解释道："我为儿子起名'乃学'，是有出典的，源于古句'乃学与仕'。"

"你喜欢吧！我费事瑟你①！"

都说，母亲与儿子特别投缘，儿子长大后，果然不喜欢父亲为他取

---

① 费事瑟你，石岐方言，懒得理你的意思。

的名字，后改其母为他取的名，变"乃学"为"友梅"，想必是表达自己对梅之清雅俊逸、冰清玉洁的爱慕吧！

萧友梅的父亲萧煜是一位饱学之士，颇有文名，早年中过秀才，后以塾师为生。他在石岐开办了私塾，以此谋生。因这一缘故，萧友梅自幼在家馆里随父亲学古文，聪明伶俐的他，小荷已露尖尖角。

兴宁里还有一户姓萧人家，主人叫萧友柏，是萧煜同宗堂兄，本来也是大户人家，后家道中落。时值其母寿辰，正为如何招待亲友发愁，人称林大姑的妾侍为哄老夫人开心，研制了一款色香味形俱佳的新点心——绿豆夹肉饼。此饼入口甘香松化，肥而不腻，咀嚼之有杏仁香味，祝寿的宾客品尝后，赞不绝口。此饼因其形状似杏仁且有杏仁香味，故称"杏仁饼"。后来，萧友柏向时任香山知县的覃寿堃呈奉该饼，知县品尝后大加赞赏，当即写下"齿颊留香"四字相赠。

有一天，萧友梅随着母亲到萧友柏家玩，一进门就嚷着要吃杏仁饼。他母亲便掏腰包欲买，萧友柏见是同宗自家人，哪肯收钱？但萧友梅母亲执意要给钱。萧友柏见状，只好笑道："这样吧！听说你个仔①读书聪明，若能以杏仁饼为题赋诗，这盒杏仁饼就当作奖品吧！"

"这样可以，但不知我个仔有没有这个水平呢？"萧友梅母亲听了答道。

萧友梅听了，笑逐颜开，说："伯父讲了要算数啊！"

"大人讲话当然算数！"萧友柏见友梅一本正经的样子，也笑了起来。

萧友柏话音刚落，萧友梅已拿起饼吃了起来。他母亲见了，忙抢了过来，道："诗还未作呢，怎能就要来吃呢？"

"我不试吃一下又如何能作得出呢？"

众人觉得他说得有理，唯有依着他。萧友梅拿着杏仁饼便津津有味地吃起来，三下两口就吃完了，随即要了一口水喝，然后，老成持重地学着其父摇头晃脑地吟起诗来：

> 心灵手巧萧家女，纤指搓来玉色匀。
> 脆口杏仁称一品，留香齿颊总留神。

———————————

① 个仔，石岐方言，儿子的意思。

众人听了，连声说好。要知道，萧友梅当时只有 5 岁，能作出如此接地气的诗，真不简单。这盒杏仁饼自然就归萧友梅的了。

1911 年，萧家开始作坊式生产杏仁饼，民国七年（1918），因政府规范工商税收，萧家正式进行工商登记生产杏仁饼，店号"咀香园"。后通过澳门和香港"金山庄"批发往东南亚、北美洲。1935 年，咀香园杏仁饼获美国檀香山国际食品博览会"金鸡奖"。此是后话。

话说回来，萧友梅在父亲开办的石岐私塾读书，好学不辍，父亲的严加管教，使出身于书香人家的萧友梅从小就打下了很好的旧学根底，积累了相当丰富的文史知识，为他日后撰写大量现代音乐教材和著书立说打下坚实的基础。

实践证明，凡文学艺术有大成者，与他与生俱来的天赋和兴趣，尤其是与他所处的环境有莫大关系。

据考，香山县本身就是音乐沃土。早在明初，已是"中国民歌之乡"，由古至今流传已久的民歌不胜枚举，有咸水歌、高棠歌（亦作高堂歌）、大罾歌、姑妹歌、客家山歌、采茶歌、白口莲、莲花落、隆都鹤歌、龙舟、渔鼓、白榄、儿歌以及唱木鱼、小调民谣等。今天，咸水歌已申报世界文化遗产。这里的民众，耳濡目染，不论老妪，还是少儿，都能哼上几句。后来这里能产生一大批音乐界名人就绝非偶然了，除萧友梅之外，还有广东音乐的开山鼻祖吕文成，音乐演艺界名人郑君里、阮玲玉等都是香山（今中山）人。

值得一提的是，香山县还有一种鲜为人知的民歌，叫作东乡民谣。东乡，历史上是指香山县城偏东北今中山市火炬区一带的乡村，包括濠头、陂头、陵岗、大岭、宫花、西桠、江尾头、白庙、茵尾、泗门、沙边、窈窕、张家边、大王头山、三洲山等自然村。东乡的村民在田间劳作、海上捕鱼、男女倾诉感情、女子出嫁陪嫁、亲人去世哭丧和表现当地风土人情等，都有即兴吟唱歌谣的习惯。

萧友梅与音乐结缘，与东乡民谣颇有渊源。听闻萧友梅执意要学音乐就是听了一首动听的东乡民谣而引发的。

萧友梅的母亲是东乡张家边村人，平时，萧友梅会随着母亲到外婆家小住。当时交通落后，往返都是走泥沙路，短短的七八公里路程，足足要步行好几个小时。小友梅从来不叫苦叫累。所以，母亲也乐于带这个儿子一同返东乡。

这一年清明时节，小友梅又随着母亲到外婆家。这天起得很早，太阳还未出来，已行至乡间的阡陌小路，只见晨曦尚未褪尽，薄雾轻绕山间。不一会儿，天开雾散，一切变得清晰如许，天空湛蓝、澄亮，视野开阔。

也许已隔了一段时间未到乡下了。小友梅异常兴奋、贪玩，见到蝴蝶就追逐，见到河流，就拿起碎瓦片打水漂，乐不可支。行行复行行，不知不觉来到外婆家所在的张家边村。

这时，从远处的田野上飘来悦耳的歌声。从小喜爱音乐的萧友梅竟站在原地不走了，睁着眼睛看着声音飘来的远方，聆听着这首动听的歌：

> 正月望夫夫不归，我夫出门去广西；
> 广西有个留人洞，广东有个望夫归。
> 二月望夫夫不归，春花开透满园齐；
> 有心种花无心插，头鬃懒梳花懒围。
> 三月望夫夫不归，桃花水满过河堤；
> 拉着这只牛牯仔，独自下秧又扶犁。
> 四月望夫夫不归，黄梅赖仔①吊高低；
> 有心种梅无心理，黄梅赖仔跌落来。
> 五月望夫夫不归，龙舟鼓响乱咁锤②；
> 家家饮杯菖蒲酒，斟了此杯捧边谁③？
> 六月望夫夫不归，禾黄米熟养肥鸡；
> 有心养鸡无心理，鸡入树下槐荫啼。
> 七月望夫夫不归，七姑仙女送河溪；
> 牛郎有个相逢日，几时望得我夫归？
> 八月望夫夫不归，秋风渐渐入罗帏；

---

① 赖仔，指李子。
② 乱咁锤，粤方言，指毫无章法地打鼓。这里借指心慌意乱。
③ 边谁，粤方言，哪一位之意。

有仔妇娘①共仔咪②，冇仔妇娘望夫归。
九月望夫夫不归，重阳节日又到来；
人家登高放纸鸢，我去登高望夫归。
十月望夫夫不归，北风阵阵冷凄凄；
独守罗帷真闭翳③，梦中相见我夫归。
十一月望夫夫不归，满天风霜把人围；
立冬寒冷衣衫少，长流珠泪望夫归。
十二月望夫夫不归，夫妻分散各东西；
为夫懒食茶和饭，一年到晚望夫归。

声音哀怨、动听，十分感人。小友梅的眼里竟也含着泪花。看来，萧友梅给这首歌打动了。母亲见儿子这个萌样，忍不住笑了，道："走吧，外婆等着我们吃饭呢!"

"不! 我听完再走，妈! 你不觉得好听吗?"

"当然觉得好听，这首歌叫作《望夫归》，我们东乡人哪个不会唱?"

"妈妈! 你也会唱?"

"当然会!"说完，母亲果真唱起来，歌声婉转动听。

难怪萧友梅这么喜欢唱歌，看来是有母亲遗传的基因。唱罢，母亲温声细语地告诉他，《望夫归》这首歌谣记录家乡人外出经商的史实、当时东乡人的家庭生活以及留守妇女的生活状况，还反映了一年四季东乡人的劳作呢!

说毕，停了一会，再补充道："这首歌已经流行一百多年了，里面还有一个动人的爱情故事呢!"

"那你讲给我听啊!"

"等你以后长大了，我再讲给你听吧!"

歌声可以如此打动人心! 从此友梅整天缠着母亲教他唱歌。当然，教的都是本土的民歌，什么隆都鹤歌、坦洲咸水歌等。小友梅一学就

---

① 妇娘，指结了婚的女人，下同。

② 咪，即咪觉，中山石岐方言，睡觉之意。

③ 闭翳，粤方言，苦闷之意。

会。自幼的熏陶，激发了他对音乐的强烈喜好，整天嚷着要学音乐。

然而，他父亲并不喜欢儿子学音乐，也曾大声斥责儿子好多次，但萧友梅就是不听，一有机会，就舒展歌喉，唱着他喜爱的歌。萧煜没办法，只好遵循中国知识分子"易子而教"的规矩，在友梅不到9岁时，就带着他移居澳门，入倾向新学的儒生陈子褒所办的"灌根草堂"学习。这里除了教授"四书"、算术外，还能学到英文、日文，颇有语言天赋的萧友梅，很快就掌握了两国外语，为他日后出国留学奠定了基础。

古今多少事，都在因缘中。萧煜以为来了澳门，儿子从此就与音乐绝缘了。但让他想不到的是，儿子这个缘结得更深！

读书人都喜欢比较安静的地方，举家迁至澳门不久，萧煜觉得原来住的地方比较嘈杂，所以花了不少钱，换了一个较为安静的地方。

无巧不成书。搬了过来后才知道，近邻住的是一位葡萄牙籍神父，是一个音乐家。当时葡萄牙占据澳门已有300余年，他们信仰的天主教非常重视音乐。这位神父常在家里弹钢琴，从窗外飘进的优美琴声令萧友梅陶醉，又让萧友梅兴起了学习音乐的念头。

这乐声，与他此前学的中国古乐、民歌截然不同，令他大感兴趣。后来他曾在自传中写道："时闻近邻葡萄牙人奏乐，羡慕不已，然未有机会学习也。"

萧友梅大胆地向父母提出要跟这位神父学音乐。他母亲应允，但父亲却强烈反对，觉得学音乐，将来无非是做一个戏子，太没出息了！

本来，移居澳门就是不想儿子学音乐，现在倒好了，儿子学音乐的愿望更加强烈了。这时，萧煜心烦了，想把房子卖掉，但买入容易卖出难，这间房子花了不少钱买的，不能说卖就卖，说搬就搬。

萧煜正在烦恼中，萧家来了一位特殊的客人——一位名叫孙文（孙中山）的医学博士。萧煜与孙中山，是来了澳门之后看病认识的，闲谈中方知是同乡，颇为投契，所以往来较多。萧友梅在父亲与孙中山的交谈中，第一次听到"改革""革命"这些词语。后来，萧友梅知道，孙中山是在动员父亲参加革命。

孙中山来访，萧煜自然把自己操心的事向孙中山说了。

"我以为是什么事，这是好事啊！你不但不能阻止，而且还应该支持儿子才对！"

"我是为儿子的日后着想，学一点音乐以作休闲消遣未尝不可，但没有前途可言啊！"

孙中山告诫他父亲："人生于世，各有所长，最怕没爱好，不知做什么好，有了爱好，因势利导，日后在这方面一定有所成就。"

萧煜听了孙中山的话，固执的他开始有所动摇。

邻居有个会音乐的，对音乐如此痴迷的萧友梅又岂会错过，他天天跑到神父家门口，一动不动地站着看神父弹奏钢琴，终于感动了神父，免费教萧友梅学钢琴。

萧友梅进步神速，很快就弹得妙绝入神。一天，神父对他说："我已尽己所学传授于你，你比我弹得还要好了，若要更上层楼，我建议你最好还是出国深造吧！"

神父的一句话，令萧友梅萌生出国深造的念头，回到家里向父亲说了。萧煜并没有反对，但也不是很支持，临末抛下一句："先到国内的洋学堂读吧。熟习了外语，才好去吧?!"

1898年春，广州开设了第一所洋学堂，叫时敏学堂。一年以后，萧煜便把14岁的萧友梅送去广州，进入时敏学堂学习，全面接受新式教育。其中，"唱歌"是正式课程之一，每每习之，萧友梅总是全班最起劲的一个。

1901年，时年17岁的萧友梅毕业了。作为时敏学堂第一届优秀毕业生，校长邓家仁知萧友梅对音乐很有兴趣和很有天分，表示支持萧友梅出国留学。

然而，仍然受到父亲萧煜的阻挠与反对。萧煜尽管受了孙中山的开导，思想开通了些，但内心上总觉得学音乐没有什么前途，学一点作为生活的调剂品可以，但花费大量时间和金钱用在学音乐上太不划算了。

最后，萧煜以家里开支大、收入并不高为由，阻止萧友梅出国学音乐。而铁了心要出国留学的萧友梅，哪里肯如此就范？他对父亲说，只要给够交通费，够一个月的生活开支就行了，以后求学的开支，一切靠自己勤工俭学来解决！

萧友梅执着地向父亲表示，自己能养活自己。无奈之下，父亲只好"放行"。

●求学日本，掩护孙文

萧友梅留学第一站选择日本是有原因的。一者，日本从明治维新时期开始急速汲取欧美音乐文化，专业音乐教育已粗具规模，是亚洲第一个进入现代音乐发展阶段的国家；二者，费用相对比较低，毕竟是自费留学。

1901年，只有17岁的萧友梅怀揣着学好音乐的抱负，坐上轮船，踏上了开往陌生的国土——日本的轮船。

又是一季樱花烂漫时，这位来自天朝的翩翩学子，抵达了日本首都东京，旋即进入东京帝国音乐学校选修钢琴及声乐，实现了他童年就要学习外国音乐的愿望。

初到日本，大多数的留学生第一感觉就是陌生的环境、陌生的人，多少都感到不安和有些许的茫然。然而，萧友梅却丝毫没有这种感觉。

不过，萧友很快就感受到了生活的酸甜苦辣，父亲给他的费用只够一个月的开支，所以，他不得不考虑半工半读。他白天上课，晚上打工，主要为那些刚到日本的留学生补习日文，在假日为赴日的旅行团当翻译，这些收入较好地解决了他的生活费用，而且可以住得更好。

学音乐需要很好的环境，现在有点钱，萧友梅就在学校附近租了有独立卫生间、厨房和两个很大房间的公寓。并且很快攒钱买了一台钢琴。

与生俱来的天赋及后天的努力，使萧友梅学习成绩一直在班里名列前茅。1906年，清政府搞洋务运动，官费保送学子出国留学。这下，萧友梅机会来了，他立即回国参加考试，以优异的成绩考取了广东省的官费留学生，接着进入东京帝国大学哲学科攻读教育学，并继续在东京帝国音乐学校学习钢琴。

考取了官费，使萧友梅的负担一下子减轻了，但他仍坚持打工赚钱，以应不时之需。几年来，他一边打工，一边应对东京帝国大学和东京帝国音乐学校这两所学校各自不同课程的学习，不忙不乱，且学习成绩总是出类拔萃，显示了他在时间安排、组织工作上的强大能力。

时间一天一天地过去，似乎不起波澜。但，终有一天，为他的学习生活掀起激情的浪花。

那是一个电闪雷鸣的夜晚，劳累了一天的萧友梅回到宿舍，又埋头写作。这时，墙上的挂钟"嘀嗒嘀嗒"地响个不停，像是在提醒着屋里的主人，该睡觉了。

萧友梅抬头一看，已经深夜两点，他疲倦地揉了揉酸痛的眼睛，便上床睡下。但刚进入梦乡，突然被"咚咚咚……"的急促敲门声惊醒。

是谁三更半夜来敲门呢？萧友梅一面想着，一面起床穿衣，走到大门前，在门缝喊了一声："谁啊？"

"是我，孙文！"门外的人用家乡石岐话回答，声音低沉，并重复说了两遍。

啊！是大名鼎鼎的老乡孙中山。萧友梅立即打开门，跟随着孙中山身后的还有黄兴、胡汉民、廖仲恺等人。

"我被日本警察缉捕，需要在你这里隐匿一段时间！"

"好！"萧友梅说话并不多，一口承诺。

原来，当时孙中山正以日本为根据地，领导国内的反清斗争。1905年在日本创建了中国同盟会，第二年在湖南萍浏醴发动起义，失败后逃亡日本，经与萧友梅熟悉的当地人指引，当晚与黄兴等人来到萧友梅住处避难。

第二天，大学周围气氛紧张起来，一大班的日本警察正在大学周围搜捕，他们得到一个可靠的情报，说大革命家孙中山已逃至日本东京，可能藏在中国留学生的住所里。日本密探协同清政府缉捕孙中山。因此，他们大举搜查所有中国留学生住处。

萧友梅平时连一句话都不多说，一天到晚就像是着了迷那样学音乐，除了唱歌就是弹琴，简直是个书呆子，特务根本不把这样一个"两耳不闻窗外事"的人放在心上，因此从他的门前路过时，连他的住所都不看一眼。他们万万没有想到，他们日夜追捕的孙中山偏偏藏在这个"书呆子"的卧室里。孙中山安然地渡过了这次危机。

孙中山藏匿在萧友梅住处达一个月之久，每日三餐和起居生活以及他与廖仲恺等革命志士的联络工作，全都由萧友梅承担，当廖仲恺、胡汉民等领导人开会议事时，萧友梅就抱着廖仲恺的女儿在大门外放风。一直到后来孙中山安全转移去越南河内。

萧友梅目睹孙中山等革命党人惊心动魄的活动，不但毫不畏惧，而且为革命党人的献身精神深深感动。1906年，时年21岁的他，毅然申请加入同盟会，成为该组织最早的成员之一，也是第一位参加孙中山直接领导的同盟会的音乐工作者。

萧友梅在日本求学期间，一面暗中支持孙中山革命，一面致力于学业，终日勤奋不辍，分秒必争。1907年2月至1908年4月，萧友梅在东京出版了最早的著作《音乐概说》，引起了日本音乐界的关注。1909年夏天，萧友梅从东京帝国大学与东京音乐学校毕业。

翌年初，萧友梅回国。作为官费留学生，应清政府在保和殿为留学毕业生举行的"会试"，萧友梅自背折叠式桌椅前去考试，取得了"文科举人"的功名，不久他即被授予在"学部"（相当于现在教育部）做"视学"。

1911年，孙中山领导的辛亥革命取得了胜利，孙中山就任中华民国临时政府大总统。萧友梅奉命去南京，被委任为"总统府秘书员"，显示了孙中山对他的赏识与信任。正当萧友梅意气风发地想施展自己救国救民的抱负时，袁世凯却篡夺了辛亥革命的胜利果实，孙中山被迫下野。不愿与袁氏为伍的萧友梅回到广东，在胡汉民主持的广东省都督府任教育司学校科长。

但是，萧友梅做了一段时间，总觉得不适合自己，同年11月，萧友梅决意"解甲归田"，矢志艺术发展。他提出辞呈，希望到现代音乐教育的发源地——德国继续深造。孙中当即将此事交由教育总长蔡元培办理，批准了萧友梅的请求，允许以中华民国功臣的资格官费赴德国留学。

"吾辈为适应时代需要而创作新歌，为适应社会民众需要而创作新歌，将一洗以前奄奄不振之气，融合古今中外之特长，借收声词合一之效，以表泱泱大国之风。"萧友梅始终心系音乐，与当时中国知识分子努力寻求救国之道一样，他有"音乐救国"之念，对祖国、同胞强烈的责任感与使命感，出国前他在给孙中山的信中深情地写道。

●负笈德国，终成大器

1912年11月，萧友梅作为公派生赴德国留学，他再一次挥别亲人与故乡，漂泊异乡，继续深造。

德国，位于欧洲西部，东邻波兰、捷克，南接奥地利、瑞士，西接荷兰、比利时、卢森堡、法国，北与丹麦相连，并邻北海和波罗的海，与北欧国家隔海相望，是当时世界上最强大的国家之一，也是全世界著名的音乐之乡。

萧友梅是 1912 年 11 月启程到德国的，这个时候的德国，触目都是茫茫的白雪世界，灰蒙蒙的天空罩着冷飕飕的寒气。

在冰冷中感受重重寒意的萧友梅，内心却十分火热，因为这里是他心驰已久的地方。世界上没有任何一个国家能如德国一样把思想发展到如此的高度，康德、黑格尔、费希特、尼采、马克思、叔本华等一大批的哲学家和思想家，还有世界文学史上杰出的作家之一歌德都诞生于此；世界上也没有一个地方像德国一样，产生像巴赫、莫扎特、贝多芬、舒伯特……这么多世界级的音乐大师。

萧友梅带着对先哲们的景仰之情，首先拜谒了世界上最伟大的哲学家和思想家之一的康德之墓，他被墓碑上刻着的名言深深震撼："所谓国家，就是由人民统治自己……专制政体对人类没有好处，即使对它本国也没有好处，它只能给予一个国家表面上一时的显赫。"

原来，先哲早有明示。如今，孙中山先生为之浴血奋战的，不就是为了建立世界上最先进的政体——共和国吗？见识的开拓，使他对孙中山的世界眼光更为佩服。

世界现代音乐之父——巴赫，其故里是萧友梅不得不去的地方；而被誉为"一手接下历史，一手开创未来"的贝多芬，他的故居也是萧友梅必到之处。在贝多芬故里，这位音乐大师笔记本上的名言赫然在目："拿破仑用刀剑和炮火征服世界，我要用音乐和激情征服人心！"

"用音乐和激情征服人心！"贝多芬的话，振聋发聩，成为萧友梅学习音乐的最大引擎。

的确，德国的天空里闪耀着的思想和艺术的光芒，照亮了萧友梅前进的路向。他选择一边攻读哲学，一边攻读音乐。

1912 年 12 月，萧友梅进入了世界闻名的高等音乐学府——莱比锡皇家音乐学院，主修钢琴和作曲理论，兼修教育和音乐相关的课程。四年之后，萧友梅修毕了所有课程。从他当年听课的记录中看到，共有 41 门课程，一共涉及任课老师 16 人，其中不少是德国学界之泰斗级人物，令人不可思议的是，他居然能够在不到一年的时间里，将德语水平提高到能够去听那些大师讲授的所有课程，实在了得！

1916 年 7 月，他撰写了博士论文《17 世纪以前中国管弦乐队的历史的研究》，在德国音乐学泰斗胡戈·里曼的主持下通过论文答辩，获得了莱比锡音乐学院博士学位。他仅用四年时间就获得博士学位，即便是德国学生，绝大部分都无法做到这点。萧友梅成为中国近代史上第一个以音乐学论文获得欧洲大学博士学位的留学生。

当时第一次世界大战正在激烈进行，回国的陆海交通路线均被截断，没办法，萧友梅索性转到德国首都柏林继续进修。1916 年 10 月，他进入柏林大学选修教育学、伦理学、儿童心理学、音乐美学等课程。就这样，萧友梅在德国接受了整整 7 年严格的音乐教育，不仅学习成绩优秀，而且成果丰硕，其间写有《中西音乐的比较研究》《古今中西音阶概说》等文章，并创作了钢琴曲《小夜曲》（1916 年 12 月）、《D 大调弦乐四重奏》（1916 年 12 月），萧友梅同时又在施特恩音乐学院研究作曲、配器、指挥及古谱读法，成绩显著。其导师大为赞赏，并评价他"道德和学问均无懈可击"。

萧友梅先后留学日本、德国多年，辗转去过多个国家，懂得多种外语，并读过大量外国史籍和音乐文献。他学习过的课程，涉及哲学、伦理学、教育学、儿童心理学等，范围之广让人为之惊叹。

正因为这样，他可以纵横于音乐学的许多领域，乐学、律学、音乐物理学、音乐心理学、作曲、配器、指挥和古谱读法以及音乐史学、音乐美学等学科。其用力之深、范围之广为当世少有。正是这些知识的养分，日积月累，逐渐沉淀成的文化底蕴，才使得他能够从多个专业的角度融会贯通地了解音乐，从而成为一个真正的音乐大师！

海行数万里，作客十五年。

萧友梅可能是中国历史上出国留学时间最长的一位，在日本 8 年，在德国 7 年。留学期间，他表现异常出色，尚未毕业，就已成为当地艺术机构争夺的对象。但是，萧友梅不为所诱，有着强烈爱国之情的他义无反顾地选择返回灾难深重的祖国，决意以音乐报效他的民族。

归欤！归欤！

1919 年 10 月，天涯的游子终于学成归国了！这位西装革履、温文尔雅、不苟言笑的年轻留德博士，开始义无反顾地踏上举步维艰的拓荒之路！

● 立足北大，脚踏实地

萧友梅返国后，以他早年的革命经历、渊博的学识及与国内政界高层人士的密切关系，他要得到一个薪优位高的职务是件很容易的事。事实上，他谢绝了廖仲恺、胡汉民等国民党要员邀请他出任高层的好意。他深知，自己征得孙中山的支持，出国深造多年，"一生抱负，就是要改变中国千余年来音乐发展缓慢的现实，使之无愧于数千年文明古国的盛名"，所以绝不能有负孙中山厚望，一定要学有所用，不能为了高官厚禄而放弃特长，如果是那样，那15年的留学生涯岂不付之东流？

"中国音乐要复兴、崛起，必须要办好音乐教育，建立音乐教育机构，培养出大批合格的音乐人才。"

这是萧友梅对中国音乐发展缓慢的原因以及中西音乐进行比较后，得出的正确认识，这也正是他毅然走上创建音乐教育事业的艰苦道路的原因所在。

然而，20世纪初的中国，专业音乐教育还没有起步，全国从上到下对音乐教育均不重视，从事这项事业就像在沙漠里垦荒一样举步维艰。

也许，是他"中国第一个音乐博士"这个头衔太闪耀了，能为学校增加些许亮色。回国仅仅一周，出其意料地有多所知名的大学向他伸出了橄榄枝，但萧友梅毫不犹豫地选择了北京大学，因为这里有一位德高望重的校长——蔡元培，且蔡元培对他十分赏识，主动与他联系，盛情邀请他来北大。

当然，他选择北京大学，还有一个原因是，蔡元培提倡"以美育代宗教"，这个观点与萧友梅不谋而合。

然而，萧友梅到北大，却被学校安排在哲学系任教。这明明是应聘来教音乐的，何以安排教哲学？原来，不要说北大，全国所有大学也是一样，音乐是无关紧要的课，当时的大学根本没有设音乐系。

"学音乐，却不能为之所用，我的心很难受，做一些自己一点都不感兴趣的工作就算再怎么轻松也不会快乐的！"萧友梅找到蔡元培直抒胸臆。

蔡元培点了点头，深表认同，表示每周开设一堂音乐课试试看。

萧友梅的音乐课开讲了，当他站上讲坛，那学贯中西的范儿、高屋建瓴的开场白，的确别开生面：

> 音乐多好啊，可以陶冶自己的性情，你不懂音乐，但听着会感动，听着会流泪……

> 音乐是立体思维，节奏是横向的，音高是竖向的，对创新思维有好处。所以，就不难理解了，为什么匈牙利一个小国，出了十几位诺贝尔奖获得者，这是因为人家太重视音乐了，思绪得到开拓。而我们的邻居，最发达的国家就是日本了，而这个小国，学生到了初中，就规定要设音乐课；相反中国从古到今都不重视音乐教育，长期以来，把音乐当作谋生、消遣、钻营的手段……

萧友梅何止是在讲课，简直是在演讲。他那振奋人心、声情并茂的课程，立即在学校传开了，不但学生来听课，老师也来了。

萧友梅讲课，句句有理，言必有据，抑扬顿挫，可谓锦心绣口，口吐珠玑：

> 国家之盛衰存亡全系于当前的风气，惟有认清楚了这风气的关系，从此处下手，利用音乐潜移默化的力量，一扫其偏私、散漫、颓惰、苟且的风气，便向好的方面转，这叫作化民风，移民俗！这也是救亡图存之道啊！

> 不认得五线谱犹如不认得字一样；唱不准一个音阶，犹如哑子一样。一个文盲兼哑子在世界上能够用文字或声音发表自己的思想和感情吗？能够和别人交换意见联络感情吗？
> ……

萧友梅西装革履，仪表堂堂，满腹旧学与西学之涵养，讲课又幽默，生动晓畅。因此，折服了北大师生。据记载，每当他开讲，"听者几近千人，极北大校园一时之盛"。可谓粉丝无数，一时风光无两。

外表温文尔雅的萧友梅，平素表情严肃，不苟言笑，但工作起来却判若两人，站上讲台，俨然是一个出色的演说家；台下埋头苦干，孜孜以求。

他"求"的是要在中国建立起专门的音乐教育机构，故他并不满足于现状，他又找到了蔡元培，说：

"数百年来，中国音乐教育只停留于民间的心传口授，故音乐发展停滞不前，唯有通过办好音乐教育，才有进步之希望！"

"中国有你这样懂行，且劳心劳力的人，中国音乐的振兴有希望了！"

蔡元培同意他的观点，并表示支持。所以萧友梅来北京大学不足一年，就以强有力的手腕创办了两个音乐教育的专门机构：

1922年8月，萧友梅创立了"北大音乐传习所"，这是中国历史上第一个专门的音乐教育机构。

1922年9月，萧友梅又创办了北京女子高等师范学校音乐体育科。

萧友梅不但擅长校务，而且学术能力也相当强，他从一开始就把为普通学校编写音乐教材视作自己的使命来完成。20世纪20年代，中国的音乐教育处于开创时期，全赖他编写了中国最早的一批专业音乐教材：

包括配有钢琴伴奏谱的艺术歌曲（大都收于商务印书馆1922年出版的《今乐初集》、1923年出版的《新歌初集》、1924—1925年出版的《歌集》1—3册），是中国早期艺术歌曲的代表作和最早出版的作曲家个人专集，此间萧友梅还著有《乐学研究法》（1920年）、《和声学纲要》（1920—1921年）、《初级中学乐理教科书》（六册，1924—1925年）、《钢琴教科书》（1925年）、《风琴教科书》（1925年）、《小提琴教科书》（1927年）、《普通乐学》（1928年）与讲义《近世音乐史纲》等。

萧友梅从小学习古文，所以他的文章大量地征引和运用传统文献，正因为有了这些文化功底，他撰写文章及编写教材游刃有余。

然而，他并没有因之止步，而是奔走于北京的大中院校，游说学校设立音乐系（科），并且不计报酬讲课。为保证教学质量，每到一间学校，他都强调音乐课的内容必须包括和声学初步、名曲解说、交响乐、歌剧及音乐史。在他的推动下，北京的音乐教育事业粗具规模，并引起世人注意。

萧友梅在北京没有一刻停止，接着他又游说教育部，在1922年全国实行新学制，以前可上可不上的"乐歌"课改名为学生必修的"音乐"课，次年全国教育联合会拟定了"音乐课程标准纲要"，颁布至全国实行。

这一时期，同样也是萧友梅的创作高峰。当时，国学大师章太炎提议由《尚书》所载的《卿云歌》作为中华民国国歌的歌词，借歌词头两句"卿云烂兮，纠缦缦兮。日月光华，旦复旦兮"象征中国国运昌盛。

教育部正为国歌征集曲谱，厚积薄发的萧友梅轻而易举地从众多国内外应征者中一举"夺标"。1922年7月1日，政府选定了萧友梅作曲的《卿云歌》为国歌。萧友梅作曲的《卿云歌》曲调庄严、流畅，深为人们激赏。不过，由于歌词过于深奥古朴，简约而概括，难以被广大群众理解和接受，因而流传不广。但是萧友梅成为国歌的作曲者之后，已初露锋芒，显示了他卓尔不凡的音乐才华，受到当时社会各界的注重。

在赞语声中的萧友梅并没高兴起来，因为国内军阀混战持续，动荡不堪。与当时大多数人一样，内心充满痛苦和彷徨，于是他创作了经典的艺术歌曲——《问》：

> 你知道你是谁？你知道年华如水？你知道秋声，添得几分憔悴？……你知道今日的江山，有多少凄惶的泪？……你知道你是谁？你知道人生如蕊？你知道秋花，开得为何沉醉？……你知道尘世的波澜，有几种温良的类？……

这是对人生、对山河发问，抒发了一种忧国忧民的真挚感情。

那乐曲声，时而宁静有致，仿佛平静的水面吹拂过春风，泛起一波波涟漪；时而跌宕起伏，仿如习习秋风逡游于崇山峻岭、无际平畴、万里苍穹。

听此曲，你会深深感到，音乐不仅是花的芬芳，更是心的向往、感情的流淌，它从内心激起人们对祖国河山的热爱。

1922年11月，萧友梅又创办了中国现代第一个管弦乐队，他自任指挥。当第一场贝多芬的交响乐在北京大学举行的告示贴出，掀起了巨澜，吸引了不少教授、学生观看。

这是值得关注的时刻，这是古老的中国第一次演出交响乐。

当晚，萧友梅博士身穿西装礼服，戴一副黑边眼镜。只见他手拿指挥棒迈着轻快的步伐走上舞台，向观众深深弯腰，缓缓地站直身，饱含深情地向观众点点头，在雷鸣般的掌声中，萧博士把指挥棒一挥，全场肃静，《莱茵河畔》主题乐曲奏响了：

开始时，乐声犹如清泉涌出，浪花飞溅……在乐曲柔和的鸣响中，欢快的节奏向远处隐去；夜幕徐徐地降临了，朦胧的月光倾泻，河水静静地流淌着。这时听到了夜莺的尖叫……黑夜将逝，黎明出现。音乐渐强，乐队的全奏，形成了汹涌激流，发出雷鸣般的轰响，震得地动山摇，终于，滔滔的河水映着初升的太阳冲出了险境，景色豁然开朗。莱茵河变得波澜壮阔，意气风发。

最后，奏出了波动的旋律，宛如河水般从容地流向天际，流向远方……

萧友梅的指挥动作优美、潇洒，乐队的演奏配合默契，乐声时强时弱，时快时慢，引人入胜。

乐曲终罢，全场观众起立，掌声雷动，为他们的演出成功鼓掌祝贺。粉丝们顿时亮瞎了眼，不得不承认，这是传统的中国音乐达不到如此的效果！观众高声喊着萧友梅的名字，乐队也向听众频频鞠躬，表示谢意。

"文学作品有了，雕塑、绘画也有了，想不到现在也有了代表音乐殿堂最高艺术的交响乐"，一位出过国的老教授感慨地对身边的几个学生说，"我活了七十多岁，还是第一次听到中国乐队演奏贝多芬的交响乐，萧博士真是了不起啊！"

"以养成乐学人才为宗旨，一面传习西洋音乐，一面保存中国古乐，发扬而光大之。"萧友梅在推行现代音乐教育的同时，并没有摒弃古乐。

1923 年 12 月 17 日，由萧友梅结合白居易的《新霓裳羽衣曲》所作的我国第一部交响音乐作品《新霓裳羽衣舞》也在北平成功首演。

当年北大的师生不会忘记，第一次身临其境欣赏交响乐的感受，但也许不知道，执着的萧友梅为了能在自己的祖国奏响震撼的音符，他付出了怎样的艰辛！

萧友梅在北京整整 7 年，北京所有高等学府的音乐科系都是在他的努力推动下设立的，并由他主持教务，担任多门课程的教学、指挥排练乐队与合唱、组织演出、进行创作、编写讲义、著书写文章、练习钢琴、社交聚会……

全赖萧友梅的东奔西走，北京的音乐教育事业才粗具规模，逐渐成了全国的音乐中心，但是他梦寐以求的是要建立一所符合国际标准的音乐学院。

●扎根上海，成就梦想

有一位哲学家说过，活着本来没有意义，正因为有了梦想、有了追求，人生才有意义。当然，在这过程中，有个人的梦，也有国家的梦。而萧友梅的梦，是为振兴这个泱泱大国的音乐之梦！

萧友梅为了实现这个梦想，一直不断地在这条路上奔波劳碌。

早在 1920 年，他刚回国，就已多次向北洋政府教育部提出计划，但不获采纳；1923 年，他又提议将一手创立的北京大学音乐传习所升格为国立音乐学院，仍未果。这时战云弥漫，政局日非，北大校长蔡元培已"不再到校办事"，萧友梅梦想的实现变得遥遥无期。

蔡元培的离开，无疑使萧友梅失去了最重要的支持者。不过，希望很快又来了，当年他的留日同学兼好友范源濂当了教育总长，一口承诺全力支持他实现这个梦想。可是军阀混战的年头，官场简直就像走马灯，萧友梅为建立音乐学院拟订的计划刚递了上去，范源濂就已经下台了。

希望和失望交替出现，有了希望却又失望了，失望之余又看到了希望，如此反复地折腾着萧友梅，但没有消磨他的意志，他仍然为此努力不懈。

倏忽间又过了几年，1927 年 6 月，奉系军阀张作霖接管北京政权，萧友梅又递上了他的计划书，时任教育总长的刘哲不但没有接纳，反而以"有伤社会风化""浪费国家钱财"为由，下令停办北京国立院校的所有音乐科系，萧友梅苦心经营了 5 年的北大音乐传习所也被迫解散。

这些音乐机构和乐队，承载着萧友梅追逐的梦想，如今化为泡影，萧友梅在北京创办国立音乐学院的愿望彻底破碎了！

这对萧友梅的打击实在太大了，连续几天，他独自一人行走在北大校园里，一片茫然。现在他明白到，在强权政治下，一切都是那么渺小，不堪一击。

他觉得自己好像驾着一叶枯舟在苍茫的汪洋中静立，一旦起浪，就被无情的海水淹没，没有挣扎的余地，没有反抗的力气。

不！我不能因此沉沦，必须挣扎，必须抗争。孤舟可以放弃，但只要人在，信心在，就会有机会重来！

此时的萧友梅，若失去了孤舟在海中沉浮挣扎的人，经过一番搏斗，终于又爬上岸。站在岸上，终于彼岸传来了喜讯：

孙中山先生遗下的代表着民主正义的北伐大军，由南打到北，势如破竹，节节胜利，已定都南京，全国统一指日可待！

1927 年 10 月 1 日，蔡元培就任南京政府教育部总长。

这对萧友梅来说，无疑是一个振奋人心的消息。他欣喜若狂，1927 年 8 月，他风尘仆仆来到南京总统府找到了蔡元培，重提创办国立音乐学院一事。

"建立一所符合国际标准的高等音乐学院，是我的毕生梦想！"见到蔡元培，他反复地说着这句话。

蔡元培看着这位为发展中国音乐事业，而日渐消瘦到皮包骨的萧友梅，他深深地被感动了，蔡元培当即表示："这不仅是你个人的梦想，也是国家的梦想，我将尽最大能力给予支持！"

谈到选址问题，蔡元培建议还是定在北京，他说："北京经萧博士整整 7 年的努力耕耘，已经有一些基础，虽被北洋政府摧残，取缔了音乐机构、撤销了音乐课，但你奠定的基础不因这些机构没了而消亡。"

"是的，播下的种子迟早会开花结果，但时不我待，我更主张设在上海。"萧友梅进一步解释道，"因学音乐者必定先有一种熏陶，方可容易领略（尤其学新音乐），上海这个中国开埠最早的城市，具有面向世界，吸纳与融合来自各方面音乐文化的便捷广泛、得天独厚的条件，容易邀集到高水平的音乐师资。"

"在这方面，萧博士比我更有见地！"蔡元培觉得萧友梅说得有道理，便定下了把音乐学院设在上海的主张。

半月后，国民政府通过了萧友梅在上海创办国立音乐院的计划。

计划终被政府批准了！萧友梅欣喜若狂，但万事开头难，首当其冲的是，他所需的 6 万元开办费及校舍建筑费却只得到了一张"空头支票"，首笔给国立音乐学院的开办费实际上只有可怜的 3060 元。

对此，换了其他人，或许会骂街，但萧友梅不怨天尤人，他十分理解，国家多事之秋，战事未停的困难时期，能得到国民政府的支持，显然比北洋政府强多了！

在萧友梅看来，政府下拨的费用无异于杯水车薪，根本无法把学校建起来。然而，终究得到政府的批准，这意味着成功了一半，因为这一纸批文来之不易啊！

他想，这 3060 元就权当学院建立的启动资金吧！

接下来，萧友梅为开办学院经费想方设法，费尽心思。他不惜舌敝唇焦，借助报刊、书籍、广播等各种媒体，甚至走上街头宣传音乐对于社会的积极意义，消除人们对音乐艺术的误解和成见。他积极争取社会上的支持，其间得到孔祥熙的不少资助；还通过组织学生演出，尽其所能筹措。

经过一段时间的努力，所筹的款项，除了确保一个学期的开支之外，还是不足以建校舍，怎么办呢？萧友梅一刻也不消停，他决定，款项不足建校舍，先租房子。

经萧友梅四处奔波张罗，终于在法租界陶尔斐路（今南昌路）租了几间房子为校舍，像点样的房间做教室，堆放破烂的地窖改作琴房，堂堂的校长室也只是在一个阳台加上玻璃窗改建的。

接着，萧友梅挨门挨户拜访，请来了一批名家来做教师，因择定立校地点的正确，不论在聘请最好的教师，还是招收学生方面，都进展得颇为顺利。终于在陶尔斐路 56 号挂起了"国立音乐学院"的牌子。

"由蔡元培先生兼任本院院长，萧友梅为教务处主任，总理全院教务"；全院"分理论作曲、钢琴、小提琴及声乐四系；各系设系主任一人，由教授或副教授兼任，专管本系课程及教务"；全院教员则"设教授、副教授、讲师、助教及导师若干人，分任各项课程"。教员有王瑞娴、李恩科、朱英、易韦斋、萧淑娴、吴伯超等。设预科、专修科。依此来看，当时国立音乐学院已基本确定了相当于西方单科高等音乐学校的办学体制。

10 月 26 日草拟招生简章登报招生，11 月 1 日起报名，10 日至 12 日入学考试，11 月 24 日全校开始上课，教授由萧友梅创作的校歌，准备在 11 月 27 日举行开学典礼。这时，所筹款项已花得分文不剩，到了举行开学典礼的前一天，建旗杆的几百元也拿不出，萧友梅二话未说，自掏腰包拿出 250 元建造起一根新旗杆。现在的上海音乐学院的师生，当校旗升起这一刻，有否想到学院的创始人的艰辛吗？

11 月 27 日正式举行开学典礼，这是值得庆贺的一天，萧友梅为之奔波多年的国立音乐学院终于正式成立了！（后即以 11 月 27 日为校庆日）

当青天白日满地红的国旗和校旗一齐徐徐地升起来的时候，萧友梅和全校师生流下了激动的眼泪，一齐唱起了刚刚由他创作的校歌，歌声嘹亮，内涵深远，优美动听：

> 神州大地蟠东方，
> 沉沉数千载，典乐复职宏国光。
> 学府植立坚中央，与民游艺声堂堂。
> 朝阳威风，一哕鸣高冈。
> 析理、善术、审音、辨物，
> 大同之声，盈耳兮洋洋！
> （间奏）
> 来兮，有志毋相忘！
> 大道康庄，美兮美兮；
> 示以周行，鸣声和兮乐未央！
> 一弦一管，化尽宇宙之挽枪；
> 一唱一和，平尽世俗之披猖。
> 钟鼓乐之，琴瑟友之，天下公之，
> 永与天地寿无疆！

悠扬、激昂的歌声，让人们深切地感受到创作者那颗拳拳的赤子之心。

此时此刻，标志着中国历史上最早的一所高等音乐学府终于诞生了！这是我国正规专业音乐教育的开端！是中国现代音乐发展在大上海迈出了实质性的第一步！

萧友梅亲定校训：和毅庄诚。

他在开学典礼上鼓励大家说："伦敦皇家音乐学院 1823 年成立时只

有 20 个学生，80 年后增加到 500 人以上。大家共同努力，10 年后就可以有 500 个同学了！"

1927 年 12 月 10 日，萧友梅被国民政府正式任命为国立音乐学院院长。

开学后，由于经费严重短缺，萧友梅为此四处奔波张罗，从交通银行、中美庚款、募捐来的校舍建筑费等处借款、挪用，才勉为其难地使得这所中国唯一的高等音乐学府维持了下来。外籍教师因有合同发全薪，中国教员却常常只能发半薪，或是捐俸、助赈、搭发公债。因为这个原因，萧友梅经常将自己应领的薪水分给那些清贫的老师和勤杂人员。

学校的一切均以勤俭的原则办理，有一年学校有一笔节余款，别的学校都用来购买小汽车，萧友梅实在舍不得花这笔钱，宁肯天天走路，用这笔钱给学校从德国买了一台伊巴赫牌三角钢琴供音乐会演奏用。

萧友梅深深地爱着他的学生，对穷苦学生总是尽力帮助，寄予殷切的期望。1928 年，冼星海由北平来上海考入国立音乐学院，穷得叮当响，萧友梅不仅解囊相助，还为他安排了文字抄写工作，算是钟点工。他还反复劝导其时已 23 岁的冼星海，将主课由小提琴改为作曲，日后，冼星海果然成为遐迩闻名的作曲大师，著名的《黄河大合唱》就是他的代表作。

随着学校规模的逐渐壮大，学生不断增加，办学经费却越来越捉襟见肘。萧校长走起了群众路线：同大家挤住在一起，每天穿着一套旧西装上下班。他既没有专用汽车，也没有专用黄包车，外出办事，纯粹靠两条腿，远的就乘公交车……

萧友梅作为学贯中西的音乐家，主持北大音乐期间多有建树：

他主张"以西为师"，按照欧美的音乐教育模式创办中国的音乐教育，以此改造中国"旧乐"，建设具有中国民族特色的"新国乐"。他说："以养成乐学人才为宗旨，一面传习西洋音乐（包括理论与技术），一面保存中国古乐，发扬而光大之。"一心发展现代音乐的萧友梅并没有全盘西化，他一样重视对中国古乐的研究。他于传授西方作曲理论及表演艺术的各学科组之外，增设传授我国民族乐器演奏技术的国乐组，并主讲有关我国古代音乐史的"旧乐改革"。

他主张"因材施教"，实行学生可以自由选择教师的方式，再由学校根据教师的情况统筹分配。教学中采用学分与技术升级相结合的考核制度。各专业主科、副科都分成初级、中级、高级三个技术标准。在教学管理上，萧友梅借鉴外国的有益经验，结合中国的实际情况，逐步建立了一套行之有效的音乐教学体制。既突出主科的严格训练，又注意学生多方面基础知识的培养，对保证国立音乐学院的教学质量和中国专业音乐教育事业的发展都具有深远意义。

萧友梅一心一意扑在音乐事业上，呕心沥血为学校操劳，成绩有目共睹，但是，1929 年暑期前发生的"倒梅"事件，矛头却直接指向萧友梅：

起因很简单，这要从国立音乐学院成立后的居无定所和屡迁校址说起。因政府并没有给国立音乐学院以足够的办学经费，少得可怜的一点经费还常常拖欠不拨，这就使学校在没有自己校舍的情况下，不得不租赁校舍和学生寄宿的地方，音乐学院常常不能按时缴纳房租，再加上时局不稳，院址不得不频繁迁移。1928 年 2 月迁至霞飞路（今淮海中路）1090 号与 1092 号的两座洋房，8 月又迁至毕勋路（今汾阳路）19 号，另租房屋作为学生宿舍，心智尚未成熟的学生自然一肚子怨气。

放假了，学校有些家在外地的穷学生，打算暑期留宿在校，并继续使用学校钢琴练琴；而由于学校是租赁的校舍，暑期长达两个月以上，房租、水电等开支不小，便决定暑期留校学生每人交纳 8 元杂费。这对这些本就窘迫的学生来说是不小的数目，他们便提出要求减免或缓交。本来，这样的事情不难协商解决。

偏偏有人乘机搞事，欲把办学刚正不阿的萧友梅赶下台，自己来当院长，故挑动对暑期交费和学校停水停电、封琴房等不当措施不满的学生，到南京去"请愿"，告萧友梅。

而受人挑动，参与学潮闹事的人不多，不足 10 人，问题是当中竟然有他心爱的学生冼星海等人，令人难以理解的是，紧要关头冼星海并没有站在恩师一边，平息事端，而是让带头闹学潮的同学，在他居住的地方开会商量，怎样对付萧友梅。此事，让萧友梅知道了，他悲哀地感叹："阿地（冼星海小名）太没有良心了！"①

---

① 据洪潘于 1985 年发表在《南艺学报》的《关于上海国立音乐学院学潮事件及其他》，以及廖辅叔教授于 1993 年所著《萧友梅》。

无论如何，这对萧友梅造成了很深的伤害，他心力交瘁，以致积劳郁闷成疾，不得不到莫干山养病，在这时他写了十余首述怀的诗，其中的两首：

> 我爱莫干山之泉，又爱莫干山之云，
> 泉水清且冽，可以清吾血；
> 云海大而深，可以警吾心。
> 吁嗟夫！世途渺难测，
> 亦如莫干山之泉与云，
> 处世无警惕，不如归隐于山林！
> 我为音乐心力尽，中途宁愿一牺牲？
> 从容未必无时会，应逐诸公再力争。

从诗中可以触摸到萧友梅此时的心境：既因受伤害而生"退隐于山林"之心，又不甘于就此放弃已"尽心力"的音乐，正重鼓着"应逐诸公"——他的志同道合者——"再力争"的勇气。

学潮引发的后果是，南京政府教育部决定停办国立音乐学院，学潮当然也就闹不下去了。并按照正式公布的《专科学校组织法》，另立国立音乐专科学校，并说服称病辞职的萧友梅，接受担负国立音乐专科学校校长的任命。

而在国立音乐专科学校开校时，原来参与过和声援过学潮的一些学生和教师，便没有接到音专入学和任职的通知。

●挫折奋起，勇猛精进

"倒梅"学潮事件对萧友梅来说，是"终身遗憾的变故"，好不容易千辛万苦地把国立音乐学院创建起来，因这一无妄之灾，"降格"成为"音专"，无论如何，心里也不好受。

人生难免有挫折，他已经受了很多次，但这次的打击，较之在北京大学时北洋政府取缔音乐机构轻得多，因为仅是降格而已。但前者，是强权政治使然，让人无奈，而后者的引发纯是人性险恶的体现。

萧友梅至死也弄不明白，朝夕以对的老师，心爱的学生，会把箭射在他的心口上，学生可以谅解，年轻冲动，好打抱不平；而同事呢？他思来想去，没有做对不起同事的地方，特别对那些有困难的同事，自己这份工资也拿出来了。他，越想越寒心，真有归隐山林的想法。

"宝剑锋从磨砺出，梅花香自苦寒来。"

一直以来，他都用这句话来激励自己的斗志。他知道，长路漫漫，远方不可能没有绊脚石，不可能一帆风顺，不该在失败后蹂躏自己。

后来的事实证明，这位可敬的意志坚强的音乐教育家，并没有因这次挫折而就此隐退，而是在"挫折后的奋起"中，为中国的音乐教育创造出了更为辉煌的业绩。

1929 年 9 月，"国立音乐学院"正式改名为"国立音乐专科学校"，萧友梅任校长，设本科、预科、专修科（师范科）及选科。分钢琴、小提琴、大提琴、声乐、理论作曲 5 组（相当于系）。

"要把音专的整体教学水平提升到一个更高的层次！"萧友梅校长对他的助手、教务主任黄自说，"'生气不如争气'，音专不仅要远远超越国立音乐学院的水平，而且要与国际音乐学院的水平看齐！"

此时的萧友梅正在挫折中奋起，在奋起中崛起，而迸发这种力量的源泉，皆因萧友梅的梦想从未间断！

为了力求以专科学校的"牌子"，办成高等音乐学府，萧友梅在制订音专的学制、专业设置和教学体制方面下了许多功夫，在不断摸索实践的基础上，经过多次的反复修订，终于形成了较为完备可行的国立音乐专科学校组织大纲：

他确定了"以教授音乐理论技术，养成音乐专门人才及中小学音乐师资为宗旨"，设立预科、本科和研究生班，并附设师范科与选科，成立了相当于系的理论作曲、有键乐器、乐队乐器、声乐和国乐等组，从而形成了两科一班五组及附设师范科与选科的专业设置较为完备的体制，并根据各专业设置的不同情况实施较为灵活的学分制教学制度，各学科和由各专业的专任教员为主导的教学内容，则在实行分为高、中、低级的同时，根据导师的水准和学生的基础与学习状况，实行有一定弹性的灵活管理。

这样的经过实践检验的教学制度，既坚持了专业音乐教学向国际先进水准看齐的高标准，又合乎当时中国的实际情况，有的做法至今仍被沿用，或具有借鉴的意义。

"办学成败的关键是教师，我们一定要想方设法聘请最好的教师来音专任教！"在一次校务会议上，萧友梅斩钉截铁地说。

"政府下拨的钱，已不够学校的日常开支，不足部分还要我们自筹解决，聘请名师，费用从何而来呢？"老师们的忧虑不无道理。

"是啊！人们常说'筑巢引凤'，而音专既无力'筑巢'，且居无定所呢，何来'引凤'？"连教导主任也这样说。

"是的，大家都说得对。聘请那些国内外名师离不开钱，这些费用不能指望政府，只能诸君想办法，大家请放心，我已经同上海几间大型的娱乐场所商谈妥了，每周我们都派员进场演出，这既可锻炼学生，又可增加一笔收入。"

好一个萧友梅，他几乎把当时上海各学科具有真才实学的中外音乐家，如朱英、吴伯超、应尚能、李惟宁、萧淑娴、陈洪、赵梅伯（后6人均由欧美留学归来）、苏石林、阿萨科夫、拉查雷夫、介楚士奇、史丕烈多诺夫、施拉维诺夫、华丽丝、克里洛娃、达拉密西等先后聘请来音专任教，就连国文、英文等公共课，聘请的也都是易韦斋、龙榆生（时为暨南大学国文系主任）及陈慧、梁就明（均曾留美）等学有专长的名家任教。另请青主专任杂志《乐艺》及校刊《音》的主编。

当时在上海的外籍音乐家，或来沪演出逗留的外籍音乐家，只要有真才实学的，萧友梅千方百计聘来任教，而最为著名的是鲍里斯·查哈罗夫（B. Zakharoff），他是著名钢琴家，原为圣彼得堡音乐院资深钢琴教授，1929年来沪演出并逗留，经过萧友梅"三顾茅庐"式的再三诚恳求聘，以高于校长的薪金，聘其为音专钢琴组主任，教授出了一大批中国钢琴家，后终老于上海。

在萧友梅的旗帜下，国立音专聚集了一批高水平的音乐师资，形成了在当时全国最强的专业音乐教学力量。

有了这许多高水平的师资，就不难理解音专就能在被"降格"为专科学校的情况下，仍然具备一流高等音乐学校的教学水平了。

"音乐艺术，不等同其他学科，勤奋很重要，而天赋与兴趣是必备的。"基于这一认识，萧友梅坚持经过严格考核录取入学学生；同时，从为社会培养更多音乐人才和尤重于普及音乐的长远考虑出发，实施了一些灵活的选拔学生制度。如采取由各省保送特长生再经学校测评的办法，向各偏远省区招生。

来自广西的陈传熙就说，由于这一年"设在上海的我国最高音乐学府国立音乐专科学校在桂招生，并给考取第一名的学生享受官费待遇"，他这个当时还只是音乐爱好者而求学无门的偏远地区的学生，才得以进入音专深造，"从此走上了音乐工作的道路"。

有优秀的教师，优质的生源，加上先进的管理制度，音专的教育水平一日千里，在社会上广受好评。但是，萧友梅还是高兴不起来，因为他还有一个心结未解。

"不把新校舍建起来，我死不瞑目。"一次，萧友梅在学校的教务会议上说。

教务主任黄自表示认同，不过忧虑地说道："学校因经费问题不断搬迁，是无奈之举，然而长此下去，对教学质量造成的影响是巨大的，家大业大，开支大，政府财政困难，现在能维持下去已是不错了！"

"难道我们就这样无了期地等下去吗？再发生一次'倒梅'事件，我看音乐取缔也有可能啊！"此前因之而引发的"倒梅"事件，至今令萧友梅心有余悸。

萧友梅下了死决心要改变居无定所只能靠租赁校舍办学的状况，他成立了"音专校舍筹备委员会"的专门机构，萧友梅自任主任，邀请了一些社会名人当委员，以更好的方式向社会各方筹募捐款。

他多次请求中英庚款、中华教育文化基金给予赞助；自己也竭力而为，发动师生向社会各界募捐，共募到 12744 元，引起了社会各界的关注。

也许感动了上天，这个时候，适逢妹夫王世杰当上教育总长，经过王世杰的帮助，南京政府中政会 1934 年 8 月拨给校舍建筑费 80000 元，接着教育部又拨给 40000 元。至此，筹有足够的资金建校舍了。

经过设计与建筑的两次招标，一年多时间的基建，于 1935 年 10 月 21 日在上海江湾市京路的 16 亩土地上建成新校舍。

按当时的经济条件来说，这是一座相当宏伟的建筑了，在校舍主体楼的大门西侧，是两排琴房，琴房中间是一大片绿草如茵的广场。

从广场进入主楼，大礼堂、合奏厅、图书馆、课室、办公室和宿舍等，都相当宽敞，同之前在租界租来校舍和到处搬家相比，的确是"鸟枪换炮"了。

萧友梅和音专师生都因了却了心愿，有了自己梦寐以求的办学与攻读根据地而兴奋不已。

"我们终于有了属于自己的家了。"看着崭新的校舍，萧友梅少有地大声笑了起来。

"萧校长也该有自己的家了！"同事周淑安看着为办学的事而操劳不断，已头发花白的萧友梅关切地说。

这时的萧友梅已过天命之年，足足51岁了，可还是孑然一身。多年以来，他把全部的精力都倾注于音乐事业之中，曾说"我已经同音乐结婚了"。就这样，错过了一次又一次的姻缘。

萧友梅与妻女合照

现在，梦想实现了，应该是考虑个人终身大事的时候了，经周淑安的热情介绍，他认识了沪江大学毕业的学生戚粹真。

戚粹真不仅美丽大方，而且气质非凡，她是虔诚的基督教徒，认识不久，就反复劝说萧友梅入教。可是直率的萧友梅回应说："我是学哲学的，是个无神论者，我一生做学问。结论是不要相信任何宗教迷信！"

这一说，差点令两人分手了，但戚粹真终被萧友梅正直率真的个性以及渊博的学识深深吸引。1932年，双十节那天，萧友梅与戚粹真去杭州旅行结婚，证婚人是国画大师林风眠。萧友梅婚后育有一儿一女，儿子萧勤后来成为著名画家；女儿雪真，继承母亲的基因，美丽贤惠。这也算是上天回赠给他的厚礼吧！

婚后的萧友梅并没有将主要精力用在家庭上，仍是为国家的音乐事业而劳心劳力。

萧友梅按照自己的理想全力推进中国的现代专业音乐教育，经过他的努力，国立音专成为具有相当规模与国际水准的中国最高音乐学府。

在 1929 年至 1937 年的 8 年间，国立音专将中国近代音乐教育带进了第一个黄金时代，同时也对中国音乐未来的五十年产生了极其深远的影响。

这 8 年从音专各科各专业共走出了 54 名毕业生，其中包括丁善德、戴粹伦、刘雪庵、谭小麟、李献敏、裘复生等，而肄业的则有 150 名，包括贺绿汀、江定仙、陈田鹤、冼星海、张曙、吕骥等。他们都是中国现代音乐的中坚。

萧友梅为中国音乐事业的发展可谓呕心沥血，有一位署名啸天的作者曾发表文章指出：

"如果萧友梅还健在，全国所有的音乐学院的校长都要下岗！"这或许有点过誉，但从侧面说明萧友梅在音乐教育上的过人之处！

●尽瘁现代音乐，升华民族精神

正当国立音乐专科学校在艰难困苦中勇猛精进的时候，1937 年相继爆发了卢沟桥事变，而在 8 月 13 日前夕，上海响起了日本侵略者飞机大炮的轰鸣声。新校舍的"甜蜜"还不足两年，便又回到了居无定所、到处搬家的窘境。

而此次的事变，比任何一次都来得严重，萧友梅表现出异常的坚强果敢，他拒绝逃离上海避难，决心与国立音专共存亡。

8 月 9 日至 10 日，音专新校舍遭日机轰炸。在日本鬼子炸弹炮火的威胁下，萧友梅临危不乱，组织师生把乐器、书谱与教学设备安全运到市内法租界，在法租界的马斯南路（今思南路）58 号、高恩路（今高安路）432 号、西爱咸斯路（今永嘉路）418 弄 2 号和麦脱赫斯路（今泰安路）227 弄 8 号租到了房，为学校分散上课、办公与学生寄宿的暂栖之地。

在此异常艰难的时刻，出现了不少奇谈怪论："现在打仗了，音乐帮不上忙，还是把音专解散算了！"

当有记者问到萧友梅对这个问题的看法时，他不假思索地回应：

音乐就是振奋民族精神、激发民族自信、共同侮敌的武器！所以，音专只能加强，何来解散之理？……

言语铿锵，掷地有声。他在全校的一次抗日动员大会上，慷慨激昂地说：

> 音乐决不仅仅是一种时髦的消遣，是可有可无的娱乐。当一个民族承受巨大灾难的时候，音乐将更能激发人们战胜灾难的决心和斗志……

> 音乐应该即刻从非意识的境界苏醒过来，回到意识的境界，意识地替国家服务！

萧友梅从来没有把音乐视为是娱乐的一种工具，早在1928年"五卅惨案"及随后的国民政府交涉员蔡公时等17人被日军残忍杀害的事件发生后，萧友梅就提出："以音乐教育为武器，以另一种方式战斗在革命的后方。"

他接二连三地创作了《国难歌》《国民革命歌》《国耻》三首歌曲，激奋人心，尤其是那首最早的抗日歌曲——《国耻》，更是传唱一时：

> 五卅惨案血未干，济案国耻又失节，日本占我济南，杀我民众，阻我北伐想将我国灭！亲爱的同胞啊！我们有鲜红的热血，要夺回济南，血洗国耻，铲除国贼！……

1931年"九一八"事变后的第5天，萧友梅就成立了音专"抗日救国会"和"鼓舞敌忾后援音乐会"，发起抗日救亡歌咏运动。

国难当头，植根于萧友梅灵魂深处的那颗民族情、爱国心，促使他以音乐为武器，积极投身到抗日的洪流中去。他庄严地号召"提倡服务的音乐""提倡集团歌唱""提倡军乐队""音乐到民间去"，一直到"从服务中建立中国的国民乐派""跟随中华民族的解放而获得中国音乐的出路"。

屡遭侵略者炮火劫难和饱尝民族危亡之苦的音专师生，具有强烈的爱国激情和民族意识，一直为抗战鼓与吹。萧友梅率领师生走出校门，歌唱爱国歌曲，宣传救亡。为抗日义勇军募捐了1000多元，并汇寄给黑龙江马占山义勇军。当时，这是不少的数目。接着萧友梅还为这支军队创作了一首鼓动人心的歌曲——《从军歌》。

1937 年 11 月，上海沦陷，迫于国际舆论压力，侵略者在上海苏州河南岸的公共租界前，停住了战争的步伐，公共租界因此成为暂时的净土，被称为"孤岛"。随着战线节节西移，炮声虽已远去，而成为孤岛的上海，形势日益紧张。

萧友梅十分担心学生的安全，基于这一良好愿望，他想将音专迁往内地，并为此冒着危险只身经香港兼程赶往武汉与教育部会商，但基于各种原因，未获批。

萧友梅返回上海后，并没有灰心丧气，而是以坚强的毅力，在举步维艰、朝不保夕的条件下，勉力维持着办学。

1937 年 11 月，萧友梅在音专创办的《音乐月刊》发刊词中写道："在此非常时期，必须注意利用音乐唤起民众意识与加强民众爱国心。"

国难当头，萧友梅把音乐教育的境界再一步升华！

在这样的危难情势下，音专自江湾迁入法租界后，租了几处民房，化整为零。为了隐蔽生存，再未挂过校牌，对外用"私立上海音乐院"的假图章，虽不挂原来的校牌，但仍坚持招生、开学、上课。他不断革新，采用中西结合的教育体制，使国立音专成为当时具有相当规模与国际水准的中国最高音乐学府，培养出了一大批高水准的音乐专门人才，创造出了累累的音乐成果，并对社会产生重要影响的一所真正的高等音乐学府。

"提到现代音乐必提萧友梅，提出音乐教育必提萧友梅。"

萧友梅的名声如日中天，引起汪精卫汉奸政府的注意。1940 年 7 月 1 日，汪精卫利用留日与同盟会的老关系，亲自上门，威逼利诱，妄图拉萧友梅下水。

此时的萧友梅，虽然贫病交加，且处于险恶的环境中，但他毫无所动，严词拒绝了汪精卫的延揽，不附逆，且蓄胡明志，彰显了他的高风亮节和不屈不挠的爱国精神。

为风雨飘摇中的音专操尽了心的萧友梅，这时已身染沉疴，正需要得力助手帮忙的时候，其主要的助手黄自突然因伤寒病亡故。

这对萧友梅是巨大的打击，身体每况愈下。但身为校长的他还为音专学生开设了"朗诵法"（汉语音韵学）和"旧乐沿革"（中国古代音乐史）两门新课，以随编随讲的方式，编成和刻印了两课的系统讲稿与教材。

到了 1940 年入秋以后，萧友梅病体日重，只得请假休息，依靠给主持校务、教务的陈洪先生送字条，来传达他处理诸事的意见。

直到 1940 年的 12 月 23 日，他最后一次到校视事后，便不得不进入一所比较廉价的小医院——体仁医院（那里正好是曾被租用为音专校舍的辣斐德路——今复兴中路的 1325 号）。躺在病床上的萧友梅，仍挂心着学校。

12 月 28 日上午，萧友梅的夫人戚粹真找来牧师为他忏悔祷告。可是，萧友梅再三挥手要牧师出去，说："我无愧于人间，不用祈祷，也无悔可忏！"显示了他坚定的唯物人生观。

当日下午音专教务主任陈洪先生最后一次去看望萧友梅，萧友梅气若游丝地说："过两天，学校就要举行考试了！"

"校长放心，学生们会考好的！"未待萧友梅说完，陈洪主任接口道。

"不，不，我不是这个意思。这个我放心。我是说，眼看天气一天天寒冷，而学校琴房的门户是漏风的，要裁一些硬纸条把门缝密封起来，避免寒风的侵袭，以保护学生的双手。学生的双手是用来弹琴的，必须要好好保护啊！"

这是萧友梅最后的遗言，从那时起，一直到临终也没有说过一句话。

1940 年 12 月 31 日，中国现代音乐史上开天辟地的一代宗师——萧友梅在上海体仁医院病逝，享年 56 岁。

当陈洪把萧友梅去世的消息带回学校时，全校的学生都哭了。他们唱着他创作的校歌，自发为他举行追思仪式，师生联名请求中央与教育部，优以抚恤。

之前，他深爱的学生曾不自觉地重重伤害了他；而这一次，算是学生对他的感恩回报吧！国民政府中央社刊登了萧友梅病逝的简讯：

> 国立音乐专科学校校长萧友梅近在沪病逝。萧氏早年受知于国父，加入同盟会。30 年来教授音乐，诲人不倦。抗战军兴，国立音专毁于炮火，奉教部命在沪继续兴办，虽环境艰苦，萧氏迄未稍

息。近日敌伪在沪横行，环境日恶，忧劳成疾，终致不起。萧氏身后萧条，几无以为葬。该校全体师生，联名请求中央与教育部，优以抚恤。

"腹有诗书气自华！"一个人的修养与学识，决定了一个人思想的高度与深度，萧友梅以他博学惊世的才华为音乐界留下了许多传世的不朽之作，不仅是作曲方面，而且在史、论、评、述、文献、翻译、考证、出版等方面，都有著作面世，水平很高。

萧友梅一生致力于音乐教育，为音乐的推广做出了巨大的贡献，在抗日战争的艰苦危险的环境中，由他缔造的国立音乐学院（音专）一直没有停止教学，一直坚持到抗战胜利。这，就是他的丰碑！

"音乐救国"是萧友梅的思想核心。这是他将自己毕生精力投入于中国音乐教育建设的主要出发点，即"普及国民音乐教育，救起音乐不振的中国"。

萧友梅作为中国近代音乐发展过程中资历最老、学识丰富的第一代音乐家的代表，他除了拥有丰富的知识外，更是拥有一种对音乐的热爱、对祖国的忠诚。

可惜，这颗中国现代音乐的启明星过早地陨落了，但他所开创的中国现代音乐，所创作的歌曲静静地流淌在人们的血液里，一次次地敲击着人们的灵魂，犹如天籁之音，百年回响！

"没有萧友梅就没有中国现代音乐，至少这一天会很迟很迟到来。"萧友梅已成为中国现代音乐的代名词，后人不会忘记他。

萧友梅，人如其名。他，就是一树绽放的寒梅，素馨沁人，流芳百世。后人有首《西江月》赞道：

回忆前尘渺渺，琴音似水澜回。管弦三弄点寒梅，一曲绕梁声碎。

十载寒窗不懈，一朝成就英才。中西和韵汇高台，尽显精英风采。

第十三章 天纵英才逾伦匹
行云流水一奇僧

词曰：

　　天高地迥，栖何处？都付闲云野鹤。遁入空门深似海，梦里红尘碧落。俗也僧耶，浑然入世，尔生犹未觉。破钵芒鞋，孑然唯自相踱。

　　樱瓣点染袈裟，情缘未了，何堪嗟世浊。泼墨挥毫多写意，天赋英才博学。革命襟怀，昂然孤愤，无计疗民瘼。茫茫烟水，天涯浪迹漂泊。

——调寄《念奴娇》

　　苏曼殊（1884—1918），原名戬，字子谷，小名三郎，学名元瑛（亦作玄瑛），法名博经，法号曼殊，笔名印禅、苏湜。近代著名作家、诗人、翻译家、艺术家。

　　广东省香山县沥溪村（今属珠海市）人，出身富商之家，母亲是日本人。苏曼殊自幼仪容出众，天生惊才绝艳，具有多方面的才能，诗、文、小说、绘画无不精通，通晓日、英、法、梵诸种文字，译过拜伦和雨果的著作，是第一个把雨果小说和拜伦、雪莱的诗介绍到中国来的翻译家。代表作品有《悲惨世界》《哀希腊》《拜伦诗选》《娑罗海滨遁迹记》等，奠定了他在中外文化交流史上的首席地位。他是个知识渊博的学者，编撰过《梵文典》《埃及古教考》《汉英辞典》《粤英辞典》等专著。曾创作恋情小说六部，开鸳鸯蝴蝶派小说先河，他的诗"清艳明秀"，别具一格，影响甚大，被誉为是"中国古典诗词的最后一座高峰"，后人将其著作编成《曼殊全集》（共 5 卷）。国学大师章太炎称苏曼殊是"亘古未见之天才"。

　　苏曼殊曾追随孙中山干革命，以笔为枪，成为闻名遐迩的"革命和尚"。作为革新派的文学团体南社的重要成员，苏曼殊曾在《民报》《新青年》等刊物上投稿。

苏曼殊是僧人，其千古才情和经历，以及特立独行的个性，被后人称为"诗僧""画僧""情僧""革命僧"。

● 身世之苦，难言之恫

天，黑了。月光，从云层透出，迷蒙而凄清。

"妈妈呀！妈妈——"

从苏家柴房里传出撕心裂肺的哭叫声，间或"噔、噔、噔"的踢门声。哭声由强变弱，最终随着一句"你妈死回横滨了，你再哭、再踢，我把你拿到后门山上喂狗！"戛然而止。

夜，深了。柴房里又传出断断续续、轻微的哭声。刚好，堂兄的妻子苏嫂起身小解经过柴房，听到哭声吓了一大跳。好奇心驱使她停下来，静心一听，分明是孩子的哭声，遂把反锁着的柴门打开。

苏嫂进门，看到屋内的状况显然愣住了。那间柴房里，透过从窗外射进的月光，可见堆放了不少柴草，墙壁黑乎乎的，屋顶结了些蜘蛛网，甚是阴森。这都不打紧，大抵柴房都是这样，可怕的是在这样的环境下，有一个小孩蜷缩在靠门的柴堆上。定睛一看，竟然是苏家大少苏曼殊。他的身体正不停地颤抖着，睁着一双无助的眼睛看了苏嫂一眼，微弱地叫了一声"嫂！嫂"就昏睡过去了。

苏嫂看着苏曼殊那副奄奄一息的样子，心里"咯噔"一下，似乎明白了什么事，泪水忍不住簌簌而下。说了声"多可怜的孩子啊"，然后俯下身子，吃力地把苏曼殊抱起来，带到自家房里。用手摸摸苏曼殊额头，滚烫、滚烫的，高烧得厉害。她连忙跑到屋外，借着月光，在路边的牛呐树上摘了一把叶子，接着又跑到村外的田基里采了一把螃蜞菜，然后回到院子，再摘了一把黄皮树叶，抓一把米炒至焦黄一并放进锅里，加上清水，放上几片生姜，煮沸十多分钟，用碗盛住，温度稍降，即一口一口地喂给苏曼殊服下。

乡下缺医少药，遇到重感冒发高烧的，都是采用土办法，就地取材，挺有效的。果然，过了一个时辰，苏曼殊的高烧就退了下来，等到天亮，即送他到县城石岐诊治。就这样，好心的苏嫂把苏曼殊救了。

449

是谁这么狠心把生病的苏曼殊放在柴房里呢？事情还应从头说起。

日本自明治维新后，走上了富强的道路。1859 年，横滨开港，那些远离家乡的华人来到一片清寂的横滨，两手空空的他们凭着双手，搭棚建房，坐贾行商，白手起家。当背山临海的日本横滨，发展成为一个人烟辐辏、繁华富庶的大商埠时，他们当中的华人，尽管有人一辈子都抑郁难散，蹙眉不舒；但也有不少华人事业有成，衣锦还乡。

广东省香山县因毗邻香港、澳门，很多人都以此为跳板出国谋生，繁华的日本横滨便是其中一站。在横滨经商的众多华侨中，有一位常戴瓜皮帽、身穿马褂的商人，几乎垄断了当地的茶叶市场，被称为"茶叶大王"，在当地颇有名气。他就是苏曼殊的父亲——苏杰生。

苏杰生起初是在上海的一间洋行当买办，后为承父业，赴日经商。由于经营有方，家道殷实；又因他慷慨好施，在地方口碑甚佳。40 岁时，苏杰生已娶三房妻妾，正室黄氏、大陈氏、小陈氏分别为妾，不久在日本当地他又娶了个温良姣美的河合仙为妾。在那个年代，男人"一妻三妾"是很正常的事。很快河合仙帮他生了个儿子，叫苏焯。再过两年，正室黄氏为他生了第二个儿子苏火焜。

苏杰生依然一天到晚忙于生意应酬，偶尔返横滨，或陪客喝酒，或泡茶馆。河合仙不懂中文，与正室黄氏，姜大陈氏、小陈氏难以沟通，一天到晚独守空房，深感寂寞。

待苏杰生回家，被冷落家中的河合仙，向老公诉说了孤独。经老公同意，她函召妹妹若子来做伴，想不到为老公召来了"内遇"。

若子只有 16 岁，中学毕业后，待字闺中。人长得五官标致，身材饱满，举止又温柔，宛如含苞欲放的樱花。若子的妩媚与靓丽深深地吸引了苏杰生，但碍于是小姨，一直不敢造次，一度只是停留在欣赏阶段。但有一次，终于使他下决心要占有若子。

一天，若子正弯下腰来擦地板，肉奶奶的胸儿不经意间露了出来，让苏杰生看到了。阅尽人间春色的苏杰生不以为然，但让他激动与战栗的是若子两乳之间的那颗红痣。"胸有红痣，心生贵子！"乡下相士明明白白的说法，他早铭记于心。有"贵子"以继乡灯、光耀门庭，是这时大多数成功男人的渴求。为此，苏杰生暗下决心，一定要把若子弄到手。

说实在的，苏杰生长得不俗，且又是一个经商成功人士，若子心里一直都很羡慕姐姐嫁了一个如意郎君。而若子每次见到这个风流倜傥的姐夫，芳心也有所动。同样，碍于是姐夫的情分，起初并无非分之想。但姐夫接二连三送东西给她，已经深深地打动了她。每次见到姐夫，心里莫明其妙地泛起涟漪。

正所谓，哥有情、妹有意。开始时，若子还是半推半搡，最后还是抵不住苏杰生的进攻，不久，若子珠胎暗结。

这一切自然瞒不过河合仙。苏杰生向河合仙做了解释，希望得到她谅解。温顺的河合仙听了苏杰生解释的那番大道理，表示原谅、理解老公。

若子的肚皮一天比一天大起来，很快就要临产了。按日本习俗，生子需另择住所。无奈，苏杰生只好非其所愿地让河合仙与若子迁往横滨云绪町一丁目五番地同住。

不久，孩子降生了，是一个儿子。这一年，若子只有 19 岁，苏杰生 39 岁，河合仙 36 岁，最年轻的还是同在横滨的庶母大陈氏，只有 17 岁。

苏曼殊上面还有两个哥哥，长子苏焯，为妾河合仙所生，次子苏火焜，为正室黄氏所出，苏曼殊是苏杰生的第三个儿子，所以取了一个乳名叫三郎。苏杰生后来还生了五个女儿。

若子生下"贵子"，苏杰生自然喜不自禁，但冷静下来，他有点怕，因为自己毕竟是一个有身份的人，与老婆的妹妹私通之事败露，会给声誉带来很大的影响。但转念一想，这不是自己早料到的结果吗？问题是，若子也担心让父母知道，会活活把两老气死。

苏杰生与河合仙姐妹商量了一个晚上，大家思前想后，决定让若子将襁褓中的苏曼殊转交河合仙抚养，对外说，三郎是河合仙所生的。不，索性就让河合仙认下三郎这个儿子罢了。

因此，苏曼殊生下来未足三月，若子便被迫给孩子断奶，最痛苦的是亲生母子骨肉分离，临别时，若子哭得像个泪人。所幸有亲姐抚养，聊以安慰。

苏曼殊出生后，也许是过早断奶，体弱多病，"几死者屡"，之所以没有夭殇，全赖河合仙的悉心抚养和外祖父、外祖母的百般怜爱。

苏曼殊 5 岁那年，大陈氏仍连年生女，终未得男孩。女多男少的状况令苏杰生打破种种顾虑，决定让苏曼殊认祖归宗，将其外祖父所起的日本名字"宗之助"改为"亚戬"。从此,苏亚戬脉管里流淌的一半是大汉民族的精,一半是大和民族的血。长大了以后,在他心目中,东瀛与赤县,都是故国,又都是他乡。

因"依照家乡法例,歧视日女,不容(河合仙子)为家妇",就在苏曼殊6岁那年,苏曼殊被嫡母苏杰生的元配黄氏带回沥溪老家,与养育他的慈母河合仙分居两地。

沥溪村,南宋始,简、苏、容三姓族人先后来此落户谋生,其中简姓人家占大多数,而苏姓据传为苏东坡后裔,外出经商较多,村里人口数远少于简姓。在明清时还处于海边,溪流纵横交错,称为百沥港,能事农桑鱼虾。

背山面水的沥溪村,山上松柏蓊郁,修篁滴翠,村前河溪,水色澄明,游鳞可掬,是一处山清水秀的所在。

苏曼殊回到老家。这时的苏家大致有这么些人:年已73的祖父苏瑞文,65岁的祖母林棠,43岁的庶祖母容氏,41岁的嫡母黄氏。还有苏曼殊的兄弟姐妹们。面对着第一次见面的祖父祖母和众多的同龄伙伴。苏曼殊一点也不感到羞怯。不过,每当夜幕降临的时候,喧嚣过后,安静一来,幼小的苏曼殊会想念远在日本的母亲。

起初,苏家的长辈们对这个日本来的小男孩还是十分喜爱的,祖母林氏更是对他"食宿同之",苏曼殊在长辈的疼爱下快乐地生活,逐渐与家里年龄相仿的兄弟姐妹混熟,一同玩耍,其乐融融。

苏曼殊7岁时被送进村里的简氏大宗祠读书。

从前,差不多每条村都有宗氏祠堂。祠堂的首要功能是祭祀祖先,"慎终追远,民德归厚"。一般而言,祠堂只有春秋祭祀,平时是空着的,所以祠堂往往又是家族的子弟学校,成为私塾的所在。

简氏大宗祠在苏家巷东面,尚氏家族的私塾亦设在此,距苏曼殊的居室仅百米。简氏家族为本家子弟求助功名而在此开办私塾。家长都希望自己的后代兴旺,礼请的都是有德行、有学问的老师。

沥溪村有个举人,叫苏若泉,学问渊博,为人纯良,简氏家族高薪请了他来简氏大宗祠当老师。自然,苏氏家族的子女也就可以进入简氏大宗祠的私塾读书了。

那年,苏曼殊入私塾读书,开始了人生最初的启蒙教育。

老师讲课时,手里常拿着一把戒尺,若学生违反课堂纪律或答不出问题，就要打手掌心。在老师看来，对于小小蒙童来说，将来要求取功名，不挨打怎么成呢？所以在当地有"不打不成人，打到做官人"的说法。

苏曼殊极少挨打，因为他实在太聪明了，反应敏捷，甚得塾师喜爱。但凡事都有例外，有一次，苏曼殊差点挨了打。

一天，老师在讲课，见苏曼殊不听课，埋着头不知在画什么东西，于是提问道："苏亚戬，站起来，我问你，刚才我讲到《论语》中，说到一个有大作为的人必须要树立刚强不屈的伟大人格，请你根据其意，讲出这句话的原句？"

"曾子曰：'士不可以不弘毅，任重而道远。仁以为己任，不亦重乎？死而后已，不亦远乎？'"苏曼殊高声应答。

"嗯！"老先生连连点头，心中暗暗称奇，手中的戒尺，早已放回讲台上。但老师还是把他所画的画没收了。

不看还好，一看，苏老师呆了。苏曼殊画了两张画，一张画的正是老师上课的情状，形神兼备。苏若泉是一个能诗善画之人，看苏曼殊所画，哪像是个小孩所画的？没有数十年功力断然画不出。课余细问之下，苏曼殊真的从未跟任何人学过绘画之事，更觉不可思议。

其实，苏曼殊绘画的天分，在日本 4 岁那年就显现出来了。当时，苏曼殊的亲生母亲若子已嫁给一位海军军官，她思念儿子，专门接苏曼殊来东京小住，并带他去动物园游玩。回来后，苏曼殊即"伏地绘师（狮）子频伸状，栩栩欲活"，这无疑是苏曼殊的第一次"创作"，也是苏曼殊绘画天才的初次展露。

苏绍贤在《先叔苏曼殊之少年时代》中写道："年甫五岁，先祖母黄氏及玉章祖舅携归广东。在舟中时，曾向人索铅笔及纸，绘一大舟，人取视之，则俨然已所乘之汽船也。众以为异。其于四五岁间，所绘各物，无一不肖，于绘画天才，盖具有夙根云。"

话说回来，苏老师拿着这幅画，貌似教训地道："学而时习之，自己懂了，听多一次，这又何妨？不论自己多聪明，上课也要认真听讲，这也是尊师重道的体现。"

苏曼殊连连点头。最后，老师称赞了他的画，并把画归还了苏曼殊。

苏曼殊在这里找到了自信。从此，他每日画个不停，山泉、溪水、白雾、翠竹、野鹤、山鸡、绿草、山地、田埂、老树、耕牛等都是他描画的对象。他常常随心将这些小品赠与同学以及左邻右舍，令老师和同学、乡亲对他刮目相看，渐渐的，村民们都称苏曼殊为小画家。

苏曼殊在入私塾读书期间，深受老师器重，也深得乡邻和同学们的喜爱，他在这里度过了一段欢乐时光。

好景不长，两年后，1892 年冬，苏杰生在横滨的生意失败，携带妻儿回到沥溪。苏曼殊不但没有喜从中来，相反，噩梦却慢慢拉开了序幕。

本来，父亲回来，苏曼殊欢天喜地，但当他不见日思夜想的母亲河合仙时，心情一下子沉了下来，口中不停地追问其父："妈妈呢？我要妈妈！"

"我与你妈分开了，大妈、二妈就是你妈妈！"父亲黑着脸回应。

"我不要！我不要！"小曼殊一听父母分离了，母亲留在遥远不可触及的日本横滨。他号啕大哭。

大陈氏见状，走上前把他拉开，并找来棍子狠狠地打，口中不停地说"让你哭、让你哭！"

父亲与母亲关系彻底破裂，母亲独自留居日本，这对苏曼殊来说，是一个天要塌下来的坏消息，意味着他所强烈渴求的那份母爱，也被褫夺了！

那年，苏曼殊 9 岁，嫡母黄氏与祖母皆年龄已长，从日本归来的大陈氏年轻漂亮，成为家中的实际主妇。大陈氏因生的全是女儿而嫉恨苏曼殊，常向苏曼殊翻白眼，令苏曼殊倍感无助和恐惧。

客观地说，苏杰生是喜欢这个凤慧天成的儿子的，乐得由他来光耀苏家的门楣，从他为苏曼殊的求学所做的安排，以及日后为儿子安排亲事种种就可佐证。

不过，当时的苏杰生与河合仙离异后，苏杰生受到重大刺激，正所谓"爱屋及乌"，他是"恨屋及乌"。对河合仙的不屑，都转嫁到苏曼殊身上了，苏曼殊一不小心就会遭到父亲的呵斥和谩骂。

父亲的冷漠，加重了苏曼殊的被遗弃感和孤独感。

转眼间，苏杰生在家乡待了三年，坐吃山崩，他终于联络到上海的亲朋好友，愿意为他经商铺路搭桥。苏杰生决定到上海经营生意，准备重振往日的雄风。

1895 年 3 月初，苏杰生带大陈氏及其女儿赴上海重新经营他的商业，再次抛下孤零零的苏曼殊。苏曼殊在苏家的地位变得更加尴尬，亲友们认为他虽然是个男孩，但苏杰生远走上海却不带上他，可见他在父亲心目中并没有地位，对苏曼殊的冷嘲热讽越来越尖锐，越来越露骨了。

苏杰生离开家乡前往上海这年，正逢中日甲午战争爆发。反日的声浪叠起，苏曼殊的存在却总能让人们想起仇恨。他朦胧地感到周围弥漫着一种不受欢迎的冷漠气氛。苏曼殊年幼，并不知道这是因为"东洋杂种"这个身份，更不会想到中日甲午战争会影响到自己。在街上玩耍，时常会被一些调皮的同龄人欺负，远远见到他，就捡起石子砸他，口里骂着："打死你这个东洋杂种！"

面对外人的欺负，年幼无助的苏曼殊只能跑回家躲避。回到家里，除祖父母对他加以呵护外，在那样一个一父数母、各爱其子女的家庭里，大多数成员与他都有隔膜。

寒风冷雨，枯柴断岸。苏曼殊唯有更加思念远在日本的母亲，每天日落时分，他都孤零零地站在村口，遥望远方，盼望母亲回来。

偏偏在这个时候，苏曼殊不幸染上严重的疟疾，持续发高烧。他瞬间感觉大脑如同要被燃烧掉一样疼痛，茶饭不思，走几步便倒地。他的黑心婶婶发现苏曼殊病了不但不带他看病，反而把他反锁在柴房里，"以待毙"，所以才有开头的一幕。

饱受虐待、大难不死的遭遇，使他性情大变，一改原来活泼好动的个性，变得"性孤特，与人罕语"，又"以身体衰弱之故"，"一年而大半为病魔所困"。性格更加孤僻，极少与人言语，可是，一旦与人发生争执则滔滔不绝，一直驳到对方无可辩驳。

苏曼殊因"东洋杂种"的身份，从 7 岁到 13 岁，受尽歧视，只有在私塾上课时，他才感到开心。当然，在家乡的私塾，最大的收获，是为他打下了厚实的国学基础。

● 参禅未定，情犹未绝

苏曼殊幸得善良的苏嫂相救才捡回一条命，但此遭际让他从此痛恨这个冷漠的家。病愈后，他变得不爱说笑，整天埋头看书，除了儒家经典著作之外，佛教类的书也开始涉猎，从书中他知道："人世是红火坑，佛门是清净地。"

有一天晚上，他做了一个梦，梦见类古建筑庙宇次第排列，梵音袅袅，木鱼声声。庙宇周围大片大片的莲花竞相开放，好一派清幽洁净美丽的世界！

早上醒来，步出院门，遇到从位处县城石岐的天门白衣古寺到此化缘的大师，苏曼殊竟一路跟着。

母子离散，心凉似冰。"家"已对苏曼殊失去了最后的一点吸引力，他要离家出走。但是，天大地大，去哪里呢？大师的出现似乎是定数，他一路尾随大师一道化缘。

走了一段路，他回头看了一眼渐行渐远的村庄，眼睛里流淌着绝望忧伤的眼泪。

沥溪村，别了！

当太阳落山的时候，终于来到天门白衣古寺，看到古寺周围遍野的莲花，与梦境何其相似？他觉得有一种前所未有的解脱。

"大师让我留下吧，我再也不想回家了！"他向寺院住持哭诉了自己悲惨的遭遇。

"孩子，你叫什么名字？"

"我叫苏戬，乳名三郎。"

"你读过书吗？"

"我自6岁在村里读了近七年的私塾。"

"嗯！"住持双目微合，眸子暗暗打量了他一下，说："你小小年纪，遁入空门，将来你能经得起红尘、世俗的侵扰吗？"

"师父，你收下我吧，我相信自己能经得起！"

大师听了苏曼殊凄惨的哭诉，动了恻隐之心，于是收留了他。

"师父，我还有一事相求。"

"说吧！"

"我，我担心家人找上门来，故还请大师带我离开家乡，去别处寺院吧！"

经苏曼殊苦苦恳求，住持修书一封，让在寺里挂单的赞初大师带他来到广州的六榕寺（亦名长寿寺）。

六榕寺的住持看了书信，微微颔颔头收下了苏曼殊。

苏曼殊就在这里削发为僧，这是他的首次剃度出家。

苏曼殊心里发誓，再也不回家里那个让他受尽凌辱、不堪回首的地方。而此后，他真的再也没有踏进苏家大院一步——甚至在他父亲弥留之际托人带信要见他最后一面，他也没回去。

客观地说，苏曼殊的这一出家之举，是带有负气的成分，实质上是对不容于己的生存环境的悲愤抗议。

按佛制，12 岁出家，还是一个小孩，住持让他帮忙开山门，打扫卫生。清闲时读经。苏曼殊天资聪慧，记性超人，在短短时间里，他已背熟了《坛经》《金刚经》《法华经》，且颇有心得。

六榕寺的住持见他这么有天分，希望他成为理想的衣钵继承人，但事情的发展没有按住持的意愿走下去。

一天，有几只鸽子飞来寺院觅食，苏曼殊用树枝驱赶了几回，鸽子也不飞走，却飞在寺院前面的木棉树枝丫上扑腾着翅膀，似挑衅状。苏曼殊火了，随手在地上拿起石头向鸽子飞掷过去。

这段时间，为驱赶乌鸦，曼殊投掷石子的力度、准确度提高了。这下可好，鸽子让他掷中，应声落下，在地上扑腾了几下，便死了。

这时，离午饭时间还早。苏曼殊正饥肠辘辘。入寺院后，没沾过半点荤腥，想起家乡"石岐红烧乳鸽"这道名菜，口水直流。

他找了几块石头、砖块，在墙角处垒成炉子，捡了一堆柴枝、树叶放在炉的中间，点起火来。很快，红红的火苗顿时升腾而起。他用竹枝插进鸽身架在炉上烤。不一会儿，鸽子烤熟了，一股香喷喷的气味扑鼻而来。

好一只"红烧乳鸽"！苏曼殊迫不及待，双手拿起鸽子就啃。他正吃得津津有味，突然听到一声断喝："佛门禁地，严禁杀生！你竟在此烤食鸽肉，这还了得?!"

话音未落，苏曼殊手中已啃了一半的红烧乳鸽也跌落地上。

原来，乳鸽被烤熟的香味顺风飘到寺院里面了，住持让知事循着香味查来，发现苏曼殊在此烤鸽，气得眼冒金星。

当严厉的住持听了知事的禀告后，觉得苏曼殊犯了寺规，不能饶恕，下令将他逐出山门。

此时此刻，苏曼殊真是有庙难回，有家难归了。他成了一只飘零的孤雁。

457

天地之大，哪里是栖身之所？他无路可走，只好返回家乡的天门白衣古寺。天门白衣古寺的住持对他说："你刚犯戒，古寺也不能收你。你还是到上海找你父亲吧。"

"到上海找我父亲？"苏曼殊有点摸不着头脑。

住持告诉苏曼殊，前段时间，他的姑母返沥溪，始知其离家出走，于是到处寻访，终找上古寺来。住持将情况说了，苏曼殊姑母表示理解，离开寺院时，留下地址，让苏曼殊与她联系，一起到上海找父亲。

清光绪二十二年（1896）冬，苏曼殊告别了家乡，随着姑母来到上海这个陌生的城市。

不久，苏曼殊便在父亲的安排下，从西班牙庄湘牧师学习英文，苏杰生让儿子学英文的动机，无非是想让儿子学成后当买办，继承自己的家业跟洋人做生意。但对苏曼殊这一人生道路的设计，却为他以后成为文学家、翻译家奠定了扎实的外文基础。

一排排的英文单词，一句句西班牙语，像诗句，似奏鸣曲，在苏曼殊的大脑里过目不忘。与生俱来的语言天赋开启了他的眼界，苏曼殊实

在太聪明了，不到一年时间，他就学会了英语和西班牙语，随时可以此两种语言同庄湘牧师父女俩进行交流。庄湘发现了苏曼殊的独特天赋与才华，从此对他高看一眼。

庄湘牧师有个女儿叫雪鸿，与苏曼殊同窗共砚。初次见面，雪鸿那双典型的西班牙美女的大眼睛，浑身散发着的西班牙女郎特有的狂放不羁的野性美，深深地揪住了苏曼殊那颗易于动情的心，而苏曼殊那双清澈无尘的眼睛及出众的才华也深深吸引了雪鸿。稍过时日，加深了解，爱慕日深。

庄湘牧师也从心底喜欢这个悟性超人的少年，有意将雪鸿许配给苏曼殊，而雪鸿亦钟情于苏曼殊。但当庄湘欲撮合二人时，苏曼殊竟垂泪托词："吾证法身久矣，辱命奈何？"说毕，以佛命难违为由拂袖离去。

在上海的这段时间里，苏曼殊的生活有了很大的改善。可一年后，因祖父苏文瑞病重，苏杰生匆匆还乡，苏曼殊只好寄居在上海的姑母家，从此父子二人隔如参商，再未谋面。

苏曼殊终日思念着他的"东瀛母亲"，执意要离开繁俗不堪的上海，东渡寻母。他从姑母口中得知，父亲曾经帮助过的表兄林紫垣现在生意做得不错，准备到日本发展。他一听，喜从心来，于是通过姑母游

说其父，以到日本读书深造为由，让他跟随表兄林紫垣去日本。

光绪二十四年（1898），在姑母家已寄居了四年的苏曼殊，告别了疼他的姑母，随着表兄林紫垣一起东渡求学——这是苏曼殊回国后第一次重返他的出生地——日本横滨，这年苏曼殊15岁。

甫抵横滨，苏曼殊便进入横滨大同学校就读。

这所学校是1898年由孙中山首倡，当地华侨捐款建成的一座侨校。学生中，10%是土生土长的日本人，60%是华裔后代，教学用语是中文（广东话）、日文和英文。在此期间，苏曼殊先在仅授中文的乙级学习两年，接着升到兼授中英文的甲级。

苏曼殊有一个同班同学叫冯自由，不但成绩好，而且异常活跃，在学校里很有威信，同学之间有什么纠纷，只要他一出现，一下子就化干戈为玉帛。他对苏曼殊很关照，两人很快就结为至交。

苏曼殊天资颖悟，加之孜孜向学，在学业上颇有进境。值得称道的是，苏曼殊笔法挺秀的画作让人称奇，很快声名鹊起。据其侄子苏绍贤回忆：

> 先叔初入大同学校，常于暇绘僧像，学念经，以为乐。所着之衣，所剃之头，一举一动，酷类僧人，同学咸呼之曰"苏和尚"。

当时学校缺美术教员，便由只有15岁的他兼教美术课，后来梁启超到此校任教，其所编教科书，插图也全部出自苏曼殊之手。

在课余，苏曼殊仍想方设法寻找母亲河合仙。可是，连一点追寻的线索都没有，他只能凭着幼年依稀留存的印象，东奔西找，结果一无所获。

想起当初母亲经常带他到港口玩，于是每天放学后，他就来到横滨港口，期待在这里能见到母亲。但夏去秋来，凉风渐起，秋阳渐沉，皆一无所获。

正当苏曼殊失望之际，冯自由找了一位当地人帮助他，几经探寻，终于找到了河合仙的居所——云绪町，见到了暌隔多年的母亲河合仙。

母子二人相见，悲喜交集，相互喊了一声，即抱头哭成一团。

母子相见，何合仙喜极而泣，苏曼殊"奉母村居"，住在他当年出生的逗子樱山村，这条小村庄，面临小溪，清流萦回，景色幽绝。有一种远离尘世喧嚣的感觉。苏曼殊在此享受天伦，心情怡悦、平静。

隔溪而居，卧室相对的有一女郎，叫菊子，鸭蛋形的脸庞，娇好可人。因彼此相望，竟而擦出了爱的火花。她熟稔中日两国文学，且有自己独特的见解，就像是造物主赐给苏曼殊孤独心灵的红颜知己。

两人一见倾心，很快发展到书信传情。他们无可避免地相爱了。"情网已张，插翅难飞，此其时矣。"是菊子主动追求他的，菊子"手书丹霞诗笺"，有一次，竟"以红线系蜻蜓背上，使徐徐飞入（余）曼殊窗，意似怜余蹭蹬也者"。诗曰：

> 青阳启佳时，白日丽旸谷。
> 新碧映郊坰，芳蕤缀林木。
> 轻露养篁荣，和风送芬馥。
> 密叶结重阴，繁华绕四屋。
> 万汇皆专与，嗟我守茕独。
> 故居久不归，庭草为谁绿？
> 览物叹离群，何以慰心曲。

这首诗充满柔情的诗意深深地打动了苏曼殊。

很快，他们的恋情让苏曼殊的本家叔叔知道了。因为菊子是艺妓，所以叔叔斥责苏曼殊败坏了苏家名声。加上他叔叔知道，其父已经在老家为他定了一门亲事，只等苏曼殊毕业后回家完婚。这位本家叔叔受苏杰生之托正看管着苏曼殊，他也太负责了，竟问罪于菊子父母，痛陈其女儿"勾引"曼殊一事。菊子父母听了，羞愧无比，盛怒之下，当众痛打了菊子。结果，当天夜里，菊子蹈海殉情而死。

芳魂一缕，玉殒香消。苏曼殊大恸，愤而疾书，留下这首后来传颂世间的名篇：

> 人间花草太匆匆，春未残时花已空。
> 自是神仙沦小谪，不须惆怅忆芳容。

数年后，苏曼殊以自己与菊子的初恋为题材创作了自传体爱情小说——《断鸿零雁记》，这是一部痛彻骨髓和柔肠百断的爱情小说，文辞婉丽，情节曲折动人，曾风行一时，引得不少痴情男女泪湿襟衫，因有少男少女看了这部小说之后竟然自杀，故有人撰文善意提醒，苏曼殊的小说，意志薄弱的人万万不可读。可见苏曼殊文学作品的强大艺术感染力。

菊子之死令苏曼殊万念俱灰，他怀着情殇后的深哀剧痛，负气地悄然离开日本回到中国广东。他来到了广州白云山蒲涧寺，更以"自刎"的方式要挟住持和尚为其剃度，"大方家毋吝此区区一席之地，容我潦倒残生。不然将自刎座前矣！"寺里住持不得不让他当了"门徒僧"，这是苏曼殊第二次出家。

于是，身着僧袍的苏曼殊，每天听着暮鼓晨钟，度着寂寞时光。白天里，偶有稀疏香客，斑驳阳光；黑夜里，只有清风朗月，数点星辰。然而，"'山斋饭罢浑无事，满钵擎来尽落花'。此境不足为外人道矣"，有位游方僧常见苏曼殊眉目之间堆砌愁惨之色，便问道："披剃以来，奚为多忧生之叹耶？"

"今虽出家，以情求道，是以忧耳。"苏曼殊却如斯回答。

苏曼殊说"以情求道"，而事实上是缘木求鱼，他想皈依佛门，却放不下世俗的潮起潮落。

今朝厌倦俗世繁华，明日又惧怕寺院空寂清冷。

佛曰：尘缘未了，不能修行。

苏曼殊"闭关"三个月后，在一个月白风清的夜晚，悄然离开了蒲涧寺。1900 年春，他返回日本横滨，继续求学。

461

●激情似火，才情万丈

从表面上看，苏曼殊个性很沉静，少言寡语，冷傲处世，不愿与人交往，给人拒人千里之外的印象。不了解他的人都觉得他难以相处，但是接近了，却发现他是热心肠，待人真挚。

同时他有着异常敏感、冲动的个性。这种性格的确很容易做错事，从他一受到刺激就做出种种的出格行为就可印证。然而，事物是有两面性的，偏偏是这样的个性，使他对人生的感受力、领悟力，往往超过常人数倍。

苏曼殊回到横滨大同学校，虽停学了一段时间，但并不影响他的学习，他轻易就赶上学习进度，并且毕业成绩突出。1902年，18岁的苏曼殊考入早稻田大学高等预科中国留学生部。早稻田大学是反清革命志士云集之地，在此求学期间，他寄居在牛込区夏本町的一间学生公寓里，与他同宿舍的有原来已认识的冯自由，新认识的陈独秀、章太炎等。陈独秀是中国共产党创始人，中共早期最高的领导人；而章太炎则被称为当代大儒。

在这里，苏曼殊参加了章太炎等人组织的青年会，与同是青年会会员的陈独秀从相识到相知，成为终身的朋友。这年，陈独秀24岁，苏曼殊19岁。苏曼殊的朋友圈里，多了一班爱憎分明、热血方刚的青年人，从他们身上，苏曼殊感觉到每天都有熔岩在沸腾。

这一年正值戊戌变法失败，新潮由维新转成革命。在日本的留学生，是革命派的大本营，大同学校、早稻田大学等学府自然也有呼应。

一日，冯自由邀苏曼殊听演讲。

"听谁演讲？有什么好听的，我不想去！"苏曼殊直言。

"你去了就知道，不去就后悔，跟我走吧！"冯自由不由分说。

两人来到学校礼堂，座位上已经满座，过道上也站着很多人。

这时，只见一个英姿勃发的男子正站在讲台上慷慨激昂地演讲，声音雄浑有力，真的是"感到有一种宏伟的气魄"。

"同学们，遭逢世变，我堂堂中华民族，被卖国求荣的清帝国搞得满目疮痍。中国已经到危亡之时。身为中国人岂能坐视不理，袖手旁观？同学们，我等虽为文弱书生，亦当奋袂而起，有钱出钱，有力出力，报效祖国！"

苏曼殊一直入神地听着，觉得眼前这位带有浓重家乡口音的人物的一番话，句句贯义理，字字挟风雷，如同火山喷发一样的激情演讲感染了无数怀有爱国激情的中国人。苏曼殊的心灵第一次受到如此强烈的震撼。

也许苏曼殊想不到，在这个异国城市的角落里，被称为孙中山的年轻人日后能成为伟人，被尊为国父。

"咦！此人是谁？"

"啊，你的老乡也不认识？他就是大名鼎鼎的孙中山啊！"

"啊，他就是被清政府通缉的'匪首'孙中山？"

苏曼殊听了冯自由的介绍，恍然大悟，眼前演讲的人就是那个因革命而被清廷缉捕的孙中山。

苏曼殊对孙中山的崇拜之情油然而生。这时，他借口有事离席。一会儿，手里拿着一幅画回来，原来他到后台，要过纸笔，把孙中山的演讲情状绘画出来，想作为见面礼送给孙中山。

"你与孙中山相熟吗？介绍给我认识吧！"苏曼殊兴奋地说。

冯自由知他离席，是为了画一幅画送给孙中山。他太了解曼殊特立独行的个性，故会心一笑，点头应允。

演讲毕，冯自由真的把苏曼殊介绍给孙中山。

这时，孙中山正与陈独秀、黄兴一众交谈。冯自由在孙中山耳边说了几句，即让苏曼殊把那幅画递上来。这是一幅水墨画，墨迹未干，在这么短时间内，能画出如此形神兼备的画，在场者个个赞不绝口，孙中山也十分"激赏"，为这个小老乡有如此才华而高兴，他与苏曼殊握手勉励一番，然后又匆匆告别。

当时，许多人知道苏曼殊擅绘画，连当地影响极大的画家也盛赞其画"风格独特、难觅来处，精妙绝伦"。可是，他文学方面的天才并未为人所熟知。一日，陈独秀对苏曼殊说：

"你会作诗吗？"

"往昔在乡下也跟私塾老师学过一下。"

陈独秀是一个很有学问的人，抱着是长兄对小弟关爱之情，对曼殊说："《论语》有云：'诗、书、执礼，皆雅言也。'"又说，"'不学诗，无以言。'"

陈独秀让苏曼殊好好学诗，并亲自教他，也许是在家乡打下了厚实的国学根基，加上天资聪颖，苏曼殊一点就明，出手皆佳作，陈独秀觉得无能力再教下去。于是推荐他给章太炎。

章太炎是个大学问家，架子也很大。想听他讲课的人太多，他来上课，五六个弟子陪同，由刘半农任翻译，钱玄同写板书，马幼渔倒茶水，可谓盛况空前。

章太炎对着苏曼殊，不客气地说："你来听我上课是你的幸运，当然也是我的幸运。"幸亏有后一句铺垫，要是光听前一句，那可真狂到天上去了。

想不到，苏曼殊只听了章太炎一节课，便立即"失踪"，朋友遍寻不见，后来才知道他嫌老章讲课太闷，太啰唆，索性跑出外边朋友处找吃的，回去即躲在陋室多日不出，写就诗作、文章数十篇，篇篇精彩，令骄傲自负的章太炎也刮目相看。所以，柳亚子说"曼殊的文学才能，不是死读书读出来的，全靠他的天才"。此话一点不假。

按章士钊回忆，初识苏曼殊，作文文理一般，但稍加点拨，文笔就判若两人，"出语殊妙，浑然天成"。

> 狂歌走马遍天涯，斗酒黄鸡处士家。
> 逢君别有伤心在，且看寒梅未落花。

这是苏曼殊"失踪"后作的其中之一首诗《憩平原别邸赠去玄》，三言两语就把流浪者的潇洒豪情描写得淋漓尽致！

那首《无题诗》更是诗中有画，情景交融：

> 柳阴深处马蹄骄，无际银沙逐退潮。
> 茅店冰旗知市近，满山红叶女郎樵。

随手拈来，首首经典，如不食人间烟火，天籁之音。

学校很快放假了。

一日，苏曼殊对陈独秀说，要借学校放假之机，专门到泰国、印度、斯里兰卡等佛教国家游历。

"你又不懂梵文，前往有何益处呢？"陈独秀疑惑地问。

"这容易，学堂之余便可学好。"

"距假期时间这么短，没可能学会。"陈独秀直白。

梵文是古代印度的语言文字，很少人能够读懂。陈独秀说得在理。

苏曼殊听了，并不作声，他通过朋友在当地请了一个懂梵文的老师，只用了一个月的时间，就学会了别人数十年才能弄懂的梵文，在游历暹罗时，师从一位名叫乔悉磨的长老，由此进入印度古典文学和佛学的新天地。很快，令人惊叹的是，他编撰了一部《梵文典》八卷，填补了中国佛教史上的一页空白。该书在《天义报》上发表，立即在学术界引起强烈的反响。章太炎、刘师培都为之作序。陈独秀曾以熙州仲子的名义为之题诗，致贺：

千年绝学从今起，愿罄全功利有情。

罗典文章曾再世，悉昙天语竟销声。

众生茧缚乌难白，人性泥涂马不鸣。

本愿不随春梦去，雪山深处见先生。

这时的苏曼殊不但能诗擅画，而且精通中文、英文、法文、日文、梵文、西班牙文等语言。别人穷其一生，精通一种语言也不容易，他竟精通了六种语言。于苏曼殊而言，精通多国语言，不仅仅是沟通的工具，也是翻译著作的基础。

苏曼殊在求知和创作道路上从未止步，而对他母亲的思念也是与日俱增。每当假期，或去别处再返日本，苏曼殊总是去探望母亲。

何合仙是个颇有文化的才女，她曾为苏曼殊的画册作序，"同离中天云逐风，雁影凄凉落照中。吾儿画此景独多。"可见母亲与儿子的心最近。她最期盼的是儿子早日成家立室，不再孤独。

有一天，他应母亲之召，风尘仆仆来到母亲居所，却见不到母亲，竟见到一个漂亮女子侧身坐在椅上。一缕青丝散披在肩际，体态苗条优雅。那女子听到声音，转过身来，开口道：

"啊，三郎弟，原来是你，我与你真有缘啊，刚到你家，你就回来了！"

这是静子，是苏曼殊的姨表姐。"姑表是亲人，姨表是闲人"，当地有这么一个说法。静子属远房表姐。

"嗯，是、是，真有缘。"苏曼殊毫无心理准备，不觉大窘，语无伦次。

他正想抽身走开，河合仙进门，却大声训斥，道："哎呀，我儿回来了，这是你静子表姐，男子汉大丈夫，这还不大大方方陪表姐说句话。"

说完，向静子打了一下眼色，借口到市场买菜离开了。

早前，母亲有意将静子许配给苏曼殊，但当时苏曼殊属意菊子，故此作罢。而菊子死后，河合仙极力撮合苏曼殊与静子成婚。

这时的静子，两颊绯红，河合仙走开，一时静寂无声，两人不知说什么好。

沉默，难堪的沉默。还是静子胆大，她走上前，一只玉笋般的纤纤素手，握住苏曼殊的手掌，微启芳唇，轻声道：

"我们也走吧！"

说毕，挽住苏曼殊的左臂，向海边走去。

大海，无边无际的蔚蓝，两人的心，如飞起的浪花起伏。但手臂相连，心境各异。

两人在海边的沙滩走着、走着，曼殊"哎哟！"一声，他的一条腿陷进泥滩里。原来他俩不知不觉，行过了沙滩，到了泥滩的地段也浑然不觉。静子用手大力拉扯，苏曼殊自己也使劲用力拔，但陷进泥巴里的腿如何也拔不出来。

苏曼殊正彷徨之际，耳畔响起另一种声音：

"沙弥十戒中有一条'不娶不淫'。你作茧自缚，惟有挥剑斩情丝！否则将越陷越深！"

苏曼殊一听，恍然大悟，双手合十，口中说道："罪过！罪过！弟子知罪。"

说也奇怪，陷进去的腿，毫不费力便轻易地拔了出来。

苏曼殊抬头一看，眼前的静子瞬时判若两人：她那双秋水般的明眸里，不再是欣悦、期待与炽热，而是疑虑、迷惘甚至痛苦。

苏曼殊明白，聪慧的静子已明白了什么。她嘤嘤低泣。两人不再手挽着手，一言不发，各自回家。

第二天早晨，苏曼殊不辞而别，留给静子一封诀别信：

静姊妆次：

呜呼，吾与吾姊终古永诀矣！余实三戒俱足之僧，永不容与女子共住者也。吾姊盛情殷渥，高义干云，吾非木石，云胡不感？然余固是水曜离胎，遭世有难言之恫，又胡忍以飘摇危苦之躯，扰吾姊此生哀乐耶？今兹手持寒锡，作远头陀矣。尘尘刹刹，会面无因；伏维吾姊，贷我残生，夫复何云？倏忽离家，未克另禀阿姨、阿母，幸吾姊慈悲哀愍，代白此心；并婉劝二老切勿悲念顽儿身世，以时强饭加衣，即所以怜儿也。

幼弟三郎含泪顶礼

苏曼殊把信放在台上，即背着行李，悄然离开静子。是的，行李可轻松地背走，但是，他背不走的是一个"情"字，行囊里装的还有"色空"二字。这一次，是苏曼殊亲手埋葬了爱情。尽管静子有思想准备，但毕竟用情太深，不久，痴情的静子便抑郁致疾，芳魂缥缈。

后来，苏曼殊有诗纪念：

> 孤灯引梦记朦胧，风雨邻庵夜半钟。
> 我再来时人已去，涉江谁为采芙蓉。

此后，深深的负罪感，无法排遣的忧伤，一齐压在苏曼殊的心上。

他为解忧郁，一日，在陈独秀的相陪下，出去解闷，一起去一间艺伎馆听音乐。

开场了，只见一个身材苗条的女子，踏着碎步缓缓地走上舞台。

苏曼殊眼前为之一亮，被其姿色体态惊呆了，觉得她和其他漂亮的女孩子不一样。她腰肢细小，走路轻盈，双眼含情脉脉的，顾盼生辉。不过，脂粉难掩其有点泛青的白净脸色，一副弱不禁风的样子，这与《红楼梦》中的林黛玉何其相似！

演奏开始。

苏曼殊看着那女子纤纤玉手，拨动根根筝弦，声音似从指尖流出，那曲调悠扬悲戚，触动了苏曼殊满腹愁肠，一曲弹完，他已泪湿沾襟。

这个女子若仙女下凡，实在令他痴迷，找人一打听，始知那女子叫百助枫子，自幼失去父母，靠奶奶拉扯大，在这里卖唱为生。

苏曼殊听了，颇有"同是天涯沦落人"的感慨。第二天始，他独自来听了好几回，连在台上弹奏古筝的百助枫子也注意到了。

有人说，但凡搞文学的人，都有着超出普通人的敏感和孤独，而这两种特质在苏曼殊身上尤为突出。这晚，苏曼殊终于按捺不住那颗躁动的心，找人要过纸笔，即席赋诗一首，然后叫侍应递了上去，诗曰：

> 无量春愁无量恨，一时都向指间鸣。
> 我亦艰难多病日，哪堪重听八云筝。

当百助枫子弹奏毕，看着这首诗，仿佛被什么击中，一下子呆了。显然，百助枫子被苏曼殊这首诗深深地打动了。她抬起头看着台下，只见苏曼殊正向她招手。

她款款地走下台，来到苏曼殊身边。深深地弯下腰来，道：

"你就是那位写诗的先生吗?"

苏曼殊连忙站起身，施礼道："嗯，正是。"

然后，苏曼殊把椅子拉开，让百助枫子坐下。他近距离地看着温文尔雅、素静如玉的百助枫子，一时不知所措。

百助枫子毕竟是见过世面的女子，主动与他拉起家常。

一个是去国离乡，满腔悲愤的才子，一个是阅尽世事，柔肠百结的艺伎，两人一见如故，引为知音。百助枫子给他讲述了自己的身世，竟与苏曼殊的身世相似。苏曼殊感到这是一种奇缘，感情又一次波涛汹涌起来。再为百助枫子写下一首诗：

> 碧玉莫愁身世贱，同乡仙子独销魂。
>
> 袈裟点点疑樱瓣，半是脂痕半泪痕。

"同乡仙子"指百助枫子。百助枫子为横滨人，而苏曼殊也生于横滨。苏殊曼深情地对百助枫子说：你美丽若天仙般，让我倾倒，也为我们相同的身世和境遇而共鸣。我这袈裟上点点的樱花瓣的水痕，一半是你的脂粉所留，一半是我抛洒的同是天涯沦落人的泪迹。

苏曼殊自从认识了歌妓百助枫子，生活开始鲜亮起来。他们谈诗论画，还专为百助枫子画像一幅，画中美人低头拨弦，眉间有水莲花的娇羞与轻愁。当晚苏曼殊把画送了过去，百助枫子看着画中的自己，对曼殊的爱意更浓。有诗记之：

> 偷尝天女唇中露，几度临风拭泪痕。
>
> 日日思卿令人老，孤窗无语正黄昏。

此诗讲的是亲吻，不止于心灵的爱慕，已经是事实恋爱了。

终于有一晚，颇解风情的百助枫子，轻解罗衣，主动以身相许，苏曼殊看着"肌似雪"的百助枫子，抑制住冲动。这时，儿时的阴影，难忘的初恋，现实爱情的甜蜜，没有归宿的情感，所有的一切，无时无刻不在折磨着他。不，千万不能造次，他一声不吭，拿起纸笔，饱含深情地表达了难以言喻的隐痛，写下以下诗句：

> 乌舍凌波肌似雪，亲持红叶索题诗。
> 还卿一钵无情泪，恨不相逢未剃时！

冰雪聪明的百助枫子，看了这首诗，哽咽地说："燕子既要飞去，谁也阻挡不了。"她也许为了成全这个出家人，在樱花飘落的季节，与苏曼殊分道扬镳。苏曼殊实在为情所困，为情所伤，他纵使悲楚，纵使挣扎，也只能仰望苍天，大声悲歌：

> 桃腮檀口坐吹笙，春水难量旧恨盈。
> 华严瀑布高千尺，未及卿卿爱我情。

一看，就是爱的自白，可是超越欲望的爱情一旦化成诗句，便完全不沾人间烟火气。在苏曼殊的诗歌中，你能呼吸到他干净而深藏的绝望：

> 十日樱花作意开，绕花岂惜日千回。
> 昨来风雨偏相厄，谁向人天诉此哀？
> 忍见胡沙埋艳骨，休将清泪滴深怀。
> 多情漫向他年忆，一寸春心早已灰！

此时苏曼殊对百助枫子动了真情，爱得入骨，竟然为她一人写下十首诗，上面仅是其中的几首，而首首超凡绝尘。他在沉沦中怅怅不可终日，等到百助枫子寄来安慰，送来温暖的春风，苏曼殊的理智才在春风中渐渐地苏醒返校继续他的学业。

●以笔为枪，涉足革命

苏曼殊回到学校，刚放下行李，就被冯自由拉去听演讲。这次不是在学校的礼堂里聚集，因为他们的活动受到日本政府的干预，而改在一个废弃的仓库里。里面聚集了不少人，除了冯自由、陈独秀、黄兴、章太炎之外，还有邹容、陶成章、廖仲恺⋯⋯

这是一批驰骋于 20 世纪初的政治舞台上的精英人物，他们不愿让生命落空，在孙中山的旗帜下，为中国的生死存亡孜孜以求。

"空前深重的历史劫难就在我们跟前，但我们的国人都睡着了，还在做春秋大梦，再不醒过来，将亡国亡种！"

台上，孙中山正大声疾呼。

"那，请问孙先生，拿什么拯救我们的民族，我们的国家呢？"陈独秀在台下大声问。

孙中山点了点头，继续说：

"诸君，大家知道，封建帝制是中国落后的根源，清入主中原后，无所不用其极，把这种制度和满族原有的奴隶制改造组合，使专制主义登峰造极！而清的野蛮统治是近代中国落后的根本原因！所以，唯有'三民主义'才能够救中国，现在首要的任务就是驱除鞑虏，恢复中华！创立共和国！"

台下，群情激昂，邹容举起手喊道："是的，我们要醒过来了，把我们的苦闷抛在一边，把孤独遗向过去，在三民主义指引下，肩着苦难，沐着血腥，驱除鞑虏，恢复中华！"

苏曼殊又一次震撼了，他想，王朝太黑暗，太腐朽了，天柱将倾，四维欲绝，国人犹自酣沉于梦寐。为了国家、民族，我的老乡孙中山东奔西走，而我却为情所困，那如何对得起我的民族、我的国家呢？

一日，苏曼殊问冯自由："我是手无抓鸡之力的书生，如何报效国家呢？"

冯自由答道："孙中山不是说要唤醒民众吗？要唤醒民众，必须要加强革命舆论宣传。"

冯自由向苏曼殊介绍，孙中山为了进行革命宣传，几乎在有华人的地方都创办了报纸，如 1900 年在日本横滨就创办了《开智录》，在香港又创办兴中会机关报《中国日报》，随后又在日本东京、新加坡创办了同盟会机关报《民报》等。

冯自由说："报纸大部分运送到国内宣传，我们可以在这些报上投稿啊！"

"不过，"冯自由话锋一转，又道，"我们办报目的是为了进行革命宣传，不谋一分钱之利。各报社经费主要依赖华侨捐助，经常入不敷出，捉襟见肘。"

"我识绘画，卖画所得以助报社吧！"苏曼殊主动提出，且说，"佛若无助，又岂能普度众生？"

"对啊！你可以用你的画笔、诗笔、义笔、译笔，投射黑暗！"冯自由激励道。

苏曼殊的画淡雅出尘，境界清高。平时求他作画的人络绎不绝，但他生性浪漫，率性而为。美女求相赠，必有求必应；若是男子求画，不论你官多大，多有钱，多被谢绝。

但现在是为助报社反清筹款，苏曼殊二话没说，即投入创作。

《扑蟆图》《写忆翁诗意图》等画作先后在市面流传或在报刊上刊登。这些作品多以揭露黑暗社会，唤起民众为主题，苏曼殊多题诗其上，图文并茂，诗画俱绝。这些画作迅速在社会上流传，并且震惊了美术界，引来好评如潮。

"自创新宗，不依傍他人门户。"

"秀逸之气，时人无能望其项背。"

"无世俗尘士气，遗世独立，决非他人所可企及。"

连与齐白石齐名的国画大师黄宾虹多年后也感叹："曼殊一生，只留下几十幅画，可惜他早死了，但就凭那几十幅画，其分量也就够抵得过我一辈子的多少幅画！"

柳无忌更是大为感叹："他的艺术如此独特、卓越，观赏起来比任何言语所能形容得都要好。曼殊的画超越了自然和生活的真实，而达到一种现代中国绘画里的空灵美。"

好评如潮，自然洛阳纸贵。苏曼殊把卖画所得收入如数捐出。及后，章太炎等人在东京办《民报》，鲁迅在东京办《新刊》，刘师培办《天义报》，陈独秀、章士钊办《国民报》都曾得到苏曼殊的赞助。

处身于这样一个革命气氛异常浓烈的时代，孙中山等革命者的言行，无疑激发了苏曼殊履险犯难的意志。苏曼殊进入了思想转变的关键时期。他开始为故国河山破碎而感伤。他在《忆西湖》中这样写道：

春雨楼头尺八箫，何时归看浙江潮？
芒鞋破钵无人识，踏过樱花第几桥？

在那样一个血与火的动荡时代，的确是需要一大批以激情、勇气、冲动、彪悍精神为生命特征的勇士。

为了革命的需要，1903 年春，在孙中山的授意下，由横滨侨商保送，苏曼殊等一批有先进思想的留学生从早稻田大学高等预科转学至成城军校。

孙中山还让苏曼殊等 20 多个留日学生组成义勇队，每天早晨练习射击，以备回国参加武装起义。他学习陆军，立志做一个杀敌的军人，与蔡锷为先后校友。接着苏曼殊还报名参加了反对沙俄侵占我国东北的"拒俄义勇队"、军国民教育会，与廖仲恺等组织留日学生每天清晨秘密集会，到大森林练习射击。后终以羸弱之躯，不能上前线，遂有意执笔为枪。

苏曼殊参加革命的事让他表兄林紫垣知道了。畏惧革命的林紫垣以断其经济相要挟，逼其返国。这让苏曼殊很受伤。他在回国前给表哥写信扬言要自杀，有了"脱弃浊世之心"：

> 伶丁一身，顾茫然，天下之大，竟无我容身之地；学业未成，壮志难伸，弗如一死耳！

抗争不成，9 月初，苏曼殊怀着无尽的怅恨，搭上了"博爱丸"号轮船返国。汤国顿（苏曼殊在大同学校时的老师）、苏维翰（曼殊的堂兄）、冯自由、张文渭、百助枫子（苏曼殊的日本女友）闻讯后冒雨前来送行。

在回国的船上，苏曼殊扶着船栏，看着滚滚的长江水，茫茫一片，不禁心绪悲凉，想起了当年齐国的鲁仲连宁蹈海而死也不帝秦的壮举，心潮起伏。他把心中悲愤宣泄在赠给汤国顿老师的画上，并题诗其上：

> 蹈海鲁连不帝秦，茫茫烟水着浮身。
> 国民孤愤英雄泪，洒上鲛绡赠故人。
> 海天龙战血玄黄，披发长歌览大荒。
> 易水萧萧人去也，一天明月白如霜。
>
> ——《以诗并画留别汤国顿》

好一个"易水萧萧人去也，一天明月白如霜"！表明了苏曼殊反清之志，何其豪迈！何其壮烈！哪有一丝一毫枯涩沉闷的僧侣气息？

苏曼殊回到家乡香山县城石岐后却步了，并没有随堂兄苏维翰直接回到近在咫尺的沥溪村苏家，而是去了县城石岐附近的白衣古寺。

也许，在他心中，佛门成了他的家，有了事，就要回家。而老家的亲人，虽近在眼前，但在他心里，却遥远了。

这日，苏曼殊来到石岐天门村金山南麓。

此时，已是傍晚，竟下起细雨来，抬头仰视，见山上光彩流溢，似有佛光笼罩，即合十顶礼，口诵佛号，然后拾级而上，见寺中竟无一僧人，却有三三两两的尼姑出入，与他当年所见有所不同，心中甚为疑惑。

苏曼殊刚经过山门，正好，寺院慧如法师步出大殿来，她见眼前这位袈裟披肩的和尚，似曾相识，问过姓名，原来是大名鼎鼎的苏曼殊，立即降阶相迎，接引入内，并索求墨迹。苏曼殊思虑一下，便挥笔写道：

> 白水青山未尽思，人间天上两霏微。
> 轻风细雨红泥寺，不见僧归见燕归。

古寺的山墙一度是红色的，所以白衣寺也有人称为红泥寺，故有"轻风细雨红泥寺"之谓；末句"不见僧归见燕归"，"燕"指尼姑。苏曼殊一生凄苦，四处奔波流浪，上面这首诗可谓是他心境的写照。

慧如法师，颇有才情，见苏曼殊挥笔而就如此动人诗篇，为其才华深深震服，同时也透过纸面，洞悉诗意，觉苏曼殊显然是在询问何以往昔之寺变成了今日之庵。于是，回应道："寺又何妨？庵又如何，如此执着，何以放下？"说毕，口中吟一佛偈：

> 坐破蒲团不用功，何时及第悟心空？
> 真是一番齐着力，桃花三月看飞红。

慧如法师一语道破，令苏曼殊点头不迭。事实上，苏曼殊有许多放不下，故有数度出家还俗之举。此时，苏曼殊接过话题，道："是的，我与众生一样，执着痴迷，不肯放下贪、嗔、痴，又要求得解脱，终究还是困在迷境妄识里面，不能证悟得道。试问，千百年来，人间真正能转迷成悟的又有几人呢？"

慧如法师一时语塞，稍顿，笑道："随缘吧！"

一句"随缘"，道尽世间万物，因这一故事，寺院特意在山墙上写上"看破、放下、自在"六个大字，以警示世人，也为教化众生。后人有诗叹道：

> 香沁云收雨，山青绿映红。
> 晚风传暮鼓，朝日响晨钟。
> 露洒金山润，莲开宝殿雄。
> 人间多少事，都在因缘中。

●浪迹天涯，卓尔不群

苏曼殊在县城石岐只待了两天，便再次离开家乡，四处漂泊。

1905 年，苏曼殊接到消息，好友邹容惨死狱中，接连的打击，使苏曼殊逐步丧失了严肃的生活态度。但是，他又无力改变现实，所以既愤世嫉俗，又无可奈何，终于变得玩世不恭，游戏人间。

苏曼殊来到江浙一带，先后受聘于苏州吴中公学和南京陆军小学。刚到苏州的苏曼殊，不会讲苏州话，人家又不懂粤语，因此沉默寡言。想不到半个月后，竟说得一口流利的苏州话，体现了他极强的语言天赋。在工作之余，他流连于灯火达旦、软玉温乡的秦淮河。

秦淮河是南京的母亲河，素为"六朝烟月之区，金粉荟萃之所"，"衣冠文物，盛于江南；文采风流，甲于海内"，两岸酒家林立，浓酒笙歌，无数商船昼夜往来河上，许多歌女寄身其中，轻歌曼舞，丝竹缥缈。

当时，文人有喝花酒的风气，看中哪位妓女，便将自己名字写在妓女牌下。苏曼殊每次留名都毫无顾忌地写下"和尚"二字。

有一次，他与陈独秀相约同往，苏曼殊穿着西装堂而皇之地进进出出，陈独秀看到妓女牌下苏曼殊写着的"和尚"这二字，不解地问道：

"你既是和尚为何不穿袈裟?"

苏曼殊从容地回答:"穿袈裟吃花酒不太方便。"

话虽如此说,却就因陈独秀这一句话,苏曼殊下次吃花酒,果真穿着袈裟,在莺莺燕燕之中,游刃有余。令陈独秀哭笑不得。包笑天也记录了当时情形。有诗曰:

散花不作拈花笑,漫说谈空入上乘。
记取秋波春月夜,万花簇拥一诗僧。

透过莺莺燕燕的喧闹。此刻,被环肥燕瘦簇拥其中的苏曼殊,有谁说他不是和尚呢? 或许,温柔乡是苏曼殊逃避乱世之选择。因此,纵然袈裟在身,佛祖在心,欢场不过是道场而已。

有人说,苏曼殊有一种刻骨的身世悲凉,母爱之渴。于是,他如飞蛾之扑火,情不自禁扑入天下美好女子的温柔乡,以此慰藉他的孤独,弥补他的心灵之伤。

在秦淮河,渐渐地,他爱上了这里的歌妓金凤。金凤曾出素娟,向苏曼殊索画,但画尚未成,人却已去他乡。为此,苏曼殊十分感伤,用心为金凤作了一幅画。这幅画,春光明媚,湖水碧清,柳枝细长。一人仰卧孤舟,怅然望着空寂的苍穹和飘落的柳絮。在旁题诗道:

好花零落雨绵绵,辜负韶光二月天。
知否玉楼春梦醒,有人愁煞柳如烟。
收将凤纸写相思,莫道人间总不知。
尽日伤心人不见,莫愁还自有愁时。

金凤收到画,看着这两首诗,字里行间透露出眷念之情以及由此而带来的无尽的愁绪。她当即昏厥过去。苏曼殊不愧是"凄绝南朝第一僧",难怪大诗人柳亚子自叹:"文采风流我不如!"

这一年的秋季,苏曼殊来到西湖,寄居在雷峰塔之西的白云庵。

期间,行为十分怪异。每天的黄昏,不论晴天、雨天,他总是披着短褂,赤着脚或穿着木屐,踽踽独行在朦胧的景色中。或泛舟湖上,对月高歌。但每次都是涕泪纵横。哭罢诗兴大发。下面这首是他的即景诗：

> 白云深处拥雷峰，几树寒梅带雪红。
> 离罢垂垂深入定，庵前潭影落疏钟。

有人说，苏曼殊从彼岸而来，是一只迷失在阎浮提的断鸿，他的悲心和情感，此岸的众生是很难理解的。

也许，间或佛光慈雨的沐浴，苏曼殊养就了一颗善心。他在风月场中，从不欺负妓女，如听得座中哪位女子身世凄苦，他必倾囊相赠，更不随便与其发生关系。当时苏曼殊喜爱众多的女子中，对苏曼殊的生活、情感以及创作发生过较多影响的则是歌妓花雪南。

花雪南生性柔曼，姿容美丽，气质清高，娇柔的花雪南种种情态及其身体散发出撩人的芬芳，让曼殊深深着迷。他私下对人说："花雪南甚幽静，可惜朋辈中都叫她。"据说当时女英雄秋瑾十分赏识花雪南，曾赠她七绝两首，以"雪南可人"四字嵌入句首。

行文至此，姑且宕开一笔：

苏曼殊十分敬重秋瑾。后来秋瑾起义被捕就义，苏曼殊不避同党之嫌，毅然扶病撰《秋瑾遗诗·序》。从中看到，"好色"的苏曼殊的"仗义"——为知己者，死何所惧！

花雪南为苏曼殊的胆色才气所吸引，倾恋于曼殊，情意缠绵，未尝稍衰，因而赢得苏曼殊的倾爱，以致"寝于斯，食于斯，衣服杂用之物，咸置其处，几视其家如同己室。与其共衾共枕，更不待言，而终不动性欲"。

花雪南好生奇怪，因为明明有生理反应啊，有冲动，却不行动。问及此，苏曼殊却一本正经地说：

"爱情者，灵魂之空气也。灵魂得爱情而永存，无异躯体恃空气而生活。吾人竟日纭纭，实皆游泳于情海之中。有人说情海即祸水，稍涉即溺。这是误认孽海为情海的话，并不符合实际，只是物极必反。比如登山，及峰为极，越峰则开始下降。性欲也是如此，性欲乃爱情之极。我俩相爱而不及乱，才能永守此情，虽远隔关山，其情不渝，乱则热情锐减。我不欲图肉体之快乐，而伤精神之爱，所以才如此，愿你我共守。"

他有一首专为花雪南写的诗：

> 何处停侬油壁车，西泠终古即天涯。
> 捣莲煮麝春情断，转绿回黄妄意赊。
> 玳瑁窗虚延冷月，芭蕉叶卷抱秋花。
> 伤心怕向妆台照，瘦尽朱颜只自嗟。

传说南齐钱塘名妓苏小小乘坐油壁车与恋人相会，共结同心，苏小小死后葬于杭州西湖西泠桥畔。苏曼殊以苏小小喻花雪南。苏曼殊最终与花雪南分离了，不知是否是因为有冲动没行动的原因？

苏曼殊也许太孤独，所以平素喝酒特别喜欢热闹，喜欢人多，一旦"客少，不欢也"，便让朋友邀朋友，朋友的朋友再邀朋友，一大群人胡吃海喝后各自散去，既不需要通报姓名，也无需言谢。

苏曼殊在上海，孙中山曾吩咐时任上海都督的陈其美多关心他。

有一次，陈其美去探望苏曼殊，发现他正破衣烂裳躺在榻上呻吟不止，问其缘故方知已断粮数日。陈其美万分愧疚，埋怨自己来晚了，并拿出大笔钱财赠送。不久，陈其美又去探望，结果苏曼殊一如前状，钱财早被挥霍光了。陈其美无奈，只得派仆人专门服侍。

喜欢自由自在的苏曼殊如何受得了，很快就离开了上海。

苏曼殊诗画俱绝，向他求画的人一如既往络绎不绝，著作更是一版再版，打破了一切普通书籍的销售记录，一时为出版界盛况。按理，他的生活很滋润，但他不懂"理财"，生活自理能力极差。所得收入除了赞助革命之外，都是"今朝有酒今朝醉"，花费在"食"和"色"上面。加之一生居无定所，让人感到一种难以言说的悲苦。一度生活无着，困顿了一段时间，孙中山先生得知后，让宋教仁接济苏曼殊两百大洋，困苦的苏曼殊接钱后狂喜，遂广发请柬，大宴宾朋，孙、宋亦在被请之列，接帖时，两人对视，哭笑不得。

"如此之人，实在不值得可怜！"宋教仁非常不高兴。

孙中山听了不以为意，眼里含着泪花说："错了，苏曼殊是个受伤的孤儿。他父爱缺席，母爱生离，是一个值得可怜的人。他是一个很纯真的大孩子，难得是一个旷世天才啊！我们应包容他，多关心他！"

最后，孙中山先生说："这就是苏曼殊，走，我们去赴宴，让他高兴高兴吧!"

两三个月后，苏曼殊又来到上海，任《国民日报》翻译，与陈独秀、章士钊、何梅士同事。

中国留日学生在孙中山的精神感召下，以唤起民众、报国雪耻为己任。关心国家危亡，意气风发，以笔为枪，激扬文字。早在1903年8月7日，章士钊在孙中山的指示下，回到上海，与陈独秀等人创办了《国民日报》。

1903年，由苏曼殊翻译的法国大文豪雨果的巨作《悲惨世界》在该报刊连续载。译作由于苏曼殊的出色发挥，正处于"悲惨世界"的中国读者产生了强烈的共鸣，人们争相传阅，迅即在上海、北京等城市的文化界引起轰动，到处打听苏曼殊何许人也。随着《拜伦诗选》《文学因缘》《潮音》《汉英三昧集》等译著问世，奠定了他在中外文化交流史上无与伦比的地位。

与《国民日报》共鸣的《苏报》是当时国内报刊热潮中革命倾向最明显、斗争最有力的报纸之一，被清政府查封，章、邹被拘。苏曼殊为声援章太炎、邹容，反对清廷查封《苏报》做了大量工作。当他意气风发、力图报效国家民族时，《国民日报》竟因内讧而停刊。一种幻灭与绝望之情再次袭击着苏曼殊。

失望之余，他又决定离开上海，尽管陈独秀一再挽留，但他这次执意要走，是不满意报社的烦人事务和无聊的权力争执。他向来天马行空，独往独来，不愿受人制约和管束。临行时，苏曼殊送陈独秀诗：

> 契阔死生君莫问，行云流水一孤僧。
>
> 无端狂笑无端哭，纵有欢肠已似冰。

这首诗说的就是苏曼殊当时自己的心境吧。他怀着怅惘的心情离开上海，前往香港，找到了冯自由，经冯自由介绍来到《中国日报》报馆。

报馆负责人是陈少白。陈少白出生于广东江门外海镇南华里一个基督教牧师家庭，能诗擅写，与孙中山、尤列和杨鹤龄被清政府称为"四大寇"。1895年入兴中会，1900年奉孙中山命从日本回香港办《中国日报》，宣传革命。

"你就是那个父亲死了也不回家，无情无义的苏曼殊？"陈少白接过冯自由的介绍信，一眼未看，丢在一旁，故作不相熟的，语带讥讽。

"你误解了，实有难言之隐。"苏曼殊极力辩解。

"你不用说了，就算父亲有多大的过错，他都是你生身之父，无论如何，父亲病死，都应该回去的。"

"换了是你，你父亲无情地把你母亲抛弃了，你会恨你父亲吗？"苏曼殊怯生生地反驳。

陈少白顿时语塞，无言以对。

原来，数月前，苏杰生在家乡为苏曼殊订下亲事，赶到香港想劝其完婚，苏曼殊却避而不见。在陈少白的劝说下勉强返乡，但是数月后即返港。后来其父病死，苏曼殊这时在上海，陈少白找陈独秀劝其回家，他也不肯回。所以，陈少白见到苏曼殊，心里有气。

第一天上班，就受到陈少白一顿责骂，苏曼殊无所适从，其实，父亲抛弃了母亲，早在苏曼殊心中埋下了仇恨的种子。所以他在得知父亲临死前要见自己时，决然地走开了，这虽然不符合中国的孝之道，却是情有可原的。但无人理解，所以他倍感孤独痛苦。

479

这时，又传来消息，"苏报"案最终判决：章太炎、邹容二人"永远监禁"。而在香港的康有为不识时务，仍在大肆鼓吹保皇立宪。苏曼殊盛怒之下，找陈少白借手枪，声称只身刺杀康有为及其爪牙。展现了他的胆识魄力。但陈少白恐他有失，不肯依他。两人大吵一场，苏曼殊悻悻地离开香港，辗转到了惠州。某日在街头书店中偶然见到一册唐诗的选本，随手一翻，看到的是王摩诘的一首诗：

宿昔朱颜成暮齿，须臾白发变垂髫。
一生几许伤心事，不向空门何处销？

"不向空门何处销？"一语惊醒梦中人，于 1904 年 1 月 4 日，苏曼殊在广东海云寺修禅受戒，拜智向铨禅师为师，正式以"曼殊"为法号出家。这是苏曼殊第三次出家，以"扫叶焚香、送我流年"。

苏曼殊这一次出家，仍然是"脚在空门内，心却在空门外"，内心深处尘缘未了，终又耐不住青灯古佛、芒鞋破钵之苦，狼狈地回到香港中国日报社。与陈少白见面即冰释前嫌。陈少白正等着他画画卖画筹钱，以解报社经费不足之困呢！

短短几十年，中国社会经历了罕见的大动荡，一边是九死不悔的仁人志士浴血图新，一边是封建营垒还在做着拼死的挣扎。

1911 年 10 月 10 日，武昌起义一声枪响，各省纷纷响应，辛亥革命全面爆发。

当时正在爪哇的苏曼殊闻此极为兴奋，急欲回国，他写给柳亚子、马君武的信说："迩者振大汉之天声，想两公都在剑影光中抵掌而谈；不慧远适异国，惟有神驰左右耳。"

待他卖掉书籍、衣服，凑齐路费赶到国内时，孙中山已在南京成立临时政府，宣告两千多年的封建帝制终结。

这时，不少伪革命者已开始争名夺利，孙中山当了临时大总统，请苏曼殊出来担任秘书，他坚辞，说自己只想与朋友"痛饮十日，有吃就行"，孙中山大笑"曼殊率真"。苏曼殊作了一幅《螃蟹》的画，上题"大有横行意，青袍误此身"的诗作，讽刺那些"借革命以营私"之人。他没有享受革命成果，而是异常清醒地告诫大家，革命成果来之不易，万不可"刀枪入库，马放南山"。

苏曼殊的预言是正确的，辛亥革命后，宋教仁被杀，从而引发了"二次革命"。

辛亥革命失败后，苏曼殊意志虽然消沉，但并没有动摇反帝反封建的信心，有诗表其心迹：

> 水晶帘卷一灯昏，寂对河山叩国魂。
> 只是银莺羞不语，恐防重惹旧啼痕。

从 1912 年起，苏曼殊小说进入创作的高峰期，继创作了《断鸿零雁记》这部被誉为民初最成功的小说之后，继而又创作了《绛沙记》《焚剑记》《非梦记》《天涯红泪记》等小说，作品清新流畅，文辞婉丽，情节曲折动人，成为公认的"鸳鸯蝴蝶派"鼻祖。这些作品出版后同样在社会上引起轰动，一时洛阳纸贵，所得稿酬，他大部分捐出，支持反袁斗争。

苏曼殊虽然手无缚鸡之力，上马杀敌不行，但下马草檄则是顶尖高手，他唯有挥动手中的诗笔、文笔、画笔和译笔。

1913 年 7 月 21 日，苏曼殊以个人名义在《民立报》上发表了词锋凌厉的《释曼殊代十方法侣宣言》，完全撕下了嗜血恶魔袁世凯的画皮。其词为：

> ……自民国创造，独夫袁氏作孽作恶，迄今一年。擅操屠刀，杀人如草；幽蓟冤鬼，无帝可诉。诸生平等，杀人者抵；人伐未申，天殛不逭。况辱国失地，蒙边夷亡；四维不张，奸回充斥。上穷碧落，下极黄泉，新造共和，固不知今真安在耶？独夫祸心愈固，天道益晦；雷霆之威，震震斯发。普国以内，同起伐罪之师。衲等虽托身世外，然宗国兴亡，岂无责耶？今直告尔：甘为元凶，不恤兵连祸极，涂炭生灵；即衲等虽以言善习静为怀，亦将起而褫尔之魂！尔谛听之！

正是这篇檄文，为苏曼殊赢得了"革命和尚"的美誉。

这时的孙中山失势了，袁世凯得势了，但苏曼殊坚信"中国非孙中山不行"，他要继续追随孙中山革命。苏曼殊的好友章太炎竟退出同盟会，另组共和党，并被袁世凯骗到北京。苏曼殊因此对章太炎十分反感，他在答萧公书中说："此次过沪，与太炎未尝相遇。此公兴致不浅，知不慧进言之未至，故未造访，闻已北上矣。"

言语间多为不屑，并驰函规劝，苏曼殊就是这么一个爱憎分明的人。

"二次革命"失败，孙中山、黄兴等被迫再次逃亡国外，国民党党员四散。革命成功，转眼袁氏复辟，归于失败，致幻灭情绪在革命队伍中滋蔓。

在这大分化、大瓦解的风云际会当口，唯有孙中山百折不挠，仍负重前行。而苏曼殊等不少革命者目睹革命屡屡失败，朋辈喋血不归，陷入消沉和绝望。

不过，苏曼殊并没有像章太炎那样给自己的脸上抹黑。而是在文学艺术中寻求精神的安宁，在于孱弱的身躯中，迸发出也许短暂，却充满力感的热血光华，特别是当革命需要他发挥所长之时，他又义无反顾地加入其中。为血色年代增添了几许如画的清丽！

1914 年 5 月，国民党机关刊物《民国》于东京创刊，鼓吹反袁，实行"三次革命"。

"文章可当枪，画可当箭。"在陈少白的鼓励下，苏曼殊发挥其所长，以满腔的热血慷慨陈词，笔锋锐利，饱含激情，颇具感染力和批判力。他还在《民报》副刊"天讨"的美术版上发表了《猎狐图》等画作，寓意深刻，仿佛一支支响箭，径直射向反动派的脑门和胸膛。

●一切有情，都无挂碍

这时的苏曼殊实在太忙了，既要写文章，又要作画，但当他静下来的时候，又陷入深深的孤独中。是的，他怨恨的父亲死了，母亲河合仙也改嫁了，而情人菊子、静子早就化作一缕青烟。

好在，他身边有一帮关心他的朋友，平时，各忙各的，但年时年节总忘不了他。春节来了，万家灯火共团圆。今年，又是孙中山让人把苏曼殊接过来，并告诉他，今日约了几个朋友，还有老乡也来，吩咐他千万不要走开。

下午四时左右，除了孙中山所说的老乡，其他人都到齐了。大家都急切地等着。

"咚咚！咚咚！"突然，响起了敲门声。

宋庆龄快步上前把门打开，只见一个上了年纪的老妇人提着大包小包的站在门口。

"啊，是苏嫂！快帮忙拿东西。"宋庆龄道。

苏曼殊顺声望去失声喊道：

"嫂子！原来是你啊！"

"三郎！终于见到你了。我很想你啊！"

两人抱头痛哭，在场的人都为他见到家乡的亲人而高兴。原来，孙中山为哄苏曼殊开心，专门找人从老家接她到日本东京与苏曼殊一起过年。

苏嫂把袋子打开，都是苏曼殊小时候喜欢吃的家乡特产：煎堆、年糕、油角、茶果、粉果，还有杏仁饼、鸡仔饼等。

苏曼殊看着这些家乡特产，开怀大笑。

广东人每年都要在家炸油角煎堆，这叫"开油锅"，炸煎堆，寓意家里人丁兴旺。黄澄澄的煎堆像个大胖小子，稍微触动一下，随即滚动到老远。因此乡下有句俗语，"煎堆辘辘，金银满屋"，意思就是吃煎堆能够为家里人带来财气。

苏嫂带来的年糕，更是春节时乡下必做的应节食品，蒸年糕的时间很长，要整整一天，要不时加热水，所以乡下人都叫年糕"大笨糕"。

苏婶知苏曼殊贪图口福，所以特意借这次机会从家乡带来这些食品。

"年糕寓意着人们的工作和生活一年比一年提高。'吃年糕，步步高。'"陈少白一边吃着年糕，一边说。

"是啊！但愿我们的革命事业年年高，早日成功！"孙中山接过陈少白的话说道。

这次聚会后，大家又各散东西，投入革命中去。苏嫂在日本住了一段时间，孙中山又派人把她送回了家乡。

转眼又过了几个月，发生的一件事情，令苏曼殊深受打击。

苏曼殊性格率真，对友情毫无戒心。刘师培夫妇是他至亲好友，刘师培是国学大师，其妻何震随苏曼殊学画时，刘师培邀苏曼殊住在家里，三人每天都几乎在一起。何震一开心就抱起瘦弱的苏曼殊转圈子。其夫妻俩睡觉时，苏曼殊也掀开蚊帐问人家做什么？这说明他们的关系非常好，无所顾忌。自然无所不谈，他万万想不到，刘师培夫妇竟然利用苏曼殊的纯真幼稚，打探革命党的消息，刺探有价值的情报，然后卖给清廷的鹰犬。

当苏曼殊得知，近乎崩溃，认为世间没有真情，没有任何人值得相信。他觉得再没有脸面留下在革命党的机关报了，离开日本，又开始他的漂泊生涯。

苏曼殊的情绪变得反复多变。本来，苏曼殊"好色"是出了名的，好色之外，他还"好食"。是一位惊人的饕餮之徒，受此刺激，变得更加暴饮暴食，最终得了胃病。

朋友劝他，他却说："我空，人空，宇宙空，今日之美食，不过是异日之尘埃，不吃白不吃。"

苏曼殊禁不住美食的诱惑，仍然对各类佳肴照单全收。尤爱吃甜食。柳亚子从家乡带回麦芽糖饼，他竟不听劝阻，一口气吃了二十个，吃到肚子痛方休。

苏嫂从家乡带来的大笨糕，足足有 20 公斤重，但他不用一周，竟一个人全部把它吃光了，结果住进了东京医院。出院后，回到了上海。身体稍为好点，他依然故我。

1918年，苏曼殊身体更差了，又住进了医院。

令人惊讶的是，他在病中又完成了一部精彩的小说《碎簪记》，陈独秀将它在《新青年》上连载，这部凄婉悱恻的爱情小说，呼唤人性的复苏，张扬个性的解放，广受好评。

蒋介石非常敬仰这位才名远播的僧人，得知苏曼殊病情后，专门让苏曼殊当年的学生陈果夫送去医药费。苏曼殊出院时，又将其接回家中，让妻子陈洁如悉心照料。大家以为苏曼殊这次从医院出来，会遵照医嘱，安心养病，可是他明知多食伤身，却又难挡口腹之欲，依然饮食无度，背着陈洁如偷吃栗子，身体每况愈下。无奈，蒋介石又把他送进上海广慈医院，这一次，医药罔效了。

在医院肠胃科的一间病房内，病骨支离的苏曼殊躺在病床上，顽固的痢疾即将把他带到35岁的人生终点。

病床前，围满了前来探望他的一干友人和同志，他们有柳亚子、陈巢南、汪兆铭、蒋介石夫妇、叶楚伧、陈果夫，还有秦楼知己花雪南、张娟娟、贾碧云、金凤等人。

临死时，他看着陈洁如，深陷的眼窝里闪动起一丝感激而愧疚的光芒，说："多谢你，在我病中细心照顾我！"然后泪眼茫茫又抛了一句："雨笠烟蓑归去也，与人无爱亦无嗔。"

然后，侧着身，伸出两只瘦骨嶙峋的手握着蒋介石的手，道："请转告中山先生，感谢他的关怀和照顾，让他保重身体，中国不能没有他啊！"

"不要说了，你会好起来的，中山先生让我问候你，还盛赞你是'革命和尚'呢！"蒋介石看着苏曼殊这个样子，心里一阵揪痛，安慰他说。

苏曼殊听了，笑了，像孩子一样。从他黯然的眸子里，放射出一线异彩。

柳亚子走近他身边，俯下身来，问他还有什么话要说，苏曼殊这时已声若游丝，他竭尽全力地说了一句："但言念东岛老母，一切有情，都无挂碍。"

言犹未止，用尽最后一丝力气交代众人："佛衣藏我……以塔葬我……"语毕，头颅滑向枕边，飘然而去。

这是 1918 年 5 月 2 日，下午 6 时，正是夕阳西下之时。

一个世纪末的鬼才，35 岁的苏曼殊，在急速燃烧的生命中绚出最耀眼的火花，盛载着满腹才情，留下一袭青袍冷影，就这样结束了他的红尘孤旅。

苏曼殊离开人世的最后一刻，最为挂念的是孙中山先生，还有远在东瀛的母亲河合仙。他的死震动了当时各界，无数人为之痛苦悲伤。

孙中山闻讯，对苏曼殊的英年早逝惋惜万分，指示汪精卫主持料理后事，苏曼殊所有的医药费、丧葬费均由革命党人负担。蒋介石、陈独秀、章太炎、柳亚子等亲为扶棺，汪精卫经理丧事。好友柳亚子将他的作品汇编成册，作书立传，孙中山亲自为其题写书名《曼殊遗墨》。

故乡，常常是一个人的灵魂栖息之所，生命依托之地。原以为像苏曼殊这样疲惫和绝望的漂泊人，最终笃定应魂归故里，或安息于寺院，但是都没有。族人对他的排斥曾伤透他幼小的心灵，寺院也非他心灵的栖息地，因为他到死都情根未断；上海，虽是他去世之地，但市嚣与势利，与他南辕北辙，更不符合他的选择。

孙中山实在太有人情味了，也太了解这位同乡了。要不然怎么会在苏曼殊已圆寂了六年多之后，1924 年 6 月 9 日，由孙中山出资千金，派陈去病等在西湖孤山之阴建造了一块新墓地，让这位老乡于西子湖畔安息呢？

苏曼殊栖息处——杭州西湖孤山可是他生前最爱的地方。与南朝名妓苏小小墓南北相对，与鉴湖女侠秋瑾墓隔水相望。

有不少名人为苏曼殊贪食送命而惋惜。沈尹默赋诗《刘三来言子谷死矣》以志怀念：

> 君言子谷死，我闻情恻恻。
>
> 满座谈笑人，一时皆太息。
>
> 平生殊可怜，痴黠人莫识。
>
> 既不游方外，亦不拘绳墨。
>
> 任性以行游，关心唯食色。
>
> 大嚼酒案旁，呆坐歌筵侧。
>
> 寻常觉无用，当此见风力。

十年春申楼，一饱犹能忆。
于今八宝饭，和尚吃不得！

柳亚子先生也作了一首诗悼念他：

孤山一塔汝长眠，怜我蓬瀛往复旋。
红叶樱花都负了，白蘋桂子故依然。
逋亡东海思前度，凭吊西泠又此缘。
安得华严能涌现，一龛香火礼狂禅。

让人大为惊叹的是，他的一个十几岁的侄女苏绍琼，只身来到西湖孤山在为他写下一首扣人心弦的现代悼亡诗后自杀。原文：

诗人，飘零的诗人！
我，你的小侄女！
仿佛见着你：
穿着芒鞋，托着破钵，
在樱花桥畔徘徊着。
诗人，飘零的诗人！
我又仿佛见着你：
穿着袈裟，拿着诗卷，
在孤山上哦吟着。
寂寞的孤山呀，
只有曼殊配做你的伴侣！

此刻，苏曼殊埋骨他乡，并没有真正得到片刻的安宁，其墓与秋瑾、苏小小等的墓均毁于"文化大革命"，现今在孤山南麓原苏曼殊葬骨处，徒余一根石柱，上镌"苏曼殊墓遗址"六字，提醒游人，此处曾是大师的葬身之地。

试问：何以一个文人，一个"和尚"，得到如此看重？得到如此尊荣？

一者是苏曼殊"誉世公认的天才"（柳亚子语）。苏曼殊虽然放浪形骸于混沌难解的尘世，但同时又向世人展示着他无与伦比的旷世才华。他以其多病之身，留下了数量较大且优美之极的诗词、小说、绘画和译著。马一浮曾对苏曼殊评语最精当："固有超悟，观所造述，智慧天发，非假人力。"郁达夫说："苏曼殊的名氏，在中国文学史上，早已是不朽的了。"对于苏曼殊的诗，李大钊赞他是"诗坛巨匠"。诗评家谢冕说得最为客观："纵观整个 20 世纪，用旧体写诗的所有的人其成绩没有一个人堪与这位英年早逝的诗人相比。……苏曼殊无疑是中国诗史上最后一位把旧体诗做到极致的诗人，他是古典诗一座最后的山峰。"（《1898：百年忧患》）柳亚子更说他是"不可无一，不可有二的天才"。

二者是苏曼殊待人的"真"。苏曼殊纯洁得如同深山老林的一泓清泉，未经过一丝尘世的污染，衣食住行，言谈举止，即是生命的原生态。他历尽坎坷，而永远不谙世事。他为天真所累，也因天真备受朋友宠爱。有人问孙中山对苏曼殊与太虚法师如何评价，他说："太虚近伪，曼殊率真。内典工夫，固然曼殊为优；即出世与入世之法，太虚亦逊曼殊多多也。"柳亚子说曼殊"奢豪好客，肝胆照人"，"海内才智之士，鳞萃辐辏，人人愿从玄瑛游，自以为相见晚。"当时名士皆以与曼殊交往为荣。

苏曼殊的朋友圈，都是当时政治军事界、文艺界、商界、宗教界的著名人物：孙中山、黄兴、李大钊、陈独秀、冯自由、章太炎、宋教仁、陈天华、廖仲恺、何香凝、汪精卫、李叔同、蒋介石、邹容、柳亚子、陈其美、陈果夫、梁启超、胡汉民、沈尹默、鲁迅、陶成章、陈去病、刘季平（即刘三）、何梅士、赵声、蔡元培、周作人、包天笑、马君武、刘半农、于右任、叶楚伧等。

这些中国近代史上的风云人物。如果将一个一个名字排起来，就是一幅清末至民国的伟人、文人、名士缩影图。

不仅如此，苏曼殊的好友名单中还有赛金花、小杨月楼、花雪南以及金凤等当时交际花、名伶和歌妓。

不得不承认，在中国近现代文学史上，几乎没有人像苏曼殊一样，能够得到"三教九流"的同声称慕！

纵观苏曼殊的一生，在红尘与净土、入世与出世之间游走，具天纵英才，又不断地努力，成就了他中国近代史上的一流翻译家、诗人、小说家、画家、书法家。看看苏曼殊头顶上的桂冠——"翻译界的首席""画坛巨擘""鸳鸯蝴蝶派小说鼻祖""古典诗最后一座高峰",足以彰显他在文学艺术方面的巨大成就,再看看他令人瞠目结舌的高端朋友圈,谁敢说苏曼殊只是如烟往事中的一个过客和尚呢?

　　时间的长河滚滚向前,大浪淘沙之后,苏曼殊或许早已化作河床上的一颗珍珠。不,这不是一般的珍珠,而是一颗硕大的、光华无比的珍珠,在这个世界里永远散发着独特的光芒,照耀着我们。后人有首专悼苏曼殊的诗:

> 竹杖芒鞋浪荡人,才情当世更谁伦?
> 毫端山水传神韵,域外篇章译妙文。
> 际遇风云天下会,命途多舛世间辛。
> 率真高洁超凡俗,归去来兮莫问因。

第十四章　壮游书海任纵横
学贯中西通古今

诗曰：

> 天生异表大宗师，穷且益坚志不移。
> 万里鹏程攻奋日，三更灯火读书时。
> 弱冠博览古今富，硕学通儒天下奇。
> 创造发明成巨匠，英才卓荦世间稀。

他一生没有上过正规学校，没有任何学校的毕业文凭，更没有出国留学的经历。凭借幼年读了几年的私塾和短期英文班，竟然纵横跨越中国教育、政治、出版、文化等多个领域，并曾出任民国政府经济部部长、财政部部长、行政院副院长等要职，这个人就是王云五。

王云五（1888—1979），名鸿桢，字日祥，号邮庐，笔名出岫、之瑞等。广东省香山县（今中山市）人。中国著名教育家、作家、发明家、企业家、政治活动家、出版家。王云五堪称传奇人物。他是一位靠自学成功的天才、通才，不仅通晓理工科，精通英语、法语、德语等多国语言，而且头上除了顶着"中国科学管理之父""中国博士之父"的头衔之外，还顶着"活着的百科全书""文化巨匠"等熠熠生辉的桂冠，这简直是中国文化史上的一个奇迹！

作为20世纪出版业的引领人物，王云五为中国近代文化教育事业做出了重大贡献：发明"四角号码检字法"和"中外图书统一分类法"等，开办并复兴东方图书馆，编写出版了大量的古典、中外名著和教科书辞典，包括世人瞩目的《万有文库》《中国文化史丛书》《大学丛书》《王云五大词典》等，率先推行"科学管理方法"，把商务印书馆推向了前所未有的辉煌。其一生著作颇丰，全集共21册30种，700余万字，其中100万字以上的著作5部。

●家贫嗜学，自强不息

王云五的传奇人生是从香山县老家开始的。

他是香山县南朗镇泮沙乡王屋村人。泮沙，地处珠江口西岸伶仃洋畔；王屋村，位于泮沙南面，背枕五桂山，面向大海，因聚居的人以王姓人居多，故名。

据考，王屋村虽属泮沙乡，但历史比泮沙还早。南宋以降，姓王的人逃难至此，聚族而居；而泮沙至明朝时始有人定居，许家是泮沙的开村始祖。因靠海，在这里居住的人，多为香山、顺德两地的水上人家，随着上岸定居的人越来越多，逐步形成较大村落，故杂性居多。

清光绪十四年（1888）六月初一晚上8时，王云五出生在王屋村的一座砖木结构的低矮旧屋。出生时，并没有什么异象，但头颅特别大，他母亲因之难产，所幸母子平安。几年后，村里来了个相士，看到个头长得矮小，但脑袋奇大的王云五，大为惊愕，说："除非是患了脑积水，否则头大的人一般比较聪明。此孩有异表，将来必有大成！"

王家世代农耕，家境贫困，是地地道道的贫农。这样的家庭环境，按理生一个也够了，生两个足矣。然而，在当时"多仔多福"的传统思想影响下，父亲王礼堂生育有九个孩子，王云五排行第七。为了养活他们，父母亲含辛茹苦，早出晚归，但还是吃了上顿便要愁着下一顿。

王礼堂老实本分，但他知道：读书可以改变命运。加之，王礼堂有一个心病，就是他的家族十几世未出过一个秀才，这让他觉得很没面子。所以，王礼堂希望通过"生多几个孩子来博彩①"，坚信当中至少会有一两个孩子能读书的。

有了这个想法，这个责任自然落在比王云五大9岁的长兄王日华身上。他这个大哥，既聪明又用功，靠平时自学很快成为一个饱学之士。

村里的相士曾对王礼堂说："云五天生异相，前程不可限量。"因此，在这九个兄弟姐妹之中，王云五是"第二梯队"的重点培养对象。可是，王云五自幼体弱多病，经常吐血，体质孱弱至极。王云五父亲为帮儿子治病，家里花尽所有也未见好转。村里的好心人都劝王家放弃治

---

① 博彩，本地方言，撞运气的意思。

疗，但其父认为"此儿命贵"，一边寻医，一边求神问卜，并听从相士意见，把儿子原名"之瑞"改为"云五"，取"日下现五色祥云"之意。很快，身体竟一天一天好起来。

到了读书年龄，王云五在私塾断断续续读了几年书。"自知家贫，升学无望"，未进私塾，王云五便跟着大哥王日华读书，好在，他学习很有天分，记忆力超强，很快就完成了功课，所以有足够的"业余时间"和同龄人一起玩耍。

在村口，有一棵几百年历史的大榕树，榕树巨大的树冠像一把巨伞，伸向天穹为人们遮阳避雨。在昔日的香山县农村，树龄古老的榕树被奉为神树，视为"风水树"，是当地的风貌特征之一。炎热夏日，人们都喜欢在大树下乘凉，榕树荫下是村民日常聚集的场所，可以说，榕树伴随着一代代人成长，树下有着说不完的故事。

少年的王云五常与同伴在榕树下的大片空地踢毽子、跳房子、玩老鹰捉小鸡等游戏。夏天的时节，最喜欢捉蝉玩。在一种叫"牛纳树"上取出的黏液涂在竹竿头上，瞅准了一只蝉，竿头慢慢伸向蝉，轻轻一揞，蝉的翅膀就被粘住了。没有粘竿时，就轻手轻脚爬上树干捉。捉住了蝉，就欢蹦乱跳地唱着童谣：

> 飞蝉仔，扑树枝，猛咁①叫，猛咁跳，
> 引得细佬仔②真好笑；
> 爬树爬得妙，想捉蝉仔心跳跳。

晚上，月色朦胧，凉风习习，树影斑驳。王云五与小伙伴们在大榕树下，一边追萤火虫，一边高声唱：

> 萤火虫，夜夜红，飞到西、飞到东；不要油，不要火，飞来飞去似灯笼。

夏天的傍晚，暑热不断地弥散开来，小伙伴们跑着、玩着；累了、

---

① 猛咁，粤方言，不停地的意思，下同。
② 细佬仔，粤方言，儿童的意思。

渴了，就跑到在王云五家大门外的一口水井边，拿起木桶，打上一桶水，掬一捧喝下，那清凉的甘泉直沁入心窝，那可是夏天最美的饮料。

"井里藏匿着的龙，如果能看到它出现，从此就行大运了。"只因母亲的一句话，平日无事，王云五都会走到井边，俯首下望。

唉，哪有龙的影迹，只有扑面而来一股清凉之气，还有井壁周围斑驳的石缝间长满青绿青绿的苔藓……

"仔仔①，奶奶煮熟饭啦，番屋企②吃饭啦，还在看什么？"

一天傍晚，荷锄而归的母亲返家了，见到小云五又蹲在大门台阶上，右手托着腮帮看着水井，直至其母催他，才依依不舍地站起来。

"妈，你说井里有龙，我天天看着这井也未见呢！"小云五开始怀疑母亲骗他。

"井里的龙哪有这么容易看到，这么多人打水，吓着它呢，早点睡觉吧，睡着了，在梦中就会看到！"

果然，小云五当晚做了一个梦，见有一条金龙在井里升起来，飞上了天空。

"妈，我在梦里见到龙了！"早上醒来，王云五兴奋地告诉母亲。

"是吗？真是做梦梦到了龙吗？"母亲似乎更加兴奋。

为了这件事，他母亲竟专门请教术士，问："我儿子梦到龙，不知有什么好兆头？"

术士掐手指头，故弄玄虚地答道："龙为万物之首，高在天，阔在海，由井出，表示地灵有喜。"术士言犹未止，接着又说，"龙与你儿感应，所以在你儿子的梦中出现了。暗示，你儿子终有一天会出人头地！"

母亲听罢，开心得立马告诉了老公。

"这不是做梦吗？又不是真的！有什么值得大惊小怪的？你太迷信了！"

想不到，老公给她泼了一盆冷水。说完，转过身来，对王云五说："云五，你不是很想出外玩吗？明天一早跟大人到石岐趁圩吧！"

香山县趁圩的习俗，源远流长。传统圩期，各处交错，位处县城的

---

① 仔仔，本地方言，儿子的意思。
② 番屋企，粤方言，回家的意思。

石岐"沙岗圩"最为著名，经营商品最为丰富。每逢沙岗圩的圩日"三六九"（旧历初三、初六、初九）日，从四面八方来的商贩和乡民，肩挑重担，风雨不改，常常赤脚步行很远的路程来到沙岗圩趁圩。

黄屋村距石岐沙岗圩足足有十多公里，当时交通落后，都是步行的。趁圩这天早上四时，王云五的父亲、大哥、大姐分别肩挑着鸡鸭、马铃薯等农产品，王云五尾随在后，摸黑走在前往石岐趁圩的路上了。走走停停，两个多小时后，他们才来到了石岐。

这时，天尚未破晓，但已有许多村民或商贩，陆陆续续进入圩市摆档。吆喝卖的、讨价还价的，闹哄哄的像一锅煮开的水在窄小的街道上缓缓流动来，处处演化着不一样的风景：

几个杂耍卖艺之人，在圩市中心（今太平路与拱振路之间）的大榕树下卖力表演，围观的人惊叹之声四起；算卦先生，持着写着"张半仙破财挡灾"的长幡，蹲在一边替人算命；榕树不远处人头涌动，一大堆女人正围在"卖布摊"挑选心爱的衣料。穿着木屐的城中老妪少妇，当买到中意的衣料，笑口盈盈，随着"得、得"的木屐响声，走向青石板的街头巷尾……

他们穿过熙熙攘攘的人群，走到贩卖家禽的摊档，刚放下担子，就有一顾客前来买东西。

大哥秤完鸭对顾客报了重量，尚未待大哥算出来，王云五不假思索就回答了价格。要知道，当时王云五只有 7 岁，虽曾跟大哥学过算术，但能如此一下子就算出来，真不容易。因为，以前的重量计算是以担、斤、两、钱为单位，而斤与两的进率是 16 进制，也就是 1 斤等于 16 两。在没有计算器的年代，既不用笔，若不用算盘，只能用口算，并能快捷准确算出答案，除非是天才。

王云五的速算能力在这次趁圩显露无遗，乡亲们为他的计算能力所折服，说他将来长大"定是商场能手"。后来，王云五在回忆中也提到："由此一生养成计算的习惯；无论做任何事，需要计算其利害得失，究竟利与害孰多，借为判断的标准。"他还说："我一生得之于算学很大。"

王云五在浓郁的人文气氛中享受他那无忧无虑的快乐童年，但不久家庭发生变故，改变了他的人生轨迹。

他大哥王日华为了不负父母亲厚望，夜以继日地苦心攻读，18 岁那年投考童子试，不负众望，攀枝折桂，一试得中头名。

这可是王家的大喜事，意味着，王日华从此改变了王家世代没有读书人的命运！

然而，乐极生悲，天不假人，寄托着父母亲期望的大哥却生病了，并且一病不起，三个月后，就撒手人寰。

一刹那，王云五父母的精神几近崩溃，觉得眼前全黑了，犹如迷失在杳无人烟的茫茫荒原，没有出路，也找不到方向，两老在一夜之间仿佛苍老了十岁。

此后，一段较长的时间，王家陷入愁云惨雾之中。

一日，一位在上海做生意的亲戚返乡，也就是陆皓东的父亲。见到王家家徒四壁，生活惨淡，索性打本①给他做生意，叫他到上海跟随着学经商。王礼堂饱经沧桑的脸上才开始有点笑容。

然而，大哥王日华的死，对父母的打击实在太大。他们想，外表看来这么健硕的大儿子，说没就没了！肯定有原因的，于是他俩找到当地的术士。

术士说："住家风水本来不错，但由于将厨房建在水井一边，坏了风水。厨房属火，水井属水，这叫作'水火不相容'，家里不出事才怪呢！还有，不是说你儿子做梦，见到龙吗？已暗示你们，离开这里，才会出人头地！"

王云五的父亲听了，决意弃农经商，到上海学做生意。

不过，他们始终迷信地认为，大儿子的死是上天注定王家不该有读书人，他们不想小儿子走科举这条路，恐日后又有不测，故降低了对王云五的要求，只识几个字，懂几句英文就可以了。

为何要"懂几句英文"呢？这是有因由的。香山县在清末，不少人远赴重洋打工，或到上海洋行做事，不懂英文难以立足。所以，当地人一度有重视学习外语的风气。

王云五9岁那年，父亲在沉重的生活压力下，决意把他送到上海一家五金店当学徒。这个年纪本是求学的阶段，王云五却要离开家乡出来打工，他心里十分不情愿。但他是一个孝子，不愿看着年老的父母担忧，就答应了。

① 打本，粤方言，这里指给予做生意的启动资金。

　　泲沙乡有九月九放风筝的习俗，临行前的一天，母亲少有地带着王云五一道放风筝。

　　说起风筝，当地人说"纸鸢"。据考，泲沙乡所在的南朗于宋朝时就有重阳放纸鸢的习俗，至明清时更达至鼎盛。这项盛事亦有人型观赏与小型界斗之分：前者包括百足（蜈蚣）、彩凤、大裆、双飞蝴蝶等造型醒目的风筝，由大家族主持，后者有菱角仔、马拉鸢、燕子等品类，可自娱自乐，又或是界线比拼，但两者皆旨在放飞纸鸢溜走晦气，以求福荫。从前在南朗一带，但凡山顶高坦处、祠堂前、晒谷场旁、田野间、海边，乃至与船篷之顶皆有纸鸢集会，而被誉为"风筝之乡"的泲沙更是如此。

　　平时，都是王云五与小伙伴一道玩，今日母亲带着自己一起玩，王云五觉得有点奇怪，但见到母亲凝重的脸色，又不敢问。

　　到了空旷之地，王云五捉紧线，一路小跑，纸鸢逆风飞高。他不停地、慢慢地放线，看着随之越飞越远越高的纸鸢，王云五的心情也为之雀跃。正在兴头之上，母亲走过来，说："云五，把它放走吧！"

　　"为什么？"王云五莫名其妙。只见母亲用手把线掐断。口中念念有词：

　　　　九月九日去登高，戚①高纸鸢望天流。
　　　　滞运②流晒③好运到，长命富贵步步高。

　　王云五一听，才明白母亲带他放纸鸢的用意。他一声不响地跟在母亲身后回到家里。当晚母亲帮他准备好行囊，他知道明天一早就要离开这个宁静、美丽的乡村了，心里怅然若失。

　　年少的王云五忘不了沉睡的村庄，他孑然伫立在院子里，翘首望着苍茫的夜空，那浩瀚的星海有着无声的辉煌。他想：难道我就像空中的那一颗不被注目的小星，沉寂无闻，无声无息吗？

　　王家在泲沙王屋村落地生根，迄今已有几百年了，作为聚居栖息之

---

①　戚，粤方言，在这里是用力扯的意思。
②　滞运，粤方言，晦气或运程很差之意。
③　流晒，粤方言，全部流掉的意思。

地，那片淳朴的园地，远离尘嚣的土壤里，散播着童年的乡谣。现在，却负载不起生活之重，远走他乡，全家人的心情都一下子落到谷底。

由此，他心里便浮起了深深的宿命感，也许从此像同乡里的许多长辈一样小小年纪，不再读书，出外打工至老，重复他们的生活轨迹。想到这里，他的心被揪紧了。然而，埋藏在他心底的那个信念却愈发坚定。

王云五不信"王家注定不该有读书人"这个邪。每当他想起大哥临死前那充满期待的双眼，他的心就隐隐作痛，他知道大哥是把希望寄托在他身上了。所以，他一心要立志读书成才，以报答大哥的教育之恩！

在9岁那年，王云五跟着父亲来到上海，但他并没有在父亲开的店里干活，而是让父亲安排在一间素不相熟的五金店。

王云五是一个上进心很强的人，他不甘就此辍学，白天在店里打工，晚上进夜校学英语。期间对他影响最大的书是《富兰克林传》，富兰克林的事迹增添了他苦读成才的信心。

王云五到了13岁那年，参加上海社区楹联征集，上联为"菊放最宜邀友赏"，王云五给出的下联为"苏来奚后慰民思"，联语引据《孟子》的"后来其苏"与"奚为我后"之意，凭此获冠军。从农村来到大城市，参加社区楹联比赛拿了第一名，实在不简单！这对王云五来说无疑是激励，是鞭策！

许多人都把读书看成是苦差，所谓"轻功重罪"，但他偏偏看成是一种享受，这样哪有不用功之理？他曾说："读书的目的，是为了尽情地享受、应用和发展他人思考出来的精神产品。"所以他"宁可一日不吃饭，不可一日不读书"。一日24小时之中，每日最低限度当有4小时读书。他有每天早上3时起床读书的习惯，雷打不动，从少年一直坚持到晚年，从未间断过。

王云五在五金店里当学徒，工作卖力。有一次，他见没有客人进来，就利用这点间隙来看书，也许太入神了，顾客上门，他都没看到。惹得老板不太高兴，狠狠地把他骂了一顿，然后把他"炒掉"。

他的二姐夫见王云五没有了工作，但考虑到他在五金店工作的半年时间，凭自学竟熟练地掌握了初级英语，就介绍他到一家叫作"守真馆"的英文夜校去当助教，让他一边在学校教初级班的英语，一边读高级班的英语。这样，每月可领到 23 元薪水，足够让他应付学费和生活费。

"云五，在守真书馆当助教收入太低，家里还有很多张嘴吃饭，你还是转工吧！"一日，他父亲语带无奈地说。

"不，我在守真书馆打工，又可进修，我不想转！"

转工，意味着没有书读。但父命难违，他进入一家洋行仓库当助理，再次辍学。

嗜书如命的王云五，岂甘心半途而废？

他一面在洋行仓库打工，一面关注有没有更适合他半工半读的工作。半年后，他在姐夫的帮助下终于找到了自己喜欢的工作，进入同文馆学习英语，并兼任该馆的教生（助教），那年他只有 15 岁。他把月薪 24 元大洋的一半交给父亲，另一半则用来买书。

同文馆由一位英国老教师布茂林开设，教授的课程以英文为主，但历史、地理等普通科学及经济学、伦理学无所不教。各科目按程度分为五级，初入该校的王云五为第二级，他天资极好，进步飞快。读了三个月，布先生就建议他升为一级。升入一级四个月左右，王云五选拔充任教生，协助教三级以下学生的部分功课，当起了小老师。

在这一段时期，王云五熟练地掌握了英语！本身有古文功底，现在又通晓英文的王云五由此建立了"天下没有读不通的书，没有克服不了的困难"的自信心。

布茂林先生有一座不下千册的私藏图书馆。图书馆藏的英文名著范围很广，各门类无所不包。这下可好了，进入布先生的图书馆，王云五"仿佛是乡下人进城，见着什么都心喜，又仿佛过屠门的人都想大嚼一顿"。

王云五十分珍惜这次学习机会，如饥似渴地浏览、阅读，涉猎广泛，天文、地理、历史、政治、法律及自然科学等学科的上千本中外名著，他都阅读了。他这时读的英文著作皆是名著，如亚当·斯密的《国富论》、孟德斯鸠的《论法的精神》、达尔文的《物种起源》、约翰·穆勒的《自由论》等，在读完英文书籍，王云五转而对中国史感兴趣，于是把家中所藏的二十四史阅览了一遍。

17 岁那年，王云五用按揭的方式买了一套《大不列颠百科全书》，三年后付清书款时，他已经把这套书通读了一遍。

"按揭"买车、买房，在今天已经是寻常事了，可是，100 年前，一位 10 多岁的少年已经懂得用"按揭"的方式去买一套《大不列颠百科全书》，这可是相当超前的消费方式！

1906 年冬，18 岁的王云五被上海益智书室聘为英语教员，兼授数学、史地，他开始正式步入教育界。

翌年春，王云五利用余暇，组织起振群学社，当上了社长。开始翻译西方作品在报纸上连载。此间，他还自学了法语、日语和德语。人生于世，掌握一门外语已经不容易了，王云五不仅精通英语，而且现在又掌握了法语和德语，在他创作的一首诗中，表明了当时的志向：

> 风云扰扰亚洲时，大厦教谁一木支。
> 努力中原他日事，巍峨天半铸男儿。

王云五在读书方面的确有神奇之处，他看书一次，就可以背下来，并且很长时间记下来，看他的文章，满篇列举新词出处，信手所为，实在厉害。那时没有电脑检索，全凭记忆与查找，没有强记的天资和阅读功底，无论如何是做不到的。他精通英语，每天业余时间，至少译五千字，他是最早翻译雨果的《悲惨世界》、罗素的《社会改造原理》等世界名著的人之一，当时他还不足 19 岁。

1907 年，只有 19 岁的王云五经人引荐进入了著名的中国新公学大学任职，教授英语和数学。本来他并不想到新公学的大学任教的，但人情难却，说看一看再说！这天迈进校门，正好举行升旗仪式，站在操场的全校学生正引吭高歌：

> 众学生，勿彷徨，以尔身，为太阳，照尔祖国以尔光，尔一身，先自强。修道德，为坚垒，求知识，为快枪。
> 众学生，勿彷徨。尔能处之地位是大战场。尔祖父，思義黄，尔仇敌，环尔旁。欲救尔祖国亡，尔先自强！

这是中国新公学大学（以下简称"中国公学"）的校歌。曲，是老乡，时被称为中国现代音乐之父萧友梅创作的，于右任和马君武作词。王云五深深地被这首激荡人心的校歌打动了，他决意在这所名校任教。

中国公学对现在的大多数人来说是陌生的，但在当时却声名远播，由爱国留学生发起、依靠民间集资创办的一所私立学校，是中国近现代史上较早的私立大学之一。从酝酿筹划的那一天起，中国公学就承载着近代中国知识分子关于家国、关于大学的恢宏梦想与期许，深深地烙上了"天下兴亡，匹夫有责"的鲜明印记。

中国公学是一所非同一般的大学，先后有一大批现代史上大名鼎鼎的中外人士与它有密切联系，孙中山、黄克强、宋教仁、蔡元培、马君武、杨杏佛、于右任等曾任校董，还有不少名人或执教于此，如胡适、罗隆基、沈从文等；或求学于此，如胡适、冯友兰、张兆和、吴晗、罗尔纲等；或讲学演说于此，如梁启超、于右任、罗素等。

可惜，中国公学因日军的炮火而烟消云散，算起来，这所学校只存在了 30 年。

当时与王云五共事的，大都是社会名流，如宋耀如、于右任、马君武、陈伯平等。但王云五不仅年纪小，而且没有文凭，竟然当上大学教授，足见当时社会风气的开放。

时年只有 19 岁，身高只有 1.5 米，未读过大学，连一张小学毕业文凭也没有的王云五，顶着硕大无朋的头颅，脑后拖着长长的辫子，土气十足地站上讲台时，还未开口讲课，台下的学生已窃窃私语。

当中有胡适、朱经农、饶树人、杨杏佛、严庄、张奚若等出类拔萃的学生。在大多数学生眼中，大凡大学教授都是儒雅、风度翩翩的。何以走出这么一个"怪物"？同学们大多报以不屑的目光。

正所谓"真金不怕红炉火"，在接下来的讲课中，王云五凭着出色的学识和口才，彻底征服了所有学生。

然而，从这个时候开始，"没有大学毕业文凭，没有出国留学经历"，成为王云五的一个小心病。他开始留意出国留学的机会。很快机会来了，他顺利地通过了第二批次的庚款生的考试。不幸的是，二哥随着早逝的大哥脚步在这年因肺病去世了。这对二老的打击可想而知，王云五也欲哭无泪，无奈地放弃了出国的机会。

王云五不得不承担起维持家庭生计之责，早日成家立业，以慰两老之怀。从此，彻底打消了出国留学的念头，专心当他的教书匠。

他广博的学识，生动的授课，深深地吸引了学生，很快他成为学校的一张名片。

胡适事后才知道，只大他两岁的王云五教授，不仅学识渊博，而且道德高尚，成为北大校长的他曾感慨万端地说："我在中国公学两年，受姚康侯和王云五两先生的影响很大！"感恩之情溢于言表。

嗣后，中国新公学并入中国公学，王云五继续任教，历时四年，可谓"高足满门"。

●半天总统府，半天教育部

王云五的"奇"很快又进入了新阶段，他竟以"识字"学力当总统秘书，接着进入管文化的中央教育部，日后更官至内阁副总理。

王云五何以成为孙中山秘书？

王云五与孙中山虽为同乡，王屋村与翠亨村相距不到六公里，但素不相识，而他们的认识，纯属偶然。

武昌起义成功后，各省纷纷响应，革命之火形成一股燎原之势。孙中山先生从国外返抵上海。12月29日，各省代表会集南京，选举孙中山为中华民国临时大总统。

1911年12月31日，"下午六时旅沪香山同乡欢宴孙中山先生于上海老靶子路霓虹园"，宴会中，王云五被同乡推为主持人，致辞欢迎孙中山。

他在台上出色的口才，加之对中华民国建国意见的陈说，引起了孙中山的注意。

宴会中，王云五与孙中山相邻而坐，经过短时间的交流，孙中山对自学成才的王云五刮目相看，当即邀请王云五担任临时总统府的秘书。

1911年12月，年仅24岁的王云五辞掉吴淞中国公学的大学教职，踌躇满志地从上海匆匆赶赴南京临时大总统府报到。

在南京，王云五受到孙中山的热情接见，被任命为临时大总统府秘书，负责在接待处代总统接见一切来访的宾客。

孙中山亲为王云五进行了"岗前培训"，告诉王云五，任何要见他的人，都先由王云五接见，特约者除外；认为无需亲谒总统的，便分别改由总统府中有关单位或府外有关部门接洽；如认为有由总统接见必要的，便把来访人要晋见的事由与住址记下来，告以待请示后，核定接见时间，再去函通知。

正因为如此，王云五这个初出茅庐的小秘书，得以有机会当面向孙中山请教。每次请教时，孙中山也都很和蔼地答复王云五。

由于王云五能说英语，又能说国语和广东话、上海话，因而很适合这项任务。但适合归适合，王云五并不喜欢这份迎来送往的工作。

当然，以他的能力，应付这些工作，绰绰有余。所以闲暇十分关注他原来的行业——教育，在总统府上班，只有半月，他就大胆给时任国民政府教育部总长的蔡元培写了一封信，信中针对学制的流弊，提出三点改革意见。很快就得到蔡元培的亲笔回信，对他的方案大加肯定，也对他的文笔大加赞赏，希望他"来部相助"。

接到这封回信，王云五心里着实掂量了一番。自己向教育当局提出的建议居然获得赞许，并被邀来部相助。假使自己能乘此机会参加革新教育的工作，当然很愉快；不过，想到自己既然已承蒙总统厚爱，虽对所任职务没有特别的兴趣，然在春风化雨之下，实在舍不得离开，而且也不便启齿。

想来想去，王云五最终还是拿着蔡元培的信，面谒孙中山请示。

孙中山听了王云五的报告后说："你多年从事教育，担任教育部的工作实最适宜，但你在总统府任职也很得力，我现正用人之际，这样吧，可否两全其美，上午接待处来访的人较多，你还是上半日留在这里，下半日往教育部办事，如此便两不相妨。"

孙中山的这一建议解决了王云五的困境，他欣喜若狂。

1月下旬，王云五兼职到了教育部，但他填写履历表时，有点犯难，那是因为没有文凭。王云五读过一年半私塾，最多可按18个月计，再加上22个月在校学英语，他的学历总计也才40个月。他想了想，在学历这一栏里，只填写"识字"两个字。

经办人持着这张简历表，看着"识字"这栏哑然失笑。没有学历的人怎能到管文化的教育部任职呢？很多人反对也在常理之中。这事让蔡元培知道了，他手里拿着王云五的信及文章说："你们这么高学历，又有谁具备他的水平呢？我也不如他啊！"

曾做过北大校长的蔡元培，此言一出，说得人们口服心服，从此再没有人有异议。

王云五能进入教育部工作，这不仅体现了蔡元培宽广的胸襟，让人油然产生深深的敬意，而且他"唯才是举"的用人理念令人称道。

要说的是，当时的教育部实属草创。蔡元培主张精兵简政，"我之主张，办理部务，当与办理社会事业一例：在正式政府未成立，官制未通过参议院以前，不必呈荐人员。除总次长已由大总统任命外，其余各人，概称部员，不受官职。为事择人，亦不必多设冗员。"

在教育部服务的每个人，从教育总长到部员，不分等级，所领津贴一律为每月60元。王云五在同人中年龄最小，每日半天来教育部办公，参与讨论制定民国教育的新学制和课程。

王云五资历最浅，又无学历，另两个司长都有留学国外的经历。在部里上班时间又短，难免有些闲言闲言，说他是靠孙中山老乡的关系进入的。而王云五听了，一声不吭，埋头工作。他说："我把工作做好了，做出息了，他们就没话可说了！"

蔡元培对属下的工作要求又快又好，做事务工作，许多人都做得又快又好。但写文章这个东西，不是说写就写的。写了，也未必满意。所以，不少同事适应不了。

偏偏王云五是个快笔头，人又挺有主见，蔡元培有什么急件，几乎都是他草就，短的当即完成，稍长的，一个晚上就交功课，工作能力可谓一个顶十个，蔡元培十分器重他。慢慢地，针对他的同事也无可奈何了。

1912年3月，南京政府各机关开始迁往北京，蔡元培仍任教育部总长，王云五随到北京教育部任职。北京教育部的组织与南京临时政府教育部基本相同，除了主管行政事务的承政厅外，主管业务部门分为普通教育司、专门教育司和社会教育司。8月26日，教育部公布了第一批科长任命名单，王云五为专门教育司第一科科长。同时还任命许寿裳为普通教育司第三科科长，鲁迅为社会教育司第一科科长。

专门教育司主管大学及留学生，在蔡元培执掌教育部的几个月内，王云五起草了《大学令》《专门学校令》，协助接收京师大学堂。1912年10月，王云五起草的"两令"先后由教育部颁布，其中"设立专门学校""大学设预科""私人或私法人亦得设立大学"的条款，实际上完全吸收了王云五先前对蔡元培的三点建议。

司长林少旭称赞王云五说："以一位毫无行政经验之人，不仅处理公务有如老吏，对于公文之起稿修正，也无不适合分际。"

这种来自同事的称赞，无疑增强了王云五从政的信心。

不过，好景不长，由于袁世凯的倒行逆施，1912 年 7 月，蔡元培拒绝同袁世凯继续合作，辞去了教育部总长的职务。第二年，王云五也离开了教育部，在国民党人北京所办的《民主日报》任主编，开始笔耕的生活。继而在蔡元培的力荐之下兼任北京大学、国民大学教授。

王云五与蔡元培成为挚交 30 年，用王云五的话来说："蔡先生视我如手足，我则视蔡先生如长兄。"他们之间的友情堪称佳话，值得后人珍视并长久记忆。

●制度革新，商务中兴

在中国大变动时代的 20 世纪初，有两座公认的学术文化界"双子星"：

中国最高学府——北京大学，中国最大最有影响力的出版社——商务印书馆。

北京大学与商务印书馆作为中国现代最重要的两个文化机构，一南一北，成立的时间也大略相当，齐寿并峙，相互呼应，是中西思想文化的两大汇聚点。

不过，前者成功地实现了现代转型，成为中国最知名的大学和现代民主政治的重镇；后者由于思想上的保守和经营上的失误，发展几度受阻甚至停滞。

何以使商务印书馆屹立不倒，并使之傲立潮头？

当时商务印书馆的核心人物张元济、高梦旦等人认为必须改革用人方式，决心引入新血液，大胆起用新人，重整旗鼓。

他们把变革的堡垒放在编译所，相当于现在出版社的核心部门——编辑部，所长等同于现在的总编辑。也就是说，商务印书馆要招聘一个编译所的所长或说总编辑。

时任所长是 51 岁的高梦旦。高梦旦本是一个很有才学的人，但五四运动后，自认对新学"所知不多"，主动辞去商务印书馆编译所所长职务。

那么，偌大的中国，谁来担当全国最大的商务印书馆编译所所长这个重要职位呢？

他们把注意力投向不满 30 岁的北京大学教授胡适。因为胡适不仅是"海归博士",学贯中西,而且思想开放,是新文化运动的主要领袖。

"锁定"了目标,在民国十年(1921)春末夏初的一天,高梦旦专程跑到北京,找胡适面谈。

那时的胡适一再谢绝了高梦旦的好意,但始终说不过高梦旦,被高梦旦的诚意所感动,只好答应暑假期间去上海商务印书馆"玩三个月",看是否合适再作定夺。

1921年7月16日,胡适只身抵达上海。张元济、高梦旦、李拔可、庄俞、王显华等到火车站迎接。胡适认真地在编译所会客室每天轮流找人谈话,了解商务印书馆编译所的工作流程,了解职员的业务状况和学识能力,并听取许多应改应革的想法和建议。期间,茅盾也是胡适召见谈话的一个人。

完了,胡适对张元济、高梦旦等高管说:"商务人才济济,都是才气纵横、学识渊博的先生,可谓人人握灵蛇之珠,家家抱荆山之玉。何解不'就地取材',非要在外找人呢?"

张元济说:"当初,我们也是这么一个想法,但经过长时间考察,无人能担当此任,因为当一个编译所的所长,不仅要学富五车,而且还要知识全面,懂管理,善交际,社会活动能力强。"

"我在这里已住了一个月,了解里面的工作,总觉自己的性情和训练都不配做。这样吧,我为你们推荐一个人,此人胜我十倍!"显然胡适谢绝邀请,他力荐当年有过师生之谊的王云五代替自己。

"胡先生已是名满天下的大学者、院长,尚不能担当此任,王云五是何方神圣,受胡先生如此厚爱和推崇?"

胡适把王云五的出身、经历由头至尾述说了一番。

张元济不听犹可,还以为王云五是世界名校的博士生,一听胡适这么说,更是狐疑,道:"既未受过正规高等教育,也未出过国门,完全靠自学起家的王云五能否胜任?若非此人是天才?"

"正是!是五百年难得一遇的天才!说白了,他是一个完全自修成功的人才,在我所认识的人当中,他读书最多、最博。据我所知,家中藏西文书一万两千本,中文书也不少。他的道德也极高,曾有一次他可得100万元的巨款,并且可以无人知道,但他不要这种钱,完全交给政府,只收了政府给他的百分之五的酬奖,此人的学问道德在今日可谓无双之选。他今年只 34 岁，每日必要读平均 100 页的外国书。"为了消除他俩顾虑，胡适不遗余力地称赞王云五，然后又补充道：

"王云五天资极好，又极其努力，自学成才，将自己训练成一位'百科全书式'的人物，是一位无所不通的杂家，尤其擅长跨界学习做事，而这样的通才，最适合从事出版工作！"

胡适见他们脸上还挂着疑问，接着又说："他没有文凭和学位，你们可以怀疑他没有能力胜任，但是，待人要在有疑处不疑。我建议你们重用此人，应该不会错！"

胡适的极力推荐，使商务印书馆接纳了当时籍籍无名的王云五，一个没有文凭的自学成才者。

想一想，全国闻名的学者、北大教授胡适怎么会引荐当时籍籍无名的王云五到全国最大的文化出版机构商务印书馆担任如此重要的职务呢？

究其原因，这除了服王云五的真才实学之外，还有一份友谊在里面。这还得从十多年前胡王二人的相识相交说起。

王云五是胡适在上海中国新公学求学时的英文老师。胡适离开中国新公学后，王云五推荐他到上海租界工部局任华董公学的国文教员。那时的胡适还是 17 岁的年轻人，对于读书做学问也似乎没有特别的偏好，倒是跟着一帮朋友吃喝玩乐，终日胡混消磨时光。

王云五见胡适如此悲观颓废，以自己的亲身经历激励胡适，在王云五多番劝导下，一度消极的胡适终于发愤图强。

1910 年是考试留美赔款官费的第二年。他决定关起门来预备去应考试，当这一年第二次留美庚子赔款官费生选拔的机会出现时，极善于把握人生机会的王云五实实在在地帮了胡适一把，不但鼓励他去应试，还"特意为他补习了三个月代数和解析几何"，并帮他复习较为薄弱的功课。显然，1910 年胡适考取官费留美，是他人生最重大的转折点。

如果当时不是王云五等人的竭诚规劝，大力帮助，胡适选择了出国留学的道路，那么，胡适的人生道路将完全不同。难怪胡适成为饮誉寰宇的学者之后，仍然对他毕恭毕敬，并且毫不犹豫地推荐王云五，就是自然而然的了。

商务印书馆最终接受了胡适的推荐，胡适也专门为此事找到王云五，说服王云五辞去兼职教授的工作，到商务印书馆任职。

1921年9月6日，34岁的王云五离京至沪跨进了商务印书馆的大门。

当王云五出现在张元济、高梦旦两人的视线时，两人不约而同地怔了一下：

眼前的王云五身材矮而壮实，虽然只有34岁，但鬓发已斑白，而脸色和肤色都是健康的铜色，长耳阔肩，方头大脸，眼珠乌溜溜的，目光炯炯，神采奕奕，有十足的广东人神气。当然，最是惹人注目之处的是，王云五硕大无朋的脑袋。

第一次见面，他们就进行了两小时的攀谈，觉得王云五学识渊博，对于古籍了然于胸，而且精通数国语言。

现在，他们相信了：王云五奇大的脑袋瓜子里装着无数的东西，他定能带商务印书馆走上发展之路。当即表示任命王云五为编译所所长。

"我是一个新来的人，虽然平素不怕劳苦不怕负责，但是信用究竟未孚，骤然担这改革的重责，无论如何，总不似梦旦自己主持的顺利。暂且给我一个副所长的名义，也未尝不可应付。"王云五推辞，说试用一下，先做个副手。

"不，虽初次与王先生接触，但对你的了解并不是第一次，今日的面对面沟通，更使我们深信王先生的学问和水平，皆是常人难以比肩的，'疑人不用，用人不疑'，还是直接担任所长吧！"张元济说。

"如果主持者没有梦旦这样的好人，若是你们看得起我，两个月后，要我任所长，我也断不客气。所以我尤望你们能谅解我的诚意。"王云五表明自己的坦诚。

张元济思索一下，觉得在理，于是改任王云五为编译所的副所长。

王云五踏入商务印书馆后，即施展他的聪明才智，显示了其魄力和判断力，两个月后，也就是同年的11月，王云五即向张元济、高梦旦提交了《改进编译所意见书》，从企业管理的角度提出改进意见，系统地提出从传统出版向现代出版的战略转移思路。

这份意见书引用了现代管理科学的方法，大胆改革企业管理制度，即便用现在的眼光审视，其管理思想依然先进。

比如工效挂钩，所内人员按职责制定薪酬标准；资源共享，商务印书馆积累的所有资料进行分类保管，集体享用；人尽其才，把编译所的人才按学识和编辑职能分为大纲规划者、专门学识者、撰书者、翻译者等 13 类，予以不同的薪酬和奖励措施。

高梦旦拿着这份《改进编译所意见书》，激动地对张元济说："现在，我们该打消对王云五这个无正规学历、无学术声望、无资深经验的'三无'外来者的诸多疑虑了吧。"

张元济重重地点了点头："看来，王云五在经营管理上确有突出的才能！不过，这只能说从理论上认定他是一个人才，但实际工作呢？还要看以后。"张元济审慎地说。

1921 年 12 月，商务印书馆为了便于改革的推动，委王云五以重任，让他正式接任商务印书馆编译所所长。这样又把他从商务出版核心圈的主将推到文化经营的前台。

王云五随即按照上述改革意见陆续进行，雷厉风行地大刀阔斧改组编译所，点燃了新官上任的"三把火"：

一是对编译所的组织架构进行了改组，使组织机构更加合理。调整和扩大了编译所的机构，按照新科学的学科门类重组各个部门，分设各部，延聘专家主持各部。

二是对编译所人才结构进行大调整。他将旧人淘汰三分之二，原来一些资历很老但观念陈旧的编辑则被淘汰。引进新人有朱经农、周建人、周鲠生、竺可桢、郑振铎、顾颉刚、叶圣陶、陶希圣、黄宾虹等。1905 年，编译所 9 个专业部部长，有 7 个换了新人。

三是对编译所各科丛书大创编。出书方向由主要面向学校，转为面向学校和面向社会并举；以公共图书馆为主要服务对象，创编大型丛书《万有文库》。先出版了百科小丛书，其后又出版了国学、师范、自然科学、医学、体育、农学、商学、史地等小丛书。同时，将编译所附设的英文函授科扩充。

王云五说，"全所人员当作为一有机体的组织"，"编著书籍当激动潮流不宜追逐潮流"，"新设机关为事择人，旧有机关不妨为人择事"。编译所组织架构和人才结构等改革的脱胎换骨，不仅为王云五实现自己的出版理想打下了良好基础，也为商务印书馆未来的辉煌注入了鲜活血液，一场出版革命迅速展开。

张静庐先生评价，这次改革确然"是商务印书馆走向新的方面最活跃的年代"。

然而，改革总会触及一部分人的利益，个别人借机攻击、指责他是

"袁世凯",说他引进新人是任用私人和亲信。

这些人对王云五的指责可谓大谬,事实上,他所引进的人才几乎都是从国外留学归来的新一代知识分子,如留美归来的任鸿隽为理化部部长,竺可桢为史地部部长,周鲠生为法制经济部部长,陶孟和为总编辑部编译,朱经农为哲学教育部部长,黄宾虹主持美术部,又聘胡明复、胡刚复、秉志、杨杏佛等为馆外特约编辑。

王云五当时毫无名气,怀疑他才能的人,"商务印书馆内外皆有之"。当改革方案出台,怀疑、责难更是升级了,说他根本无什么学识,是一个不学无术的家伙。在这样的情况下,王云五顶着压力,一如既往地埋头苦干。

此时,张元济、高梦旦给予了他很大支持,说:"王云五若是这么一个不屑的人,孙中山、蔡元培、胡适这些顶尖大人物怎会交口称赞呢?再者,有否学识能力,这一切都用今后的事实说话吧!"

王云五进编译所主政半年后,因茅盾在1922年7月号《小说月报》上发表《自然主义与中国现代小说》中,点名批评《礼拜六》的一篇名为《留声机片》的小说,从而引起"礼拜六派"的不满,扬言要和商务印书馆打官司。站在公司立场上,王云五作为编译所的领导,理所当然有责任化解争执。他找到茅盾,要求茅盾识大体、顾大局,公开道歉,但遭到茅盾的严词拒绝。从此,两人结下梁子。但王云五不受此影响,他决心革新《小说月报》《东方杂志》等期刊,不仅增加了容量,也加大了发行量。

王云五的整顿不断进行着,他以"教育普及""学术独立"为出版方针,大刀阔斧地进行改革,提高工作效率,成果频出。各类小丛书随之问世:《学生国学丛书》《农学小丛书》《工业小丛书》《商业小丛书》《师范小丛书》《算学小丛书》《医学小丛书》等。1922年,商务印书馆新出图书289种,1923年达到667种,内容涵盖哲学、宗教、社会科学、自然科学、应用科学、文学、艺术、史地等。这些丛书,实际上为日后出版包蕴古今中外、百科俱全的"万有文库"做了准备。

不要忘记,这些成果显而易见,仅仅只用了一年时间,令同行瞠目结舌。

也不要忘记,王云五出版了大批丛书,所耗资费甚巨,一旦滞销即有连累商务印书馆倒闭之虞,而王云五竟能使丛书畅销无碍,其商人精明的头脑、敏锐的市场眼光与缜密的市场分析能力可见一斑。

王云五果然不负所托，他出色的管理才华和过人的胆识，经改革带来了新的气象，使商务印书馆从此走上中兴之路。

从此之后，张元济、高梦旦等高层逢人便说："王云五就是我们要找的人，胡先生没有介绍错！"

胡适后来在日记中，也不无轻松地写道："此事使我甚满意，云五的学问道德都比我好，他的办事能力更是我全没有的。我举他代我，很可以对商务诸君的好意了。"

●发明创造，名声大噪

老祖宗创造的汉字，由"形、音、义"三者构成，各自独立，非常有个性，且内涵丰富，可升华为律诗、词牌；尤长于表达复杂的问题，做到细致、准确、深刻，这是西洋文字所不具备的，所以说汉字是世界上最美的文字，是中华民族文化的伟大结晶。

但事物总有两面性，就是由于汉字的独立和个性，使得检字非常困难，不像西洋文字那样可以按照标音字母顺序排列，任意组合，容易检索，就像应召女郎一般，随叫随到。

自古以来，为了攻克汉字检索这个难关，不少英雄好汉前仆后继，才迎来两次的发明：一次是公元 2 世纪的东汉许慎，创立了部首检字法；第二次是 16 世纪明朝万历人都俞和 17 世纪的清朝康熙敕编《康熙字典》，创立了部首加笔画检字法。从许慎经都俞到《康熙字典》，只是从部首法增加一个笔画检字法，就足足经过了 1450 年，可见检字法的改进比上天还难。

不得不承认，以前发明的这两次检字法都十分繁琐，未能从根本上解决问题。蔡元培先生就为此事大为感叹："甚矣，检字之难也！"

近代以来更有仁人志士想方设法要找一个更快捷、更便利、更准确的途径。这便是中国历史上的第三次探索。

这次探索是中国学术文化界"双子星"的才子接力古人，发起冲锋！

——时任商务编译所所长的高梦旦率先投入精力进行研究。他在传统的部首、笔画检字的基础上，提出以字形定位部首，摒弃过去以六书为分部依据的传统做法，拟将 214 个部首以字形位置为准，归并为 80 个部首，后因 80 个部首无法容纳那么多字而彻底放弃。

——时任北京大学教授、大作家林语堂从 1916 年起，经过多年断断续续的研究，发明了"上下形检字法"，取字之左旁最高笔形及右旁最低笔形为原则。但是他的检字法远未达至又准又快的要求，充其量是在前人的基础上进行了改良，没法推广，与高梦旦一样，也是未竟其功。

至此，"双子星"的顶尖人才面对这个千古难题，又败下阵来！

现在，又有谁人能继往开来，向困扰了中国语言文字学者足足 2000 多年的世界性难题，发起总攻击呢？

这时，头大如斗、聪明绝顶的王云五出现了，他担负起了这个历史重任。

1923 年，王云五主持商务印书馆编译所的工作后，编写各类词典工具书成为主要工作。对于读者而言，工具书的首要功能是检索便捷，而传统的检索方法达不到这个要求，因此王云五开始萌生了发明新的检字法的想法。

"我不但要为自己求得方便，更为无数人和后代着想。"他对张元济、高梦旦表示，一定要把这个难关攻克下来！

事实上，汉字检索谈何容易？因为汉字数量较多，怎样从字典、辞典中迅速查找出自己需要的字或词，这就好比找出大海捞针的办法这么不可思议，这可是无数人经常面对的问题。

1924 年 3 月，商务印书馆建造的东方图书馆落成，王云五兼任东方图书馆馆长，并拟将所藏 10 万余册图书对公众开放，首创民营企业藏书向社会开放的先例。

而藏书对外开放，其困难在于怎么样将这些中西文图书进行编目索引，以方便读者检索查阅。王云五在实际工作中认识到，一部理想的辞典，应具备三个条件：一是"检查便捷"，二是"取材充分适宜"，三是"解释明白切当"。

王云五在个性上具有极强的好奇心和刻苦钻研的精神。

为了解决实际工作中碰到的问题，王云五加快了研究检字法的速度，甚至达到了痴迷的程度。白天想，晚上想，走路想，睡觉也想，吃饭时还在想。他有每天早上 3 点钟起床晨读的习惯。这日，当他读到庄子的《庖丁解牛》一文，心为之所触：

> ……庖丁为文惠君解牛，手之所触，肩之所倚，足之所履，膝之所踦，砉然响然，奏刀騞然，莫不中音……

至此，王云五恍然大悟。他想，庖丁解牛，按纹理经脉将其大卸八块，肢解一番即告功成，这岂不是破解之道？

王云五从中深受启发，他开始全面投入，仔细研究方块汉字的结构。

汉字的形状，大体分为独体字和合体字，但实际上又千差万别，结构又有多种，如何区分是很头痛的问题。他选择3000多个汉字一个一个部位地琢磨，遗憾的是直至研究透了，也不能解决问题的所在。

究竟路在何方？他陷入了沉思。

他想，前人对汉字结构研究透了，才有这两次的发明，但仍未能达至所求，必有原因。不能停留在原来的基础上深究了，高梦旦、林语堂一样，仅作有限度的改良于事无补，要有大成，必须独辟蹊径！

他白天上班，晚上即忘情地投入其中，高速运转的大脑，不断地取舍。当时，天热得像火炉，汗水浸透了全身，一页又一页的稿纸，堆得有两尺多高。

博古通今又通晓理工科的王云五，驱使着古今中外的知识纵横碰撞，"朝思夕思，梦寐求之"，激发出璀璨的火花，指引着他前进的路向。

他坚信"庖丁解牛"所揭示的道理，也就是要找出一种规律性的东西，才能触类旁通。他从古人对汉字的解构开始思考，到林语堂的西文替代汉字点画以及高梦旦的字形定位中得到启发，又从现代电报译码中得到灵感……

这个灵感，启示了王云五：

那时电文是由号码组成的，收到后，要取电码书才能译出。王云五由此联想，新的检字，似也可由号码组成。显然电报的号码不能用，那几乎没有什么规律，不能从理解上推得，只能用书来查找。他想发现一种规律，也就是人们仅从字形上观察，便可找出这个字的代码。

"由于我的好奇心与求知欲，连接数日深谋远虑，觉得唯有以号码代替部首……我平素不畏难，既已发生浓厚兴趣，遂从此细心研究。"
王云五说。

这是一个重要的发明思路和指向，依此前行，触类旁通，新的检字法的发明便指日可待了。

王云五这一发现非同小可，他想，既然数字可以替代汉字，那么数字也可以替代笔形和部首！将复杂的问题简单化，是以 10 个阿拉伯数字代表 10 种汉字笔形，创造性地将汉字解构为左上、右上、左下、右下四个角，以号码对应四个角。换言之，每一个角对应一组笔形，亦即对应一个阿拉伯数字。取角顺序：按每字的①左上角、②右上角、③左下角、④右下角次序，依次对四个角取码。姑且叫"四角号码检字法"。

为了试验四角号码，王云五在商务印书馆为试验新教育和新教材而建立的实验小学尚公小学进行实验，据称这是尚公小学规模最大的一次试验。全校师生都动员起来了。先是跟一向通用的部首检字法作比较，比较下来当然是用四角号码简便得多，快捷得多，年级越低，效果越显著。经过这两次试验，也解决了号码相同的字的查检问题。四角号码这一检字法的大改革才最后敲定，没隔多少日子，商务就出版了《四角号码学生字典》。

经王云反复验证，计有 70 多次小修订和四次大的修改和试验，终大功告成！用王云五的话说："接连数年，于成而复败，精益求精之下，卒底于成。"

这个四角号码检字法的突出特点是快速、简便易学。另一特点是，按四角号码编排，每一汉字的多种读音是集中列出的；要查某字，无论是否会读，都能快速检索到。他昔日的学生，胡适得悉欣喜若狂，专门为四角号码检字法做歌诀，以帮助记忆，广为推行：

一横二垂三点捺，点下带横是零头。
又四插五方块六，七角八八小是九。

1925 年 6 月，王云五在《东方杂志》上发表了多篇文章介绍四角号码检字法，表明最终地、最彻底地解决了汉字检索中的一大难题，就是快速、准确定位的问题。正式宣布"四角号码检字法"被成功发明！

这一公布，在学界引起巨大的震动！在社会上引起极大反响！

有报章称，这不是汉字检索方法的一般性改良，可说是一件划时代的革命性大事，距第二次发明三百年。这是第三次发明，是最成功的发明，可谓"汉字检索的里程碑"！

数千年了，为了汉字的检索，不知困扰着多少仁人志士和先驱同胞，以至于当那些开过洋荤的家伙叫嚷"女人是西洋的妙，文字也是西洋的好"时，我们那些心痒痒的"国粹派"们却挺不起来反击。甚至有人提出要取消汉字，或汉字拼音化！

当王云五的"四角号码检字法"诞生了，使那些取消汉字，或提出汉字拼音化的人从此三缄其口，无话可说。

要说的是，由于王云五在商务印书馆改革中得罪了一些人，所以就算是他一手发明的"四角号码检字法"也让人质疑，说王云五剽窃了高梦旦的研究成果，其实，一项研究发明成果，必然要吸收他人的阶段性研究成果。任何人都不可能突发奇想，突然生出个发明创造来。这好比牛顿说，他所有这些创造发明，都是在巨人基础上而实现的。我们不能据此说发明权是那些"巨人"，不是牛顿吧！?

换言之，"王云五以数字为号码，对应汉字四角的笔形，设计出一种新的检字法，解决了高梦旦、林语堂无法解决的问题，他的独创性是无可否认的。况且，作为当时商务印书馆的编译所所长王云五不可能会这么坦然的'剽窃'同事的研究成果"。

据 1926 年 9 月出版的《四角号码检字法》，书前有蔡元培、胡适、吴敬恒及当事人高梦旦等人题序及王之自序。由此可清楚地看出，王、高二人与"四角号码"的关系了：王云五是此检字法的发明者，高梦旦只是这种检字法的"附角"发明者。最后以王云五冠名，高梦旦生前没有任何置疑，这点很重要，是王云五发明权的最权威的鉴证。

时任北京大学校长蔡元培对王云五的发明，更是欣喜有加，他激动地撰文说：

> 最近见到的就是王云五先生这种四角号码检字法了。他变通永字八法的旧式，而归纳笔画为十种；仿照平上去入四声的圈发法，而以四角的笔画为准标，又仍用电报号码的形式，以十数代表十笔，而以 0 兼代表无有笔画之角，这种钩心斗角的组织，真是巧妙

极了。而最难得的是与他自己预定的原则，都能丝丝入扣。王先生独任其劳，而给我们人人有永逸的享用，我们应如何感谢呢?!

王云五这项发明，不仅有益于当代，也福泽后人。现代人就是凭他这一"四角号码检字法"发明解决了世界性难题——中文电脑输入法。现代人操作电脑时所采用的五笔汉字输入法，完全是按着王云五发明的四角号码检字法这一思路设计的。可以肯定地说，没有王云五的四角号码检字法，就没有今天的"汉字输入的数字化革命"！

有专家指出，目前字典、词典检字大多使用拼音法，客观地说，音序字典不应该成为主流。因为，不懂的字，一般来说不但是字义，就连字音也不懂，还让人怎么按汉语拼音查？而部首加计算笔画的方法，对于正在受启蒙的孩子来说，还是太难了些，毕竟这需要有一定的逻辑推理的基础，不像四角号码，是直观的图像辨认，符合事物本质规律，有着永远的生命力！

由于各种原因，目前中小学的字典、词典检字大多还是使用拼音法，但专业淘汰不了"四角号码检字法"。因为它很适于中文研究尤其是古汉语研究领域的人士使用，这是拼音法检字法无法替代的。至今《中国历代人名大词典》《四库全书总目提要》等大型工具书仍然采用"四角号码检字法"。此法流传极广，美国国会图书馆、哈佛大学图书馆等，都据此为中文图书检索。80多年来，这个发明一直保持着特有的生命力，这是社会颁发给王云五的文化勋章。

"路漫漫其修远兮，吾将上下而求索。"

王云五的创造发明并没有因此停止脚步，接着他又对图书的分类进行了研究。

有人说，王云五的成功发明，与他广博的知识有很大的关系。对绝大多数人来说，"全面发展，就意味着全面平庸"，但凡事都有特例，王云五全面发展，且一点不平庸。样样皆精，样样皆能。

如果说数学培养了王云五的出版理性，那么图书馆学则给予他知识系统。对于一个通晓理工科的人，的确为他研究图书分类提供了有利条件。

1926年，王云五创办的东方图书馆落成了并开放。作为馆长的王云五，用了两年的时间，运用杜威的十进分类法，又发明了"中外图书统一分类法"，这是他对图书馆学做出的重大贡献，为中国现代目录学的分类奠定了基础。此方法沿用至今。

王云五曾说："没有读书法的读书，很容易糟蹋时间和精神。那么读书的方法从什么下手呢？我以为首先要对图书馆学加以研究，读书时才可获得指导。"

王云五在商务印书馆的卓越成绩，以及他不断的创造发明，使他在学术界、出版界成为一个大红人。

人出名了，在社会上担任的职务自然就多了，王云五先后任大学院译名统一委员会主任、中华图书馆协会执行委员、中国公学校董等职。

"人怕出名猪怕壮"，王云五正直的个性及张扬的才华引起同僚的忌妒、排挤。编译所在个别人煽动下，工潮迭起。深感头痛的他，于1929年10月，辞去编译所所长一职，离开了商务印书馆。

但以王云五的知名度，他离开商务印书馆，迅即成为许多单位争夺的对象，但王云五似乎都没有多大兴趣。后来，蔡元培请他任中央研究院社会科学研究所法制组主任兼研究员。

●临危受命，负重前行

尽管说这个世界上没有谁，地球照样转，但不得不承认一个事实，在特定的时候，个人的作用不可替代。自从王云五离开后，商务印书馆似乎一切都慢慢回到低谷时，随着时任商务印书馆总经理鲍咸昌的去世，商务印书馆更加日落西山了。

在此危难时期，董事会主张邀请王云五回来担任总经理，但王云五却断然拒绝。

董事会没有办法，只好让两位负有监理名义的元老高梦旦、张元济亲自出马。

经不住这两位有知遇之恩的元老诚挚的力劝，王云五答应重返商务印书馆担任总经理。这一年，王云五49岁。

因为复杂的人际关系，王云五提出任前两个条件：一是改总务处合议制为总经理独任制；二是接任后出国考察半年。在两个先决条件获得董事会通过后才上任，否则谢绝出任总经理。董事会接受了他的条件。此外，蔡元培因为朋友关系，也只好答应王云五的辞呈。

王云五出国考察，的确是抱着学习的目的，从 1930 年 3 月至同年 9 月，王云五到欧美和日本等 9 个国家考察企业。他一路走一路看，一边搜集资料，一边认真思考，旅途中写下了 50 万字的心得体会。

王云五回国后第三天，他就针对商务印书馆存在的弊端，向董事会提交了《采行科学管理计划》的报告，要求商务印书馆推行科学管理法，实行量化管理、成本核算、工序标准化、亲属回避制度、总经理负责制等一系列改革。

相信，这一方案一旦得以实施，对股东将有良好的利润分红，对员工将有好的福利待遇，对社会文化的发展将有更大的贡献。

然而，理想是美好的，现实是残酷的。

结果，不但未得偿所愿，反而引发了工潮。该计划刚刚推出，迅即遭到商务编译所、印刷所、发行所和总务处四个工会的强烈反对，提出 19 条要求。

让他最为心碎的是，渗透他不少心血的编译所同事的反对声最激烈，并且由编译所的个别同事牵头，竟发表《宣言》说："王云五不独为同人等之公敌，亦社会之公敌……庆父不逝世，鲁难未已。"纷纷请求他辞职。

一味心力挽商务印书馆于既倒的王云五，一夜之间变成"公敌"，他自己也觉得哭笑不得。

他想不通，何以每次改革都会有如此巨大的反弹？他心生退意，但是想到高梦旦、张元济两位殷切期待的目光，他心软了。

在十分无助的时候，他收到了北京大学文学院院长胡适的亲笔来信，劝慰他并为他建言对策：

云五先生：

今天见报纸所载，知前日我的戏言大有成为事实之势，你竟成了"社会之公敌"，阔哉！阔哉！

我很盼望你不要因此趋向固执的态度。凡改革之际，总有阻力，似可用"满天讨价，就地还钱"之法，充分与大众商量，得一寸便是一寸的进步，得一尺便是一尺的进步，及其信用已著，威权已立，改革自然顺利。这个国家是个最 individualistic〔个人主义的〕的国家，渐进则易收功，急进则多阻力；商量之法似迂缓而实最快捷，似不妨暂时迁就也。

嗣后经上海社会局出面调解，王云五口头上表示撤回改革方案，而实际上仍坚持改革整顿。聪明的他也听从胡适的建议，想到了迂回战术，采取化整为零的方法，步步为营推行科学管理，将他的科学管理法一点一点实施下去，就这样，"润物细无声"地逐步使商务印书馆走上新轨道，形象一新。

王云五好不容易把内部问题解决掉，一切都回到正轨，出现蒸蒸日上的良好局面，正是施展抱负之时，却遭受到来自外部的沉重打击：

1931 年，日本发动侵略中国的"九一八"事变后，又于次年 1 月 28 日凌晨，在上海发动军事行动，史称"一·二八"事变。当时位于闸北宝山路的商务印书馆总厂首当其冲，遭日军猛烈轰炸。造成总厂全毁，货栈、仓库顿时化为一片焦土。东方图书馆数十万书籍片纸无存，焚书的纸灰在空中飘浮，仿若云雾，持久不散。这是自火烧圆明园以后，最令人痛心的文化惨剧。

显然，日本人把炸弹投向这里，并非全从战争需要出发，而是有着更险恶的用心：摧毁中国文化的基础。

事后，一手制造这一震惊中外的文化惨剧的一位日本司令得意洋洋地说："烧毁闸北几条街，一年半年就可以恢复。只有把商务印书馆这个中国最重要的文化机构焚毁了，它则永远不能恢复。"

浩劫之后，生机几失。可以说，此时的商务印书馆面临灭顶之灾，王云五也大可借此机会溜之大吉，以他之学识、能力，换一份好工作是多么容易、轻松的事。但是，他没有这样做，更没有倒下，他把尽快复业当作头等大事。

"不能让日本人破坏中国文化的阴谋得逞！"他说，"把商务印书馆恢复，并没有什么高远的目的，只是为我们中国人争一点点的气。日本帝国主义认为商务印书馆是中国人自办比较有点规模的企业，觉着有些讨厌，便首先把它炸毁。我认为一打便倒，一倒便不会翻身，这是莫大的耻辱，所以极力要把它扶起来……"

王云五在后来的回忆中也写道："敌人把我打倒，我不力图再起，这是一个怯弱者。他又一念，一倒便不会翻身，适足以暴露民族的弱点，自命为文化事业的机构尚且如此，更足为民族之耻。"

实践证明，王云五不但是一个大学问家，而且也是一个临危不乱的大企业家。他以壮士断腕的方法，先遣散员工，省下钱来重建，一旦情况好转，再渐次召回职工。具言之，就是实行减少股本金、全馆停业、解雇3700余名职工等一系列特殊举措。

本来，在战争年代，厂房也毁了，面对如此不可抗力的发生，这样的举措最正常不过，但是，在个别别有用心的人的挑动下，因之与股东和职工会方面发生激烈冲突，使王云五备受压力。

这天，股东、工人包围了王云五的办公室讨说法，群情汹涌，难听的谩骂声此起彼伏。这时，与他有过节的编译所个别同人冷笑着看他的笑话呢！

王云五不回避，他听到室外嘈杂的声音，迅即站起来，大步流星地走出办公室。

当满脸疲惫的他，一站出来，刚才还嘈杂不断，突然间静了下来。王云五依然声若洪钟，他声音略带沙哑，一字一顿地说：

"股东们、工友们，你们也目睹了。总厂也炸毁了，用得着这么多人吗？我解雇了3700多名员工，这是无奈之举。不如此，这么庞大的财务负担，就足以把商务印书馆压垮，怎谈得上复兴呢?！……

"……我保证，被解雇的员工，我会立即补偿给你们，一分不少！还有，给我点时间，半年，或一年，最多不超过两年，商务复兴了，你们全部回来上班！……

"……大家要明白，保全商务印书馆对国难当头的中国教育文化事业尤其重要，与此相比，我个人成为众矢之的事小。但你们甘心商务印书馆就此湮灭吗？……"

说到这里，股东们、工友们都有点羞愧了，不好意思地，一声不响地一个一个离场而去，就这样，内外交困的王云五好不容易化解了一场危机。

接下来，王云五到处奔波，筹措资金、回笼货款，落实订单，他越战越勇。半年后，同年8月1日，商务总管理处、上海发行所、新开的印刷厂同时复业了！

"一·二八"事变，商务印书馆多年基业毁于日军侵略下十有八九，王云五力挽狂澜，救水火于顷刻，置毁誉于度外，终使商务印书馆重新屹立于中华！

王云五信守诺言，被解雇的员工可以全部回到商务印书馆上班了。这日，大批的工人回到总厂，只见厂大门的两边悬挂着王云五亲自撰写的条幅：

> 为国难而牺牲；
> 为文化而奋斗。

这条幅显然是王云五予以自勉，也是激励同人，振奋士气。工人们看到了，都深受鼓舞。当大家看到王云五正站在厂门口一边，挥手致敬欢迎大家回来时，众人顿时百般滋味涌上心头。眼前的王老板，原来乌黑发亮的头发，因操劳过度，头发也全白了，此时才理解王云五的苦心和公心！大家的眼泪都不由自主地流出来了。

有胡适给王云五的信为证："南中人来，言先生须发皆白，而仍不见谅于人。"那时王云五刚步入天命之年，为这一段经历，换得满头白发，但仍然被对他有成见的人指责，可见人际关系的复杂和险恶。

不过，这付出也是有价值的，因为在这突如其来的变故中，王云五不辞劳苦，几乎想尽了一切办法，在很短的时间内使商务印书馆复业。凭此已经彻底扭转了股东们、工人们对他的看法。现在，大家都对他信任有加，所以王云五一度受严重阻滞的科学管理计划，如今他可以大张旗鼓地推行起来了。

王云五可谓踌躇满志，他以总经理兼生产部部长及编审委员会主任委员身份，总揽编译、出版、印制全权，全面推行"科学管理"的改革和整顿，陆续公布各种章程、规则，使各部门的工作效率大大提高。

商务印书馆历经战乱而不倒，为了表示对日本摧毁中国文化的愤慨和复兴中国文化的决心，商务印书馆在重印的书籍上加署"国难后第一版"，并出版了《复兴教科书》《复兴丛书》作为纪念。

到1933年，他复兴了东方图书馆，编印了《万有文库》续编、《小学生文库》，出版中小学教科书千万余册，各种字典十几万本，重要参考书数百种，完成了"日出新书一种"的目标。

1934年至1936年的三年间就出新书12024册，占全国同期新书出版数的48％，占有全国图书市场52％的份额，规模之大、业务之广、技术之高，在当时中国的出版业中都绝无仅有，曾被誉为"东方文化之中心机关"，达到了商务印书馆百年史上的鼎盛时期。

特别是王云五组织出版的"大学丛书"，为此建立了由蔡元培领衔、包括56名各学科一流专家的编辑委员会，到1937年全面抗战前共出书200多种，结束了外国人编写的外文教科书垄断中国高等教育的时代，成为中国大学独立的重要标志之一。他主持的"中国文化史丛书"，用现代科学眼光审视和批判传统文化，不少著作具有重大的学术价值，是20世纪极为珍贵的文化遗产。

商务印书馆在"一·二八"的废墟上迅速复兴，创造了商务历史上最辉煌的时期，出书品种、规模和实际资产都超过了"一·二八"前，再度开创了出版史上一个鼎盛的时代。这是"世界出版史和文化史的一个奇迹"。

时已赋闲的张元济先生激动地致信道："去年公司遭此大难，尚能有此成绩，皆属办事人之努力，极当佩慰，特代表股东向办事人致谢。"

●艰难岁月，缔造辉煌

"九一八事变"是日本发动侵华战争的开端，在中国政府的强烈抗议下，日本并没有停止侵略的步伐，而是变本加厉，不断制造事端。

1937年7月17日上午，中华民国政府军事委员会委员长蒋介石在"庐山谈话会"中，正式发表《抗战宣言》，郑重宣布：

> 中国正在外求和平、内求统一的时候，突然发生了卢沟桥事变……我们已快要临到这极人世悲惨之境地，在这世界上，稍有人格的民族，都无法忍受的。我们不能不应战。至于战争既开之后，则因为我们是弱国，再没有妥协的机会，如果放弃尺寸土地与主权，便是中华民族的千古罪人！我们知道全国应战以后之局势，就只有牺牲到底，无丝毫侥幸求免之理。如果战端一开，那就是地无分南北、年无分老幼，无论何人，皆有守土抗战之责任，皆应抱定牺牲一切之决心……

蒋介石发表的《抗战宣言》正式拉开了伟大的全民族全面抗战的

序幕！

王云五预感到，战端一开，上海难保，正所谓覆巢之下已无完卵。王云五迅速组织人力将机器、纸张、书籍运至后方安全地区。

如王云五所料，1937 年 8 月 13 日，王云五主持重建的商务印书馆、总厂、分厂等再度惨遭日机狂轰滥炸。

尽管大部分设备已搬迁到后方，但还有许多手稿来不及搬走。

"这是作者的心血结晶啊！来人，跟着我！"在敌机的狂轰滥炸之下，王云五带头领着同事，冒着生命危险，一箱子一箱子抢出作者的手稿。

虽然，商务印书馆搬迁也算顺利，但并不代表商务印书馆从此顺风顺水。他们面临的困难十分严峻。

要知道，抗战前我国的出版业，86% 在上海，出版所需的纸张，90% 以上赖进口。抗战全面爆发以后，上海不保，进口亦中断，出版业和其他行业一样陷于崩溃。

"设备保住了，剩下纸张能用多少天？出版物如何销售？……"这一连串的问题令董事会忧心如焚。

"以香港分厂为生产中心。尽量安插因战事而失业的上海工人到香港工作，以保证商务印书馆仍有相当规模的出版能力！"

"为什么偏要在香港？"

"因为我国沿海地区相继沦陷，海上通道被日军切断，广州湾（湛江）是法国殖民地，暂偏安一隅，这是我国对外通商唯一海港，也是大西南的转运大通道。"

王云五向董事会交代了理由之外，迅速投入工作。

为适应战时环境，他采取应变措施，在职的减薪，失掉岗位的发生活费，不仅没有解雇一个还在工作的员工，甚至因战事而失掉工作岗位的 1000 多人也一一给予津贴。足有 2000 多个上海工人到香港工作，这是后来为什么香港一下子多了这么多上海人的原因。

王云五亲自坐镇香港，他用丛书方式出版各种抗战读物，利用广州湾这一通道，源源不断地把出版的书籍运到大后方，并且通过家乡中山华侨，铺路搭桥，进口纸张，解决生产的原材料。

一段时间，香港的商务印书馆成为中国最重要的出版机构，大量出版物从那里源源不断地输入内地，包括适应抗战需要的《战时常识丛书》《抗战丛书》《战时经济丛书》等，以及容量 20 倍于《辞源》的《中山大辞典》。

然而，商务印书馆面临的困难接踵而至。

在数十倍于我优势的日军进犯下，1938 年广州沦陷。为阻挠日军入侵，广东省政府下令全面破坏公路，各县车辆交通均中断。

怎么办呢？负责发运的高管也一筹莫展，跑来向王云五诉苦，"书印出来了，但不知如何发运出去。"

"大路走不通，走小路。车不能行，靠挑夫驿运解决！"王云五对整个交通状况了如指掌，早有应变措施。他指示人员从寸金桥华界转运广西玉林，发运时，挑夫先把书馆大件行包拆散成每件 20 至 25 公斤再肩挑上路，挑夫经过 6 天行程抵达玉林，再改用烧炭汽车运往南宁、柳州、贵阳，或由火车转送到金城江发运各地。挑夫在玉林稍作休息，再挑回头货归程。他们挑着重担，历尽艰辛，寒来暑往行进在崎岖小路，还经常要避日军截拦，躲敌机轰炸，硬是把货物完整无误交付到接收地点，商务印书馆托运的书籍数以百万计，从来没发生过短缺和错漏。

广州湾这些"位卑不敢忘忧国"的贫苦阶层，他们身上蕴藏着中华民族不可战胜的韧劲和可歌可泣的爱国精神，令王云五赞叹不已。

挑夫每次回程，返抵香港，王云五都亲自迎接，关怀备至。

从挑夫黑黝黝的脸上疲惫的神情，睿智的王云五想到了"战时版式"。

所谓战时版式，也就是采取用最轻薄的纸张、以最大限度的密行距离排版。以前每页排 500 字的，现在排到 1000 字。减少空白，增加行数字数，如此，不但可以节省半数的纸张，而且可以减少体力，也减少运输量。挑夫每肩挑的一担书，发挥着两担的作用。他们用肩膀把大量书籍挑进大后方，对支持长期抗战和抗战胜利起了很大作用。

出版物的发送问题好不容易解决了，想不到，又遇到更加严重的问题。

1941 年 12 月 8 日，日军偷袭珍珠港的同时，狂炸香港，紧跟着香港沦陷，商务印书馆再次旦夕不保！

"兵荒马乱的时期，生命也难保，何况一间公司，一间厂？放弃吧！"好友见到一天比一天消瘦的王云五，好心劝说。

"国家危难之际，我岂能趋利避害？如果每一个国人都好似你这么想，这个国家就完蛋了，这个民族就灭亡了!"王云五不但不听劝说，反而连珠炮似的教训起他的朋友，并斩钉截铁地说："我之责任，就是为商务的生存而努力，我之使命就是为抗战而出力!"

香港无立足之地，王云五改在重庆设商务印书馆总管理处统辖后方各分厂，并力推科学管理。他在坚持"战时版式"的基础上，又发明了"云五式中文字架"和"化学翻印法"，省工、省人、省时间。同时，还提出"库存图书调剂法"和"调货重于重印"等的概念，且出版方针以一般用书为主，用丛书方式出版各种抗战读物。这些举措使得战时许多重要词典和大学丛书得以恢复供应。出版和重印图书1000多种，推出《中学生文库》等大型丛书。竟实现"日出一书"的奇迹!

王云五身为商务印书馆总经理，管理数千人的出版大企业，事情之多、之杂，可以想见，在战争年代，竟然还能继续他的发明创造。

纵观古今，普天之下，像王云五这样的出版家，哪里去找呢?

这个时期，商务印书馆达到了它的鼎盛时期，《万有文库》发行了2000种，行销5600万册，几乎涵盖了当时所有的学科知识领域，装备数千家图书馆，也为红色根据地延安提供了精神食粮。

作为商务印书馆的掌舵人，王云五在国难当头运筹帷幄，终究让中国出版业的旗帜在战争烽烟中依然飘扬。

国内报界以"广东精神"概括他复兴商务印书馆的功绩："广东人所有的长处，他全有。广东人性格豪爽慷慨，明朗实在，刚强，不屈不挠，而又剃刀一般锐利而睿智。他把这些特征集于一身。广东人多勇猛精进，顽强冒险;但在遇到挫折时却也能够达观。"

《纽约时报》在题为"为苦难的中国提供书本，而非炮弹"的报道中，称王云五为当时世界上提供未曾有之大规模图书。堪称伟大的出版家!

有人说，在此民族危难之际，王云五一手将出版工作产业化，造就了中国出版事业空前的繁荣。究其原因，赖以他以罕见的勇气、坚毅和智慧，在商务印书馆塑造起两大支柱:一是文化理想，抗战时，商务印书馆打出"为国难而牺牲，为文化而奋斗"的口号。二是先进的商务运作，当时商务印书馆采用了现代的经营管理手段，比如股份制度等。肯定地说:"王云五在商务印书馆甚至在中国和世界的出版历史上，都是一个里程碑式的人物。"

● 老骥伏枥，壮心不已

商务印书馆作为中国近代最有影响力的文化出版机构，为王云五带来了崇高的声望，也积累了可观的政治资本。

从 1938 年起，王云五一跃成为国民参政员，这一时期他虽然参与政治，但主要还是经营出版事业。从上海到长沙，从香港到重庆，在国难当头的岁月里，他一直与商务印书馆共患难，以致身心憔悴。

抗日战争胜利后，1946 年 1 月，他作为 38 位政协代表、9 位无党无派代表之一参加了政协会议。

1946 年 5 月，他以"社会贤达"身份出任国民政府经济部部长，终于踏上"弃文从政、弃商从政"之路，这一年他 58 岁。

次年 4 月，王云五任行政副院长，达到人生的权力顶峰。

1948 年，国民党政权崩溃前夕，王云五在翁文灏内阁出任财政部部长要职，以霹雳手段主持币制改革，发行金圆券。客观地说，此举一度使物价有所平稳，可惜在通货膨胀的大潮下经济决堤，加之假币的严重冲击，致财政崩溃。事后王云五自述自己系引咎辞职，推位于贤能。这可能是王云五一生中唯一的败笔。

1949 年后王云五去了台湾，又开始续写着自己的传奇。

王云五到台湾后，继续从政，官至考试院副院长、行政院副院长、代理行政院院长等职。任内颇多建树，尤其是举起复兴中华文化的大旗，弘扬中华文化。

1963 年 12 月，77 岁高龄的王云五辞去一切政府职务，重操旧业，就任台湾"商务印书馆"董事长。

王云五从 1921 年进入商务印书馆算起，足足 25 年，这其中有 7 年时间做编译所所长，18 年时间当总经理。在这漫长的四分之一世纪里，王云五三次挽狂澜于既倒，于商务印书馆功不可没。如果没有他，商务印书馆或许早已经面目全非。不但商务印书馆的历史要改写，中国出版史也要改写。

现在到了台湾，又进入台湾"商务印书馆"。此时的台湾"商务印书馆"正处于朝不保夕，濒临破产的境地。王云五入主后，施展他的经商奇才，四度"拯救商务"，很快使图书出版量从原来的平均每月 4

册上升到每月141册，利润从1964年的44万元上升到1970年的500万元。任职15年间他再度开创了新的出版事业，推出大量优秀著作，如《云五社会科学大辞典》《中山自然科学大辞典》《中正科技大辞典》，还有《蔡元培先生全集》《社会科学和人文科学大学丛书》《云五社会科学大辞典》等有影响力的书，对汉语世界产生了广泛的影响。

王云五的传奇，不断地续写。

这么一个没有任何学历的人，不仅成为大企业家，而且后来竟成为中国博士之父。

这源于他第一个在中国提出设置博士学位之议，同时也是台湾和大陆最早的博士生导师，培养了一大批博士生，而在同时期指导的博士生也最多。1955年到1969年的15年间，他在台湾政治大学指导了数十篇硕士论文、7篇博士论文，培养了30名硕士、15名博士，包括金耀基等杰出英才，由此赢得了"博士之父"的雅号。

试想，从小学毕业，仅仅"识字"起步，自修成博士之父，其传奇多么的令人叹服！

前面说过，王云五的家族在香山泮沙村，十多世未出过一个秀才，但到他开始，彻底改写了家庭史：

王云五有儿女9人，除一女早逝之外，其余均为知名的学者、专家。大儿子学理，德国柏林工业大学博士；二儿子学武，工程博士；三儿子学政，在美从商；四儿子学农，牙医博士；五儿子学哲，法理学博士；六儿子学艺，神经外科博士；七儿子学善，医学博士。大女儿学文早逝；二女儿学医，医学博士。

显然，无论从哪一个方面来看，王云五都可说是名副其实的"博士之父"！

当人穷年累月地读书，达到一定程度后自然会产生写作的欲望和冲动，这就是知识的延续、发展和升华。王云五也不例外，他出版个人著作、文章100多部（篇），其中100万字以上的巨著5部。

"老骥伏枥，壮心不已。"他在台湾淡出政坛后，仍潜心著书立说，写下了《岫庐八十自述》《商务印书馆与新教育年谱》《岫庐最后十年自述》《中国政治思想史》《中国教育思想史》等著作，尤其是前面三部长达百万字的回忆为后人研究中国百年史和商务印书馆提供了第一手的珍贵史料。

在中国文化史上，有几个人能如王云五般，做到"为学勿萌老态，做人须具童心"？在本该含饴弄孙、颐养天年的 81 岁还把大量精力投入著书、译书方面，这些作品包括回忆录、演讲集、学术专著等，累积数百万字，可见他虽至晚年，却精力充沛，笔耕不辍。

最厉害的是，王云五只花了一年多的时间，完成了 7 册共 200 多万字的《中国政治思想史》，接着又撰写了洋洋洒洒 200 万言的《中国教学思想史》，这两本著作，其学术水平得到业界的高度认可。这已经不简单了，但想不到，在他 90 岁生日时，又令人惊奇地推出了一部 50 万字的回忆录《岫庐最后十年》。

除了"传奇"，王云五还有着一颗"公益心"，在去世之前的 7 年多，他便已预立遗嘱，捐出全部藏书和钱款，用于建立王云五图书馆。胡适在他的日记中记录了王云五的学问人生和道德人品，完全是发自内心的赞美："王云五是一个完全自学成功的人才，读书最多、最博……此人的学问道德在今日可谓无双之选。"

王云五常自称"四百万"。具言之，"四"，是指"四角号码检字法"；"百"指百科全书；"万"，指《万有文库》。这指的是他一生引以为傲的业绩。

但是，王云五也太谦虚了，他所建树的岂止这些？

还是用著名学者金耀基的话来说吧："王先生自十四岁做小学徒起，就一直没有停止过工作，一生做了别人三辈子的事。他在中国 20 世纪的大舞台上，扮演了各种不同的角色，大出版家、教授、民意代表、社会贤达、内阁副总理、文化基金会董事长、总统府资政……王云五是一个完全靠个人奋斗成功的人……唯千百年后，先生（王云五）仍将被记得他是《万有文库》的主编者；四角号码检字法的发明人；现代科学管理之先驱；云五图书馆之缔造人；商务印书馆的伟大斗士与化身。"

王云五的一生前后主持商务印书馆达 40 年之久，是中国出版史上无法回避的巨人，也是 20 世纪中国思想文化史上的一个重要人物，对中国的文明进步产生了深刻影响！尽管在变幻无常的政治风云中，人们对王云五先生的评价有霄壤之别；然而，在人本的意义上，他绝对是一位"文化奇人、学界通人、事业巨人、政治达人和出版伟人"！

至今，每当想到王云五，脑海中就蹦出"自强不息"这个成语，因为"王云五是一个符号象征，象征了一个贫苦无依的人奋斗成功的故事"。有人说，人生若梦，人生如苦旅，但王云五说："人生如斯，好像一次壮游。"他活了九十多岁，是壮游一生，在历史上留下无数不寻常的足印。后人有诗赞道：

> 何须学历高，一样出文豪。
> 万有罗胸著，宏才富楚骚。
> 发明成巨匠，宦海起洪涛。
> 乱世编刊出，岫庐独占鳌。

第十五章 浩歌激荡冲天志
创建空军第一人

诗曰：

> 毁家纾难节可钦，炎黄赤子献丹心。
> 披荆斩棘越障峦，缔造空军克苦辛。
> 志在冲天图报国，追随国父树忠贞。
> 中道星殒浩歌荡，万里长空万古名。

在中国的航空史上，香山县（今中山市）俊彦迭出，人才济济，做出了巨大的贡献，开创了历史先河。从 1911 年孙中山倡导"航空救国"开始到抗日战争胜利的 1945 年共 34 年间，献身中国航空事业的香山人有 110 人，是名副其实的"中国航空之乡"。他们当中，除了中国航空事业的伟大开拓者孙中山外，最耀眼的当数空军司令张惠长（中山大环村人）、空军中将陈庆云（今珠海翠微南溪人）、中国第一位女飞行员朱慕飞（中山西桠村人）、航天女杰欧阳英（中山大岭村人），还有美国第一位华侨宇航员张福林博士（中山员峰村人）。当然，在众多的中山航空英杰中最具代表性的当数杨仙逸将军。

杨仙逸（1891—1923），字学华、号铁庵，广东省香山县（今中山市）北台村人。出生于华侨家庭，是中国近代航空事业的先驱。他创建了中国历史上第一支空军部队，兴办了中国第一间飞机厂，制造出中国第一架军用飞机，因之被誉为"中国空军之父"。

●从小立志，志在冲天

在香山县县城石岐以东约 8 公里处，有一条村庄叫北台村，从南宋建村至今已有数百年历史了，村中随处可见的都是错落其间的老宅子，洋房与碉楼，牌坊与宗祠、古庙，还有建筑物上的楹联与匾额，以及精美的木刻、砖雕。

然而，北台村与其他古老村落不同，它地形地貌独特，若站在附近高处的湖州山上俯瞰，北台村的形状俨如飞机。

1891年3月14日，杨仙逸出生于北台村的一个华侨家庭。父亲杨著昆，是旅夏威夷的著名富商，很有名气，他早年在美国檀香山经营粮食以及房地产业，家财丰厚，富甲一方。

童年时光，杨仙逸是在家乡的农村里度过的。

杨家老宅庭院前面有一棵很大的龙眼树。童年的夏夜，杨仙逸爱跟着奶奶杨老太太在那棵龙眼树下乘凉，他最爱听奶奶讲故事，百听不厌。

在那张长条的板凳上，杨仙逸常常半坐地依偎着奶奶，充满好奇的眼睛望着夜幕中闪烁的星星。此时，周围蟋蟀的鸣叫声此起彼伏，更显乡村夜晚的寂静。慈祥的奶奶左手轻抚着杨仙逸的背，右手抓住葵扇缓缓地挥动着，为这个可爱的孙儿扇凉，驱赶蚊子。同时轻声细语地讲述着杨著昆在异国他乡创业的故事。

"爸爸为什么要离开家乡，到这么遥远的地方去打工？"杨仙逸经常重复问这个问题。

皱纹已爬上脸庞的奶奶总是不厌其烦地说："唉，清入主中原后，中国人没有一天过上好日子。家里太穷，揭不开锅，你爸爸与不少乡里人一样背井离乡，这都是因生活所迫的啊！"

然后，奶奶又开始重复地讲家乡的历史故事，从南宋马南宝勤王讲起，直至清入关后中国人的悲惨境遇。杨仙逸入神地听着，爱国的种子从此在他心田里播下。

"你爸爸很有本事，到了美国的夏威夷檀香山，不知经历多少困苦，创业有成，现在村里的道路，就是你爸发迹后回家乡修建的，再过几年，他就会回来带我们出国，我们一家人很快团聚了！"

说到这里，奶奶眼睛看着远方，笑容满面。杨仙逸听了颇感自豪。

月亮在神秘而高远的天空升起来了，清晖洒满整个院落，奶奶又开始讲述嫦娥奔月、吴刚砍树的故事，这些故事浪漫而又忧伤。

杨仙逸从奶奶口中知道，天空是神仙的殿堂，人的禁地，令人敬畏。

他一边听着，一边看着近在咫尺又遥不可及的天空，遐想：我若能像鸟儿那样有一双翅膀飞上天空多好！

飞翔，是人类绵延了千秋万载的美丽梦想，一如对自由的永恒渴望！对于翱翔蓝天的梦想，也许孩童时期的杨仙逸是从老宅的院落里仰视夜空时开始萌芽的。当然，他想不到，日后自己会驾着飞机在神秘的天空翱翔；更想不到，从未受到过战火污染的、纯净的天空，以后会成为人类厮杀的场所。

杨仙逸7岁进入家乡的私塾读书，接受传统文化教育。他聪颖过人，擅长算术，口算了得，从小把"九因歌"（乘法口诀）背得滚瓜烂熟，精于打算盘。村里管账务的也时常夸奖他。

当时交通落后，远在异国他乡的杨著昆很少回国，少则三五年，多则十年八年才返乡一次。在杨仙逸10岁那年，杨著昆回来了，带回了不少吃的、穿的。杨仙逸最喜的不是糖果、饼干之类，而是科技杂志，他从书本中了解到这个世界上有飞机，可以飞上那广袤的天空。

爸爸说，飞机就是人类的翅膀。他听了，整天嚷着要跟爸爸出国读书，长大了学会驾驶飞机，让自己能尽情地在蓝天飞翔。

杨著昆见儿子这么好学，索性提早带他出国，奶奶同妈妈也跟着一同出国了，此后杨家老宅就空置了。

如今，当你推开早已被岁月尘封的杨宅两扇木门，随着木门和石门框摩擦后发出的"吱呀"声，见到的是一个空旷的、杂草丛生的院子。穿过院子，是两座大门紧锁的老屋，门牌赫然写着"共和街39号"，这就是杨仙逸故居。

掩映在茂盛树木中的杨家老宅，典型的岭南农家特色建筑，就连屋内墙壁、地砖也是清一色的青砖、水红砖。按当地的习俗，但凡在海外发迹的华侨，都会回家乡修建一座气派的宅子，以光宗耀祖。而以杨仙逸父亲杨著昆的家底，其故居理应像同乡，时为中国商界巨贾的郭乐、马应彪故居那般气派。何以杨家如此寒碜呢？

确切地说，杨仙逸是在11岁那年随着父亲来到了美国夏威夷的。

异国的阳光、沙滩、仙人掌，还有汹涌澎湃的浪花，清新、自由的空气深深吸引了杨仙逸。很快，他高高兴兴地进入了当地有名的学校继续他的学业。

杨仙逸的父亲杨著昆与孙中山大哥孙眉是挚友，又都是在当地打拼成功的老乡。因这个关系，杨著昆与孙中山相识。孙中山经常出入杨家。

刚到夏威夷不久，杨仙逸在家里第一次见到了孙中山。

"国字脸、大眼睛、双眼皮，身材匀称，相貌身材都是上乘。无论长袍还是立领西装，穿起来都得体好看。能讲一口流利的英语和日语，言谈极富亲和力。"这是孙中山给杨仙逸的第一印象。

杨著昆与孙中山时常一起议论时政，抨击清政府政治腐败，社会黑暗。杨仙逸耳濡目染，小小年纪已深受革命思想的陶冶。

1903 年 10 月 5 日，孙中山又来到了檀香山，在利哩霞街剧场，杨仙逸在这里第一次聆听了孙中山反清革命演说：

> ……推翻封建专制，革除暴政，建立民主共和，中国才有生之希望！民族才有富强之日！
>
> 为了拯救多灾多难的祖国，我们唯舍生取义，向死而生！……

孙中山的演讲，深深地感染着听众，当地巨商邓荫南当即用实际行动响应孙中山号召，他变卖了商店和农场，捐出所有，全力支持起义……

那年，杨仙逸 12 岁，他也被深深地震撼了。回到家里，就对其老父说："我要追随中山先生干革命。"

杨著昆看着稚气未脱的杨仙逸，道："你凭什么干革命？"

"开着飞机扔下炸弹把敌人炸死！"

"哈哈，这也让你想到了！"杨著昆听了，开怀大笑。因为这个时期，正值飞机问世不久，还未正式用于军事目的。这个小孩童真是异想天开。但日后证明，杨仙逸是对的。

为了激励儿子，杨著昆说："我儿有志气！那你用心读书，学有所成才行啊！"

"那我以后读大学就专攻航空技术！"杨仙逸认真地点了点头。

杨仙逸平时读很多课外书，大多数都是有关航空的，所以他长大以后知道大学有这个专业。

1909 年，刚刚 18 岁的杨仙逸在夏威夷大学毕业，即转入美洲加利福尼亚（旧译卡利科弥）省哈厘大学机械专科和茄弥时大学航空专科攻读，专门学习机械及兵器制造技术，水、陆飞机结构、性能及驾驶技术等。

就在这一年年初，四处奔走疾呼的孙中山又来到了美国。他在美国巴顿的这场演说最为轰动，到会者 7000 多人，听者无不动容，不仅有人当场慷慨解囊，而且还要求加入革命组织。

当时，有一青年上前叩头说："我要追随先生。"孙中山说："革命是要杀头的，你有这个胆量?"青年答曰："杀头! 我不怕!"这个青年就是现代国术家马湘先生。后来马湘成为孙中山的卫队长。

11 月上旬，孙中山至夏威夷，又是在利哩霞街剧场，孙中山就保皇党对他建立共和革命主张的大肆攻击，毫不例外地发表了针锋相对的演说。

> 兄弟由日本过太平洋到美国，此时此刻，我站在檀香山这块土地上，百年前不过是一野蛮地方，有一英人到此，土人还要食他，后来与外人交通，由野蛮一跃而为共和。我们中国人的程度，岂反比不上檀香山的土民吗?……

> 我们清夜自思，若不把我们中国造起一个二十世纪头等的共和国来，那么就意味着我们中国人连檀香山的土民都远远不如了。这岂是我们同志诸君所期望的吗? 所以，我们决不能说我们同胞不能共和。如说不能，是不知世界的进步。不知世界的真文明，不知享这共和幸福的蠢动物了……

说到最后，孙中山激昂地说：

> 实现共和，革命是唯一法门。我们必须倾覆满洲政府，建设民国。革命成功之日……废除专制，实行共和!

面对着这里的年轻华侨，孙中山更是充满期待，他说：

> 同盟会已经成立了，这意味着革命活动高潮将很快来临。年轻的同胞们要学习先进科学技术，更好地报效祖国!

孙中山一次又一次的激情演说，令华侨们热情鼎沸、激动不已，不断鼓掌以至顿足……而在杨仙逸这位热爱祖国的年轻华侨心中，更是点燃起为中国民主革命而战斗的熊熊火焰。他与马湘一样，当即要求加入同盟会。

演讲毕，在与华侨代表座谈时，孙中山看到杨仙逸申请入会的签名，疑惑地问："我知你的名字叫'仙镒'，何以改为'仙逸'？"

杨仙逸听了，冲口而出："我受先生影响，从小就向往革命！"

孙中山笑了，接着问："我的名字唤逸仙，君的名字唤仙逸，两字倒转过来，岂不两个完全相同。君之所以采用这个名字，有无意思存乎其中？"

"有的，这是敬仰先生的一点表示，服膺先生主义，唤醒国人拯救民族危忙！"

此刻，杨仙逸双目炯炯，红红的脸庞，英姿勃发，威武堂堂。

●伟哉中山，铺路指引

孙中山离开檀香山后，多次往返各埠，所到之处，必集会发表演说。

1911年1月19日，孙中山抵纽约，莅临中华公所（勿街16号），组织了更大规模的集会，侨胞闻风而至，听众近万人。孙中山在演讲台上进行了近三个小时的演讲，最后大声呼吁：

> ……满人入主中国，侵夺我汉家土地，专制两百余年，剥削我汉人脂膏，虐政横行，于今为甚。必要扫除积弊，使汉族重光，亦使我中国建造共和，人人得享自由幸福！……

此词为当时全侨最高领导机构的中华公所接纳，并宣布全侨彻底放弃支持以康有为、梁启超为首的保皇党，参加到革命阵营来。

孙中山是一个非常有远见的政治家，早在辛亥革命前1909年的时候，美国莱特兄弟发明了飞机并试飞成功，他就敏锐地指出："飞机当是今后战争决胜的锐器！"

6年后，冯如在美国的奥克兰市，驾驶自己设计制造的有动力飞机，试飞成功。那时候，孙中山先生正在美国进行革命活动。他行抵旧金山闻讯后立即赶到奥克兰观看，并面对冯如和前来参观的广东侨胞，即席用广东话发表演说，他一开口便自豪地说："吾国大有人矣！"

这时，伟大的孙中山以敏锐的眼光和科学预见，多次指出飞机在未来国防建设中的重要作用，孙中山这次来夏威夷，对世界情势了如指掌，在演说中信手拈来，引证举例，首次提出了"航空救国"的口号。尔后便启发冯如认清形势，把才智献给革命事业。

从1911年5月至11月，孙中山曾在三封致革命党人的信件中谈到了飞机。尽管是寥寥数语，却颇有见地：

第一封信是5月31日写给华侨飞行家李绮庵的。信中说，"飞船（即飞机）习练一事，为吾党人才中之不可无，其为用自有不能预计之处，不独暗杀已也。兄既有志此道，则宜努力图之。"

第二封是9月14日的复萧汉卫函，函中赞成革命党人研习飞机，并指出，"飞机一物，自是大有利于行军。"

第三封是致旅美同志的。孙中山说，"阮伦兄等谋设飞船队，极合现时之用，务期协力助成，以为国家出力。"

由此可见，孙中山已把培养和罗致航空人才作为革命事业的一项重要任务了。在中华民国成立之前，对飞机的用途以及它在革命中的地位有如此深刻认识的人，唯孙中山先生一人耳！

辛亥革命爆发后，为增强革命力量，孙中山号召美洲华侨在美洲同盟会总支部的领导下，出钱出力，组织华侨革命飞机团回国参加革命。

华侨冯如在孙中山的感召下决定回国报效，投身革命，他被孙中山任命为陆军飞机长，准备组织飞机队。孙中山出任中华民国临时大总统后，特意划出地方开辟南京演武厅为飞机场，南京临时政府拥有自己的飞机，对清帝退位起了重要的威慑作用。冯如也踌躇满志，决心在孙中山的支持下把中国空军创建起来。

遗憾的是，1912年，冯如在广州一次飞行中发生了意外，躯体从天空坠向了大地，以身殉国，年仅29岁。

冯如的牺牲，临时大总统孙中山甚为悲痛，他下令："从优照少将阵亡例拨给恤，并将事实宣付国史馆。"广东军政府拿出1000元抚恤其家属，并将其安葬在黄花岗烈士陵园，纪念碑上醒目地书写着"中国始创飞行大家"几个大字。

冯如的去世，意味着孙中山组建中国空军的愿望暂时落空，但并没有熄灭孙中山的航空救国之梦。

二次革命失败后，孙中山于1913年8月出走日本。次年，在日本西京琵琶湖八日市创建了"中华革命党航空学校"，聘请日本飞行家尾崎行辉、立花了观为教官，美国人史密斯为顾问，购有法国法尔门式飞机2架，学生20余人，均为华侨青年。1915年，孙中山在该校演讲时再次阐述了"航空救国"的思想。

不久，该校受到日本政府的干预停办，孙中山只好将其航空救国梦书写到了美国。1915年8月，孙中山命驻美洲国民党总支部部长林森创办航空训练机构，校址在红木城（REDWOODCITY），名叫美洲飞行学校，校长黄伯耀，聘美籍人员为教师，科别分为飞机工程、机械修护，当中包括张惠长、叶少毅、吴东华、谭南方、陈乾、李光辉、孙龙光、蔡斯渡等19名中国学生前往受训，为中国航空事业的发展持续播下希望的火种。

此后，孙中山先生曾三次回广东主持革命政府，在航空方面的大胆尝试是在1918年设立航空处，着手组建航空队。由于各种原因，航空队始终未建立起来。

孙中山想到了远在美国的杨著昆、杨仙逸父子俩。

杨著昆，这位值得大书特书的爱国华侨，为了响应孙中山创办航空事业，早在1913年就在檀香山创建了一家"中华飞船公司"，因后续资金不足而停产歇业。到1918年，杨著昆的生意红火起来，他受孙中山先生委托，立马投入巨资又在同一地方创设"图强飞机公司"。取名"图强"，旨在图强救国，目标极为明显。杨著昆聘请了退役美国空军人员当教练（当时美政府不许华人训练飞行）。学生当中有杨官宇、陈庆云等香山华侨子弟。

当然，时在航空飞行领域的华侨子弟中，当数杨著昆的儿子杨仙逸最出色了！

杨仙逸大学航空专科毕业后，取得了国际飞行家联合组织之美国飞行俱乐部颁发的第62号驾驶员执照，并获得"优秀飞行家"的称号。当时航空人才奇缺，很快就被美国航空局录用，享有优厚待遇和较高的社会地位，是不少人尤其是华人梦寐以求的。他打算在美国航空局做一段时间，把管理、科技知识带到图强公司。

于 1918 年 3 月 1 日，孙中山急召杨仙逸回国组建空军，电文称：

> ……足下对于飞机学问，研究素深，务望力展所长，羽翼粤军，树功前敌。

当杨仙逸接到来电，万分激动，情不自禁地对身边的朋友说："我之所学，终于可以派上用场了！"

杨仙逸与许多学业乃至创业有成的华侨一样，生活在碧海蓝天、风光秀丽的檀香山，可谓惬意无比，幸福无边。但，杨仙逸并没有乐不思蜀，甚至沉湎于西方世界的声色犬马的生活中，相反，他与父亲一样，时刻牵挂着身处水深火热之中的祖国。

"我决定响应孙先生号召，放弃待遇优厚的工作，告别安逸舒适的生活，回到祖国去！"当杨仙逸把孙中山的电文交给他父亲时，尚未待父亲首肯，他已急着打点行装准备回国。因为他知道父亲绝不会反对。

亲朋好友得知杨仙逸要回国，虽有不少支持者，但更多的是一片反对声，他们劝杨仙逸："中国兵荒马乱，回国意味着优厚生活的失去，也意味着可能一去不复返！"

面对一片唏嘘声，杨仙逸的家人，尤其是他的老祖母杨老太太却有着非一般的见识。

当年在乡村炎热的夏夜，这位时常为孙儿摇着葵扇扇凉、驱赶蚊子的杨老太太，早已年逾古稀了，但她充满着爱国热情。当她得知孙中山电召其孙儿回国，不但没有阻止，反而语重心长地对杨仙逸说："生为中国人，死为中国鬼，只要是为了祖国的需要就是上战场，不要迟疑退缩啊！"

说完，眼里含着泪花，泣不成声。而父亲更是扔下一句："你是同盟会会员，当为国效劳。"催促儿子尽快起程。

可见，杨仙逸报国之志与日俱增，立誓为建立中国空军做出自己的一切贡献。不仅有孙中山的影响，更离不开家庭的大力支持。

孙中山的召唤，亲人的催促，杨仙逸作别这片椰风阵阵、花影袅娜的纯美海岛，踏上了归程。他日夜兼程，火速地赶回中国革命大本营——广州。

●依靠华侨，缔造空军

历史真的这么巧合！

美国莱特兄弟发明飞机 6 年后，冯如在国外制造的飞机也成功地飞上丽日蓝天。冯如去世后的第 6 年，杨仙逸出现了，就是这位年轻人，很快在我国本土制造出中国历史上第一架飞机，并且创建了中国历史上第一支空军部队。

"报告！我回来了！"当杨仙逸精神抖擞地跨进孙中山的办公室，大声敬礼后，让孙中山大喜过望。

杨仙逸已从昔日的翩翩少年变成了一个英俊青年，他身材高大，穿着西装、打着领结，国字脸庞，眼神坚毅，器宇轩昂，天生就有将军的气质。难得的是，杨仙逸是当时唯一的一个在国外接受高等教育航空专业的高材生。

"仙逸，为巩固共和，我决定建立中国空军，你现在学有所成，希望寄托在你身上了。你有信心吗？"风尘仆仆、刚从国外回到广州的杨仙逸尚未坐下，孙中山就握着他的手问道。

"请中山先生放心，我将不惜一切，全力以赴，把中国空军建立起来！"杨仙逸雄心勃勃。

"建立一支空军部队，可不是拉队伍这么简单，牵涉巨额的资金，技术人员和飞行驾驶员等人才的培训等，这一大堆工作都不是说到就能做到啊！"

"我有信心，也有能力去完成这个任务！"未待孙中山说完，杨仙逸高声应答，信心满满。

孙中山看着这个斗志昂扬的年轻人，补了一句："只许成功，不许失败！"

"是！"杨仙逸回答响亮，铿锵有力。

建立空军，在这个年代可是难以想象的艰巨任务。不用说贫困落后的中国，就是世界先进国家，飞机制造业和空军的组建，也是处于开始阶段，因此要在中国创建一支航空队伍，是一件非常艰难的事。对这一件新鲜事物，当时在社会上甚至在革命党人中都引起了不小的轰动，对兴办中国空军事业表示悲观情绪和论调的很多：

"现在人力物力都不足，建立航空队伍，恐怕力不从心。"

"这只能是孙中山放空炮之谈。"

"冯如那么犀利①，最后都没有把飞机队建起来，杨仙逸可否有这个魄力？"

对那些议论，杨仙逸充耳不闻，他知道，只有成绩出来了，什么也不用说。

眼前的中国满目疮痍，依靠本国的力量是不可能的，杨仙逸认为唯有争取外援。所以，他刚回国又出国了。

第一站，他还是来到了夏威夷，回到当地的家里同父亲商量起创建空军的事来。

杨著昆听了，说："建立一支空军部队，的确是一件非常不容易的事。"他扳着手指头，喃喃地道："起码购买一定数量的飞机、训练或招聘一批飞行员，还要维修、维护……所有这些都是'烧钱'的啊！"说完，他沉思了一阵，说："你跟我来吧！"

杨著昆把儿子带到图强飞机公司，指着厂房说："中山先生早有预见，让我创办这间公司。现在这里有4架飞机及一批航空器材，你都带走吧！"

"太感谢父亲了，我看创建中国空军指日可待！"杨仙逸欢天喜地说。

杨著昆却说："我所捐输的，作启动之用尚可，成此缔造空军大业，尚有差距，我独力难持，我看儿子还要继续努力！"

杨著昆告诉儿子，为了支持孙中山革命，杨家不断捐款，现在已经捉襟见肘了，为解燃眉之急，唯有把那30多亩的田产售出变现。

此举，在华侨中引起巨大的反响，大家纷纷以他为榜样，踊跃捐款。短短的几天时间，就收到华侨捐款捐出了5万多美元，这在当时是一个不小的数目了。但是，杨仙逸估算了一下，觉得还是不够。于是他离开了夏威夷，与同乡的杨官宇马不停蹄地前往日本、美国和墨西哥各地。

杨仙逸仿效孙中山，在各地进行了激情洋溢的演讲，还与杨官宇一道在美国各市做飞行表演，动员华侨捐款。经过两个多月的奔波劳碌，

① 犀利，粤方言，厉害的意思。

他终于筹集了一笔可观的款项，达 7 万多美元。

要知道，这些捐款的华侨当中，有富商，也有平民百姓，他们都是在孙中山的感召下，为了国家、为了民族，尽己所能，他们所捐赠的一分一毫，无不凝聚着海外儿女对祖国的赤诚热爱。

有人说，全世界几乎没有第二个像华人这样的族群，它们即使远在海外，仍愿意并能够对其母国的发展给予如此巨大的关注和投入。尤其是广东籍华人、华侨回馈祖国大陆之巨大是惊人的！

事实上，何止是捐款购机支持杨仙逸创建空军？

在整个辛亥革命中，海外华侨率先积极参与革命活动，所起的作用和所做的牺牲是巨大的、不可替代的。他们参与创建革命组织、宣传革命思想、组织策划革命活动、慷慨捐资助饷、回国参加起义流血牺牲，是革命组织的中坚力量。所以，孙中山感言："华侨是革命之母！"

华侨所提供的一笔又一笔的巨额经费，给杨仙逸建立空军以强有力的支持。当他拿着华侨捐出的血汗钱，感到沉甸甸的，肩上重负如山。

"把钱用在刀刃上。"杨仙逸慎用每一分捐款，他是一个很有谋略的人。他思忖，杨家捐了 4 架，再购 8 架，可组建一支飞机队了。于是，他购买 8 架飞机后，省下来的，物色了一批有志华侨青年，资助他们到美国纽约航空学校特训，读速成班。

1919 年 5 月，杨仙逸又来到美国，招募在美华侨已训练之飞行人员速速回国服务，计有黄光锐、余玉华、蔡荣等；留美学生有黄秉衡（浙江人）、聂开一（四川人）、林伟成（惠州人）；华侨子弟有胡锦雅（开平人）、李逢煊（厦门人）；学成机械人员有黄璇（中山人）、邓亮（四邑人）等。

这些身怀绝技的华侨青年从此告别舒适温暖的家庭，跟随着杨仙逸回到战火纷飞的祖国，故"中国航空人才之盛，多半由其手造"。

杨仙逸依靠从美国学习回来的学员为骨干，以募捐而来的 12 架飞机为基础，在福建漳州筹备组织中国第一支飞机队，他担任总指挥。

在海外华侨的无私捐助下，在筚路蓝缕之中，辛苦汇聚点滴而成的中国历史上第一支装备齐全的空军队伍就这样诞生了，这年是 1919 年 6 月，杨仙逸时年 28 岁。

中国空军的建立标志着中国的航空事业正式推向了一个全新的发展阶段！

●战鹰腾空，首战告捷

飞机发明于 20 世纪初，诞生只有十几年，1911 年的墨西哥革命战争中，飞机第一次用于空战。从此，天空不再宁静，从天而降的死神让人们清楚地看到：威胁，不仅仅来自地上，更可能来自天空。

在海外奔波、见多识广的孙中山曾多次敏锐地指出："自航空机参加战斗后，已打破了军舰、战车的局限，扩大了控制战场的能力，故现代国防，非扩充空军力量不可。"所以，当中国这第一支空军部队建立起来时，可真成为革命军制胜的武器。

1920 年 7 月，正值夏天，阳光灿烂，草木繁盛。杨仙逸正忙于在福建刚建起来的飞机场上培训飞行人员。

"报告！杨将军，孙中山有令。"通信员喘息未定地拿着急信递给杨仙逸。

杨仙逸用手揩过额头上的汗方接过信件，打开一看，精神为之一振。原来孙中山为巩固南方革命政权，正领兵驱逐盘踞在广州的桂系军阀莫荣新，命杨仙逸立马率飞机队回师广东，配合作战。

"养兵千日，用在一时。"中国历史上第一支空军，正式接受作战任务了。这可是历史性的时刻。

然而，作战与平时航空不同，对驾驶员技术要求相当高，而在 20 多个驾驶员中，最熟悉驾驶技术的除了雇来的美国飞行员维纳和史密斯之外，就是张惠长、杨官宇、陈庆云、朱慕菲等四个香山老乡。

张惠长（1899—1980），广东香山张家边（今中山市火炬区大环村）人。他幼时随父侨居美国，青年时参加国民党在纽约的空军学校，是第一期毕业生。1917 年毕业，同年回国，9 月孙中山任为侍从副官、参军处副官。任航空局副局长，飞机队第一队队长。后担任广州航空学校首任校长，国民政府空军总司令，有"飞将军"之盛誉。

杨官宇（1901—1970），广东香山（今中山市南区北台村）人，与杨仙逸同村。1921 年随杨仙逸等人到美国图强飞机公司飞行组学习飞行技术，先后任航空局飞机修理厂厂长兼广东航空学校教官、第二飞机队队长等，是出色的国民党空军高级将领。

陈庆云（1897—1981），广东香山（今珠海市前山镇南溪村）人，幼年随父侨居日本。1914 年受孙中山派遣赴英学习飞行技术，其后又赴美国空军学校随杨仙逸受训，毕业后任孙中山侍从武官。曾任飞机队一队副队长，空军学校教官、国民党航空委员会主任等职。

作为空军最高指挥官，杨仙逸在打仗的生死存亡之际，从不考虑自己的安危，也没有所谓的地域观念，他不仅亲自出征，身先士卒，而且选派的人员都是广东香山老乡。可见杨仙逸的大无畏精神及其高尚的思想情操。

"谁是英雄谁好汉，战斗机上比比看。"当杨仙逸说完，一声令下："起飞！"

大家登上飞机，发动引擎。瞬间，五架飞机次第飞上蔚蓝的天空。但见：云海茫茫，堆絮铺脂；鲜艳红日，悬碧临空；万壑千岭，匿迹消形；唯峻嶂轩峰，昂首挺腰。

战机正似艘艘战舰犁波出航，往革命大本营——广州方向前进！

飞机终于降落在广州大沙头机场。孙中山快步上前，与飞行员握手训示后，杨仙逸即率队员跨上战机。伴随着轰轰隆隆的声音，战机再度升上天空，直接飞到桂系军阀设在观音山的指挥部投弹，把指挥部炸毁。

然后，机队迅速飞离，在空中换了几个队形，盘旋了几圈后，再从高空下降，突然间掠过桂军阵地，飞机近距离震耳欲聋的声音，吓得桂军龟缩在掩蔽体里。

桂系军队大部分人没见过飞机，就是亲眼看过飞机的少数中上层军官，也从未经历过如此场景。飞机响雷般的声音，吓得他们面如土色。几个胆大的端起机枪正想往空中对射，这时已太迟了。飞行员驾驭战斗机的炸弹挂架已一个个张开，炸弹迅即丢下，紧随的是天崩地裂的响声，地面上绽开了大朵大朵的烟花，桂军死伤遍地，生还者见到飞机在头顶上盘旋，惊恐万状，士气丧失殆尽。这时，地面部队发起了总攻击，不可一世的莫荣新桂军一败涂地，溃不成军，败离广州。在当时的桂系军队，流传着这样的一首打油诗："桂人伸足羊城威，可恶粤军大飞机。弟兄欢乐无几日，屁滚尿流实可怜。"

莫荣新率剩余的叛军逃至三水，继续向西退至肇庆、德庆一带。张惠长奉命继续追击，雇来的美国飞行员维纳和史密斯随行。

可是，由于耗油过多，飞机无法再飞，逼得在西江北岸沙滩上降落，叛军即向飞机射击，张惠长等三人只好弃机向南岸游水逃走，直游到云浮县境。

杨仙逸见张惠长久未回航，即率杨官宇、陈庆云驾机接应。见到残敌正往河中开枪，便往敌群下面丢下炸弹，隆隆巨响吓得个个鬼哭狼嚎。哪敢再缠住张惠长？而莫荣新也怕丢了性命，带着残敌钻入山林，从此销声匿迹。

仍在水中的张惠长，自小熟悉水性，尤善潜水，莫荣新兵士没有把他射杀，因此得救。而维纳虽知水性，但坚持不久，给叛军射中，很快就淹死了，这是为中国民主革命事业牺牲的外国空军朋友第一人。

杨仙逸率领战友回来了，见到了孙中山，大家都非常兴奋，孙中山走上几步，握着杨仙逸的手，感激地说："辛苦你了，你带领空军首战告捷！"

由于有飞机协同作战，到10月，就把岑春煊、莫荣新及其部队驱逐出广东。飞机队在战斗中的作用，给人们留下了很深的印象。杨仙逸的威望也越来越高。对此役，孙中山有高度的评价："这是中国空军第一次大突破！""是一次意想不到的胜利！"

"不，这不是我的功劳，是他们的。"杨仙逸用手指着张惠长、杨官宇、陈庆云。

杨仙逸打了胜仗总推功于下，所以将士们皆乐为所用。

从这次胜利中，让孙中山更加坚信"飞机将是未来战争决胜的武器"。

为壮大革命武装力量，孙中山下决心在国内制造飞机。1921年4月7日，孙中山在广州设立航空局。孙中山派遣杨仙逸前往各国发动华侨捐助，并在国民党驻外的飞行学校继续培训飞行员。

同年，委任朱卓文任航空局局长兼任航空学校校长。张惠长任副局长兼第一飞机队队长，陈庆云任第二飞机队队长。

朱卓文是香山县张家边（今中山市火炬区）西桠村人。1910年，在美国旧金山加入中国同盟会，追随孙中山民主革命，并入航空学校学习飞行技术，民国元年（1912）回国后，任临时大总统府庶务司司长。

次年初，杨仙逸从美国率黄光锐、林伟成等一批在美国航空学校学过飞行的爱国青年及在美购置的飞机返回广州后，飞机总数一下子增加至 23 架，孙中山欣喜不已，遂于同年 5 月 4 日，下令北伐。任张惠长为北伐军先遣队飞机队队长，陈庆云为副队长，率飞机 16 架，随同大军北伐，配合陆军作战，壮大声威。

●毁家纾难，一心追随

1922 年 6 月，正当北伐军飞机队协助陆军一路北上，势如破竹，节节胜利的时候，陈炯明却在"后院放火"——叛变且围攻了总统府。

这天夜深了，仍在办公室办公的杨仙逸听到外面有人大叫："不好了！机场失火了！"

杨仙逸冲出办公室，只见机场方向火光冲天，照亮了整个夜空。当赶到现场，火还未熄，机身通红通红的。机场上除 16 架飞机出征之外，还有 7 架等候派遣，这 7 架飞机除了一部水上飞机之外，全部被烧毁。

杨仙逸见到此情此景，单膝跪下，痛苦万状，欲哭无泪。为了组建飞机队，他耗费了不少精力，这里浸染着不少华侨的血汗钱啊！

"将军，快走！总统府被包围了！"黄光锐向他报告，"陈炯明发动兵变，围攻总统府。欲将孙中山置于死地。飞机也是陈炯明重金收买保安放火烧掉。放火者抓到了，供认不讳！"

黄光锐（1898—1986），广东台山县田心村人，幼年随父亲去美国，16 岁时，在美国跟随杨仙逸学习飞行。曾任"罗莎蒙德"号双翼机试飞员，是一个十分出色的飞行驾驶员，时任航空队第三队队长。

"陈炯明素来受孙中山栽培提携，怎么会这样呢？"杨仙逸应道。

"大家知道，陈炯明反对北伐，要求联省自治。孙中山认为联省自治是分裂国家行为，坚持北伐统一中国！"黄光锐似乎对情况十分了解。

"陈炯明不想北伐，大可辞职就是了！何必做这些不仁不义的行为呢？"杨仙逸直说道，"陈炯明如此'反骨'，实猪狗不如！"

事实上，陈炯明这场叛变蓄谋已久，故安排心腹潜入机场把飞机烧毁了。

孙中山下令北伐军返回讨伐陈炯明，杨仙逸紧密配合，立即指示参加北伐的航空队返航，飞回南雄多塘埔机场，打算为陆军开路，回师广州保卫孙中山。

杨仙逸率领最熟识驾驶技术的老乡张惠长、黄光锐、陈庆云等人驾机飞到前线轰炸，终于炸乱了叛军阵脚，使其溃不成军。

不料回航时，大家驾驶的飞机油尽，被迫停在始兴机场，这里恰恰是陈炯明的势力范围，张惠长、陈庆云商量一下，担心飞机落入敌人手中，在万般无奈的情况下，将全部飞机付之一炬。这次不是敌人烧掉，是自己人烧掉。杨仙逸得悉，痛心疾首，无飞机可用，好在还有一部寇蒂斯水上飞机，当时陈炯明烧机者赶不及烧掉而幸存，杨仙逸就靠这架水上飞机至"永丰舰"上，来往各处联络传达孙中山命令，终把叛军击退。

陈炯明退出广州，据守惠州伺机再起。

刚刚组建起的空军，一夜间差不多覆没了。此举对杨仙逸的打击很大，一夜之间苍老了很多，但这更加激起了他的斗志！

"我必须在短期内将中国空军重新组建起来！"杨仙逸向孙中山发誓。

"好！但总是依靠华侨捐助购买飞机非长久之计，现在应是我们自己制造飞机的时候了！"孙中山说。

"是的，现在先筹款购机，以备随时作战，然后再造机！"

"好！紧要关头，不但没有泄气，而斗志更坚，这才是有志青年！"孙中山鼓励有加。

第二天，杨仙逸立即出国，他首先想到仍在经商的父亲杨著昆。

多年来，父亲为支援孙中山革命已经捐了不少钱。而现在处在生意不景气之时，要不要再动员他老人家捐款购机呢？

他想，时间紧迫，顾不得这么多了。他又一次来到夏威夷，回到夏威夷的家里，母亲告诉他，杨家经营的公司因资金链的断裂，已开始走下坡路，至濒临破产的边缘了！

杨仙逸与父相见，真可谓悲喜交加。然而，当杨仙逸把情况同父亲说了，杨著昆二话没说，当即表示："你看孙中山的亲大哥孙眉多富有，曾是夏威夷的首富，但他为了支持弟弟革命早已破产了。为了国家，为了民族，孙家能破产，难道我们杨家就不能破产吗？"

说完，杨著昆便拿出一张可以购买多架飞机的银票交给杨仙逸。

"哪来这么多钱，母亲不是说……"杨仙有点疑惑。

杨著昆坦然笑道："正所谓'船烂三斤钉，虎死余威在'啊！"

杨仙逸后来得知，他父亲为捐献这笔巨款，把自家经营多年的粮庄、铺位也卖了。至此，杨家倾尽了所有家财，公司借贷无门，无法经营，第二年正式宣布破产。

现在，各位读者应该明白，何以巨富杨著昆始终没有在家乡起一幢气派的房子的原因了！

一句话，皆因杨著昆三代心怀家乡、国家，为支持孙中山革命，义无反顾，不断地捐助，终至倾家荡产，故未曾在家乡修建一座气派的房子。

或许，很多人不明白，杨家为了支持孙中山的共和革命，不知捐了多少钱，已是竭尽全力了，他大可以到此为止，相信没有任何人苛求他，责怪他。

然而，在那个年代，对于负笈海外的华侨，在孙中山的影响下，他们把外族的侵略与旧有制度放在一起，其撞击之强烈，对人心理上所造成的震撼是难以言喻的，这一时期的华侨，赴汤蹈火、舍生取义，他们的爱国心啊！恐怕比任何一个年代都要强烈！

所以若问，是什么原因促使杨家一而再，再而三地捐助革命以至破产，令整个家庭陷入困顿的状态呢？深究下去，只有一个原因，这就是南宋以来，薪火相传的家国情怀！

客观地说，在孙中山的感召下，为革命出钱出力的人不可谓不多，无数华侨志士毁家纾难，但尽管如此，像杨仙逸一家三代，由长到幼，都追随孙中山革命，并让家庭捐款捐到破产的人，可能是凤毛麟角。

与其说革命是杨仙逸的毕生事业，不如说爱国是他的人生信仰。这就是对家乡、对祖国刻骨铭心的爱，才有杨仙逸们那些单纯得近乎透明的无私举动！

陈炯明事变，让孙中山先生看到了杨仙逸的耿耿忠心及超凡的工作能力，还有其不屈不挠的个性。因此，他决定改组航空局，让空军元老朱卓文任航空学校校长，杨仙逸继任航空局局长。考虑到杨仙逸除飞行技术高超外，对于航空工程学、机械学等均有研究，所以由他兼任飞机制造厂厂长，为中国的航空工业铺下了第一块基石。

●制造飞机，"冯如第二"

航空局的改组及飞机制造厂的创办，意味着中国制造飞机的历史正式拉开序幕！

在飞机制造史上，前面说过，国外有美国籍的莱特兄弟，中国也有广东人冯如。但遗憾的是，冯如于1910年把他制造的第一架飞机送上天后，1912年便在广州燕塘的飞机表演中不幸遇难，未能实现他梦寐以求的"空中发展"事业。

这时，空中发展事业的重任落在年轻的杨仙逸肩上，他不仅要缔造强大的空军，而且要担负起制造飞机的担子，这双重的责任，他感到压力山大，但是他硬是挑起来了，没有半点的怨言。

临时飞机厂设在广州东山新河浦一座废弃的皮革厂内。这间飞机制造厂，厂房工具等设备都十分简陋，而制造飞机的专业人才尤为缺乏。

面对重重困难，出路究竟在何方？

这个时候，杨仙逸又想到了海外的华侨，想到了支持他的父亲。

经孙中山同意，他立马出国，回到夏威夷父母亲居住的家。母亲看到儿子消瘦的脸，心隐隐作痛，说："仙逸，你帮孙中山先生不少忙了，公司早破产了，哪里再拿得出钱呢？算了，还是回到夏威夷与家人团聚吧！"

"真是妇人之见！什么帮孙中山，那孙中山又帮谁？我们都是为国家为民族！"这话让杨著昆听到了，他火冒三丈，把妻子狠狠地教训了一顿。

杨著昆听完了儿子此番回来的目的后，二话没说，挨家挨户发动当地的华侨捐款。

那个时候，第一次世界大战结束后不久，战余物资较多，只要有钱，这些东西很容易买到。杨仙逸拿着华侨捐助的钱，购买了一大批航空器材和工具。

1923年3月，他带着一批在美国培训的中国飞行员和购买的飞机及备用航材回国。返国时，杨仙逸还自费延请了两位美国飞机工程师盖伊·考威尔、亚瑟·韦尔得，一名飞行员哈里·亚拔。

同年4月，杨仙逸依靠与他一起在美培训归来的黄光锐、杨官宇、胡锦雅、吴顾之、李逢煊、聂开一、邓亮、黄璇、杨佐治（外籍）、罗拔（外籍），以及张民权、梁庆铨、邝景祥等人为基本力量，参与其事。还在军内挑选了对机械制造较有研究的张汉权、梁庆铨、邝景祥等20人为机械员，周宝衡为工务科长，正式组成了飞机制造团队。

"我没有选错人，中国第一架战斗机能否在短期内制成，就靠你了！"孙中山握着杨仙逸的手勉励有加。

"给我三个月的时间，保证完成任务！"杨仙逸信心满怀。

一天，杨仙逸在办公室修改图纸累了，正靠墙休息，孙中山和宋庆龄前来看望他，孙中山说："仙逸君，航空局制造飞机所需经费不足部分，我已经嘱咐财政部接济，以利进行。制造飞机虽至关重要，但仙逸君也要注意劳逸结合才对啊！"

杨仙逸及其同伴们经过近3个月不舍昼夜的艰苦探索和辛勤劳作，这架由杨仙逸亲自主持设计的轻型双座双翼侦查/轰炸机制造完成，这是中国历史上第一架军用飞机。飞机翼展10.16米，机长6.40米，总质量为730千克，最大时速为120千米，乘员人数2人，可携带4枚25千克的炸弹。

接着进行试飞。试飞的地点定在大沙头机场。由草地及土场构成，场站及勤务设备简陋。大沙头飞机场分水上飞机场和陆上飞机场。水上飞机场即大沙头南岸对开江面，停泊在码头的水上飞机可由码头开到江面，在水上滑行起飞。陆上飞机场则是一条东西向的跑道。

试飞之日，孙中山与宋庆龄亲自到大沙头机场，随行的有日后成为空军司令、同是香山人的侍从官张惠长等人。试飞的是一架双翼双座螺旋桨飞机，机身上喷有大大的"1"字，表明这是中国历史上第一架战斗机。

1923年7月那天，是一个风和日丽、碧空万里的日子，广州大沙头机场人山人海，喜气洋洋，机场内的建筑物上和马路两旁，彩旗招展。

在机场靠大门的一侧，临时搭起了一个检阅台。在检阅台一侧约20米远的草坪上，一架深黄色的双翼飞机沐浴在阳光之中，吸引了大批观众。它的机身是三夹板的、机舱有两个座位，没有舱盖。

孙中山用手抚摸着这架崭新的战斗机感慨万千，他说："中国虽然贫困落后，而且现在仍处于分裂纷争的时候，但我们的航空事业一点也不落后啊！"孙中山感叹。

"因为有孙中山先生您这么伟大的开拓者！"在现场的英国记者插口道。

"不，仅靠我一个人是不行的。我觉得是因为有我们中华民族优秀的儿子，前有先烈冯如，冯如走了，现在又出了个杨仙逸！"说到这里，孙中山把眼光投向了杨仙逸。

只见素来健硕的杨仙逸，变得越发消瘦了，整个人足足小了一圈，眼眶深陷。

大家知道，杨仙逸为了制造飞机，东奔西走，筹措资金，购置器材，回来又直接参与设计，没有一时停下来，耗费了不少精力。所以在场人员都随着孙中山的目光向他行注目礼！

杨仙逸见孙中山看着自己，他走前一步，行了一个军礼，大声道；"请孙先生训示！"

"今日安排谁当驾驶员？"

"我，黄光锐！"孙中山话音未落，黄光锐大踏步上前道。

孙中山重重地点了点头，对黄光锐说："首飞，是搏击蓝天的无限风险和挑战，更是对试飞员技术和心理的高度肯定，是无上的荣耀！"然后他环顾左右，又问："谁愿意随机试飞？"

张惠长、杨官宇等迅即大踏步走上前，未待说话。突然，听到一清脆的声音："既是无上的荣耀，还是由我来试飞吧！"

孙夫人宋庆龄出人意料地应声而出。

"试飞风险极大，你不能冒险！"众人纷纷上前阻拦。

据不完全统计，从 1910 年至 1922 年，中国共发生过严重飞行事故 16 起，损失飞机 16 架，死亡 25 人，其中飞行员 14 人。可见当时飞机的安全性还较差。

"你们可以冒险，我为什么不可以冒险？"宋庆龄据理力争，说："我相信我们飞机厂制造出的第一架军用飞机，也很荣幸成为第一个参加试飞的中国妇女。"

宋庆龄此举无疑是为了鼓舞士气，激励国人自己设计和制造飞机。

黄光锐为宋庆龄戴好飞行帽和护眼镜后，两人登上飞机。

启动、滑出、加速、拉杆，飞机呼啸着冲向蓝天。

黄光锐做完各种试验动作，在广州市上空飞行了两圈后，徐徐降落在大沙头机场，全场掌声雷动。

10分钟，一次完美的飞行，对于个人来讲，是那样短暂，但对现场的人员来说，却是那样的漫长和焦灼；对中国航空事业来说，却是那样的宝贵和值得纪念。

当这架肩负着巩固共和使命，浸透杨仙逸心血和汗水的飞机平安落地那一刻，现场欢腾了。在场的人也留下了幸福的泪水。

飞机停稳后，宋庆龄神态自若地走下飞机，机场上响起观众的持久掌声，大家都能感觉到一种压力的释放。人们纷纷涌上前跟她握手，向其勇敢行为表示敬佩。

"惊心动魄的考验，震撼苍天的一搏啊！"

孙中山一边说着一边兴奋地走上前与宋庆龄热烈拥抱，然后转过身来，与杨仙逸、黄光锐等一一握手，祝贺试航成功。

孙中山毅然支持其夫人宋庆龄登机试飞，足见他对航空的高度重视，而宋庆龄为发展航空事业所表现出的勇敢精神亦值得大书特书。

为了表达对宋庆龄的敬意，杨仙逸等人当场向孙中山提出请求，以宋庆龄在美国读书时用过的英文名字译音来命名这架飞机（宋庆龄上小学时有个英文名字叫ROSAMONDE，中文译为乐士文，意思是"玫瑰世界""美好前程"）。孙中山觉得它恰能表达出对中国航空一帆风顺、前程远大的祝愿，便命名飞机为'乐士文一号'。

"乐士文一号"就这样非同凡响地诞生了！

之后，孙中山与宋庆龄在飞机前合影留念，并亲自题写了"航空救国"四个字以资鼓励。

当时，英国外交部代表詹姆士德芮肯之子Paul Draken也是"乐士文一号"的首批乘客之一，他在日记《第一次飞行》中详细地写下了当时的情形：

> 我们自机场起飞到达广州市的上空，华南夏季的潮湿闷热在空中顿时变得清凉舒爽。我探头往下看，底下的建筑物变得好小，连广阔的珠江也都变成如同一条缎带，江面上有许多大大小小的船只停泊，一艘中国的小炮艇缓缓地往下游行驶；当飞机转向一定角度时，阳光就会在水面泛出耀眼的光芒，令人睁不开眼睛。

"乐士文"一号飞机试航成功意义重大，为我国航空制造业开了新纪元！为表彰和鼓励杨仙逸，鼓励其继续努力，孙中山亲笔书写"志在冲天"的横幅赠送给他。并且同全体职工在机场拍照，又与宋庆龄二人在"乐士文一号"合影留念。

在成功面前，杨仙逸没有半点骄傲，接着，他与研制团队一起仅花了三个月时间，又制成了三架新型战斗机。其制造的速度在当时全世界也是少有的。而且技术又大幅提升，冯如在1910年研制成的飞机空中最高时速一般不超过105公里，高度一般不超过210米。而杨仙逸制成的三架飞机在冯如的基础上进一步得到了发展提高。设计时速接近200公里，可飞至500米以上高空。要知道，500米的飞行高度，在当时是十分了不起的。

这天，杨仙逸亲自试飞。孙中山表示反对，但杨仙逸同样据理力争："孙夫人也随机试飞，我凭什么不可以？"

他解释道："高空试飞存在着不可抗力因素造成的风险不可估量，仅仅靠勇敢是远远不够的，新机尽管是在第一架的基础上研制的，但完全是一个新的系统，在技术上有特殊的复杂点，所以，要保证试飞的成功，由既是设计员也是飞行驾驶员出身的我驾驶更有保证。"

杨仙逸说得非常有道理，没办法，孙中山只能让他亲自试飞。

这天，杨仙逸淡定地坐上由他设计的飞机，一连串的动作之后，机头猝然抬起飞上蓝天，很快就升到500米高空指定空域。他似乎并不满足，冷静有序开始了操作后，飞机头部再度仰起，很快进入了700米高空。

飞机降落了，杨仙逸双手紧握驾驶杆保持飞机平衡，双眼盯着跑道，稳健地将飞机对向跑道，只听见"唰"的一声，机轮安稳触地，顿时掌声雷动。中外人士大为叹服，盛赞杨仙逸是"冯如第二"。

"乐士文一号"——飞机试飞成功后，交航空队使用，准备投入军事行动。

●尽瘁国事，懋著勋劳

陈炯明退出广州后，其实力并未削弱，1923年夏初，陈逆倾巢而出，分四路人马逼近广州；西面桂军沈鸿英部，退到北江据岸伺机反攻；南面有邓本殷由南路进逼新会、江门；北面有湘军赵惕南下窥伺，而孙中山的革命军队四面防御，兵力分散，难以应付，战场形势危在旦夕。

但孙中山淡定自若，因为他有制胜的把握，那就是杨仙逸创建的空军部队。

杨仙逸奉孙中山的命令率空军及时参战，四面出击，英勇善战，向敌军轮番轰炸。尤其是陈逆的正面受到杨官宇、胡锦雅、吴顾枝等驾驶的飞机每天五次轰炸，伤亡惨重，使叛军无喘息的机会，桂军、湘军等纷纷溃退。

陈逆叛军缩回老巢惠阳，利用惠州城高壁坚，负隅顽抗，空袭奈何不了他，一时难以攻破。杨仙逸认为，惠州城墙坚厚，飞机上所投 50 磅小型炸弹根本不起作用。

"有什么办法呢？"回到营地的杨仙逸愁眉深锁，自言自语，低着头来回走动。突然间，他把目光聚焦在临时停机场对开的河面上。

为防陈炯明从水路逃脱，他们在河面上布置了很多水雷。杨仙逸望着河面上的水雷兴奋地说："啊！我有办法了！"

"有什么办法？"海军鱼雷局长谢铁良听了问道。

"水雷的威力大，把它改装成重型炸弹装备飞机即可使用！"杨仙逸蛮有把握。

"是啊！这个方法可行！"谢铁良也表示认同。

9 月 20 日，杨仙逸与谢铁良、苏松山（长洲要塞司令）、马瑞麟（虎门要塞司令）、吴顾之（飞行员）等 5 人来到博罗县梅湖白沙堆。在此研制如何将水雷改装成可在飞机投放的重型炸弹。

白沙堆，位于今惠博沿江公路中段的东江边上，与梅湖和剑潭隔江相望。东江在这里转了一个弯，又向博罗方向流去。白沙堆的江边，有一个广阔的沙滩，故名。此处，山峰逼仄斗悬，树木葱茏，江流湍急，风景如画。

杨仙逸选择在这里研制，不仅环境好，而且距敌人阵地有一段较远的距离，地方相对隐蔽，敌人一时不易察觉，较为安全。

他们从早上 6 时来到，一直忙到下午 4 时，经一番研究，把 20 个水雷都改装好了，还剩下 4 个，只要把导火器安装好了，即全部改装完毕。成功在望，大家都兴奋异常，翘首以待。

偏偏在这个时候，天色昏黑起来了，乌云仿佛要压下来一样。眼看很快要下大雨了，大家的手脚都快了起来，争取在下雨前将所有水雷改装好。

真是天不遂人愿，这时风起了，沙尘扑面。大家连眼睛也张不开来。杨仙逸见状，立即下令停工："剩下的这几个不改装，算了吧！"

"轰隆、轰隆！"话音未落，不知哪位技术人员不慎，把已改装的一个水雷引响了，杨仙逸和参加改装试验的长洲要塞司令、鱼雷局长等5人当即遇难。

此时，狂风悲鸣，大雨倾泻而下，裹挟着雨点把整个天地都变成了白色，顿时变得一片愁云惨雾。

杨仙逸等人罹难的消息传开，引起很大震荡。

让陈炯明一伙得悉，欣喜若狂，趁乱再次派特务潜入广州大沙头机场纵火，以致粤军飞机、厂库和一切设备烧毁殆尽。陈炯明以为重创孙中山，但他哪里想到，杨仙逸走了，还有后来人。

孙中山得悉后，痛彻心扉。他立即指示张惠长接任杨仙逸，并命杨官宇将在东莞的4架飞机回防广州。第二天，即飞往博罗县梅湖白沙堆前线，与停在白沙堆临时停机场的飞机汇集。

驾驶着这些战斗机的飞行员除了张惠长之外，还有杨官宇、胡锦雅、陈庆云、朱慕菲等人。

在上述出征的飞行员中，除了胡锦雅是广东台山人之外，其他都是香山人。当中还有一个女飞行员，她就是朱慕菲。

说到女性飞行员，这里姑且宕开一笔：

当时中国有"航天四女杰"之谓，是指乘飞机上天的中国女性，她们分别是：朱慕菲、欧阳英、欧阳瑛、张瑞芬。

她们都有一个共同点，都是早期追随孙中山革命的巾帼英雄。不同的是除朱慕菲是中国本土培养的飞行员之外，其他三个都是美国航空学院毕业；还有，除张瑞芬是广东恩平人之外，其他三个都是香山张家边乡人，且欧阳英、欧阳瑛还是同一个村的，即大岭村，也就是被称为"中国领事村"这条村庄，欧阳英是在美国的第一位华裔女飞行员。遗憾的是，欧阳英、欧阳瑛这两位女杰于1920年11月，在美国进行的一次飞行中因飞机发生故障，机坠人亡。美国当时的报纸赞扬她俩是"极难得之航空人才"，孙中山题有"云霄芳踪，红颜英名"八字追悼。

最为著名的当数朱慕菲（1897—1932），她于 1897 年出生于香山（中山）张家边乡西桠村，是公认的中国第一个女性飞行员。

她的父亲就是原航空局局长朱卓文。当年朱卓文给女儿起名字的时候，一定是注入了自己的喜好，慕菲，对飞行的期许与热爱。

朱慕菲从小跟随父亲左右，有机会学会飞行，并能独立驾机，特别是特技飞行了得，还学会了修理飞机，被编入航空局为空军飞行员，参加过多次侦察和轰炸作战，她"美姿容而有男儿气概"，长得漂亮，又能出征打仗。所以很多人都称她为当代花木兰，是广东革命政府中出了名的"女飞将军"。北洋政府航空部出版的《航空月刊》曾专文追踪报道她在前线的活动。

有一次表演时，朱慕菲驾着飞机时高时低，时左时右，场面惊险而刺激，地面观众有的目瞪口呆，有的双手掩目，惊叹不已。把在现场观看的蒋介石也震撼了，他当即展开了追求，但朱慕菲认为蒋有妻室（当时蒋已经在家乡奉化有结发妻子毛福梅），便拒绝了这门婚事。

朱慕菲得知杨仙逸死了，并且飞机场也让陈炯明炸了，怒火中烧，她第一时间找到了张惠长，强烈要求参战。

杨仙逸大无畏精神和勇于牺牲的献身精神深深地感染着全体飞行员，但张惠长考虑到不缺男飞行员，故不同意朱慕菲的请求。

"现在飞机的炸弹不足以构成对陈逆的威胁。唯有低空飞行扫射。而所有飞行员之中我最擅长低空飞行！"朱慕菲据理力争。

"好吧，立即出发！"张惠长拗不过她，且觉得她讲得有道理。于是同意了她的请求。

张惠长率先垂范，亲自披挂上阵，与杨官宇、胡锦雅、陈庆云、朱慕菲飞行员一道驾机上阵。

随着飞机的发动声，五架银鹰迅速爬上天空，在风雨中奔袭敌人目标阵地，转瞬已在敌人阵地上空。

陈炯明以为杨仙逸炸死了，飞机场和飞机厂也炸了，孙中山已无飞机可用，突然间听到隆隆的声音，瞬间五架飞机已在头顶上，吓得一边命机枪手还击，一边忙逃回掩体。

朱慕菲见大批兵士仍在掩体之外，她冒险超低空飞行，向敌群一阵猛烈扫射，近距离的射击，敌军哪里躲避得及，死伤惨重。

朱慕菲打得性起，转眼子弹用光。张惠长、杨官宇、胡锦雅、陈庆云视死如归，接力朱慕菲，大胆低空飞行，愤怒的炮火射向敌人阵地上。敌人根本无招架之功。陈炯明和洪兆麟见无法控制战场，在卫兵的掩护下，侥幸逃脱。

终于取得了胜利，但并没有欢笑声，因为代价实在太大了。

孙中山心情沉重，命令所属各部四出寻找烈士遗体。当时驻石龙的飞机掩护队，由林伟成率领，出动火船沿海搜索，终于次日清晨，在往博罗的回程中，发现水面浮起一具尸体，验明是杨仙逸的遗体。后来，其他队伍亦先后将谢、苏、马、吴四位烈士的遗体寻获。

孙中山下抚恤令，对为革命遇难的烈士进行厚葬。为纪念杨仙逸，他亲下大元帅府恤令：

> 故航空局长杨仙逸，技术湛深，志行纯洁，尽瘁国事，懋著勋劳，本大元帅正倚为干城心腹之寄。此次在白沙堆轮次猝遭变故，死事甚惨。遽闻凶耗，震悼殊深。杨仙逸追赠陆军中将并著军政部照陆军中将阵亡例从优议卹，以彰忠荩，以慰烈魂。
>
> 此令

孙中山先生下令追赠杨仙逸为中将，并定其殉国之日 9 月 20 日为空军节，以示纪念，在杨仙逸的家乡香山县建立"仙逸学校"，以慰英烈之灵。

在那场感天动地的航空救国运动中，本是个富商子弟的杨仙逸，放着美国的优裕生活不过，偏偏返国一心追随孙中山，忠心耿耿，毁家纾难，他学兵器制造，还学飞行，都是根据孙中山的革命需要做的选择。

他是 27 岁回国的，32 岁捐躯，短短的 5 年时间，手创中国历史上第一支空军，制造出第一架战斗机。在枪林弹雨中出生入死，一次次冲上险象环生的天空，这是多么令人难以想象的惊心动魄，这是多么残酷、多么壮烈的青春啊！

杨仙逸去世了，但中国的航空事业并没有就此终结，接着他的同乡张惠长，在悲痛中，继承其未竟事业，又重新组建飞机队，配合北伐军取得节节胜利，成为空军总司令，为实现孙中山"航空救国"的思想，张惠长还开展了中国有史以来首次全国飞行，再次掀起了全国"航空救国"热。

在抗日战争中，南鹰北飞，浴血抗日。抗战之初，对敌作战的飞机主要是以广东的这批飞机为主，实乃中国最具现代化的一支空军。广东空军的飞行员对这批飞机驾轻就熟，因此在抗日战争中起到了举足轻重的作用。最为人所称道的，是在 1937 年 8 月 14 日，日本出动最负盛名的"木更津"队强大机群，侵袭我国杭州、南京、南昌等重要城市。我国空军奋不顾身，一飞冲天，和日军生死相搏，以一当十，以十当百，奋起抵抗，竟然将日本这一强大机群彻底击溃。

在这此后的抗战中，张惠长带领空军人员参加作战，人数最多，香山人占了一半以上，大家在杨仙逸精神的感召下，自始至终，不躲闪，不畏惧，无役不从。后与美国飞虎队并肩作战，一次次冲上云霄，为赢得战争的胜利发挥了重大作用！

试问：这些香山人杰，为什么如此奋发？

答曰：皆因背负着爱国理想——孙中山的三民主义，最纯粹的信念支持了最热血的壮举！

对那些先驱者，世人皆以"父"称之表示尊崇，孙中山作为一位领导时代潮流的伟大历史人物，不仅被尊为"国父"，而且在中国航空事业方面是一位倡导者、开拓者和奠基者，被后人尊为"中国航空之父"当之无愧；冯如在国外制造了中国第一架飞机并升上天空，而被后人称为"中国飞机之父"名副其实；而杨仙逸创建中国历史上第一支空军并成功在国内制造了中国第一架战斗机，而被称为"中国空军之父"实至名归。

后人有首《满江红》专称赞杨仙逸，词曰：

> 遥想当年，随父去，几多情结。追科技，离乡背井，求知心切。振奋精神增锐气，秉承父志高风节。驾银鹰，呼啸上青霄，将寇灭。

> 将军志，坚如铁。千百载，光南粤。乘长风奋翼，而今犹说。伟岸威仪矗大地，忠心耿介昭明月。看英风凛冽壮山河，真雄杰！

尾 声

煌煌中山，巍巍五桂；浩瀚澎湃伶仃洋，绵亘蜿蜒岐江河。沃土育英才，生生不息；八百年历史，波澜壮阔。

斗转星移，沧海桑田。历史的真相纷纷杂杂，具体的细节也尘封了百年、千年，难以一一还原。因为岁月，飞扬起历史的无数尘土：它，暗淡了英雄好汉逐鹿中原时的刀光剑影；消散了渐行渐远的动人歌谣、民乐；模糊了步行街、沙岗圩那些街市、招牌；剥蚀了宋元明清时期在这里留下的寺庙、牌坊、城墙和战场的遗址……

山河易容，许多东西也早被雨打风吹去，所留下的，唯有人的精神、人的情怀，穿透千年的尘世沧桑，激浊扬清，其载体就是一个个响彻云霄的英雄名字。正是他们，铺锦焕霞，凝聚成——香山魂。

《香山魂》显然涵盖中山市、珠海市、澳门特别行政区三地的主要历史人物及其故事。这些人物，都背负着崇高的爱国理想，其迸发的爱国精神，家国情怀，薪火相传，已深深地融进了一代代的香山人或曰中山人的血液里。若问，何谓香山魂？答曰：香山魂就是中山精神；又问：何谓中山精神？答曰：中山精神就是民族魂！

据史载，香山立县于南宋，后蒙元入侵，宋元大决战就是在立县不久的香山县拉开序幕！生死大决战从香山的伶仃洋，一直打到新会的厓门。

最终，元朝灭了南宋，时人悲叹："厓山（宋亡）之后无华夏！"

不久，朱元璋推翻元朝，建立了大明王朝，百姓感叹："朱元璋重燃汉家香火！"

哪曾想到，之后清入关，又是一场生死大战，以明朝终结而告终。世人哀叹："明亡之后无中国！"

就是这些血泪斑斑的警句，民族之殇沉痛难状！无时无刻在影响着一代一代的香山人，家国之情时时刻刻充盈心间。

从此，香山俊杰，为了民族的生存和自强不息，纵横驰驱，壮怀激烈！

不得不承认，大清王朝建立起来后，对汉民族的清洗，足足震慑了二百六十年。庆幸天佑中华，在香山这块神奇的土地诞生了清王朝的掘墓人——伟大的孙中山。

历史真的这么巧合！汉民族第一次整体被少数民族之元吞并就是在香山县，当汉民族再次被少数民族之清整体吞并后，却又是香山县人率先发难光复！

孙中山，这位在香山出生的炎黄子孙，赖他祭起民族主义的大旗，叱咤神州，以摧枯拉朽之势驱除了鞑虏，华人欢欣："孙中山恢复了中华！"

此时此际，孙中山不仅扭转乾坤，重燃汉家香火，"挽救了几近消亡的中华文明"（余秋雨先生语）；而且一举终结了数千年的封建帝制，建立了亚洲第一个共和国，真正扭转了中国历史的发展方向，奠定了中华民族的千秋基业！从"五族共和"到把全国56个民族融汇成一个民族——"中华民族"，其丰功伟绩，昭载千秋！

557

1925年，为纪念这一位的中华文明再造者，孙中山被尊为国父，"香山"也因此易名为"中山"。

或许，孙中山的光辉把香山那些的历史名人也掩盖了。事实上，香山县，除了界碑式的伟人孙中山之外，还产生了一大批响当当的历史人物。

本书描写的历史人物15个，当然香山名人远远不止这些。要说明的是，写进本书或未写进本书中的一大批中山名人，作为香山乃至中山的名人群体一部分，光照千古，均值得大书特书。

徜徉在历史的海洋，近代中国的沧桑巨变，"几乎所有东方文明与西方文明的结合点上，都有中山人的活动和作为。中山人，站在中国与世界文明交流的前沿，成为中国与世界接轨的领潮者。"（熊月之语）

昔日的香山人，或曰中山人，他们站在历史的浪尖上，开创了中国近代史上的许多第一，影响着中国乃至世界。

——政治军事界

除了有历史上的唐朝丞相郑愚，宋进士香山立县先贤陈天觉，

"南宋四大忠臣"之一的马南宝，南明首辅（即宰相）何吾驺，明末礼部尚书李孙宸，清四川总督曾望颜，闽浙总督何璟，广西巡抚黄槐森之外，还有上海小刀会领袖刘丽川，著名无政府主义者刘思复，著名改良主义思想家和实业家郑观应；更有民国首任大总统孙中山，民国首任内阁总理唐绍仪，民国内阁代总理蔡廷干，民国行政院院长孙科，民国行政院副院长王云五和吴铁城。

在政治领域产生了"外交家群体"：包括中国第一位驻外大使郑藻如，声名显赫的外交官欧阳辉庭、欧阳庚、欧阳干昆、欧阳址庭，驻小吕宋总领事官钟文耀，民国第二任外交总长梁如浩，先后历任驻新加坡及澳大利亚总领事和驻英、法公使馆参赞、外务部右丞的刘玉麟，驻英大使的法学博士郑天锡等。

在军事领域产生了"为共和革命牺牲者第一人"陆皓东，国民军政府陆军司令魏邦平，民国海军总长程璧光，参加诺曼底登陆战的唯一华人战斗英雄欧阳金海，辛亥"巾帼英雄"徐宗汉（黄兴夫人）等。

当中的"航空群体"有被誉为中国空军之父的杨仙逸，国民政府空军司令和抗日英杰张惠长，"三军"司令陈庆云，中国第一位航校校长杨官宇，中国第一位女飞行员朱慕菲，民国航空代理校长刘植炎，民国空军中将刘炯光，民国空军少将刘伯新。美国空军少将刘国英，华裔航天科学家林可风，华裔"飞天"第一人张福林，航天女杰欧阳英和欧阳瑛等。

当然，香山县也不乏中共的卓越先驱，包括中共早期工运领袖苏兆征，军事领导人杨殷，第一届中华全国总工委员长林伟民，中共中央委员和华南第一位系统传播马克思主义理论家杨匏安等。还有中共早期优秀党员，抗日英杰梁绮卿、欧初等。

——工商实业界

香山人向来重商，当中的华侨、买办、百货的"三大群体"构筑成近现代香山商业文化的一个高峰，成为中国近现代商业历史的缩影：

"华侨群体"：产生了被誉为"商界王子"的陈芳，他是美国华侨中第一个百万富翁，光绪皇帝为表彰他乐善好施而赐建的"梅溪牌坊"至今犹存；有被称为檀香山"糖业巨子"的杨著昆（杨仙逸父亲），檀香山"茂宜王"的孙眉（孙中山大哥），温哥华超级市场业巨子雷珏堂，夏威夷航空业巨子吴福全，马来西亚木材大亨黄植廉，以及在商界叱咤风云，被称为"商界奇才"的澳洲华侨富商欧阳民庆、黄焕南，以及倾囊支持家乡办学的日本侨领吴桂显等。他们或他们的后代大多数成为孙中山民主革命的最有力支持者，有的回国后成为中国商业走上现代化轨道的主要推手。

"买办群体"：这个象征资本主义在中国萌芽的优秀群体，绝大部分都是香山人。据统计，1830年至1900年70余年间，上海、香港、广州、天津、汉口、九江各商埠的外国洋行的买办中，香山人竟占了九成之多，代表人物包括英资怡和洋行上海的总买办、赫赫有名的轮船招商局第一任总办唐廷枢，上海商业会议公所（上海商务总会前身）创办人唐翘卿、唐简泉，宝顺洋行的大买办徐润，天津"四大买办"之一的郑翼之，英美烟公司大买办郑伯昭，英资太古洋行总买办莫仕扬，美商旗昌洋行的股东和买办吴健彰，唐翘卿则服务于英资汇丰银行等。吴健彰后来更成为上海道台。

"'四大百货'群体"：引领中国商业走向现代化的中国四大百货公司——先施、永安、大新、新新。其创始人全部都是香山人，他们分别是民族工商业巨子和著名爱国实业家的先施百货马应彪，永安百货的郭乐兄弟，新新百货的李敏周和李煜堂，大新百货的蔡昌蔡兴兄弟。四大百货公司的创办人开创了近代中国百货业的先河。"彩票""礼券""摸奖""电台广告"都是最先从他们口里迸出的新名词，四大百货为贫弱的中国找到了一种连接世界市场的可能，也改变了中国人的消费观念、生活方式甚至审美观。

——教育科学界

产生了明朝大学者黄畿，"岭南文宗"黄佐、黄培芳，清代文史专家黄绍昌，岭南著名诗人和书画名家鲍俊，文学家诗僧苏曼殊，四角号码发明者和"博士之父"王云五，甲骨文研究权威和教育家欧阳可亮，文史研究专家郑彼岸，著名教育家和康德哲学研究专家韦卓民，世界语的倡导者郑道实，教育家和语言文字改革家韦悫，牛痘疫苗发明者彭华利，纽约世博中国馆设计者程观尧，植物病理学家林亮东、著名诗人阮章竞，中国古典文学研究专家刘逸生，著名作家刘斯奋、郑集思等。

当中，产生了"留学生群体"：包括中国最早的留学生郑玛诺，以及被称为中国"留学生之父"的容闳。中国历史上第一批官派留学生——"留美幼童"，全国120人，香山竟占了39名。当中产生总理2名（国务总理唐绍仪、民国内阁代总理蔡廷干）、著名外交家数名（欧阳庚等），著名语言学家和作家数名（李恩富等），民国交通总长1名（梁敦彦），民国政府外交总长1名（梁如浩），大学校长数名（清华大学首任校长唐国安和北洋大学即现在的天津大学校长蔡绍基等），中国铁路总办1名（钟文耀），中国第一位矿冶工程师1名（吴仰曾），第一个被允许在美国执业的华人大律师（张康仁）等。此外，岭南大学首任校长钟荣光等都是香山人，他们都有出国留学的经历。

直至现在，中山科教领域名人仍层出不穷，成绩斐然。据广东省2006年的统计，全省共有26位院士，小小的中山市竟占了10位。包括应用数学和力学家仲衡阳，化学家梁树权，生物化学家梁植权，海洋原生动物学家郑守仪（女），微电子学家郑耀宗，高电压技术专家郑健超，工程与技术科学基础学科专家李焯芬，"中国光纤之父"赵梓森，压力加工专家阮雪榆等。

——表演艺术界

产生了被尊为"中国现代音乐之父"和"中国音乐教育之父"的萧友梅，广东音乐的开基创业大师吕文成，杰出的作曲家萧淑娴，一代名伶和默片影后阮玲玉，著名电影导演和戏剧艺术家郑君里，电影大家张慧冲，音乐指挥家郑志声，电影表演艺术家胡蝶影，舞蹈家裕容龄和钟润良，音乐家李华德，钢琴家鲍蕙荞，著名粤剧剧作家唐涤生，女高音歌唱家周碧珍，男高音歌唱家和音乐教育家吴其辉，电影艺术家阮援朝和梁波罗，"海派"魔术奠基者张慧冲，当代作曲家李海鹰等。

——书画美术界

有中国现代美术事业的奠基人之称的中央美术学院创办人首任校长和画家的郑褧裳（郑锦），有集著名漫画家、美术史家、书法家于一身的黄苗子，著名美术家萧淑芳（女），中央美术学院院长和中国版画家协会主席古元；岭南画派著名画家方人定、郑淡然（女）、高植谦、方成伯等，著名版画家雷楚汉等。仅一个沙溪镇，就产生一大群画坛名家，除方人定之外，还有著名画家余菊奄、黄霞川、林介如等。

当中，香山还形成了"漫画家群体"：一代漫画大师方成、特伟、江有生、方唐、梁白波（女）等均是全国一流的著名漫画家。此外，还有卢天娇（女、邮票设计家），著名的摄影家郑景康、吴森辉、蔡尚雄等。

当今仍然活跃在画坛的实力派画家有李延声、李锡武，以绘画人物享誉全国的古锦其，还有岭南画派的代表画家宋礼初、黎柱成，著名油画家黄剑波等。

——体育运动界

有中国首个乒乓球世界冠军容国团，精武会主要创办人和武术家陈公哲，"冰坛皇后"关颖珊，亚洲蛙王冯强标，七破蝶泳世界纪录的陈连娇，世界武术冠军郑家豪，乒乓球世界冠军郑敏之、江嘉良，世界体操冠军卢裕富，"亚洲飞人"苏炳添等。

由此可见，地处中国南海之滨珠江三角洲的香山，钟灵毓秀，孕育了在社会各个领域建下丰功伟绩的出类拔萃者，其浓厚的历史文化底蕴令人叹为观止。尤其是明清以来，香山出奇的人才辈出，如日月如星辰，在历史星空散发出耀眼的光芒。尤其是把中国的近代史烘托得璀璨夺目，随便说个名字，都是如雷贯耳，令人敬畏。

要知道的是，香山县更名为中山县后，其县境较长的一段时间，仍包括今之中山市、珠海市、斗门县。中华人民共和国成立后，1961年才从中山县划出珠海县（今珠海市），又陆续划出部分地方归斗门县、番禺县、顺德县、新会县，中山的面积减少了43%。换言之，今日的中山市较之昔日的香山县减少了大半，较之昔日的中山县辖地减少了约一半。城市的综合实力的影响力显然大不如前，不过并没有从根本上影响到中山市作为"伟人故里、名人城市"之盛誉及深厚的历史积淀。因为，恰恰所产生的重量级人物，都高度集中在以石岐城区为中心的50公里为半径的范围内，而就在这半径的范围内孕育出了一大批安邦定国或栋梁之材。

香山建县只有数百年的历史，却孕育了数以千计的名人群落，成为中国近现代史上真正的名人之乡。这些名人为寻求中华民族的自强之路，上下求索，前赴后继，影响深远。

本书作者有首《念奴娇》归结全篇：

文明古国，千百载、几许风云人物。纵览岐海香山秀，多有雄才卓越。岛涌七星，山连五桂，地理从头阅。唐风宋韵，不知多少传说？

回溯近代年华，中西荟萃，人文相勃发。遍布五洲游学子，尽显才华风骨。半纪沉浮，曾遭战乱，涌现多英杰。自强不息，冀创辉煌岁月！

后 记

时光乍转，又是一年，历经整整四个寒暑，渗透着不少心血的《香山魂》终于画上了句号。

在一个冬至的深夜，当我为这本书打下最后一个字时，已是凌晨一点。外面朔风凛冽，正透过窗缝吹进来，手脚冷冰冰的，而我的内心却是暖融融的——我正为书中的先哲们感动着：

"南宋四杰"之一的马南宝忠心沥血，发动乡民勤王；大学者黄佐如椽大笔，绽放文明光彩；耿介清官曾望颜铁面无私，冒死反贪；商界翘楚郑观应写就《盛世危言》，开出济世良方；一位叫作孙文的医生祭起振兴中华的大旗，走上拯救中华民族危亡的道路，起共和而终帝制；唐绍仪"能上"任总理，维护国家主权利益，"能下"当县长造福桑梓；萧友梅博士为实现音乐梦想奔波劳碌，开创了中国现代音乐；苏曼殊集才、情、胆识于一身，半僧半俗地孤独一生；王云五潇洒地往来于政、商、学界，书写下人生与时代的传奇；杨仙逸返国追随国父革命，毁家纾难，创建了中国第一支空军……

这一切，都一幕幕地变得清晰、鲜活起来。他们仿佛就在我的面前，与我对视，与我交谈，而我正满怀虔诚地聆听着他们的教诲。

是的，先哲们与众不同的人生历程，他们的背景、他们的轶事、他们的奋斗生涯，我们都可以从中汲取养料，从而获得改变命运、实现梦想的力量！

岁月悠悠，情系故土。

记忆里，故乡是一幅美丽的水墨画：远望葱茏桂山如黛，弯弯曲曲的河流，飘着稻香的禾田。间或，飘荡起因思念远在异乡打拼的亲人那哀怨的歌声……

我是土生土长的中山人，少时就是在被称为"中国领事村"的小村庄——张家边（今火炬区）大岭村度过，小学、初中都是在那间四合院式的大祠堂——当时用作为"大岭学校"里完成。

小时候的我，特别喜欢听故事，睡前必须要母亲讲故事才肯上床睡觉，尽管这些故事，母亲反复讲了很多次，但从来都是百听不厌。可以说，我是从小在母亲的怀抱里听中山故事长大的，知道祖辈漂洋过海、远走他乡创业的艰辛，知道家乡那些神奇的传说，知道母亲何以叫奶奶为"安人"，也知道流行于乡村的那些童谣、民谣……

村中的古屋、雕楼、门楼佐证着母亲讲的中山故事，在我眼中，这里的每一处古老的建筑都承载着岁月的沧桑和说不尽的故事。

记得村庄分上高村、下高村。上高村位于村口紧挨山边的那个唤作"接龙门"的山坡，有条绕山而过的溪涧，连接贯通全村的溪流，两边古木参天，风景优美，是儿时玩耍的好去处。下高村有个叫"新埗头"的小码头，一条弯弯的河流经江尾头、横门海，连接浩瀚的伶仃洋。接龙门、新埗头将四面环山的村落与山外广阔的田野连接起来。日出日落，乡亲们牵着牛、扛着犁耙或扛着锄头、挑着粪箕，踩着清一色的板石路村道，穿过门楼或经过新埗头，走向田间，返回家园。

我家住在上高村，每当我随母亲到田间劳动，经过接龙门，都会抬头凝视接龙门石牌坊上面镌刻着李鸿章题写的"大岭村"三个大字，缠着母亲问个不休，从母亲的口中扯出了"留美幼童"的故事，从中知道了中国历史上第一批官派留学生的重大历史事件与家乡紧密相连。

往事如烟，一切都变了，昔日景象难以寻觅，李鸿章题字的石牌坊也早已被打碎成小石块来浇灌水泥路，溪流也早被水泥掩盖，田野变成密密麻麻的水泥建筑……

"我们遗忘的东西太多，年轻人了解得太少，如果我们再不拿起笔写下来，如何对得住生我们、养我们的故土，如何对得起我们的先哲?"每一天，父辈的声音总在我的耳边回响。

记得老师说过，人活着不是为了"吃饭"，而是要追寻生命的价值、灵魂之依归，如此人生才不会黯淡无光，生命之花才会持久绽放。因此，我总以为，人生一世，草木一秋，茫茫世界，气象万千，总有一些东西值得你去追寻，去铭记。

上述种种，都是我写作《香山魂》的潜在动因。纯粹是自己内心的呼唤，是一种责任，是一种使命，绝与旁人无涉。我想，趁着很多记忆还没有淡去，趁着中年的我尚未老去，写吧!

为了写好本书，我曾多方查找各种资料，多次循着资料探寻这些先哲们出生、生活的地方，穿街过巷，访问乡中的耆旧故老，在对这些人物的各个方面都非常熟悉之后，想着写《香山魂》应该不难，但事实上并非如此。

首先，要从香山浩如烟海的历史人物中选出能表达出"香山魂"的人物本身就不是一件容易的事。因为香山各个领域都有众多突出人物，选取写谁也颇费周章。

其次，这些先贤均在香山历史甚至是中国历史、世界历史上留下足迹、做出贡献的名人或伟人，无论是关于他们的史料还是他们的传记均相当不少，那么我写这本著作如果只是重复这些史料或者只是简单介绍，那显然失去了我的初衷，我为此曾经非常困惑。

细想一下，"香山魂"其实是一个说大不大、说小不小的题目：说大，是因为香山的人物里出过孙中山这种影响整个中国历史进程的伟人，这还包括如郑观应、唐绍仪、王云五等一大批对中国近代产生影响的人杰；说小，那就是香山真的只是一个"弹丸之地"，几经行政区域调整，最具代表"香山"的中山市现在也只是一小小的地级市。

然而，正是这不大不小的中山市却承载着深厚的历史文化底蕴，萌发了我的构想，在书中融入香山的历史风物地方习俗，力图在香山的历史背景中描述各个人物的成长，从而构筑起这些杰出人物在推动香山历史、中国历史甚至世界历史过程中的"香山因素"。

565

再者，我在真正动笔时，才发觉以前自以为很熟悉的一切，其实都很陌生，为此，我不得不研读了《香山县志》《宋史》《明史》等有关书籍，多次拜访乡中耆老及老华侨，从中收获灵感、收获历史。

我走访的第一站是南区沙涌村。香山立县后，宋皇南撤，以此为行宫，宋元大决战就是在这里拉开了序幕。后宋军败退至新会，厓山一战，宋亡。勤王的香山人民付出了惨重的代价，当然后来也得到了丰厚的回报。我认为，香山县波澜壮阔的历史是从这条小村庄开始的。

驱车至沙涌村口下车，抬头便是传说中的"宋帝遗迹"了。一座高大巍峨的牌坊耸立于前，横额分两层，上方正中写着"沙涌"两个大字，下方正中写着"宋帝遗迹"四个大字，字迹劲秀，格外醒目。看着牌坊，脑海浮现出当年疲惫、饥饿的宋军撤至香山，香山人民在马南宝的动员下，男的当兵走上前线，女的做后勤，在沙涌村连夜为宋军舂米蒸粉果、做米饭的情景……

"这牌坊原来是在明朝时为纪念南宋皇帝和乡贤马南宝侍郎建的，

宋帝牌坊

可惜在1968年，一夜之间就把'宋帝遗迹''侍郎故里'牌坊拆毁了。"一位年迈村民的说话打断了我的思绪。

这位村民是参加过当年拆毁文物的一员，他痛心而无奈地对我说："真可惜，拆这些东西我们也不想啊！可不动手就会戴上'反革命'之类的高帽子，被抓去批斗，甚至坐牢……"他接着说，一直到邓小平扭转了中国发展方向，走改革开放之路富起来的沙涌村群众，在1988年才重建"宋帝遗迹""侍郎故里"牌坊。

带着遗憾，我茫然地行走在村子里，周围很安静，很难想象出，这里曾经发生过惊心动魄的战事。然而，村中众多的古老建筑，宋皇避难的行宫遗迹，还有历朝县志的记载都准确无误地互相印证着村庄那段不寻常的历史。

古老相传，"本土中山人大多数都是南宋皇室或士族之后"。我推断，因为基因好，故明清以来，中山出现名人"井喷"现象。随着对史籍阅读的广泛深入，尤其是每每置身于"历史现场"，萦绕于我脑际多年的这一历史问题越来越清晰。

香山在宋朝以前，人才零落，各方面均与中原有极大的差距，然而，宋以后，香山地区却人文鼎盛，社会趋向繁荣，这无疑是南宋的大批南下衣冠给当时蛮荒、偏远的香山注入了活力。而这些南宋后裔与当地人的混居，与他们通婚，在某种程度上也改良了整个社会的素质。因此，香山文化从某个方面来说，也可以说是"南宋文化"，"香山魂"从某种程度上来说也带有一种悲壮的色彩。

我的家乡火炬区大岭村是必须走访的地方，当我在同乡一位99岁的叫仲豪母的老人家里见到了《望夫归》等东乡民谣的手抄本时，顿时欣喜若狂，如获至宝。精神矍铄的老人笑着告诉我，那是她15岁少女时候抄的。当时，我看着独居在家的百岁老人，恐日后不见了手抄本，故我委婉提出可否让我代为保存，但她像少女般地嫣然一笑，摇了摇头。或许，这本书有着她美好的、快乐的记忆，当然也有可能是黑暗的、悲惨的记忆。无论是哪一种，都极具纪念价值，非金钱所能替代。

在我走访搜集材料的过程中，接触了各色人等，我也因此与他们结下了各种"缘"。我从小喜欢名家字画、奇石玉石以及明清家具，数十年来乐此不疲，因这些爱好，我加入了中国收藏家协会。更重要的是，因之令我认识了四面八方的朋友，近至本地和周边的地区，远到北京、上海及国外。像这样结缘的朋友和热心人士非常多，为此，我诚挚向我参阅借鉴过其著作的作者表示衷心的感谢！

因才力不逮，写好《香山魂》，个中艰辛实在不足为外人道。我毕竟是职场中人，每天要准时上下班；唯有晚上写作，写至下半夜两点或三点才就寝一度成为我的生活常态，后来太座以影响健康为由声色俱厉地不让我写作，我唯有利用星期六、星期天挤时间来写。故本书断断续续花了我三年多的时间。初稿完成后，根据编辑的意见，我又反复做了修改、删节，始成本书。感谢张贤明先生的支持与帮助！

最后，要强调的是，本书是香山地区杰出人物传记，按照"大事不虚，小事不拘"的创作原则，人物生平及经历均是根据史籍的记载进行叙述，但我更多地用一种闲笔融入一些流传于民间的传说，这与真实历史可能完全一致，个别的也有可能大相径庭，但无论如何，这种流传于民间的故事传说，即使是推构的内容，也是从另一侧面反映了这些人物对香山的影响，反映了香山地区老百姓对这些人物的看法，对于我们今天认识这些杰出人物亦有一定的意义。

另外，有一个题外话，一直在坊间有所流传。就是我在走访中，认识了不少有识之士，他们都热切希望珠海市归并中山市。从某个侧面反映了香山地区的人不但对"香山"的认同，而且对孙中山的无比崇敬。

一者，他们对香山这块土地寄托了很深的感情。因为中山、珠海、澳门三地文化同源、同宗，它们有一个共同名字——"香山"，植根于本土的"香山文化"不应该被遗忘。但作为行政之名的香山，已成历史陈迹，无重启之必要。二者，中山，因纪念世纪伟人孙中山由香山而易名，极具纪念意义。而珠海两次从中山"割让"，其名源于珠江出海口，欠缺历史底蕴。因此，他们都有着中山、珠海合并的愿望，并以"中山"之名一统河山的念头。这是坊间不少人的心声，尤其是海外华侨的呼声。他们皆以是孙中山的故乡人为荣，正如中国著名钢琴家鲍蕙荞说："虽然，我父辈的出生地都划到珠海去了。但我的籍贯上一直写着中山，我永远都是中山人！"

在漫长的历史长河里，入典籍的香山名人数以千计，香山所诞生的杰出人物肯定不止本书所描述的十五位。囿于篇幅，"遗珠之憾"必然存在。我只是希望，通过选取香山地区各个领域具有代表性的杰出人物，把他们的平凡或伟大一一展现出来，但愿这万不及一的描述，能构筑成我的家乡——香山或说中山这块土地的精神面貌，并呈现于世人。

无论如何，现在我终于一了心愿，也完成了我的使命，把我对家乡这份爱，对先哲这份尊崇，化成这一份感动，凝聚成这数十万文字。

本书在出版之际，承蒙中山大学张荣芳教授为我作序，给我信心和力量；还有得到欧阳乐、李敬新、雷经石、伍汉文、张本华等老先生在精神上的鼓励和支持，专此一并致谢！本书得以顺利出版，应特别感谢冯雨薇（女）、吕飞雄、梁嘉宜（女）、黄日铭、黄石峰、梁志鸿、欧阳安、聂燕芳（女）、吕伯逵、苏欣如、李宝秋、欧阳靖忻（女）、陈子健、王冠荣、黄爱贞（女）、张宁（女）等圈中好友的慷慨解囊，谨此致以衷心的谢忱！

今天，我真诚地把这份饱含着我的心血和挚友们寄托的《香山魂》献给我家乡的父老乡亲，献给广大的读者。最后仅以一首诗抒发我的感受：

中山人杰地，时代显钟灵。

渺渺古今事，依依乡土情。
烟墩草木秀，岐水浪花清。
历史源流远，文章且慢评。

丙申年冬至之夜，草于中山万科朗润园桦琳阁